Regards sur l'Europe

Le droit au service d'une vision réaliste de l'intégration

PARUS PRÉCÉDEMMENT
DANS LA MÊME SÉRIE

1. *Le droit de l'intégration. Émergence d'un phénomène nouveau dans les relations internationales selon l'expérience des Communautés européennes*, par Pierre PESCATORE, 2005.
2. *L'applicabilité directe dans le droit de la C.E.E.*, par Léontin-Jean CONSTANTINESCO, 2006.
3. *L'ordre juridique des communautés européennes. Étude des sources du droit communautaire*, par Pierre PESCATORE, 2006.
4. *Vade-mecum.* Recueil de formules et de conseils pratiques à l'usage des rédacteurs d'arrêts, par Pierre PESCATORE, 2007.
5. *L'Europe des juges*, par Robert LECOURT, 2007.
6. *Études de droit communautaire européen 1962-2007*, avec une liste bibliographique complémentaire, par Pierre PESCATORE, 2008.
7. *Itinéraires d'un juriste européen*, par Robert KOVAR, 2010.
8. *Droit international, intégration européenne et libres marchés*, par Michel WAELBROECK, 2011.
9. *Études sur le renvoi préjudiciel dans le droit de l'Union européenne*, par Ami BARAV, 2011.
10. *L'application judiciaire du droit de l'Union européenne. Recueil d'études*, par Ami BARAV, 2015.
11. *Judicial Enforcement and Implementation of European Union Law*, par Ami BARAV, 2017.
12. *Droit institutionnel communautaire*, Pierre-Henri TEITGEN, 2019.
13. *Les États membres de l'Union européenne : adéquations et résistances*, Joël RIDEAU, 2020.
14. *Manuel de droit des Communautés européennes*, Nicola CATALANO, 2023.

COLLECTION DROIT DE L'UNION EUROPÉENNE
DIRIGÉE PAR FABRICE PICOD

Grands écrits

Regards sur l'Europe

Le droit au service d'une vision réaliste de l'intégration

Jean Paul Jacqué

Textes rassemblés par Dominique Ritleng

Préface de Dominique Ritleng

BRUYLANT

Pour toute information sur nos fonds et nos nouveautés dans votre domaine de spécialisation, consultez nos sites web via www.larcier-intersentia.com.

Éditions Bruylant
Rue Haute, 139/6 - 1000 Bruxelles

Imprimé en France

Dépôt légal:
Bibliothèque nationale, Paris : octobre 2024
Bibliothèque royale de Belgique, Bruxelles : D/2024/06040/0176 ISBN : 978-2-8027-7390-0

PRÉFACE

Jean Paul Jacqué compte sans conteste parmi les membres les plus éminents de la doctrine juridique française et, plus largement, européenne sur l'Union européenne et son droit.

Le présent ouvrage, qui rassemble une trentaine de ses écrits issus au long d'une période de quarante ans et portant sur les principales questions de droit de l'Union, permettra au lecteur de prendre la mesure de la contribution de son auteur à la pensée juridique sur l'Union. La consultation de l'ouvrage met aussi en lumière sa vision du processus d'intégration européenne.

Cette pensée, cette vision, Jean Paul Jacqué les a forgées au cours d'une carrière qui l'a conduit à mêler enseignement et recherche comme professeur d'université et action comme directeur au service juridique du Conseil de l'Union européenne. L'aller-retour constant entre théorie et pratique, chacune nourrissant l'autre, c'est ce qui contribue à donner à ses analyses une pertinence, une clairvoyance et une tonalité particulières.

Ce qui frappe à leur lecture, c'est, d'un côté, l'aptitude à débrouiller les questions les plus techniques par un retour aux principes et aux concepts et, de l'autre côté, la prise en compte des enjeux politiques et des compromis requis par la négociation et l'action politiques dans l'appréciation des évolutions et des réformes du droit positif. Ce qui ressort ainsi de la lecture des écrits rassemblés dans le présent ouvrage, c'est une pensée juridique au service de ce que l'on pourrait qualifier de vision réaliste de l'intégration européenne.

Mais il convient d'abord de rappeler que, comme la grande majorité des universitaires de sa génération, Jean Paul Jacqué est venu au droit communautaire par le droit international. Longtemps, du reste, il partagea son enseignement et sa recherche entre ces deux disciplines. En attestent deux études reproduites dans le présent ouvrage par lesquelles, dans le prolongement de sa thèse (1), Jean Paul Jacqué se fait l'avocat de l'élaboration d'une théorie générale de l'acte juridique en droit international public, dont la convention sur laquelle se focalise la doctrine ne

(1) Voy. *Éléments pour une théorie de l'acte juridique en droit international public*, Paris, LGDJ, 1972.

constitue qu'une catégorie. Dans l'une, il montre que la prégnance du phénomène conventionnel, la réticence au formalisme et les difficultés que fait naître toute hiérarchie des normes sont autant d'obstacles à une telle entreprise (2). Dans l'autre, il distingue la promesse unilatérale des autres comportements unilatéraux de l'État et invite à la concevoir comme étant un acte juridique, fruit d'une manifestation de volonté unilatérale indépendamment du consentement tacite du destinataire, dont la nature et le régime gagneraient à être pensés dans un cadre de référence plus large que le cadre de référence conventionnel (3).

Bien que parti du droit international, Jean Paul Jacqué fut un précurseur de l'analyse, aujourd'hui courante, de la construction européenne en termes constitutionnels. Dès 1995 (4), il présente les traités institutifs comme la « Constitution de la Communauté européenne », mettant en exergue la pertinence de l'apparentement des Communautés à un ensemble de nature constitutionnelle structuré par des principes d'organisation politique et animé de la promotion de certaines valeurs. La réflexion sur la nature constitutionnelle de l'Union a été prolongée par l'affirmation de la forme fédérale de l'Union européenne réalisant un partage de souveraineté, affirmation éclairée par un parallèle entre le processus d'intégration européenne et l'expérience fédérale américaine et, plus spécifiquement, entre les travaux de la Convention de Philadelphie et ceux de la Convention sur l'avenir de l'Europe, qui a débouché sur la rédaction du traité établissant une Constitution pour l'Europe (5). La comparaison, en effet riche d'enseignements, est menée en se concentrant sur deux questions, celle de la mise en place initiale aux États-Unis non pas d'un État fédéral mais d'un régime mixte réalisant un partage de souveraineté entre le niveau fédéral et celui des États et celle de l'insertion d'une charte des droits fondamentaux dans le texte constitutionnel. Quelques années plus tard, prenant position dans « un débat récurrent », Jean Paul Jacqué poursuivit le fil de ses analyses antérieures en soutenant que l'Union revêtant une forme fédérale, même si à caractère non étatique, sa charte de base présente, nonobstant son origine conventionnelle, un caractère constitutionnel (6).

(2) « L'acte juridique, point de vue d'un internationaliste », vol. 7, *Droits*, 1988, p. 103, ci-après p. 17.

(3) « À propos de la promesse internationale », in *Mélanges P. Reuter*, Paris, Pedone, 1981, pp. 327-345, ci-après p. 1.

(4) « La constitution de la Communauté européenne », *RUDH*, vol. 7, n°s 11-12, 1995, pp. 397-423, ci-après p. 143. Voy. déjà son « Cours général de droit communautaire », publié in *Collected Courses of the Academy of European Law*, 1990, vol. I.

(5) *Back to Philadelphia*, *RMC*, 2002, p. 661, ci-après p. 207.

(6) « Traité ou constitution ? À propos d'un débat récurrent », *Annuaire de droit européen*, vol. VI, 2008, pp. 3-17, ci-après p. 285.

Ce souci d'analyser l'Union en termes constitutionnels, on le retrouve dans l'étude de dispositifs aussi complexes que celui de la comitologie. Plutôt que de s'appesantir sur les solutions techniques, Jean Paul Jacqué estime plus éclairant d'aborder la question dans une perspective constitutionnelle mieux à même de permettre l'appréciation du bien-fondé des querelles de pouvoir qui opposent les différents acteurs institutionnels au sujet de la comitologie (7). Et de montrer (8) que la comitologie s'explique par la séparation verticale et non pas horizontale des pouvoirs. L'Union reposant sur un fédéralisme d'exécution, ce sont les États membres qui sont en principe titulaires du pouvoir d'exécution. Dès lors, il est logique que lorsque la compétence d'exécution est exceptionnellement conférée à la Commission, l'encadrement de son exercice soit assuré par des comités composés de représentants des États membres. Jean Paul Jacqué restera fidèle à cette approche constitutionnelle lorsqu'il évoquera l'évolution de la fonction d'exécution intervenue par l'effet du traité de Lisbonne (9).

L'approche constitutionnelle de la construction européenne privilégiée par Jean Paul Jacqué tend aussi à clarifier le sens et la portée, trop souvent méconnus, de certaines questions et évolutions institutionnelles. Ainsi, évoquant en 2004 le principe de l'équilibre institutionnel (10), il observe que l'évolution à la fois juridique et politique a marqué une augmentation croissante des pouvoirs du Parlement européen et un affaiblissement de la Commission par sédiments successifs, sans jamais que l'on ne prît la peine de réfléchir au type de régime politique, présidentiel, conventionnel ou parlementaire, vers lequel devait tendre, toutes proportions gardées, l'Union européenne. Une dizaine d'années plus tard, évaluant la position de la Commission dans le système institutionnel après Lisbonne (11), Jean Paul Jacqué, plutôt que de reprendre le diagnostic souvent fait de déclin de son rôle, montre que seule sa fonction législative a été affaiblie tandis que ses pouvoirs de gestion, d'exécution et de contrôle ont été renforcés, et avertit que la politisation accrue de la Commission qui résulterait d'un renforcement

---

(7) « L'éternel retour. Réflexions sur la comitologie », in *Mélanges J. V. Louis*, vol. 1, Bruxelles, éd. ULB, 2003, pp. 211-224, ci-après p. 223.

(8) Avant même le Traité de Lisbonne qui confirme la pertinence de cette analyse (voy. art. 291 TFUE).

(9) « The Evolution of the Approach to Executive Rulemaking in the EU », in C. F. Bergström et D. Ritleng (dir.), *Rulemaking by the European Commission. The New System for Delegation of Powers*, OUP 2016, pp. 21-36, ci-après p. 339.

(10) « The principle of institutional balance », *CMLR* 2004, pp. 383-391, ci-après p. 239.

(11) « La Commission européenne après Lisbonne. Déclin ou changement de paradigme ? », in *Liber Amicorum V. Constantinesco*, Bruxelles, Bruylant, 2015, pp. 242-268, ci-après p. 311.

de la parlementarisation du système institutionnel de l'Union réclamé par certains pourrait mettre en péril pareil renforcement.

Après avoir immédiatement approuvé la solution de l'arrêt *Les Verts* qui avait reconnu, dans le silence des traités, la légitimation passive du Parlement européen, tout en y voyant une « révision judiciaire du traité » (12), Jean Paul Jacqué, dans le nouveau commentaire de la décision paru plus de quarante plus tard, met l'accent, là encore, sur la dimension constitutionnelle de cette décision en soulignant son apport au regard du principe de Communauté de droit, du principe de l'équilibre institutionnel et de l'affirmation de la nature constitutionnelle des traités (13).

L'appétence pour la théorie et les concepts, on la retrouve, enfin, dans l'évocation et l'explication du rôle particulier joué par le droit, non seulement dans la mise en place d'un Marché commun, mais aussi dans la construction d'une constitution communautaire » (14).

Toutefois, si le recours à la théorie offre des repères conceptuels utiles à l'analyse et à l'évaluation du droit positif, Jean Paul Jacqué insiste également sur la prise en compte de la pratique et du contexte politique. Le pragmatisme, le réalisme le poussent alors à refuser d'assujettir la pensée à la pureté de modèles ou à l'enfermer dans de faux débats théoriques. De cette démarche pragmatique et réaliste, on trouve dans le présent ouvrage de multiples illustrations.

Analysant en 1984 l'évolution du triangle institutionnel communautaire depuis l'élection du Parlement européen au suffrage universel direct (15), Jean Paul Jacqué a montré comment le Parlement européen a obtenu un rééquilibrage des rapports interinstitutionnels à son profit par l'effet d'une politique de « petits pas », la pression parlementaire entraînant la conclusion d'accords interinstitutionnels et de déclarations communes qui aménagent les procédures sans remise en cause directe des traités. Cette analyse fut prolongée par celle portant sur l'incidence de la pratique des institutions sur le développement de la structure institutionnelle communautaire (16). Les déclarations com-

(12) « Commentaire de l'arrêt Les Verts du 23 avril 1986 », *RTDE*, 1986, pp. 500-511, ci-après p. 71.

(13) "Les Verts v. The European Parliament," in M. Poiares Maduro et L. Azoulai (dir.), *The Past and Future of EU Law. The Classics of EU Law Revisited on the 50th Anniversary of the Rome Treaty*, Hart publishing, 2010, pp. 316-323, ci-après p. 301.

(14) « Le rôle du droit dans l'intégration européenne », *revue Philosophie politique*, n° 1, 1991, ci-après p. 129.

(15) « L'évolution du triangle institutionnel communautaire », in *Mélanges P. H. Teitgen*, Paris, Pedone, 1984, pp. 183-208, ci-après p. 49.

(16) « La pratique des institutions communautaires et le développement de la structure institutionnelle des communautés », in G. Ress et R. Bieber (dir.), *Die Dynamik des Europäischen*

munes et les accords interinstitutionnels constituent, en effet, des manifestations de la pratique des institutions. De cette étude séminale, il ressort que ladite pratique vient interpréter la lettre des traités ou combler ses lacunes et surtout que, trouvant un fondement dans le pouvoir d'auto-organisation des institutions ou dans leur devoir de coopération, elle peut se voir reconnaître une valeur juridique pour autant qu'elle ne s'avère pas contraire aux traités.

C'est aussi l'observation de la pratique qui l'a conduit à rejeter l'opposition entre la méthode communautaire et la méthode intergouvernementale, la première ayant les faveurs des tenants de la finalité fédérale, la seconde celle des partisans de la coopération interétatique (17). En effet, l'observation de la pratique révèle que le processus décisionnel européen repose sur un équilibre et une dialectique entre les deux méthodes, voire une interpénétration entre elles en fonction de la sensibilité des questions traitées, si bien qu'il n'y a guère d'exemples d'application d'une méthode communautaire 'pure' ou d'une méthode intergouvernementale 'pure'.

De même, son expérience pratique de directeur au service juridique du Conseil lui a permis d'offrir au lecteur ce qu'une étude limitée à l'analyse juridique des dispositions pertinentes n'aurait pas été en mesure de faire. Ainsi en est-il de la « vision pragmatique » du vote majoritaire au Conseil de l'Union européenne (18), dont il ressort notamment que le recours au vote majoritaire, là où les traités le prévoient, est loin d'être systématique et que son usage est tempéré par des considérations politiques liées à la nécessité de maintenir la solidarité entre les États membres et de garantir la mise en œuvre effective des décisions adoptées. Ainsi en est-il aussi de la description du fonctionnement réel de la codécision qui permet seul d'en mesurer correctement l'impact sur les rapports interinstitutionnels (19). Il en ressort notamment l'importance de la formule informelle du trilogue plutôt que celle, prévue par le traité, du comité de conciliation dans le fonctionnement de la codécision. Ainsi en est-il encore de la mise en lumière du rôle « discret »

Gemeinschaftsrechts : die Auslegung des Europäischen Gemeinschaftsrechts im Lichte nachfolgender Praxis der Mitgliedstaaten und der EG-Organe, Nomos, 1987, pp. 377-405, ci-après p. 83.

(17) « Pour en finir avec les débats sur la méthode », in *Liber Amicorum Marianne Dony*, Bruxelles, éd. l'ULB, 2019, pp. 45-57, ci-après p. 381.

(18) « Le vote majoritaire au Conseil de l'Union européenne. Une vision pragmatique », in F. Picod (dir.), *Le principe majoritaire en droit de l'Union européenne*, Bruxelles, Bruylant, 2016, pp. 105-114, ci-après p. 357.

(19) « Pour une vision réaliste de la codécision », in *Mélanges G. Vandersanden*, Bruxelles, Bruylant, 2009, pp. 183-202, ci-après p. 249.

mais déterminant joué par le Comité des représentants permanents (20) (Coreper) non seulement dans la préparation des travaux du Conseil mais aussi comme instrument de négociations du Conseil avec le Parlement européen dans le cadre de la procédure de codécision. Mise en lumière qui fut l'occasion pour Jean Paul Jacqué de faire justice d'un lieu commun selon lequel le Coreper contribuerait au caractère technocratique de l'Union en usurpant les prérogatives politiques du Conseil.

Le pragmatisme, le réalisme, ils sont présents aussi dans le commentaire du projet de traité d'Union européenne (21) adopté par le Parlement européen en 1984, à la rédaction duquel il participa en tant qu'expert. Ce commentaire souligne que, pour rallier une majorité politique, le projet de traité d'Union européenne n'opérait pas de grand saut fédéral mais se bornait à mettre en place un ensemble plus démocratique et plus efficace à même de mener à bien les politiques nouvelles jugées nécessaires.

De même, en 1990, prévoyant que les contestations de la compétence de l'Union, qui prennent aujourd'hui la forme du reproche de *l'ultra vires*, allaient se multiplier, Jean Paul Jacqué, de concert avec Joseph Weiler, proposa, à l'orée de la conférence intergouvernementale qui allait aboutir au traité de Maastricht, de confier à la Cour de justice la possibilité de contrôler *a priori* le respect par un acte de l'Union des limites de la compétence de la Communauté et du principe de subsidiarité (22).

De même encore, son analyse de la réforme de la hiérarchie des normes et de la typologie des actes opérée par le traité de Lisbonne (23) montre que si la réforme a été inspirée par des considérations liées à la séparation des pouvoirs, elle a dû également, sauf à s'exposer au risque d'être contournée par la pratique, tenir compte de contraintes politiques et de la réalité de la répartition des pouvoirs entre institutions ainsi qu'entre États et institutions.

Les analyses et réflexions de Jean Paul Jacqué ne sont pas restées cantonnées aux questions institutionnelles. Elles ont aussi porté sur les rapports de système, comme l'illustrent certains écrits rassemblés dans le présent ouvrage. On y retrouve le mélange entre esprit de système et réalisme. Quoique partisan de l'intégration européenne,

---

(20) « L'autorité discrète du Comité des représentants permanents », in *Mélanges Ph. Manin*, Paris, Pedone, 2010, pp. 255-270, ci-après p. 267.

(21) « Le traité d'union européenne », *Annuaire européen*, 1983, pp. 9-29, ci-après p. 31.

(22) « Sur la voie de l'Union européenne : une nouvelle architecture judiciaire », *RTDE*, 1990, pp. 441-456, ci-après p. 111.

(23) « À propos de la hiérarchie des normes », *Liber Amicorum Antonio Tizzano*, éd. Giappichelli, 2018, pp. 424-436, ci-après p. 367.

Jean Paul Jacqué se garde de dénoncer les solutions nationales qui s'écartent de la discipline constitutionnelle du droit de l'Union professée par la Cour de justice. Il cherche plutôt à en expliquer les raisons et motivations profondes.

Ainsi du commentaire de la décision du Conseil constitutionnel de 1976 sur l'élection du Parlement au suffrage universel direct (24). Partant de la théorie de la souveraineté nationale et de son corollaire, le mandat représentatif, ledit commentaire démontre que, pour le Conseil constitutionnel, l'élection n'a pas pour fonction de désigner des représentants de la collectivité européenne dans son ensemble comme le voudrait le mandat représentatif mais des représentants de leur circonscription, la France, sous peine de porter atteinte à l'unicité de la souveraineté. Dans une étude parue en 1981, Jean Paul Jacqué, plutôt que de dénoncer la « guerre des juges », observa avec lucidité que les oppositions entre les juridictions françaises et le juge communautaire ne pouvaient être comprises qu'à la lumière du cadre constitutionnel français dont les juridictions françaises tirent leur légitimité et que la construction communautaire n'a pu avoir pour effet de modifier. Aussi les résistances initiales des juridictions françaises à se plier aux exigences spécifiques du droit de l'Union s'expliquaient-elles par le poids de la souveraineté française et de son expression par la loi dans la tradition constitutionnelle française (25).

La lucidité, on la retrouve dans une étude récente qui offre un vaste panorama des conflits dans les rapports de systèmes générés par la prolifération et l'enchevêtrement croissant des systèmes et ordres juridiques (26). Il en ressort qu'en l'absence de règles sur les rapports de système définies par le politique, il revient aux juges d'assurer la coexistence des différents systèmes au gré des affaires dont ils sont saisis. Toutefois, les juges ne pouvant guère faire autrement que de garantir la primauté de l'instrument normatif dont ils tirent leur titre à juger, la coexistence des systèmes qu'ils s'efforcent d'organiser ne peut être exempte de sources de conflit.

---

(24) « La souveraineté française et l'élection du Parlement au suffrage universel direct », in G. Ress (dir.), *Souveränitätsverständnis in den Europaïschen Gemeinschaften*, Nomos, 1980, pp. 71-90, ci-après p. 397.

(25) « À propos de la guerre des juges, accords et désaccords entre le juge français et la Cour de justice des Communautés », *Revue administrative de l'Est de la France*, n° 24, 1981, pp. 5-47, ci-après p. 417.

(26) « Quelques considérations sur les rapports de système entre ordres juridiques en Europe », in B. Bonnet (dir.), *Traité des rapports entre ordres juridiques*, Paris, LGDJ, 2016, pp. 1107-1142, ci-après p. 455.

Le terrain privilégié de ces conflits de système, c'est aujourd'hui celui de la protection des droits fondamentaux. Jean Paul Jacqué ne l'a évidemment pas ignoré. Il consacre une étude, publiée en 2021, à la concurrence entre la Charte et les constitutions nationales et entre leurs gardiens respectifs, qui s'est accentuée à la faveur de l'extension du champ d'application du droit de l'Union, celui-ci déterminant l'applicabilité de la Charte (27). Bien que la volonté manifestée par les Cours constitutionnelles italienne et allemande de centraliser le contrôle du respect des droits fondamentaux ne soit pas sans risque pour la primauté du droit de l'Union, Jean Paul Jacqué observe cette évolution jurisprudentielle avec bienveillance, dès lors qu'elle va de pair avec l'intégration de la Charte comme paramètre de leur contrôle, qu'elle ne prive pas le juge ordinaire du pouvoir de faire un renvoi préjudiciel à la Cour de justice et pourvu qu'elle s'accompagne du maintien d'un dialogue approfondi avec la Cour de justice.

C'est, enfin, sur la protection des droits fondamentaux dans l'Union que Jean Paul Jacqué a orienté ses travaux. Dans le présent ouvrage, on pourra (re)découvrir une utile mise au point, car les deux sont souvent confondues, qui est la distinction entre l'obligation de respect des droits fondamentaux à laquelle l'Union est soumise dans l'exercice de ses compétences et l'existence d'une compétence de l'Union en la matière (28). On apprendra que si ladite obligation peut imposer d'adopter des dispositions en la matière dans certains cas, elle n'implique pas l'existence d'une compétence interne générale en matière de droits fondamentaux. On pourra aussi lire avec profit un premier bilan de l'interprétation par la Cour de justice des dispositions horizontales de la Charte (29), au terme duquel l'auteur parvient à la conclusion que la Cour de justice veille à « éviter le saut fédéral qui ferait de la Charte un instrument applicable à toutes les situations internes » (30).

Surtout, Jean Paul Jacqué a consacré plusieurs études aux rapports entre l'Union européenne et la Convention européenne de sauvegarde des droits de l'homme et des libertés fondamentales, dans lesquelles il se montre favorable à l'adhésion de l'Union à la CEDH. Juste avant

(27) « Cour de justice de l'Union européenne, Cours constitutionnelles nationales et juridictions ordinaires : quel est le juge des droits fondamentaux garantis par le droit de l'Union ? », in *Mélanges P. Wachsmann*, Paris, Dalloz, 2021, pp. 287-309, ci-après p. 501.

(28) « Droits fondamentaux et compétences internes de la Communauté européenne », in *Mélanges G. Cohen-Jonathan*, vol. II, Bruxelles, Bruylant, 2004, pp. 1007-1028, ci-après p. 539.

(29) « La Charte et la Cour de justice de l'Union - un premier bilan sur l'interprétation des dispositions horizontales de la Charte », in *Mél. J. F. Flauss*, Paris, Pedone, 2014, pp. 403-428, ci-après p. 585.

(30) *Ibid.*, p. 602.

le traité de Maastricht, il évoque déjà les difficultés, qui sont celles que l'on connaît encore aujourd'hui, suscitées à la fois par le statut de la CEDH dans l'ordre juridique communautaire, simple source matérielle et par la justiciabilité du droit communautaire dans le cadre de la Convention, et indique que seule une adhésion de la Communauté à la CEDH permettrait de les lever (31). À la sortie du projet d'accord d'adhésion de l'Union européenne à la CEDH en juin 2011, Jean Paul Jacqué a discuté toutes les questions et difficultés juridiques soulevées par l'adhésion et fait valoir qu'aucune d'entre elles n'était insurmontable (32). Sans doute alors a-t-il été déçu par l'avis négatif émis par la Cour de justice sur le projet d'accord d'adhésion. Il s'est pourtant gardé d'en faire une critique excessive. Il en a, au contraire, offert deux lectures possibles et fait observer que le discours constitutionnel tenu par la Cour de justice dans l'avis sur ce qu'implique sur le plan des principes l'existence de l'Union pouvait être une source d'inspiration pour les politiques réfléchissant à l'avenir de l'Union (33).

À l'heure où beaucoup plaident pour la nécessité d'une nouvelle réforme, propre à adapter le système institutionnel aux défis auxquels l'Union doit faire face, il est loin d'être inutile de rappeler la mise en garde de Jean Paul Jacqué. « Jusqu'à présent l'Europe s'est construite au jour le jour par ajustements successifs sans que l'on dispose explicitement d'une vision d'ensemble. Nous avons souvent agi comme des architectes qui auraient construit par ajouts sans disposer des plans définitifs de l'immeuble » (34). Certes, « le pragmatisme est nécessaire si l'on veut concevoir un système adapté aux réalités sociales » (35). Mais, « le temps est peut-être venu de s'interroger sur le dessin d'ensemble, ce qui ne se résume pas à un simple jeu d'architecture institutionnelle, mais exige la définition des principes et des fondements de la construction. C'est d'ailleurs à ce prix que l'on en assurera la pérennité puisque les futurs interprètes ou les auteurs des révisions futures disposeront des clefs qui leur permettront de mener à bien leur tâche sans que le projet initial ne soit défiguré » (36).

---

(31) « Communauté européenne et Convention européenne des droits de l'homme », in *Mélanges J. Boulouis*, Paris, Dalloz, 1991, pp. 325-340, ci-après p. 523.

(32) « The accession of the European Union to the European Convention on Human Rights and Fundamental Freedom », *CMLR*, 2011, pp. 995-1023, ci-après p. 557.

(33) « *Pride and/or Prejudice* ? Les lectures possibles de l'avis 2/13 de la Cour de justice », *CDE*, 2015, pp. 19-45, ci-après p. 613.

(34) « Back to Philadelphia », p. 222.

(35) *Ibid.*

(36) *Ibid.*

Nul doute que les architectes ou les penseurs d'une future réforme de l'Union trouveront amplement dans la lecture des écrits rassemblés dans ce volume de quoi définir des principes clairs qui constitueront les fondements conceptuels de l'édifice tout en ne se départissant pas de la dose de pragmatisme nécessaire à la conception d'un système institutionnel adapté au contexte social et politique.

Dominique Ritleng
Professeur à l'Université de Strasbourg

NOTE INTRODUCTIVE

§ I Droit international

1. « À propos de la promesse internationale », *Mélanges P. Reuter*, Paris, Pedone, 1981, pp. 327-345.
2. « L'acte juridique, point de vue d'un internationaliste », vol. 7, *Droits*, 1988, p. 103.

§ II Droit de l'Union européenne

A. Institutions, ordre juridique et contentieux

3. « Le traité d'union européenne », *Annuaire européen*, 1983, pp. 9-29.
4. « L'évolution du triangle institutionnel communautaire », *Mélanges P. H. Teitgen*, Paris, Pedone 1984, pp. 183-208.
5. « Commentaire de l'arrêt Les Verts du 23 avril 1986 », *RTDE*, 1986, pp. 500-511.
6. « La pratique des institutions communautaires et le développement de la structure institutionnelle des communautés », in G. Ress et R. Bieber (dir.), *Die Dynamik des Europäischen Gemeinschaftsrechts: die Auslegung des Europäischen Gemeinschaftsrechts im Lichte nachfolgender Praxis der Mitgliedstaaten und der EG-Organe*, Nomos, 1987, pp. 377-405.
7. (avec J. Weiler), « Sur la voie de l'Union européenne : une nouvelle architecture judiciaire », *RTDE*, 1990, pp. 441-456.
8. « Le rôle du droit dans l'intégration européenne », *revue Philosophie politique*, n° 1, 1991
9. « La constitution européenne », *RUDH*, vol. 7, n°s 11-12, 1995, pp. 397-423.
10. « Back to Philadelphia », *RMC*, 2002, p. 661.
11. « L'éternel retour. Réflexions sur la comitologie », *Mélanges J. V. Louis*, vol. 1, éd. ULB, 2003, pp. 211-224.
12. « The principle of institutional balance », *CMLR*, 2004, pp. 383-391.
13. « Pour une vision réaliste de la codécision », *Mélanges G. Vandersanden*, Bruxelles, Bruylant, 2009, pp. 183-202.

14. « L'autorité discrète du Comité des représentants permanents », *Mélanges Ph. Manin*, Paris, Pedone, 2010, pp. 255-270.
15. « Traité ou constitution ? À propos d'un débat récurrent », *Annuaire de droit européen*, vol. VI, 2008, pp. 3-17.
16. « Les Verts v. The European Parliament », in M. Poiares Maduro et L. Azoulai (dir.), *The Past and Future of EU Law. The Classics of EU Law Revisited on the 50th Anniversary of the Rome Treaty*, Hart publishing, 2010, pp. 316-323.
17. « La Commission européenne après Lisbonne. Déclin ou changement de paradigme ? », *Liber Amicorum V. Constantinesco*, Bruxelles, Bruylant, 2015, pp. 242-268.
18. « The Evolution of the Approach to Executive Rulemaking in the EU », in C. F. Bergström et D. Ritleng (dir.), *Rulemaking by the European Commission. The New System for Delegation of Powers*, OUP, 2016, pp. 21-36.
19. « Le vote majoritaire au Conseil de l'Union européenne. Une vision pragmatique », in F. Picod (dir.), *Le principe majoritaire en droit de l'Union européenne*, Bruxelles, Bruylant, 2016, pp. 105-114.
20. « À propos de la hiérarchie des normes », *Liber Amicorum Antonio Tizzano*, Giappichelli, 2018, pp. 424-436.
21. « Pour en finir avec les débats sur la méthode », *Liber Amicorum Marianne Dony*, éditions de l'ULB, 2019, pp. 45-57.

B. Rapports de système

22. « La souveraineté française et l'élection du Parlement au suffrage universel direct », in G. Ress (dir.), *Souveränitätsverständnis in den Europaïschen Gemeinschaften*, Nomos, 1980, pp. 71-90.
23. « À propos de la guerre des juges, accords et désaccords entre le juge français et la Cour de justice des Communautés », *Revue administrative de l'Est de la France*, n° 24, 1981, pp. 5-47.
24. « Quelques considérations sur les rapports de système entre ordres juridiques en Europe », in B. Bonnet (dir.), *Traité des rapports entre ordres juridiques*, Paris, LGDJ, 2016, pp. 1107-1142.
25. « Cour de justice de l'Union européenne, Cours constitutionnelles nationales et juridictions ordinaires : quel est le juge des droits fondamentaux garantis par le droit de l'Union ? », *Mélanges P. Wachsmann*, Paris, Dalloz, 2021, pp. 287-309.

C. Protection des droits fondamentaux

26. « Communauté européenne et Convention européenne des droits de l'homme », *Mélanges J. Boulouis*, Paris, Dalloz, 1991, pp. 325-340.
27. « Droits fondamentaux et compétences internes de la Communauté européenne », *Mélanges G. Cohen-Jonathan*, vol. II, Bruxelles, Bruylant, 2004, pp. 1007-1028.
28. « The accession of the European Union to the European Convention on Human Rights and Fundamental Freedom », *CMLR*, 2011, pp. 995-1023.
29. « La Charte et la Cour de justice de l'Union – un premier bilan sur l'interprétation des dispositions horizontales de la Charte », *Mélanges J. F. Flauss*, Paris, Pedone, 2014, pp. 403-428.
30. « Pride and/or Prejudice ? Les lectures possibles de l'avis 2/13 de la Cour de justice », *CDE*, 2015, pp. 19-45.

À PROPOS DE LA PROMESSE UNILATÉRALE

PAR

JEAN-PAUL JACQUÉ

Professeur

Doyen de la Faculté de Droit et des Sciences politiques de Strasbourg

En consacrant la valeur juridique de la promesse unilatérale, les arrêts de la Cour internationale de justice rendus le 20 décembre 1974 dans l'affaire des essais nucléaires auraient dû mettre fin à une ancienne controverse doctrinale. Depuis une cinquantaine d'années, les auteurs, interprétant de manières différentes un nombre limité de précédents, aboutissaient à des conclusions opposées quant à l'existence et à la force obligatoire des promesses unilatérales.

Ainsi pour le Professeur Quadri, il est impossible de citer des cas de promesses unilatérales antérieures à la société des Nations. Ceux postérieurs étudiés par M. Eric Suy ne lui semblent pas pertinents, car ils s'analysent comme des actes conventionnels. Le droit international ne connaîtrait que des promesses conventionnelles (1). Pour M. Suy, les hypothèses de promesses unilatérales existent, même si elles ne sont pas nombreuses, et la pratique a toujours consacré leur valeur juridique.

En fait, les auteurs se renvoient les mêmes précédents en mettant l'accent soit sur le caractère unilatéral de la manifestation de volonté contenue dans la promesse, soit sur les réactions d'approbation ou d'acquiescement qui ont suivi la promesse et qui lui conféreraient un caractère conventionnel. Au fond, les adversaires de l'existence de promesses unilatérales restent fidèles au caractère consensuel des procédés de création du droit international.

Pour eux, le recours à la promesse unilatérale est inutile dans la mesure où il est possible de donner pleine force juridique à des déclarations unilatérales en les insérant dans un contexte conventionnel. Des institutions voisines, accord tacite, acquiescement ou estoppel permettraient d'atteindre les mêmes effets que ceux que l'on veut faire produire à la promesse tout en évitant certains risques. En effet, un État n'hésiterait-il pas à définir

(1) Quadri (R.), *Dirillo internazionale publico*, Naples, 1968, pp. 569 ss. ; Suy (E.), *Les actes juridiques unilatéraux en droit international public*, Bibliothèque de droit international, t. XXVI, 1964, 280 p., pp. 209 ss., avec une bibliographie.

publiquement sa politique, si celle-ci devait lui être opposée par la suite dans une instance contentieuse ? Qu'adviendrait-il alors de la diplomatie publique ou parlementaire ? Mais la théorie de la promesse unilatérale ne serait pas seulement inopportune, elle ne reposerait sur aucune base juridique. Si la force obligatoire des traités découle de la norme, *pacta sunt servanda*, le droit international ne connaîtrait pas la règle « *promissio est servanda* ». L'article 38 du statut de la Cour ne mentionnant pas les actes unilatéraux parmi les sources de droit, le droit positif ne reconnaîtrait pas la valeur juridique de la promesse.

Les tenants de la force obligatoire de la promesse unilatérale soulignent que l'État détient le pouvoir de s'autolimiter. Rien ne permet de refuser de faire produire des effets à la volonté clairement exprimée d'un État et ils invoquent à l'appui de leur thèse le précédent célèbre de la déclaration Ihlen.

Respect de la volonté de l'État ou invocation du fondement consensuel des obligations, tels sont les thèmes qui divisent la doctrine. Pour le Professeur Paul Reuter, dans l'édition de 1973 de son manuel.

> « une promesse faite unilatéralement en faveur d'un État ou d'une organisation peut-elle engager son auteur ? Il n'y a aucune raison de ne pas l'admettre lorsque la promesse est manifestement faite avec cette intention... Toutefois il est bien difficile en raison de la possibilité d'une acceptation tacite de ne pas tomber toujours sur un accord résultant de l'acquiescement. » (2)

et il souligne la difficulté qu'éprouve la doctrine à trouver une jurisprudence convaincante en la matière. Les arrêts rendus par la Cour en 1974 constituent-ils cette jurisprudence convaincante ?

Par une curieuse coïncidence, la Cour a affirmé le caractère obligatoire de la promesse à propos des déclarations d'un État qui avait émis en 1957 les plus vives réserves quant à la force juridique de la déclaration unilatérale égyptienne à propos du Canal de Suez (3). Il est vrai que la solution retenue, en l'espèce par la Cour permettait de clore fort opportunément le litige. En donnant leur plein effet aux déclarations françaises selon lesquelles les essais nucléaires en atmosphère dans le Pacifique étaient désormais inutiles, la Cour évitait d'avoir à se prononcer tant sur sa compétence que sur le fond.

---

(2) *Droit international public*, P.U.F., Thémis, 1973, p. 117.

(3) Comme le note M. Rubin : « But in the only recent precedent, the Egyptian declaration of 1957, France had publicly taken the position that a unilateral declaration was not binding on the declarant and that it could be revoked by the declarant. There is no evidence that this position, which might even be considered a unilateral declaration by France taking a firm position on a matter of law and with an intent to be bound was ever modified by France. Accordingly, it seems doubtful taking, the court's own position in the *Nuclear tests* cases as a correct statement of law that France could have applied that law to any other state making a unilateral declaration. There seems to be something fundamentally wrong with applying a rule to the one state that has clearly signalled that it rejected that rule, when applying the rule would make it impossible for that very state to use it against states accepting the rule ».
« The international legal effects to unilateral declarations », *A.J.I.L.*, 1977, pp. 1-30, p. 26.

Elle constatait qu'il ne pourrait plus y avoir d'essais nucléaires tout en n'imposant à la France que de faire ce qu'elle avait déclaré vouloir faire (4).

Cette utilisation diplomatique du raisonnement juridique explique que les arrêts n'aient pas été unanimement approuvés par la doctrine (5). C'est pour cette raison qu'il ne semble pas inutile de revenir, quelques années après le prononcé des arrêts, sur les solutions qu'ils contiennent afin de situer la promesse par rapport à des institutions voisines. Après avoir pris la mesure de l'originalité de la promesse unilatérale, il sera possible de s'interroger sur l'étendue de ses effets.

SECTION 1. – L'ORIGINALITÉ DE LA PROMESSE UNILATÉRALE

On admet généralement que les comportements et les attitudes des États peuvent engager leurs auteurs. Lorsque le juge est saisi du silence d'un État ou d'une série de pratiques concordantes, il ne manque pas de leur attribuer une signification juridique dès lors qu'il a la possibilité de les imputer à l'État (6). Dans ce contexte, la promesse unilatérale apparaît comme l'un des comportements que le droit international prend en considération. Résultant d'une déclaration expresse de volonté, elle manifeste clairement l'intention de son auteur alors que dans d'autres cas, cette intention doit être déduite de comportements concordants. Mais outre ce particularisme formel, la promesse unilatérale présente-t-elle une spécificité par rapport aux autres comportements de l'État ?

Au fond, dans l'analyse de ces comportements, doctrine et jurisprudence peuvent suivre deux voies. Fidèles aux thèses consensualistes, elles rechercheront au-delà de l'unilatéralité apparente l'accord de volonté et appliqueront « *pacta sunt servanda* ». Ou bien, suivant une tendance plus récente, sans s'interroger véritablement sur la volonté que traduit le comportement de l'État, elles lui feront produire des effets en invoquant la théorie de l'estoppel. La promesse unilatérale constitue-t-elle une troisième voie, un procédé de création des normes internationales distinct des deux précédents.

---

(4) Cf. Thierry : « La Cour dans ses arrêts du 20 novembre 1974 est allée jusqu'aux limites de ce qui était juridiquement possible afin de dégager dans cette affaire une solution qui pour être fondée en droit n'en est pas moins diplomatique », « Les arrêts du 20 décembre 1974 et les relations de la France avec la Cour internationale de justice », *A.F.D.I.*, 1974, pp. 286-298, p. 295.

(5) Pour une critique sévère de l'arrêt, cf. Rubin, *op. cit., supra ;* pour un examen plus favorable voir Carbone Sergio, « Promise in international law ; a confirmation of its binding force », *Italian yearbook of International law*, 1975, pp. 162-172.

(6) Cf. Elisabeth Zoller, *La bonne foi en droit international public*, Paris, Pedone, 1977, pp. 274 ss. et Antoine Martin, *L'estoppel en droit international public*, Paris, Pedone, 1979, 384 p., dans la seconde partie de l'ouvrage.

A. – Accord de volonté, promesse unilatérale et stipulation pour autrui

La création par un traité de droits au bénéfice de tiers, que l'on désigne communément sous le nom de stipulation pour autrui, n'est rien d'autre à notre avis qu'un type de promesse unilatérale dont la doctrine a expliqué les effets par un recours au consensualisme. Son étude n'est pas sans intérêt pour mieux comprendre la nature de la promesse unilatérale telle que la définit la Cour.

Certes, dans la stipulation pour autrui, la promesse faite au tiers trouve son origine dans un traité. Elle repose avant tout sur un fondement conventionnel. Si cette analyse est exacte, elle ne vaut que dans les rapports entre les parties au traité qui contient la stipulation. De ce fait, si l'une des parties ne respecte pas la stipulation, les autres parties sont fondées à engager sa responsabilité pour violation du traité. En va-t-il de même dans les rapports entre l'ensemble des parties et le tiers ?

Puisque ce dernier n'est pas partie au traité qui comporte la stipulation, il ne tire de ce traité aucun droit au maintien de la promesse contenue dans la stipulation (7). S'il existe une obligation de maintenir la promesse, la source de cette obligation doit être recherchée ailleurs. L'analyse ne porte-t-elle pas alors sur une situation identique à celle d'une promesse faite par un seul État à un autre sujet de droit international ?

Ce résultat n'a rien de surprenant car, dans les deux cas, nous sommes en présence d'une promesse unilatérale. Pour nous, le caractère unilatéral d'un acte ne découle nullement du fait qu'il soit imputable à un seul sujet de droit international. Un acte unilatéral est un acte hétéronormateur, c'est-à-dire une manifestation de volonté par laquelle un ou plusieurs sujets de droit créent des normes applicables à des tiers (8). Or, le bénéficiaire de la promesse devient titulaire d'un droit alors même qu'il n'a pas été appelé à participer à l'élaboration de l'acte qui crée ce droit. Pour le destinataire de la promesse, que cette dernière résulte d'un traité ou d'une déclaration d'un seul État, l'acte vient d'un seul côté, *unus latus*, puisque le droit dont il deviendra titulaire ne procède pas de sa volonté, mais de celle d'un ou de plusieurs autres États.

Sans méconnaître a priori les conséquences qu'implique l'origine conventionnelle ou unilatérale de la promesse, il n'est pas illégitime d'établir un parallèle entre la promesse prétendue « unilatérale » et la stipulation pour autrui (9).

---

(7) Cf. Basdevant, exposé devant la C.P.J.I. dans l'affaire des zones franches, Série C, n° 17, vol. 1, p. 339.

(8) Cf. *Éléments pour une théorie de l'acte juridique en droit international public*, Bibliothèque de droit international, t. XIX, Paris, L.G.D.J., 1972, 511 p., pp. 321 ss ; Dehaussy (J.), « Les actes unilatéraux en droit international public, à propos d'une théorie restrictive », *Journ. du droit intern.*, 1965, pp. 41-66.

(9) Par convention, nous conservons le terme de promesse unilatérale pour désigner la promesse qui émane d'un seul État.

D'ailleurs la problématique qui s'est développée au sein de la Commission du droit international à propos de la stipulation pour autrui n'est pas sans rapport avec les oppositions qui se sont révélées au sujet de la promesse unilatérale (10).

En effet, la stipulation peut être analysée soit comme une partie d'un processus conventionnel, soit comme un acte unilatéral. Dans le premier cas, elle apparaît comme une offre qui ne produit d'effets qu'après acceptation par le bénéficiaire. Les effets résultent d'un accord collatéral au traité initial conclu entre les parties à ce traité et le tiers bénéficiaire. La stipulation ne lie irrévocablement ses auteurs qu'après acceptation du bénéficiaire et sa force obligatoire repose sur *pacta sunt servanda*. Dans le second cas, dès lors qu'il est clairement établi que les parties entendaient conférer un droit au tiers, l'acceptation de celui-ci n'est plus indispensable. Sous réserve de renonciation expresse, le bénéficiaire jouit immédiatement des droits qui lui sont accordés.

On voit que ces thèses sont fort proches de celles développées à propos de la promesse unilatérale (11) qui, pour certains, ne produit d'effets qu'après acceptation du bénéficiaire et qui, pour d'autres, produit par elle-même des effets de droit dès lors que l'intention de l'auteur est suffisamment précisée.

S'agissant de la stipulation pour autrui, la conférence de Vienne sur le droit des traités a retenu la conception de l'accord collatéral, mais elle n'exige qu'une acceptation tacite par le tiers bénéficiaire du droit créé à son profit. Déjà pour la commission du droit international, l'opposition entre tenants et adversaires de la thèse conventionnelle était très largement dépourvue d'incidence pratique. Ce qui est certain, c'est que dans la version proposée par la Commission et retenue à Vienne par la conférence, la différence pratique entre les deux conceptions est réduite à néant.

L'article 36 alinéa 1 est en effet rédigé de la manière suivante :

> « un droit naît pour un État tiers d'une disposition d'un traité si les parties à ce traité entendent par cette disposition conférer ce droit soit à l'État tiers ou à un groupe d'États auquel il appartient, soit à tous les États, et si l'État tiers y consent. Le consentement est présumé tant qu'il n'y a pas d'indication contraire, à moins que le traité n'en dispose autrement. »

Dans la mesure où le consentement est présumé, la promesse produit immédiatement ses effets à l'égard du bénéficiaire. Sur le plan pratique, que l'on analyse la stipulation pour autrui comme un acte unilatéral ou conventionnel, la différence n'est pas grande dès lors que la solution conventionnelle est celle retenue par l'article 36.

---

(10) Cf. les commentaires des articles 32 et 33 du projet de la Commission in rapport de 1966, A.G. Documents officiels, A/6309/révisé 1, pp. 61 ss.

(11) Cf. à ce sujet, l'allusion de Sur in « Les affaires des essais nucléaires devant la C.I.J. », *R.G.D.I.P.*, 1975, pp. 927-1027, p. 1000.

Si l'on admet la similitude entre stipulation pour autrui et promesse unilatérale, devait-on après la conférence de Vienne rechercher ailleurs que dans le consentement présumé du bénéficiaire, le fondement de la force obligatoire de la promesse unilatérale ?

Tout d'abord, on ne doit pas nier l'existence de véritables promesses « conventionnelles », lorsqu'un État fait à un autre État une offre qui est acceptée expressément par le bénéficiaire. Il ne paraît pas sage, dans ces cas, de tenter artificiellement d'établir le caractère unilatéral de la promesse. On pourrait certes estimer qu'au-delà de la convergence des manifestations de volonté, il y a eu promesse unilatérale et que l'acceptation n'ajoute rien à la force juridique d'une promesse déjà obligatoire par elle-même. Mais quel est l'intérêt pratique de telles solutions ? Point n'est besoin de recourir à d'artificielles distinctions alors que le résultat recherché est atteint par la voie conventionnelle.

À l'inverse, il existe des hypothèses où l'artifice consiste à établir le caractère conventionnel de la promesse. Bien que l'on puisse évoquer l'offre et l'acceptation, la promesse ne fait pas suite à une proposition du bénéficiaire et ce dernier n'a pas non plus explicitement accepté le contenu de la promesse (12). Tout au plus, pourrait-on estimer que la promesse correspond à une attente ou à une espérance du bénéficiaire et qu'il ne l'a pas expressément rejetée. Faut-il pousser aussi loin la fiction consensualiste ?

Les déclarations françaises relatives aux essais nucléaires dans le Pacifique posent bien ce type de problèmes (13). Émanant du Président de la République, du Ministre des Affaires étrangères et de celui de la Défense, elles indiquent de manière nuancée que la France entend cesser ses essais nucléaires dans le Pacifique. Elles sont intervenues après la fin de la procédure orale devant la Cour. Devant le Sénat australien, l'attorney général australien a estimé que la déclaration du Ministre des Affaires étrangères ne constituait pas une renonciation définitive aux essais. Cette opinion était partagée par le gouvernement néo-zélandais. Certes, les deux gouvernements n'ont pas rejeté les déclarations françaises, ils soulignaient simplement leur caractère insuffisant.

Sans entrer dans le problème de l'interprétation des déclarations françaises, notons que rien ne s'opposait juridiquement à ce que la Cour constate que, les déclarations constituant une renonciation aux essais nucléaires, les destinataires de la promesse avaient bien accepté celle-ci. En l'absence de protestation ou de refus, le consentement des destinataires pouvait être présumé, comme dans les hypothèses de stipulation pour autrui. Cependant, on aurait pu se demander pour quelle raison la Cour se contentait d'une acceptation

(12) Voir les exemples donnés par Suy, *op. cit.*, pp. 127 ss. ; cf. aussi Dehaussy (J.), « La déclaration égyptienne de 1957 sur le canal de Suez », *A.F.D.I.*, 1960, pp. 169-184.
(13) Cf. C.I.J., *Rec.* 1974, pp. 265-266.

tacite alors qu'il lui eut été loisible de recueillir une acceptation expresse en ouvrant à nouveau la procédure orale avant le prononcé de l'arrêt.

De ce fait, la Cour a choisi d'écarter la voie du consentement tacite en se prononçant clairement sur la force obligatoire des promesses unilatérales.

> « Il est reconnu que des déclarations revêtant la forme d'actes unilatéraux et concernant des situations de droit et de fait peuvent avoir pour effet de créer des obligations juridiques. Des déclarations de cette nature peuvent avoir et ont souvent un objet précis. Quand l'État auteur de la déclaration entend être lié conformément à ses termes, cette intention confère à sa prise de position le caractère d'un engagement juridique, l'État intéressé étant désormais tenu en droit de suivre une ligne de conduite conforme à sa déclaration. Un engagement de cette nature, exprimé publiquement et dans l'intention de se lier, même hors du cadre de négociations internationales, a un effet obligatoire. Dans ces conditions, aucune contrepartie n'est nécessaire pour que la déclaration prenne effet, non plus qu'une acceptation ultérieure, ni même une réplique ou une réaction d'autres États, car cela serait incompatible avec la nature strictement unilatérale de l'acte juridique par lequel l'État s'est prononcé. » (14)

La Cour ne nie pas l'existence de promesses conventionnelles dans le cadre de « négociations internationales », mais en l'occurrence elle souligne le caractère unilatéral de l'engagement. En fait, si les déclarations unilatérales suffisent à engager l'État, le rôle de la promesse conventionnelle devient secondaire. Quelle est l'importance de l'acceptation du destinataire dès lors que l'auteur est déjà lié par sa déclaration. Ce n'est pas parce qu'une acceptation serait « incompatible » avec la nature unilatérale de la promesse qu'elle n'est pas nécessaire. Plus simplement, l'acceptation n'ajoute rien à la force obligatoire de la promesse. Elle est superflue.

Pour la Cour, dès lors que l'intention est certaine et que la déclaration a fait l'objet d'une publication, son auteur est lié à l'égard du ou des bénéficiaires. Bien que la Cour n'évoque pas l'éventuel refus du destinataire, il va de soi que s'il est possible de concéder à celui-ci unilatéralement des droits, il peut tout aussi unilatéralement renoncer à invoquer ces droits.

L'arrêt repousse clairement toute invocation d'une acceptation tacite. Pour la Cour, la source de l'obligation réside dans la promesse et non dans un accord. La fiction consensualiste est écartée.

Si, comme nous le pensons, il n'existe pas de différence de nature entre la promesse unilatérale et la promesse contenue dans une stipulation pour autrui, la solution retenue par la Cour ne nous conduit-elle pas à remettre en cause le contenu de l'article 36 de la Convention de Vienne ? Déjà la Convention de Vienne marquait un progrès en substituant à l'exigence d'un consentement exprès, la présomption d'un consentement tacite. À la lumière

(14) *Rec. Cit.*, p. 267.

des arrêts de 1974, même lorsque la promesse trouve son origine dans un traité et que plusieurs États se mettent d'accord pour conférer des droits à des tiers, le consentement de ces derniers ne devrait plus être requis. Sinon comment justifier l'inutilité du consentement lorsque la promesse émane d'un seul État et son exigence lorsqu'elle émane de plusieurs.

Le renoncement au consensualisme opéré par les arrêts du 20 décembre 1974 va bien au-delà du champ de la promesse unilatérale *stricto sensu*. Mais, si la Cour nous amène à abandonner le fondement conventionnel pour expliquer la force obligatoire des promesses, il est nécessaire de rechercher ailleurs le fondement de cette force et ce n'est pas par un parallélisme avec la stipulation pour autrui qu'il nous sera possible de le découvrir. L'intérêt de la solution retenue par la Cour n'est pas de fonder la spécificité de la promesse « unilatérale » par rapport à d'autres types de promesses, il réside dans le fait d'établir que dès qu'un droit est créé à l'égard d'un tiers par un acte, déclaration ou accord, à l'élaboration duquel ce tiers n'a pas participé, l'acceptation du bénéficiaire n'est pas requise pour faire produire son plein effet à cet acte.

B. – Promesse unilatérale, estoppel et bonne foi

La théorie de l'estoppel a été fréquemment invoquée pour justifier l'effet que produiraient certains comportements d'un État. L'estoppel, selon certaines analyses, empêcherait un État de revenir sur son attitude antérieure. Si l'on retient cette conception, les effets de l'estoppel et ceux de la promesse unilatérale sont identiques. Il ne s'agit que de dénominations différentes de la même réalité. Certes, l'estoppel s'appliquerait à d'autres hypothèses que celle de la promesse, mais il engloberait cette dernière (15).

Après les arrêts de 1974, la promesse devrait être distinguée de l'estoppel entendu au sens large. La doctrine a eu fréquemment recours à la notion d'estoppel pour décrire les effets des actes unilatéraux, en raison de l'incertitude qui régnait quant à la valeur juridique de ces actes. Si la Cour admet que la promesse unilatérale a une force obligatoire, il n'est plus nécessaire de la recouvrir du manteau de l'estoppel pour obtenir ce résultat.

Mais cette conception large de l'estoppel n'est d'ailleurs plus retenue par la jurisprudence récente. Dans son arrêt du 20 février 1969 dans l'affaire du Plateau Continental de la Mer du Nord, la Cour internationale de justice pouvait faire produire des effets au comportement allemand soit en se fondant sur l'estoppel soit en retenant l'engagement unilatéral qui aurait résulté des attitudes allemandes. Si aucune de ces solutions ne lui a paru fondée, elle les a pourtant soigneusement distinguées (16).

---

(15) Cf. à ce sujet, Martin, *op. cit.*, pp. 205 ss. qui estime que la notion d'estoppel ne présente pas d'utilité en droit international si elle se limite à décrire l'effet produit par un acte juridique.

(16) *Rec.* 1969, pp. 25-26.

La Cour écarte la thèse de l'engagement unilatéral faute de comportements clairs et constants. Elle examine ensuite l'hypothèse de l'estoppel

> « Il faudrait que la Grande-Bretagne ne puisse plus contester l'applicabilité du régime conventionnel en raison d'un comportement, de déclarations, etc. qui n'auraient pas seulement attesté de manière claire et constante son acceptation de ce régime, mais aurait également amené le Danemark ou les Pays-Bas, se fondant sur cette attitude, à modifier leur position à leur détriment ou à subir un dommage quelconque. » (17)

En étudiant successivement les deux possibilités, la Cour confirme bien que l'estoppel n'est pas seulement l'effet produit par un acte unilatéral. Pour que l'estoppel joue, il est nécessaire que les tiers se soient fondés sur le comportement d'un État, ce qui les a amené à modifier leur position à leur détriment. La Cour ne va pas cependant jusqu'aux limites logiques de sa conception. En exigeant des comportements ou des déclarations clairs et constants, la Cour contribue à la confusion entre acte unilatéral et estoppel. Si les comportements sont clairs et constants, point n'est besoin de recourir à l'estoppel pour justifier les effets qu'ils produisent par eux-mêmes en tant qu'éléments constitutifs d'un acte juridique (18).

En fait, la théorie de l'estoppel n'exige point que l'auteur des déclarations se soit engagé véritablement, mais il faut que les tiers aient pu croire de bonne foi en la réalité de l'engagement. Selon Sir Gerald Fitzmaurice.

> « [...] le véritable domaine d'application du principe de forclusion ou d'estoppel est le cas où il est possible que la partie intéressée ne se soit pas engagée ou n'ait pas accepté l'obligation en question (ou qu'il y ait possibilité d'en douter), mais où la conduite ultérieure de cette partie a été telle ou a eu des conséquences telles qu'on ne peut lui permettre de nier l'existence d'un engagement et qu'elle soit liée. » (19)

Dès lors, si l'auteur de la promesse a clairement entendu se lier, point n'est besoin d'invoquer l'estoppel, il suffit que le destinataire établisse la réalité de l'engagement pour lui faire produire des effets. Dans les arrêts sur les essais nucléaires, la Cour invite cependant à la prudence dans cette recherche de l'engagement, car :

> « lorsque les États font des déclarations qui limitent leur liberté d'action future, une interprétation restrictive s'impose. » (20)

---

(17) *Rec. cit.*, p. 26.

(18) À notre sens, la prudence de la Cour est due au fait qu'en l'espèce, il s'agissait de faire jouer à l'égard d'un État les obligations d'un traité que cet État aurait pu ratifier. D'où la recherche d'une intention claire et constante d'accepter les obligations du traité. Comme le note M. Ammoun dans son opinion individuelle, « l'arrêt ne tient pas compte d'une doctrine bien établie selon laquelle un État peut être lié par un acte unilatéral », arrêt cit., p. 120.

(19) C.I.J. arrêt du 16 juin 1962, temple de Préah Vihéar, op. ind., *Rec.* 1962, p. 63.

(20) *Rec.* 1974, p. 267.

Par contre, si l'intention de l'auteur de la promesse n'est pas certaine, le recours à l'estoppel est possible. Le destinataire établira que le comportement de l'auteur contribuait à donner une représentation de la réalité à laquelle il s'est fié. Si cette représentation l'a incité à modifier sa position à son désavantage ou à l'avantage de l'auteur du comportement, il pourra tirer de la représentation les effets qu'aurait produit une déclaration unilatérale (21).

Lorsqu'un État invoque l'estoppel à propos d'une promesse unilatérale, il doit établir que le contenu de la promesse l'a incité à changer de position. Il peut obtenir le même résultat en démontrant l'intention de se lier de l'auteur de la promesse et il n'est pas, dans ce cas, obligé de prouver qu'il a changé de position à la suite de la promesse.

Certains auteurs ont cru voir cependant une référence à l'estoppel dans les lignes que la Cour consacre aux effets de la promesse :

> « Les États intéressés peuvent donc tenir compte des déclarations unilatérales et tabler sur elles ; ils sont fondés à exiger que l'obligation ainsi créée soit respectée. » (22)

Cette impression résulte du fait que la Cour en cherchant à déterminer le fondement de la promesse unilatérale met en valeur la communauté qui existe à ce titre avec l'estoppel.

> « L'un des principes de base qui président à la création et à l'exécution d'obligations juridiques, quelle qu'en soit la source est celui de la bonne foi. La confiance réciproque est une condition inhérente de la coopération internationale, surtout à une époque où dans bien des domaines, cette coopération est de plus en plus indispensable tout comme la règle du droit des traités *pacta sunt servanda* elle-même, le caractère obligatoire d'un engagement international assumé par déclaration unilatérale repose sur la bonne foi. » (23)

Or, l'estoppel trouve également son fondement moral dans la bonne foi. Mais, sur le plan juridique, ce n'est pas parce que l'État s'est engagé qu'il est tenu de respecter son engagement. L'obligation résulte de la conviction que le comportement a fait naître chez un tiers. Cette conviction ayant conduit le tiers à agir, l'auteur est alors tenu de se conformer à cette conviction (24).

Au-delà même du principe de bonne foi, c'est cette protection des intérêts du destinataire qui est mise en avant par la Cour lorsqu'elle évoque la foi que

---

(21) Cf. Martin, *op. cit.*, pp. 313-314.

(22) *Ibid.*, p. 268 ; cf. Bollecker, « L'affaire des essais nucléaires français devant la C.I.J. », *A.F.D.J.*, 1974, pp. 299-333, p. 330.

(23) *Eod. loco.*

(24) Cf. Zoller : « Dès lors la règle selon laquelle les États doivent observer une certaine logique de comportement et une certaine cohérence de leurs attitudes ne peut se fonder juridiquement sur le principe de la bonne foi ; elle découle de l'idée non pas que l'on doit être fidèle à sa parole et à ses engagements, mais que l'on doit assumer les conséquences de ses actes, qu'on est responsable des convictions erronées que l'on fait naître chez autrui », *op. cit.*, p. 290.

les États doivent accorder aux déclarations unilatérales. Ici encore, le principe de confiance, la nécessaire protection du destinataire sert de fondement à la force obligatoire de la promesse.

L'identité de fondement n'entraîne pas une confusion entre l'institution de la promesse et de l'estoppel. La distinction réside dans le mode de création de l'obligation. S'agissant de la promesse qui est un acte juridique, la manifestation de volonté de l'auteur est à la source de l'obligation. Dans le cadre de l'estoppel, les effets ne découlent pas de la volonté, mais de la représentation que le tiers s'est fait de bonne foi de la volonté de l'auteur. C'est pour cette raison que dans le cadre de l'estoppel, le comportement du destinataire est fondamental. Lui seul permettra de montrer que l'État s'est fié à la représentation. S'agissant de la promesse au contraire, le comportement du destinataire n'ajoute rien à la force obligatoire de la déclaration unilatérale.

Si la Cour place dans la nécessité de respecter la confiance légitime du destinataire, le fondement de la valeur obligatoire de la promesse, elle n'exige pas pour que la promesse déploie ses effets que le tiers manifeste explicitement ou implicitement cette confiance. Le consensualisme fournissait une clef d'analyse des effets de la promesse unilatérale. La renonciation à cette clef conduit à s'interroger sur la spécificité des effets de la promesse.

SECTION 2. – L'ABSENCE DE SPÉCIFICITÉ DES EFFETS DE LA PROMESSE UNILATÉRALE

Rappeler la valeur obligatoire de la promesse ne suffit pas à rendre pleinement compte de ses effets. Un des résultats de l'analyse conventionnelle était non seulement de fonder la force obligatoire de la promesse, mais aussi l'irrévocabilité de celle-ci.

Ainsi, le gouvernement français mettait en doute l'irrévocabilité, mais non la valeur, de la déclaration égyptienne sur le canal de Suez lorsque son représentant au Conseil de sécurité déclarait :

> « Une déclaration unilatérale même enregistrée ne peut très évidemment avoir d'autre portée que celle d'un acte unilatéral et nous devons tirer de cette constatation d'évidence la conséquence que décrétée unilatéralement la déclaration peut être modifiée ou annulée de la même façon. » (25)

On admet que la déclaration puisse produire des effets tant qu'elle est maintenue, mais peut-elle être révoquée unilatéralement en vertu du parallélisme des formes. La Cour ne pose pas l'irrévocabilité en principe absolu, elle indique seulement les limites du pouvoir de modification.

---

(25) Cf. A.C. Kiss, *Répertoire français de droit international public*, I, n° 1181, voir aussi 1182.

A. – Le droit au maintien de la promesse

Dans une optique conventionnelle, la promesse ne devait être maintenue que dès lors qu'elle avait fait l'objet d'une acceptation implicite ou explicite puisqu'elle ne devenait obligatoire qu'après cette acceptation. Pouvait-elle subsister lorsque le bénéficiaire avait fait savoir qu'il n'en désirait plus le maintien ? Si l'on raisonne en termes conventionnels, l'accord du promettant et du bénéficiaire serait nécessaire, ce qui n'a pas beaucoup de sens dans la mesure où la promesse ne crée d'obligations qu'à l'égard de son auteur et où l'on voit mal quel intérêt ce dernier pourrait avoir à maintenir à tout prix son obligation et à refuser de déférer au désir du titulaire du droit (26).

Dans le cadre de l'analyse de la Cour, si la promesse trouve son fondement dans la confiance légitime que les États doivent s'accorder, le bénéficiaire peut fort bien renoncer à tout moment à la protection que lui accordait le droit international.

Mais tant que cette renonciation n'est pas intervenue, la promesse doit être maintenue. Le droit au maintien de la promesse ne peut être invoqué que si celle-ci répond à certaines conditions. La promesse comme tout acte doit obéir aux conditions générales relatives à l'existence des actes juridiques. La Cour vérifie soigneusement l'existence d'une manifestation de volonté imputable à un sujet de droit international et ayant pour objet la création d'une norme :

– la volonté de créer une norme

> « Quand il a annoncé que la série d'essais atmosphériques de 1974 serait la dernière, le gouvernement français a signifié par là à tous les États du monde, y compris le demandeur, son intention de mettre effectivement fin à ces essais. Il ne pouvait manquer de supposer que d'autres États pourraient prendre acte de cette déclaration et compter sur son effectivité... C'est du contenu réel de ces déclarations et des circonstances dans lesquelles elles ont été faites que la portée juridique de l'acte unilatéral doit être déduite. L'objet des déclarations étant clair et celles-ci étaient adressées à la Communauté internationale dans son ensemble la Cour tient qu'elles constituent un engagement comportant des effets juridiques. » (27)

---

(26) L'article 37 al. 2 de la convention de Vienne ne traite pas de la renonciation par le bénéficiaire du droit créé à son profit. Il prohibe simplement la révocation ou la modification de la promesse par ses auteurs :

« Au cas où un droit est né pour un État tiers conformément à l'article 36, ce droit ne peut pas être révoqué ou modifié par les partis s'il est établi qu'il était destiné à ne pas être révocable ou modifiable sans le consentement de l'État tiers. »

En fait, la question est théorique. Il suffit que le bénéficiaire cesse d'exercer le droit dont il est titulaire pour que puisse jouer la désuétude.

(27) *Rec.* 1974, pp. 269-270.

- l'imputabilité

« Parmi les déclarations du gouvernement français en possession desquelles la Cour se trouve, il est clair que les plus importantes sont celles du Président de la République. Étant donné ses fonctions, il n'est pas douteux que les communications et déclarations publiques, verbales ou écrites qui émanent de lui en tant que chef de l'État représentent dans le domaine des relations internationales des actes de l'État français. » (28)

Mais au-delà des conditions communes à tous les actes, la Cour n'impose qu'une condition de forme, celle de la publicité de la promesse.

À propos de la forme de la déclaration, la Cour adopte l'optique volontariste selon laquelle l'essentiel est de pouvoir établir l'intention de l'auteur, la forme dans laquelle s'exprime cette intention restant secondaire. La déclaration qui contient la promesse peut être verbale ou écrite. L'arrêt ne donne aucune indication quant à l'existence de promesses tacites. Certes, le droit international admet que l'intention d'un État puisse se manifester à travers des comportements ou des attitudes, voire le silence gardé en réponse à une prétention notoire d'un autre État (29). Un État qui n'exercerait plus une de ses compétences alors qu'il pourrait le faire, peut-il être réputé avoir promis de ne plus exercer cette compétence (30). En fait, on est en présence de mécanismes qui mettent en œuvre l'acquiescement, la caducité, l'estoppel, mais ne relèvent pas de l'acte unilatéral. D'ailleurs, comment un comportement implicite peut-il répondre à l'obligation de publicité imposée par la Cour ? Certes, le destinataire apportera la preuve qu'il a interprété de bonne foi certaines abstentions de l'État comme constitutives d'une promesse. Mais dans ce cas, il ne cherche plus la source de l'obligation dans une manifestation de volonté, mais dans la foi accordée à une représentation de la volonté de l'État. Il se situera dans le cadre de l'estoppel et non dans celui de la promesse.

D'une manière générale, la publicité est une condition de l'opposabilité des actes unilatéraux étatiques. Dans la mesure où le destinataire ne participe pas à l'élaboration de l'acte, il ne peut prétendre opposer celui-ci à son auteur que dans la mesure où il en a eu connaissance.

La forme de la publicité doit être adaptée au nombre des destinataires de l'acte. Tandis que la notification convient pour porter la promesse à la connaissance d'un nombre limité d'États, la déclaration publique lie l'auteur à l'égard d'un plus grand nombre d'États. La Cour a estimé que la France, en choisissant la voie de la déclaration publique, s'était liée envers la communauté internationale dans son ensemble. Tout État aurait donc un intérêt au maintien de la promesse. La Cour ne devait-elle pas interpréter les déclarations dans

(28) *Ibid.*

(29) Pour les exemples, cf. Jacqué, *Éléments pour une théorie de l'acte juridique*, Paris, L.G.D.J., 1972, pp. 214 ss.

(30) Sur ce point, voir Zoller, p. 288.

leur contexte qui est celui d'un différend opposant l'Australie et la Nouvelle-Zélande à la France ? La logique ne l'amenait-elle pas à considérer que la promesse française n'engageait la France qu'à l'égard des demandeurs et non de la Communauté internationale dans l'ensemble, autorisant ainsi une *actio popularis* en cas de reprise des essais nucléaires français ?

Si la forme de la publicité doit être adaptée au nombre des destinataires, on ne peut aisément présumer à défaut d'indication expresse de l'auteur, que celui-ci a entendu se lier à l'égard de l'ensemble de la Communauté internationale. De tels engagements sont certes concevables lorsqu'ils concernent un statut objectif (neutralité, démilitarisation, liberté de navigation sur un cours d'eau...) mais il convient d'analyser prudemment tant le contenu de l'engagement que le contexte dans lequel il intervient avant d'en identifier aussi largement les destinataires.

La promesse unilatérale crée au bénéfice de son ou ses destinataires dès lors qu'ils ont été informés de son existence, un droit au maintien de l'engagement pris par l'auteur de la promesse. Mais, de même que le droit des traités autorise dans certaines circonstances, les parties à mettre fin à un traité avant son terme, la Cour ne garantit pas l'irrévocabilité et l'immutabilité absolue de la promesse unilatérale.

B. – La révision de la promesse unilatérale

Si la promesse conventionnelle peut être modifiée par accord entre les parties, il est tout aussi possible à l'auteur et au destinataire de la promesse de conclure un accord modifiant la promesse unilatérale. En acceptant l'accord, le bénéficiaire sera censé avoir renoncé aux droits que lui conférait la promesse unilatérale.

Lorsque la promesse unilatérale prévoit la possibilité d'une révision ou d'une modification, elle pourra faire l'objet d'une révision unilatérale. Encore faut-il que l'auteur de la promesse n'ait pas affecté celle-ci de réserves telles que l'accomplissement de ses obligations soit purement potestatif, auquel cas la promesse n'aurait pu créer aucun droit à l'avantage du bénéficiaire.

En dehors d'un accord du bénéficiaire ou de dispositions résultant du texte de la déclaration, la Cour n'écarte pas toute possibilité de révision. Tout au plus, estime-t-elle qu'en l'espèce

> « l'engagement unilatéral résultant de ces déclarations ne saurait être interprété comme ayant comporté l'invocation d'un pouvoir arbitraire de révision. » (31)

Pour le juriste, la formule utilisée par la Cour suggère une référence à la théorie de l'abus de droit. L'auteur posséderait le droit de réviser la promesse,

---

(31) *Rec. cit.*, p. 270.

mais s'il usait de ce droit, sans motifs, pour se soustraire à ses obligations, ou pour nuire au destinataire de la promesse, il commettrait un abus de droit.

Qu'est-ce qu'un usage non arbitraire du pouvoir de révision de la promesse unilatérale ? N'est-il pas permis de se référer au droit des traités et plus particulièrement aux dispositions des articles 61 et 62 de la Convention de Vienne ? Il va de soi qu'en cas de disparition de l'objet de l'engagement ou d'impossibilité d'exécuter celui-ci, la promesse peut être suspendue ou retirée. De la même manière, un changement fondamental de circonstances constituerait la cause d'une révision non arbitraire de la promesse et il n'existe à cet égard aucune raison de ne pas retenir la définition du changement de circonstances donnée dans l'article 62 de la Convention de Vienne.

Ainsi le régime de la promesse fait-il appel aux règles du droit des traités. C'est bien entendu d'abord parce que comme le traité, la promesse est un acte juridique et qu'à ce titre, elle se satisfait des règles applicables à l'ensemble des actes juridiques, notamment de celles relatives à la volonté dans sa manifestation, son imputation et sa validité. Mais, force est d'ajouter que la spécificité de la promesse unilatérale n'est pas si grande qu'elle impose le recours pour l'analyse des effets qu'elle produit à des règles différentes de celles applicables aux traités.

Les conditions de révision et de révocation de la promesse unilatérale sont fort proches de celles prévues dans le cadre du droit des traités pour la suspension ou l'extinction des obligations nées d'une convention internationale (32).

*

* *

La consécration par la Cour de la force obligatoire de la promesse unilatérale, si elle était justifiée par les nécessités de l'espèce, nous paraît avoir une portée essentiellement théorique. La clarification apportée par les arrêts conduit à distinguer la promesse d'institutions qui étaient invoquées au lieu et place de celle-ci comme l'estoppel. Elle nous incite à réfléchir sur la nature véritable d'engagements que la doctrine et le droit positif analysaient de manière consensuelle, comme ceux résultant de la stipulation pour autrui. La doctrine doit accueillir avec satisfaction la démarche clarificatrice de la Cour.

Par contre, sur le plan pratique, les solutions traditionnelles qui se fondaient sur le consentement tacite du destinataire donnaient très largement satisfaction et l'abandon de la fiction consensualiste n'apporte pas d'avantages considérables. Le régime de la promesse fait très largement appel à des

(32) Cette constatation doit être tempérée d'une réserve. Alors que la modification de circonstances ne permet que le retrait unilatéral du traité ou l'extinction de celui-ci, elle justifie comme en droit des traités la révocation unilatérale, mais aussi, ce qui est impossible dans le cadre des traités, la modification unilatérale de l'engagement.

règles inspirées du droit des traités. En outre, l'analyse conventionnelle permettait de situer la promesse par rapport aux autres conventions. Les règles contenues dans les articles 30 et 53 de la Convention de Vienne régissent-elles aujourd'hui les conflits entre traité et promesse ? On sait que la doctrine n'est pas unanime quant à la manière de résoudre les conflits entre une norme de jus cogens et un acte unilatéral. Certains plaident pour l'inopposabilité, voire la nullité, d'autres estiment que la sanction de la prise en jeu de la responsabilité de l'auteur de l'acte est suffisante. Quant au conflit entre un acte unilatéral et un traité, il ne se règle pas plus facilement qu'un conflit en traités contradictoires. On pourrait en toute hypothèse faire prévaloir la convention sur l'engagement unilatéral, mais faut-il négliger la confiance placée dans la promesse par le destinataire dans l'hypothèse où ce dernier n'est pas partie à la Convention à laquelle l'acte unilatéral est contraire ? Faut-il comme en droit des traités chercher une solution dans le droit de la responsabilité ? Doit-on plutôt faire jouer l'inopposabilité ou la nullité ?

En remettant en cause la fiction du consentement tacite, la Cour a détruit la sécurité que procurait le cadre de référence conventionnel. S'il est encore possible d'y faire recours, c'est dans ce qu'il a de plus général, dans les règles qui sont transposables à tous les actes et non dans celles qui sont spécifiques aux traités. Ainsi les arrêts sur les essais nucléaires nous invitent à suivre la voie ouverte par le Professeur Reuter lorsqu'il nous appelle dans ses principes de droit international public de 1961 à passer d'une théorie des traités à une théorie des actes (33).

(33) *R.C.A.D.I.*, 1961, II, pp. 425-655, surtout pp. 531 ss.

L'ACTE JURIDIQUE : RÉFLEXIONS D'UN INTERNATIONALISTE

Jean-Paul JACQUÉ

Comment le droit international n'aurait-il pas, comme tout ordre juridique, recours à la technique de l'acte juridique, qui permet, parmi un ensemble de comportements, d'isoler ceux qui sont révélateurs d'une volonté destinée à créer des effets de droit et de reconnaître ainsi les comportements normateurs des sujets de l'ordre international ? Marqué plus que tout autre ordre juridique par l'importance accordée à la volonté, et plus particulièrement à celle des États, le droit international devait faire un sort tout particulier à l'acte juridique, procédé volontaire de création du droit.

Or, le lecteur des manuels et des traités est frappé du traitement réservé par les auteurs à l'acte juridique. Lorsqu'ils envisagent la question, c'est généralement dans un développement fort bref, avant de consacrer toute leur attention à l'une des catégories d'actes, la convention. On est loin du droit administratif où la théorie des actes constitue la pièce maîtresse de la réflexion. Ici la théorie de l'acte se résume en une théorie des conventions internationales suivie d'un coup de chapeau aux actes unilatéraux. La théorie générale de l'acte juridique en droit international public reste encore largement à faire. Certes, le développement du droit des organisations avec l'apparition d'un droit dérivé de la convention créant l'organisation a fait évoluer la doctrine, mais les controverses relatives à la valeur juridique des actes des organisations ont souvent focalisé la réflexion au détriment d'une analyse plus poussée du régime des actes.

Cette situation trouve son origine dans la diversité des systèmes nationaux de référence. Ce n'est pas un hasard si les premières réflexions systématiques sur l'acte juridique en droit international peuvent être trouvées dans des ouvrages allemands du début du siècle et si celles-ci ont été d'abord reprises en Italie. En France, Georges Scelle est le premier à avoir tenté une exploration d'ensemble du domaine. Par contre, la doctrine anglo-saxonne reste réticente à toute approche d'ensemble de la matière. Plus que toute autre, la théorie ou l'absence de théorie de l'acte est fortement ancrée sur des points de référence nationaux et ce n'est que fort lentement que l'on parviendra à trouver un langage commun. Les développements du droit international y contribuent. L'apparition de la sentence arbitrale, premier acte unilatéral autoritaire, fera naître des problèmes qui ne pourront trouver de solution par référence au droit des traités et qui préfigurent les questions qui se poseront à l'égard des actes des organisations, notamment celle des rapports entre le compromis d'arbitrage et la sentence ainsi que celle qui découle de la nullité de la sentence. Mais il faudra du temps pour percevoir l'utilité de construire, à partir de théories des différents actes, une théorie de l'acte juridique et pour comprendre qu'une question qui ne trouve pas de réponse spécifique peut recevoir une solution en faisant appel aux principes généraux applicables à tous les actes juridiques. Cette démarche fera son chemin. Ainsi, à propos de la promesse unilatérale et des effets de celle-ci, la Cour internationale de justice l'empruntera implicitement pour tempérer l'effet obligatoire de la promesse en faisant recours à la théorie du changement de circonstances empruntée au droit des traités (1).

La résistance à la conceptualisation qui vient d'être décrite n'est pas exclusivement due à la diversité des expériences juridiques nationales, elle trouve son origine dans la structure même de la société internationale, marquée par la réticence des États à l'égard de tout système hiérarchisé. La réflexion sur l'acte juridique doit tenir compte de la prégnance du phénomène conventionnel, de la réticence au formalisme et des difficultés que fait naître toute hiérarchie des normes.

SECTION 1. – LA PRÉGNANCE DU PHÉNOMÈNE CONVENTIONNEL

Si la théorie de l'acte s'est traditionnellement résumée en une théorie des conventions internationales, c'est certes en raison de la sécurité juridique qui découle du principe *Pacta sunt servanda.* Tout accord de volonté devant être respecté, il était tentant de ramener tout acte juridique à un accord de volontés. En outre, le régime des conventions internationales étant coutumièrement fixé avant d'être codifié dans la Convention de Vienne sur le droit des traités, on évitait toute incertitude sur les règles applicables à l'acte considéré.

Cette tendance s'est longtemps opposée à la prise en considération des *actes unilatéraux des États.* Il était commode de leur appliquer le droit des traités. On en concluait donc qu'il ne pouvait y avoir d'engagement purement unilatéral. L'histoire de la promesse unilatérale est représentative de cette tendance. Jusqu'à l'arrêt précité de la Cour internationale de justice, une partie de la doctrine cherchait la source de l'obligation créée par la promesse dans l'acceptation du bénéficiaire. Compte tenu de l'absence de formalisme qui est de règle en droit international, cette acceptation pouvait résulter de comportements divers, voire du silence du bénéficiaire. Fort rare, la jurisprudence en la matière hésitait à sortir du champ conventionnel. Il a fallu que

(1) Arrêt du 20 décembre 1974, CIJ, *Rec.*, 1974, p. 270 : « L'engagement unilatéral résultant de ces déclarations ne saurait être interprété comme ayant comporté l'invocation d'un pouvoir arbitraire de révision. »

la Cour se trouve en face d'une situation dans laquelle il était impossible de trouver une acceptation du destinataire pour qu'elle recherche dans la reconnaissance du caractère unilatéral de la promesse un moyen aisé d'éviter de se prononcer au fond sur les essais nucléaires français dans le Pacifique. Il est vrai qu'admettre l'existence d'actes multilatéraux obligatoires pouvait conduire à remettre en cause, le cas échéant, certaines analyses traditionnelles et à dissocier dans des ensembles complexes ce qui est conventionnel de ce qui ne l'est pas. Lorsque deux États se promettent par traité d'adopter un comportement déterminé à l'égard d'un tiers, est-on en présence d'une stipulation pour autrui qui produit des effets lors de l'acceptation du tiers ou d'une promesse unilatérale « collective » qui lie ses auteurs avant toute acceptation ? *Quid* de certaines déclarations communes qui ne sont pas des accords internationaux, mais qui définissent un comportement à l'égard d'un autre État ? En de tels cas, où le mécanisme de la stipulation n'opère pas, celui de la promesse ne peut-il être amené à jouer ? Certes, comme tout acte, la promesse est une manifestation de la volonté de donner naissance à des effets de droit conforme à la volonté exprimée. Le droit prend cette volonté en considération. Si le recours à l'*estoppel* peut conduire dans des circonstances déterminées et limitées à protéger la bonne foi du tiers, il relève d'une approche différente de celle de l'acte puisque c'est seulement lorsque la volonté fait défaut, mais que le tiers a pu croire qu'elle existait et s'y est fié, qu'elle est éventuellement amenée à déployer ses effets. Pour le reste, en l'absence d'une volonté des auteurs, point de promesse. Mais les États peuvent légitimement redouter que, prises dans la grille de l'interprétation, leurs déclarations ne viennent à les lier alors qu'ils ne l'ont point voulu, ou plus égoïstement souhaiter déclarer qu'ils ne se sont point liés, alors qu'ils ont peut-être entendu le faire au moment de leur déclaration. La sécurité du cadre conventionnel leur convenait et leur donnait la liberté de revenir sur des promesses purement unilatérales, dès lors qu'elles n'avaient pas fait l'objet d'une acceptation expresse par leur destinataire, les effets par trop nocifs d'une telle situation pouvant être tempérés par le recours à l'*estoppel*.

La prégnance du conventionnel a marqué de la même manière l'analyse des *actes unilatéraux des organisations internationales*. En témoigne la tendance à considérer la sentence internationale comme un accord international puisque fondée sur un compromis qui avait lui-même la nature d'un tel accord. Le compromis déteignait sur la sentence. Anzilotti lui-même estimait que la sentence devait être imputée aux États qui avaient créé le tribunal arbitral. Cette vision n'était pas dépourvue de tout intérêt pratique puisqu'en assimilant la sentence à un accord international, on réglait par là même le problème délicat de l'*exequatur*. Confrontés à cette difficulté, des tribunaux arbitraux y trouvaient une issue convenable. On se souvient de la très prudente formule de l'affaire Martini : « la sentence arbitrale doit plutôt être de l'ordre d'un traité international que d'un arrêt de tribunal interne » (2). Les difficultés d'application d'une analyse conventionnelle aux arrêts des juridictions internationales permanentes devaient conduire à l'abandon d'une conception qui survécut à l'affirmation par les arbitres de leur indépendance par rapport aux parties et de leur compétence pour déterminer leur compétence. Mais cet abandon ne rejaillira pas immédiatement sur les actes unilatéraux des organisations internationales.

Une partie de la doctrine a, en effet, tenté de décrire ces actes unilatéraux comme des actes conventionnels dans la mesure où ils étaient fondés sur le traité créant l'organisation internationale. La manifestation de volonté d'où ils tireraient leurs effets juridiques serait le traité constitutif et le fait que celui-ci ait prévu la force obligatoire de l'acte ainsi que son régime suffiraient à faire considérer l'acte comme conventionnel. Cette conception nie l'existence de l'organisation comme un centre d'imputation autonome et la reconnaissance de la personnalité juridique des organisations aurait dû y mettre fin. Il est vrai que les États n'acceptent pas aisément l'existence d'une autonomie appartenant à des entités qui leur doivent l'existence. On trouve une manifestation récente de cette réticence dans l'attitude de l'Union soviétique lors de la conférence sur les traités conclus entre les États et les organisations internationales visant à faire considérer les organisations comme des sujets dérivés de droit international et à enfermer strictement leur activité conventionnelle dans le cadre du traité constitutif. Dire que les actes des organisations participent du caractère conventionnel du traité constitutif puisque celui-ci prévoit leur régime juridique, c'est réserver le caractère d'acte juridique aux seuls actes-règles alors que, pour reprendre la terminologie duguiste, l'acte-condition est également un acte juridique puisque la volonté de son auteur a pour effet juridique la mise en œuvre du régime juridique prévu par le droit positif.

Cependant, lorsque l'on chasse le conventionnel, il revient au galop. La pratique des organisations est riche en exemples de situations dans lesquelles l'adoption d'un acte unilatéral est l'enjeu de négociations qui apparente celle-ci à l'élaboration d'une convention internationale. Le compromis de Luxembourg sur la recherche de l'unanimité au sein du Conseil des Communautés européennes ou la pratique du consensus dans les organisations universelles en sont des illustrations traduisant ce que le doyen Colliard qualifiait d'« irréductible diplomatique ». Quelle que soit la signification politique de telles pratiques, elles sont sans grande incidence sur la nature de l'acte. Le règlement communautaire adopté à l'unanimité n'en reste pas moins un acte de l'organisation soumis comme tel au droit communautaire, l'adoption d'une résolution à l'Assemblée générale par consensus ne confère pas *ipso facto* à celle-ci, dans le cadre de l'organisation, une force juridique que la Charte

(2) Italie c/ Venezuela, ONU, *Recueil des sentences arbitrales*, t. II, p. 977, surtout p. 995-997.

lui refuse. Toutes les théories du *soft law* ne peuvent changer ce fait. Certes, il est possible de considérer que la reconnaissance ainsi accordée par la Communauté internationale est un pas significatif dans le cadre du processus coutumier. Mais alors on ne se situe plus dans le cadre de la théorie de l'acte et ce n'est plus en tant que résolution que cet acte produit des effets juridiques, sauf à méconnaître le fait que la volonté ne suffit pas à produire des effets de droit, mais qu'elle doit en outre être prise en considération comme telle par le droit positif. Or, si le droit positif constitué par la convention qui crée l'organisation ne confère pas d'effets intrinsèques à une résolution, celle-ci ne peut produire d'effets qu'en raison d'éléments extrinsèques. Pour que le consensus puisse conférer une valeur juridique à des résolutions auxquelles la charte n'attribue pas cette valeur, il faudrait, à défaut d'une révision de la charte, qu'une coutume soit venue modifier celle-ci sur ce point. Mais ceci n'exclut pas qu'une résolution puisse également constituer un accord conventionnel entre États parce que ceux-ci en seraient convenus. Ce ne sera pas alors la résolution en tant que telle qui sera productrice d'effets de droit, mais la convention, imputable aux États. Le droit applicable à cette convention qui reprendra le contenu matériel de la résolution ne sera pas le droit propre à l'organisation, mais le droit des traités. De telles évidences sont loin d'être unanimement admises et le désir d'accorder une force obligatoire à certaines résolutions auxquelles le traité constitutif ne donne pas une telle portée conduit à confondre la valeur juridique qui naîtrait de la volonté de l'organisation s'exprimant dans le cadre de sa charte et celle qui peut provenir de l'extérieur de la volonté des États, voire d'un effet d'*estoppel*... Rappeler ces exigences n'est pas méconnaître la complexité du réel et l'interpénétration entre le droit relationnel régissant les rapports horizontaux entre sujets de droit et le droit institutionnel qui régit les rapports verticaux au sein d'une organisation entre droit originaire et droit dérivé. Il s'agit plus simplement, sans négliger le poids des États membres dans l'élaboration des actes de l'organisation, de préserver les règles d'imputation et, de ce fait, de pouvoir définir le régime applicable à chaque type d'acte, ce qui est une des conditions élémentaires de la sécurité juridique.

Même si l'on admet que l'accord de volonté interétatique qui donne naissance au traité constitutif de l'organisation et la manifestation de volonté qui donne naissance à l'acte unilatéral de l'organisation dans les conditions prévues par le traité constitutif sont deux actes distincts, il n'en demeure pas moins que la distinction entre acte unilatéral et traité n'est pas toujours aisée à établir. Le cas dans lequel un organe de l'organisation cesse de se comporter comme tel pour agir comme une conférence des États membres est un des classiques du droit des Communautés européennes et l'on sait qu'une décision des représentants des États membres réunis au sein du Conseil ne doit pas être considérée comme un acte des Communautés, mais comme un accord intergouvernemental. Mais, parfois, l'acte est bien imputable en apparence à l'organisation et on n'en hésite pas moins sur sa qualification. Ainsi en va-t-il du pouvoir réglementaire des Institutions spécialisées des Nations unies. Les États fondateurs qui ont reconnu un tel pouvoir à certaines Institutions n'en ont pas moins prévu la possibilité pour un membre de s'y soustraire. C'est le cas des « annexes » à la Convention de l'OACI qui entrent en vigueur à l'égard des États à moins que ceux-ci ne notifient leur impossibilité de se conformer aux annexes, ou des règlements de l'OMS auxquels les États peuvent faire des réserves ou qu'ils ont la faculté de refuser. La doctrine s'est divisée à propos de la nature de ces actes, une partie des auteurs voyant dans l'*opting out* offert aux États la preuve de l'existence d'un consentement tacite de ceux-ci, l'autre soulignant qu'en tout état de cause l'acte reste imputable à l'organisation. L'enjeu de la controverse n'est pas nul puisque, en cas de lacune dans le droit applicable à ces actes, il conviendra de se référer suivant la solution retenue soit au droit des traités, soit aux principes généraux relatifs aux actes des organisations. Le caractère discrétionnaire ou non de la faculté de refus offerte aux États n'est pas sans signification pour la réponse à donner à la question. Ainsi, on ne saurait analyser comme une convention un règlement communautaire d'harmonisation adopté selon l'article 100 *a* du traité révisé par l'Acte unique, au motif que les États conservent la faculté d'appliquer leur législation nationale dès lors que cette faculté est étroitement limitée et soumise à contrôle juridictionnel. Dans le cas des « annexes » ou des règlements sus-mentionnés, la référence à une impossibilité matérielle d'application de l'acte ne doit pas conduire à conclure à une liberté totale de l'État dans la mesure où, au minimum, l'État est soumis à l'obligation de bonne foi.

Au total, la typologie des actes s'est affinée depuis la seconde guerre mondiale. Ceci ne signifie pas que tous les problèmes soient résolus. Est-on allé jusqu'au bout de la réflexion sur la distinction des actes unilatéraux et conventionnels ? La prise en considération du caractère spécifique des chartes constitutives avec des procédures de révision qui échappent aux règles générales du droit des traités ne doit-elle pas conduire à s'interroger sur la nature juridique de ces révisions ? Plus encore, l'existence aujourd'hui comme hier d'accords internationaux établissant des régimes objectifs ne peut-elle provoquer la réflexion sur l'existence en ce domaine de *législateurs de fait* agissant au nom de la Communauté internationale dans son ensemble et corrigeant de la sorte les carences du système international ? Cette analyse, largement critiquée parce qu'elle rappelle les directoires de Puissances du siècle dernier, rend compte des réalités actuelles et de l'existence de véritables gestions d'intérêts communs. La réticence des États à les consacrer sous des formes acceptables dans la Communauté internationale actuelle s'est manifestée lors de l'élaboration de la Convention de Vienne sur le droit des traités, au sein de la Commission du droit international. Il n'en demeure pas moins que de telles situations existent et qu'elles constituent une approche intermédiaire entre le relativisme conventionnel et l'utopique législation mondiale dans le cadre d'une organisation universelle.

Enfin, bien des situations marquées du sceau conventionnel mériteraient d'être revisitées. C'est le cas des traités-lois qui ne créent pas d'obligations réciproques entre États et surtout de ceux qui visent à la protection des individus. Si la forme reste conventionnelle, on se trouve bien plutôt en présence d'une somme de déclarations unilatérales. D'ailleurs, ces conventions pourraient entrer en vigueur à la ratification d'un seul État sans que cela modifie, pour l'essentiel, le régime applicable.

La théorie de l'acte se dégage progressivement de la gangue conventionnelle. L'intérêt d'une construction générale n'apparaît que lorsqu'est acquise l'existence de types d'actes de nature différente, mais qu'il est possible de relier dans un schéma explicatif commun. Une des difficultés d'identification de chaque type d'acte réside dans l'intérêt limité porté au formalisme par le droit international.

SECTION 2. – LA RARETÉ DES RÈGLES DE FORME

C'est une constatation classique que l'on trouve formulée au début de la plupart des manuels de droit international. Elle est inégalement exacte selon les actes considérés. L'élaboration des actes des organisations internationales est marquée par un certain formalisme. En l'espèce, la forme imposée par les traités est garante de la souveraineté des États qui n'ont consenti à concéder des pouvoirs à l'organisation qu'à condition que celle-ci, par le respect de formes déterminées, sacrifie à l'équilibre des pouvoirs entre les organes de l'organisation. C'est ce que traduit l'avis de la Cour internationale de justice exigeant une délibération positive du Conseil de sécurité sur l'admission des États avant que l'Assemblée générale ne se prononce, ou de l'arrêt de la Cour de justice des Communautés rappelant que la consultation du Parlement européen est une formalité substantielle, reflet de l'exigence affaiblie d'une légitimité démocratique.

Par contre, la liberté des États est extrême dans le domaine conventionnel. Dès lors que la volonté est exprimée, il n'est pas essentiel que cette expression prenne des formes particulières. Cette situation fait naître diverses questions. À supposer que la forme solennelle soit utilisée et que l'on soit en présence d'un traité international au sens que la Convention de Vienne donne à ce terme, peut-on considérer celui-ci comme un acte juridique alors même que la réalité matérielle de l'engagement ferait défaut ? L'acte juridique peut-il être dissocié de la norme qu'il crée de telle sorte qu'il apparaisse comme un processus détaché de tout effet normateur ? Certes, la prudence est de mise dans l'analyse des effets d'un traité et la présomption doit être en faveur du caractère normateur de l'accord dès lors que les parties ont eu recours à la forme du traité. Il n'en demeure pas moins qu'il est possible qu'un traité ne puisse être considéré comme un acte juridique en raison de l'absence chez les parties d'une volonté de se lier. C'est le cas des engagements assortis d'une réserve des parties qui s'attribuent la faculté de décider discrétionnairement de ne pas les appliquer. Le droit international ne donne pas encore de réponse claire à la question de la validité des clauses potestatives : la Cour internationale de justice s'est bien gardée de trancher la question dans l'affaire des Emprunts norvégiens (3), où se sont opposées les positions de ceux qui penchaient comme Sir Hersch Lauterpacht en faveur de la nullité de la déclaration d'acceptation de la juridiction obligatoire de la Cour quand elle est assortie d'une telle clause, et des auteurs qui, comme Paul Reuter ou le président Basdevant, se référaient à l'obligation de bonne foi ou faisaient valoir que la déclaration contestée devait être interprétée de manière telle qu'elle ne soit pas susceptible d'une application discrétionnaire. On rejoint là notre considération précédente : l'existence d'une intention de se lier est déterminante et elle doit être présumée lorsque les règles de forme sont respectées. Il n'est pas exclu qu'elle soit totalement absente dans des hypothèses où l'engagement serait tel qu'on ne puisse en aucun cas établir qu'il a été violé. L'exigence d'une intention de se lier peut être également prise en considération dans le cadre des organisations internationales, même si l'effet de l'acte est déterminé par la charte constitutive en fonction des règles de forme. Ainsi la Cour de justice des Communautés a-t-elle affirmé à plusieurs reprises qu'elle ne saurait se limiter à un examen de la définition officielle de l'acte, et s'est-elle attachée à étudier son objet et son contenu (4). Les exigences d'une communauté de droit conduisent la Cour à exercer son contrôle sur les actes innommés dès lors qu'il existe une intention de se lier. Des auteurs s'appuient sur cette intention de se lier pour fonder la force obligatoire de certaines déclarations communes par lesquelles les institutions organisent leurs relations réciproques dans les « zones grises » du traité de Rome.

L'absence de formalisme en droit international et l'existence d'accords tacites conduisent à des explications divergentes de certaines situations dans lesquelles un État est lié par son comportement. On constate en effet qu'il est possible de faire produire des effets à un comportement d'un État ou à son absence de comportement, en se référant à un consentement implicite, à la théorie de l'acquiescement, ou encore à l'*estoppel*. Le choix entre ces solutions concurrentes découle des circonstances de l'espèce et reste difficile à systématiser. Il reste largement lié à l'effet consolidateur de l'écoulement du temps. Mais, en principe, l'existence d'actes fondés sur une manifestation implicite de volonté ne peut être niée, pour des raisons élémentaires de sécurité juridique.

(3) Arrêt du 6 juillet 1957, CIJ, *Rec.*, 1957, p. 7.
(4) Affaires jointes 16 et 17/62. Arrêt du 14 décembre 1962, *Rec.*, vol. XIII, p. 917-918.

SECTION 3. – LE PROBLÈME DE LA HIÉRARCHIE DES NORMES

L'absence de hiérarchie des normes en droit international est un phénomène bien connu. Il doit cependant être relativisé. Les organisations internationales connaissent une hiérarchisation des normes comparable, malgré ses spécificités, à celle qui caractérise les ordres juridiques internes. Ce qui fait difficulté, c'est plutôt la sanction du non-respect de cette hiérarchie. En droit international général, le phénomène du *jus cogens* marque l'apparition d'une hiérarchisation qui permet l'organisation d'un contrôle de la validité de l'objet des traités. Enfin, les actes unilatéraux des États doivent naturellement respecter les obligations qui résultent des règles coutumières ou conventionnelles applicables à leur auteur. La Convention de Vienne sur le droit des traités organise elle-même dans certains domaines tels que les réserves ou les accords *inter se* d'États parties à une convention multilatérale, une hiérarchie entre ces actes et les traités dont ils prétendent modifier certaines dispositions.

Cependant, toutes les tentatives pour organiser une hiérarchie entre divers types de traités ont échoué. Les règles de la Convention de Vienne sur les traités successifs et contradictoires ne donnent aucune solution satisfaisante dans l'hypothèse où une partie serait liée à l'égard de deux États par des règles contradictoires telles que l'exécution d'une règle entraînerait la violation de l'autre. La Convention s'efforce d'éliminer les contradictions surmontables par le recours à la relativité des traités et l'application de la règle postérieure lorsque les règles successives et contradictoires lient des États parties aux deux traités qui ont donné le jour à celles-ci. Pour le reste, la solution doit être cherchée dans le droit de la responsabilité qui substituera à l'une des obligations irrecevables concurremment avec l'autre une obligation de réparer, ce qui n'est qu'un palliatif. Les solutions tentant d'établir une hiérarchie ont été écartées au sein de la Commission du droit international et il est vrai qu'elles ne se fondaient pas sur un principe incontestable. On se trouve renvoyé aux précautions, pas toujours opératoires, à prendre lors de l'élaboration des accords pour éviter les difficultés établissant des règles de conflits, ou à des solutions du type de celle que prévoit l'article 234, alinéa 2 du traité CEE, demandant aux États membres de prendre toutes les mesures pour éliminer les incompatibilités. La réflexion pourrait s'engager sur de nouvelles pistes afin de voir s'il n'est pas possible de s'inspirer des techniques utilisées dans les systèmes nationaux pour résoudre les conflits de ce genre, notamment en droit privé, et de dégager un principe commun en la matière. Le conflit n'est d'ailleurs qu'improprement qualifié de conflit de traités, car c'est en fait un conflit d'obligations. La Cour internationale de justice en a tiré les conséquences dans l'affaire Nicaragua/États-Unis en écartant la prétention américaine de faire déclarer la requête irrecevable au motif que les voies régionales de règlement des différends n'avaient pas été épuisées. Pour la Cour, l'article 103 de la Charte des Nations unies, qui prévoit que les obligations des membres en vertu de ses propres dispositions l'emportent sur celles qui découlent de tout autre accord international, rend inopposable toute obligation conventionnelle contradictoire avec celles qu'impose la Charte (5). Dans certains cas, ne peut-on raisonner sur la base d'une limitation par le premier traité de la compétence de l'État pour conclure des traités nouveaux sur la matière qu'il couvre ? C'est notamment la logique du système communautaire qui repose sur des transferts et des limitations de compétence. Cette dernière solution entraîne cependant des difficultés quant à l'opposabilité aux tiers et quant à la connaissance de cette limitation de compétence. Les débats sur ce thème ont été fréquents lorsqu'a été envisagée la participation de la Communauté à des conventions multilatérales.

Lorsqu'il existe une hiérarchie des normes, la conséquence d'un conflit entre des normes classées à un niveau différent de la hiérarchie devrait être la nullité de la norme inférieure. Encore faut-il, lorsque cette sanction est prévue, que le système puisse aboutir pratiquement à un tel résultat. C'était la difficulté à laquelle étaient confrontés en bien des domaines, les rédacteurs de la Convention de Vienne sur le droit des traités. En ce qui concerne le *jus cogens*, ils étaient partagés entre l'attrait de la reconnaissance de l'existence en droit international public d'un véritable ordre public et les dangers qui pouvaient naître d'un recours abusif à la notion, si le juge ou l'arbitre n'était pas autorisé à intervenir pour se prononcer sur le caractère impératif d'une norme. Sans cette garantie, le progrès se serait révélé profondément déstabilisateur, d'où l'obligation, insérée dans la Convention, de soumettre au juge ou à l'arbitre les différends relatifs à la nullité d'un traité pour contrariété avec une norme de *jus cogens*. Malheureusement, la solution ne pouvait présenter d'intérêt que si la Convention de Vienne était universellement acceptée. À défaut, le danger était grand de voir l'existence du *jus cogens* considérée comme un principe universel opposable à tous les États alors que le mécanisme de règlement des différends ne serait applicable qu'entre les parties à la Convention de Vienne. L'effet déstabilisateur du *jus cogens* pourrait jouer pleinement. Certes, jusqu'à présent, les craintes ont été vaines. Mais rien ne garantit que cette situation soit durable. D'ailleurs, dans son avis de 1971 sur la Namibie, la Cour internationale de justice n'a-t-elle pas détaché la possibilité de mettre fin à un traité pour violation par l'autre partie du mécanisme de règlement des différends auquel elle était liée ? En effet, la constatation par une partie de la violation par l'autre partie n'est dans la Convention de Vienne qu'une prétention qui, à défaut d'accord entre les parties, est justiciable du mode de règlement des différends institué par l'autre partie. Et la Cour, transposant ce système au mandat exercé par l'Afrique du Sud, a légitimé le droit

(5) Arrêt du 26 novembre 1984, Compétence de la Cour et recevabilité de la requête, CIJ, *Rec.*, 1984, p. 440.

de dénonciation unilatérale par l'Assemblée générale des Nations unies, juge et partie dans sa propre cause. Au-delà des spécificités de ce contentieux dans lequel les violations du mandat étaient en fait peu contestables, est-il concevable de légitimer un comportement similaire d'un État à propos d'une violation d'une norme de *jus cogens* ? Même si cela ne l'est pas, on se trouverait renvoyé aux mécanismes classiques de règlement des différends dont on connaît la faiblesse.

C'est vraisemblablement pour cette raison qu'en matière de réserves ou d'accords *inter se* il n'existe pas de mécanisme permettant d'apprécier objectivement la compatibilité de la réserve ou de l'accord *inter se* avec le but et l'objet du traité. Ce soin est laissé à chaque partie, qui opère la constatation pour son propre compte, la sanction étant dans le domaine des réserves l'inopposabilité. La même solution s'impose pour les actes unilatéraux étatiques. Dans le cas où l'un d'entre eux serait contraire au droit international, les autres États pourraient refuser de le reconnaître et proclamer son inopposabilité. Dans le cas où l'acte leur aurait causé un dommage, il leur resterait la possibilité de mettre en jeu la responsabilité de son auteur. Quant à l'absence de protestation, dès lors qu'ils ont connaissance de l'acte ou de la situation, elle pourrait être interprétée comme une acceptation tacite donnant naissance à un accord dérogeant entre ses parties au droit international applicable. La seule exception concerne l'hypothèse où l'acte en question serait contraire à une norme de *jus cogens*. Dans ce cas, bien entendu, l'acceptation du destinataire ne saurait régulariser la situation puisqu'un accord contraire à une norme de *jus cogens* est frappé de nullité absolue. On voit mal d'ailleurs comment un État, pour son propre compte, pourrait accepter de couvrir la violation d'une règle qui n'a pas été établie dans son intérêt, mais dans celui de la Communauté internationale dans son ensemble. Mais ici encore, le défaut d'institutionnalisation de la société internationale prive d'une partie de son intérêt la théorie de la nullité qui reste fort abstraite et conduit les États à chercher des remèdes dans le cadre de la responsabilité.

On pourrait croire qu'il en va différemment au sein des organisations internationales qui sont des systèmes institutionnalisés. C'est exact en droit communautaire où les actes sont soumis au contrôle de la Cour de justice des Communautés. Cette dernière n'a pas hésité à étendre son contrôle aux actes du Parlement européen au-delà de ce que prévoyaient les traités en des termes qu'il est intéressant de rappeler : « La Communauté économique européenne est une communauté de droit en ce que ni ses États membres, ni ses institutions n'échappent au contrôle de la conformité de leurs actes à la charte constitutionnelle de base qu'est le traité » (6).

(6) Aff. 294/83, Les « Verts » contre Parlement européen, Arrêt du 23 avril 1986, non publié, § 23.

Le système des organisations internationales universelles est bien moins perfectionné puisqu'elles ne disposent pas d'un *locus standi* devant la Cour internationale de justice statuant au contentieux. On en est donc réduit à passer par la voie plus complexe de l'avis consultatif, ce qui peut laisser les États minoritaires tout à fait démunis devant une résolution illégale. La tentation normale des États est de considérer la résolution comme inopposable et de refuser à lui donner effet, et l'absence d'un système de contrôle juridictionnel est ainsi un appel à la « nullification ». La Cour ne paraissait pas avoir écarté cette hypothèse dans l'affaire relative à « certaines dépenses des Nations unies », où elle établissait une présomption de compétence de l'organisation lorsque les mesures prises étaient appropriées aux buts de celle-ci, ce qui *a contrario* autorise à considérer les mesures non appropriées comme inexistantes (7). La position est devenue plus rigide dans l'avis de 1971 relatif à la Namibie, où elle établit une présomption de validité pour toutes les résolutions émanant d'un organe régulièrement constitué, prises conformément au règlement et déclarées adoptées par son président (8). La légalité formelle apparente fait présumer la légalité de l'acte. En fait, on se trouve pris entre deux considérations. En raison de l'absence d'un véritable système de contrôle juridictionnel, la présomption de validité a pour objet d'éviter les controverses interminables sur la validité des actes, mais du fait même de cette absence les États ne peuvent accepter cette présomption qui revêt un caractère irréfragable puisqu'elle leur impose d'exécuter des résolutions qu'ils considèrent comme illégales sans aucun recours possible. La présomption n'a de sens que lorsqu'elle se conjugue avec une possibilité de recours juridictionnel. Il était sans doute du devoir de la Cour de l'établir, mais il est dans la nature du système que les États aient une difficulté extrême à l'accepter puisqu'elle conduit les minoritaires à se soumettre aux interprétations de la charte constitutive opérées par la majorité sans autre possibilité que celle de protester. On prend la mesure de la difficulté d'établir une hiérarchie des normes dans un ordre juridique marqué par le caractère exceptionnel du recours au juge. L'inopposabilité, le refus de reconnaissance sont les sanctions les plus adaptées aux relations entre États souverains puisqu'elles interviennent sans qu'il soit nécessaire de faire appel à un tiers juge ou arbitre. La hiérarchisation des normes n'a de sens que si elle se conjugue avec le développement du recours au juge.

Ces quelques considérations sont loin d'être exhaustives. Elles visaient simplement à montrer à partir de quelques exemples le lien qui existe entre la théorie de l'acte et la structure même d'un ordre juridique. L'acte n'est qu'un instrument au service des sujets de droit pour leur permettre d'exercer leur activité normative. Sa nature et son régime dépendant largement de l'ordre

(7) Avis du 20 juillet 1962, CIJ, *Rec.*, 1962, p. 168.
(8) Avis sur la Namibie, CIJ, *Rec.*, 1971, p. 22.

juridique dans lequel il intervient. En ce sens, si la notion même d'acte est universelle, ses caractères sont éminemment variables. L'acte est toujours une manifestation de volonté destinée à créer des effets de droit dans la mesure où l'ordre juridique attribue de tels effets à la volonté exprimée, mais les types d'actes sont liés aux rapports de coordination ou de subordination qu'ils prétendent régir. D'où le danger des transpositions systématiques qui introduisent des innovations dans des ordres dont la structure ne permet pas de les recevoir. La systématisation dans la théorie des actes n'est pas un exercice qui permettrait à ceux qui souffrent du caractère prétendument primitif de l'ordre international de construire sur le papier un univers qui se rapprocherait davantage de l'ordre interne. Bien au contraire, elle doit rendre compte de la spécificité de l'ordre international et de ses transformations. Or ces dernières ont été importantes. L'institutionnalisation de la société internationale a été marquée par le développement du recours à l'acte unilatéral, par un formalisme accru et par une tentative de hiérarchisation des normes, mais ces tendances se sont manifestées dans une société encore largement marquée par les relations conventionnelles entre sujets souverains. Ceci explique les difficultés d'élaboration d'une théorie des actes, car le relationnel et l'institutionnel ne constituent pas deux domaines séparés, mais s'interpénètrent largement (9).

(9) La loi de la revue limitant les références bibliographiques, il convient de dire ce que nous devons aux réflexions du Pr Paul Reuter, notamment dans son cours général à l'Académie de La Haye, « Principes de droit international public », *Recueil des cours*, 1961, II, p. 425-465 et dans son *Introduction au droit des traités*, 2e éd., Paris, PUF, 1985 ; à celles du Pr Michel Virally, notamment dans son rapport à l'Institut de droit international sur « Les textes internationaux de portée juridique et dépourvus de portée juridique », *Annuaire de l'Institut*, 1983, vol. 60, t. I, p. 166-374 et dans « Résolution et accord international », in *Études de droit international en l'honneur du Juge Manfred Lachs*, La Haye, Nijhoff, 1984, p. 299-306 ; et à l'étude de Jean Combacau, « Le Droit international, bric-à-brac ou système ? », *Archives de philosophie du droit*, 1986, p. 85-105.

LE PROJET DE TRAITÉ D'UNION EUROPÉENNE VOTÉ PAR LE PARLEMENT EUROPÉEN LE 14 FÉVRIER 1984

PAR

JEAN-PAUL JACQUÉ (1)

L'adoption par le Parlement européen le 14 février 1984 d'un projet de traité d'Union Européenne n'est pas sans rappeler aux observateurs la démarche suivie en 1952 pour la préparation du projet de communauté politique européenne. Dans les deux cas, une Assemblée était investie d'une mission constituante. Certes, les circonstances sont différentes. En 1952, c'est le Conseil de Ministres de la CECA qui donnait mandat à l'Assemblée commune de la CECA transformée en Assemblée ad hoc par l'adjonction de quelques membres pour préparer un projet de Communauté. En 1974, le Parlement agit de sa propre initiative. L'objectif de 1952 est beaucoup plus ambitieux que celui que s'est assigné le Parlement qui, s'il désire la réalisation de l'Union européenne, se garde bien de donner à celle-ci l'aspect d'une Union politique et de prendre parti sur le caractère fédéral de l'Union proposée. Enfin, le projet élaboré en 1953 devait sombrer dans l'oubli avec l'échec de la CED et la disparition de l'Assemblée ad hoc. Après avoir achevé sa tâche en 1984, le Parlement ne s'en désintéresse pas et souhaite que s'engage au cours de la prochaine législature un dialogue avec les parlements nationaux afin que le traité puisse recueillir l'adhésion de tous les États membres. Le projet ne devrait apparaître comme la bouteille confiée à la mer par des parlementaires au terme de leur mandat mais comme un instrument de combat au service de la réalisation de l'Union sans cesse plus étroite entre les peuples européens à laquelle fait référence le préambule du Traité de Rome.

Pour quelles raisons, un Parlement dont les membres n'étaient pas dans leur majorité favorables, à l'origine, à une réforme fondamentale des Communautés a-t-il voulu faire œuvre constituante ? Le projet parlementaire est né d'une double constatation, celle de l'incapacité des institutions communautaires à faire face à la crise actuelle et celle de leur incapacité à se réformer.

---

(1) Professeur, Président de l'Université des Sciences Juridiques, Politiques, Sociales et de Technologie de STRASBOURG.

P. Drillien (General Editor), Annuaire Européen/European Yearbook, volume XXXI, 1983. ISBN 90-247-2924-6.

Printed in The Netherlands.

La nécessité de réformer la politique agricole commune, le caractère indispensable du développement de nouvelles politiques pour permettre aux États d'apporter une réponse cohérente à la crise, le besoin d'une affirmation renforcée de l'identité politique de la Communauté sont, bien entendu, parfaitement perçus par les membres de la Communauté et la gamme des solutions possibles a été définie depuis longtemps. Cependant, les institutions sont dans l'incapacité de prendre les décisions indispensables. Le blocage du processus de décision dont les causes ont été mises en lumière à plusieurs reprises et notamment dans le rapport des sages (2), conduit la Communauté à reporter la solution des problèmes de Conseil des Ministres en Conseil européen et lorsqu'un accord est trouvé, il se réduit au plus petit commun dénominateur. Tous les États sont d'accord sur l'objet poursuivi, réaliser l'Union Européenne, mais, incapables de régler les problèmes actuels de la Communauté, ils n'ont pas le loisir de réfléchir au contenu de l'union et d'en définir les contours. Le destin de l'initiative de MM. GENSCHER et COLOMBO est à cet égard révélateur. Lorsque le Ministre des Affaires étrangères allemand a proposé de consacrer dans un acte européen quelques vues des avancées vers l'Union européenne, nul n'a jugé la proposition par trop audacieuse. Le contenu de l'Acte projeté était fort timide (3) et aucune souveraineté n'était menacée. Or, la déclaration solennelle sur l'Union européenne issue du projet signé à Stuttgart en Juin 1982 se situe considérablement en retrait par rapport au projet initial. La machine intergouvernementale qui avait déjà enterré le rapport Tindemans et le rapport des Trois Sages a réduit la déclaration à un texte de routine qui consacre plus l'acquis qu'il n'éclaire l'avenir.

Dans un premier temps, le Parlement a cru qu'il pourrait intervenir positivement dans le jeu institutionnel pour permettre à la Communauté de progresser. Or, ses interventions ont été souvent inefficaces ou, dans le cas contraire, ont provoqué des crises institutionnelles sans pour autant apporter de solutions aux difficultés qu'elles voulaient résoudre. Le Parlement s'est rendu compte l'apport des avis qu'il donnait lorsqu'il était consulté restait secondaire et que le Conseil ne leur accordait pas une attention très soutenue. Quant à l'usage de l'arme budgétaire, s'il peut être efficace, il provoque des crises dont l'impact n'est pas toujours bien perçu de l'opinion publique et en tout état de cause, il ne peut résoudre directement un problème, mais seulement inciter le Conseil à légiférer à cette fin. Face à cette situation, le Parlement a cherché à accroître ses pouvoirs, mais une telle démarche, si elle ne résulte pas d'une révision des traités, ne peut aboutir qu'à des réformes limitées donnant au Parlement une influence indirecte. En outre, ce n'est pas dans un accroissement des pouvoirs du Parlement que peut être trouvé un remède à la crise de la Communauté, car dans le contexte actuel se contenter d'accroître les

---

(2) Office des Publications officielles des Communautés européennes p. 45.
(3) Voir le texte dans le Bulletin Europe du 19/11/1981 n° 1178.

pouvoirs du Parlement sans transformer davantage le processus de décision communautaire ne conduirait qu'à ajouter des facteurs de blocage supplémentaires à ceux qui existent déjà.

Ceux qui, comme M. SPINELLI et les cofondateurs du Club du Crocodile, savaient dès l'origine qu'il était impossible de mettre en œuvre des politiques nouvelles sans modifier le processus de décision et que le but poursuivi par tous, l'Union européenne, ne pourrait être atteint qu'au prix d'un nouveau traité, trouvaient dès lors auprès de leurs collègues un terrain favorable. L'idée de rédiger un projet de traité d'Union européenne qui serait ensuite soumis aux États faisait son chemin auprès de parlementaires. Sans doute, tous ne s'engageaient pas sur cette voie avec la même motivation. Si l'on pouvait trouver au Parlement quelques fédéralistes convaincus, la grande majorité était constituée de parlementaires modérés. C'est pourquoi, les discussions théoriques sur la nature fédérale, supranationale, intégrée ou confédérale de l'Union furent laissées de côté. L'accord se fit rapidement sur la nécessité de construire sur la base de l'acquis communautaire un ensemble démocratique et efficace, capable d'achever l'œuvre entreprise dans le cadre des Communautés et de mener à bien les politiques nouvelles jugées nécessaires.

Cette conviction est à l'origine de la création le 9 juillet 1981 de la Commission institutionnelle du Parlement européen (4). Cette dernière faisait approuver par le Parlement le 6 juillet 1982 les orientations relatives à la réforme des traités et à la réalisation de l'Union européenne (5). Ces orientations étaient traduites en une longue résolution sur le contenu de l'avant-projet de traité instituant l'Union européenne (6) préparée par le rapporteur-coordinateur de la Commission institutionnelle Altiero SPINELLI (apparenté communiste italien) avec le concours de six rapporteurs Karel de GUECHT (libéral belge, droit de l'Union), Jacques MOREAU (socialiste français, politique économique), Gerö PFENNIG (chrétien-démocrate allemand, politique de la société), Derek PRAG (conservateur britannique, relations internationales de l'Union), Hans-Joachim SEELER (socialiste allemand, finances de l'Union), Ortensio ZECCHINO (chrétien-démocrate italien, institutions de l'Union). Il restait alors à traduire la résolution du 14 septembre 1983 en un projet de traité en la forme. À cette fin, la Commission institutionnelle s'assurait le concours d'un Comité de juristes (7) chargé de rédiger une première révision du projet et de l'assister dans la mise au point du texte. Le 14 février 1984, le Parlement adoptait le projet de traité par 237 voix pour, 31 voix contre

(4) Résolution du 9 juillet 1981, *JOCE* C234 du 14/9/1981, p. 48.

(5) Résolution du 6 juillet 1982, *JOCE* C238 du 13/9/1981, p. 25.

(6) Résolution du 14 septembre 1983, *JOCE* C277 du 17/10/1983, p. 95.

(7) Comité composé de Franco CAPOTORI, Professeur à l'Université de Rome, Meinhard HILF, Professeur à l'Université de Bielefeld, Francis JACOBS, Professeur à l'Université de Londres, Jean-Paul JACQUÉ, Professeur à l'Université de Strasbourg.

et 43 abstentions (8). Cette majorité regroupe des parlementaires de tous les groupes politiques, les socialistes français s'étant abstenus, les communistes français ayant voté contre et les démocrates européens de progrès n'ayant pas, à l'exception de deux membres, participé au vote. Une vingtaine de conservateurs britanniques se sont prononcés en faveur du projet. Tant cette majorité que les circonstances qui ont marqué l'élaboration du projet donnent à celui-ci un caractère particulier. À la différence des documents antérieurs comme le rapport Tindemans, le projet émane d'une majorité politique, il est le résultat de négociations et d'un accord entre des formations politiques différentes. Comme tel, il apparaît comme le dénominateur le plus large sur lequel a pu se former une majorité provenant du plus large éventail politique possible au-delà du clivage entre droite et gauche. Les experts en dénonceront sans doute les imperfections et les militants européens la timidité. Tant celles-ci que celle-là n'ont pas échappé aux rédacteurs du projet, mais elles sont la rançon du consensus politique recherché. Les éléments essentiels de ce consensus ont contribué à définir les caractéristiques de l'Union (I). Mais les rédacteurs n'ont conçu l'Union qu'en vue de permettre aux États européens de disposer des moyens d'agir en commun dans les domaines où une action commune est plus efficace que des actions dispersées. Ce n'est qu'en fonction de cette action de l'Union (II) qu'a été pensée la structure institutionnelle de l'Union (III).

SECTION 1. – LES TRAITS ESSENTIELS DE L'UNION

1. L'union apparaît au premier chef comme *l'héritière des Communautés Européennes*. Elle marque un progrès dans le mouvement dont la déclaration Schuman a constitué la première étape. Le préambule du projet de traité situe clairement l'Union dans cette lignée et l'article 7 pose en principe le respect de l'acquis communautaire. Certes, il a fallu organiser la coexistence entre les normes communautaires et le droit de l'Union. L'affirmation du respect du droit communautaire n'implique pas que ce droit soit figé et que l'Union ne puisse le modifier. La solution retenue consiste à accorder à chaque norme communautaire une place particulière dans le droit de l'Union. Elle ne pourra alors être modifiée que selon les procédures applicables aux normes de l'Union auxquelles elle est identifiée.

Tout d'abord, en vertu de la primauté de la loi postérieure sur la loi antérieure, les dispositions du traité de l'Union l'emportent sur toute norme communautaire qui leur serait contraire qui se révélerait incompatible avec elles.

(8) Résolution du 14 février 1984.

Ensuite les dispositions des traités communautaires qui concernent les buts des Communautés et le champ d'application des traités ont la même valeur juridique que le traité d'Union, elles ne pourront être modifiées que par la procédure de révision du traité. Les autres dispositions des traités prennent le rang de loi organique et ne peuvent être modifiées que par une loi organique. Quant aux autres actes des Communautés et aux mesures prises dans le cadre du système monétaire et de la coopération politique, ils ne pourront être modifiés que par des actes pris par les Institutions de l'Union conformément à leurs compétences. Pour déterminer la procédure de modification de chaque acte, il faudra donc se référer à la procédure de répartition des pouvoirs entre les institutions de l'Union. S'il apparaît, par exemple, qu'un acte tombe dans le domaine assigné à l'autorité législative, il ne pourra être modifié que par la loi. En cas de controverse, la question devra sans doute être tranchée par la Cour.

Au fond, l'existence de ce système de succession de l'Union à la Communauté postule que la coexistence entre l'Union et la Communauté est impossible. Certes, l'article 7 ne prétend pas régler la question et les rédacteurs du traité se sont bien gardés d'y donner une solution même dans le cadre des dispositions finales. Ils ont pensé qu'elle ne pourrait trouver de réponse que dans les faits, la disparition de la Communauté ne présentant guère de difficulté si tous les membres de la Communauté devenaient membres de l'Union et une négociation devant, par contre, être ouverte si quelques membres de la Communauté se refusaient à participer à l'Union. Cependant, le souci d'imposer à l'Union le respect de l'acquis communautaire découle bien de la conviction que la Communauté doit disparaître pour être absorbée dans l'Union sinon une telle préoccupation ne serait pas nécessaire, les normes communautaires continuant à produire leur effet propre. L'Union n'apparaît donc pas comme une Communauté supplémentaire, mais comme une entité qui dépasse les Communautés existantes tout en reprenant leur œuvre à son compte.

2. Bien que conçus dans le cadre d'une Europe démocratique, les traités communautaires ne mettaient pas particulièrement l'accent sur cet aspect. En fait, la spécificité de leur objet n'impliquait pas que l'on trouve dans leurs textes de références particulières à la démocratie ou aux droits de l'homme même si, comme devait le montrer la Cour de justice par la suite, ils devaient être interprétés à la lumière des principes communs aux constitutions des États membres. Ayant un objet plus vaste, le projet de traité met l'accent sur le *caractère démocratique de l'Union*. L'Union est une union d'États démocratiques et le caractère démocratique est l'une des conditions imposées aux États européens pour devenir membre de l'Union. Cette ouverture aux États démocratiques a conduit l'Union à se prémunir contre toute évolution politique interne d'un État membre qui conduirait celui-ci à violer les principes démocratiques ou les droits fondamentaux. Les précédents grec ou turc au sein du Conseil de l'Europe ne pouvaient être ignorés. Aussi les articles 4 et 44 du projet prévoient que dans une hypothèse de ce genre, le Conseil européen pourrait, sur avis conforme du Parlement européen et après constatation de la situation par la Cour, prendre des mesures visant à priver l'État et ses ressortissants du bénéfice total ou partiel des droits qui résultent du traité et pourrait aller jusqu'à suspendre la participation de l'État aux institutions de l'Union.

Quant à l'Union elle-même, selon l'article 4, elle reconnaît

> « à toute personne relevant de sa juridiction les droits et libertés fondamentaux tels qu'ils résultent des principes communs des constitutions des États membres ainsi que de la Convention européenne de sauvegarde des droits de l'homme et des libertés fondamentales ».

Les droits garantis par la Convention sont de ce fait incorporés dans le traité d'Union. La formule relative aux droits économiques et sociaux est plus prudente puisque l'Union ne s'engage qu'à les maintenir et à les développer dans les limites de ses compétences. En outre, dans un délai de cinq ans, l'Union délibérera sur son adhésion à la Convention européenne, à la Charte sociale ainsi qu'aux Pactes des Nations unies. Ces solutions appellent plusieurs observations. Tout d'abord, le bénéfice de l'incorporation est réservé à la Convention européenne et on en a exclu la Charte sociale au motif que toutes ses dispositions n'étaient pas acceptées par les États membres. La référence aux Pactes est encore plus ténue. L'Union ne se reconnaît pas comme liée par eux, mais délibérera seulement sur une éventuelle adhésion aux Pactes. Il faut y voir le résultat d'une méfiance de la majorité du Parlement à l'égard du système des pactes des Nations unies qui a conduit à n'accepter que sous bénéfice d'inventaire que l'Union puisse être liée par eux. Mais plus importante encore, paraît la renonciation du Parlement à inclure dans le traité une déclaration des droits. De nombreux parlementaires auraient souhaité que le traité s'ouvre par une déclaration. Cependant, la majorité a été sensible à la difficulté d'élaborer un catalogue de droits fondamentaux et n'a pas voulu retarder la préparation du traité d'Union en faisant de l'inclusion d'une liste de droits fondamentaux un préalable. En effet, les différents groupes de l'Assemblée n'ont pas la même vision des droits fondamentaux, les uns mettant plus l'accent sur les droits civils et politiques, les autres sur les droits économiques et sociaux. La recherche d'un consensus n'est pas impossible, mais elle sera longue. En outre, il faut veiller à la compatibilité entre la déclaration et la Convention européenne des droits de l'homme. Pour toutes ces raisons, l'article 4 para 3 prévoit que dans un délai de cinq ans après l'entrée en vigueur du traité, l'Union élaborera selon la procédure de révision du traité, une liste de droits fondamentaux. Pour le moment, les principes communs aux constitutions nationales et la Convention européenne des droits de l'homme constituent un standard minimum d'autant plus satisfaisant que la compétence de la Cour de justice de l'Union en matière de respect des droits fondamentaux est clairement affirmée (article 43).

3. *L'Union n'est pas conçue comme un ensemble devant se substituer aux États membres.* Au contraire, les États membres conservent leur souveraineté, l'Union ne bénéficiant que de transferts limités de compétences. La répartition des compétences entre l'Union et les États membres est organisée sur la base du principe de subsidiarité, c'est-à-dire que les interventions de l'Union ne sont que subsidiaires par rapport à celles des États. L'Union n'est compétente que dans les domaines où son intervention est plus efficace que celle des États membres pris isolément, notamment parce que la dimension ou les effets des actions concernées dépasse les frontières nationales. Ce principe de subsidiarité ainsi défini commande non seulement la répartition des compétences telle que le traité l'établit, mais aussi l'emploi par l'Union de ses compétences propres lorsqu'il s'agit de compétences concurrentes, ce qui est le cas de l'essentiel des compétences de l'Union (art. 12). En outre, lorsque l'Union intervient par la voie législative, elle doit autant que possible se limiter à la détermination des principes fondamentaux laissant aux autorités chargées de l'application, et notamment aux États membres le soin de préciser les modalités d'exécution. On retrouve ici les États membres qui conservent un rôle important même dans le champ des compétences de l'Union. Le traité n'envisage pas la création d'une vaste administration chargée d'appliquer les lois, mais s'appuie sur les administrations nationales. Ce souci de tenir compte des États peut conduire à une application différenciée de la loi si les particularismes nationaux l'exigent. Dès lors, le législateur pourra prévoir des délais ou des mesures de transition dès lors que l'objet de ces modalités reste bien l'« application uniforme » à terme de la loi.

4. *Enfin l'Union se met en place progressivement* et le traité ne devrait produire son plein effet qu'après une longue période de transition qui permettra aux États de s'adapter à la nouvelle situation et à la solidarité qui les unit de se renforcer. Trois points témoignent particulièrement de cette progressivité. La mise en œuvre des compétences de l'Union ne se fait que lorsque le besoin s'en fait sentir, c'est-à-dire lorsque la solidarité progresse. En effet, pour légiférer pour la première fois dans le domaine de ses compétences concurrentes, et l'essentiel des compétences de l'Union sont concurrentes, l'Union doit procéder selon la procédure de la loi organique, c'est-à-dire à une majorité qualifiée, ce qui implique qu'un consensus assez large soit atteint. En matière de politique extérieure, l'élargissement du champ de la coopération politique peut être réalisé par le Conseil européen, sur décision unanime de celui-ci. Enfin, le traité ne peut pas mettre fin au principe de l'unanimité au sein du Conseil, mais organise une formule atténuée de veto qui subsiste pendant une période transitoire de dix ans (article 23, al. 3). On a voulu garantir aux États pendant la délicate période de mise en place de l'Union la possibilité de faire valoir un intérêt national vital. Cette faculté disparaît lorsque l'expérience commune et la pratique institutionnelle sont telles que les États ont pu approfondir sur leurs bases une solidarité telle que l'invocation de l'intérêt n'a plus lieu d'être. Pour tenir compte des exigences particulières au domaine des relations extérieures, il est prévu à l'article 68 par dérogation qu'au cas où seraient transférées à l'Union des compétences nouvelles en ce domaine, la possibilité d'invoquer un intérêt vital jouerait au-delà de la période transitoire de dix ans.

Au total, le projet de traité d'Union apparaît comme bien moins révolutionnaire qu'on aurait pu le supposer. L'Union se situe dans la droite ligne des Communautés et ne constitue pas un « super État ». Elle veut simplement être une structure plus efficace que les Communautés existantes, d'où l'attention portée à l'action de l'Union et à ses institutions.

SECTION 2. – L'ACTION DE L'UNION

Le projet de traité précise tant les formes d'action de l'Union que les domaines dans lesquels s'exerce chaque type d'action. La distinction essentielle s'établit entre la coopération et l'action commune de l'Union, mais la frontière qui sépare les domaines propres à chaque mode d'action n'est pas étanche et les passages d'un secteur à l'autre restent possibles.

A. – L'action commune de l'Union

Le terme d'action commune a été choisi à dessein pour remplacer l'expression classique de politique commune. On craignait, en effet, qu'une identité de dénomination ne porte à croire qu'il existait une identité de régime entre les deux notions (9). Or, le projet de traité organise un régime spécifique à l'action commune. En fait, il y a action commune dès lors que l'Union intervient dans un domaine en tant que telle sous la responsabilité de ses institutions. Selon la définition de l'article 10 para 2 :

> « Par action commune, on entend l'ensemble des actes – internes ou internationaux – normatifs, administratifs, financiers et judiciaires ainsi que des programmes et recommandations propres à l'Union émanant de ses institutions et s'adressent soit à celles-ci, soit aux États, soit aux individus ».

L'élément déterminant de l'action commune est qu'elle résulte d'actes imputables à l'Union, car pris par les institutions de celle-ci.

---

(9) Dans le traité CEE, le terme d'action commune est utilisé dans le cadre de la politique agricole (art. 41) et dans celui de la politique commerciale (art. 111). L'action commune dans ces deux cas est distinguée de la coordination.

Bien entendu, l'action commune ne peut intervenir que dans le cadre des compétences que le traité attribue à l'Union. À cet égard, le traité distingue entre *compétences exclusives* et *compétences concurrentes* de l'Union. Cette distinction qui semble avoir suscité une certaine curiosité dans les milieux juridiques n'est pas inconnue des spécialistes du droit fédéral. Elle s'exprime par exemple dans les articles 71 et 72 de la Loi fondamentale de la République fédérale d'Allemagne. Elle n'était pas non plus inconnue du droit communautaire (10) et elle est proposée explicitement par la Commission des Communautés dans son rapport sur l'Union européenne du 26 juin 1975 (11).

Dès lors que le traité attribue une compétence exclusive à l'Union, cette dernière est seule compétente pour agir et « les autorités nationales ne peuvent intervenir que pour autant que la loi de l'Union le prévoit ». Dans le champ des compétences concurrentes, les États membres peuvent intervenir tant que l'Union n'a pas utilisé sa compétence. L'intervention de l'Union est subordonnée à une condition de fond et à une condition de forme. La condition de fond réside dans le respect du principe de subsidiarité.

> « L'Union n'agit que pour mener les tâches qui ne peuvent être entreprises de manière plus efficace que par les États membres œuvrant séparément, en particulier celles dont la réalisation exige l'action de l'Union que leurs dimensions ou leurs effets dépassent les frontières nationales ».

On s'assure ainsi que l'Union n'exercera ses compétences concurrentes que dans les hypothèses où son action sera véritablement nécessaire. En outre, sur le plan formel, la première intervention de l'Union dans un secteur couvert par une compétence concurrente est subordonnée au vote d'une loi adoptée selon la procédure de la loi organique, c'est-à-dire sur une majorité qualifiée par l'autorité législative composée du Parlement et du Conseil. Dès lors que l'Union est intervenue dans un secteur déterminé, ce secteur est bien entendu soumis à la compétence exclusive de l'Union, c'est-à-dire que les États membres ne peuvent plus prendre de mesures sauf habilitation par la loi de l'Union. Le champ des compétences exclusives de l'Union est limité puisque n'en relèvent que la libre circulation, la réglementation du commerce entre États membres et la réglementation de la concurrence à l'échelle de l'Union. Dans le domaine des relations extérieures, seule la politique commerciale fait l'objet d'une compétence exclusive. Toutes les autres compétences de l'Union en matière de politique économique, de politique de la société et de relations extérieures sont concurrentes, mais il va de soi que les domaines dans lesquels les Communautés avaient mis en œuvre des politiques communes tombent dans le domaine des compétences exclusives de l'Union dans

(10) Cf. par exemple ISAAC (Guy), Droit communautaire général, Masson, Paris, 1983, p. 44 et svtes et LOUIS (Jean-Victor). L'ordre juridique communautaire, Perspectives européennes 1979, p. 12.

(11) Bull. CE, suppl. 5/75 para. 13 et 13.

les limites du champ d'application de ces politiques en vertu des principes relatifs à la reprise de l'acquis communautaire.

B. – La coopération

Selon l'article 10, la coopération est menée par les États membres au sein du Conseil européen. Les accords ainsi réalisés au sein du Conseil européen sont en principe mis en œuvre par les États membres, mais on a prévu qu'il pourrait être également fait recours aux institutions de l'Union selon les modalités définies par le Conseil européen. En fait, la lecture du traité conduit à penser que le domaine essentiel de la coopération devrait être la coopération politique dans les relations internationales. En effet, hors du chapitre consacré aux relations internationales, la coopération n'est évoquée qu'aux articles 46 et 54. L'article 46 vise la coordination des législations nationales dans les domaines qui ne relèvent pas des compétences de l'Union et l'article 54 la création de structure de coopération industrielle. Sans négliger l'intérêt de ces activités, elles ne revêtent pas l'importance de la coopération politique. On a, en effet, voulu intégrer celle-ci dans le champ du traité sans en modifier fondamentalement le fonctionnement. L'article 66 définit largement son champ d'application puisqu'elle intervient, lorsqu'il n'y a pas d'action commune, dans les domaines qui dépassent l'intérêt d'un État membre, y compris lorsqu'il s'agit de questions relatives aux aspects politiques et économiques de la sécurité. L'article 47 définit l'appareil institutionnel de la coopération politique et notamment les interventions du Conseil de l'Union et de la Commission, sous la responsabilité du Conseil européen. Le domaine de la coopération peut être élargi par le Conseil européen « notamment en matière d'armements, de vente d'armes à des pays tiers, la politique de défense, de désarmement » (article 67). On perçoit immédiatement la portée de ces dispositions qui visent à donner suite aux suggestions qui se sont faites jour quant au rôle autonome que pourrait jouer l'Europe en matière de défense. Certes, la formulation reste prudente puisqu'a priori la coopération ne porte pas sur les aspects militaires de la défense, mais seulement sur les aspects politiques et économiques de la sécurité pour autant qu'une distinction bien nette soit possible. Il faudra une décision unanime des États pour étendre la coopération à l'ensemble de la défense. Mais un processus est créé qui peut permettre à l'Union d'aborder progressivement quand la nécessité en sera unanimement ressentie de nouveaux domaines aussi essentiels que ceux touchant à la défense. On trouve ici encore la marque du réalisme. Alors qu'il aurait été tentant, mais utopique d'inscrire ces problèmes dans le champ des compétences de l'Union, ils figurent en pointillé dans le domaine de la coopération.

C. – De la coopération à l'action commune

À l'origine, le projet présenté par M. SPINELLI faisait référence à l'existence de compétences potentielles à côté des compétences exclusives ou concurrentes. Il s'agissait de domaines qui restaient soumis à la coopération tant que le Conseil européen ne décidait pas à l'unanimité de les soumettre à l'action commune dans le cadre de compétences exclusives ou concurrentes. Le projet de traité dans un souci de simplification ne fait pas recours à la notion de compétence potentielle, mais prévoit, dans certains cas, le transfert d'une matière de la coopération à l'action commune par décision du Conseil européen après consultation de la Commission et avec l'accord du Parlement. Les domaines dans lesquels ce transfert peut être réalisé sont limitativement définis par le traité. En fait, cette possibilité joue essentiellement dans le champ des relations internationales. Dans la sphère interne de l'Union, elle ne peut être utilisée en effet, qu'aux termes de l'article 54 pour transformer en action commune de l'Union certaines formes de coopération industrielle. Par contre, l'article 68 para 2 prévoit que dans le domaine des relations internationales tout domaine de coopération peut devenir objet d'action commune (12). Cependant, de manière prudente, il prévoit deux atténuations à ce principe. Tout d'abord, la réversibilité est possible et le Conseil européen peut à l'unanimité décider de retransférer le domaine considéré à la coopération. Ensuite, dans ce domaine, la possibilité d'invoquer un intérêt vital selon la procédure décrite plus haut pourra jouer sans limitation de durée. Si la première limitation ne doit pas faire illusion car il suffira de l'avis contraire d'un seul État pour empêcher la réversibilité, la seconde est plus sérieuse. Elle s'explique, bien entendu, par le souci d'apaiser les craintes des États face au risque d'élargissement des compétences de la Communauté. Que l'on songe aux questions de défense ! Le Conseil européen pourrait décider à l'unanimité de les inclure dans le champ de la coopération puis de les intégrer dans une action commune, c'est-à-dire de décider qu'elles relèveront de la compétence des institutions de l'Union. On comprend que l'on ait voulu donner aux États des garanties supplémentaires à celle de l'exigence de l'unanimité pour transférer ces domaines de la coopération à l'action commune.

Si le passage de la coopération à l'action commune est possible dans les cas expressément prévus par le traité, celui-ci ne comporte pas cependant d'équivalent à l'article 235 CEE qui permet au Conseil de prendre les mesures appropriées lorsqu'une action est nécessaire pour réaliser l'un des objets du traité. En effet, les rédacteurs ont jugé que l'élargissement des compétences de l'Union réalisé dans le projet justifiait que l'Union ne puisse encore étendre

(12) L'article 68 para 4 prévoit même la possibilité du transfert d'un problème de la coopération à l'action commune pour une période limitée et une situation particulière. On a voulu permettre dans les solutions du type de celle des Malouines, à l'Union d'intervenir en tant que telle uniquement pendant la durée d'une crise internationale.

ses compétences au-delà de ce qui était prévu. L'énumération des compétences est donc limitative. Cependant, dans le domaine de la politique sociale et de la santé, l'emploi de l'adverbe « notamment » avant l'énumération des compétences de l'Union permet à cette dernière d'entreprendre des actions non énoncées dans le texte du traité.

Sans entreprendre un examen détaillé des compétences de l'Union, il suffit de noter que celles-ci recouvrent pour l'essentiel, outre le champ des relations internationales tel qu'il vient d'être défini, les domaines de l'économie, de la politique de la société qui inclut non seulement la politique sociale, mais aussi la politique régionale ainsi que l'environnement, la culture, l'éducation, la recherche et l'information. On vise tant à réaliser ce qui était prévu par les traités communautaires mais n'a pu être mis en œuvre que la définition de nouveaux domaines dans lesquels la nécessité d'une action commune a été fortement ressentie par le Parlement. Cependant, il ne sert à rien de définir des politiques nouvelles si l'on ne crée pas des institutions capables d'entreprendre ces politiques.

Section 3. – Les institutions de l'Union

La réflexion institutionnelle a été menée sur la base du système existant. Si des réformes sont proposées, l'appareil institutionnel actuel subsiste, mais on s'est efforcé de le démocratiser et de le rendre plus efficace.

A. – Les mutations dans l'appareil institutionnel

À première vue, le changement paraît faible. Le Conseil européen, le Parlement et la Commission subsistent. Quant au Conseil des Ministres, il prend la dénomination de Conseil de l'Union.

– Le Conseil européen, autorité responsable de la coopération, ne subit aucune modification, le changement essentiel consistant en son intégration dans le cadre du traité. Le projet ne contient pas de disposition relative au mode de fonctionnement du Conseil européen, car on a considéré qu'il devait avoir la maîtrise de ses propres procédures. Quant à ses pouvoirs, ils sont ceux du Conseil européen actuel dans le domaine de la coopération, auxquels viennent s'ajouter des pouvoirs traditionnels d'un chef d'État parlementaire : nomination du chef de l'exécutif, le président de la Commission, et droit de message. Les liens entre le Conseil européen et le Parlement demeurent inchangés.

– En ce qui concerne le Parlement, le traité laisse à une loi organique le soin d'établir un système uniforme de scrutin et ne remet pas en cause la répartition des sièges entre les États membres. Les principaux changements concernent les pouvoirs du Parlement qui, alors qu'il était seulement une branche de l'autorité budgétaire devient également une branche de l'autorité législative. Sa participation à la conclusion des accords internationaux est accrue et s'il continue à contrôler la Commission, il acquiert également le pouvoir de l'investir.

– Le Conseil de l'Union est l'héritier du Conseil des Ministres des Communautés. Le Parlement a souhaité revenir sur la pratique des Conseils spécialisés et le projet prévoit un Conseil unique dont la composition est dotée d'une relative permanence puisque les représentations des États membres nommées par chaque État devraient en principe conserver leur composition tant que l'État n'aura pas décidé de désigner d'autres membres. En outre, chaque représentation est dirigée par un ministre « chargé de manière spécifique et permanente des affaires de l'Union ». On a donc repris l'ancienne idée des Ministres des affaires européennes. On espère de la sorte asseoir la permanence du Conseil puisque seule une modification dans la composition des gouvernements nationaux permettrait de changer les présidents des représentations nationales. En outre, on espère que ces ministres qui participeront à tous les débats du Conseil recevront au sein des États membres la tâche de coordonner l'ensemble des activités relatives à l'Union. De la sorte, leur autorité et par conséquent celle du Conseil serait renforcée.

En ce qui concerne la pondération des votes au sein du Conseil, les règles communautaires sont reprises. Comme on l'a dit plus haut, lorsque le Conseil décide à la majorité, il est possible pendant une période transitoire de dix ans de faire valoir un intérêt national vital, mais cette compétence est soigneusement encadrée. Reprenant des suggestions qui avaient été faites au moment de l'élaboration de la déclaration solennelle de Stüttgart sur l'Union européenne, l'intérêt vital doit être mis en cause par la décision à prendre et reconnu comme tel par la Commission. Si tel est le cas, le vote est reporté afin que la question soit réexaminée et les motifs de la demande de report sont publiés. Cette solution réalise un compromis entre les tenants de l'intérêt national vital et les partisans d'une solution plus intégrationniste. Elle a donc fait l'objet de critiques de tous bords. On lui a reproché de consacrer le compromis de Luxembourg, mais on a fait observer que la caractéristique de l'intérêt national vital était que seul celui qui l'invoque puisse en être le juge. Enfin, le texte du projet ne dit rien des demandes de report répétitives. Sont-elles ou non possibles ? Si la réponse est affirmative, on est en présence d'un système de veto. En fait, beaucoup dépendra de la pratique qui s'instaurera dans les premières années de l'Union et de l'autorité de la Commission.

Quant à ses pouvoirs, le Conseil apparaît comme l'autre branche de l'autorité législative et budgétaire. Mais il exerce d'autres attributions notamment dans le cadre de la politique internationale. Si on le considère comme une seconde chambre, il s'agit alors d'une chambre dotée de pouvoirs importants comme le Sénat des États-Unis, plus que d'une chambre faible comme le Bundesrat de la République Fédérale d'Allemagne.

– Les auteurs du projet ont voulu faire de la Commission un exécutif doté d'une véritable autorité. Cette autorité, elle la tire de son mode de nomination puisqu'elle procède tant des États que des peuples. Le Président de la Commission est nommé par le Conseil européen après les élections européennes. Il compose la Commission après consultation du Conseil européen. Ce système devrait renforcer la cohésion de la Commission puisque, tout en tenant compte des propositions des États membres, le Président nomme les commissaires. La Commission, et c'est ici qu'apparaît la légitimité populaire, est investie par le Parlement sur son programme. Ses fonctions peuvent prendre fin à la suite du vote par le Parlement d'une motion de censure à la majorité des membres composant le Parlement et des deux tiers des suffrages exprimés. Certains ont voulu voir dans ces règles la manifestation d'un régime d'assemblée, mais outre le fait qu'elles diffèrent peu de l'esprit dans lequel devrait être opérée la nomination de la Commission depuis la déclaration solennelle de Stüttgart, il convient d'observer que les conditions mises à la censure rendent son usage difficile puisqu'une Commission minoritaire peut rester en fonction dès lors qu'elle s'appuie sur le tiers des membres du Parlement. Le renforcement de l'autorité de la Commission résulte également de ses pouvoirs. Elle conserve à titre principal l'initiative des lois et le pouvoir d'adopter les règlements d'exécution de celles-ci. En outre, elle dispose dans le cadre des procédures législatives et budgétaires de prérogatives équivalentes à un droit de veto suspensif. Il n'y a pas lieu de redouter une instabilité accrue et la Commission est assurée d'être entendue dans le processus législatif.

Le projet ne bouleverse donc pas fondamentalement les structures existantes (13) mais se limite à apporter des correctifs inspirés de l'expérience de la Communauté. Globalement, le système évolue dans un sens parlementaire, mais il s'agit d'un parlementarisme rationalisé et l'on a pris soin de préserver le rôle de l'exécutif. Ce souci est notamment présent dans le fonctionnement des procédures de décision.

B. – Les pouvoirs normatifs

La nomenclature des actes est réduite par rapport à la situation communautaire. Subsistent la loi qui est l'œuvre du Parlement et du Conseil avec la collaboration de la Commission ainsi que les règlements et décisions qui sont des mesures d'exécution des lois prises par la Commission (14). La distinction

(13) Il en va ainsi de la Cour qui conserve ses attributions. L'article 43 prévoit l'élargissement de celles-ci par une loi organique. La désignation des membres de la Cour est modifiée. Ceux-ci sont nommés pour moitié par le Parlement et pour moitié par le Conseil. Cette solution est inspirée de l'article 94 de la loi fondamentale allemande.

(14) Rappelons que la Commission ne dispose pas de l'exclusivité du pouvoir d'exécution des lois. Les États membres peuvent se voir confier le soin d'exécuter celles-ci (articles 13 et 34).

entre règlement et directive disparaît. Cette simplification doit être imputée aux controverses qui ont entouré la question de l'effet direct des directives. L'article 42 du projet prévoyant que tout le droit de l'Union est directement applicable, il en résulte que cette caractéristique est valable en principe pour toutes les lois.

Cependant, si la catégorie juridique de la directive n'est pas reprise par le projet, l'existence de lois de l'Union, comparables dans leur nature à des directives, n'est pas exclue. L'article 34 stipule, en effet, que la loi se limite autant que possible

> « à déterminer les principes fondamentaux régissant l'action commune et laisse aux autorités chargées de son exécution, relevant de l'Union ou des États membres, le soin d'en préciser les modalités d'application ».

On constate que la mise en œuvre de certaines lois sera subordonnée à l'adoption de mesures nationales. Cependant, dans ce cas, si l'État n'intervient pas, le requérant pourra clairement se prévaloir de la loi devant les juridictions nationales dès lors que celle-ci engendre pour les particuliers des droits qu'ils peuvent faire valoir judiciairement.

C. – La procédure législative

L'organisation de la procédure législative résulte d'une double exigence : le respect de l'équilibre institutionnel et l'efficacité.

L'efficacité exige qu'une institution ne puisse pas par son refus de statuer bloquer indéfiniment le processus décisionnel. S'inspirant de la procédure budgétaire organisée par l'article 203 du traité, le projet met en place un système de délais après l'expiration desquels le silence conservé par une institution équivaut à acceptation. Cependant, pour éviter qu'un texte ne soit adopté sans aucun vote, l'approbation tacite ne peut entraîner l'adoption d'une loi que dans la mesure où celle-ci a fait l'objet d'une approbation expresse de la part de l'autre branche de l'autorité législative. L'équilibre institutionnel exige une participation de chaque institution au processus législatif. Cet équilibre est double : il s'agit tant d'un équilibre exécutif-législatif que d'un équilibre entre le Parlement et le Conseil de l'Union.

L'équilibre entre le législatif et l'exécutif est assuré par le rôle privilégié conféré à la Commission dans l'initiative des lois et le déroulement de la procédure législative. Le projet confirme le rôle privilégié qu'accordait le traité CEE à la Commission dans le domaine de l'initiative. Certes, elle n'a plus le monopole de l'initiative, mais elle joue un rôle essentiel à cet égard. En effet, elle peut présenter des projets de loi et les retire à tout moment avant leur adoption en première lecture (15). En outre, si le Parlement ou le Conseil

(15) Ceci afin de lui permettre de les réexaminer si l'accueil leur est trop défavorable ou s'ils risquent de faire l'objet d'amendements qui les priveraient de leur signification.

désirent présenter un projet de loi, ils devront passer par l'intermédiaire de la Commission qui conservera alors la maîtrise technique du projet. Ce n'est qu'en cas de refus de la Commission que l'une des Institutions pourra présenter directement un projet. Cette dernière situation devrait se produire rarement et n'aboutir qu'encore plus rarement à l'adoption d'une loi compte tenu des pouvoirs que détient la Commission dans la procédure législative.

Tous les projets votés en première lecture sont transmis à la Commission pour avis. En cas d'avis expressément défavorable, le projet ne peut être adopté définitivement par le Conseil en première lecture qu'à la majorité qualifiée (deux tiers des voix pondérées et majorité des délégations). Le Parlement ne peut donc passer outre la volonté de la Commission qu'avec l'accord d'une importante majorité du Conseil (16). Fort de cet accord, le projet devra être soumis à une seconde lecture.

L'équilibre entre les représentants des États et les représentants des peuples est assuré par la co-décision en matière législative. Pour être adoptée une loi doit recueillir en principe l'accord du Parlement et du Conseil. Si cet accord fait défaut en première lecture, un comité de concertation est réuni. Dans le cas où un texte commun se dégage des négociations au sein du comité de concertation, ce texte est soumis au vote du Parlement et du Conseil. Le refus de ratification d'une des deux branches de l'autorité législative empêche l'adoption du texte. Si le comité de concertation ne peut trouver un accord, le Parlement décide et le Conseil dispose de trois mois pour s'opposer à la majorité qualifiée au texte par le Parlement. Ce système devrait inciter les membres du Conseil à rechercher un accord au sein du comité de concertation, faute de quoi le texte risque d'être adopté contre la volonté de la majorité du Conseil. En effet, ce dernier a besoin de la majorité qualifiée pour s'opposer à l'adoption du texte du Parlement. Ce qui signifie qu'il suffit de l'accord d'un tiers des voix pondérées avec le Parlement pour que le texte soit adopté alors même que les deux tiers des voix pondérées s'y opposeraient. Le système repose bien sur la recherche d'un accord par la voie de la concertation. En outre, pendant une période transitoire de dix ans, la procédure ne joue que sous réserve de l'invocation de l'intérêt vital qui permet faire reporter le vote au sein du Conseil.

Au premier abord, la procédure législative peut paraître compliquée, mais en raison des équilibres à établir entre les différentes institutions, il n'était pas aisé de mettre en place un système aussi simple que celui de certains États unitaires. D'ailleurs le degré de complexité atteint est bien moindre que celui de la procédure budgétaire actuelle dans le cadre des traités communautaires. Les contraintes mises en place ont pour objet de conduire les institutions à agir d'un commun accord, sans pour autant permettre à l'une d'entre elles d'empêcher toute décision.

---

(16) On retrouve ici sous une autre forme l'exprit de l'article 149 du traité CEE.

La procédure budgétaire a fait l'objet d'une simplification par rapport à la procédure actuelle. La modulation des pouvoirs des différentes institutions n'est plus liée à la classification des dépenses en dépenses obligatoires et dépenses non obligatoires. Le Conseil dispose du droit de rejet du budget, mais à défaut de rejet par le Conseil, le Parlement peut statuer en dernier ressort à la majorité de ses membres et des trois cinquièmes des suffrages exprimés. Cependant pour éviter tout risque d'accroissement indéfini de la charge que ferait poser l'Union sur les contribuables, la création des recettes est soumise à des règles très strictes. L'Union ne peut entreprendre une action nouvelle qu'à condition de prévoir par une loi organique, c'est-à-dire à des conditions de majorité renforcées, les recettes nécessaires.

Au total, l'appareil institutionnel de l'Union a été rénové compte tenu des exigences de l'efficacité et de la démocratie. Certes, on constate un accroissement des pouvoirs du Parlement, mais aussi une volonté de renforcer la Commission. En adoptant le projet d'Union, le Parlement n'a pas été seulement inspiré par un désir d'accroître son rôle, mais surtout par un souci de mettre en place des institutions capables de conduire la politique de l'Union.

CONCLUSION

Ainsi rédigé le projet de traité est soumis aux gouvernements afin qu'ils le présentent à la ratification des parlements nationaux. Le Parlement a évité de poser avec trop de netteté les questions d'entrée en vigueur. Il est clair que le traité ne s'analyse pas comme une révision des traités communautaires soumis à la révision de ceux-ci, mais comme un traité nouveau englobant les Communautés existantes. Il est soumis à la ratification de tous les membres des Communautés et on peut admettre que si tous ceux-ci le ratifiaient, il pourrait se substituer aux traités existants.

Cependant subordonner l'entrée en vigueur à l'adhésion de tous les membres des Communautés, c'est conférer à un seul d'entre eux un droit de veto. Ainsi les termes de l'article 82 sont plus nuancés

> « lorsque le présent traité aura été ratifié par une majorité d'États membres des Communautés dont la population forme les deux tiers de la population globale des Communautés, les gouvernements des États membres ayant ratifié se réunissent immédiatement pour décider d'un commun accord des procédures et de la date d'entrée en vigueur du présent traité ainsi que des relations avec les États membres qui n'ont pas encore ratifié ».

On a vu dans cet article la possibilité de mettre à l'écart certains États et d'instituer une Europe à deux vitesses. Tel n'est pas l'objectif des rédacteurs. Il s'agit de permettre aux États ayant ratifié d'inviter les autres à choisir : soit ils se joignent à l'entreprise, soit ils acceptent de négocier leurs relations avec l'Union dans le respect des droits acquis sur la base des traités communautaires. L'article 82 crée une forte incitation à ratifier le traité d'Union dès lors que le nombre critique d'États est atteint et il ne permet pas aux États qui restent à l'écart d'affirmer qu'ils sont partisans de l'Union tout en empêchant la mise en œuvre par le refus de ratifier. L'article 82 rend le choix entre l'appartenance ou la non-appartenance inévitable dès lors que l'Union recueille l'adhésion d'un nombre suffisamment important d'États. En outre, il laisse aux États le choix du moment de l'entrée en vigueur et des modalités destinées à régler la situation des Communautés à l'égard de l'Union.

Tel qu'il est rédigé, le projet n'est pas intangible. La résolution qui l'accompagne prévoit que le Parlement nouvellement élu devra tenir compte des observations des parlements nationaux et n'exclut pas qu'à cette fin le texte puisse être révisé.

Les réactions des États membres, notamment celles des six premiers membres des Communautés n'ont pas été négatives. Certes, sur certains points, le projet devrait être révisé et complété, mais on ne note parmi ceux-ci aucune réaction de rejet. Cependant, s'il ne recueille qu'une adhésion polie des États, le projet risque d'être enterré sans qu'aucune suite sérieuse ne lui soit donnée. Le discours du Président de la République française devant le Parlement européen le 24 mai 1984 est plus prometteur. Certes, M. MITTERRAND semble donner sa préférence à un traité qui prolongerait les traités existants sans s'y substituer, mais il approuve dans son inspiration le projet parlementaire et :

> « suggère, à cette fin, que s'engagent des conversations préparatoires qui pourraient déboucher sur une conférence des États membres *intéressés*. Le projet d'Union européenne et la déclaration solennelle de Stüttgart pourraient servir de base à ces travaux » (17).

Si cette proposition qui recueille, semble-t-il, l'approbation du Chancelier KOHL devrait être en œuvre, l'accord entre les propositions du Parlement et les conceptions des gouvernements serait difficile à trouver, mais le projet parlementaire aurait contribué à débloquer le débat en présentant de manière concrète, dans un texte rédigé sous forme de traité, une forme possible d'Union européenne alors que jusqu'à présent on évoquait l'Union en se gardant bien de la définir. Si le projet parlementaire suscite un large débat sur l'Union, le Parlement aura rempli sa mission en interpellant les gouvernements au nom des peuples de la Communauté. Au cours de sa seconde législature, il devra participer à ce débat et engager son autorité pour amener les États à créer cette Union. Les modalités de cette action ne seront pas aisées à définir, mais le Parlement ne peut y faillir car il doit œuvrer à la réalisation des espoirs qu'il a fait naître.

---

(17) C'est nous qui soulignons.

L'ÉVOLUTION DU TRIANGLE INSTITUTIONNEL COMMUNAUTAIRE DEPUIS L'ÉLECTION DU PARLEMENT EUROPÉEN AU SUFFRAGE UNIVERSEL DIRECT

PAR

JEAN-PAUL JACQUÉ

Professeur à la Faculté de Droit et des Sciences politiques de Strasbourg
Doyen honoraire

L'expression de « triangle institutionnel » utilisée pour qualifier les relations entre le Conseil, la Commission et le Parlement est apparue pour la première fois dans le vocabulaire officiel des Communautés européennes en octobre 1979 sous la plume des « Trois Sages » dans leur rapport sur les Institutions européennes. Par cette figure géométrique, ils désiraient caractériser le passage d'un système de relations dans lesquelles l'essentiel de l'influence du Parlement s'exerçait sur la Commission vers une situation où s'établiraient des relations réciproques et équilibrées entre les trois Institutions. Le partage du pouvoir budgétaire entre le Parlement et le Conseil était l'un des indices de l'évolution vers ce nouvel état de choses (1).

Pour poursuivre la métaphore géométrique, on s'acheminait vers la construction d'un triangle équilatéral où chacun des sommets serait situé à égale distance des deux autres. Sur le plan théorique, les raisons invoquées étaient simples. L'efficacité du processus décisionnel communautaire exigeait un retour à l'équilibre initial du couple Commission-Conseil. Le déficit démocratique communautaire devant être comblé, l'accroissement des pouvoirs du Parlement se révélait nécessaire. Rares étaient les auteurs qui soulignaient l'existence de possibles contradictions entre les deux démarches et la difficulté que l'on rencontrait à vouloir simultanément accroître les pouvoirs du Parlement et instaurer une Commission forte (2). Peu importe, ces idées de base étaient largement répandues et le Parlement ne tarderait pas à en faire son profit.

---

(1) « Un résultat plus naturel serait une sorte de schéma triangulaire qui s'est déjà dessiné dans les années qui ont précédé les élections directes, le Parlement cherchant à établir des relations étroites et directes avec le Conseil aussi bien qu'avec la Commission. Cette approche serait plus efficace en termes de fonctionnement de la Communauté, dans la mesure où elle favoriserait un équilibre institutionnel plus complet et plus stable... », p. 68, Office des publications officielles des Communautés européennes, Luxembourg, 1980.

(2) P.-H. Teitgen, Conclusions générales de la Semaine de Bruges de 1980, *Les institutions de la Communauté au seuil des années 1980 – Vers de nouveaux équilibres*, éd. par R. Kovar, De Tempel, Bruges, pp. 274-282 : « S'agissant de la Commission, vous avez été unanimes pour dire qu'il y a lieu de la

L'objectif fixé, restait à déterminer la méthode. Personne ne doutait qu'un des facteurs de changement serait l'élection du Parlement au suffrage universel direct. Le Parlement nouvellement élu aurait sans doute la volonté d'accroître son autorité et chercherait les moyens d'atteindre ce résultat. Le rééquilibrage des rapports avec la Commission et le Conseil devait être l'aboutissement d'une politique de « petits pas », la pression parlementaire entraînant la conclusion d'accords interinstitutionnels aménageant les procédures, sans remise en cause directe des traités. Derrière les dispositions des traités se développerait un système officieux différent qui conserverait aux Institutions leurs pouvoirs formels tout en modifiant la réalité de ceux-ci. La révision des traités n'interviendrait qu'à l'issue du processus pour faire coïncider à nouveau le fait et le droit. Cependant, la démarche restait sans influence sur les relations entre le Conseil et la Commission. Pour les faire évoluer, on comptait tant sur la raison que sur la pression des nécessités. La lenteur et les blocages qui caractérisent la prise de décision au sein des Communautés ne pourraient se maintenir si elles affectaient une décision essentielle souhaitée par la large majorité des États membres. Il faudrait bien ce jour-là s'affranchir de l'unanimité.

Pendant la première année qui a suivi l'élection, les espoirs sont restés lettre morte. Seul le rejet du budget par le Parlement a constitué un événement qui ne fut d'ailleurs pas porté au crédit de l'Assemblée compte tenu du dénouement de la crise conduisant à l'adoption d'un budget similaire à celui que l'on avait repoussé. Mais le Parlement affinait sa tactique et apprenait à gérer les crises budgétaires. En outre, sur la base d'une série de rapports de la Commission politique, il précisait en juillet 1980 sa stratégie institutionnelle (3). De son côté, la Commission présidée par Gaston Thorn, comprenait qu'elle devait tenir compte des revendications du Parlement et le « rapport Andriessens » énumérait ses propositions d'aménagement des relations entre les Institutions (4). Du côté du Conseil, une évolution se faisait également sentir. Plusieurs États membres manifestaient leur intention d'améliorer le fonctionnement de la Communauté. Solennellement, l'Italie et l'Allemagne proposaient de préparer les voies de l'Union européenne par un « Acte européen »

---

maintenir ou de la rétablir dans ses prérogatives selon les traités... Mais alors... lorsqu'on envisage les pouvoirs qu'il conviendrait d'accorder au nouveau Parlement, s'il s'agissait de pouvoirs qu'il lui faudrait prendre à la Commission, on souhaiterait tout et son contraire », *op. cit.*, pp. 276 et 277.

(3) Rapports du 27 mai 1981, 1-261/81 de M. Van Miert sur le droit d'initiative et le rôle du Parlement européen dans le processus législatif ; du 30 juin 1981, 1-335/81, de Lady Elles sur la coopération politique et le rôle du Parlement européen ; du 27 mai 1981, 1-207/81, de M. Hänsch sur les rapports entre le Parlement et le Conseil de la Communauté. Cf. aussi les rapports sur le Conseil économique et social du 27 mai 1981, 1-226/81, sur les relations avec les Parlements nationaux ; du 27 mai 1981, 1-206/81, sur le rôle du Parlement et les accords conclus par la Communauté ; du 16 novembre 1981, 1-685/81, sur les relations avec le Conseil européen ; du 25 novembre 1981, 1-739/81. Les résolutions institutionnelles de juillet 1981 sont publiées au *J.O.C.E.* n° C 234 du 14 septembre 1981, pp. 48-70.

(4) COM (81) 581 final, publié en supplément 3/82 du *Bulletin des Communautés européennes*, sous le titre : « Le système institutionnel de la Communauté – Un équilibre à rétablir ».

qui présentait une certaine parenté d'inspiration avec le Plan Fouchet (5). De son côté, le gouvernement français, dans son mémorandum d'octobre 1981, préconisait un recours plus fréquent au vote au sein du Conseil (6). Il devait être entendu par la Présidence belge dont l'œuvre institutionnelle fut importante : conclusion de l'accord interinstitutionnel sur les questions budgétaires, mise à l'étude des propositions Genscher-Colombo, organisation des premiers échanges de vues sur la réforme de la procédure de conservation, recours au vote pour fixer les prix agricoles.

Bien entendu, cette convergence d'initiatives n'a pas abouti à des résultats spectaculaires. Les observateurs qui étaient sceptiques quant aux facultés du Conseil européen de tracer les lignes directrices d'une évolution des rapports interinstitutionnels n'ont pas été surpris de la timidité avec laquelle les problèmes institutionnels sont abordés dans la déclaration solennelle sur l'Union européenne adoptée par le Conseil de Stuttgart, le 19 juin 1982 (7). Même si le Conseil reconnaît à l'Assemblée le titre de Parlement, la tonalité de la déclaration se situe en deçà des propositions, pourtant prudentes, des auteurs du projet Genscher-Colombo.

Pour l'essentiel, et si l'on s'en tient au champ couvert par les traités, l'évolution est depuis 1979 d'une amplitude variable selon les secteurs. Si le vote du 18 mai 1982 sur les prix agricoles a retenti comme un coup de tonnerre, il n'a pas entraîné pour l'instant de mutation profonde dans les rapports entre la Commission et le Conseil (I). Par contre, l'accord interinstitutionnel du 30 juin 1982 sur les questions budgétaires a marqué une trêve dans la guérilla entre le Parlement et le Conseil (II) tandis que, dans ses rapports avec la Commission, le Parlement a réussi à développer son influence dans le processus législatif (III).

SECTION 1. – LES RELATIONS COMMISSION-CONSEIL ET LE VOTE DU 18 MAI : « BEAUCOUP DE BRUIT POUR RIEN » ?

Le vote du 18 mai 1982 sur les prix agricoles a frappé une opinion publique familiarisée avec l'idée que chaque État membre disposait d'un droit de veto au sein du Conseil des Communautés. Était-ce le point de départ d'une évolution des rapports entre la Commission et le Conseil ? Certes la Commission n'est pas directement concernée, mais la question du vote au sein du Conseil a été considérée comme fondamentale pour l'évolution des rapports entre les

(5) *Bulletin Europe*, supplément, n° 1178 du 19/11/1981.

(6) Mémorandum du gouvernement français d'octobre 1981 sur le développement de la construction européenne, point K 12 : « La France propose que la Présidence ait normalement recours au vote lorsque le Traité le prévoit, étant admis que le vote pourrait être différé si un ou plusieurs États membres le demandent au nom de la défense d'un intérêt national essentiel ».

(7) Voir le texte dans « Europe documents », *Agence Europe*, 22 juin 1983, n° 1268.

institutions. À cet égard, l'analyse qui en fut donnée dans le rapport Vedel est demeurée classique. À propos du compromis de Luxembourg, les auteurs écrivaient :

> « Dès lors, que l'unanimité est, en fait toujours reprise au sein du Conseil, les propositions de la Commission perdent le privilège que leur reconnaît l'article 149.
>
> L'activité de la Commission s'en est trouvée infléchie. La dose d'innovation que ses propositions peuvent et doivent normalement inclure risque d'être sacrifiée à la recherche de solutions propres à recueillir l'unanimité. Déjà dans l'élaboration des propositions, la négociation de la Commission avec les administrations nationales, voire avec les représentants permanents bonne en soi, sans doute, affaiblit l'autonomie de l'initiative. La division du travail voulue par les traités s'en trouve altérée. » (8).

L'expérience de la procédure budgétaire qui contraint le Conseil à statuer à la majorité pour modifier les amendements du Parlement ou rejeter certaines de ses propositions de modification (9) a montré que, lorsqu'il était pratiqué, le vote majoritaire obligeait le Conseil à accepter le dialogue avec les autres Institutions.

C'est pourquoi, les propositions de retour au traité n'ont pas manqué. Dès 1974, le communiqué final du sommet de Paris faisait mention de la nécessité de ne pas subordonner toutes les décisions du Conseil à l'accord unanime des États membres. Le rapport Tindemans proposait que le vote majoritaire devienne une pratique courante. Les propositions des Sages et le plan Genscher-Colombo furent plus modestes. Ils prenaient acte de l'impossibilité d'en revenir aux exigences du traité dans l'état actuel de la Communauté. La pratique systématique du vote majoritaire comporte à court terme plus de risques pour la cohésion de la Communauté que d'avantages pour l'efficacité des délibérations du Conseil. Il ne sert à rien d'avoir des décisions adoptées à la majorité si elles cristallisent des antagonismes permanents qui minent la solidarité communautaire. Le retour à la majorité est subordonné à un approfondissement de l'union. À court terme, les auteurs des propositions cherchent à éviter le veto. Pour ce faire, on rend plus solennel le recours au « compromis de Luxembourg » en imposant aux États qui l'invoquent de le faire publiquement et explicitement de telle sorte qu'ils portent devant les États et l'opinion publique la responsabilité d'un éventuel blocage (10). MM. Colombo et Genscher dans leur projet d'acte prévoyaient que l'État qui désirerait invoquer un « intérêt vital » doive justifier son attitude par écrit. Le Conseil ajournerait sa décision et ne s'abstiendrait de statuer que si l'État en question renouvelait de la même manière son opposition lors de la réunion suivante.

(8) *Bulletin des Communautés*, supplément 4/1972, p. 28.
(9) Qui n'ont pas pour effet d'augmenter le montant global des dépenses.
(10) Rapport des Sages, III, *b*.

L'accord se faisait donc sur la nécessité de renoncer à l'unanimité (11). Les divergences portent seulement sur la manière d'atteindre ce résultat bien qu'un fort courant « réaliste » soit favorable à une démarche graduelle.

En fait, les voix de la sagesse n'ont pas encore été écoutées et la décision du 18 mai 1982 sur les prix agricoles fut le fruit des circonstances. Une majorité d'États membres s'était élevée contre le lien établi par le gouvernement du Royaume-Uni entre la fixation des prix agricoles et la question de la compensation financière « due » au Royaume-Uni. La proposition de la Commission était alors acceptée par quarante-cinq voix (dont celle de la France) avec l'opposition du Royaume-Uni, de la Grèce et du Danemark.

On a salué le caractère historique du précédent. Il n'implique cependant pas renonciation au « compromis de Luxembourg ». La lecture de la déclaration française est suffisamment claire pour éviter tout malentendu

> « Les décisions que le Conseil doit prendre sont des décisions annuelles imposées par les traités et dont l'objet est d'assurer le fonctionnement normal des organisations de marché dont dépend le niveau de vie des agriculteurs. Le compromis de Luxembourg a pour objet d'assurer à chaque État membre qu'aucune décision ne peut lui être imposée s'il estime que ses intérêts essentiels sont en jeu. Cela n'est pas contesté. Mais il n'a jamais eu et ne peut avoir pour objet de permettre à un État membre de paralyser le fonctionnement normal de la Communauté avec la conséquence d'en altérer fondamentalement l'esprit et les règles. » (12).

Le gouvernement du Royaume-Uni a estimé qu'il s'agissait d'une violation du compromis de Luxembourg et qu'elle pouvait se prévaloir de celui-ci en vertu de l'article 3 paragraphe 3 de l'Acte d'adhésion (13). Que la Grande-Bretagne puisse invoquer le compromis n'est pas douteux, mais ce dernier ne lui est pas d'un grand secours compte tenu de son ambiguïté. En effet, il constate avant tout un désaccord sur la procédure à suivre en cas de divergence persistante lorsqu'il s'agit d'intérêts très importants pour un État membre. Seule la France estimait que la discussion devait se poursuivre jusqu'à l'accord unanime des membres du Conseil. Faute d'avoir précisé lors de l'adhésion, celle des interprétations par laquelle il était lié, le Royaume-Uni peut difficilement tirer argument du compromis.

---

(11) Quelques voix se sont exprimées en sens contraire soulignant le caractère mythique de cette revendication : cf. Weinstock (Ulrich), dans son rapport introductif sur les « Les Conseils » aux Semaines de Bruges, *op. cit.*, pp. 56-57 qui la qualifie « d'approche technocratique » l'Europe ne pouvant s'édifier que dans le consensus (En sens contraire, L.J. Constantinesco, *eod. loc.*, p. 37 dans son rapport général). C'est aussi la thèse exposée avec plus de nuances par M. Dewost, « Les relations entre la Commission et le Conseil dans le processus de décision communautaire », *Droit et Économie*, 1980, n° 35, pp. 18-25, pp. 23 et 24.

(12) Décl. du ministre de l'Agriculture, Mme Cresson, *in Agence Europe*, mai 1982, n° 3374, p. 6.

(13) « Les nouveaux États membres se trouvent dans la même situation que les États membres originaires à l'égard des déclarations, résolutions et autres prises de position du Conseil ».

Quant à la position française, elle témoigne d'une importante évolution. Selon la France, l'invocation d'un intérêt essentiel ne saurait avoir pour effet de « paralyser le fonctionnement normal de la Communauté » c'est-à-dire l'adoption de décisions indispensables à l'exécution de politiques adoptées antérieurement lorsque le traité ne l'impose pas. L'unanimité ne serait plus de règle que pour la mise en œuvre de politiques nouvelles ou pour la réforme des politiques existantes. « L'acquis communautaire » serait soustrait au vote unanimitaire.

N'est-ce-pas que, dans ce cas, l'intérêt essentiel des membres majoritaires au fonctionnement régulier des Institutions l'emporte sur celui de la minorité. Lorsque la Commission de droit international a admis, dans son projet d'articles sur la responsabilité, qu'un État puisse invoquer l'état de nécessité, c'est-à-dire la nécessité de sauvegarder un de ses intérêts essentiels, pour se libérer de ses obligations envers un autre État sans que sa responsabilité puisse être engagée, elle a posé comme condition qu'en agissant ainsi l'intérêt essentiel de l'autre État ne soit pas mis en cause (14). Un État ne peut donc invoquer son intérêt essentiel à l'encontre de l'intérêt essentiel d'un autre partenaire. Ce que prescrit le droit international dans une société de coordination des souverainetés est un impératif encore plus fondamental dans une communauté restreinte fondée sur la solidarité de ses membres. Si l'on admet la faculté d'écarter l'application de la procédure de vote prévue par le traité lorsqu'un intérêt essentiel d'un État est en cause (15), cette faculté ne devrait pas trouver à s'exercer lorsqu'elle heurte les intérêts essentiels de la plupart des États.

Enfin, s'agissant de l'intérêt essentiel en cause, il doit avoir trait directement aux problèmes que la décision du Conseil est destinée à régler. Or, par son opposition à la fixation des prix, le Royaume-Uni tentait de faire triompher ses thèses sur la compensation financière. Il liait deux questions distinctes et n'avait pas d'intérêt essentiel spécifique à faire valoir pour la fixation des prix.

On constate tout l'apport du précédent de mai 1981. Le « droit de veto » ne jouerait pas pour les décisions prises pour assurer la gestion des politiques existantes et l'intérêt invoqué devrait être directement lié à la question traitée.

Quelles ont été les conséquences de la décision du Conseil ? Il convient de n'en pas exagérer l'importance. Le Conseil décidait déjà à la majorité, en dehors des délibérations budgétaires, et M. Dewost avait relevé au cours des années 1977, 1978, 1979 treize votes. Cependant, c'est la première fois que l'on passe outre à la volonté expressément affirmée d'un État membre. La réaction

(14) Art. 33 du projet de la Commission du droit international, *Ann. de la Commission du droit international*, 1980, II, pp. 33 et svtes.

(15) Ce qui est fort contestable dans le cadre d'une Communauté fondée sur un traité qui prévoit des clauses de sauvegarde, mais aucune dérogation en matière de rotation lorsqu'un intérêt essentiel est concerné.

de ce dernier a été modérée. Le ministre britannique des Affaires étrangères a, bien entendu, protesté et demandé que la question de la valeur actuelle du compromis de Luxembourg soit portée à l'ordre du jour du Conseil. De toute façon, l'examen du projet d'acte Genscher-Colombo devait amener le Conseil à se prononcer sur la procédure de vote. Le seul effet immédiat de cet examen a été de reporter l'adoption d'un Acte européen dans la mesure où il était impossible de dégager rapidement un consensus sur le projet préparé par le groupe de travail.

En fait, sur ce point, la déclaration solennelle sur l'Union européenne est moins importante par son contenu propre que par les réserves qu'ont exprimé les différentes délégations nationales. En effet, dans l'incapacité de trouver un accord sur une application différente des dispositions des traités relatives au vote au sein du Conseil, les États membres se sont arrêtés à une formule sans grand intérêt :

> « L'application des procédures de décision prévues dans les Traités de Paris et de Rome revêt une importance essentielle pour améliorer la capacité d'action des Communautés européennes.
>
> Au sein du Conseil, toute possibilité susceptible de faciliter la prise de décision sera utilisée, y compris, dans le cas où l'unanimité est requise, le recours à l'abstention. »

Si cette déclaration de bonne volonté n'est pas susceptible d'apporter une solution au problème abordé, les sept déclarations annexées au procès-verbal traduisent une évolution des conceptions des États. La déclaration commune des délégations belge, allemande, luxembourgeoise, italienne et néerlandaise réaffirme l'obligation de la présidence de recourir au vote lorsque le traité le prévoit. La déclaration des délégations britannique et danoise reste dans la ligne du compromis de Luxembourg interprété comme imposant l'unanimité lorsqu'un État membre considère que ses *intérêts très importants* sont en jeu. Le gouvernement grec, tout en se situant dans la ligne britannique, reste plus nuancé ; il fait référence à des *intérêts nationaux vitaux et essentiels* et pose comme préalable une notification écrite de l'existence de tels intérêts. Plus intéressantes sont les déclarations françaises et irlandaises qui, bien que distinctes, sont identiques dans leur formulation,

> « La Présidence aura recours au vote lorsque les traités le prévoient, étant admis que le vote sera différé si un ou plusieurs États membres le demandent au nom de la défense d'un intérêt national essentiel en rapport avec le sujet en discussion, ce qu'ils confirment par écrit. »

Outre l'exigence formelle d'une notification écrite, ces dernières déclarations contiennent deux éléments importants :

- l'exigence d'un rapport entre l'intérêt invoqué et le sujet en discussion constitue une condition de recevabilité de la demande de report du vote.

Il s'agit d'éviter le retour de situations où, faute de pouvoir obtenir une décision favorable du Conseil sur un point déterminé, un État membre paralyse toute autre décision.

- Le vote n'est que différé ce qui implique que la Présidence puisse y avoir recours dès lors que, pendant le délai du report du vote, toutes les possibilités de compromis ont été épuisées. Le fonctionnement régulier des Institutions ne devrait pas être paralysé par le report indéfini de décisions nécessaires à celui-ci.

Cette évolution de la position française est intéressante. En effet, si les gouvernements qui se réfèrent à l'application stricte des dispositions du traité, sans référence au prétendu compromis de Luxembourg, ne disposent pas de la majorité qualifiée, la participation de la France et de l'Irlande permettrait d'atteindre celle-ci. Autrement dit, dans les cas visés par les déclarations française et irlandaise, un nombre d'États suffisant pour atteindre la majorité qualifiée serait d'accord pour que la Présidence fasse procéder au vote. Cette constatation pourrait amener les autres États à adopter une attitude plus souple lors des discussions au sein du Conseil encore que l'on puisse penser que le recours au vote n'interviendrait qu'en dernier ressort alors que l'auteur du « veto » serait politiquement isolé. La difficile mise en place de « l'Europe bleue » montre que, même dans ce cas, on hésite à minoriser un État. Le recours au vote restera l'*ultima ratio*.

Même si le Conseil réussissait progressivement à en revenir au traité, cela ne suffirait pas à transformer les relations Commission-Conseil. Personne ne croît, et le rapport des Sages en témoigne, que le recours à l'unanimité au sein du Conseil soit seul à l'origine des blocages au sein de la Communauté. En outre, la plupart des décisions porteuses de progrès communautaires devaient, selon le traité, être adoptées à l'unanimité. La réforme des structures et des méthodes de travail des deux Institutions serait en fait tout aussi importante que celle des procédures de vote. Mais le 18 mai 1982 a peut-être marqué une date importante, celle où les États membres ont pris conscience du fait que, de concessions en concessions, la substance de la Communauté se délitait. L'opposition danoise au Marché commun de la pêche a pu être réduite et le Sommet de Stuttgart a relancé la négociation d'ensemble sur le financement de la Communauté, la politique agricole commune et la contribution britannique. Si les États parviennent à un accord qui soit autre chose qu'un report déguisé de la question à un examen ultérieur, la Commission aura la preuve de l'existence d'une volonté politique sur laquelle elle pourrait s'appuyer pour remplir sa tâche. Car, la difficulté de celle-ci ne réside pas dans l'opposition du Conseil à ses projets, mais dans l'absence de volonté de ce dernier. Il est toujours possible de négocier lorsqu'il existe un désaccord, mais que faire lorsque le Conseil ne parvient pas à décider ? Une volonté politique de déblocage et une limitation des hypothèses de recours à l'unanimité sont susceptibles de transformer les relations entre la Commission et le Conseil.

SECTION 2. – LES RELATIONS ENTRE LE PARLEMENT ET LE CONSEIL : « TOUT EST BIEN QUI FINIT BIEN » ?

Depuis l'élection de 1979, les relations entre le Parlement et le Conseil ont été particulièrement agitées. Le climat de méfiance qui règne dans l'hémicycle à l'égard du Conseil a été à l'origine d'au moins deux des trois crises budgétaires. De son côté, le Conseil s'est fréquemment raidi dans ses positions de refus, ce qui n'a pas amélioré les contacts entre les deux Institutions. L'échec de la quasi-totalité des procédures de concertation est là pour en témoigner.

Les causes de cet affrontement sont aisées à déterminer. Les parlementaires savent qu'ils ne peuvent espérer de participation au pouvoir de décision qu'en contraignant progressivement le Conseil à tenir davantage compte des positions du Parlement. Ils adoptent une stratégie de « grignotage » usant de tous leurs pouvoirs pour accroître leur pression sur le Conseil. De son côté, le Conseil est bien conscient de l'enjeu du débat et se prémunit contre les risques de glissement « supranational ». Certains États membres sont particulièrement vigilants comme le Danemark ou la France (16) avant l'élection présidentielle de 1981. Mais le Conseil n'est pas dans une position facile à tenir. Il peut être divisé sur une mesure précise proposée par le Parlement (notamment dans le domaine budgétaire), certains États membres faisant passer les avantages qu'ils peuvent immédiatement tirer de cette mesure avant la position de principe du Conseil. D'autre part, des voix se font entendre au sein du Conseil en faveur d'une attitude conciliante. Tout ceci conduit cette Institution à se placer dans des situations difficiles que les particularités de la procédure budgétaire ne contribuent pas à simplifier (17) ou à faire des promesses qu'il aura ensuite de la peine à honorer ce qui entraîne une perte de crédit auprès du Parlement (18).

Cependant, les conflits ont provoqué une modification générale de l'équilibre des rapports entre les deux Institutions. Sur le plan politique, il n'est pas sans intérêt de noter que le Président en exercice du Conseil européen rend compte au Parlement des réunions du Conseil. La déclaration sur l'Union européenne reconnaît le droit du Parlement de débattre de toutes les matières

(16) Surveillé par les gaullistes et les communistes, le gouvernement français devait tenter d'empêcher toute évolution « supranationale ».

(17) Ne pas réunir une majorité pour repousser des amendements parlementaires, mais être incapable d'augmenter le taux maximum des dépenses non obligatoires par exemple.

(18) Ainsi l'absence de foi accordée à la promesse du Conseil de mettre en œuvre une réforme de la politique agricole commune en raison des tergiversations qui l'ont accompagnée fut une des causes du rejet du budget en 1979 ; de la même manière, les hésitations du Conseil à ouvrir réellement la négociation promise sur la classification des dépenses sont à l'origine de la crise de 1981.

relevant de l'Union, y compris de la coopération politique. Suit une énumération de droits qui officialise les moyens d'action reconnus depuis longtemps dans le cadre de la coopération politique (19). Mais, surtout, un droit général d'interpellation est accordé au Parlement de manière assez large :

> « 2.3.3. Outre les procédures de consultation prévues dans les traités, le Conseil, ses membres et la Commission, selon leurs compétences respectives, répondront :
> - aux questions orales et écrites du Parlement,
> - aux résolutions concernant des questions d'importance majeure et de portée générale, sur lesquelles le Parlement demande leurs observations. »

En ce qui concerne les pouvoirs du Parlement dans le cadre de la prise de décision, il n'est pas surprenant que les résultats les plus importants aient été atteints dans le domaine budgétaire où le Parlement dispose d'importants moyens de pression. Par contre, dans le domaine législatif, les progrès sont demeurés fort timides.

A. – Le compromis budgétaire : la déclaration du 30 juin 1980

Les diverses crises budgétaires ont simplifié le débat entre le Parlement et le Conseil en clarifiant les points de désaccord et en modifiant l'attitude réciproque des parties (20). L'évolution du Conseil est symptomatique à cet égard. Après le rejet du budget pour 1980 il adopte une position ferme et conduit le Parlement à adopter un nouveau budget proche de celui rejeté. Après le vote du budget supplémentaire pour 1980, certains États membres refusaient d'effectuer les versements requis à la Communauté et la Cour était saisie. Après la crise de 1981 sur la classification des dépenses, les versements étaient effectués et la Cour était saisie. Dans tous les cas, une solution politique venait mettre fin au différend. Cependant on constate que progressivement le Conseil admet que la contestation parlementaire ne constitue pas un « crime de lèse-majesté » mais l'expression de divergences normales qui peuvent trouver leur solution soit dans la discussion entre Institutions, soit dans un arrêt de la Cour de Justice des Communautés. Cette nouvelle attitude rendra possible la négociation d'un accord entre institutions qui, dans les limites des traités, consacre partiellement certaines revendications parlementaires (21).

(19) La venue de Mme Thatcher en décembre 1981 s'est accompagnée d'une réunion des ministres des Affaires étrangères avec le Président du Parlement et le Président de la Commission, ce qui a permis à Mme Veil d'exposer le point de vue du Parlement sur certains thèmes institutionnels.

(20) Sur les crises budgétaires passées, outre la chronique régulière de M. Strasser à la *Revue du Marché Commun*, voir la chronique de Guy Isaac et Christian Hen à la *Revue trimestrielle de droit européen*, 1981, pp. 471-489.

(21) Déclaration commune du Parlement européen, du Conseil et de la Commission relative à différentes mesures visant à assurer un meilleur déroulement de la procédure budgétaire, *J.O.C.E.*, n° C 194 du 28 juillet 1982, pp. 1 et svtes.

En vue de mettre fin au contentieux budgétaire passé, la déclaration précise, dans un certain nombre de cas, les pouvoirs et le rôle de chaque branche de l'autorité budgétaire : Conseil et Parlement.

La classification des dépenses avait été à l'origine de la dernière crise. Elle fait l'objet d'un triple accord. Accord ponctuel tout d'abord : certaines dépenses relatives à l'aide alimentaire et au F.E.O.G.A. sont classées comme non obligatoires. Accord de principe ensuite : le critère de classification des dépenses est affiné (22). Réaffirmation de principe enfin, la classification procède d'un accord entre les deux détenteurs de l'autorité budgétaire. La déclaration, en étendant le champ des dépenses non obligatoires, accroît par voie de conséquences les pouvoirs du Parlement. Ce dernier n'a cependant pas vu triompher sa thèse initiale selon laquelle toute dépense que les trois institutions ne considéraient pas comme obligatoire serait non obligatoire, mais il a réussi à déplacer la frontière entre les deux catégories. La marge de manœuvre du Parlement, c'est-à-dire le montant d'augmentation dont il dispose librement, se calculant par référence à la masse des dépenses non obligatoires, la déclaration se traduit aussi par un accroissement de cette marge en volume (23). La déclaration rappelle néanmoins que tout dépassement du taux maximum ne peut résulter que d'un accord entre le Conseil et le Parlement (24).

Autre question qui concerne les pouvoirs de l'autorité budgétaire, la fixation de plafonds de dépense dans des règlements devra être évitée. Ainsi, le Parlement qui ne dispose que d'une influence limitée lors de l'adoption d'un règlement, ne verra pas indirectement son pouvoir budgétaire limité par l'Institution disposant du pouvoir de décision dans le domaine législatif.

Enfin, la déclaration met fin à la vieille querelle dite de « la base juridique ». Selon le Parlement, le budget aurait constitué une base juridique suffisante pour l'exécution des dépenses et la Commission aurait dû, même en l'absence de règlement de base, mettre en œuvre le budget voté par le Parlement. Ce dernier s'attribuait ainsi un pouvoir législatif indirect puisqu'il pouvait, par le biais de son droit de dernier mot sur les dépenses non obligatoires, mettre en œuvre une politique nouvelle alors même que le Conseil n'aurait pas adopté les

(22) « Sont obligatoires, selon la déclaration, les dépenses "que l'autorité budgétaire est tenue d'inscrire au budget pour permettre à la Communauté de respecter ses obligations, internes ou externes, telles qu'elles résultent des traités ou des actes arrêtés en vertu de ceux-ci" ». Le Parlement a interprété "obligations" comme signifiant "les droits que les tiers peuvent faire valoir en justice" ce qui restreint encore l'ampleur des dépenses obligatoires. Comparez avec la formule de l'article 203 "actes découlant obligatoirement du traité ou des actes arrêtés en vertu de celui-ci".

(23) La déclaration contient des précisions sur le moment auquel se calcule la marge : le projet de budget établi par le Conseil en première lecture. Ce n'est pas ici le lieu d'entrer dans le détail de l'analyse de la déclaration.

(24) La déclaration indique expressément que le budget ne peut être arrêté qu'au niveau des dépenses obligatoires déterminé par l'accord sur le nouveau taux.

règlements nécessaires (25). Après avoir renoncé en 1981 aux aspects les plus extrêmes de sa thèse, le Parlement reconnaît dans la déclaration que l'exécution des crédits inscrits au budget pour une nouvelle action communautaire *significative* nécessite un règlement de base (ce qui suppose qu'un tel règlement n'est pas nécessaire pour une action non significative (26). Cependant, si le Parlement inscrit des crédits pour une nouvelle action significative, la Commission doit présenter une proposition de règlement destinée à permettre la consommation des sommes ainsi inscrites au budget au courant du mois de janvier qui suit l'adoption du budget. De leur côté, les deux autres Institutions feront le nécessaire pour que le règlement puisse être adopté avant la fin du mois de mai (27). La déclaration accorde bien au Parlement un droit indirect d'initiative et le Conseil prend, en outre, l'engagement de donner suite à ces initiatives en faisant le nécessaire pour que l'acte constituant la base réglementaire de la dépense soit adopté.

La déclaration porte donc reconnaissance de l'accroissement du rôle joué par le Parlement dans le processus législatif grâce à son pouvoir budgétaire. Elle ne règle pas définitivement le contentieux, car des points d'incertitude subsistent, notamment quant à la définition précise des dépenses obligatoires et quant à la possibilité de poursuivre le débat budgétaire en seconde lecture si un accord sur un nouveau taux d'augmentation des dépenses non obligatoires est nécessaire et n'a pu être trouvé. Nul doute que la concertation interinstitutionnelle ne tente alors d'aplanir les différends.

– En effet, le contenu de la déclaration ne se limite pas au règlement du contentieux budgétaire. Dans la mesure où les principales questions traitées telles la classification des dépenses ou la décision d'augmenter le taux maximum ne peuvent être réglées que par accord entre les deux branches de l'autorité budgétaire, la déclaration institutionnalise la négociation sous forme de « trilogue » réunissant les Présidents des trois Institutions. On s'efforce de la sorte de prévenir la survenance de nouvelles crises provoquées par un désaccord au moment du vote final du budget. La Commission se voit confier un rôle essentiel dans cette négociation puisqu'elle en assure la présidence et qu'elle peut être appelée à faire rapport, en cas de divergence de vues sur la classification, non seulement lors de la concertation Parlement-Conseil

(25) Sur ce problème, cf. Ehlermann et Minch, « Article 225 of the EEC Treaty », *Europorecht*, 1981, pp. 23 à 42.

(26) Il peut s'agir d'actions ponctuelles telles les aides en cas de catastrophes, les études ou les opérations pilotes.

(27) Au cas où le règlement ne serait pas adopté, la Commission soumettra des propositions de virement permettant l'utilisation des crédits durant l'année budgétaire. Sur ce point la déclaration est déjà à l'épreuve. Le Parlement avait inscrit en 1982 10 millions d'ECU pour le soutien de projets concernant des infrastructures de transport présentant un intérêt communautaire. Cette somme n'a pu être engagée faute de règlement de base. La Commission a proposé de virer ces crédits du chapitre 100 à un autre chapitre. La Commission des budgets exige qu'il s'agisse du chapitre 781 relatif aux infrastructures des transports et insiste pour qu'ils ne soient pas affectés à des études, mais à trois réalisations précises qu'elle a choisie, cf. rapport de Dame Shelagh Roberts, Doc. 1-651/82.

qui précède la première lecture, mais aussi en première lecture devant le Parlement et le Conseil. Quand on se souvient des atermoiements du Conseil avant l'ouverture d'une véritable négociation sur la classification des dépenses, la mise en place d'une structure de négociation à laquelle il est possible de recourir en permanence constitue un progrès considérable susceptible d'éviter la dramatisation de controverses mineures et de favoriser la confrontation rapide de points de vue. La Commission prend officiellement une place de médiateur, alors qu'auparavant, elle était dépourvue de moyens d'intervention efficace dans le dialogue entre les deux branches de l'autorité budgétaire (28). L'efficacité de ce mécanisme de prévention des crises devra être mise à l'épreuve. En tout état de cause, son existence n'interdit pas au Parlement d'utiliser ses armes budgétaires. Les chances de succès du « trilogue » en seront accrues puisque l'échec entraînerait le rejet du budget ou son adoption dans des conditions insatisfaisantes pour l'une des branches de l'autorité budgétaire.

Des voix se sont élevées au Parlement pour dénoncer l'insuffisance des concessions faites par le Conseil dans la déclaration. Celle-ci constitue cependant un pas en avant en accroissant le poids du Parlement dans le déroulement de la procédure budgétaire et en renforçant indirectement son rôle législatif. En outre, elle ne ferme pas la voie à une interprétation restrictive de la notion de dépenses obligatoires ce qui peut permettre à l'avenir de nouveaux progrès au bénéfice du Parlement.

Ces résultats modérés ont été atteints grâce aux moyens de pression dont disposait le Parlement et à sa détermination à en faire usage. Le Parlement est beaucoup plus démuni dans le domaine législatif ce qui explique le *statu quo* actuel.

B. – Le « statu quo » dans le domaine législatif

Conférer au Parlement un pouvoir budgétaire sans organiser une participation accrue de celui-ci à l'exercice du pouvoir législatif est aussi illogique que dangereux. Illogique puisque, de par ses pouvoirs budgétaires, le Parlement est appelé à décider des conséquences financières de mesures sur l'adoption desquelles il n'a qu'une influence limitée. Dangereux, car l'Assemblée pourrait être amenée à remettre en cause à *posteriori*, au moment du vote du budget, l'adoption d'un règlement (29). Cette banale constatation fut à l'origine de l'instauration de la procédure de concertation par la déclaration commune du

(28) De plus, c'est la Commission qui propose la classification des dépenses dans son avant-projet de budget.

(29) Le rejet du budget en 1979 avait pour objet essentiel d'obtenir une modification de la politique agricole. Sur une stratégie législative à travers le vote du budget, cf. Dankert, Débat du 5/11/1979, *J.O.*, Débats, n° 247, p. 16.

4 mars 1975 (30). Cependant, les mécanismes prévus par la déclaration pour accroître l'influence du Parlement dans le processus législatif fonctionnent mal.

Pourtant, par son intervention dans l'affaire 138/79, le Parlement a obtenu de la Cour la consécration du caractère obligatoire de la consultation dans les cas prévus par le traité. Comme le déclare la Cour :

> « La consultation régulière du Parlement dans les cas prévus par le traité constitue dès lors une formalité substantielle dont le non-respect entraîne la nullité de l'acte concerné.
>
> Il y a lieu de prévoir à cet égard que le respect de cette exigence implique l'expression, par le Parlement de son opinion ; on ne saurait considérer qu'il y est satisfait par une simple demande d'avis de la part du Conseil. » (31).

Dorénavant, le défaut de consultation pourra être invoqué par les requérants à l'appui d'un recours en annulation. Malheureusement, cette jurisprudence n'empêche pas le Conseil, lorsque c'est possible, de procéder à une substitution de la base légale d'un texte pour éviter la formalité de la consultation (32). Mais surtout, elle ne conduit pas le Conseil, malgré ses promesses, à porter une attention accrue aux avis du Parlement.

Cependant, en 1970, M. Harmel puis M. Scheel s'étaient engagés, au nom du Conseil, à informer le Parlement des raisons qui avaient amené le Conseil à s'écarter des avis du Parlement. Une telle procédure permettait au Parlement d'être assuré que le Conseil débattrait réellement sur les avis rendus et prendrait position à leur sujet. En fait, la promesse du Conseil n'a pas été tenue. L'idéal serait que le Conseil produise à intervalles réguliers un document donnant les informations souhaitées. Sur cette base, un débat pourrait être engagé. Le Parlement a insisté sur ce point dans sa résolution du 9 juillet 1981 (33).

Le fonctionnement de la procédure de concertation n'a guère donné plus de satisfaction (34). Sous la présidence de Mme Veil, treize demandes de concertation ont été présentées et une suite, négative d'ailleurs, n'a pu être donnée qu'à deux d'entre elles. Les conditions mises à l'ouverture de la concertation sont interprétées restrictivement et lorsqu'une concertation est engagée, elle se déroule de manière tout à fait formelle donnant lieu à un exposé des positions des deux Institutions sans réelle volonté de compromis. Le plus souvent, le Parlement n'a affaire qu'à un seul interlocuteur, le Président du Conseil, qui se limite à faire part au Parlement du point de vue de son Institution.

(30) *J.O.* n° C 89 du 22 avril 1975.

(31) Arrêt du 29 octobre 1980, *S.A. Roquette frères c/Conseil des Communautés européennes*, *Rec.*, 1980, pp. 3333 et svtes. Cons. 33 et 34, Note Joly, *Cahiers de droit européen*, 1982, pp. 57-58.

(32) Cf. par ex. en matière de gestion et de conservation des ressources marines, rapport de Mme Cresson du 31 oct. 1980, Doc. 1-537/80 et de Mlle Quin du 10 déc. 1980, Doc. 1-665/80.

(33) *J.O.*, n° C 234 du 14 sept. 1981, p. 54.

(34) Cf. débat du 22/4/1982, *J.O.*, Déb. 1-284, p. 298.

Le rapport des Sages et le rapport Andriessens suggèrent tous deux une modification de la procédure. Tirant les conséquences de sa position, la Commission a déposé une proposition de réforme de la concertation, mais celle-ci n'a pas encore fait l'objet d'un examen approfondi du Conseil (35). La déclaration sur l'Union européenne se limite à prévoir l'ouverture de pourparlers entre les Institutions sur l'amélioration de la procédure de concertation et l'élargissement de son champ d'application.

Enfin, le Parlement se préoccupe de l'inaction du Conseil dans certains domaines couverts par les traités. Il a exploré les possibilités offertes par l'article 175 du traité C.E.E. relatif au recours en carence. Une procédure de ce type avait été envisagée pour mettre fin à l'inaction du Conseil dans l'établissement d'une procédure électorale uniforme. Le Conseil fut l'objet d'une invitation à agir à propos de la sixième directive concernant l'établissement d'une assiette uniforme de la T.V.A. Après avoir reçu la réponse du Conseil, le bureau du Parlement décidait de ne pas donner suite au recours en carence. En septembre 1982, le Parlement a adressé une invitation à agir au Conseil dans le domaine de la politique des transports, puis a saisi la Cour de Justice. L'affaire est intéressante, car la Cour devra se prononcer sur la question controversée de la recevabilité du recours (36). Le Parlement voit dans une éventuelle réponse positive de la Cour, la possibilité de modifier l'équilibre institutionnel qui résulte de la situation de fait actuel en permettant au Parlement de contrôler, sinon l'action du Conseil, du moins son inaction. Sur le plan politique, une condamnation du Conseil situerait clairement aux yeux des électeurs la responsabilité prise par cette institution dans l'inexécution des objectifs du traité. Elle légitimerait, dans le cas où le Conseil ne donnerait pas suite à l'arrêt, un refus de voter les crédits inscrits au budget au titre de la politique des transports (37).

Au total, le *statu quo* dans le domaine législatif est largement contesté et la pression du Parlement s'exerce à tous les niveaux : rapport sur les suites données aux avis, réforme de la procédure de consultation, utilisation du recours en carence. Dans la perspective de la prochaine élection, le Parlement tient à montrer aux électeurs que s'il prend une faible part à l'élaboration de la législation communautaire, il met en œuvre tous les moyens pour accroître celle-ci et faire entendre la voix des peuples de la Communauté au sein du Conseil.

(35) Sur la procédure, voir Forman, « The conciliation procedure », *Common Market Law Review*, 1979, pp. 77-108 et The joint declaration dated 4 March 1975. Semaine de Bruges, *op. cit.*, pp. 208-228. Voir la proposition de la Commission, COM (81) 816.

(36) Cf. Barav et Vandersanden, *Contentieux communautaire*, Bruylant, 1977, p. 238 et Joliet, *Le droit institutionnel des Communautés européennes, le contentieux*, Liège, 1981, pp. 152 et svtes.

(37) Cf. le rapport de M. Seefeld du 1/7/1982, Doc. 1-420/82, spécialement les avis de la Commission juridique joints.

Si faible que puisse être la modification des rapports entre Parlement et Conseil, des glissements se sont déjà produits dans le domaine budgétaire et le mouvement suit son cours. S'appuyant sur le levier de ses pouvoirs budgétaires, le Parlement tente de conquérir une influence nouvelle et, insensiblement une évolution se manifeste. Mais, l'autre tactique disponible, et déjà largement employée, consiste à agir sur la Commission afin que celle-ci à son tour reprenne, face au Conseil, les revendications parlementaires. Dans ce domaine, le cours des événements s'accélère.

SECTION 3. – LES RELATIONS COMMISSION-PARLEMENT : « PEINES D'AMOUR PERDUES » ?

Le changement résulte tant des innovations introduites par le Parlement que des propositions faites par la Commission dans le cadre du rapport « Andriessens » (38). La convergence fréquente des points de vue devrait conduire à une emprise accrue du Parlement sur l'initiative législative et à un développement du contrôle exercé sur la Commission. Cependant, malgré les affirmations de principe du Parlement selon lesquelles la Commission doit rester un organe de proposition et d'exécution, la réflexion sur le rôle réel de la Commission n'a pas progressé. On ne peut se défendre de l'impression que les concessions de la Commission ne sont pas payées de retour par un réel désir du Parlement de conforter la place de la Commission, mais peut-il en aller autrement ?

A. – L'approfondissement du dialogue Commission-Parlement dans le cadre de la procédure législative

Avant l'élection au suffrage universel direct, la collaboration entre le Parlement et la Commission était déjà étroite puisque le seul moyen efficace dont disposait le Parlement pour faire valoir son point de vue auprès du Conseil était d'amener la Commission à partager celui-ci. S'appuyant sur sa légitimité populaire, le Parlement devait tout naturellement tenter de renforcer cette tendance aux différentes étapes de la procédure.

– S'agissant de l'initiative, le Parlement est soucieux tant du sort de ses propres initiatives que de sa participation à celles de la Commission. Tout d'abord, il désire que la Commission soumette au Conseil des propositions reprenant les initiatives parlementaires ou qu'elle indique les raisons pour

(38) Outre le rapport Andriessens, la Commission a présenté une proposition relative à la modification de la procédure de concertation et une proposition relative au rôle du Parlement dans l'élaboration et la conclusion des accords internationaux et des traités d'adhésion. Ces propositions, qui coïncident en grande partie avec les demandes du Parlement, ont été publiées avec le rapport Andriessens sous le titre, « Le système institutionnel de la Communauté – Un équilibre à rétablir », Supplément 3/82 au *Bulletin des Communautés*.

lesquelles elle ne peut leur donner une telle suite (39). Le rapport Andriessens contenant des idées similaires, l'accord entre la Commission et le Parlement est donc complet sur ce point.

Le Parlement suggère également qu'au cas où, malgré les explications données par la Commission, il inviterait à nouveau celle-ci à donner suite à une initiative parlementaire, cette dernière accepte de se conformer automatiquement à cette invitation. On conçoit que la Commission, désireuse de ne pas lier son pouvoir de proposition aux injonctions parlementaires, se soit gardée de reprendre cette suggestion. Cependant, la Commission en négligeant une initiative parlementaire, engagerait sa responsabilité politique et s'exposerait éventuellement à une motion de censure, soit que l'Assemblée considère que l'importance de son initiative justifie une telle sanction, soit qu'elle désire faire justice d'une politique de rejet systématique des initiatives parlementaires.

L'autre revendication parlementaire a posé davantage de problèmes. Dans un premier temps, le Parlement souhaitait que la Commission le consulte avant de s'engager dans la rédaction définitive d'une proposition et qu'elle ne soumette pas de proposition au Conseil sans l'accord du Parlement. M. Jenkins s'était opposé à ce veto préalable revendiqué par l'Assemblée

> « La Commission estime que toute atténuation ou affaiblissement de son droit d'initiative à faire des propositions ne pouvait que nuire au processus même de prise de décision de la Communauté.
>
> Le droit d'initiative constitue le volet central du mandat politique de la Commission. Il ne peut être partagé et doit être exercé pleinement dans l'intérêt de la Communauté toute entière. » (40).

Dans sa résolution du 9 juillet 1981, le Parlement adopte une formulation plus modeste puisqu'il revendique seulement qu'avant toute initiative importante de la Commission, un représentant de celle-ci en expose la matière, la teneur et les conséquences financières à la Commission compétente. Cette proposition est reprise par la Commission dans le rapport « Andriessens ».

Ainsi, sans même qu'une déclaration commune ait été négociée entre les deux Institutions, un accord s'est établi sur la base duquel une pratique nouvelle pourrait se faire jour.

– Quant au déroulement de la procédure de consultation, les principales modifications ont été introduites par le Parlement dans le cadre de la révision de son règlement. L'objectif poursuivi par l'Assemblée est que la Commission fasse sien l'avis rendu et qu'elle le défende devant le Conseil. Or, s'appuyant sur l'arrêt rendu dans l'affaire 138/79, elle joue, dans son règlement intérieur,

(39) Résol. du 9 juillet 1981, al. 1 à 14, *J.O.C.E.*, n° C 234 du 14/9/1981, pp. 64-65.

(40) Cf. rapport de M. Rey du 14 avril 1980, Doc. 1-71/80, débat du 16 avril 1980, pp. 143-165. Intervention de M. Jenkins, p. 153.

sur la possibilité de différer le vote de son avis jusqu'à ce que la Commission se soit exprimée autant que possible dans un sens favorable aux vœux du Parlement. Tant que l'avis n'est pas rendu par le Parlement, le Conseil ne peut statuer valablement et l'aboutissement de la procédure est retardé. Ainsi, pour accroître ses pouvoirs, l'Assemblée introduit un facteur supplémentaire de blocage dans le processus décisionnel.

Saisi d'une proposition de la Commission des Communautés, le Parlement examine d'abord le texte dont il est saisi, l'approuve, l'amende éventuellement ou le rejette. Mais lorsqu'il l'amende ou le rejette, il se garde bien de voter simultanément sur la résolution qui constitue, selon le règlement du Parlement, l'avis. La position du Parlement est communiquée à la Commission afin que, selon les cas, elle retire sa proposition ou la modifie dans le sens souhaité. À défaut, le Parlement refusera de voter et renverra à la commission compétente pour rapport (41). On a discuté de la légalité de ces dispositions du règlement (42), mais il résulte de l'arrêt de la Cour que le Parlement ne peut bloquer indéfiniment la procédure, le pouvoir de consultation n'est pas un droit de veto. Il suffirait que le Conseil mette le Parlement en demeure de statuer, puis, à défaut d'avis, qu'il passe outre. En effet la Cour n'a constaté le non-respect d'une formalité substantielle que parce que le Conseil « n'avait pas épuisé toutes les possibilités d'obtenir l'avis » (43). Il n'en demeure pas moins que cette nouvelle procédure permet au Parlement d'obliger la Commission à prendre parti sur la position qu'il a adoptée et à négocier avec lui. Le Parlement a déjà obtenu par cette voie le retrait du projet de directive relative à la fiscalité sur le tabac.

En outre, le Parlement estime que lorsque la Commission a accepté de soutenir un amendement parlementaire, elle contracte l'obligation de modifier en ce sens sa proposition. Au nom de la Commission, M. Cheysson a confirmé cette interprétation

> « Si elle souscrit à des amendements adoptés par le Parlement, elle doit aussitôt modifier en ce sens les propositions concernées... » (44).

Au total, le Parlement améliore sensiblement sa position dans le processus législatif. Ce faisant, il diminue l'indépendance de la Commission. Le sens de l'évolution semble être de faire de cette dernière plus un porte-parole du

---

(41) Art. 32, 35, 36 et 39 du règlement, voir M. Dominik. « La procédure de décision dans la Communauté et le nouveau règlement intérieur du Parlement », *Rev. du Marché Commun*, 1981, pp. 274-278.

(42) Voir la position de la Commission, déb. du 6/7/1981, Déb. n° 1-273, p. 19 et du Conseil, déb. du 8/7/1981, *ibid.*, p. 19.

(43) Considérant 36. C'est aussi l'interprétation que la Commission donne de l'arrêt. Voir *Bulletin des Communautés*, 1980, 12, p. 94 et c'est ce qui s'est produit pour l'adoption du règlement n° 1992/83 du Conseil du 11 juillet 1983, *J.O.*, n° L 196/1 du 20/7/1983. Après avoir infructueusement demandé l'application de la procédure d'urgence, puis une session extraordinaire, le Conseil a passé outre à l'absence de consultation.

(44) Débat du 20 nov. 1980, *J.O.*, n° 2-263, p. 237. Rappelons que la Commission communique après chaque session, les suites que la Commission envisage de donner aux avis du Parlement.

Parlement et un organisme de mise en forme des propositions de celui-ci qu'un véritable gouvernement de la Communauté. Cette démarche n'est pas contrariée par les droits que revendique le Parlement sur l'existence de la Commission.

B. – Le Parlement et la maîtrise de l'existence de la Commission

Les changements qui se dessinent concernent tant la nomination que le contrôle de la Commission.

Le Parlement souhaitait participer à la nomination du Président de la Commission, mais une telle modification exigeait une révision des traités. Par contre, le traité n'interdit pas formellement la tenue d'un débat d'investiture. Le plan Genscher-Colombo suggérait qu'un tel débat soit organisé après que le Président du Parlement ait été consulté sur la nomination du Président de la Commission. Or, en 1981, M. Thorn a présenté son programme à l'Assemblée après quoi celle-ci a « approuvé l'investiture de la Commission ». Juridiquement, un refus d'investiture ne produirait aucune conséquence, mais si la Commission ne démissionnait pas spontanément, le Parlement pourrait alors user de son pouvoir de censure.

Conscient de ce fait, le Conseil européen a prévu que la Présidence du Conseil recueillerait l'avis du bureau élargi du Parlement avant la nomination du Président de la Commission. Après la nomination des membres de la Commission, celle-ci soumettra son programme pour un débat suivi d'un vote au Parlement. Même si la déclaration solennelle sur l'Union européenne ne précise pas l'effet d'un vote négatif, on s'est clairement engagé sur la voie d'une investiture.

En ce qui concerne le contrôle, la motion de censure n'a pas été utilisée depuis l'élection du Parlement au suffrage universel direct (45). Cependant, le Parlement a joué habilement de son droit de voter la décharge du budget. Lors de l'examen de l'exécution du budget pour l'exercice 1980, le Parlement a manifesté son mécontentement de la gestion des douzièmes provisoires et, surtout, l'inapplication de l'embargo sur les ventes de produits agricoles à l'U.R.S.S. nonobstant la volonté contraire exprimée par le Parlement. Il a différé son vote dans l'attente d'explications supplémentaires de la Commission (46). À cette occasion, on a rappelé qu'un refus de voter la décharge pourrait conduire au départ de la Commission, comme l'avait envisagé le commissaire Tugendhat dès 1977 :

> « ... ni les traités, ni le règlement financier ne prévoient de sanction juridique. Aussi, est-ce en toute logique une sanction générale que les traités confèrent au Parlement, c'est-à-dire une sanction politique qui serait la

(45) Sur quatre motions de censure déposées auparavant, deux furent retirées, les deux autres rejetées.

(46) Résol. du 20 avril 1982, *J.O.C.E.*, n° C 125 du 17 mai 1982, pp. 25 et svtes.

conséquence normale d'un refus de donner décharge. Un tel refus aurait donc un caractère de gravité exceptionnelle ; selon moi, cette censure de la Commission devrait aboutir à la destitution de l'équipe en place. »

Par ce moyen, le Parlement peut contrôler la gestion globale de la Commission et la sanctionner au cas où elle ne tiendrait pas compte de ses avis.

Dans l'ensemble du triangle institutionnel, les relations Parlement-Commission sont celles qui se sont le plus renforcées depuis 1979. La Commission ne recueille pas le fruit des propositions formulées dans le rapport « Andriessens » dans la mesure où le Parlement les tient pour acquises en s'efforçant d'obtenir davantage. On ne saurait s'en étonner puisque la Commission est l'interlocuteur quotidien du Parlement et le plus exposé à ses pressions. Mais une présentation qui se limiterait aux thèmes institutionnels ne rendrait pas fidèlement compte de la réalité quotidienne. En effet, malgré les revendications parlementaires, les divergences entre les deux institutions ne sont pas la règle et, dans la plupart des cas, bien qu'avec des nuances dans leurs positions réciproques, elles sont très proches l'une de l'autre face au Conseil. La Commission remplit un rôle irremplaçable d'interlocuteur entre le Conseil et le Parlement. L'Assemblée n'a pas toujours conscience du fait que toute réforme qui lierait étroitement la Commission au Parlement la priverait de l'indépendance nécessaire pour poursuivre cette tâche.

*

* *

Si la physionomie générale des relations entre Institutions demeure ce qu'elle était avant 1979, le bilan des transformations accomplies est considérable. En l'état actuel, il conduit à s'interroger sur l'avenir des Communautés. Tout d'abord, les nouveaux pouvoirs conquis par le Parlement s'analysent surtout en pouvoirs de blocage. Les modifications de la procédure législative sont symptomatiques à cet égard. Certes, le recours au vote majoritaire au sein du Conseil et la reconnaissance d'un droit d'initiative parlementaire devraient au contraire favoriser davantage l'action que le blocage. Mais, pour l'instant, le vote du 18 mai reste isolé et le Parlement commence seulement à maîtriser la technique des rapports d'initiative. Au stade actuel de l'évolution des rapports entre Institutions, on constate que la procédure s'est compliquée et le développement de l'influence parlementaire n'est pas un facteur d'accélération du processus décisionnel. Les moyens de pression parlementaires et les crises qui en résultent peuvent paraître « contreproductifs », mais ils n'en demeurent pas moins des facteurs essentiels d'évolution. D'ailleurs les rapports entre les Institutions sont meilleurs que ne le laissent supposer certaines crises spectaculaires. Les prises de position du Parlement coïncident souvent avec celles de la Commission ou de certains États membres. De la sorte, elles trouvent aisément l'oreille de l'autre Institution.

L'apparent désintérêt dont fait preuve actuellement le Parlement à l'égard de la méthode de l'évolution par « petits pas » trouve son explication dans des difficultés inhérentes à cette méthode (47). Tout d'abord, l'évolution ne peut être que lente et ne se prête pas à des conquêtes spectaculaires électoralement monnayables auprès de l'opinion publique. D'autre part, les changements se produisent au gré des circonstances dans le sens de la plus forte pente sans entrer dans le cadre d'une vision globale de l'avenir des Institutions. Lorsqu'il a adopté ses résolutions institutionnelles de 1981, le Parlement n'a pas en effet défini les rapports qui devraient s'instituer entre les Institutions au terme de l'évolution. La Commission des Communautés ou les auteurs de la déclaration solennelle sur l'Union Européenne ne sont pas des plus explicites. De crainte de se heurter à l'opposition de quelques gouvernements, on se garde de décrire la structure institutionnelle que l'on appelle pourtant de ses vœux sous la dénomination mythique d'Union européenne. Cette attitude existentielle peut conduire à une Communauté ingouvernable. Enfin, rien ne garantit que l'évolution soit irréversible et que le Conseil ne revienne sur les concessions faites dans des accords interinstitutionnels lorsque la situation lui sera plus favorable.

Dans ce contexte, de plus en plus nombreux sont ceux qui estiment qu'il convient de recourir à une nouvelle démarche. M. Thorn a évoqué, à plusieurs reprises la nécessité d'un « nouveau Messine ». De son côté, le Parlement a choisi la voie constituante qu'il n'avait écartée que provisoirement. À l'instigation de M. Spinelli et de la Commission Institutionnelle, il a décidé de préparer un nouveau traité en vue des élections de 1984 (48). Popularisé lors de la campagne électorale, ce traité devrait être soumis au Parlements nationaux fort de l'appui des électeurs européens.

Le Parlement a adopté à une forte majorité la résolution du 14 septembre 1983 qui servira de base pour la réduction du futur traité d'Union sur le texte duquel il devrait se prononcer en 1984. La résolution prévoit tant une profonde réforme institutionnelle qu'une nouvelle définition des compétences de l'Union. Les auteurs, plus réalistes qu'on ne le croit, ont ménagé des étapes de transition, car ils savent que l'approfondissement de l'Union ne pourra être réalisé que de manière progressive. L'entreprise est un pari sur la possibilité de relancer après trente ans de communauté l'entreprise de construction de l'Europe en retrouvant la foi des Pères fondateurs. Pourrait-elle déplaire au Président Teitgen qui, lors de la première session de l'Assemblée commune de la C.E.C.A., répondait aux parlementaires qui hésitaient à se lancer dans la construction de la Communauté politique européenne proposée par les six ministres des Affaires étrangères :

> « Pas de procédure ! De l'action : un texte et une constitution. » (49).

---

(47) Le Parlement ne met aucun empressement à se prononcer sur le contenu du rapport Andriessens ou des propositions de la Commission qu'il a pourtant appelées de ses vœux.

(48) Résolution du 6 juillet 1982, *J.O.C.E.*, n° C 238 du 13/9/1982, p. 25.

(49) *J.O.C.E.* du 10 janvier 1953, débats de l'Assemblée commune, p. 80.

Sceptiques et réalistes ironiseront sur le caractère utopique de l'entreprise privée de toute chance de succès en raison de l'opposition évidente de plusieurs gouvernements. Mais, raisonner sur ces bases conduirait à ne rien proposer compte tenu des risques d'échec. Au mieux, l'initiative parlementaire peut, sur la base d'un réveil de l'opinion publique, conduire à une révision des traités. Au pire, elle fournira une description de l'Union européenne qui constituera l'objectif vers lequel pourra tendre toute politique des « petits pas ».

54. Le problème du remboursement des frais de campagne électorale ne fait pas partie des quelques points qui ont été réglés dans l'acte de 1976. Il en résulte qu'en l'état actuel du droit communautaire, l'instauration d'un système de remboursement des frais de campagne électorale et la détermination de ses modalités appartiennent encore à la compétence des États membres.

55. Le moyen tiré par l'association requérante de la violation de l'article 7, paragraphe 2, de l'acte de 1976 doit donc être accueilli. Il n'y a dès lors pas lieu de statuer sur les autres moyens avancés.

Sur le dépens

56. Aux termes de l'article 69, paragraphe 2, du règlement de procédure, toute partie qui succombe est condamnée aux dépens, s'il est conclu en ce sens. La partie requérante n'a pas conclu à la condamnation de la partie défenderesse aux dépens. Il en résulte que, bien que la partie défenderesse ait succombé en ses moyens, il y a lieu de faire supporter à chaque partie ses propres dépens.

Par ces motifs,

LA COUR,

déclare et arrête :

1. La décision du Bureau du Parlement européen du 12 octobre 1982 concernant la répartition des crédits inscrits au poste 3.708 du budget général des Communautés européennes, ainsi que la réglementation du Bureau élargi du 29 octobre 1983 relative à l'utilisation des crédits destinés au remboursement des dépenses des formations politiques qui auront pris part aux élections de 1984 sont annulées.
2. Chaque partie supportera ses propres dépens.

NOTE

Si les traités, à l'exception de l'article 38 du traite C.E.C.A., ne contiennent guère de précisions sur la situation du Parlement devant la Cour, cette dernière a été amenée à définir ce statut du Parlement sans se réfugier derrière le silence des textes pour interpréter celui-ci de façon restrictive. Après la reconnaissance du droit à l'intervention à l'instar des autres Institutions (1), après la consécration de la faculté ouverte au Parlement d'utiliser le recours en carence (2), voici que dans l'arrêt rendu dans l'affaire 294/83, Parti écologiste *Les verts* contre Parlement européen, la Cour place le Parlement au nombre des Institutions dont les actes peuvent faire l'objet d'un recours au titre de l'article 173 du traité C.E.E., ouvrant ainsi la voie à un contentieux qui n'a pas attendu l'arrêt de la Cour pour laisser entrevoir toutes ses virtualités, notamment en matière budgétaire (3).

L'arrêt du 23 avril 1986 intervient dans le cadre d'un contentieux qui oppose le parti écologiste français *Les verts* au Parlement européen à propos du financement par le Parlement européen d'une campagne d'information à l'occasion des élections européennes de 1984.

En effet, le Parlement européen avait, en prévision des élections de 1984, ouvert aux budgets pour 1982, 1983 et 1984 un poste destiné à couvrir les frais relatifs au cofinancement de la campagne d'information en vue de la seconde élection directe. Il ne s'agissait pas d'une innovation puisqu'un tel poste avait déjà été créé lors des élections de 1979. Le bureau du Parlement (c'est-à-dire le Président et les douze Vice-Présidents) siégeant en présence des présidents des groupes politiques et des représentants des non-inscrits, adoptait une décision relative à la répartition des crédits et à l'utilisation de ceux-ci. 31 % des crédits étaient mis en réserve pour être répartis entre les formations politiques présentes aux élections de 1984 en fonction du nombre de voix obtenues par celles-ci à condition qu'elles recueillent au moins 5 % des votes valablement exprimés dans un État membre ou plus de 1 % des votes valablement exprimés dans au moins 3 États membres. Les 69 % restant étaient répartis entre les groupes politiques représentés au Parlement (1 % des crédits pour chaque groupe, le reste étant distribué au prorata du nombre des parlementaires inscrits dans chaque groupe) et les non-inscrits. Cette répartition était assortie d'une réglementation tendant à éviter que les sommes puissent être utilisées pour le fonctionnement des groupes et des formations politiques et à assurer que la finalité du système, l'information, soit bien atteinte. La novation introduite par la réglementation consistait en l'attribution de crédits aux formations non représentées au Parlement ayant participé à la campagne électorale. C'est un souci de favoriser la diversité dans l'information diffusée à l'occasion des élections qui avait conduit le bureau à élargir l'accès à la répartition des fonds. Mais, aux yeux des verts, ce souci ne se traduisait pas de manière suffisante dans une réglementation qui, à leur sens, restait encore discriminatoire dans la mesure où les formations représentées au Parlement avaient accès à la fois

(1) Aff. 138/79 et 139/79, Rec., 1980, p. 3333 s.

(2) Aff. 13/83, Arrêt du 22 mai 1985, cette revue 1985 A 757.

(3) Dans l'affaire 73/82, le recours du conseil contre le Parlement à propos du budget, recours retiré à la suite d'un accord entre institutions, préfigurait le recours formé en 1986 et qui a donné lieu à l'arrêt du 3 juillet 1986.

à la répartition des 61 % et à celle des 39 %. Au fond, le Parlement en avait fait trop ou trop peu. Trop dans la mesure où modifiant son système de répartition, il en transformait l'esprit et prenait le risque d'une annulation. Trop peu, car les verts, bien qu'ayant accès à la distribution, s'estimaient victimes d'une discrimination et saisissaient la Cour en attaquant les délibérations budgétaires successives, l'acte du Président arrêtant le budget ainsi que des délibérations du bureau. En outre, ils invoquaient sans succès le caractère discriminatoire de la réglementation à l'appui d'un recours infructueux contre les résultats des élections devant le Conseil d'État français (4). L'intérêt de l'arrêt est triple. Au premier abord, l'apport essentiel réside dans la reconnaissance de la légitimation passive du Parlement (I), mais l'interprétation donnée en l'espèce des exigences de l'article 173, al. 2 mérite l'attention (II). Enfin l'arrêt précise les pouvoirs respectifs des Institutions et des États membres en ce qui concerne le financement des élections européennes (III).

SECTION 1. – LA LÉGITIMATION PASSIVE DU PARLEMENT

1. La question de la légitimation passive du Parlement a été évoquée à plusieurs reprises en doctrine, la référence essentielle à ce sujet restant l'article publié par le Juge Pescatore dans cette revue en 1978 (5). En l'espèce, le Parlement européen se plaçait dans les conditions idéales envisagées par l'éminent juge puisqu'il ne contestait pas la recevabilité du recours sous l'angle de l'article 173, alinéa 1. Attitude passagère certes puisqu'il changera de position dans des affaires ultérieures, mais justifiée par l'idée qu'il ne pourrait obtenir de la Cour, dans l'avenir, la reconnaissance de sa légitimation active s'il n'acceptait d'abord la légitimation passive. Le Parlement considérait donc en l'espèce que la Cour tirait de la mission que lui confère l'article 164 du traité le pouvoir de contrôler la légalité d'actes autres que ceux du Conseil et de la Commission et notamment ceux du Parlement dans la mesure où celui-ci dispose du pouvoir de décision. Cependant, il affirmait, comme le constate l'avocat général Mancini, avec d'autant plus de force que la procédure avançait vers son terme, que la reconnaissance de la légitimation passive postulait celle de la légitimation active afin que ne soit pas rompu l'équilibre institutionnel en refusant au Parlement de faire valoir devant la Cour ses droits s'ils étaient méconnus par une autre institution alors que les actes du Parlement pourraient être exposés aux recours des Institutions, des États membres et de particuliers. L'argument du parallélisme, qui avait déjà été soutenu devant la Cour dans l'affaire du siège et critiqué par la doctrine (6) était repris par l'Assemblée dans l'espoir, déçu en l'espèce,

(4) C.E. Ass., 23 novembre 1984, Concl. Labetoulle, *A.J.D.A*, 1985, p. 216 et s.
(5) Reconnaissance et contrôle judiciaire des actes du Parlement européen, p. 881 et s.
(6) Cf. J.V. Louis, *Cahiers de Droit Européen*, 1984 et les conclusions de l'avocat général Mancini.

d'obtenir un *obiter dictum* favorable. Cependant l'avocat général Mancini, tout en se montrant hésitant à se prononcer en faveur d'un lien systématique entre la légitimation passive et la légitimation active, reconnaissait qu'à la fois la jurisprudence de la Cour sur le droit d'intervention du Parlement (7) et l'arrêt dans l'affaire de la carence en matière de transports constituaient des éléments en faveur d'une reconnaissance, dans certains cas, de la légitimation active car « l'article 173 doit être lu dans un sens conforme aux dispositions plus larges de l'article 175 » (8).

S'agissant de la légitimation passive, l'économie de l'arrêt est exemplaire. La Cour fait prévaloir le système du traité, qui est sous-tendu par l'exigence de protection des tiers, sur les termes de l'article 173. La Cour rappelle que

> « La Communauté économique européenne est une communauté de droit en ce que ni ses États membres, ni ses Institutions n'échappent au contrôle de la conformité de leurs actes à la charte constitutionnelle de base qu'est le traité » (attendu 23).

Le traité assure la protection des personnes physiques ou morales par la voie des articles 173 et 184 devant la Cour de justice des Communautés ou par la voie de l'article 177 devant les juridictions nationales. On en déduit que le système du traité est d'ouvrir un recours contre « toutes dispositions prises par les Institutions et visant à produire un effet juridique » (Aff. 22/70, Rec., p. 263).

Il est alors aisé d'établir que l'omission de la mention des actes du Parlement dans l'article 173 est due au fait que les traités n'accordaient pas originairement à celui-ci le pouvoir d'adopter d'actes juridiques alors que l'article 38 C.E.C.A. répond à l'existence d'un pouvoir de décision parlementaire dans le cadre de la C.E.C.A.

Le système du traité exige que les recours contre les actes du Parlement puissent être accueillis sinon

> « Les actes que le Parlement européen adopte dans la sphère du traité C.E.E. pourraient, en effet, sans que la possibilité soit ouverte de les déférer au contrôle de la Cour, empiéter sur les compétences des États membres ou des autres Institutions en outrepasser les limites qui sont tracées aux compétences de leur auteur. Il convient dès lors de considérer que le recours en annulation peut être dirigé contre les actes du Parlement européen destinés à produire des effets juridiques vis-à-vis des tiers » (attendu 25).

La cohérence du raisonnement ne peut être critiquée, mais elle ne doit pas dissimuler que la Cour va bien au-delà des termes du traité. Jusqu'à présent, dans les hypothèses d'intervention ou de carence, elle s'était limitée à interpréter le terme d'institution comme incluant le Parlement. Ici elle fait un pas

(7) Rec., 1980, p. 333.
(8) Concl. non encore publiées, p. 22.

en avant en se substituant aux auteurs du traité, car plus que d'interprétation, il s'agit d'une révision judiciaire du traité. Le fait est d'autant plus évident que, lors de la négociation de l'acte unique, les États membres n'ont pas jugé bon de donner suite à une proposition de la Commission relative à la légitimation active et passive du Parlement. Ceux-ci étaient bien conscients de l'existence de la lacune qu'ils espéraient peut-être secrètement voir combler par la Cour. Car s'ils admettent bien la légitimation passive qui, comme le montre le recours du Conseil et des États contre le budget 1986, est une arme à leur avantage, ils voient d'un œil tout à fait différent la légitimation active qui permettrait au Parlement d'agir contre le Conseil. En comblant la lacune, sous l'angle seul de la légitimation passive, pour le moment tout au moins, la Cour savait ne pas plus encourir la critique des États que celle du Parlement qui, pour sa part, ne contestait pas la recevabilité.

La solution n'était pas inattendue et l'analyse de la jurisprudence antérieure par l'avocat général Mancini montre que la Cour était préparée à combler une lacune du traité dans l'intérêt de la protection juridictionnelle des particuliers. On fera peut-être valoir que la Cour est allée en l'espèce au-delà de sa mission. Mais si l'article 4 confie bien une compétence d'attribution aux Institutions, l'article 164 définit la mission de la Cour qui seule donne tout son sens aux attributions de celle-ci. La Cour ne peut pas non plus ignorer l'article 6 de la Convention européenne des droits de l'homme qui consacre le droit à un tribunal indépendant et impartial. En outre, la solution n'impose pas aux États membres d'obligations nouvelles, mais elle donne tout son sens à la communauté de droit qu'ils ont voulu créer. L'adaptation du mécanisme du contrôle à l'évolution juridictionnelle des pouvoirs des Institutions paraît fondée par les exigences qui découlent des bases même de la Communauté, l'État de droit et les droits fondamentaux de la personne humaine.

2. Il n'est pas interdit de s'interroger sur la portée de la solution dans la mesure où la Cour ne justifie la légitimation passive qu'en raison de la nécessaire protection des tiers. Si les États membres peuvent être considérés comme des tiers à l'égard de certaines décisions, peut-on en dire autant des Institutions ? Une interprétation restrictive conduirait à justifier leur exclusion. Cependant, on aura noté que la Cour relève qu'en l'absence de contrôle le Parlement pourrait empiéter impunément sur les compétences des États ou des autres Institutions. Il faut donc comprendre que les Institutions sont placées dans la même situation que les États par rapport aux actes du Parlement. L'arrêt rendu par la Cour dans l'affaire 34/86, Conseil contre Parlement européen, à propos du budget 1986 a répondu à cette question. L'avocat général Mancini, dans ses conclusions dans cette affaire, n'avait pas jugé nécessaire de s'interroger sur la qualité du demandeur. La seule limite procédait, selon lui, de la nature des actes attaqués. La Cour n'adopte pas une position différente.

À ce sujet, la jurisprudence de la Cour apporte déjà certaines précisions. Dans une ordonnance du 4 juin 1986 rendue dans l'affaire 78/85, Groupe des Droites européennes contre Parlement, la Cour a déclaré irrecevable le recours formé par ce groupe contre la décision du Président du Parlement concluant à la recevabilité de la demande de constitution d'une commission d'enquête sur la montée du fascisme et du racisme en Europe au motif que les commissions d'enquête n'ont qu'un pouvoir d'étude et qu'en conséquence les actes relatifs à leur constitution ne concernent que l'organisation interne des travaux du Parlement. L'idée reste bien que le recours n'est ouvert que contre les actes qui visent à produire des effets à l'égard des tiers, même si en l'espèce elle n'est peut-être pas formulée avec toute la clarté souhaitable.

SECTION 2. – L'ÉVOLUTION RELATIVE À L'INTERPRÉTATION DE L'ARTICLE 173, ALINÉA 2

Le défendeur ainsi que l'avocat général estimaient que le demandeur ne pouvait être considéré comme individuellement concerné par les actes attaqués.

En effet, les décisions du bureau attaquées constituaient des actes réglementaires s'appliquant de la même manière à tous leurs destinataires de telle sorte qu'aucun ne pouvait soutenir qu'il était concerné de manière particulière. En outre, le requérant n'était concerné qu'en tant que formation politique ayant présenté des candidats, situation dans laquelle il ne se trouvait pas au moment du recours, dans la mesure où celui-ci est intervenu avant que ne soient connus les candidats aux élections européennes. Le Parlement concluait donc qu'au regard de la jurisprudence traditionnelle de la Cour, les requérants ne remplissaient pas les conditions requises. Cependant, il s'interrogeait de façon toute hypothétique sur l'existence d'un statut de requérant privilégié au bénéfice des formations politiques. Idée certes généreuse, comme le notait l'avocat général, mais qui ne trouvait aucun fondement dans le traité et dont on doit se demander si elle n'avait pas pour seule fonction d'accroître les chances d'obtenir une décision positive sur la légitimation passive en dissuadant la Cour d'esquiver le problème en déclarant qu'en tout état de cause, il n'était pas utile de statuer sur l'article 173, alinéa 1 puisque la requête était irrecevable au regard de l'alinéa 2 du même article. L'avocat général Mancini n'éprouve quant à lui aucune difficulté à établir que la jurisprudence de la Cour interdit de considérer le requérant comme individuellement concerné par une réglementation qui ne l'atteint pas d'une manière spécifique, qui n'a pas été prise en considération de sa situation connue à l'avance par l'auteur de la mesure puisqu'il était impossible d'identifier les destinataires au moment où la mesure a été prise (conclusions p. 23 et suites).

Or la réponse de la Cour s'écarte de cette jurisprudence traditionnelle. Certes dans une ordonnance rendue le 26 septembre 1984, la Cour avait déclaré irrecevable le recours contre le budget au motif que le requérant ne saurait être directement concerné par des autorisations de dépenses qui n'impliquent pas obligation de dépenser les sommes considérées. Seules peuvent éventuellement faire l'objet d'un recours les décisions d'exécution du budget. Par contre, la Cour déclare le recours recevable en ce qu'il est formé contre les décisions du bureau à l'issue d'un raisonnement complexe qui semble fondé sur le principe d'égalité dans la protection juridictionnelle.

La Cour établit d'abord que les requérants sont directement concernés en constatant que la réglementation se suffit à elle-même et n'appelle aucune mesure d'application. On reconnaît ici la jurisprudence International Fruit I (9). Cependant une jurisprudence qui jusqu'ici était relative aux décisions adressées aux États trouve clairement application hors de ce domaine sur l'ensemble du problème, cf. Kovar, J.C.D.I., fascicule 161c, n° 67 et s. et Megret et autres, le *Droit de la communauté européenne*, vol. 10, p. 112 et s.

Sont-ils individuellement concernés et les actes réglementaires attaqués s'analysent-ils comme un faisceau de décisions individuelles ? Cela ne semble pas être le cas et la Cour le note bien :

> « La décision de 1982 concerne toutes les formations politiques même si le traitement qu'elle leur réserve varie selon qu'elles ont ou non des représentants dans l'assemblée élue en 1984 » (attendu 34).

et de continuer

> « Le présent recours a trait à une situation dont la Cour n'a pas encore eu à connaître. »

En effet, la décision a été prise par le bureau en présence des présidents de groupe (bureau élargi). Pour la Cour, certaines formations politiques ont donc participé à la prise de décision et pouvaient être considérées comme individuellement concernées. Cette vision assimile les groupes politiques et les formations politiques alors que les groupes sont des organes du Parlement et ne sauraient totalement être confondus avec les formations dont ils émanent. Cependant, il est exact que l'on pouvait soutenir que la décision en ce qu'elle répartissait 69 % des crédits entre les groupes représentés au Parlement avait été prise en considération de la situation de chacun d'entre eux, situation fixée jusqu'aux élections. Les groupes (et les non-inscrits) sous réserve qu'on leur reconnaisse la capacité d'agir pouvaient être considérés comme individuellement concernés. Mais par contre, en ce qui concernait les sommes à distribuer au lendemain des élections, les verts ne pouvaient être considérés comme individuellement concernés. La conséquence de ce système est qu'en

(9) Arrêt du 13 mai 1971. Aff. 41-44/70, Rec., 1971, p. 412.

cas de discrimination, peu probable, en leur défaveur, les groupes auraient pu attaquer la réglementation, tandis que les formations non représentées n'auraient jamais pu agir directement contre la réglementation et auraient dû attendre les décisions spécifiques d'attribution de crédits après la campagne électorale pour attaquer celle-ci (10).

> « Une telle interprétation aboutirait,..., à créer une inégalité de protection juridictionnelle entre des formations concurrentes lors de la même élection. »

Le principe d'égalité impose que l'on considère aussi les requérants comme individuellement concernés pour qu'ils puissent attaquer la discrimination au fond dont ils se plaignent. L'article 13 de la Convention européenne sur la nécessité d'offrir un recours effectif en cas d'allégation d'une violation d'un droit reconnu par la convention trouverait-il ici un discret écho ? Ou bien la Cour estimant qu'au fond la réglementation attaquée posait de sérieux problèmes de légalité n'a-t-elle pas voulu empêcher que l'on élude l'examen de ces problèmes ? En tout cas, l'arrêt établit clairement qu'une victime prétendue d'une discrimination ne doit pas être empêchée de recourir contre la décision qui est à l'origine de cette discrimination alors que d'autres personnes également concernées par la mesure pourraient bénéficier du droit de recours.

Cette évolution dans l'appréciation des conditions posées par l'article 173, alinéa 2 doit être saluée, car elle marque un tournant. Certes, la décision reste étroitement liée au cas d'espèce. La nature de la réglementation et la participation des groupes à la décision sont des éléments qui ne se trouvent pas réunis dans de nombreux cas de figure. Cependant, il convient de ne pas en méconnaître l'intérêt. Alors que jusqu'à présent, dans le système du traité, c'est la spécificité de la situation du particulier qui autorisait une discrimination au regard du droit de recours, aujourd'hui c'est la discrimination possible au regard du droit de recours qui conduit à faire admettre que le requérant est individuellement concerné, ce qui a pour conséquence de faire disparaître la discrimination.

La solution de la Cour, tant au regard des droits fondamentaux que d'une évolution souhaitable de la protection juridictionnelle ne suscite pas la critique, mais on ne peut s'empêcher d'être réservé à l'égard de l'assimilation des groupes aux formations politiques et l'on espère voir éclairée dans l'avenir de façon plus convaincante la situation des groupes à l'égard des décisions du Parlement. Sont-ils des personnes morales ? Quelle est l'étendue de leur droit de recours ? Comment se distinguent-ils des formations politiques qu'ils représentent ? Mais ce sont là des considérations mineures.

(10) Ceci postule que l'on considère le règlement comme établissant un système général dont les parties sont indissociables, car si les dispositions relatives à la répartition des 698 peuvent s'analyser comme un faisceau de décisions individuelles, le reste de l'acte est de nature réglementaire.

SECTION 3. – LA COMPÉTENCE DU PARLEMENT EN MATIÈRE DE FINANCEMENT DES DÉPENSES D'INFORMATION

1. La réponse de la Cour en ce qui concernait le grief d'incompétence formulé par les Verts, dépendait de la qualification donnée au système contesté. Pour le Parlement et pour l'avocat général, on était en présence d'un système destiné à informer le public sur les activités du Parlement. En participant aux dépenses d'information engagées par les groupes politiques, le Parlement œuvrait en faveur de l'information des électeurs. Comme le constate l'avocat général

> « La réglementation litigieuse a donc pour objectif de faire connaître à un public distrait, non préparé et seulement tièdement européen, l'importance de la mission que remplit l'Assemblée de Strasbourg et partant des élections destinées à la renouveler » (p. 28).

Si le financement est destiné aux groupes et aux formations politiques, c'est parce qu'ils sont mieux à même que tout autre de diffuser une telle information et qu'en raison de la diversité des groupes et des formations, la campagne d'information sera pluraliste et contradictoire. La réglementation impose des contraintes et organise un contrôle pour assurer que les sommes réparties ne soient pas détournées de leur objectif.

Aussi le Parlement estime-t-il que le pouvoir d'organisation interne qui lui a été reconnu par la Cour dans l'arrêt du 13 février 1983 fonde sa compétence en la matière (11).

La Cour reconnaît un tel pouvoir d'organisation interne et ne nie pas qu'il permette de financer des actions d'information mais précise

> « que le système d'information en place ne relèverait pas de ce pouvoir d'organisation interne s'il s'avérait qu'il ne peut être distingué d'un système de remboursement forfaitaire des élections ».

Il convient donc d'examiner la nature réelle du système et sur ce point les conclusions de la Cour diffèrent de celles du défendeur puisqu'elle analyse la réglementation comme mettant en place un financement de la campagne électorale.

Deux considérations semblent commander cette conclusion. Tout d'abord, la réglementation ne lève pas l'ambiguïté quant à l'information diffusée. Information sur le Parlement et propagande électorale sont difficilement dissociables et il aurait fallu que l'octroi des fonds soit lié à la nature de l'information diffusée. En outre, la réglementation n'interdisait pas que les fonds soient dépensés pendant la campagne électorale. Le financement de la campagne d'information ne peut pour ces raisons se distinguer d'un système

(11) Aff. 230/81, Rec., 1981, p. 287.

de remboursement forfaitaire des frais de campagne électorale. Or la mise en place d'un financement public des dépenses électorales relève de la procédure électorale uniforme et donc d'une décision prise selon la procédure de l'article 138 du traité. Dans l'attente d'une telle décision, la question relève de la compétence des États membres selon l'article 7, paragraphe 2 de l'acte du 20 septembre 1976. Le Parlement était incompétent.

2. Ce résultat appelle plusieurs observations. Tout d'abord, le classement de la question du financement de la campagne électorale parmi les problèmes qui relèvent de la procédure électorale uniforme place les États membres face à leurs responsabilités, car, comme le constataient les requérants, les disparités entre systèmes nationaux sont en la matière extrêmement importantes. Certes, dans la mesure où les élections se déroulent dans un cadre national, ces disparités ne constituent pas à proprement parler une discrimination puisque tous les candidats sont traités de la même manière à l'échelle nationale. Elles n'en sont pas moins difficilement supportables s'agissant d'élections à une même Assemblée. Cependant, il ne sera pas facile d'atteindre un degré d'uniformisation qui englobe également le financement des élections. Le résultat aurait davantage été à la portée des États si la Cour avait considéré comme le soutenaient également les requérants que la question relevait de l'article 13 de l'acte qui autorise le Conseil à adopter à l'unanimité après concertation avec le Parlement les mesures d'application de l'acte ; mais il est exact qu'il n'est pas aisé de trouver une disposition expresse de l'acte à laquelle rattacher un tel système, si ce n'est le principe d'égalité qui sous-tend la réglementation et impose l'uniformisation, mais cette thèse conduirait à placer toute l'uniformisation dans le champ de l'article 13.

– Comme dans l'affaire du siège, la Cour préserve les compétences des États membres à l'encontre d'un empiètement parlementaire. Mais alors que, dans la première affaire, elle avait pris en considération la pratique établie pour s'opposer à certaines revendications du demandeur, relatives notamment au maintien à Luxembourg de sessions parlementaires, elle ne tient pas compte en l'espèce d'une pratique bien établie de financement, qui avait l'accord du Conseil et de la Commission, et contre laquelle aucun État n'avait protesté. Faut-il en trouver la raison dans le fait que le requérant était un particulier et qu'on ne pouvait lui opposer une pratique interinstitutionnelle ? Nous ne le pensons pas. Car si la Cour avait tiré des effets d'une telle pratique, elle n'aurait lésé aucun intérêt du requérant et en admettant l'existence d'un accord sur la compétence du Parlement en la matière, elle conservait la possibilité de vérifier si le système en cause ne présentait pas un caractère discriminatoire. La raison est différente : la pratique constatée dans l'affaire du siège ne remettait pas en cause la compétence des États en matière de siège, mais organisait le fonctionnement de l'Assemblée dans le cadre du *statu quo* tandis qu'en l'espèce tirer les conséquences de l'existence d'une pratique instituant un système de financement public des élections eût consisté à admettre l'existence de coutumes contraires au traité et modifiant celui-ci.

– L'arrêt autorise le maintien d'un système d'information à condition qu'il ne se confonde pas avec un système de financement public des élections. La diffusion de l'information devrait pouvoir se faire par le canal des groupes qui sont des organes du Parlement. Cependant, la Cour pose deux limites dont on ne saurait dire si elles sont ou non cumulatives. Ces limites touchent à la nature de l'information et au moment de sa diffusion. Le Parlement peut-il financer l'organisation d'une campagne d'information sur le Parlement pendant la campagne électorale à condition de s'assurer que l'information diffusée se distingue de la campagne électorale ou doit-il s'en abstenir ? À notre sens, il convient d'interpréter de façon cumulative les conditions posées par la Cour de manière à éviter toute ambiguïté même si l'arrêt ne conduit pas nécessairement une telle interprétation. Il faut garder à l'esprit le grief de discrimination sur lequel la Cour ne s'est pas prononcée au fond puisqu'elle a retenu l'incompétence, mais qui a joué un rôle essentiel au stade de la recevabilité. Admettre que les groupes puissent bénéficier d'un financement pour diffuser pendant la campagne électorale une information sur le Parlement, même si le contenu de cette information fait l'objet d'un contrôle afin de s'assurer qu'il ne s'agit pas de propagande électorale, pourrait susciter les critiques des formations non représentées qui estimeraient que les groupes sont plus présents qu'elles dans la campagne électorale. Il paraît donc sage de prohiber tout financement d'une campagne d'information par les groupes durant une période raisonnable avant les élections. Par contre, rien n'interdit l'organisation de telles campagnes qui relèvent du pouvoir d'organisation interne de l'Assemblée, en dehors des périodes électorales, à condition que soit contrôlée la nature de l'information diffusée qui doit porter sur les activités de l'Assemblée et des organes. On ne peut, en effet, interdire à l'Assemblée de se doter des moyens de diffuser largement une telle information.

Ainsi l'arrêt du 23 avril 1986 marque une nouvelle évolution dans la manière dont la Cour appréhende les exigences de la protection judiciaire. Celles-ci l'amène à examiner de façon spécifique la condition posée à l'alinéa 2 de l'article 173 et à reconnaître en dépassant les termes du traité, la légitimation passive du Parlement. Au-delà de la protection judiciaire, c'est le caractère de communauté de droit de la communauté qui légitime la solution retenue. Au fond, la Cour se montre protectrice pour la compétence des États.

On ne peut s'empêcher de penser que les circonstances particulières de l'affaire expliquent la solution retenue, ce qui n'empêche pas qu'elle connaisse des retentissements ultérieurs. La Cour a voulu permettre la protection de tiers contre des mesures qu'ils soutenaient être discriminatoires, et même si le motif de l'annulation est autre, cette considération paraît avoir joué un rôle essentiel dans la démarche de la Cour.

Il n'en demeure pas moins que deux questions restent aujourd'hui posées. Celle des actes attaquables devrait trouver une réponse aisée dans la mesure où l'arrêt, complété par celui rendu en matière budgétaire, indique clairement qu'il s'agit des actes du Parlement qui produisent des effets à l'égard des tiers : résolutions et décisions prises dans le cadre du pouvoir d'auto-organisation de l'Assemblée (12), délibérations budgétaires dont l'irrégularité peut être invoquée à l'appui d'un recours contre le constat d'arrêt du budget (13), motion de censure... Par contre, les délibérations prises par le Parlement dans le cadre de ses compétences consultatives devraient être considérées comme des actes préparatoires, le recours n'étant ouvert que contre l'acte adopté à l'issue de la procédure. Quant à la question de la légitimation active du Parlement, le motif qui a conduit à reconnaître la légitimation passive évite les empiétements d'une institution sur les compétences d'une autre institution, milite en faveur de l'admission au profit du Parlement, de la faculté d'agir pour préserver les pouvoirs que lui reconnaissent les traités. Toute autre solution remettrait la protection des droits du Parlement entre les mains des requérants mentionnés à l'article 173, lesquels n'ont aucun intérêt particulier en la matière. L'équilibre du système établi par la Cour postule la reconnaissance de la légitimation active du Parlement au moins lorsque ses droits sont en cause.

J.-P. JACQUÉ
Professeur à la faculté de droit et des sciences politiques de l'université de Strasbourg

(12) Se pose le problème des actes des groupes politiques qui sont des organes du Parlement.

(13) L'arrêt du 3 juill. ne distingue pas clairement entre l'acte d'arrêt du budget et les délibérations budgétaires. La Cour ne rejette pas l'idée que l'on puisse attaquer une délibération budgétaire prise isolément (cf. attendus 10 et s.) bien que l'acte annulé en l'espèce soit la décision du Président du Parlement constatant l'arrêt du budget.

LA PRATIQUE DES INSTITUTIONS COMMUNAUTAIRES ET LE DÉVELOPPEMENT DE LA STRUCTURE INSTITUTIONNELLE COMMUNAUTAIRE

Jean-Paul JACQUÉ

La question de l'incidence de la pratique des institutions sur le développement de la structure institutionnelle n'est ni récente, ni spécifique à notre sujet. Le Général de Gaulle déclarait dans une conférence de presse célèbre en 1964 « Une Constitution c'est un esprit, des Institutions, une pratique ». Toute constitution écrite laisse une marge suffisante d'autonomie que viendra compléter la pratique des Institutions mises en place. Soit que ses dispositions soient imprécises ou incomplètes, soit que ses auteurs n'aient pas envisagé certaines situations, les Institutions devront unilatéralement ou d'un commun accord rechercher les moyens d'agir nonobstant les difficultés rencontrées. Aussi nul ne conteste l'existence de pratiques, le doute porte plutôt sur leur valeur juridique. Les pratiques peuvent-elles donner naissance à des règles de droit ou bien ne sont-elles que le fruit temporaire de circonstances et de compromis politiques perdant de leur substance dès que les rapports de force se modifient. Le débat reste ailleurs bien théorique tant que n'intervient pas un juge qui peut éventuellement le trancher.

L'institutionnalisation de la société internationale devait conduire à transposer le débat dans le cadre des organisations internationales. La jurisprudence de la Cour Internationale de Justice et le projet de Convention sur les traités conclus entre États et organisations internationales consacrent l'existence et la valeur de la pratique des organes des organisations internationales, ce qui n'est pas surprenant compte tenu de la réceptivité de la société internationale au phénomène coutumier.

L'article 2 § 1 g) du projet de la Commission en droit international classe parmi les règles de l'organisation, outre la Charte constitutive, les décisions et résolutions pertinentes, la pratique bien établie de l'organisation. Cette pratique se voit reconnaître valeur coutumière pouvant aller jusqu'à modifier la Charte constitutive. Comme l'a jugé la Cour Internationale de Justice, dans son avis du 21 juin 1971, à propos de l'abstention des membres permanents du Conseil de Sécurité :

> « La procédure suivie par le Conseil de Sécurité, qui est demeurée inchangée après l'amendement apporté à l'article 27 de la Charte en 1965, a

été généralement acceptée par les Membres des Nations Unies et constitue la preuve d'une pratique générale de l'Organisation » (Rec. 1971, p. 22). (1)

Au-delà de cette consécration solennelle, le répertoire de la pratique des organes des Nations Unies, atteste l'importance de cette pratique pour l'interprétation des règles de la Charte ou pour compléter les imprécisions de celle-ci. La nature spécifique des Communautés ne les fait pas pour autant échapper à notre problème. Là aussi, la pratique des institutions tient une place importante mais les controverses relatives à sa valeur n'ont pas trouvé de solution. Les raisons techniques qui ont permis ailleurs le développement de la pratique se retrouvent ici, mais des motifs particuliers lui donnent une portée nouvelle. Les dispositions institutionnelles des traités pêchent souvent par leur laconisme. (2) Ainsi, la procédure de consultation de l'Assemblée n'est pas réglée dans les traités, la pratique a dû y pourvoir. D'ailleurs, il est parfois renvoyé expressément à la pratique des institutions comme dans l'article 15 du traité de fusion qui prévoit que la collaboration entre le Conseil et la Commission sera réglée d'un commun accord entre les deux Institutions. Parfois, l'interprétation des traités suscite des difficultés telles que seule la pratique, à défaut d'un recours au juge, pourra, au prix de conflits interinstitutionnels, tenter de dégager une interprétation commune, comme ce fut le cas pour la classification entre dépenses obligatoires et dépenses non obligatoires. Les dispositions des traités peuvent être techniquement inapplicables en la forme. Les Institutions rechercheront isolément ou par accord les moyens de leur faire produire un effet utile. La pratique qui s'est développée dans le cadre de l'article 203 en est une bonne illustration. Mais à ces raisons valables dans toute organisation internationale viennent s'en ajouter d'autres plus spécifiques.

Les traités ont établi un certain équilibre institutionnel, mais en raison du caractère dynamique de l'intégration, cet équilibre est soumis à évolution. Lorsque la Cour fait référence dans l'affaire 139/79 à l'équilibre institutionnel voulu par les traités, (3) elle vise le respect de l'obligation de consultation et non toutes ses modalités telles que les a définis la pratique. Or, ces dernières reflètent un équilibre politique entre les Institutions. Cet équilibre est susceptible de se modifier en fonction du poids politique de chaque Institution. Les pratiques attestent de cette modification et la consacrent, la question

(1) Bien que la référence à la coutume ne soit pas expresse, on voit mal comment, sans utiliser implicitement cette notion, la Cour aurait pu aboutir à consacrer la valeur d'une pratique contraire à la Charte.

(2) Certains auteurs ont évoqué le « squelettisme » de la structure institutionnelle. Cf. *Meinhard Hilf*, Die rechtliche Bedeutung des Verfassungsprinzips der parlamentarischen Demokratie für den Europäischen Integrationsprozeß. Europarecht 1984, pp. 9-40.

(3) Rec. 1980, p. 3393.

Dans son arrêt du 10 juillet 1986 rendu dans l'affaire 149/85 sur l'immunité des députés européens, la Cour souligne l'importance de l'équilibre institutionnel prévu par les traités et considère qu'il ne saurait être remis en cause par la pratique du Parlement (attendu 23).

de savoir si cette consécration ne peut sans révision du traité, accéder au plan juridique restant pour le moment ouverte. Chaque Institution communautaire représente un intérêt spécifique, celui des États, celui des peuples, celui qui résulte d'une vision indépendante de la Communauté. L'équilibre communautaire résulte de l'équilibre de ces intérêts dont le poids varie. Or l'accroissement constant du rôle du Parlement a donné naissance à des pratiques nouvelles qui établissent et traduisent un nouvel équilibre. De leur côté, les États membres dans le compromis de Luxembourg ou la décision sur la discipline budgétaire font valoir leur propre intérêt.

L'affrontement des intérêts est un facteur déterminant du développement de pratiques nouvelles. Le caractère mobile de l'équilibre institué par les traités a fort bien été perçu par la Commission qui intitulait sa Communication au Conseil et au Parlement du 14 octobre 1984 (4) « Le système institutionnel de la Communauté, un équilibre à rétablir ». De la même manière, le projet de déclaration commune avortée de mai 1984 sur les relations réciproques du Parlement et de la Commission faisait état de la volonté des deux Institutions de poursuivre « leurs efforts en vue d'un équilibre institutionnel satisfaisant ». Même si l'on conteste comme Roland *Bieber*, le recours à la notion d'équilibre institutionnel qui exprimerait trop l'idée d'un *statu quo* alors qu'il s'agit plutôt d'un *perpetuum* mobile, pour lui préférer celle plus générale de coopération interinstitutionnelle, (5) force est de constater que le concept, qui en raison de son ambiguïté, fait référence tant à l'équilibre actuel qu'à l'équilibre futur souhaité, a connu un grand succès.

Cependant, ce développement reste limité par la lettre du traité. Les pratiques s'instaurent donc dans les zones grises du traité pour occuper complètement celles-ci. Laissant subsister formellement les règles relatives au processus décisionnel, elles infléchissent celui-ci. C'est l'objet de la politique des « petits pas » que de transformer par petites touches successives la réalité du fonctionnement de la structure communautaire. La pratique offre un champ d'expérimentation et permet la recherche de nouveaux modes de coopération entre les Institutions. Lorsque ceux-ci sont stabilisés, la voie est libre pour la rédaction d'une déclaration commune, voire même afin de tenter de mettre en accord les termes du traité avec la pratique par une révision des traités. L'une des raisons de la déception qui a accueilli la procédure de coopération mise en place dans l'Acte unique est qu'elle ne fait que reprendre, pour une large part, des pratiques antérieures concernant la suite donnée par la Commission aux avis du Parlement. La pratique avait, pour l'essentiel, déjà atteint le but poursuivi.

---

(4) Publiée au supplément 3/82 au bulletin des Communautés Européennes.

(5) The settlement of institutional conflicts on the basis of article 4 of the EEC Treaty, Common Market Law Review, 1984, pp. 505-523, p. 520.

Mais avant de passer à l'examen plus concret de ces pratiques, deux considérations juridiques doivent être faites. La première, qui est valable dans le cadre d'autres organisations internationales est qu'il n'est pas toujours possible d'isoler la pratique des Institutions de celle des États-membres au Conseil, les États par la pratique qu'ils suivent à l'intérieur de cette institution commandent la pratique du Conseil. Le compromis de Luxembourg est l'œuvre des États, mais lorsque le Conseil se refuse à statuer en présence de l'opposition d'un État, force est de constater que la pratique des États se confond avec celle du Conseil. De la même manière, la déclaration solennelle de Stuttgart émane des États, mais sa mise en œuvre au sein des Institutions donne naissance à une pratique de l'organisation. La seconde considération porte sur le contrôle juridictionnel. L'existence d'un tel contrôle encadre la pratique des Institutions. La Cour pourrait sanctionner une pratique en la retenant ou en la déclarant contraire au traité. Certes, jusqu'à une date récente, la rédaction de l'article 173 pouvait paraître exclure les actes du Parlement du champ du contrôle, réserve faite des possibilités ouvertes aux États par l'article 38 du traité CECA. La reconnaissance de la légitimation passive du Parlement dans l'affaire 293/83 pour les actes produisant des effets à l'égard des tiers (6) et la reconnaissance de la même légitimation dans le contentieux interinstitutionnel dans l'affaire budgétaire conduit à une soumission complète des pratiques institutionnelles au contrôle de la Cour. (7) Même si les Institutions étaient d'accord entre elles sur une pratique contraire au traité, un tiers pourrait directement ou par la voie de l'exception d'illégalité mettre en œuvre le contrôle juridictionnel. La plénitude du champ du contrôle devrait conduire à un approfondissement de la nature des pratiques des Institutions dans la mesure où il n'est pas exclu que la Cour en soit saisie et doive en apprécier la valeur juridique.

Dans ce contexte, la pratique institutionnelle se développe sous les formes les plus variées. Qu'elle résulte de décisions unilatérales d'une institution, non contestée par les autres, ou qu'elle prenne la forme d'accord tacite, voire de déclarations expresses, elle gouverne, pour l'essentiel, les rapports entre Institutions. Si nul n'en ignore les manifestations, la question de sa valeur juridique reste posée.

Section 1. – Les manifestations de la pratique

Dans son étude précitée, Roland *Bieber* fait reposer les relations entre les Institutions sur deux principes : celui de l'autonomie des Institutions et celui de leur coopération en vue de la réalisation des objectifs du traité. Au-delà

(6) Arrêt du 23 avril 1986, non publié.
(7) Affaire 34/86, arrêt du 3 juillet 1986, non publié.

de la révérence qui pourrait être accordée à ces principes en raison de leur consécration par la Cour de Justice des Communautés, ils paraissent être de nature à expliquer les voies par lesquelles se forme et se développe la pratique des Institutions.

En effet, l'autonomie de chaque Institution permet à celle-ci de régler son mode de fonctionnement propre. Sur elle repose le pouvoir d'autoorganisation que reconnaît la Cour à chaque institution pour prendre « des mesures appropriées en vue d'assurer son bon fonctionnement et le déroulement de ses procédures ». (8) Mais en organisant le déroulement de ses procédures, une Institution ne peut éviter de donner une forme déterminée aux rapports qu'elle entretiendra avec les autres Institutions, notamment dans le cadre du processus de décision. Les décisions d'ordre intérieur constituent le support de pratiques interinstitutionnelles. Mais ces pratiques naissent également de la collaboration entre Institutions telle qu'elle se déroule dans le jeu du fonctionnement des Institutions. L'obligation de collaboration loyale entre Institutions est alors la source de toute une série d'accords exprès ou tacites qui constituent les règles du jeu institutionnel.

A. – Le pouvoir d'autoorganisation

Il n'est pas question de passer ici en revue tous les précédents et de se livrer à l'étude exhaustive du règlement intérieur de chaque Institution, mais plutôt de dégager des tendances générales sur la base d'exemples choisis. Mais avant de le faire, il convient de lever un doute. Comment qualifier de pratique, des mesures qui sont le produit d'actes unilatéraux adoptés par les Institutions et dont la valeur juridique résulte de cette qualification puisque la Cour n'hésite pas, le cas échéant, à les annuler comme elle l'a fait à deux reprises s'agissant d'actes du Parlement. Si les mesures d'ordre interne tirent leur force juridique de leur adoption par l'Institution concernée et déploient normalement leurs effets dans le cadre de cette Institution, elles apparaissent aux autres Institutions comme des actes qui peuvent les affecter. Tout comme la loi interne d'un État peut constituer un élément de la pratique de cet État, les mesures d'ordre interne expriment la position de l'organisation dans un domaine déterminé. Elles forment donc la pratique de l'Institution. Dès lors qu'elles visent à réglementer des matières qui, soit touchent aux rapports avec d'autres Institutions, soit relèvent d'une compétence partagée par l'Institution auteur de l'acte avec ces autres Institutions, ces dernières vont être amenées à manifester leur position à l'égard de la réglementation en cause. La pratique interne à l'Institution rencontrera soit leur approbation, soit leur désapprobation.

(8) Arrêt du 10 février 1983 (Grand Duché de Luxembourg c/Parlement Européen, 230/81, Rec. p. 255) et aussi Arrêt du 10 juillet 1986 (Wybot, 149/85, non publié).

Cette pratique interne poursuit des objectifs de deux types. Les Institutions visent avant tout à organiser leur processus de décision interne. C'est l'objet des règlements intérieurs ou des actes qui y sont assimilés que de fixer la procédure interne à l'Institution. Au-delà de cette utilisation première de son pouvoir d'autoorganisation, une Institution peut être tentée de se servir de celui-ci pour atteindre de manière détournée des objectifs du traité qui devraient être réalisés par d'autres Institutions ou par les États membres. Le pouvoir d'autoorganisation apparaît comme un moyen de suppléer à la carence des détenteurs du pouvoir de décision.

1. – *L'organisation du pouvoir de décision*

Les exemples de situation de ce type sont très fréquents. Il est plus significatif de retenir ceux qui marquent une volonté des Institutions d'interpréter largement les traités, voire d'aller au-delà de ceux-ci. Certains des exemples, qui viennent spontanément à l'esprit doivent être écartés, car ils relèvent d'un cas de figure qui n'est pas celui de l'autoorganisation. Ainsi, le règlement du Parlement formalise dans ses articles 40 et suivants le droit d'interpellation du Conseil, mais ce droit qui n'est pas prévu par le traité ne résulte pas en fait du règlement, mais d'un accord antérieur entre le Parlement et le Conseil. (9) Par contre, dans d'autres hypothèses, une Institution décide de sa propre procédure sur la base de son interprétation du traité ou de la manière dont elle veut infléchir l'application de celui-ci.

a) S'agissant ainsi du Conseil, les difficultés budgétaires rencontrées dans ses rapports avec le Parlement l'ont amené à deux reprises à réglementer sa procédure de décision dans ce domaine.

En 1978, l'incapacité dans laquelle se trouvait le Conseil d'augmenter le taux maximum ou de diminuer le montant des amendements adoptés par le Parlement était à l'origine de l'engagement de huit délégations sur les moyens d'éviter le renouvellement d'une telle situation d'impasse. En l'occurrence, il ne s'agissait pas d'une décision du Conseil, mais, selon la formule de Guy *Isaac*, d'un « code de bonne conduite ». L'application de ce code devait être facilitée par le fait qu'il était approuvé par des États disposant d'une majorité au sein du Conseil. Sans entrer dans les détails de cette procédure qui n'a pas fait l'objet d'une application rigide, il suffit de noter que celle-ci revenait pour une part à une application stricte du traité CEE en ce qui concernait le respect du taux et pour une autre part mettait le Conseil en mesure de procéder à une diminution du montant des amendements au cas où il ne parviendrait pas à un accord sur un nouveau taux. En l'occurrence, même si le Parlement protestait contre cette procédure, celle-ci n'avait pas pour lui de conséquences autres

(9) Ces hypothèses seront traitées plus bas (p. 387). C'est d'ailleurs une technique utilisée systématiquement par le Parlement que de traduire les accords informels ou formels avec d'autres Institutions dans son règlement intérieur afin de les pérenniser.

que celles prévues par le traité. Par contre, elle mettait en place une méthode de réduction des amendements dont il serait intéressant de déterminer l'effet juridique. Les auteurs de la déclaration sont-ils ou non liés par le code de bonne conduite qu'ils ont adopté ? En tout état de cause, la « décision » n'était pas imputable au Conseil et elle n'aurait pu donner naissance à une pratique du Conseil qu'à condition d'avoir été appliquée systématiquement.

Le problème né des conclusions du Conseil relatives à la discipline budgétaire est plus délicat, car les effets de celle-ci se produisent hors du cadre du Conseil et altèrent substantiellement le déroulement de la procédure budgétaire. La disposition la plus contestée des conclusions est celle qui résulte de l'article 9 selon laquelle le Conseil s'engage à rester dans le cadre du taux maximal en limitant en première lecture l'augmentation des dépenses non obligatoires à la moitié du taux maximal et en prenant en seconde lecture une « position telle qu'il n'en résultera pas de dépassement du taux maximal ». (10) Si le Conseil se considère comme lié par ces conclusions, cela signifie qu'il lie lui-même son pouvoir discrétionnaire de se prononcer en faveur d'un nouveau taux et rend sans objet le pouvoir reconnu par le traité au Parlement de demander la fixation d'un nouveau taux. Le Parlement protestait contre cette conception de la discipline (11) et la Commission soulignait de son côté :

> « Le taux maximal d'augmentation des dépenses non obligatoires apparaît également comme un niveau absolu que le Conseil s'interdît à l'avance de dépasser, en sorte qu'une éventuelle demande de dépassement présentée par le Parlement ou la Commission, même dûment justifiée, ne pourrait pas être prise en considération malgré les stipulations du traité qui prévoyent expressément cette possibilité de dépassement... par commun accord du Conseil et du Parlement. Il en résulte que les dispositions pertinentes du traité ne pourraient pas être considérées comme respectées... »
>
> (lettre du Président de la Commission au Président en exercice du Conseil du 28 septembre 1984).

Si la discipline budgétaire est appliquée par le Conseil et que sa pratique est, comme le soutiennent, le Parlement et la Commission, contraire au traité, la position du Parlement et de la Commission interdit d'invoquer une quelconque régularisation par le consentement des Institutions, à supposer qu'une telle régularisation soit possible. (12)

On rencontre un problème de même nature s'agissant du prétendu compromis de Luxembourg. À l'origine, seule la France soutenait que l'invocation d'intérêts très importants entraînait un report indéfini du vote au sein du Conseil. Quelle que soit la manière dont a été appliqué le compromis et dont a joué le droit de veto, on constate que l'accord est loin de s'être réalisé sur

(10) P.E. Doc. 2.1357/84.

(11) JOCE série C n° 337 du 17 décembre 1984, pp. 404-406.

(12) Ce que nous ne pensons pas – cf. *infra* p. 402.

la possibilité de l'invoquer puisque les déclarations jointes à la déclaration solennelle sur l'Union européenne du 19 juin 1983 à Stuttgart font état de cinq positions différentes sur les suites à donner à l'invocation d'un intérêt national essentiel. Même si la pratique des États au sein du Conseil a donné naissance à une pratique, celle-ci est loin de faire l'objet d'une approbation unanime.

b) De son côté, le Parlement a également tenté dans son règlement d'organiser ses rapports avec les autres Institutions dans le cadre de la procédure législative. Les articles 35 et 36 du règlement adoptés à la suite de la jurisprudence de la Cour dans les affaires Roquette et Maizena (139/79) (13) tentent de systématiser la pratique de la consultation en permettant le renvoi d'une résolution en commission parlementaire tant que la Commission des Communautés n'a pas donné aux amendements ou à la demande de rejet du Parlement, la suite que celui-ci souhaite. La pratique en la matière est fort importante et on constate qu'après avoir émis des réserves sur la légalité de certaines utilisations éventuelles de la procédure, la Commission s'y est ralliée. Quant au Conseil, il ne constatait aucune incompatibilité entre le règlement du Parlement et les traités. (14)

Ainsi le pouvoir d'une Institution d'organiser ses rapports avec les autres Institutions donne naissance à une pratique accueillie diversement. Jusqu'à présent, aucun contentieux n'a permis à la Cour de se prononcer sur ces pratiques, mais c'est une éventualité que n'écartait pas la Commission dans l'affaire de la discipline budgétaire et la légalité de la discipline a été fortement mise en doute dans le contentieux budgétaire qui opposé le Conseil au Parlement (Aff. 34/86). (15) Dans le cadre du contrôle de légalité, la Cour pourrait dans l'avenir être amenée à se prononcer sur la validité d'actes adoptés au terme de procédures fondées sur des règles d'ordre interne que certains estimeraient contraires au traité. Il serait intéressant de voir si elle réserverait un sort différent à ces règles selon qu'elles sont d'origine récente ou ancienne et selon qu'elles ont été ou non contestées par les autres Institutions au moment de leur adoption et lors de chacune de leurs applications.

c) Le pouvoir d'autoorganisation peut également être utilisé comme un moyen pour les Institutions de pallier les conséquences que présente pour leur fonctionnement l'inaction d'une autre Institution ou des États membres sans pour autant se substituer aux responsables de la défaillance. Le Parlement s'est livré en ce domaine à plusieurs tentatives dont la Cour de Justice a eu à connaître.

---

(13) Selon laquelle le Conseil ne peut statuer, dans les hypothèses de consultation obligatoire, tant que le Parlement n'a pas rendu son avis.

(14) Le risque évoqué est celui de jouer de la procédure comme d'un droit de veto. Le Conseil a d'ailleurs su éviter ce risque dans la pratique. Cf. notre ouvrage Le Parlement Européen. Economica, 1984, p. 165 et p. 161, n° 66. Cf. aussi *Nicolas*. Le Parlement élu et le processus législatif des Communautés, RMC 1981, pp. 491-503 particulièrement 503.

(15) L'arrêt du 3 juillet 1986 se limite soigneusement à la question du taux maximum d'augmentation des dépenses non obligatoires.

– À défaut d'un statut du parlementaire européen, le Parlement a mis en place les éléments minima permettant aux parlementaires de remplir leur mission et notamment un système de remboursement forfaitaire des frais de déplacement, des indemnités forfaitaires de secrétariat, une allocation pour l'engagement d'un assistant, des assurances vie et vol, une pension de réversion et une pension de retraite. Dans un litige relatif à la faculté pour les États membres de soumettre le remboursement des frais de voyage et de séjour au régime fiscal national, la Cour constatait que le remboursement était une mesure d'organisation interne destinée à assurer le bon fonctionnement de l'organisation. Elle ajoutait

> « Il appartient au Parlement de décider quelles sont les activités et les déplacements nécessaires ou utiles d'un membre du Parlement dans l'exercice de ses fonctions et quelles sont les dépenses nécessaires ou utiles y relatives ». (16)

Cette constatation va bien au-delà du système de remboursement des frais de déplacement et permet de financer d'autres activités dès lors qu'elles sont de l'appréciation du Parlement « nécessaires ou utiles » au fonctionnement de l'Institution. Dès lors, les États membres, dans le cadre des obligations qui découlent de l'article 5, doivent s'abstenir de faire obstacle au fonctionnement du Parlement par les mesures unilatérales, notamment fiscales, qu'ils seraient amenés à prendre.

– La querelle du siège a permis à la Cour de rappeler ces notions dans deux arrêts. Le pouvoir d'autoorganisation permet au Parlement de maintenir dans chacun de ses lieux de travail l'infrastructure indispensable pour qu'il puisse remplir la mission qui lui est assignée par les traités. Mais tout transfert qui excéderait cette nécessité constituerait un empiètement sur la compétence des États membres en matière de siège et de lieux de travail. (17)

– Enfin, le système de financement d'une campagne d'information organisée par les groupes politiques à l'occasion des élections européennes, annulé par la Cour à l'initiative des Verts, confirme définitivement la position de la Cour en la matière. L'organisation d'une telle campagne par le Parlement européen répondait au souci de celui-ci de faire connaître l'Institution aux électeurs avant les élections européennes, mais avait aussi pour effet, selon la Cour, de permettre un financement des campagnes électorales, financement qui relève de la compétence des États membres. En l'espèce, la Cour paraît accepter la compétence du Parlement pour organiser une campagne d'information à condition que celle-ci soit distincte d'un financement forfaitaire des campagnes électorales. (18)

(16) Aff. 208/80, Rec. 81 p. 2205.
(17) Aff. 230/81, Rec. 1983 p. 255 et Aff. 108/83, Rec. 1984, p. 1945.
(18) Affaire 294/83. Arrêt du 23 avril 1986.

La ligne directrice de la Cour nous parait claire, la pratique des Institutions se développe dans les limites des nécessités, largement entendues, de fonctionnement. Dès lors que la mesure contestée peut être rattachée à ces nécessités, les États et les Institutions, en vertu de leur devoir de coopération loyale, ont l'obligation de la respecter et elle leur est opposable. De la sorte, l'organisation parvient à assurer son fonctionnement malgré la carence des États membres. Cependant la Cour considère que la compétence déduite des exigences de fonctionnement de l'Institution n'est pas illimitée. Elle ne se développe que dans le silence du traité et cède face à une rétention expresse de compétence aux États membres ou a une attribution expresse à une autre Institution. Les affaires du siège et du financement de la campagne d'information pour les élections sont l'illustration de la première hypothèse. (19) L'arrêt rendu par la Cour le 10 juillet 1986 à propos de l'immunité des députés européens met en valeur la seconde. La Cour déclare, en effet,

> « Dans le cadre de l'équilibre des pouvoirs entre les Institutions prévu par les traités, la pratique du Parlement Européen ne saurait en effet enlever aux autres Institutions une prérogative qui leur est attribuée par les traités eux-mêmes ». (20)

L'usage qui s'est développé dans un cadre jurisprudentiel a permis de donner à la notion d'autonomie interne toute sa signification et surtout de préciser le devoir des États ou des autres Institutions de respecter les mesures prises par une Institution pour sa propre organisation même si ces mesures produisent des effets sur les rapports interinstitutionnels. Le devoir de coopération loyale est à l'origine également de toute une pratique visant à organiser les rapports entre les Institutions.

B. – Le devoir de coopération loyale et l'aménagement des rapports entre Institutions

Cet aménagement, dans le cadre des traités, des rapports entre Institutions procède de l'accord établi entre celles-ci. Cet accord est susceptible de s'établir selon des modalités diverses qui d'ailleurs ne s'excluent pas mutuellement. La première formule est celle de l'accord informel. Une Institution donne satisfaction à la réclamation d'une autre Institution en acceptant de se comporter de la manière souhaitée. Ce comportement peut par la suite se voir confirmer dans un accord plus formel. L'autre voie est celle de la déclaration commune par laquelle les Institutions constatent, dans un document écrit et

(19) En ce qui concerne le siège du Parlement, la décision de fixation relève selon les traités du commun accord des États membres. Quant au financement des partis lors de la campagne électorale, puisque c'est ainsi que la Cour analyse le système mis en place par le Parlement, il relève expressément selon l'acte du 20 septembre 1978 de la compétence des législateurs nationaux dans l'attente d'une procédure électorale uniforme.

(20) Attendu 23.

signé par leur président en leur nom, leur accord sur l'usage qu'ils feront de leurs pouvoirs respectifs et éventuellement, sur la mise en place de procédures nouvelles.

1. - *Les accords informels*

Dans certains cas l'organisation des rapports interinstitutionnels ne fait l'objet d'aucune procédure formalisée dans un document. La Cour ne reconnaît pas moins la valeur de la procédure mise en place. Ainsi à propos de l'avis conforme du Conseil exigé par l'article 58 du traité CECA pour l'instruction de quotas de la production a-t-elle jugé « le pouvoir de prendre des mesures appropriées appartient selon l'article 58 à la Commission étant entendu qu'elle ne peut toutefois agir que sur « avis conforme » du Conseil. En instituant cette forme de concertation entre la Commission et le Conseil, l'article 58 n'en a pas fixé les modalités. Dans ces conditions il appartient aux institutions, d'organiser d'un commun accord et dans le respect des compétences respectives, les formes de leur collaboration. (21)

Les accords informels ne sont pas nécessairement des accords verbaux ou le produit de pratiques concordantes, mais ils résultent d'un ensemble complexe où se joignent tant des accords écrits que des pratiques, voire des déclarations des États membres. Sans entrer ici dans une énumération détaillée, l'exposé de sources des règles qui régissent les relations entre le Parlement et la Commission ou le Parlement et le Conseil est révélateur.

– Dans les relations entre le Parlement et la Commission, on note l'existence d'accords passés à la suite du rapport Furler de juin 1961 avec le Président *Hallstein*, puis entre le Président *Rey* et le Président *Scelba* et entre le Président *Malfatti* et le Président *Behrendt*. (22) Le contenu de ces accords est enrichi par certaines mesures annoncées par la Commission dans la COM (73) 999. À la suite des résolutions institutionnelles votées par le Parlement en juin 1980, la Commission fait de nouvelles propositions dans la COM (81) 581 final, mais dans le même document, elle prend certains engagements quant à son comportement dans le processus décisionnel. Ainsi, la Commission s'engageait à informer le Parlement sur les suites données aux initiatives parlementaires. La procédure d'information fut mise en place par une lettre du Commissaire *Andriessens* du 3 mars 1983. À la suite de la COM (81) 581 final, et de la déclaration solennelle de Stuttgart, la Commission et le Parlement préparaient une déclaration commune sur leurs relations réciproques. (23) Celle-ci ne pouvait être votée faute du quorum nécessaire au Parlement. Cependant, dans la mesure où l'engagement de la Commission consistait à continuer « les actions qu'elle a mises en œuvre progressivement ou dont elle a annoncé la

(21) Aff. 246/81 (Klöckner-Werke AG/Commission) Arrêt du 11 mai 1983, Rec. 1983, p. 1451.
(22) Le contenu de ces accords est résumé dans la COM (73) 999 du 30 mai 1973.
(23) Cf. P.E. Doc. 1-328/84/Rev. du 23 mai 1984.

mise en œuvre au cours des dernières années, dans le respect des tâches que les traités ont confiées aux Institutions de la Communauté », on peut estimer que la déclaration avait, pour l'essentiel, un effet confirmatif et que sa non-adoption, qui ne s'analysait pas comme un refus, n'avait pas d'incidence sur ce qui, dans son contenu, reprenait les pratiques antérieures, lesquelles ont été, dans les faits, poursuivies. Ainsi, dans les relations entre les deux Institutions, on relève la superposition d'engagements consolidés par la pratique et repris dans des documents ultérieurs ou de promesses, mises en œuvre en pratique sur la base d'une lettre de la Commission acceptée par le Parlement. Parfois, les États membres interviennent dans ce processus. Ainsi, en ce qui concerne « l'investiture » de la Commission, la pratique d'une déclaration du Président de la Commission devant le Parlement à la suite de sa nomination est fort ancienne dans la mesure où elle résulte de la présentation annuelle par le Président de la Commission de son programme pour les douze mois à venir. (24) La novation est venue du Parlement qui en 1981 décidait de conclure le débat sur le programme présenté par la Commission Thorn par un vote d'investiture. C'est la déclaration solennelle sur l'Union européenne signée lors du Conseil Européen de Stuttgart le 19 juin 1983 qui officialisait tant la consultation du bureau élargi du Parlement avant la nomination du Président de la Commission que l'existence d'un débat suivi d'un vote sur le programme de la Commission. Certes, la déclaration a la valeur d'une « déclaration politique solennelle » et ne devait pas être enregistrée au secrétariat des Nations Unies, mais il suffit de noter ici que le Président de la Commission qui avait la faculté de faire une déclaration exprimant ses réserves s'est bien gardé de le faire. La déclaration commune, non adoptée de la Commission et du Parlement, reprenait le contenu de la déclaration de Stuttgart et la nomination de la Commission Delors s'est opérée selon le processus prévu. On est en présence d'une pratique confirmée expressément par les États membres et acceptée par la Commission.

En va-t-il différemment dans les rapports entre le Parlement et le Conseil ? Sur le plan législatif, l'élargissement de la consultation hors des cas prévus par le traité relève d'une pratique fort ancienne reposant sur une déclaration du Président du Conseil en réponse à une résolution parlementaire. (25) Les lettres des Présidents *Harmel* et *Scheel* marquent l'engagement du Conseil à informer le Parlement des suites données à l'avis. (26) Ces engagements ont été confirmés dans la lettre du 8 avril 1982 de *M. de Keersmaeker*, Président du Conseil, en réponse aux résolutions institutionnelles votées en 1981 par le Parlement. (27) La lettre précitée montre également la disposition du Conseil

(24) Sur la base de l'accord Rey-Scelba de 1970.

(25) Cf. *Jacqué, Bieber, Constantinesco, Nickel*, Le Parlement Européen, Economica, Paris, p. 159, n° 56.

(26) Cf. le texte de ces lettres en annexe au Doc. PE 1-207/81 du 27 mai 1981.

(27) Bulletin P.E. n° 11/82 p. 52.

à reconsulter l'Assemblée lorsque la proposition initiale de la Commission a fait l'objet de modifications qui l'affectent dans sa substance. Dans une lettre du 23 novembre 1982 à propos d'une demande de reconsultation adressée par le Parlement, le Président du Conseil faisait part de son opinion dans les termes suivants :

> « Par delà ce cas d'espèce, le Conseil tient à confirmer sa volonté de procéder *conformément aux règles de droit applicables* et dans un esprit de collaboration constructive entre nos Institutions à une nouvelle consultation du Parlement Européen lorsqu'au terme de ses travaux, il apparaît que la proposition de la Commission considérée dans son ensemble, a été affectée dans sa substance même. » (28)

Quant à l'association du Parlement à la conclusion des accords internationaux, elle se fera sur la base des accords *Luns* pour les accords d'association et *Luns-Westerterp* pour les accords commerciaux, procédure étendue à tous les accords internationaux d'importance significative et à l'adhésion d'un État membre par la déclaration solennelle sur l'Union européenne. L'Acte Unique ira plus loin dans ce sens en subordonnant la décision sur l'adhésion et la conclusion d'un accord d'association à l'avis conforme du Parlement.

En ce qui concerne la collaboration budgétaire entre le Conseil et la Commission, elle reposait, avant la déclaration commune de 1982, tant sur des pratiques (le calendrier pragmatique qui se superposait au calendrier budgétaire officiel) que sur des accords implicites. Les résolutions annexées au procès-verbal de la session du Conseil du 22 avril 1970, notamment celles relatives à la collaboration entre l'Assemblée et le Conseil donnaient lieu à des accords comme celui relatif à l'examen des actes ayant une incidence financière.

Dans un autre domaine, en vue de favoriser le rôle de contrôle du Parlement, le Conseil acceptait, dès l'origine, de répondre aux questions écrites, procédure étendue en 1962 aux questions orales. La lettre *De Keersmaeker* précitée confirmait cet engagement qui se trouve également reproduit dans la déclaration solennelle sur l'Union européenne laquelle officialise l'existence d'un certain nombre de rapports faits actuellement par la présidence devant le Parlement. Enfin, il faudrait mentionner le processus particulier qui a vue se développer, hors traité, dans le domaine de la coopération politique des rapports entre le Parlement et le Conseil sur la base des déclarations des Ministres des Affaires étrangères de Luxembourg, de Copenhague, puis de Londres dont les dispositions relatives au Parlement font suite aux demandes de celui-ci. La déclaration solennelle sur l'Union Européenne reprend ces pratiques et leur donne une nouvelle extension. L'Acte Unique dans son article 30 § 4 assure l'association du Parlement à la coopération politique. Les formes

(28) C'est nous qui soulignons.

de cette association dans la mesure où elles ne sont pas définies dans l'acte sont celles prévues par la déclaration solennelle puisque les articles 2 et 3 § 2 de l'acte élèvent les dispositions de cette déclaration au même rang que l'acte. Ici le parcours entier est accompli. À l'origine, accords entre une Institution et les Ministres des Affaires étrangères, puis entre les membres du Conseil Européen, ces pratiques donnent naissance à un engagement international soumis à la ratification des gouvernements.

Les accords s'établissent, on le constate, le plus souvent sur la base d'un échange de lettres ou d'une lettre en réponse à une revendication. Ils se consolident non seulement par la pratique, mais aussi par la répétition régulière de l'engagement. Enfin, le Parlement les traduit chaque fois que celui lui paraît possible dans son règlement intérieur. (29) Au-delà même de l'organisation du travail entre Institutions, les accords ont permis un aménagement des pouvoirs qui, pour l'essentiel, a joué en faveur du Parlement. La collaboration entre Institutions peut donc modifier l'équilibre interinstitutionnel. Cependant, les relations entre le Parlement et la Commission ont été plus affectées que celles entre le Conseil et le Parlement. Le fait que la Commission soit le point de passage obligé de toutes les initiatives et de toutes les propositions d'amendements parlementaires joint à l'existence d'une responsabilité de la Commission devant le Parlement suffisent à expliquer cette évolution. Dans la mesure où le Parlement a moins d'emprise sur le Conseil en matière législative, la collaboration est naturellement moins étroite.

2. – *Les déclarations communes*

Dans le domaine de la pratique interinstitutionnelle, deux déclarations communes retiennent l'attention, la déclaration relative à la concertation et celle portant sur le déroulement de la procédure budgétaire. Comme on l'a dit plus haut, une troisième déclaration commune entre le Parlement et la Commission n'a pu être votée en 1984. Par rapport aux autres accords, la déclaration commune se caractérise par sa solennité. Plus d'échanges de lettres, mais un document unique approuvé à l'issue d'une négociation par les trois Institutions et signé par leur Président. L'instrument échappe à la clandestinité et fait l'objet d'une publication au Journal Officiel. (30) Il se présente sous la forme d'un accord par lequel les Institutions concernées conviennent d'adopter un comportement déterminé ou de mettre en place une procédure spécifique.

– Dans la déclaration relative à la concertation, il s'agit d'instituer une procédure permettant dans certains cas une négociation entre le Parlement et le Conseil afin de rechercher un accord. La procédure normale est suspendue

(29) Cf. par ex. Les articles 42 et svts sur la procédure des questions, l'article 39 sur la suite donnée par le Conseil aux avis du Parlement, l'article 37 sur la reconsultation.

(30) JOCE n° C 89 du 22 avril 1975 pour la déclaration relative à la concertation et JOCE n° C 194 du 28 juillet 1982 pour la déclaration sur le déroulement de la procédure budgétaire.

pour trois mois, puis lorsque les positions des Institutions sont suffisamment rapprochées, elle reprend pour être menée à son terme. La répartition des pouvoirs prévue par le traité n'est donc pas modifiée. Il s'agit plutôt d'un aménagement de la procédure consultative par l'utilisation habile d'une zone grise du traité.

– La déclaration budgétaire est plus complexe. Elle apparaît d'abord comme un texte d'interprétation de l'article 203 du traité en matière de classification des dépenses, et de base de référence pour la marge de manœuvre du Parlement. Elle met en place des procédures de règlement des conflits futurs tant en matière d'interprétation que de fixation du nouveau taux par la voie du trilogue, procédure qui est de toute façon la seule appropriée compte tenu de la répartition des pouvoirs opérée par l'article 203, sauf à faire intervenir la Cour. Enfin, elle contient quelques engagements nouveaux en matière de non plafonnement des dépenses par la voie réglementaire ou de possibilité de mettre en œuvre une action communautaire par la voie budgétaire.

Les déclarations communes donnent elles-mêmes naissance à une pratique quant à leur interprétation, pratique qui a conduit les trois Institutions à souhaiter une révision de la procédure de concertation, révision à laquelle s'oppose encore un État membre.

– Sur le plan de l'équilibre des pouvoirs, la déclaration relative à la concertation avait été perçue comme un progrès en faveur du Parlement, opinion que devait démentir la pratique décevante en la matière. L'Acte Unique a cherché à améliorer la position du Parlement d'une autre manière et les propositions qui faisaient appel surtout à la concertation sont apparues lors de la négociation comme peu crédibles. La déclaration budgétaire visait plus à clarifier l'interprétation et à mettre fin à un contentieux entre le Parlement et le Conseil. Elle n'a pas atteint son objectif en ce qui concerne le contentieux et la Cour a dû se prononcer sur celui-ci dans son arrêt du 3 juillet 1986. On notera avec intérêt qu'en ce qui concerne le contentieux relatif à la classification des dépenses, elle a expressément renvoyé les parties à l'application de la procédure prévue par la déclaration de 1982 (attendu 50).

Les accords ou les déclarations communes ne suscitent pas d'emblée de questions relatives à leur valeur juridique. Elles font suite à une négociation marquée par la confiance réciproque entre Institutions. Il n'apparaît pas immédiatement utile de s'interroger sur la valeur juridique du résultat atteint d'autant plus que toute insistance pour faire consacrer la force contraignante de l'accord pourrait faire échouer la négociation. Le flou juridique rassure l'Institution qui a fait des concessions comme celle qui estime être bénéficiaire de l'accord. La première se satisfait de qualifier l'accord de déclaration politique, appellation que la seconde ne désespère pas de voir transformer en celle d'acte juridique obligatoire. C'est éventuellement au cours de l'application que se posera la question de la valeur juridique des pratiques.

Section 2. – La valeur juridique de la pratique des Institutions

La nécessité de faire la clarté sur la valeur juridique de la pratique est le fruit de plusieurs exigences. Tout d'abord, la Communauté est une communauté de droit offrant aux particuliers des recours contre les actes communautaires. La Cour a rappelé avec fermeté ce point lorsqu'elle a admis dans le silence des traités la possibilité pour les particuliers de former un recours contre les actes du Parlement :

> « Il y a lieu de souligner d'abord à l'égard que la Communauté économique européenne est une communauté de droit en ce que ni ses États membres ni ses Institutions n'échappent au contrôle de la conformité de leurs actes à la charte constitutionnelle de base qu'est le traité » (attendu 23) (affaire 294/83).

Les tiers peuvent donc contester la validité d'un acte pris par toute Institution, y compris le Parlement, dans le cadre de son pouvoir d'« auto-organisation » et mettre ainsi en cause une pratique de l'Institution en faisant contrôler sa validité par rapport au traité. (31) La Cour peut donc être amenée à s'interroger sur la valeur des pratiques internes. Mais surtout, l'acte adopté par l'Institution pourrait être contesté au motif que sa procédure d'adoption a méconnu une pratique constante. Dans ce cas, la Cour serait amenée à dire si la violation d'une pratique est constitutive d'un vice de forme. Le contentieux peut également être interinstitutionnel, la seule inconnue, à cet égard, restant la légitimation active du Parlement.

La question de la valeur des pratiques institutionnelles n'est pas d'ordre théorique. Même si elle n'a pas encore été tranchée de façon définitive par la Cour, celle-ci a eu l'occasion d'y faire largement allusion. Sur le plan doctrinal, les thèses en présence sont fort opposées et l'on peut difficilement faire état d'un courant dominant. Toute réponse à la question posée doit donc partir d'un examen de ces thèses et la conclusion qui nous paraît devoir en être tirée est fort nuancée. On ne peut a priori dénier toute valeur à la pratique et seul un examen des circonstances de l'espèce peut conduire à une solution dans un cas déterminé.

---

(31) Nous n'examinerons pas ici le cas des actes unilatéraux pris dans le cadre du pouvoir d'autoorganisation dont la Cour a admis dans l'affaire des Verts précitée, qu'ils pourraient faire l'objet de recours lorsqu'ils produisaient des effets à l'égard des actes, même s'ils émanaient du Parlement.

A. – Les thèses en présence (32)

Nul ne se prononce en faveur de l'absence de valeur des pratiques et des accords interinstitutionnels. La discussion oppose les tenants de la reconnaissance d'une valeur politique des pratiques à ceux qui admettent la possibilité de leur donner une valeur juridique.

1. – *Le consensus sur la valeur politique de certains engagements interinstitutionnels*

C'est le Conseil qui soutient de la manière la plus ferme la thèse selon laquelle les engagements interinstitutionnels n'auraient qu'une valeur politique. Interrogé sur la valeur de la déclaration commune relative à la concertation, il répondait qu'il s'agissait d'un engagement de caractère politique :

> « Les déclarations communes évoquées par l'honorable Parlementaire constituent des engagements de caractère politique. Il appartiendrait en dernier lieu à la Cour de Justice d'en apprécier la portée juridique. Pour ce qui est plus spécialement de la déclaration commune instaurant la procédure de concertation, le Conseil considère que, par cette déclaration, les trois institutions signataires se sont engagées à appliquer cette procédure dès lors que toutes les conditions de son application sont réunies et selon les modalités qui y sont indiquées ». (33)

On notera le caractère prudent de la réponse. À la même question, la Commission répondait de façon moins générale, ne niant pas la possibilité qu'une déclaration commune puisse produire des effets juridiques :

> « ... Il n'est pas possible de donner une réponse unique, valable pour toutes les déclarations communes... ».

Celle relative à la concertation est

> « ... une déclaration d'intention de caractère politique qui lie les trois institutions signataires politiquement et moralement en elles-mêmes et vis-à-vis du public sans pour autant constituer une obligation juridique en tant que telle... » (34)

---

(32) Sur la question, on lira essentiellement outre l'étude exhaustive précitée de *Hilf. Bothe, M.*, Legal and non legal norms – a meaningful distinction in international law. N. Y. I. L. 1980, p. 65 ss. et Soft Law in den Europäischen Gemeinschaften. Festschrift für Hans Jürgen Schlochauer, Berlin, New York, 1981 p. 761 ss. ; *Everling, U.* Zur rechtlichen Wirkung von Beschlüssen. Entschließungen und Vereinbarungen des Rates oder der Mitgliedstaaten der Europäischen Gemeinschaft, Gedächtnisschrift für Leontin Jean Constantinesco, Köln, 1983, pp. 133-156 ; *Glaesner, H. J.*, Kooperation und Konflikt zwischen den Gemeinschaftsorganen im Spannungsfeld der Gemeinschaftsentwicklung in : Entwicklungsperspektiven der Europäischen Gemeinschaft, Schriftenreibe der Hochschule Speyer Bd. 100, Berlin 1985, p. 223 ss. ; *Grabitz, E.*, Methoden der Verlassungspolitik in der Gemeinschaft, in Gedächtnisschrift für Christoph Sasse, Baden-Baden, 1982, T. 1 p. 105 ss. ; *Vergés*. De quelques méthodes de développement institutionnel des Communautés européennes, Melanges Reuter, Paris, 1980, p. 501 ss.

(33) Réponse du 23 septembre 1977 à la question de *M. Maigaard*, JO C 259, p. 5.

(34) Réponse du 1er juin 1977, JO C. 180, p. 18.

Cette analyse n'empêche pas le Conseil dans le contentieux budgétaire qui l'oppose au Parlement d'invoquer la déclaration de 1982, mais en soulignant qu'il considère qu'elle possède le caractère d'un engagement politique. De son côté, le Parlement invoque également la déclaration commune sans donner de précision quant à son caractère juridique.

La Cour n'a pas encore eu l'occasion de se prononcer clairement en ce qui concerne les déclarations communes, bien que la déclaration relative à la concertation ait été invoquée à plusieurs reprises. Dès l'affaire 64/80, la Cour n'a même pas eu à examiner le grief fondé sur la déclaration commune. Seul l'avocat général *Reischl* devait s'en préoccuper. Il indiquait qu'il partageait l'appréciation du Conseil quant à la valeur politique de la déclaration et ajoutait qu'en tout état de cause les conditions d'ouverture de la concertation n'étant pas réunies, le grief des requérants ne pouvait être retenu. (35) Dans l'affaire 211/80, la Cour elle-même s'exprimait en ces termes :

> « En ce qui concerne la concertation interinstitutionnelle, les requérants se sont référés à la déclaration commune... Cette déclaration prévoit que la procédure de concertation qu'elle institue est susceptible de s'appliquer aux actes communautaires de portée générale qui ont des implications financières notables et dont l'adoption n'est pas imposée par des actes pré-existants. »
>
> « La Commission a soutenu que les conditions d'application de cette procédure ne se trouvaient pas réunies en l'espèce... les requérants n'ont pas contesté cette affirmation. Dans ces conditions le fait que le Parlement avait demandé la concertation ne saurait entacher la légalité du règlement litigieux. » (36)

Enfin, dans l'affaire 34/86, relative au budget 1986, les parties se sont référées à plusieurs reprises à la déclaration commune de 1982. L'approche choisie par la Cour n'impliquait pas que celle-ci se réfère à la déclaration pour fonder sa solution. Cependant, il convient de noter qu'en ce qui concerne la classification des dépenses, elle renvoie les parties à la méthode de négociation instituée par la déclaration commune :

> « Il y a lieu, par ailleurs, d'observer que les problèmes de délimitation des dépenses non obligatoires font l'objet d'une procédure interinstitutionnelle de conciliation instituée par la "déclaration commune" du Parlement Européen, du Conseil et de la Commission du 30 juin 1982... et qu'ils sont de nature à être résolus dans ce cadre » (attendu 50).

On ne peut tirer argument de ces indications pour soutenir que la Cour ait adopté la thèse de la valeur exclusivement politique des engagements interinstitutionnels. Le juge communautaire consacre certes l'existence de tels

(35) Rec. 1981 p. 693, cf. p. 714.
(36) Rec. 2984 p. 131, concl. Rozes, voir p. 163.

engagements en acceptant de les prendre en considération, mais sans prendre parti sur la valeur juridique de ceux-ci. Ceci conduit à admettre qu'ils ont pour le moins une valeur politique, mais n'interdit pas qu'ils puissent se voir reconnaître une valeur juridique. On pourrait même soutenir qu'en renvoyant à la déclaration commune de 1982, la Cour consacre la procédure de négociation mise en place par cette déclaration comme la procédure de droit commun qui doit être suivie en cas de désaccord sur la classification des dépenses.

La thèse de l'absence de valeur juridique des pratiques a été soutenue avec beaucoup de vigueur par M. de *Guiringaud*, Ministre Français des Affaires étrangères devant l'Assemblée Nationale.

> « Aucune de ces pratiques n'est prévue dans le traité, aucune ne correspond à un pouvoir établi de l'Assemblée. Les gestes de bonne volonté marquant notre volonté d'associer l'Assemblée sur une base pratique informelle à certains aspects importants de la construction européenne peuvent être demain remises en cause. Les dispositions qui ont été prises ne peuvent être appliquées qu'aussi longtemps qu'elles sont unanimement acceptées. La France garde donc le pouvoir de s'y opposer. Elle en ferait usage si l'Assemblée devait sortir de son rôle ». (37)

Le passage est intéressant par la vigueur avec laquelle il souligne le caractère politique des engagements, sa valeur est douteuse lorsque l'auteur prétend qu'un seul État pourrait imposer au Conseil la remise en cause d'engagements pris par le Conseil, et non par les États, et à l'unanimité. Que la France puisse demander au Conseil de revenir sur certains engagements en raison de la violation par l'Assemblée de ses compétences, on le conçoit, mais il est douteux qu'elle ait le pouvoir de décider unilatéralement pour le Conseil. En tout état de cause, après la déclaration solennelle de Stuttgart et l'Acte Unique, la compétence délibérative de l'Assemblée est d'une étendue telle que l'on voit mal comment celle-ci pourrait l'excéder.

Quant aux analyses doctrinales, on laissera la parole au Professeur *Bernhardt* qui écrit dans *Trente ans de Droit communautaire* :

> « Il en va de même pour un certain nombre de règles établies dans la pratique en vue de l'action concertée des institutions communautaires d'une part, et des institutions communautaires et des États membres d'autre part. Dans la mesure où ces règles n'ont pas trouvé leur expression ni dans les formes prescrites pour la communauté, ni dans les accords clairement qualifiés d'obligatoires, elles ne devraient pas avoir leur place dans le domaine juridique. Le caractère non obligatoire en droit n'exclut pas l'importance politique réelle et laisse même, pour l'avenir, un champ plus grand à l'initiative politique. » (38)

---

(37) Débats A. N. du 14 juin 1977, p. 3730.

(38) Trente ans de droit communautaire, Perspectives européennes, Bruxelles, 1982, p. 84.

Mais le Professeur *Bernhardt* n'exclut pas que certains de ces accords puissent avoir une valeur obligatoire.

> « C'est en fonction du cas d'espèce que l'on doit déterminer si les États ou les Institutions ont véritablement voulu s'engager ou s'ils n'ont pas simplement eu pour objectif d'émettre des déclarations d'intention politique et d'élaborer des règles de conduite. » (39)

La thèse de l'engagement politique n'est pas propre aux communautés. On a mis en évidence au sein des Nations Unies l'existence de Gentlemen's agreements. Ceux-ci sont le plus souvent des accords entre États membres que des accords entre Institutions. *E. Lauterpacht* qui leur a consacré une étude très complète s'efforce de distinguer ce qui relève dans le droit des organisations de la pratique de l'organisation, laquelle produit des effets juridiques et ce qui relève du Gentlemen's agreement. Le seul critère de distinction consiste dans le défaut d'une intention de se lier dans le Gentlemen's agreement. Il en résulte que lorsque cette intention est manifestement absente, l'accord considéré ne lie pas juridiquement les parties. (40) Mais on ne peut exclure à notre sens que la pratique ultérieure à l'accord et l'*opinio juris* des participants ne viennent donner une signification juridique à ce qui avait une signification politique.

Ainsi, admet-on, d'une manière générale, la possibilité de prendre en considération la pratique institutionnelle ou interinstitutionnelle sous l'angle politique en estimant qu'elle crée des engagements politiques ou moraux à la charge de ses auteurs. Nous préférons l'expression « engagement politique » au terme de *soft law* parfois utilisé dans le même sens, car ce dernier peut créer l'équivoque en laissant entendre que l'on est en présence d'engagements ayant une valeur juridique atténuée. Or, il n'existe pas de tierce position entre le droit ou le non-droit. Il est possible qu'une pratique constante puisse conférer à un engagement, politique à l'origine, une force contraignante, mais à un moment déterminé, cet engagement doit pouvoir être considéré comme normatif ou non normatif. D'un autre côté, ce n'est pas parce qu'un engagement n'a pas de valeur juridique qu'il ne produit aucun effet pratique. (41)

Le consensus autour de la valeur politique ou morale de certains engagements ou de certaines pratiques n'exclut pas cependant que, dans des cas déterminés, d'autres engagements ou d'autres pratiques se voient reconnaître une valeur juridique.

(39) *Ibidem.*

(40) *E. Lauterpacht*, Gentlemen's agreements, in : Festschrift für F. A. Mann, p. 381 et suites, cf. surtout la fin de l'étude.

(41) Cf. *infra* p. 37.

2. – *La possibilité de conférer une valeur juridique à la pratique des Institutions*

On pourrait rechercher la consécration de cette possibilité dans l'article 3 para. 3 des traités d'adhésion selon lequel

> « des nouveaux états membres se trouvent dans la même situation que les états membres originaires à l'égard des déclarations, résolutions ou autres prises de position du Conseil ainsi qu'à l'égard de celles relatives aux Communautés européennes qui sont adoptées d'un commun accord par les états membres... » (42)

Cependant, ce texte en lui-même ne peut conférer aucune valeur juridique à des pratiques qui n'en auraient pas auparavant. Il reste donc neutre à cet égard et ne fournit pas une base autonome permettant de conférer une valeur juridique à certaines pratiques. (43)

À notre sens, pour qu'une valeur juridique puisse être attribuée à une pratique, il convient d'identifier le principe qui fonde la compétence des institutions en la matière, puis de définir les voies par lesquelles est conféré un effet de droit à la pratique considérée.

a) *Le fondement de la valeur juridique de certaines pratiques*

– On a décrit, plus haut, la manière dont s'était formée la pratique des Institutions en dégageant deux principes explicatifs. Or, ces deux principes fondent la compétence des Institutions en la matière. Il n'est pas besoin d'insister sur l'existence d'une compétence des Institutions en matière d'organisation interne. La Cour admet que les actes pris dans le cadre du pouvoir d'autoorganisation ont une valeur juridique, la seule question qui se pose est celle de la définition du champ de l'organisation interne.

Quant au principe de coopération entre Institutions, puisqu'il s'agit d'un principe juridique reconnu par la Cour, *R. Bieber* considère que la pratique interinstitutionnelle qui se développe dans ce cadre ne peut être dépourvue de toute signification juridique :

> « If the Institutions are obliged by law to cooperate then the results of such cooperation must, of necessity, also have legal force ». (44)

De l'existence d'une obligation de coopérer, on peut déduire que les Institutions ont la compétence nécessaire pour adapter les mesures nécessaires à la mise en œuvre de la coopération institutionnelle. (45) Mais la

(42) Cependant l'article 3 ne consacre que la pratique du Conseil sera acceptée par lui ou celle des États membres.

(43) Cf. *Bothe, op. cit.*, mel. Schlochauct p. 772 et *Everling, op. cit.*, p. 148.

(44) *Op. cit., supra*, p. 54, cf. aussi off. 244/81, Rec. 83, p. 1457 précité.

(45) Ainsi qu'il a été dit plus haut, la compétence ainsi définie n'est pas illimitée, elle s'efface lorsque le traité réserve certains secteurs à la compétence des États ou définit les prérogatives respectives des Institutions (cf. *infra* p. 14).

compétence ne suffit pas à elle seule pour conférer une valeur juridique à ces mesures car les Institutions peuvent fort bien désirer organiser leur coopération sur le plan politique sans donner aux procédures mises en place de caractère obligatoire. Si, sans obligation de coopérer, il n'est pas de valeur juridique possible pour la pratique, l'obligation de coopérer ne confère pas automatiquement de force juridique à toutes les pratiques institutionnelles. Encore faut-il que les mesures prises trouvent leur valeur juridique parce qu'elles procèdent d'une source de droit.

– Ne pourrait-on plutôt fonder la valeur des pratiques sur l'importance que la Cour attache à la protection juridique ? En effet, dès lors qu'une Institution s'engagerait à adopter un comportement déterminé, les exigences de la protection juridique lui imposeraient de se conformer à son engagement. Ainsi, dans l'affaire 81/72, la Cour a-t-elle reconnu que le Conseil ayant, dans le cadre de la liberté que lui laissaient les traités, décidé de lier les décisions qu'il prendrait en matière de rémunérations à certains principes, ce dernier devait respecter l'engagement pris en raison du principe de protection de la confiance légitime des administrés. (46) Ce principe n'est-il pas transposable dans le domaine des rapports interinstitutionnels ? (47) Il n'est pas établi que la règle de la confiance légitime puisse jouer de la même manière dans les rapports entre Institutions que dans les rapports entre Institutions et particuliers. Cependant ne pourrait-on y voir une manifestation du principe d'estoppel que reconnaît le droit international ou plus simplement du principe de bonne foi ? (48)

À vrai dire, le principe ne peut jouer que de façon secondaire. Si l'on reconnaît la possibilité pour les Institutions de conclure des accords exprès ou tacites dans le cadre de leur obligation de coopérer, il n'est pas besoin de chercher dans le principe de la protection de la confiance légitime le fondement de la force juridique de ces accords : il réside dans la volonté de leurs auteurs exprimée dans le cadre de leur compétence. Le principe explique qu'une Institution ne puisse revenir unilatéralement sur une promesse qu'elle aurait faite dans la mesure où une autre Institution s'est fiée à cette promesse, mais il ne fonde pas la valeur de la promesse. Celle-ci réside dans l'intention de son auteur. Ce qu'interdit la règle de la confiance légitime, c'est un pouvoir de révocation unilatérale et arbitraire.

Le fondement de la valeur juridique des pratiques réside dans la reconnaissance aux Institutions de la compétence d'autoorganisation et de la compétence nécessaire pour s'acquitter de leur obligation de coopération. Les

(46) Rec. 1973, p. 575, cf. aussi Aff. 22/83. Arrêt du 11.7.85 (*Salerno*) qui apporte quelques précisions sur les comportements suspectibles de faire naître confiance légitime.

(47) Cf. notamment *Hrbek/Jamar/Wessels* (ed.). Le Parlement Européen, Bilan, Perspectives Bruges 1984, rapport *Glaesner*, p. 117.

(48) Cf. notre étude à propos de la promesse unilatérale, in : Mélanges *Reuter*, Paris 1981, p. 326, plus spécialement p. 335 et ss.

Institutions exercent cette compétence en manifestant à travers leurs actes leur intention de se lier. Comme la Cour l'a reconnu dans l'affaire 22/70, il existe dans l'ordre communautaire des actes non compris dans la nomenclature des traités et le critère déterminant est la volonté de l'auteur de créer des effets de droits.

b) *Le mode de création de l'obligation*

Comme la Cour l'a constaté elle-même dans l'affaire précitée, le mode le plus simple de conférer une valeur juridique à un accord interinstitutionnel ou à un acte unilatéral résulte de la volonté de l'auteur. Dès lors que ceux-ci ou celui-ci, expriment leur intention de se lier dans le cadre de leurs compétences, rien ne s'oppose à la reconnaissance de la valeur de la norme ainsi créée.

Cependant de telles situations ne sont pas fréquentes. Le plus souvent, les auteurs n'ont pas eu conscience de donner naissance à une norme. Mais à la répétition du précédent vient s'ajouter l'*opinio juris*. C'est le phénomène coutumier que la Commission du droit international n'a pas hésité à situer parmi les règles pertinentes de l'organisation (49) et que la Cour Internationale de Justice a consacré dans l'affaire de la Namibie.

M. Bothe reconnaît ainsi la possibilité pour une pratique dotée à l'origine d'une valeur politique d'accéder au rang de norme coutumière. (50) Doit-on pour des raisons de principe s'opposer à la possibilité de création de normes coutumières au sein des Communautés ? On connaît le débat en droit constitutionnel interne entre partisans de l'exclusivité du droit écrit et partisans de l'existence du processus coutumier où les tenants du droit écrit prétendent exclure le recours à la coutume dans les régimes reposant sur une constitution écrite sur la base de l'argument selon lequel l'existence d'une procédure spéciale de révision interdit tout recours au droit coutumier. (51) On ne leur opposera pas les conventions de la constitution au Royaume Uni en raison de la nature spécifique de la Constitution britannique, (52) mais il nous semble qu'il est possible de soutenir que l'existence de l'article 236 s'oppose à toute révision coutumière, sans pour autant prétendre qu'il ne puisse se former de coutume dans des domaines qui ne sont pas expressément réglés par les traités et que les Institutions ont compétence pour régler.

---

(49) Cf. Rapport *Ress*, p. 49.

(50) *Op. cit.*, Festschrift *Schlochauer* p. 773, cf. aussi *Grabitz, op. cit.*, p. 111 sur la valeur coutumière du droit d'interpellation du Parlement à l'égard du Conseil.

(51) Cf. à sujet, en droit français, *J. Chevallier*. La coutume et le droit constitutionnel français, R. D. P. 1970, p. 1375 et ss. et *J. C. Maestre*. À propos des coutumes et des pratiques constitutionnelles : l'utilité des Constitutions, id. 1973, p. 1275 et ss.

(52) *O. Beaud*. Les conventions de la Constitution, Droits 1986, pp. 125-136.

En ce qui concerne tout d'abord l'absence de validité des précédents destinés à former une éventuelle coutume contra legem, la jurisprudence de la Cour paraît dépourvue de toute ambiguïté.

Dans l'affaire Defrenne II, elle déclare

> « ... la résolution des États membres du 30 décembre 1961, sans préjudice des effets qu'elle a pu avoir en vue de favoriser et d'accélérer la mise en œuvre intégrale de l'article 119, n'a pas pu valablement modifier l'échéance fixée par le traité.
>
> ... en effet une modification du traité ne peut résulter – sans préjudice de dispositions spécifiques – que d'une révision opérée en conformité de l'article 236 ». (53)

Il ne s'agissait en l'espèce que d'un seul précédent, mais il semble bien qu'une série de précédents accompagnée de l'acquiescement ne peut couvrir une illégalité.

Ainsi dans l'affaire Bulk Oil, la Cour précise

> « ... la circonstance qu'aucune institution communautaire n'a contesté la légalité de la politique mise en œuvre par un État membre ne saurait avoir, en elle-même, aucune incidence sur la compatibilité d'une politique du type de celle en cause avec le droit communautaire. » (54)

S'agissant du compromis de Luxembourg, outre le fait qu'il n'existe aucun consensus des États membres sur sa signification et que l'*opinio juris* fait défaut, la Cour a discrètement indiqué alors dans l'affaire de la carence du Conseil en matière des transports que les difficultés de réalisation d'une politique ne peuvent dispenser la Cour de constater une carence contraire au traité. (55)

Dans un système où le contrôle juridictionnel est omniprésent, la position de la Cour à l'encontre de la coutume contra legem, fondée sans doute sur la volonté de préserver les acquis de l'intégration à l'égard de toute dérive interétatique, conformément d'ailleurs à la mission que lui assigne le traité, rend impossible la consécration d'une coutume contra legem.

L'attitude de la Cour ne paraît pas aussi sévère lorsque la coutume se développe dans le cadre du traité sans porter atteinte à celui-ci. Ainsi dans l'affaire du siège, l'avocat général *Mancini* avait émis de forts doutes quant à la possibilité de recourir à la coutume dans le cadre de l'application d'un traité multilatéral et il ajoutait qu'en tout état de cause les précédents invoqués ne remontaient pas à une période suffisamment ancienne. Or, la Cour n'a repris aucun de ces arguments. À l'affirmation selon laquelle la tenue des séances de

(53) Arrêt du 8 avril 1976. Aff. 43-75. Rec. 1976, p. 455.

(54) Arrêt du 18 février 1986. Aff. 174/84, non encore publié.

(55) Arrêt du 22 mai 1985, Aff. 13/83, attendu 48. Cf. également concl. *Lenz*, Le Conseil avait souligné les difficultés dues à son système décisionnel pour tenter de justifier sa carence.

l'Assemblée à Luxembourg aurait donné naissance à une coutume invocable par le gouvernement luxembourgeois, la Cour observe que la pratique avait été contestée par le Gouvernement français et que de la sorte une coutume ne pouvait se constituer. Par contre, la Cour légitime la pratique du Parlement de tenir les séances des commissions parlementaires à Bruxelles en soulignant qu'elle s'est développée dans le cadre de l'autonomie du Parlement et qu'elle n'a été mise en cause par aucun État membre. (56)

Ainsi la Cour ne s'oppose pas à la prise en considération d'une coutume. On observera qu'il ne s'agit pas d'une pratique interinstitutionnelle, mais de la sauvegarde des droits des États face à une pratique d'une Institution. Mais rien ne s'oppose à ce que cette solution soit étendue dans le cadre interinstitutionnel. On pourrait objecter cependant que la protection des droits des tiers exige que ne soit pas reconnue la valeur juridique à des pratiques qui ne sont pas connues d'eux. Il serait injuste qu'ils soient touchés par l'annulation d'un acte qui aurait été pris en contrariété avec une règle coutumière alors que cet acte respectait formellement les dispositions du traité et qu'ils s'y étaient fiés.

En tout état de cause, cet argument relatif aux droits des tiers vaut essentiellement pour les pratiques relatives à l'adoption d'actes communautaires ayant des effets pour les particuliers. Dans ce cas, le juge peut dans un premier temps attirer l'attention des tiers sur l'existence d'une règle coutumière dans des hypothèses où il ne prononce pas l'annulation de l'acte. Ainsi a-t-il procédé dans le cas de la procédure de concertation. En outre, l'article 174 du traité CEE permet à la Cour de moduler les effets de l'annulation et de tenir compte des exigences de la protection des tiers. (57)

B. – L'absence de réponse uniforme à la question de la valeur juridique

La conclusion qu'il convient d'apporter au débat est qu'il n'est pas possible de donner de réponse générale. Certaines pratiques ont une valeur politique, d'autres ont une valeur juridique.

1. Dès lors qu'il résulte de la volonté expresse des auteurs et des termes utilisés qu'ils n'ont pas entendu se lier, il est difficile de voir dans leur engagement autre chose qu'un engagement politique. C'est dans chaque cas la structure de l'engagement et la volonté exprimée qui sont déterminantes. Il se peut même que les différentes parties d'un même instrument n'aient pas une valeur identique.

(56) Affaire 230/81 rec. 1983, p. 255.

(57) Ainsi que l'a fait la Cour dans l'affaire 34/86 (arrêt du 3 juillet 1986) lorsqu'elle a limité l'effet dans le temps de l'invalidité du budget 1986 pour des motifs de continuité du service public, mais surtout de sécurité juridique.

Un engagement politique n'est pas un engagement sans valeur, mais un engagement dont la rupture ne peut être sanctionnée sur le plan juridique. La sanction sera d'ordre politique. Comme l'écrit *Michel Virally* :

> « La violation d'un engagement purement politique justifie la partie qui en est la victime à recourir à tous les moyens en son pouvoir, en vue de la faire cesser ou d'en compenser les conséquences dommageables ou les inconvénients dans la mesure où ces moyens ne sont pas prohibés par le droit international. » (58) (ou en l'occurrence communautaire).

La victime de la violation pourrait donc pratiquer légitimement des représailles d'ordre politique en s'abstenant de respecter certains de ses engagements politiques. La crainte de la guérilla institutionnelle serait l'une des garanties du respect des engagements politiques.

En outre, un engagement politique peut être un des éléments qui contribue à consolider une pratique en voie de formation et une étape sur la voie d'un engagement coutumier. Ainsi pourrait-il en aller de l'obligation pour le Conseil d'informer le Parlement sur les suites données aux avis. Il peut être aussi l'élément de base sur lequel se construira la coutume et l'on peut légitimement se demander, au cas où la déclaration sur la concertation ne serait pas obligatoire en elle-même, son usage se précisant au fil du temps ne l'aurait pas rendue obligatoire. (59)

2. Dès lors que l'intention de se lier est claire, qu'elle soit unilatérale ou conventionnelle, l'acte doit se voir reconnaître ses effets. En ce qui concerne la déclaration relative à la concertation, la rédaction du texte qui institue une procédure et en prévoit les cas d'ouverture paraît militer en faveur de l'intention de se lier. La même considération prévaut à la lecture de plusieurs échanges de lettres ou engagements d'Institutions, d'autant plus que les auteurs distinguent le plus souvent ce qu'ils s'engagent à faire de ce qu'ils réservent à leur appréciation politique. (60) En outre, lorsque dans leurs déclarations concordantes les Institutions donnent leur interprétation de certaines dispositions des traités, elles sont, par définition, liées par ce qu'elles considèrent comme étant le droit. Ainsi, en va-t-il sur des précisions apportées d'un commun accord à la définition des dépenses obligatoires dans la déclaration du 30 juin 1982.

---

(58) Textes internationaux de portée juridique et dépourvus de portée juridique, Ann. Institut de Droit International, 1983, vol. 60, I, p. 166 et ss.

(59) Cf. *Bothe supra, op. cit.*, Mélanges Schlochauer p. 775.

(60) Cf. à notre sens dans la Communication (81) 581 final ce qui relève de l'engagement juristique (§ 18 par exemple sur la suite donnée aux initiatives parlementaires) ou ce qui relève de l'engagement politique (§ 17 sur la préconsultation) cf. dans la lettre précitée de *M. de Keersmaeker*, ce qui relève de l'engagement politique (élargissement de la consultation) ou de l'engagement (reconsultation ou information sur la suite donnée aux avis) juristique par ex.

3. Enfin, la pratique peut donner naissance à une coutume. Il en va ainsi de la pratique interprétative des dispositions du traité, mais surtout des pratiques institutionnelles qui émanent de la volonté concordante des Institutions ou de la pratique interne à une Institution non contestée par les États ou les autres Institutions. Comme nous l'avons montré la consolidation peut être le fait de multiples instruments non dotés de force juridique en eux-mêmes, mais qui attestent de l'existence de la pratique et de sa reconnaissance politique la reconnaissance juridique se faisant jour ensuite.

Il n'est pas aisé de classer chaque pratique dans l'une de ces catégories, mais il n'est pas non plus toujours facile en droit interne ou en droit international d'établir la valeur d'une pratique. C'est le mérite du droit écrit que de permettre aisément d'attacher un effet juridique à un acte déterminé. Mais c'est le mérite de la pratique que de permettre aux exigences du fonctionnement d'une structure de trouver une réponse adaptée aux besoins du moment.

Ceci n'interdit pas de reconnaître, en tout état de cause, que la pratique résulte d'engagements politiques ou qu'elle donne naissance à des obligations juridiques, son rôle fondamental joué dans les rapports interinstitutionnels. Certes, elle ne peut modifier les traités eux-mêmes et désigner d'autres titulaires du pouvoir de décision que ceux prévus dans les textes. Cependant, elle transforme la réalité de ce processus et l'autorité respective des acteurs.

La pratique a modelé les relations respectives des Institutions et modifié l'équilibre prévu par les traités. L'acte unique a incorporé certaines de ces modifications, notamment en ce qui concerne les pouvoirs de l'Assemblée. (61) La pratique est donc un facteur primordial d'évolution des Communautés, non seulement parce qu'elle acquiert une valeur juridique ou politique propre, mais parce qu'elle prédétermine l'évolution du droit constitutionnel communautaire écrit.

---

(61) Ainsi, entre autres, l'obligation de la Commission d'indiquer les raisons pour lesquelles elle ne retient pas certains amendements parlementaires.

SUR LA VOIE DE L'UNION EUROPÉENNE, UNE NOUVELLE ARCHITECTURE JUDICIAIRE

Une question à l'ordre du jour de la Conférence intergouvernementale

PAR

JEAN-PAUL JACQUÉ (1)

Professeur à l'université Robert-Schuman, Strasbourg

JOSEPH H. WEILER (*)

Professeur à l'université d'Ann Arbor, Michigan

1. Lors de sa réunion de juin à Dublin, le Conseil européen a décidé qu'une Conférence intergouvernementale consacrée à l'union politique se tiendrait parallèlement à la Conférence sur l'Union économique et monétaire. Les ministres des Affaires étrangères, dans leur document préparatoire, ont fixé comme objectif à la Conférence la création du cadre dans lequel l'ensemble des relations entre les États membres pourront se transformer en une Union européenne dotée des moyens d'action nécessaires.

Bien que la partie opérationnelle des conclusions de Dublin reste plutôt vague et que de nombreux problèmes soient traités davantage sous la forme de questions que de propositions, les modifications du cadre juridique et politique de la Communauté occuperont une place essentielle dans les travaux de la Conférence. Les compétences de la Communauté dans le domaine des relations extérieures, l'accroissement des pouvoirs du Parlement européen, le nouveau mode de désignation de la Commission et de son Président, voire la création de nouvelles institutions, figurent parmi les idées les plus importantes auxquelles le communiqué de Dublin fait allusion. La prudence et l'expérience conduisent à penser que le résultat final ne donnera pas satisfaction à tous les partenaires.

(1) Les deux auteurs sont membres du comité de juristes désigné par le Parlement européen pour l'assister dans la préparation de la conférence intergouvernementale. *Les idées présentées ici leur sont strictement personnelles.*

2. Le plus remarquable dans la pléthore d'informations et de commentaires, officiels et officieux, ce sont les silences, ce qui n'est apparemment pas discuté et ne figure pas à l'ordre du jour. À ce titre, on doit relever l'absence de toute discussion sérieuse sur le rôle de la Cour de justice des Communautés européennes et plus généralement sur l'architecture judiciaire de la Communauté dans l'avenir.

Certes, les conclusions de Dublin mentionnent « l'importance capitale que revêt la mise en œuvre de la législation communautaire au niveau national dans les délais requis ». Le Conseil invite « la Commission à renforcer ses procédures de contrôle dans ce contexte ». Dans le document des ministres des Affaires étrangères qui trace les perspectives de l'union politique, l'attention est portée exclusivement sur des préoccupations liées à l'exécution des arrêts : « entre autres, rendre ses arrêts automatiquement exécutoires, là où c'est approprié » (Annexe I).

3. De bonnes et de moins bonnes raisons peuvent justifier cet intérêt limité porté à la Cour tant lors du sommet de Dublin que, d'une façon générale, dans les débats relatifs à la révision du traité. Il n'est pas exagéré de penser que, dans les dernières décades, aucune institution n'a joué un rôle aussi décisif que la Cour dans la « construction de l'Europe » et la coopération avec les juridictions nationales, qui est l'un des éléments fondamentaux de l'édifice constitutionnel communautaire, est l'une des principales *« success stories »* de l'intégration européenne. Si cela fonctionne, dirait la sagesse populaire, pourquoi le changer ?

4. Nous partageons cette analyse très positive de la Cour et du système juridictionnel de la Communauté, mais nous pensons qu'il existe des motifs sérieux d'ouvrir, dans le cadre des propositions générales sur la réorganisation de la Communauté évoquées à Dublin, un débat sur le rôle et le fonctionnement de la Cour et sur le système juridictionnel de la Communauté.

5. Il n'est pas question de mener ici une analyse complète du système juridique communautaire, ni de présenter un projet totalement élaboré de révision du Traité. L'objectif est plus modestement de soumettre quelques propositions en vue du débat qui devrait s'ouvrir aujourd'hui dans la Communauté.

Section 1. – Diagnostic et pronostic

6. L'ouverture d'un débat devrait se justifier par les constatations suivantes sur la Cour et, plus généralement, sur le système judiciaire communautaire.

7. La première constatation porte sur ce que l'on pourrait qualifier de « paradoxe du succès » ou intituler « la Cour, victime de son propre succès ».

La procédure préjudicielle de l'article 177 est au cœur du système juridictionnel dans la Communauté. D'ailleurs, l'une des mesures les plus évidentes du succès de la Cour dans le processus d'intégration communautaire réside dans l'accroissement, plus ou moins constant, des demandes adressées à titre préjudiciel par les juridictions nationales.

Bien sûr, la situation n'est pas homogène selon les États et selon les différentes juridictions à l'intérieur d'un même État. Mais l'évolution générale témoigne de l'existence d'un flux croissant de demandes. C'est une tendance très positive puisqu'après tout, l'article 177 ne constitue pas seulement un instrument destiné à assurer l'uniformité du droit communautaire, mais aussi l'une des procédures à travers laquelle le droit communautaire pénètre dans la culture juridique des États et s'intègre dans les droits nationaux. C'est aussi la principale voie par laquelle le particulier peut faire valoir ses droits (et connaître ses devoirs).

Quoi qu'il en soit, cette « *success story* » (qui est largement due à l'habileté et à la sensibilité avec laquelle la Cour a traité ses rapports avec les juridictions nationales) ne s'est pas écrite sans frais (2).

Le coût principal réside dans l'accroissement excessif de la charge de travail de la Cour et l'on peut penser que le système n'a pas encore atteint ses limites, notamment parce qu'il faudra attendre un certain temps avant qu'il n'opère pleinement dans les nouveaux États membres. En 1989, 139 questions préjudicielles ont été adressées à la Cour et sont venues s'ajouter 205 affaires soumises directement. La durée moyenne d'une procédure (y inclus les vacances judiciaires) était de 16,6 mois pour une demande préjudicielle et de 22,3 mois pour les autres recours. Bien que ces chiffres soient en diminution par rapport aux années précédentes, la tendance générale va dans le sens de l'accroissement et elle sera renforcée par la perspective de 1922.

L'augmentation de la charge de travail de la Cour produit, à son tour, trois effets négatifs.

a) Le temps pris par la Cour pour rendre ses décisions tant dans le cadre de l'article 177 que dans d'autres cadres est devenu difficilement acceptable. Le délai varie aujourd'hui entre un à deux ans. Compte tenu du fait que les demandes préjudicielles ne sont seulement qu'un incident d'une procédure principale nationale, il faut en conclure que l'invocation de l'article 177 par les parties est très coûteuse en temps ce qui diminue l'efficacité de la demande.

b) Mais l'augmentation des délais n'est pas la seule conséquence de l'accroissement du nombre de demandes.

Même si des modifications des méthodes de travail aboutissent à une réduction des délais, la contrainte de rendre un plus grand nombre de décisions, éventuellement dans un délai satisfaisant, est, au-delà d'un certain point,

(2) Cf. Weiler, « The European Court, National Courts and References for preliminary rulings. The paradox of success : A Revisionist View of Article 177 EEC », in Schermers et al. (éds), *Article 177 EEC : Expériences and Problems* (1987). Cf. Koopmans. « La procédure préjudicielle victime de son succès ? » in F. Capotorti et al. (éds). *Du droit international au droit de l'intégration* (1989).

nuisible. Le corpus des décisions de la Cour constitue un chapitre remarquable de qualité et de créativité judiciaire. Cependant, même les juges sont humains et le nombre de cas à régler affectera, à un certain point, l'aptitude de la Cour à les traiter avec une réflexion suffisante. La qualité des décisions en souffrira.

c) En définitive, la Cour ne serait pas la seule à souffrir d'un accroissement de sa charge de travail. Elle est le plus haut organe judiciaire de la Communauté et joue comme les autres Cours « suprêmes » un double rôle. D'une part, elle est naturellement l'ultime responsable de l'administration de la justice dans la Communauté. Mais, d'autre part, il est également de sa responsabilité de prévoir et de diriger l'évolution du droit communautaire. À ce titre, ses décisions sont destinées à être lues, interprétées, discutées et finalement intégrées dans le comportement de tous les acteurs qui, dans la Communauté, entretiennent un rapport avec le droit communautaire. Le même phénomène se produit au niveau national, à propos de la jurisprudence de cours comme le Tribunal constitutionnel allemand, la Cour constitutionnelle italienne, la Chambre des lords et toutes les autres cours de même nature. Or, comme l'expérience des autres Cours suprêmes le démontre clairement (3), il est un point au-delà duquel la croissance du nombre de requêtes affecte la capacité d'une juridiction à jouer ce double rôle. Au-delà d'un certain nombre de cas (qu'il n'est ni nécessaire ni utile de préciser ici), l'aptitude de la communauté juridique à suivre et à analyser clairement la jurisprudence des hautes cours décline. Le poids spécifique de chaque décision se dilue et le rôle de la Cour suprême au sommet de la pyramide se dégrade. Actuellement, quelques indices conduisent à penser que la Cour pourrait être amenée à faire face à ce défi.

8. Bien entendu, la création du Tribunal de première instance a eu en partie pour objectif de remédier à ce problème. Mais, compte tenu du fait que sa compétence a été étroitement définie et que la Cour est l'instance d'appel de ses décisions, le problème n'a été ni résolu ni même suffisamment traité lors de cette création. De la même façon, l'établissement de chambres au sein de la Cour fut une décision sage et bénéfique, mais elle a seulement retardé la crise sans s'attaquer à ses causes. D'ailleurs, malgré la création des Chambres, la procédure conserve une durée inacceptable.

9. Trois autres considérations méritent également notre attention.

Dans son rapport intérimaire au Parlement européen, M. Valéry Giscard d'Estaing suggérait que la Cour de justice soit transformée en Cour constitutionnelle de la Communauté (4). Bien qu'aucune indication précise ne soit donnée dans le rapport quant au sens de cette expression, elle illustre un autre aspect du rôle et du fonctionnement actuel de la Cour.

---

(3) Cf. A. Tunc. *La Cour judiciaire suprême, une enquête comparative*, Recherches Panthéon-Sorbonne, Université de Paris I (1978).

(4) V. le § 14 de la résolution du Parlement européen du 12 juill. 1990 sur le principe de subsidiarité (rapport Giscard d'Estaing).

Il est clair qu'en tout état de cause quelle que soit sa dénomination, la Cour exerce les fonctions d'une cour constitutionnelle lorsqu'elle est amenée à traiter de questions constitutionnelles. La Cour a compétence sur l'ensemble des questions de droit communautaire. Pour des raisons compréhensibles, et que nous approuvons, elle a très rarement refusé d'examiner les questions qui lui étaient soumises par la voie préjudicielle. Agir autrement aurait perturbé les relations de confiance mutuelles qu'elle entretient avec les juridictions nationales.

Ceci signifie que la Cour doit connaître régulièrement de questions de classification tarifaire de valeur en douane et d'autres problèmes administratifs qui, dans la plupart des systèmes n'atteignent le plus haut degré de juridiction que lorsqu'elles soulèvent des questions juridiques importantes, voire même de nature constitutionnelle. Il est surprenant qu'une juridiction doive simultanément traiter de questions délicates liées à l'équilibre institutionnel et, de façon régulière, de la classification correcte dans le tarif douanier commun des poupées importées de Hong Kong. À notre sens, il ne s'agit pas seulement d'une anomalie, mais d'une manière coûteuse et inefficace d'employer le temps de la Cour. Ne conviendrait-il pas de trouver le moyen d'opérer un réajustement de la compétence de la Cour sans pour autant porter atteinte à sa capacité de trancher des questions importantes de droit communautaires même si elles ne sont pas de nature constitutionnelle.

10. Un autre thème qui doit, à notre sens, être évoqué dans ce diagnostic et auquel le Conseil européen a fait allusion est celui de l'exécution des arrêts de la Cour et plus particulièrement de ses arrêts en manquement. En effet, un nombre non négligeable d'arrêts ne sont pas exécutés avec toute la diligence voulue par les États, ce qui ne met pas seulement en cause le respect du droit communautaire, mais aussi l'autorité de la Cour.

11. Finalement, il reste une question de droit institutionnel communautaire qui jusqu'à présent n'a pas été au centre de la problématique, mais dont on peut penser qu'elle sera soumise à la Cour de façon croissante et qu'elle mérite à ce titre une attention particulière. Il s'agit du problème controverse de la ligne de démarcation entre les compétences de la Communauté et celle des États membres. Le fait que la Commission institutionnelle du Parlement européen a décidé, dans le cadre de la préparation des propositions parlementaires pour la Conférence intergouvernementale, de désigner un rapporteur spécial sur la subsidiarité atteste de l'importance croissante du problème.

Conclusions

12. Le diagnostic est que l'accroissement de la charge de travail de la Cour (problème discret, mais préoccupant), la question de l'exécution des arrêts, l'importance donnée aux questions de compétence depuis l'Acte unique auront des conséquences que l'on ne peut ignorer plus longtemps.

Notre pronostic est que si ces questions ne sont pas traitées, la « *success story* » de la Cour et l'architecture judiciaire de la Communauté seront menacées. Il est essentiel que ces aspects figurent à l'ordre du jour de la Conférence intergouvernementale pour y être abordées, autant que possible, dans une perspective fonctionnelle et non politique.

Section 2. – À la recherche d'une solution : vers une nouvelle architecture judiciaire de la Communauté

13. Après avoir exposé les grandes lignes de notre proposition, nous nous attacherons à montrer comment elle peut contribuer à résoudre les problèmes que nous avons évoqués. La proposition est d'ordre institutionnel et suggère une modification des structures et des fonctions juridictionnelles dans la Communauté.

A. – La nouvelle architecture

14. La Cour de justice des Communautés européennes demeurerait au sommet de la hiérarchie se transformant peut-être en Haute Cour européenne de justice (5).

Sa compétence resterait plénière, mais l'accès direct serait limité aux requêtes fondées sur les articles 169 et 170, aux affaires introduites par les requérants privilégiés dans le cadre des articles 173 et 175, aux demandes préjudicielles adressées par les juridictions « suprêmes » des États membres, aux cas envisagés par les articles 100 A § 4, 180, 181, 182, 193 ainsi qu'aux avis de l'article 228.

15. Seraient créées quatre cours communautaires régionales qui auraient compétence pour les questions préjudicielles émanant des juridictions de la région et les requêtes individuelles dans le cadre des articles 173 et 175 ainsi que le contentieux de la responsabilité (art. 215).

À la demande de la Commission qui disposerait du droit d'intervention dans toutes les procédures devant les cours régionales, les requêtes individuelles en annulation et en carence pourraient être transférées à la Haute Cour européenne de justice.

Les arrêts et décisions préjudicielles rendus par chaque cour régionale pourraient faire l'objet d'un appel devant la Haute Cour à la demande des

(5) Nous éprouvons quelques réticences à l'égard de la dénomination de Cour constitutionnelle qui suggérerait que la compétence de la Cour serait limitée aux questions constitutionnelles, ce qui serait une erreur et introduirait des dysfonctions dans un système communautaire hybride fondé sur un traité/constitution. La dénomination de Cour suprême laisserait croire à une imitation du système américain ce qui n'est pas le cas puisqu'en dépit de certaines similitudes, notre proposition est née de l'expérience communautaire et préserve, par exemple, la place centrale de l'article 177.

parties, de la Commission, du Conseil, du Parlement et des États membres qui sont intervenus dans la procédure (6).

La Haute Cour aurait le pouvoir de refuser un appel.

Elle devrait l'accepter lorsque la cour régionale certifierait que la décision rendue pose un problème important de droit communautaire ainsi qu'en cas de contradiction avec la jurisprudence d'une ou de plusieurs cours régionales.

Elle devrait l'accepter si elle estimait, sur la base du dossier, que la décision de la cour régionale soulève un problème important de droit communautaire.

L'appel devrait être également admis si la Haute Cour juge sur la base du dossier qui lui est soumis que la décision de la cour régionale est entachée d'une erreur manifeste de droit.

À ce stade de la réflexion, il est prématuré d'examiner la procédure de formation de l'appel et les modalités internes selon lesquelles la Haute Cour déciderait de la recevabilité des appels.

Dans ce système, si un cas atteint la plus haute juridiction d'un État après qu'une décision préliminaire a été rendue par l'une des cours régionales à un stade antérieur de la procédure et que cette juridiction nationale décide d'adresser une demande *de novo*, la demande est recevable et sera traitée directement par la Haute Cour européenne de justice selon la procédure normale.

16. Les cours régionales auraient compétence pour les actions ayant un lien de connexité avec leur région, soit que l'affaire au principal y soit jugée pour les questions préjudicielles, soit à raison notamment du domicile du demandeur dans les autres cas. Les quatre régions suivantes pourraient être composées (7) :

- Royaume-Uni, Irlande, Portugal.
- Belgique, Espagne, France.
- Italie, Grèce, Pays-Bas.
- Danemark, Luxembourg, République fédérale d'Allemagne.

17. Chaque cour régionale serait composée de six juges, trois ayant la nationalité de chacun des États de la région et trois autres ayant la nationalité d'autres États membres, ce qui conduirait en fait pour l'ensemble des cours à ce que chaque État membre puisse proposer deux juges de sa nationalité. Il n'est pas nécessaire de désigner des avocats généraux, l'un des juges agissant comme avocat général dans chaque affaire, ce qui préservera un nombre impair de juges pour le délibéré.

(6) Nous n'abordons pas la question de savoir à quel moment prennent place, dans la procédure préjudicielle, l'appel et la décision sur l'appel. Il s'agit d'un problème délicat qui peut être résolu de plusieurs façons.

(7) Le nombre de quatre cours n'est pas une contrainte absolue et l'on peut réfléchir à la création de trois cours régionales avec la répartition suivante : France, Belgique, Pays-Bas, Luxembourg ; Italie, Espagne, Grèce, Portugal ; Allemagne, Royaume-Uni, Irlande et Danemark. Il n'est pas encore temps de discuter des avantages relatifs de ces propositions.

Il est prématuré de traiter du statut, de la rémunération et des conditions de travail des cours et de leurs juges.

18. Chaque cour régionale aurait son siège principal dans la capitale d'un des États de la région, mais les audiences pourraient se dérouler dans la capitale de l'État membre d'où l'affaire est originaire. Les décisions seraient publiées dans toutes les langues de la Communauté (8).

19. Le statut des arrêts et des décisions est une question délicate. Il est clair que les cours régionales seraient liées par les arrêts et décisions de la Haute Cour. Si elles estiment qu'une décision différente est nécessaire, nul doute qu'elles n'attestent que le cas est de ceux qui méritent d'être entendus en appel. Sur les questions nouvelles, leur décision aura dans l'ensemble de la Communauté la même valeur juridique que celle qui est accordée aux décisions de la Cour. Cependant, les autres cours régionales, qui manifesteront vraisemblablement un grand respect pour ces décisions, ne seront pas strictement liées par elles. Les principes de *CILFIT* (9) et de Foto Forst (10) quant au devoir d'adresser une question préjudicielle s'appliqueront également aux décisions des cours régionales.

Il est vrai que ce système peut conduire à l'existence de décisions divergentes. Mais, un appel à la Haute Cour éliminera ces divergences. Dans le cas d'une question préjudicielle en validité (art. 177b) ou d'un recours en annulation, la situation est plus délicate et le mécanisme pourrait opérer de la façon suivante. Si la cour régionale ne trouve aucun motif d'invalidité ou d'annulation, la question peut être à nouveau posée par une juridiction nationale ou un particulier comme c'est le cas actuellement. Si la cour constate l'invalidité ou annule, il reviendra à l'institution dont l'acte a été annulé d'interjeter un appel. Si l'appel n'était pas admis ou s'il était rejeté par la Haute Cour, la décision de la cour régionale serait considérée comme définitive par toutes les cours régionales, réserve faite bien entendu des conséquences de l'invalidité qui pourraient être évoquées devant elles.

B. – Le rôle et la fonction du Tribunal de première instance

20. Il est tentant de penser que le problème de surcharge et de dilution de l'autorité de la Cour que l'on a signalé pourrait être résolu de manière simple en transformant le Tribunal de première instance en une cour générale de première instance, la Cour de justice faisant fonction de cour d'appel dans tous les cas. Entre autres difficultés, cette solution n'aboutirait qu'à transférer le problème de la Cour au Tribunal.

---

(8) La charge de traduction ne dépassera guère la charge actuelle puisqu'à l'exception des appels, il n'y aura pas plus d'affaires, mais une distribution différente de celles-ci.

(9) Aff. 283/82 du 6 oct. 1982, *Rec.* 34/5 et cette *Revue* 1983, 165, note Lagrange.

(10) Aff. 314/85 du 22 oct. 1987, *Rec.* 4199.

21. Ceci n'implique pas que la Conférence intergouvernementale doive s'abstenir de modifier la compétence du Tribunal. Celle-ci doit sans aucun doute être élargie, notamment au contentieux de l'antidumping et des mesures de sauvegarde. La vraie raison, pensons-nous, pour laquelle ce transfert n'a pas encore été effectué tient au désir de la Commission et d'autres de voir se perpétuer la confortable situation actuelle dans laquelle la Cour exerce un contrôle très strict sur la régularité de la procédure tout en se montrant plus bienveillante sur le fond. Le Tribunal de première instance est actuellement le corps le plus apte à contrôler judiciairement l'action de la Communauté dans ce domaine.

22. D'autres modifications pourraient être apportées telle l'octroi d'une compétence en matière de droit douanier dans le cadre du nouveau règlement douanier de la Communauté. On peut même jouer avec l'idée de la création d'un recours direct contre les décisions des autorités douanières nationales sur toutes les questions relatives à l'application du nouveau droit douanier. Il s'agirait peut-être d'une rupture par rapport au système actuel, mais elle semble justifiée pour deux raisons :

a) Le droit douanier qui participe de la politique commerciale commune et de la politique tarifaire se situe dans un domaine qui relève d'une compétence exclusive de la Communauté. Bien que constituant des autorités nationales, les agents des douanes sont en fait des agents de la Communauté et leurs décisions sont en réalité – si l'on fait abstraction de leur origine formelle – apparentées aux décisions des agents de la Communauté en matière de concurrence ou d'antidumping.

b) Il existe de grandes disparités quant à l'origine des affaires douanières (classification tarifaire, valeur en douane, règles d'origine...). La plupart proviennent d'Allemagne et de quelques autres États membres, mais certaines juridictions nationales n'en envoient aucune. Ceci n'est pas dû, croyons-nous, au fait que les juges de ces États soient saisis de cas moins complexes qu'en Allemagne, mais au caractère plus ouvert et plus accessible du système de recours en Allemagne. Or, il s'agit d'un secteur qui est au centre du commerce international et qui requiert actuellement un traitement uniforme dans la Communauté.

En définitive, le Tribunal de première instance pourrait devenir un tribunal spécialisé dans les affaires de personnel et dans certains domaines commerciaux en conservant le système actuel d'appel.

Commentaire

Nous pensons que l'objectif que nous visons est clair. En dépit de certaines similitudes, il ne s'agit pas d'une imitation du système des Cours fédérales et des Cours d'États aux États-Unis. La procédure de l'article 177, pierre angulaire du système de recours, est maintenue dans son intégralité.

Les avantages que nous voyons sont également clairs. Si elle était adoptée, cette proposition entraînerait une importante diminution de la charge de travail de la Cour en préservant son rôle de gardien ultime de la règle de droit dans la Communauté. L'importance de chacune de ses décisions serait préservée et elle serait dispensée de connaître d'affaires mineures qui seraient mieux traitées par les cours régionales.

Le système apporterait une amélioration substantielle quant aux délais d'examen des demandes préjudicielles, mais aussi des autres affaires.

Par courtoisie, les demandes préjudicielles des juridictions « suprêmes » seraient adressées directement à la Haute Cour.

Un avantage secondaire résiderait dans le fait que, dans des matières techniques comme la Sécurité sociale, les cours régionales feraient preuve d'une connaissance approfondie des législations de la région, ce qui n'est pas toujours possible à la Cour.

SECTION 3. – RENFORCEMENT DU MÉCANISME D'EXÉCUTION DANS LE SYSTÈME JUDICIAIRE

23. Le principal problème de mise en œuvre et d'exécution concerne la transposition des directives et l'exécution des arrêts en manquement. Les deux problèmes sont d'ailleurs liés. En 1988, 93 arrêts n'avaient pas été exécutés, ce qui est un nombre important par rapport aux 50 arrêts rendus par la Cour la même année. Le rapport de la Commission de 1990 sur la mise en œuvre du *Livre blanc* fait état de 44 arrêts non exécutés. En fait, il s'agit, dans la plupart des cas de l'absence de mise en œuvre de directives.

Deux stratégies essentielles, qui d'ailleurs ne s'excluent pas, peuvent être envisagées.

24. La première consisterait à attacher une pénalité financière à l'absence de mise en œuvre ou d'exécution. Cette pénalité pourrait être imputée sur les sommes conservées par les États au titre de la perception des ressources propres. Mais il faut convenir que dans bien des cas, la non-exécution ne procède pas de la mauvaise foi de l'État membre. Elle est plutôt liée à des difficultés objectives auxquelles celui-ci doit faire face. Une pénalité n'est pas toujours le moyen le plus approprié pour traiter un tel problème. Il ne pourrait s'agir que d'un moyen ultime destiné éventuellement à réparer le préjudice subi par les particuliers encore que certaines jurisprudences nationales offrent des solutions à cet égard.

25. La seconde stratégie est destinée à rendre la non-exécution plus difficile, voire impossible.

A. – Première proposition : la directive hybride

Selon une suggestion avancée dans le passé, les directives, ou du moins certaines d'entre elles, contiendraient une clause selon laquelle à la fin de la période de transposition, elles deviendraient directement applicables et auraient un statut analogue à celui des règlements (11). Il est vrai que les directives comportent de plus en plus souvent des clauses optionnelles laissant un choix aux États. Pour résoudre ce problème, une option par défaut s'appliquerait dès lors que l'État n'aurait pas pris en temps utile les mesures de transposition.

Bien que la technique de la « directive hybride » ne puisse être utilisée dans tous les cas, elle pourrait l'être dans un certain nombre d'entre eux, notamment pour les directives techniques. Puisqu'il s'agirait d'une directive dans la vie initiale du texte, l'État disposerait de la flexibilité dans la mise en œuvre qui est l'intérêt de cet instrument. La transformation en règlement à la fin de la période de transposition éviterait les problèmes posés par l'absence de mise en œuvre. Les États pourraient difficilement faire des objections puisqu'ils n'auraient pas effectué la transposition en temps utile. Cette solution règlerait également certaines difficultés constitutionnelles qui, dans quelques États, compliquent la transposition alors qu'il n'y a pas d'obstacles à l'effet direct et à l'applicabilité directe des règlements.

B. – Seconde proposition : action directe de la Commission devant les juridictions nationales

Un des avantages de la procédure de l'article 177 sur celle de l'article 169 réside dans le fait que dans le premier cas, la décision est prise par une juridiction nationale. Tandis qu'en dernière analyse, un État peut s'abstenir d'exécuter un arrêt rendu sur la base de l'article 169, il lui est beaucoup plus difficile d'ignorer une décision de ses juridictions nationales.

Pour tirer avantage de ce fait, ne pourrait-on envisager la possibilité pour la Commission de porter une action en manquement directement devant le juge national. Au lieu d'avoir à se justifier devant la Cour de justice, l'État membre devrait se défendre devant ses propres tribunaux. S'il mettait en doute l'existence d'une violation, un recours préjudiciel serait toujours possible. Cette procédure ne se substituerait pas aux voies existantes, mais elle les compléterait et la Commission, gardienne des traités ne l'utiliserait que lorsqu'elle la jugerait appropriée.

(11) Cf. Gaja, « Instruments for Legal Integration in the European Community. A Review (avec Hay et Rotunda) » in Cappelletti, Seccombe, Weiler (eds) *Integrazion through Law*, vol. I, livre 2, 1986.

Section 4. – La haute cour et les problèmes de compétence

26. Pour bien poser le problème, une digression est nécessaire. L'étude comparative du fédéralisme met en lumière l'existence d'une tendance générale. Cette tendance dont l'intensité est variable, s'oppose à la concentration des pouvoirs législatifs et exécutifs au profit du centre et au détriment des unités constitutives.

Ce phénomène est, en apparence, indépendant du mécanisme de répartition des compétences entre le centre et la périphérie. Les différences, entre les États fédéraux, lorsqu'elles se produisent dépendent plus de l'esprit et de la culture politiques que des mécanismes mis en place.

27. Si la Communauté participe de ce mouvement général, elle s'en écarte également :

Elle la partage en ce sens que, dans les années 1970, elle fut touchée par une défaillance du système de répartition des compétences entre la Communauté et les États membres.

Comment cela s'est-il produit ? Il s'agit du résultat d'une combinaison de facteurs :

a) des pratiques législatives détournées de leur objet (cf. par ex. l'usage de l'art. 235) (12).

b) une jurisprudence de la Cour qui d'un côté interprété de façon extensive les compétences de la Communauté et d'un autre côté adopte une attitude « d'autolimitation » envers l'extension des pouvoirs de la Communauté lorsqu'elle est l'œuvre des organes politiques.

28. Opérer cette constatation n'est en rien critiquer la Communauté, ses organes politiques et la Cour. Il s'agit d'une appréciation de valeur. C'est une thèse soutenable, et que nous partageons, que de prétendre que ce processus, dans le contexte de l'époque, a été plutôt bénéfique à l'évolution de la Communauté et au bien-être de ses citoyens et des États membres. Mais ce processus était aussi une bombe à retardement constitutionnelle qui pouvait un jour menacer l'évolution et la stabilité de la Communauté. Tôt ou tard, les Cours « suprêmes » des États membres devaient réaliser que le contrat « socio-juridique » annoncé par la Cour dans ses grandes décisions constitutionnelles, à savoir que les États ont créé un nouvel ordre juridique au profit duquel ils « ont limité, *bien que dans des domaines restreints*, leurs droits souverains » (c'est nous qui soulignons), avait été rompu bien qu'elles aient accepté les principes de cet ordre juridique, la primauté et l'effet direct. Si les domaines ne semblent plus être restreints, ne risquent-elles pas de penser qu'il leur appartient, en l'absence de contrôle législatif ou

(12) Un exemple, parmi d'autres, est le passage en matière d'aide alimentaire et d'aide alimentaire d'urgence d'un mécanisme d'utilisation des surplus qui trouvait sa base légitime dans la politique agricole commune à une politique autonome fondée sur l'article 235. Il est difficile même avec la lecture la plus extensive de l'article 235 de plaider en faveur de cette base juridique.

judiciaire interne à la Communauté, de tracer la ligne de séparation entre les compétences de la Communauté et celles des États membres.

29. Mais il est intéressant de noter que ce qui différencie l'expérience de la Communauté de celle des systèmes fédéraux, c'est qu'en dépit de l'importante extension des compétences de la Communauté, on n'a pas assisté à des crises ou à des contestations politiques de la part des États membres. (Ces contestations et manifestations de mauvaise humeur ne se sont produites que lorsque le transfert procédait d'une décision de la Cour comme dans l'affaire *AETR* ou dans l'avis *Caoutchouc*.)

Pourquoi ?

La réponse est simple et réside dans le processus décisionnel antérieur à l'Acte unique. À l'opposé de l'expérience fédérale, les gouvernements des États membres (collectivement et individuellement) pouvaient contrôler absolument l'extension législative des compétences. Rien ne pouvait être fait sans l'accord des capitales nationales. Cette situation ne pouvait donc provoquer aucun sentiment de menace ou de crise dans les États membres.

30. Cette ère est maintenant révolue et les germes – sinon les manifestations – de la crise sont présents. Non seulement il existe un danger qu'une juridiction nationale n'adopte l'attitude annoncée (et ceci pourrait se produire plus tôt que prévu avec l'affaire relative à la directive « télévision sans frontières » pendante devant la Cour constitutionnelle allemande, mais les États membres sont conscients que dans un système où ils ne disposent plus, *de jure* ou *de facto*, d'un droit de veto, la question de la ligne de partage des compétences est devenue cruciale (13).

Il est évident que toute évolution institutionnelle (et constitutionnelle) importante de la Communauté dans le cadre d'une révision des traités devra résoudre le problème de l'absence de ligne claire de répartition des pouvoirs et de contrôle effectif. C'est précisément dans ce contexte que M. Giscard d'Estaing a suggéré la transformation de la Cour de justice en Cour constitutionnelle et de manière plus radicale avait même indiqué que le contrôle de l'attribution des compétences pourrait être exercé aussi par un Sénat de la Communauté. Ce problème est également mentionné sous une forme interrogative dans l'annexe I au communiqué final du Conseil de Dublin.

31. Il faut enfin remarquer que l'attention portée à cette question n'émane pas (ou ne devrait pas émaner) seulement des États, mais également des institutions de la Communauté qui souhaitent favoriser un fonctionnement stable et efficace d'une communauté « fédérative » légitime.

---

(13) La louable stratégie de la Commission (mise en œuvre dans l'affaire des préférences généralisées), et qui a reçu l'appui de la Cour, visant à limiter le recours à l'article 235 a accru l'embarras des États membres.

32. Notre souci est que si rien n'était fait pour permettre dans l'avenir à la Cour d'intervenir de façon adéquate afin d'arbitrer ce type de conflits, quelques cours constitutionnelles ne se rebellent, de façon plus sévère que ne l'ont fait dans les décennies 1960 et 1970 les Cours allemande et italienne sur la question des droits fondamentaux lorsqu'il n'était pas évident que la Cour agirait de manière efficace en cette matière.

33. La Cour possède en théorie la faculté de traiter ce type de questions dans le cadre des articles 173 et 177b), mais jusqu'à présent les annulations de mesures de la Commission et du Conseil pour défaut de compétence de la Communauté sont inexistantes. Aussi les dispositions actuelles ne peuvent apaiser les craintes des États.

Le débat sur la question de la répartition des compétences ne porte pas seulement sur le contrôle judiciaire, mais aussi sur le fond.

C'est dans ce contexte que l'on assiste à un retour à l'usage du concept de *subsidiarité.* Ce terme doit être démystifié.

34. Il ne s'agit pas d'un concept nouveau, mais d'un élément fondateur de tous les fédéralismes anciens et nouveaux. C'est en effet seulement dans l'application du principe que les systèmes fédéraux diffèrent. Dans ceux d'entre eux où les principes de répartition des compétences sont fixés dans des listes (Canada, Australie par ex.), lorsque les rédacteurs de la constitution se sont réunis pour discuter de la répartition des compétences et de la rédaction des listes, ils étaient inspirés par le principe de subsidiarité. On a tenté de répartir fonctionnellement les compétences de telle sorte que l'on octroyé à chaque niveau ce qu'il pouvait faire le mieux, la défense et la politique extérieure généralement au pouvoir central, l'éducation et les questions de sociétés aux unités constitutives. Classiquement, un jour (au sens où le terme jour est utilisé au chapitre premier de la Genèse), après que la liste eut été dressée, il est devenu évident que la répartition, opérée à un moment donné, n'était plus opérationnelle et on a eu recours, avec plus ou moins de succès, à des expédients tels que la *« necessary and proper clause »* ou les « *grants in aid* », euphémisme utilisé pour désigner les « *pots de vin* » fédéraux.

35. La subsidiarité n'est pas nouvelle non plus dans la Communauté. Elle s'exprime de diverses manières, comme dans l'article 235, l'instrument de la directive et surtout après l'Acte unique, l'article 130R, etc. Dans le projet de traité d'union européenne, elle était pleinement élaborée et l'on a fait usage de sa formulation dans les développements qui suivent.

Dans les systèmes fonctionnels comme la Communauté, voire dans les systèmes mixtes comme les USA, l'absence de liste ou leur caractère dépassé ne signifie pas qu'aucune ligne de séparation ne soit établie *(« bien que dans des domaines restreints »),* mais à la place d'une méthode de détermination matérielle (ce que la fédération entend faire entre-t-il dans le champ de la politique extérieure ?), le contrôle (juridique et politique) de la démarcation est fonctionnel (ce que la fédération entend faire répond-il à ses buts et à ses fonctions ?).

Le respect ultime de la délimitation dépend donc de l'esprit – politique et judiciaire – du contrôle. Au Canada, pour des raisons historiques, politiques et judiciaires, le contrôle est plutôt sévère. Aux États-Unis, c'est le contraire. C'est la raison pour laquelle on trouve tant d'écrits d'universitaires relatifs à la mort du fédéralisme (tout au moins en ce qui concerne la répartition des compétences).

36. Sur le plan de la stratégie, on est conduit à conclure que *le problème le plus important et auquel il conviendrait, avant tout, d'apporter des solutions est celui des procédures de contrôle et de leur esprit.*

Si l'on arrive à apporter des solutions satisfaisantes, il ne sera pas nécessaire de modifier radicalement le système de répartition des compétences, notamment pour passer d'une définition fonctionnelle (qui a bien servi la Communauté et est plus perfectionné qu'une répartition matérielle) à un système de répartition des compétences fondé sur des énumérations contenues dans des listes.

37. *« Justice must be done and also seen to be done. »* Ce que nous avons à l'esprit, c'est une modification essentielle qui puisse conduire à une nouvelle façon d'aborder le problème des compétences, qui introduise un nouvel esprit dans le contrôle et qui soit opérationnelle.

38. Nous sommes en faveur d'un système de contrôle *a priori* de la législation communautaire sur la base du défaut de compétence (14). D'un seul mouvement, on devrait atteindre trois objectifs :

- assurer les États qu'un mécanisme efficace a été mis en place et qu'il garantit qu'un examen sérieux des problèmes de compétence sera mené ;
- donner à la Cour l'indication que la Communauté et les États attachent une importance particulière à l'existence d'un contrôle réel ;
- construire le système de contrôle sur la base d'une formulation de la subsidiarité qui permette au concept d'être opérationnel et qui écarte la nécessité du recours du système des listes de compétence.

39. À notre sens, il n'est pas suffisant de créer un contrôle *a priori* et d'utiliser simplement la formule de l'incompétence telle qu'elle figure dans l'article 173. Il convient de s'attaquer à un problème que l'on a considéré comme insoluble : rendre la subsidiarité justiciable.

Cela peut-il être fait ? La difficulté est bien connue. Définir le niveau auquel une tâche devrait être le mieux accomplie est souvent une question d'appréciation politique et non d'examen juridictionnel. La Cour elle-même l'a indiqué dans une interprétation ancienne du terme « nécessaire » dans l'article 235 (AETR). Il est particulièrement difficile à la Cour d'annuler une décision si une majorité d'États membres, voire l'unanimité (en fonction des modifications

(14) En ce sens, V. Constantinesco. « La distribution des pouvoirs entre la Communauté et ses États membres : l'équilibre mouvant de la compétence législative et le principe de subsidiarité », rapport au colloque annuel du Collège de Bruges 1990, *Les Institutions de la Communauté après l'Acte unique.*

envisagées pour l'article 235 et la procédure législative), a décidé que l'exigence de subsidiarité était satisfaite.

40. En même temps, on ne peut ignorer que les juridictions ont inévitablement à traiter de problèmes politiques délicats et que dans tous les États où existe un contrôle de la constitutionnalité des lois, le juge peut s'opposer à une loi votée par la majorité parlementaire. Certes, le contrôle prend la forme d'une vérification de la conformité de la loi par rapport à une norme matérielle et rarement par rapport à une norme qui, en elle-même, appellerait une appréciation politique. Mais, ceci est une apparence. Décider quand commence la vie (en matière d'avortement) ou de l'équilibre à établir entre la liberté d'expression et l'ordre public est, à notre sens, une décision politique et nous faisons confiance à nos juges pour la prendre.

41. D'ailleurs, il n'est proposé de rendre la subsidiarité justiciable que dans un sens négatif. En d'autres termes, la Cour serait appelée à s'opposer à une mesure qui ne respecterait pas la subsidiarité. Elle ne pourrait contraindre la Communauté à prendre une mesure au motif que la subsidiarité appellerait son adoption.

Ainsi, dans la mesure où la Cour serait appelée à s'opposer à une législation communautaire en vue de protéger la compétence des États membres, le danger de contestation de sa légitimité, dans ce contexte, serait bien moins important que dans les affaires relatives aux droits fondamentaux.

42. De façon concrète, notre proposition se présenterait ainsi : Article 172 *bis*

Le Conseil, la Commission, le Parlement ou un État membre peut recueillir l'avis de la Cour de justice, avant l'entrée en vigueur d'un acte du Conseil, de la Commission ou du Parlement sur le point de savoir si cet acte a été pris dans un domaine qui relève de la compétence communautaire (15).

Lorsque l'avis de la Cour est négatif, l'acte ne peut entrer en vigueur qu'après l'achèvement de la procédure prévue à l'article 236.

La Cour de justice vérifie, en particulier, que l'acte

entre dans le cadre des objectifs du *Traité* ;

prévoit une action dont la dimension ou les effets significatifs dépassent les frontières nationales ;

sur la base des éléments soumis à la Cour, est nécessaire pour mener une tâche qui peut être entreprise en commun de façon plus efficace que par les États membres œuvrant séparément.

Un avis positif n'exclut ni ne porte préjudice à un recours ultérieur introduit sur la base du *Traité*.

---

(15) La requête doit être fondée sur le défaut de compétence. La Cour peut cependant s'opposer à l'entrée en vigueur de la mesure sur d'autres fondements, par exemple si elle constatait une violation manifeste des droits de l'homme. Il serait artificiel de demander à la Cour de limiter son contrôle à la compétence même si elle constate une illégalité évidente d'une autre nature. Mais, comme on le verra, ceci n'interdit en rien un contrôle ultérieur sur la base de l'article 173.

43. Dans cette formule « négative » de contrôle, aucun motif ne devrait s'opposer à la justiciabilité de la subsidiarité. Tous les éléments du contrôle sont déjà connus de la Cour de justice.

Sur le premier chef, les objectifs du *Traité* sont déjà utilisés comme référence par la Cour lorsqu'elle interprète la portée de certains articles.

Quant au second chef, il comporte la définition matérielle de la subsidiarité. Bien que cette formule, adaptée du projet de traité d'union européenne soit nouvelle, il ne devrait pas être difficile de l'appliquer. Après tout, la Cour agit de manière comparable (quoique non identique) lorsqu'elle se prononce sur la discrimination à rebours ou en matière de concurrence.

Le troisième chef concerne sans aucun doute l'aspect le plus controversé du contrôle. Nous avons essayé de résoudre le problème de la justiciabilité en demandant à la Cour d'examiner les preuves qui lui seront soumises au sujet de l'efficacité. Certes, ces preuves se rapportent aussi à un débat politique, mais ce n'est en rien spécifique à notre thème. L'emploi du terme « nécessaire » fait bien entendu référence au test de la proportionnalité.

44. Ceci n'est évidemment qu'une suggestion embryonnaire dont les détails devront encore être examinés. Mais nous pensons que le principe du contrôle *a priori* sur les questions de compétence et le contrôle « négatif » de la *subsidiarité* sont réalisables et promis peut-être à un bel avenir (16).

CONCLUSION

45. Le sommet de Dublin a confié à la Conférence intergouvernementale la mission de créer le cadre nécessaire à la transformation de l'ensemble des relations entre les États en une Union européenne dotée des moyens d'action nécessaires. Doter la Communauté d'un système judiciaire efficace est, à notre sens, un des éléments nécessaires pour assurer le bon fonctionnement de l'Union. La Communauté, que la Cour a défini comme une Communauté de droit, ne le demeurera que dans la mesure où le système judiciaire de la Communauté sera apte à traiter dans un délai acceptable pour les parties les recours qui lui sont soumis, où la Cour conservera son aptitude à conduire l'évolution du droit communautaire et où l'exécution des arrêts par les États membres sera assurée de manière satisfaisante. Mais surtout, on ne peut espérer que les États membres acceptent le transfert à la Communauté de compétences nouvelles sans que soit mis en place un système qui garantisse la répartition opérée entre la Communauté et les États membres. Si le progrès

(16) Si l'on pense que confier cette tâche à la Haute Cour européenne de justice conduirait à doter celle-ci d'une fonction exagérément politisée, une solution alternative consisterait à s'inspirer de la formule du Conseil constitutionnel français et à créer un Conseil constitutionnel communautaire – dont la composition refléterait le caractère politique – dont la mission serait d'exercer le contrôle *a priori* tel que nous le proposons.

est à ce prix, un contrôle juridictionnel nous paraît plus conforme à l'esprit communautaire qu'un contrôle politique ou que l'établissement d'un système de listes dont les expériences fédérales montrent qu'il s'agirait d'un expédient temporaire. La discussion de ces problèmes et peut-être des solutions que nous proposons pourrait constituer l'un des éléments des travaux de la Conférence.

LE RÔLE DU DROIT DANS L'INTÉGRATION EUROPÉENNE

Jean-Paul JACQUÉ

Traiter du rôle du droit dans les Communautés européennes suppose d'abord que l'on tente de définir ce que l'on entendra ici par droit. Il ne suffit pas en effet de considérer le droit comme un ensemble de règles organisant les rapports entre les sujets de droit, entre les institutions de la Communauté et entre sujets et institutions pour avoir une vision exacte de ce qu'est le droit dans la Communauté. Encore faut-il ajouter que ces règles sont justiciables, c'est-à-dire que leur respect peut être contrôlé par un tiers impartial. Faute de quoi, on réduirait le droit à un système de commandement, les sujets devant obéir à des règles dont ils ne pourraient faire contrôler la conformité par rapport à des normes supérieures seraient entièrement soumis au législateur. Occulter la justiciabilité de la règle conduit à des malentendus comme ceux qui pourraient résulter de la déclaration de Copenhague de 1973 sur l'identité européenne lorsqu'elle identifie le règne de la loi comme l'un des éléments fondamentaux de cette identité. Pour un esprit latin, le règne de la loi peut signifier l'existence d'un système hiérarchisé de commandements s'adressant aux individus, le législateur étant lui-même soustrait à tout contrôle. Le règne de la loi se confondrait avec celui du législateur. Or, tel n'est pas le sens de l'expression qu'il convient d'entendre au sens américain de respect de la *rule of law*, le législateur lui-même n'étant pas soustrait au contrôle du juge et les droits de l'individu ne pouvant être limités que dans le cadre d'un *due process of law*. Un des aspects fondamentaux des Communautés réside, en effet, dans l'existence d'un juge, la Cour de justice, auquel est soumis l'ensemble des acteurs du droit communautaire. Il s'agit d'une innovation dans la société internationale où le recours au juge reste facultatif et subordonné à l'acceptation expresse des États (ce qui ne veut pas dire que le droit international ne soit pas du droit, le recours au juge n'étant que l'un des moyens, le plus perfectionné sans doute, d'assurer la justiciabilité) (1). Même dans un système aussi perfectionné que celui mis en place par la Convention européenne de sauvegarde des droits de l'homme et des libertés fondamentales,

(1) Cf. Leben, Droit, quelque chose qui n'est pas étranger à la justice, *Droits*, 1990, p. 35.

la compétence des organes de contrôle n'est pas obligatoire et l'on sait qu'il a fallu attendre 1981 pour que la France reconnaisse le droit des individus à saisir la Commission européenne d'une requête individuelle. Or, dès l'origine, la compétence de la Cour de Luxembourg était obligatoire.

On peut s'interroger sur les motifs d'une telle acceptation du règlement juridictionnel des différends dans le cadre communautaire. Il ne faut pas oublier que la première communauté, la CECA, était sectorielle. L'acceptation du règlement juridictionnel était d'autant plus facile que la compétence de la CECA était limitée au domaine du charbon et de l'acier, les risques pour la souveraineté des États restant de ce fait limités. En ce qui concerne la CEE, il n'en allait plus de même, mais il était politiquement difficile de revenir sur le précédent de la CECA. De plus, était-il envisageable de construire un marché commun sans donner aux acteurs économiques la sécurité juridique indispensable au déroulement normal de leurs transactions ? Imagine-t-on ce qu'aurait pu être l'application des règles de concurrence prévues par les traités si les décisions prises par la Commission des Communautés n'avaient pas été soumises au contrôle d'un juge ? Qui eût investi dans un ensemble économique dans lequel les opérateurs eussent été dans l'incapacité de faire valoir leurs droits ? En outre, le traité CEE est un traité cadre qui laisse une large place au pouvoir législatif afin de lui permettre de concrétiser et de mettre en œuvre les règles du traité. Il fallait donc s'assurer que le législateur se conformerait dans son action à la loi suprême qu'est le traité. Ceci justifiait certes l'existence d'un système juridictionnel, mais ne suffisait pas à faire comprendre comment sur cette base s'était développé un système juridique original, pour partie étranger à notre culture, à tel point qu'à certains égards les références se situent plus dans le modèle américain qu'en Europe, et cela même si les armes offertes au juge sont puisées dans l'arsenal du contrôle juridictionnel de l'administration en France, avec quelques emprunts au droit allemand.

Section 1. – Les raisons du recours au droit

Ces raisons sont diverses, mais elles trouvent généralement leur racine dans la spécificité communautaire.

Il ne faut pas, cependant, négliger le facteur que constitue au premier chef l'intégration dans la philosophie communautaire de la théorie de l'État de droit comme élément de base de la spécificité européenne par rapport à d'autres régions de la planète. On a rappelé la déclaration de 1973 sur l'identité européenne dans laquelle les États entendent

> sauvegarder les principes de la démocratie représentative, du règne de la loi, de la justice sociale – finalité du progrès économique – et du respect des

droits de l'homme, qui constituent des éléments fondamentaux de l'identité européenne (2).

Certes, cette philosophie a imprégné au premier chef les conceptions de la République fédérale d'Allemagne et de l'Italie, non seulement pour des raisons liées à l'histoire immédiate, mais aussi à cause des origines germaniques de la théorie juridique de l'État de droit (3). Mais elle a été largement partagée par les nouvelles démocraties européennes (Grèce, Espagne, Portugal) lors de la rédaction de leurs nouvelles constitutions (ou de leurs modifications successives dans le cas portugais). Il existe bien entendu, dans tous ces cas, un lien étroit entre l'existence d'un système de contrôle de constitutionnalité des lois et la vision de l'État de droit. Certains auteurs n'ont-ils pas qualifié la République fédérale d'Allemagne de *Richterstaat* ? C'est la raison pour laquelle la France ne sera sensible à cette problématique que lorsque le Conseil constitutionnel aura pleinement trouvé sa place dans notre système juridique. Mais elle marquera fortement le juge communautaire qui déclarera dans un arrêt de 1986,

> ... la Communauté économique européenne est une communauté de droit en ce sens que ni ses États membres ni ses institutions n'échappent au contrôle de la conformité de leurs actes à la charte constitutionnelle de base qu'est le traité (4).

Cette affirmation ne restera pas d'ordre théorique et la Cour saura en tirer des conclusions concrètes sur le plan de ses compétences. Mais la culture commune de l'État de droit n'est de loin pas la seule explication du rôle joué par le droit dans la Communauté.

Sur un plan politique, on a dit que le traité CEE était un traité cadre, c'est-à-dire qu'il posait des principes généraux dont la mise en œuvre était confiée au législateur communautaire (le Conseil des Ministres composé des États membres avec le concours de la Commission et du Parlement européen). Dans la mesure où les États jouent un rôle important aussi bien dans l'élaboration des normes que dans leur exécution, on pouvait être certain qu'un système dont la dynamique aurait reposé entièrement sur les États, se développerait avec difficulté. En effet, l'enthousiasme européen des États ne dure souvent que le temps du Conseil européen et s'émousse vite lorsque leurs gouvernants redescendus des sommets reprennent contact avec les réalités nationales. Paradoxalement, les États les plus favorables verbalement à la construction européenne sont aussi ceux contre lesquels la Commission doit engager le plus grand nombre de procédures d'infraction. C'est dire que si, comme on

(2) Document sur l'identité européenne, Copenhague, 14 décembre 1973, *in* De Schoutheete, *La coopération politique*, Labor, 1986, p. 255.

(3) Cf. Otto Mayer, *Verwaltungsrecht*, Berlin, Dunker & Humbolt, 1924, t. I ; N. Maunz, *Deutsches Staatsrecht*, Munich, Beck, 1975.

(4) Arrêt du 23 avril 1986, Les Verts contre Parlement européen, *Rec.*, 1986.

le proclame parfois, le moteur de la construction européenne devait être la seule volonté politique des États, ce serait un moteur de faible cylindrée. L'existence d'un système de règles sanctionnées par le juge et qui offrent la possibilité tant de faire condamner la carence de la Communauté que les manquements des États a joué un rôle important dans l'intégration. Faute d'un système de sanction organisé, la règle internationale classique de la réciprocité aurait joué. Les États auraient eu le droit de se sentir dégagés de leurs obligations à l'égard de celui d'entre eux qui n'aurait pas respecté ses obligations. De mesures de rétorsion en représailles, que serait-il resté de commun à un marché dans lequel chacun aurait cloisonné son espace national pour répondre à de réelles ou prétendues violations d'autrui ? Ici la règle est claire, et bien acceptée par les États et les juridictions nationales, les représailles unilatérales sont interdites et, en cas de violation par un État de ses obligations, il convient de mettre en œuvre le système communautaire de sanction. C'est là une rupture avec le droit international classique qui découle de la nature de la Communauté, laquelle n'est pas d'harmoniser les relations entre ses États membres, mais d'intégrer leurs économies. D'ailleurs, l'existence d'un système de sanction juridictionnalisé n'est pas la seule conséquence juridique de la fonction d'intégration.

En effet, la logique du marché suppose que disparaissent les entraves aux échanges. Or, si le droit communautaire se voyait opposer des normes nationales qui l'emporteraient sur lui, cette distorsion constituerait un obstacle à la libre circulation, d'où la nécessité d'assurer la primauté du droit communautaire sur le droit national. Le même problème se poserait en cas d'interprétation divergente de la norme communautaire par les autorités nationales. L'existence d'un Marché commun exige une application uniforme du droit de la Communauté sur l'ensemble du territoire communautaire. Or, cette application uniforme ne peut être assurée que par le recours au droit.

Cette utilisation du droit n'est pas laissée à la seule initiative des États ou des institutions de la Communauté, car on pourrait craindre que dans ce cas des compromis politiques l'emportent sur l'application de la règle de droit. Mais les acteurs économiques prennent dans ce domaine le relais des États et des institutions. Contrairement aux principes classiques de droit international pour lesquels l'État est le seul sujet de droit, la Communauté fait une place particulière aux individus qui sont les acteurs du Marché commun en leur ouvrant, selon les cas, soit l'accès direct au juge communautaire, soit la possibilité d'invoquer le droit communautaire devant le juge national, lequel pourra éventuellement poser une question préjudicielle à la Cour de justice des Communautés. Le droit est donc une arme efficace aux mains des particuliers. On se souvient de l'emploi qui en a été fait par Leclerc à propos de la fixation du prix des produits pétroliers, du prix unique du livre et demain de la parapharmacie ou par Nouvelles Frontières à propos des tarifs aériens.

Ces actions, qui ont conduit la France à modifier sa réglementation, peuvent donner l'impression d'un droit au service des entreprises. C'est sans doute parce que sont moins médiatiques, mais combien plus nombreux, les recours de travailleurs communautaires en matière de Sécurité sociale, d'accès non discriminatoire à l'emploi ou de regroupement familial. Hésite-t-on devant le recours judiciaire ? Il suffit alors de déposer une plainte auprès de la Commission des Communautés, laquelle l'instruira et, si elle l'estime fondée, mettra l'État en demeure de remplir ses obligations et, en cas de refus, intentera contre lui une action en manquement. Le droit est au cœur du débat communautaire. Il a fallu plusieurs années aux États membres pour intégrer cette donnée, mais aujourd'hui leur comportement en est transformé et l'élément juridique est une des composantes de leur stratégie.

Le droit apparaît donc incontestablement comme un facteur d'unification de la Communauté. Ce rôle ne doit pas surprendre. Dans une Communauté diverse, linguistiquement et culturellement alors qu'au début de leur unification les États-Unis d'Amérique bénéficiaient d'une homogénéité bien supérieure, le respect de la règle de droit est une des conditions du succès du processus d'intégration. L'ancien garde des Sceaux, M. Albin Chalandon, le constatait en des termes que n'eût sans doute pas approuvé l'un de ses prédécesseurs, M. Michel Debré,

> Le fédérateur c'est le droit. Il existe un vrai pouvoir supranational en Europe : celui des juges. Le droit apparaît comme l'un des moteurs de l'Europe (5).

Mais parler de prééminence du droit n'implique pas que la Communauté soit poussée à mener une activité législative débordante. La règle de droit ne se confond pas nécessairement avec la multiplication de règles techniques, comme c'est souvent le cas dans les États membres. Certes, la volonté de réalisation du marché intérieur pour le 31 décembre 1992 a accéléré le processus législatif, mais le programme de la Commission tenait en moins de 300 mesures. En effet, si l'objectif recherché est la libre circulation des personnes, des marchandises, des services et des capitaux, il est prévu de ne prendre que les mesures indispensables pour la protection des personnes, des travailleurs, de la santé..., mais en aucun cas d'unifier l'ensemble des dispositions nationales. Si l'on harmonise exclusivement les règles nationales qui reflètent des préoccupations légitimes de protection de la santé, de la sécurité, de l'environnement, de l'ordre public, du milieu de travail..., peu importe qu'il subsiste encore des différences entre les législations nationales. Le principe retenu étant celui de l'équivalence des législations, un État ne pourra opposer sa législation à la libre circulation. Point n'est donc besoin d'une législation abondante. Ce n'est que lorsque la Communauté met en place une politique

(5) Le droit, moteur de l'Europe, *Revue administrative*, 1986, p. 427.

commune, comme dans le cas de l'agriculture, qu'il est nécessaire d'organiser celle-ci par un ensemble complet de normes.

L'essentiel du droit communautaire tient donc en un nombre limité de principes fondateurs (libre circulation, non-discrimination, uniformité d'application du droit sur tout le territoire communautaire, proportionnalité, confiance légitime...) qui forment l'arsenal des partenaires et qui l'emportent sur la réglementation technique puisque certains sont contenus dans le traité et que les autres ont été élevés par le juge au rang de principes généraux du droit communautaire.

Enfin, puisque la Communauté construit progressivement une Europe intégrée, la règle de droit est susceptible d'une interprétation évolutive qui suit la progression de la construction communautaire et reflète les mutations qui en résultent. C'est ce qu'on appelle la méthode téléologique, qui consiste à interpréter les traités communautaires en fonction des buts recherchés par les auteurs et en tenant compte de l'état d'avancement de l'intégration au moment où se réalise l'intégration. La *ratio legis* l'emporte sur le texte. On comprend que le droit communautaire, étant le droit tel que le juge l'interprète, ait encouru, en raison de ses méthodes d'interprétation, le reproche classique de relever du « gouvernement des juges ». Mais, en fait, la plupart de ses décisions ont fini par être acceptées. Ceci est d'abord dû au fait que le juge ne se dissimule pas sous le couvert d'une interprétation textuelle. Au contraire, il explique toujours sa démarche, mettant en balance les objectifs des traités et les intérêts légitimes des États membres au stade actuel de l'intégration. Ainsi, en matière de libre prestation de services dans le secteur de la publicité télévisée, il constatait, il y a quelques années, que la logique du traité impliquait la libre circulation des émissions de télévision, même lorsqu'elles contenaient des spots publicitaires, mais qu'en l'absence d'harmonisation des mesures relatives à la publicité, chaque État membre était fondé à restreindre cette liberté en fonction des objectifs légitimes que pouvait poursuivre sa législation nationale (6). Le principe était posé, mais le juge refusait de se substituer au législateur communautaire pour permettre la pleine réalisation des objectifs du traité et lui demandait de remplir son devoir. La directive Télévision sans frontières était la réponse à cet appel. On mesure le rôle cardinal de l'application du droit par le juge dans le processus d'intégration. C'est grâce au juge que s'est accompli ce que nos collègues américains appellent la constitutionnalisation des traités.

---

(6) Cappelletti, Seecombe et Weiler (eds.), *Integration through Law*, De Gruyter, 1986, vol. I, liv. I, p. 169 ; cf. la contribution de Jacobs et Karst : Mancini, The making of a constitution, *Common Market Law Review*, 1989, p. 595.

SECTION 2. – LE DROIT ET LA CONSTITUTIONNALISATION DES TRAITÉS

Les Communautés européennes sont fondées sur des traités internationaux. Elles constituent donc des organisations internationales. Certes, leur objectif d'intégration leur donne une certaine spécificité, mais, en présence d'un problème juridique, dès lors que le traité ne contient pas de dispositions particulières, la source des difficultés devrait être recherchée dans le droit international. Or, l'œuvre de la Cour, interprète des traités, a consisté de manière progressive à se détacher du droit international comme modèle de référence et à construire des solutions spécifiques. On en trouve la trace dans l'analyse de 1986 précitée où la Cour qualifie les traités de « charte constitutionnelle de la Communauté ». Ceci a pour conséquence que la Communauté échappe de plus en plus sur le plan juridique au contrôle des États membres, acteurs du jeu international traditionnel. Cette évolution a suscité parfois des réactions d'irritation, mais elle a été tolérée dès lors que *de facto* le processus de décision restait unanimitaire. Si les États avaient perdu, à la suite de la jurisprudence de la Cour, tout contrôle *a posteriori* sur l'évolution de la Communauté, ils demeuraient les maîtres tant du processus décisionnel que de la révision du traité. Or, la révolution de l'acte unique réside dans la banalisation de la prise de décision majoritaire, sauf bien entendu en matière de révision. À la perte du contrôle *a posteriori* s'ajoute la perte du contrôle *a priori* dans de nombreux domaines. Cependant, jusqu'à présent cette situation nouvelle a été bien acceptée, car la perte de contrôle qu'elle implique est contrebalancée par les avantages que comporte la construction rapide du marché intérieur. Un autre facteur d'acceptation du système réside dans le fait que la tâche de trancher au premier chef les conflits relatifs à l'application du droit communautaire revient au juge national. En cas de refus de l'État de mettre en œuvre une norme communautaire, le particulier pourra saisir le juge national, lequel, en cas de doute sur la validité ou l'interprétation du droit communautaire, pourra poser une question préjudicielle à la Cour de justice des Communautés. Ainsi, le plus souvent, l'État se trouve placé en face de ses propres juridictions et non de la Cour, ce qui contribue à atténuer les conflits, car comment dans un État de droit pourrait-on refuser d'exécuter une décision judiciaire nationale ? L'enjeu pour la Cour de Luxembourg est d'obtenir l'accord des juridictions nationales avec lesquelles elle entretient par le biais des questions préjudicielles un dialogue constant. Les relations ne sont pas toujours faciles, car le juge national est pris entre les impératifs communautaires dégagés par la Cour et les structures juridiques nationales. Mais ce système qui fait peser sur le juge national la contrainte de la recherche dans le cadre de son ordre juridique d'une application correcte du droit communautaire a donné des résultats satisfaisants. On en a jugé lorsqu'en décembre 1989 le Conseil d'État français, qui demeurait le dernier môle de résistance dans la Communauté, a accepté de faire prévaloir en tout état de cause le droit communautaire sur la loi nationale contraire. La Communauté connaît ainsi des rébellions judiciaires, mais celles-ci se sont jusqu'à présent achevées heureusement quoique tardivement. Il appartient d'ailleurs à la Cour de mesurer ce qui est acceptable dans le cadre du contrat sociojuridique d'interprétation des traités conclus avec le juge national. Aussi note-t-on parfois, après des affirmations de principe audacieuses, des positions concrètes en retrait. Il s'agit d'un mécanisme subtil d'interactions. Il ne peut en aller autrement puisque la Communauté ne dispose pas du pouvoir qu'ont les États fédéraux d'annuler les lois des États membres contraires aux traités et que même si l'on peut constater judiciairement un manquement d'un État, aucune mesure communautaire d'exécution n'est prévue contre celui-ci. La conviction se substitue à l'autorité. Mais il n'en va pas différemment dans la plupart des États fédéraux. C'est sur cette base que se construit la constitutionnalisation de la Communauté. Cette situation a pu choquer quelques positivistes à l'esprit étroit pour lesquels la tâche du juge devrait se limiter à une application mécanique du droit. C'est méconnaître l'essence même du travail du juriste qui n'est pas une opération mécanique, mais un travail de qualification des situations et d'adaptation des règles à des situations que leurs auteurs n'avaient peut-être ni prévues ni voulu régler lorsqu'ils les avaient prévues. Dans le contexte de l'application du traité, il est du devoir du juge, qui ne peut refuser de statuer, de rechercher en fonction de l'objectif d'intégration assigné à la Communauté et de la situation dans les États membres, la solution la plus adéquate. Dans ce cadre, il ne saurait négliger de s'interroger sur l'acceptabilité de ses décisions. Rendre un arrêt marqué du sceau de la doctrine intégrationniste la plus correcte, mais qui ne sera pas suivi au niveau national, ne conduit qu'à détruire le crédit du juge et à ruiner la confiance dans le droit. Mais se dérober à l'application correcte des traités parce que celle-ci est mal supportée par les États comporte des inconvénients de même nature. D'où les arrêts qui affirment des principes, tout en les déclarant inapplicables dans le cas d'espèce avertissant ainsi les États d'avoir à se mettre en conformité à l'avenir, d'où aussi la longue motivation des arrêts qui tranche avec l'impérieuse brièveté du Conseil d'État puisqu'ici on veut avant tout convaincre.

Il n'est pas possible de développer ici l'histoire de la constitutionnalisation des traités, elle reste largement à écrire, mais on peut isoler quelques étapes qui illustrent le rôle du droit en ce domaine.

Le premier combat a été celui de la primauté du droit communautaire sur le droit national. Les traités ne la prévoyaient pas et, dans de nombreux États membres, les constitutions prévoyaient qu'en cas de conflit entre un traité et une loi postérieure contraire, cette dernière l'emportait. Imagine-t-on ce que serait devenue la Communauté si les États avaient ainsi pu s'exempter des règles communautaires qui les gênaient ? C'est par un acte d'autorité que la Cour déclarait en 1962 que le droit communautaire bénéficiait de la primauté sur le droit national et qu'il appartenait aux juridictions nationales de faire valoir celle-ci. Elle dirait plus tard qu'il leur appartenait de laisser inappliquée la loi contraire et que le droit communautaire empêchait la formation valide du droit national contraire. Il s'agissait d'un coup solide donné à la souveraineté nationale. Dès l'origine, dans le champ des compétences transférées, l'État se trouvait placé sous l'autorité de la Communauté. Encore fallait-il que les tribunaux nationaux puissent être saisis des conflits entre droit national et droit communautaire. En droit international classique, les traités ne créent d'obligations qu'à l'égard des États. Les litiges relatifs aux violations des obligations contractées ne concernent que les États qui les règlent dans le cas de leurs relations réciproques. Les tribunaux nationaux sont donc incompétents. Or, la Cour devait déclarer que les dispositions précises et inconditionnelles des traités pouvaient créer des droits dans le chef des particuliers, droits qu'ils étaient fondés à invoquer devant le juge national. Le particulier devenait alors le gardien de la primauté contre l'État. Même lorsqu'une directive exige une transposition pour être appliquée en droit national, le particulier pouvait, sous certaines conditions, invoquer les dispositions de la directive. Le juge national pouvait dès lors remplir son office. Par des moyens originaux était créée une relation de système entre le droit national et le droit communautaire comparable à celle d'un ordre fédéral. Mais derrière cette première question s'en cachait une seconde, celle des compétences transférées par les États membres à la Communauté. Le traité ne contient pas, à l'opposé d'une constitution fédérale, de disposition claire relative à la répartition des compétences. Il a donc fallu bâtir de toutes pièces une théorie des compétences. Pour justifier la primauté, la Cour avait expliqué que les États avaient transféré à la Communauté, « bien que dans des domaines limités », des compétences souveraines. Elle expliquera par la suite que ce transfert opéré pour une durée illimitée était irréversible et que le retour en arrière était impossible même dans l'hypothèse où la Communauté n'userait pas des compétences transférées. Voilà confirmée l'existence d'une Union indestructible d'États, comme on le dira aux États-Unis après la guerre de Sécession. La jurisprudence raffinera la théorie des compétences, distinguant les compétences exclusives des compétences concurrentes, important la doctrine américaine de la préemption qui veut que lorsque la Communauté intervient dans un secteur de compétences concurrentes, les États membres ne puissent plus légiférer dans le même domaine. L'évolution la plus remarquable concernera les compétences externes de la Communauté lorsqu'on estimera dans le silence du traité que dès lors que la Communauté avait reçu compétence pour prendre des mesures dans l'ordre interne, elle disposait implicitement des mêmes compétences dans l'ordre externe, faute de quoi les États membres pourraient prendre des engagements internationaux qui paralyseraient l'exercice interne des compétences communautaires. D'un seul coup, les États se trouvaient privés d'un vaste secteur dont ils pensaient qu'il relevait de leur politique étrangère. Cette évolution pose aujourd'hui le problème de la nature de la souveraineté. Est-elle encore indivisible, selon le dogme rousseauiste que l'on continue à enseigner pieusement, ou est-elle décomposable en faisceaux de compétences, lesquelles peuvent être attribuées à des titulaires différents. On fait encore mine aujourd'hui de croire en l'indivisibilité alors que le fait communautaire nous confirme quotidiennement que le roi est nu. Au moins, nous dira-t-on, il reste à l'État le domaine de la sécurité, mais sait-on que les États membres n'ont pu appliquer l'embargo à l'égard de l'Irak que parce qu'un règlement communautaire autorise la suspension des relations commerciales avec cet État, ou que, pour s'opposer à la prolifération des armes chimiques, il a fallu l'an dernier qu'un règlement communautaire intervienne pour empêcher l'exportation de certains produits chimiques. Ne vivons-nous pas dans une situation de souveraineté partagée.

Le second combat concerne la protection de l'individu et de ses droits. Toute constitution nationale comporte une déclaration des droits fondamentaux et l'un des progrès de l'après-guerre a consisté dans le développement d'un système de protection juridictionnelle de ces droits. Or les traités ne comportent aucune déclaration des droits. Les auteurs ont pensé que, compte tenu de la spécificité économique des Communautés, le problème des droits fondamentaux ne se posait pas. Or l'expérience devait montrer qu'il existe une interaction entre l'activité économique et les droits fondamentaux, ainsi s'agissant du droit de propriété, mais surtout que la problématique des droits fondamentaux était transversale et qu'il n'existait pas de secteur d'activité dont elle puisse être exclue. Ainsi, au moment de l'adoption de l'acte unique, avait-on assuré aux Irlandais qui s'en préoccupaient beaucoup qu'il n'existait aucun rapport entre l'activité communautaire et le droit à la vie, notamment en ce qui concerne l'interruption volontaire de grossesse. Or ils sont confrontés en ce moment avec des mouvements britanniques qui invoquent la libre prestation de services pour diffuser des renseignements sur les techniques d'interruption et les lieux où ces opérations sont pratiquées au Royaume-Uni. D'ailleurs, le règlement communautaire en préparation sur le génome humain, bien qu'abordant le problème sous l'angle économique, soulève un sérieux problème de droits fondamentaux. En va-t-il différemment des rapports entre la télévision sans frontières et la liberté d'expression ? Il n'était pas possible de faire l'impasse sur la question. Le problème a été abordé par l'intermédiaire des cours constitutionnelles nationales. Deux d'entre elles, l'allemande et l'italienne, ont clairement indiqué qu'elles ne pourraient reconnaître la primauté d'une règle communautaire qui serait contraire aux droits fondamentaux garantis par la Constitution. Pour faire face à cette menace, les institutions de la Communauté adoptaient une déclaration commune sur les droits fondamentaux qui, bien que dépourvue de force obligatoire, montrait leur volonté de respecter ces droits. Plus audacieuse, la Cour de justice décidait qu'elle ne saurait déclarer conforme aux traités un acte communautaire qui ne respecterait pas les droits garantis par les constitutions nationales et que, dans sa tâche de contrôle, elle s'inspirerait des instruments internationaux existants, notamment de la Convention européenne des droits de l'homme. Puis elle étendait son contrôle aux actes nationaux d'exécution du droit communautaire ainsi qu'aux mesures par lesquelles les États dérogeaient aux mesures communautaires. La constitution communautaire se trouvait enrichie d'une protection des droits fondamentaux. Encore fallait-il que cette protection soit efficace et que l'individu puisse toujours trouver un juge ? Aussi la Cour devait-elle déclarer que puisque la Communauté était une communauté de droit, elle devait offrir un système de protection juridictionnelle complet permettant aux particuliers de disposer d'un droit de recours contre toutes les décisions lui faisant grief. Dans ce cadre, elle ouvrait un droit de recours contre les actes du Parlement européen alors que les auteurs des traités avaient exclu ces actes de la liste de mesures pouvant faire l'objet d'un recours. On est en présence d'un système en pleine évolution et beaucoup estiment que la prochaine étape pourrait être l'incorporation complète des droits fondamentaux dans la constitution communautaire faisant non seulement porter le contrôle sur les actes des Communautés, mais aussi sur le respect dans les actes relevant de la compétence des États membres, des droits fondamentaux. À notre sens, les temps ne sont pas encore mûrs, d'autant plus qu'en ce qui concerne le contrôle des États membres, la Convention européenne des droits de l'homme est un instrument irremplaçable.

Une constitution, c'est également et surtout un système de relations entre les pouvoirs publics. Nos constitutions nationales sont organisées autour du principe de la séparation des pouvoirs. Or le principe de la séparation des pouvoirs n'est pas acclimaté en droit communautaire. La raison en est simple. Les États ont voulu conserver le contrôle politique du développement de la Communauté. Ils ont donc refusé de mettre en place une séparation organique entre un exécutif et un législatif, tout en confondant par ailleurs les deux pouvoirs dans les mains de l'institution qu'ils contrôlent : le Conseil. Certes, on discerne aujourd'hui une évolution dans le sens d'une séparation, mais celle-ci est à peine amorcée. Le système institutionnel de la Communauté est organisé autour d'une représentation de différents intérêts, celui des États qui s'exprime au sein du Conseil, celui des peuples représenté par le Parlement et celui de la Communauté placé entre les mains de la Commission. Le processus de décision organise, selon les matières et leur sensibilité pour les intérêts nationaux, une subtile pondération de l'influence de ces différents intérêts et donc un degré de participation variable des différentes institutions. La Cour est gardienne de cet équilibre et intervient à ce titre dans les conflits entre institutions. Deux phénomènes paraissent remarquables. Le premier est le soin avec lequel elle veille au respect des prérogatives du Parlement européen. Elle est bien consciente du déficit démocratique de la Communauté et elle n'a pas le pouvoir de réviser le traité pour accroître les pouvoirs de l'institution parlementaire. Mais elle a préservé le droit de consultation du Parlement en soulignant qu'il était l'expression atténuée du principe de démocratie. Très récemment, elle vient de reconnaître au Parlement, dans le silence du traité et, disent certains, en violation de celui-ci, le droit du Parlement à agir devant elle contre un acte qui méconnaîtrait les prérogatives que le traité reconnaît à cette assemblée. Le second phénomène témoigne de la conscience qu'a la Cour des limites du droit dans le règlement des conflits entre institutions. Elle a dégagé du traité un principe de coopération loyale entre les institutions qui lui permet de renvoyer à la négociation entre institutions les conflits de caractère politique, se réservant seulement le pouvoir d'intervenir dans les violations manifestes du traité. Elle réinventait ainsi la théorie des « questions politiques » qui justifie dans un certain nombre d'États le self restreint du juge à l'égard des différends manifestement politiques et permet à celui-ci d'éviter le reproche d'instituer un gouvernement des juges.

Conclusion

Nous avons tenté dans cette brève étude de montrer la place toute particulière que tenait le droit, véritable instrument, non seulement de la mise en place d'un Marché commun, mais aussi de la construction politique d'une constitution communautaire. Nous l'avons fait du point de vue d'un juriste, encore qu'un juriste serait fondé à nous reprocher le caractère cavalier de notre vision. Il ne nous appartenait pas de mener une réflexion approfondie de philosophie politique, trop conscient de nos limites, aussi pouvons-nous tout au plus prétendre à nous être élevé à quelques considérations de sociologie juridique et judiciaire. Mais on a pu constater que dans la Communauté, le droit, c'est le juge. Cette considération n'a rien de surprenant puisqu'il s'agit d'une évolution commune à tous les États démocratiques. Cependant, elle revêt plus d'importance encore en raison de la carence du pouvoir politique. Le refus des États d'élaborer une véritable constitution conduit à la mise en place d'une constitution judiciaire. Ceci explique les nombreuses références à l'expérience américaine qui a connu en raison de la carence du pouvoir politique due à la séparation rigide des pouvoirs une expérience comparable. Les questions de société, avortement, peine de mort, ségrégation raciale ont été traitées par le juge avant de l'être par le législateur. Cette situation n'est pas sans risque, car elle pose la question de la légitimité du pouvoir du juge. La Cour a su l'esquiver en s'assurant la collaboration des juridictions nationales et en empruntant leur légitimité. Cependant, la méthode connaît des limites, car le juge ne peut surmonter toutes les carences du législateur et s'il a pu contribuer à la réalisation du Marché commun, il ne serait pas parvenu à imposer le mouvement déclenché par l'acte unique. Le moment est venu d'un retour du politique et d'un dialogue entre le pouvoir politique et le pouvoir judiciaire. Certes, il ne viendrait pas à l'idée de nier que le juge relève du politique au sens étymologique du terme, mais son rôle premier est de trancher des différends sur la base du droit, non de poser des règles nouvelles, tout au plus peut-il inciter le législateur à l'action. Le moment est venu d'incorporer les acquis jurisprudentiels dans une nouvelle révision des traités qui constituera la nouvelle charte constitutionnelle dans laquelle pourra se développer, sur des bases renforcées, l'office du juge.

KANT

Puisque l'état de nature des peuples, ainsi que celui des individus, est un état dont on doit sortir pour entrer dans un état légal, il s'ensuit qu'avant cet événement tout droit des peuples et tout le mien et le tien extérieurs que les États peuvent acquérir ou conserver par la guerre n'est que provisoire ; *ils ne peuvent avoir une valeur de manière* péremptoire *et jouir d'un* état de paix véritable *que dans une* union *universelle* des États *(par analogie avec celle par laquelle un peuple devient un État). Mais comme la trop grande étendue d'un tel État des peuples, qui couvrirait de vastes contrées, ferait que son gouvernement, et par conséquent aussi la protection de chaque membre, deviendraient à la fin impossibles et comme une multiplicité de semblables corporations réintroduit de nouveau un état de guerre,* la paix éternelle *(le but dernier de tout le droit des gens) est évidemment une Idée irréalisable. Mais les principes politiques qui tendent à ce but, je veux dire qui tendent à opérer des alliances entre États, servant à se* rapprocher *continuellement de ce but, ne le sont pas, et comme, en revanche, cette* approximation *est fondée sur le devoir, qu'elle est par conséquent une tâche fondée sur le droit des hommes et des États, elle est certainement réalisable.*

On peut appeler une telle union *de quelques États pour maintenir la paix, le* congrès permanent des États, *auquel il est permis à chaque État voisin de se joindre. C'est ce qui eut lieu (du moins en ce qui touche les formalités du droit des gens à l'égard du maintien de la paix) dans la première moitié de ce siècle dans l'assemblée des états généraux à La Haye, et où les ministres de la plupart des cours d'Europe et même des plus petites républiques portèrent leurs plaintes sur les hostilités que les uns eurent à subir des autres, et ce faisant ils virent l'Europe tout entière comme un seul État fédéré, qu'ils admirent pour ainsi dire comme arbitre de leurs différends publics, tandis qu'au lieu de cela, par la suite, le droit des gens ne subsista simplement que dans les livres, disparaissant des cabinets, ou, après que l'on eût déjà fait usage de la force, fut confié sous forme de déduction à l'obscurité des archives.*

Par le mot de congrès *on n'entend ici qu'une union arbitraire et en tout temps* révocable *de différents États, et non (comme celle des États d'Amérique) une union fondée sur une constitution de l'État et par conséquent indissoluble – c'est ainsi seulement par un congrès que peut être réalisée l'Idée de l'établissement d'un droit public des gens qui décide de leurs différends d'une manière civile, pour ainsi dire par un procès et non d'une façon barbare (à la manière des sauvages), c'est-à-dire par la guerre.*

Doctrine du droit, *II :* Le droit public,
2. Le droit des gens,
§ 61, trad. Philonenko, Paris, Vrin, 1971, p. 233-234.

LA CONSTITUTION DE LA COMMUNAUTÉ EUROPÉENNE

PAR

JEAN-PAUL JACQUÉ (1)

Strasbourg/Bruxelles

L'emploi du terme « constitution » pour désigner le traité communautaire peut soulever quelques réticences. Les esprits formés dans et par les traditions juridiques nationales hésitent à employer ce terme pour désigner autre chose que la constitution nationale et assimilent instinctivement constitution et État. Il ne pourrait y avoir de constitution que dans le cadre étatique. Une telle vision présuppose que le modèle étatique est et restera toujours la seule forme d'organisation d'une communauté humaine. Elle méconnaît l'apparition d'autres formes d'organisations qui, même si elles sont composées d'États, ne relèvent plus essentiellement du droit international.

Il n'est d'ailleurs pas indifférent de savoir si l'on doit considérer le traité communautaire comme un traité international ou comme une constitution. À travers le choix d'un terme, on opère celui d'un modèle de référence. Si le traité est encore un traité international, on devra pour son interprétation ou pour en combler les lacunes faire appel aux principes du droit international. S'il s'agit d'une constitution, on trouvera des sources d'inspiration dans le cadre du droit constitutionnel comparé.

À notre sens, si le traité trouve évidemment son enracinement dans le droit international, l'évolution, notamment jurisprudentielle, a conduit à une affirmation progressive de la spécificité communautaire qui se traduit dans la formule de la Cour selon laquelle le traité serait une « charte constitutionnelle de base ». (2)

Si l'on estime que le traité se rapproche d'une constitution, il convient d'abord de rechercher la nature de l'ensemble auquel il s'applique, puis de tenter de préciser le sens dans lequel on emploie le terme « constitution » avant d'en définir le contenu tant sur le plan des valeurs qu'il comporte que sur celui des principes structurels qui l'animent.

(1) Jean-Paul JACQUÉ, Professeur des Universités. Le présent texte, se fondant en partie sur un texte publié en 1991 (« Recueil des cours de l'Académie de droit européen », Kluwer), est antérieur à l'entrée de l'auteur au service du Conseil de l'Union européenne.

Les idées exprimées ne peuvent donc en rien être imputées à l'institution à laquelle l'auteur appartient.

(2) CJCE, arrêt du 23 avril 1986, aff. 294/83. Les Verts c. Parlement européen, Rec. 1365.

Section 1. – La nature juridique de la Communauté

La question de la nature juridique de la Communauté est un des pont-aux-ânes du droit communautaire susceptible d'alimenter des controverses infinies. Cependant, résoudre le problème de la nature des Communautés n'est pas sans intérêt. On a déjà indiqué l'importance de la recherche d'un modèle de référence pour l'analyse du système communautaire. Toute réponse renvoyant à la spécificité communautaire prive de cet ancrage et condamne à une description de l'existentiel. C'est la condamnation de tout effort doctrinal.

A. – L'ancrage international

Les Communautés sont fondées sur des traités internationaux. Comme toutes les organisations internationales, elles tirent leur origine de la volonté des États telle qu'elle s'est exprimée dans le cadre du droit international public. Or la doctrine traditionnelle voyait dans l'origine internationale ou interne de la structure créée la source de la distinction entre fédération et confédération. La confédération reposerait sur un traité international tandis que la fédération serait fondée sur une constitution. (3) Hans Kelsen a mis l'accent sur le caractère purement formel d'une analyse qui se fonderait sur la nature interne ou internationale de l'acte créateur. (4) On voit mal pourquoi il serait impossible à des États souverains d'avoir recours à la technique de l'accord international afin de s'unir au sein d'un nouvel État. (5) Le droit international n'apporte pas de limites, sauf contrariété éventuelle avec une norme de *jus cogens*, au contenu des engagements que peuvent prendre les États. Dans ces conditions, les tenants de la vision internationaliste des Communautés devraient s'attacher à établir les conséquences éventuelles d'un rattachement de la Communauté à l'ordre international. (6) S'il est vrai que les normes contenues dans le traité trouvent leur origine dans un accord

---

(3) Georg JELLINEK, « Allgemeine Staatslehre » (1921). Cf. aussi CARRÉ DE MALBERG, « Contribution à la théorie générale de l'État » (1920), tome I, 90 : « Dans le premier cas... le mot confédération n'exprime qu'une simple relation entre États confédérés : cette relation, qui s'analyse pour eux en droits et obligations réciproques, est d'ordre purement contractuel ; elle prend sa source dans le traité par lequel les États contractants se sont confédérés ; elle demeure donc un pur rapport international et est régie exclusivement par le droit public externe. L'État fédéral au contraire est, comme tout État, fondé sur sa Constitution ; la condition des États confédérés dans l'État fédéral, le fonctionnement de cet État, ses relations avec les États confédérés, tout cela ne dépend ni de stipulations contractuelles, ni des principes du droit international ; mais tout cela relève du droit public interne et est régi par la Constitution. » On constate que Carré de Malberg dépasse, implicitement, l'aspect formel de l'acte fondateur et met l'accent sur le droit qui régit les relations entre les parties composantes.

(4) « Das Problem der Souveränität und die Theorie des Völkerrechts » (1928).

(5) LE FUR a développé longuement la conception selon laquelle le pacte fédéral serait un accord international qui se transforme en constitution lors de sa mise en œuvre : « État fédéral et confédération d'États », 560.

(6) Pour une vision internationaliste récente, cf. D. GEORGIEV, *The Law of the EEC and International Law: A Critical Appraisal*, in Bernhard Graefrath, « Problème des Völkerrechts » (1987), 59. L'auteur tire comme conséquence de sa démonstration que le droit des traités s'applique aux traités communautaires, mais il manque d'exemples précis pour étayer sa démonstration. Au fond, celle-ci vise plutôt à établir que

de volontés interétatique, quel est l'intérêt, autre qu'historique, à vouloir faire de la Communauté un ensemble relevant exclusivement du droit international dès lors que le droit international ne trouve plus à s'appliquer dans le cadre des traités ? Car, plus que l'origine de la Communauté, ce sont ses caractéristiques qui sont déterminantes. Dès lors qu'une institution créée par des États dispose d'une grande autonomie par rapport à eux et qu'elle possède des institutions propres chargées d'exprimer sa volonté, elle se meut dans un cadre matériellement constitutionnel.

C'était la thèse que soutenait Monaco, approuvé par une grande partie de la doctrine, en ce qui concerne les actes constitutifs d'organisations internationales.

> « Sous ce profil, l'acte institutif d'une Organisation internationale est bien un traité international, fondé, en tant que tel, sur la volonté des contractants et donc soumis, au moment de sa formation, à leur volonté, mais il est par ailleurs destiné à devenir la constitution, c'est-à-dire l'acte de fondation de l'Organisation, auquel celle-ci se rattache tout au long de son existence. On pourrait dire, par conséquent, que l'acte institutif revêt la forme du pacte, mais possède la substance de la constitution : né sur la base d'une convention, il dépasse, avec le temps, son origine formelle, jusqu'à devenir une constitution de durée déterminée dont le développement déborde le cadre à l'intérieur duquel elle avait été initialement conçue. » (7)

Si l'on ajoute à cela la spécificité communautaire, l'interrogation sur la nature juridique des Communautés est tout à fait légitime. La Cour a certes qualifié dans un premier temps la Communauté de

> « nouvel ordre juridique de droit international au profit duquel les États ont limité, bien que dans des domaines restreints, leurs droits souverains et dont les sujets sont non seulement les États membres mais également leurs ressortissants ». (8)

Mais la Cour devait rapidement opérer le détachement par rapport à l'ordre juridique international dans l'arrêt *Costa c. Enel*.

> « ... en instituant une Communauté de durée illimitée, dotée d'attributions propres, de la personnalité, de la capacité juridique, d'une capacité de représentation internationale et plus précisément de pouvoirs réels issus d'une limitation de compétences ou d'un transfert d'attributions des États à la Communauté, ceux-ci ont limité, bien que dans des domaines restreints,

---

la thèse selon laquelle les Communautés ne seraient pas des organisations internationales est d'ordre idéologique et que la souveraineté appartient toujours aux États membres. S'il s'agit de montrer que la Communauté n'est pas un État, l'auteur ne rencontrera guère de contradicteur.

(7) *Le caractère constitutionnel des actes institutifs d'organisations internationales*, in « Mélanges offerts à Charles Rousseau » (1974), 154 ; cf. aussi H. LESGUILLONS. *L'application d'un traité-fondation : le traité instituant la CEE*, LGDJ (1968).

(8) CJCE, arrêt du 5 février 1963, N.V. Algemene Transport en Expeditie Onderneming Van Gend en Loos c. Administration fiscale néerlandaise, aff. 26/62, Rec. 3.

leurs droits souverains et créé ainsi un corps de droit applicable à leurs ressortissants et à eux-mêmes. » (9)

Certes, l'affirmation de l'existence d'un droit propre à la Communauté n'élimine pas la question de la source de ce droit, mais il faut noter que la Cour se fonde sur les caractéristiques du droit communautaire pour asseoir l'autonomie de celui-ci. On admet alors que l'essentiel pour analyser la Communauté ne réside pas dans l'origine de celle-ci, mais dans le fait que les rapports entre États membres échappent totalement au droit international pour relever du droit propre à la Communauté, même en l'absence de dispositions expresses du traité. Ce n'est pas le cas dans les organisations intergouvernementales classiques où, en l'absence de règles spécifiques de la charte constitutive, on se réfère au droit international pour déterminer le droit applicable.

Ainsi, si la Cour Internationale de Justice a admis, dans son avis sur la Namibie, qu'une pratique généralement admise pouvait modifier la Charte des Nations Unies, la Cour de Justice des Communautés s'est opposée à cette conception internationaliste pour renvoyer à la seule révision des traités. (10) Le refus du recours au droit international est patent dans d'autres hypothèses. Ainsi, en ce qui concerne la compétence de la Communauté, la règle de la caducité ne joue pas. Dans *Costa c. Enel*, la Cour fait état de « limitation définitive » des droits souverains des États. (11) Cette vision a été confirmée avec solennité dans l'affaire de l'Agence européenne d'approvisionnement d'Euratom. (12) De la même manière, le principe de réciprocité, sous la forme de l'*exceptio non adimpleti contractus*, ne joue pas en droit communautaire. (13)

Dès lors, la vision internationaliste n'a qu'un intérêt limité. Il n'en subsiste que le fait que les États demeurent les maîtres de la révision du traité par la voie de l'article 236. Mais la liberté des États n'est pas totale. On en trouve trace dans la jurisprudence de la Cour relative aux accords d'adhésion. Ces accords conclus par tous les États membres pourraient, en vertu de la théorie des traités successifs telle qu'elle est codifiée par l'article 30 de la Convention de Vienne sur le droit des traités, modifier le traité CEE. Or, il n'en est rien

---

(9) CJCE, arrêt du 15 juillet 1964, aff. 6/64, Rec. 1159.

(10) Avis du 21 juin 1971, CIJ, Rec. 1971, 22 : « La procédure suivie par le Conseil de sécurité qui est demeurée inchangée, après l'amendement apporté à l'article 27 de la Charte en 1965, a été généralement acceptée par les membres des Nations Unies et constitue la preuve d'une pratique générale de l'Organisation ». Comparer CJCE, arrêt du 23 février 1988, aff. 68/86, Royaume-Uni de Grande-Bretagne et d'Irlande du Nord c. Conseil, Rec. 892 : « À cet égard, il convient de relever que les règles relatives à la formation de la volonté des institutions communautaires sont établies par le traité et qu'elles ne sont à la disposition ni des États membres ni des institutions elles-mêmes ».

(11) Préc. (note 8).

(12) CJCE, arrêt du 14 décembre 1971, aff. 7/71. Commission c. France, Rec. 1003 : « un dessaisissement des attributions (...) conférées et le retour des objets qu'elles concernent dans le domaine de compétence des seuls États ne pourraient intervenir qu'en vertu d'une disposition expresse du traité ». Cf. également la jurisprudence relative à la carence des institutions communautaires, laquelle ne saurait aboutir à restituer aux États une compétence discrétionnaire, CJCE, arrêt du 10 juillet 1980, aff. 32/69, Commission c. Royaume-Uni, Rec. 2923.

(13) CJCE, arrêt du 13 novembre 1964, aff. 90 et 91/63. Commission c. Grand-Duché de Luxembourg et Royaume de Belgique, Rec. 1217.

et, à propos de l'accord d'adhésion du Royaume-Uni, la Cour a précisé que les ajustements prévus par l'article 237 ne peuvent avoir pour objet que de faciliter l'adaptation de l'État aux règles en vigueur dans la Communauté. Dès lors, les dispositions de cet accord ne doivent être interprétées qu'en vue de réaliser plus facilement les objectifs du traité CEE et l'application intégrale de ses règles. (14) Ainsi, les parties du traité qui pourraient relever le plus directement du droit international sont-elles insérées dans le processus institutionnel. Le mouvement qui va du traité international vers une constitution a été décrit par la Cour dans son premier avis relatif à l'espace économique européen.

> « ... le traité CEE, bien que conclu sous la forme d'un accord international, n'en constitue pas moins la charte constitutionnelle d'une communauté de droit ». (15)

Mais, à partir du moment où l'ancrage international s'estompe, la question de la souveraineté se pose avec une vigueur accrue.

B. – Communauté et souveraineté

La Cour de Justice des Communautés n'a pas cherché à définir les Communautés et s'est bornée à constater que celles-ci bénéficiaient de pouvoirs issus soit d'une limitation de compétences soit d'un transfert d'attributions des États. (16) L'existence de limitations de compétences n'entraîne pas nécessairement l'octroi de pouvoirs à la Communauté. Le fait que les États ne puissent plus établir de droits de douane dans le commerce intracommunautaire n'autorise pas pour autant la Communauté à en instituer. Comme le déclarait la Cour, dans l'affaire *Rewe Zentrale*, les institutions communautaires sont elles aussi tenues de respecter la liberté des échanges intracommunautaires, principe fondamental du marché commun. (17) En ce qui concerne les transferts de compétence, il existe sans doute des cas dans lesquels la compétence de la Communauté recouvre entièrement celle dont

(14) CJCE, arrêt du 29 mars 1979, aff. 231/78, Commission c. Royaume-Uni, Rec. 1447. Il va de soi que la Cour ne saurait se prononcer sur la validité d'un traité d'adhésion puisqu'il s'agit d'un accord interétatique et non d'un acte communautaire. Cf. arrêt du 28 avril 1988, LAISA et CPC Espagna c. Conseil, aff. 31 et 36/86, Rec. 2285.

(15) Avis 1/91 du 14 décembre 1991, JOCE C 110 du 29 avril 1992 = RUDH 1992, 91. La Cour continue ainsi : « Selon une jurisprudence constante de la Cour de justice, les traités communautaires ont institué un nouvel ordre juridique au profit duquel les États ont limité, dans des domaines de plus en plus étendus, leurs droits souverains et dont les sujets sont non seulement les États membres mais également leurs ressortissants (...). Les caractéristiques essentielles de l'ordre juridique communautaire ainsi constitué sont en particulier sa primauté par rapport aux droits des États membres ainsi que l'effet direct de toute une série de dispositions applicables à leurs ressortissants et à eux-mêmes. »

(16) Sur cette question qui a fait l'objet de nombreuses études, voir en particulier V. CONSTANTINESCO, *Compétences et pouvoirs dans les Communautés européennes*, LGDJ (1974), notamment 236 ss. : cf. également R. KOVAR. *Compétences des Communautés européennes*, Juris-Classeurs Europe, fascicule 420 (1990).

(17) CJCE, arrêt du 29 février 1984, aff. 37/83, Rec. 1248.

disposaient antérieurement les États membres. Il en va ainsi dans le secteur des compétences externes, qu'il s'agisse de la politique commerciale commune (18) ou de la pêche. (19) Enfin, les fonctions attribuées à la Communauté entraînent la nécessité pour elle de disposer de compétences qu'à l'évidence les États membres ne pouvaient exercer. Tel est le cas, fréquemment relevé, de la compétence en matière d'harmonisation des législations.

Il n'existe donc pas d'équivalence absolue entre les compétences transférées par les États et celles dont disposent les Communautés. Comme l'a observé la Cour, sauf révision du traité, les compétences conférées à la Communauté le sont pour une durée illimitée. Il est donc impossible à un État de reprendre de sa propre volonté les compétences qu'exerce la Communauté. (20) Qu'en est-il alors de la souveraineté ?

Le problème est difficile si l'on définit la souveraineté comme le faisait Charles L'Oyseau au début du XVIIe siècle.

> « Or elle consiste en puissance absolue et entière de tout point que les Canonistes appellent plénitude de puissance. Et par conséquent elle est sans degré de supériorité : car celui qui a un supérieur ne peut être suprême et souverain ; sans limitation de temps, autrement ce ne serait ni puissance absolue, ni même seigneurerie ainsi une puissance en garde ou dépôt ; sans exception de personnes ou choses aucunes, qui soient de l'État, pour ce qui en serait excepté ne serait plus de l'État, et finalement sans limitation de pouvoir et autorité... » (21)

Dans une telle conception, qui restitue la vision classique de la souveraineté, le phénomène communautaire est difficilement explicable. On peut certes estimer que la Communauté ne dispose que de compétences, les États membres conservant les attributions souveraines que sont la défense, la diplomatie, et pour le moment la monnaie, mais la réalité communautaire montre bien que même dans ces domaines la liberté des États n'est plus entière. Les compétences communautaires, notamment dans le domaine des relations extérieures, conditionnent très largement l'exercice de ce que l'on

(18) CJCE, avis 1/75 du 11 novembre 1975, Rec. 1359.

(19) CJCE, arrêt du 14 juillet 1976, aff. jointes 3, 4 et 6/76. Kramer, Rec. 1279.

(20) Il n'en irait autrement que dans l'hypothèse d'un retrait, mais la majorité de la doctrine s'accorde pour estimer que le retrait unilatéral serait juridiquement impossible (cf. AKEHURST, *Withdrawal from International Organisations*, 32 Current Legal Problems (1979), 143). On objectera que l'interdiction juridique du retrait resterait de peu d'efficacité à l'égard d'un État qui aurait décidé de se retirer. Mais, outre le fait que le développement du processus d'intégration rend en pratique le retrait de plus en plus difficile, on ne peut demander au juriste de fonder son analyse sur l'éventualité d'un acte contraire au traité. Par contre, et c'est sans doute la solution qui s'imposerait dans la pratique, un retrait négocié est toujours possible. C'est à cette interprétation, semble-t-il, que se réfère la Cour constitutionnelle allemande dans sa décision du 12 octobre 1993 lorsqu'elle note que l'appartenance à la Communauté est prévue pour une durée illimitée, mais qu'elle pourrait cesser par un acte contraire (BVerfGE 89, 155 ss. = EuGRZ 1993, 429 ss. notamment 439 sous II, 1, a) : cf. la traduction française in RUDH 1993, 286 ss., notamment p. 290). Voir aussi ci-dessous note 33.

(21) C. L'OYSEAU, « Traicté des Seigneureries », Paris, 1609, 25. Voir aussi B. DE JOUVENEL, « De la souveraineté, à la recherche du bien politique » (1955).

pourrait appeler les compétences souveraines des États. (22) Sur un plan juridique, la Cour de Justice notait dans son avis relatif à l'OIT que dans un secteur où les compétences sont partagées entre la Communauté et les États membres,

> « ... il importe d'assurer une coopération étroite entre ces derniers et les institutions communautaires tant dans le processus de négociation et de conclusion que dans l'exécution des engagements assumés. Cette obligation de coopération... résulte de l'exigence d'unité dans la représentation internationale de la Communauté. » (23)

Certes les États restent les maîtres des traités, mais ils ne le sont que collectivement et non individuellement. Un État, envisagé de manière isolée, ne détient plus la compétence de la compétence. Respectueuse de la souveraineté étatique, la Cour Permanente de Justice Internationale déclarait, dans l'affaire du *Wimbledon*, qu'un traité ne saurait constituer un abandon de souveraineté parce que la faculté de contracter était un attribut de la souveraineté de l'État. Mais qu'en est-il lorsque le traité comporte renonciation à l'exercice d'une compétence et est conclu pour une durée indéterminée ? Le Conseil constitutionnel de France ne jugeait le protocole additionnel à la Convention européenne des droits de l'homme relatif à la peine de mort compatible avec la constitution que parce qu'il pouvait être dénoncé, mais dans le cadre communautaire, la dénonciation n'est pas possible. (24) L'exercice par les Communautés de compétences de plus en plus étendues semble se heurter à la vision classique de la souveraineté indivisible. On se souvient d'ailleurs des difficultés de la doctrine à interpréter la décision du Conseil constitutionnel français relative à l'élection du Parlement européen au suffrage universel direct lorsqu'elle tentait de distinguer les limitations de compétence autorisées par la Constitution et les transferts qui étaient eux interdits. (25) Le Conseil a d'ailleurs renoncé, dans sa décision du 9 avril 1992, à cette distinction. Pour J.V. Louis, il convient de faire appel à une autre notion de la souveraineté.

---

(22) Même si les compétences externes des États membres restent essentielles, la politique commerciale commune reste incontournable, comme le montre l'usage de l'article 113 dans le cadre des sanctions, notamment lors de la guerre du Golfe. En outre, les États membres ne contrôlent plus des secteurs qu'ils pouvaient auparavant mettre au service de leur diplomatie. Il y a bien ici mise en commun de la souveraineté. C'est également le cas en matière monétaire pour les États qui participent au système monétaire européen. Certes les contraintes restent limitées, mais il convient d'en tenir compte.

(23) CJCE, avis 2/91 du 19 mars 1993, Rec. I-1061.

(24) Décision n° 85-188 DC du 22 mai 1985, Rec. 15.

(25) Décision n° 76-71 DC du 30 décembre 1976, Rec. 15 : CDE (1977), note BOULOUIS, 458 ; JDI (1977), note RUZIÉ, 66 ; RTDE (1977), note KOVAR et SIMON, 697 ; J.-P. JACQUÉ. *La souveraineté française et l'élection du Parlement européen au suffrage universel direct*, in G. Ress (éd.), « Souveränitätsverständnis in den Europäischen Gemeinschaften » (1980), 71-90. La jurisprudence a d'ailleurs évolué et le Conseil vérifie actuellement si les engagements internationaux ne portent pas atteinte aux conditions essentielles d'exercice de la souveraineté nationale. Cf. décision n° 91-294 DC du 25 juillet 1991 relative aux accords de Schengen, RUDH 1992, 345.

> « C'est une conception nouvelle de la souveraineté qui se fait jour dès la résolution politique du congrès de La Haye et qui correspond à l'idée de la divisibilité de la souveraineté. Il ne s'agit certes pas d'une conception quantitative qui assimilerait la souveraineté au territoire dont des parties seraient cédées. Il s'agit bien plutôt de déterminer en fonction de l'attribution de compétences à la Communauté et de l'exercice qui en a été fait par elle, qui, de l'État ou de la Communauté, a la maîtrise de telle ou telle question, sans que soient exclus, selon le cas, ni des actions conjointes, ni l'accomplissement de tâches subordonnées par l'État.
>
> L'idée de la souveraineté divisible convient parfaitement pour décrire le fonctionnement d'un mécanisme d'intégration, que l'on évoque le "réaménagement" des souverainetés, la "fusion" de celles-ci ou leur "exercice en commun" que ce mécanisme comporte. » (26)

Après tout, la réflexion sur l'État fédéral a depuis longtemps mis en lumière l'inaptitude du concept de souveraineté à rendre compte de la superposition non hiérarchique de l'État fédéral et de ses composantes ainsi que du partage des compétences. La notion de souveraineté partagée a été mise en lumière par les auteurs du *Federalist* et Madison estimait que la Constitution américaine n'était ni nationale, ni fédérale, mais un composé des deux. Carré de Malberg rendait bien compte de cette théorie lorsqu'il écrivait.

> « On part ici de l'idée que par ce traité les États particuliers ont remis à l'État fédéral une certaine partie de leurs attributions antérieures, mais qu'ils en ont conservé une autre partie pour eux-mêmes... On déduit de là que si, dans la sphère de ses attributions, l'État fédéral est souverain, les États confédérés le sont aussi dans la sphère de leurs compétences propres. Assurément cette souveraineté n'est complète ni pour l'État fédéral, ni pour l'État membre. Mais la souveraineté n'a pas pour conséquence d'être illimitée ; pour qu'un État puisse être qualifié de souverain, il n'est pas nécessaire que sa puissance soit indéfinie quant à son étendue ; il suffit que, dans la mesure où elle existe, cette puissance soit indépendante de toute puissance supérieure quant à son origine et quant à ses conditions d'exercice. » (27)

Cette conception de la souveraineté partagée s'oppose à l'analyse d'auteurs comme Laband pour lesquels la souveraineté étant avant tout domination, elle ne saurait être partagée. (28) Il en voit la preuve dans le fait que le pouvoir de délimitation des compétences appartient à l'État fédéral. Mais dans le cadre de la Communauté, le pouvoir d'interpréter le traité et donc de préciser la délimitation des compétences a été attribué à la Cour. Quant à la compétence de la compétence, on a déjà dit qu'elle n'est plus entre les mains de chaque État, mais de l'ensemble des États dans le cadre de l'article 236.

---

(26) « L'ordre juridique communautaire », 5e éd. (1989), 13 ; cf. aussi PESCATORE, *L'apport du droit communautaire au droit international public*, CDE (1970), 501.

(27) CARRÉ DE MALBERG, « Contribution... » préc. (note 2), 137.

(28) « Droit public de l'Empire allemand », éd. franç., tome I, 110.

Cependant, l'idée du partage qui rend compte de l'aménagement des compétences répond-elle vraiment à la spécificité communautaire ? Guy Isaac fait remarquer que, dans sa délibération 1/78, la Cour a qualifié la Communauté de « pouvoir public commun ». (29) Faut-il voir là une référence à la théorie de l'État global selon laquelle, dans un système fédéral, la souveraineté ne serait pas partagée, mais appartiendrait à l'ensemble formé par l'État fédéral et ses membres ? (30) On a souvent jugé que cette vision était artificielle puisque l'État global n'avait pas d'existence juridique et n'apparaissait qu'au moment de la révision constitutionnelle. Il n'a pas d'autre consistance organique.

Sans vouloir donner ici une réponse définitive tant il est difficile d'adapter des conceptions forgées à partir de l'État fédéral à un ensemble qui n'est certainement pas un État fédéral, il convient de retenir l'existence d'une souveraineté dont l'exercice peut être commun, l'agencement constitutionnel des Communautés permettant cet exercice de façon commune selon des modalités qui varient d'ailleurs en fonction de l'objet de la compétence. Comme le note Guy Isaac, l'exercice en commun des souverainetés « rend supportable les inévitables limitations de souveraineté inhérentes à la mise en place du système communautaire ». (31)

Dans ces conditions, il n'est pas aisé de définir la nature juridique des Communautés qui n'apparaissent que comme un état d'un processus inachevé. C'est la raison pour laquelle la doctrine insiste davantage sur ce qu'elles ne sont pas, une organisation internationale classique ou un État fédéral. On a forgé le concept de supranationalité, cet *amorphous concept*, (32) pour caractériser les Communautés. Mais il s'agit d'un concept existentiel qui décrit l'existant sans donner une réponse véritable à la question de la nature des Communautés. (33) C'est avant tout parce les Communautés sont un système en devenir entre l'organisation internationale et l'État fédéral. Elles ne peuvent donc relever des catégories connues et il n'est pas certain qu'elles arrivent au terme de leur évolution. L'effort de la Cour constitutionnelle allemande dans son arrêt du 12 octobre 1993 de définir la Communauté comme une association d'État *(Staatenverbund)* n'apporte guère d'éléments nouveaux. (34) Sont ainsi écartées les notions de confédération *(Staatenbund)*

(29) CJCE, 14 novembre 1978, Rec. 2178. Il s'agit de la CECA et on peut se demander si la même formule serait utilisée s'agissant de la CEE, ISAAC, « Droit communautaire général. » 3e éd. (1990), 305.

(30) C'était la thèse de HANEL et de GIERKE, bien que les deux auteurs divergent quant à l'octroi de la personnalité juridique à l'État global. Cf. CARRÉ DE MALBERG, préc. (note 2), 142.

(31) *Op. cit*, (note 28).

(32) Selon la formule de J. WEILER, *The Dual Character of Supranationalism*, in « Yearbook of European Law » (1981), 268.

(33) Sur l'échec d'une tentative de définition et le retour à l'existentiel, cf. DAGTOGLOU, *La nature juridique de la Communauté européenne*, in « Trente ans de droit communautaire, Perspectives européennes » (1981), 35. Sur la critique de la notion de supranationalité, cf. V. CONSTANTINESCO, préc. (note 15), 56.

(34) Cf. M. FROMONT, *Europa und nationales Verfassungsrecht nach dem Maastricht-Urteil – Kritische Bemerkungen*, Juristenzeitung 1995, 800 ; C. GREWE. *L'arrêt de la Cour constitutionnelle fédérale allemande du 12 octobre 1993 sur le Traité de Maastricht : l'Union européenne et les droits fondamentaux*, RUDH 1993, 226 ; traduction française de la décision RUDH 1993, 286.

et d'État fédéral *(Bundesstaat)*, mais la notion d'association d'État ne renvoyant à aucune notion juridique connue, il est difficile d'en déterminer le contenu juridique. Les Communautés constitueraient-elles alors une nouvelle catégorie juridique, caractérisée par leur état évolutif soit vers un système fédéral, soit vers une solution confédérale ? Dans tous les cas, le juriste ne dispose pas de modèle de référence. Léontin-Jean Constantinesco le montrait bien lorsqu'il avait recours, lui aussi, à un concept spécifique pour caractériser juridiquement les Communautés, celui d'organisation intégrante, dont il soulignait le caractère évolutif. (35) Dans ces conditions, compte tenu du stade actuel de l'évolution de la Communauté, le modèle de référence a fréquemment été le système fédéral que l'on utilisait avec prudence en l'adaptant pour tenir compte de la spécificité des Communautés. Sans pratiquer la transposition systématique, il est utile d'éclairer les problèmes communautaires à la lumière de l'expérience fédérale. Qu'il s'agisse de la répartition des compétences, des règles institutionnelles, de l'ordre juridique, la réaction naturelle est de chercher des indications dans les États fédéraux. Que l'on songe, par exemple, à la théorie de la préemption dans le domaine des compétences concurrentes ! (36)

La Communauté est aujourd'hui un ensemble spécifique fondé sur une répartition des compétences entre elle-même et les États membres, les compétences communautaires étant exercées en commun dans le cadre du système institutionnel communautaire. C'est en ce sens que l'on peut parler d'une intégration. Compte tenu de leurs caractéristiques, les Communautés ne peuvent plus être considérées comme des organisations internationales, à moins de donner à cette catégorie une telle extension qu'elle perdrait de sa signification, mais elles restent bien en deçà d'une structure fédérale. Il en résulte que le traité ne relève pas d'une analyse fondée sur le droit international, mais se rapproche d'une constitution.

---

(35) « Étant le résultat d'une évolution encore en marche, la nature juridique des CE peut encore changer. Il suffirait qu'à l'avenir dans la bivalence le pôle coopératif basé sur la souveraineté, l'intergouvernemental, le vote unanime et la *coopération organisée* prenne le pas sur le pôle intégrant basé sur la solidarité, le vote à la majorité qualifiée et sur *l'intégration institutionnalisée* pour que les CE perdent non seulement leur originalité spécifique, mais leur signification historique et soient réduites au rang de simples organisations internationales classiques. De ce point de vue, le problème de leur nature définitive est encore ouvert (…) », in Léontin-Jean CONSTANTINESCO, La nature juridique des Communautés européennes, Conférence H. Spaak, 1980.

(36) K. LENAERTS conclut de son étude comparative de la jurisprudence constitutionnelle de la Cour suprême, de la Cour de Justice des Communautés et de la Cour européenne des droits de l'homme qu'il est possible de rationaliser ces jurisprudences dans un cadre analytique unique, sans pour autant conclure à leur identité. « Une telle identité sera probablement impossible aussi longtemps que, contrairement au législateur de l'Union américaine, le législateur communautaire conservera un caractère interétatique prononcé », in « Le juge et la Constitution aux États-Unis d'Amérique et dans l'ordre juridique européen » (1989), 709.

Section 2. – Le phénomène de constitutionnalisation

Le terme « constitutionnalisation » est d'origine anglo-saxonne. Il est utilisé pour désigner le processus à travers lequel les traités communautaires se transforment progressivement en une constitution. Dans le cadre de ce processus, le rôle de la Cour est fondamental. C'est à travers ses interprétations que s'est construit le « supranationalisme normatif » (effet direct, primauté, préemption...), mais également, et surtout dans les dernières années, qu'ont été dégagés les traits essentiels de la structure institutionnelle de la Communauté. L'évolution est intéressante, même s'il est vraisemblable qu'elle ne corresponde pas à une stratégie consciente de la Cour. Dans une première phase, alors que les États contrôlent largement le système décisionnel, la Cour s'est attachée à formuler les doctrines de la primauté et de l'effet direct et à élaborer une théorie des compétences communautaires. Elle s'est comportée avec pragmatisme, l'énoncé d'une règle s'accompagnant des assouplissements nécessaires lorsque l'application de celle-ci soulève des difficultés graves. (37) Les avancées de la Cour sont d'autant mieux acceptées que les États ont la possibilité de fixer le contenu des normes communautaires et qu'après tout, même si l'application de certaines normes leur pose des problèmes, la Cour ne leur impose que ce à quoi ils ont consenti. Au prix d'un effort de coopération avec les juridictions nationales, fruit d'un dialogue soutenu, la Cour a réussi à faire partager ses solutions quant à la structure normative de la Communauté. Mais cette première étape a été suivie d'une seconde, davantage tournée vers le renforcement institutionnel des Communautés. L'examen de la base juridique des actes qui commande le processus décisionnel, la définition du statut du Parlement devant la Cour, l'affirmation de principes structurels comme celui de l'équilibre institutionnel ou de la coopération entre institutions montrent que la Cour est entrée dans une nouvelle phase et qu'à la demande des institutions elles-mêmes, elle se fait l'arbitre du contentieux interinstitutionnel, contribuant ainsi à la constitutionnalisation de la Communauté. (38)

---

(37) On peut illustrer cette attitude en matière de compétences extérieures où la Cour s'est montrée fort réaliste en se gardant de pousser jusqu'à ses limites extrêmes la doctrine dégagée dans l'arrêt AETR du 31 mars 1971, aff. 22/70, Rec. 273. Cf. WEILER, *The Dual Character...*, préc. (note 31), 280. Ce souci de réalisme explique également la souplesse de la solution retenue dans l'arrêt Bulk Oil du 18 février 1986, aff. 174/84, Rec. 559, par rapport à la rigueur de la règle posée dans l'arrêt Donckerwolke du 15 décembre 1976, aff. 41/76, Rec. 1921 selon laquelle des mesures nationales, en matière de politique commerciale commune, ne sont possibles, après l'expiration de la période de transition, qu'en vertu d'une habilitation spécifique de la Communauté. Or, dans Bulk Oil, la Cour a considéré que l'exclusion du pétrole du champ d'application du Règlement 2603/69 sur les exportations valait implicitement habilitation communautaire, ce qui signifie que dès lors que la Communauté n'exerce pas pleinement une de ses compétences exclusives, les États membres ont une habilitation implicite pour intervenir. On transforme la compétence exclusive en compétence concurrente. La Cour n'a d'ailleurs pas dissimulé les raisons pour lesquelles elle est revenue sur sa solution antérieure (sans d'ailleurs le faire expressément et en conservant une cohérence apparente avec l'arrêt Donckerwolke). Elle mentionne l'existence, en matière pétrolière, d'engagements internationaux des États membres ainsi que les caractéristiques particulières du pétrole, produit d'importance vitale pour l'économie d'un État.

(38) Sur la constitutionnalisation, voir KRISLOW et al., *The Political Organs and the Decision-Making Process in the United States and the European Community*, in Cappelletti et al., « Integration

Dire que la Communauté est régie par une constitution, c'est d'abord établir que les règles du droit international ne jouent plus dans le cadre des traités communautaires. Mais est-ce bien suffisant ? Oui, si l'on considère qu'une constitution est un ensemble de règles régissant des rapports interinstitutionnels, mais à ce titre, on l'a vu, toute charte constitutive d'une organisation internationale est matériellement constitutionnelle. Non, si l'on admet qu'au delà de son contenu matériel, une constitution est porteuse d'un projet social, d'un idéal de société et, dans ce cas, il faudra montrer que tel est bien le cas en droit communautaire.

A. – Traité ou constitution ?

En évoquant l'ancrage international de la Communauté, un certain nombre de thèmes relatifs à notre problématique ont déjà été abordés. Cependant, il convient d'écarter les éléments qui ne sont pas significatifs. Le fait que les traités aient été conclus pour une durée illimitée n'est pas particulier aux traités communautaires et la Charte des Nations Unies présente la même caractéristique. L'impossibilité éventuelle du retrait unilatéral ne nous paraît pas spécifique aux Communautés et on sait que la question a été sérieusement discutée dans le cadre des Nations Unies sans qu'une réponse ait été véritablement donnée. (39) De la même manière, le droit international connaît la possibilité de créer des normes directement invocables par les particuliers. La spécificité communautaire réside dans le fait qu'en droit communautaire l'effet direct est la règle alors qu'il reste l'exception en droit international. (40) La primauté est elle aussi une caractéristique du droit international puisque l'article 27 de la Convention de Vienne indique qu'une partie ne peut invoquer une disposition de son droit interne pour justifier la non-exécution d'un traité. Comme l'a montré De Witte, ce qui est spécifique au droit communautaire, c'est l'existence de l'article 177 qui permet au juge communautaire d'intervenir avant que la primauté ait été violée alors que le juge international intervient d'ordinaire après alors que le problème se pose en termes de responsabilité. (41) C'est cette caractéristique qui a permis à la Cour de développer une jurisprudence si considérable sur les caractères et les conséquences de la primauté. Mais on voit mal un juge international nier la primauté. Tout au plus laissera-t-il aux autorités nationales le choix des moyens pour assurer

through Law. Europe and the American Federal Experience ». Vol. I, Book 2 (1986), 13-16 : G.F. MANCINI. *The Making of a Constitution for Europe*. CML Rev (1989), 595-614. Tout l'ouvrage de LENAERTS, préc. (note 35), est fondé sur une approche constitutionnelle.

(39) Cf. H. SCHERMERS, « International Institutional Law » (1980), 60 : « There is unsufficient ground for accepting a different rule of customary law for constitution of IO nor there is any reason to consider a right of withdrawal to be implied by the nature of a constitution », 72.

(40) CPJI, Compétence des tribunaux de Dantzig, avis du 3 mars 1928. Série B n° 15, 18.

(41) *Retour à Costa. La primauté du droit communautaire au regard du droit international*, RTDE (1984), 424.

celle-ci. Sur tous ces points, le droit communautaire ne semble pas en discordance avec le droit international, même s'il a atteint un degré d'achèvement inconnu dans le cadre du droit des traités. Cet accomplissement est lié certes à la spécificité du droit communautaire, comme l'a mis en lumière la Cour dans l'affaire *Costa c. Enel*, et notamment à l'exigence de l'uniformité dont le juge Pescatore disait qu'elle était existentielle dans la Communauté. (42) Il faut sans doute voir dans cet arrêt une tentative (réussie) de convaincre le juge national d'accorder au droit communautaire un traitement différent de celui qu'il réservait au droit international, mais il peut trouver sa source dans l'adage *Pacta sunt servanda*. (43) Certains auteurs s'élèvent contre cette thèse qu'ils qualifient de « révisionniste ». (44) Cependant le propos n'est pas de remettre en cause l'idée selon laquelle le droit communautaire procéderait d'une source autonome par rapport au droit international, mais de souligner que le principe de primauté n'est pas étranger à l'ordre international, même s'il revêt en droit communautaire des formes inconnues au droit international en raison des exigences du marché commun. La primauté est consubstantielle au droit communautaire et a conduit la Cour à régler les rapports entre le droit communautaire et le droit interne avec une minutie inconnue du système international, lequel se limite à exiger des États l'exécution de leurs obligations internationales sous peine de mettre en jeu leur responsabilité.

Un autre aspect mérite d'être relevé : l'exclusion du jeu de la réciprocité et, en conséquence, l'impossibilité de faire jouer la règle *inadimplenti non est adimplendum*. Certes, l'article 60 de la Convention de Vienne prévoit que la règle ne joue pas pour les dispositions relatives à la protection des personnes contenues dans les traités à caractère humanitaire. Elle peut être également écartée lorsque l'accord contient des dispositions spécifiques à cet effet. Mais dans le cadre communautaire, la réciprocité ne saurait trouver place en raison de la nature même du traité. Comme le constate la Cour.

> « ... le traité ne se borne pas à créer des obligations réciproques entre les différents sujets auxquels il s'applique, mais établit un ordre nouveau qui règle les pouvoirs, droits et obligations desdits sujets ainsi que les

(42) « L'ordre juridique des Communautés » (1973), 227.

(43) Si nous partageons jusqu'à ce point l'opinion de DE WITTE (note 40), nous ne le suivons pas lorsqu'il définit la Communauté comme un sous-ensemble de l'ordre international, car, à moins que l'on estime – en poussant la vision scellienne à ses extrémités – que les États sont eux aussi des sous-ensembles d'un ordre international qui fonde leurs compétences, il nous semble que l'appartenance de la Communauté à l'ordre international devrait se marquer par l'obéissance de celle-ci à quelques règles fondamentales de l'ordre international. Or, nous avons l'intention de montrer que sur certains points, il n'en est rien. Il ne suffit pas de dire que le pouvoir des États reste fort à l'intérieur de la Communauté pour conclure à l'appartenance de celle-ci à l'ordre international : encore faudrait-il montrer que, juridiquement, la volonté des États, lorsqu'elle s'exprime en dehors des procédures prévues par le traité, prime celui-ci, ce qui n'est pas, nous semble-t-il, le cas.

(44) C'est le cas notamment de KOVAR, *Ordre juridique communautaire, primauté du droit communautaire*, Juris-Classeurs Europe, fascicule 431, n° 6 (1991).

procédures nécessaires pour faire constater et sanctionner toute violation éventuelle.

Que partant, en dehors des cas expressément prévus, l'économie du traité comporte interdiction pour les États membres de se faire justice à eux-mêmes ;

que l'inexécution des obligations incombant au Conseil ne saurait être de nature à dispenser les défendeurs de l'exécution de leurs obligations. »

Le caractère constitutionnel des traités se manifeste essentiellement dans l'exclusion du jeu des règles de droit international en ce qui concerne la révision des traités. On peut examiner cette exclusion à deux points de vue : en ce qui touche tout d'abord à la place attribuée à la pratique des États et des institutions par rapport aux règles des traités et ensuite en ce qui se rapporte au respect de la procédure de l'article 236.

Le problème des rapports entre coutume constitutionnelle et constitution écrite est l'un des thèmes classiques du droit constitutionnel national. Un fort courant exclut toute révision coutumière des constitutions écrites en s'appuyant sur l'idée que les auteurs de la constitution, lorsqu'ils ont prévu un mode spécifique de révision, ont entendu exclure tout recours à la coutume constitutionnelle. Il n'en va pas de même en droit international où l'on admet qu'une pratique généralement acceptée puisse modifier la charte constitutive d'une organisation internationale. Certes, la Cour Internationale de Justice n'a pas expressément consacré la coutume *contra legem*, mais elle l'a fait implicitement en admettant que l'abstention d'un membre permanent du Conseil de Sécurité n'empêchait pas, conformément à une pratique communément admise, la prise de décision alors que l'article 27 § 3 de la Charte des Nations Unies prévoit que la majorité doit comprendre l'ensemble des voix des membres permanents. Or, sur ce point, la jurisprudence de la Cour de Justice est sans ambiguïté. La Cour déclare dans l'arrêt *Defrenne I*.

« ... la résolution des États membres du 30 décembre 1961, sans préjudice des effets qu'elle a pu avoir en vue de favoriser et d'accélérer la mise en œuvre intégrale de l'article 119, n'a pas pu valablement modifier l'échéance fixée par le traité... en effet, une modification du traité ne peut résulter – sans préjudice de dispositions spécifiques – que d'une révision opérée en conformité avec l'article 236. » (45)

Certes, il ne s'agissait que d'un seul précédent, mais une série de précédents accompagnée de l'acquiescement des États ne saurait davantage couvrir l'illégalité. Ainsi, dans l'affaire *Bulk Oil*, la Cour précise,

« ... la circonstance qu'aucune institution communautaire n'a contesté la légalité de la politique mise en œuvre par un État membre ne saurait avoir,

(45) CJCE, arrêt du 8 avril 1976, Rec. 455.

en elle-même, aucune incidence sur la compatibilité d'une politique du type de celle en cause avec le droit communautaire. » (46)

La Cour a expliqué, dans l'affaire des *hormones*, les raisons de son attitude. Les règles établies par le traité ne sont ni à la disposition des États, ni à la disposition des institutions et la sécurité juridique exige qu'une modification de ces règles ne puisse intervenir que par la voie d'une révision du traité. (47) En outre, les traités établissent un équilibre institutionnel qui garantit à chacune des institutions une place déterminée dans le processus de décision. (48) Dans la mesure où chaque institution est l'expression d'intérêts spécifiques, toute coutume révisionniste remettrait en cause ces intérêts. La Cour a particulièrement insisté sur ce point dans l'affaire *Wybot c. Faure.*

> « Dans le cadre de l'équilibre des pouvoirs entre les institutions prévu par les traités, la pratique du Parlement européen ne saurait, en effet, enlever aux autres institutions une prérogative qui leur est attribuée par les traités eux-mêmes. » (49)

Contrairement au droit international où les intérêts des États sont déterminants et où l'accord même tacite de ceux-ci peut conduire à une révision de la charte constitutive, le droit communautaire protège d'autres intérêts que ceux des États et ne saurait accepter un tel processus. Dans le même ordre d'idées, le non-usage ne peut, comme on l'a vu plus haut, aboutir à la caducité de certaines dispositions des traités.

Bien entendu, mais c'est un autre problème, l'exclusion de la coutume *contra legem* n'interdit pas la création d'une coutume *secundum legem* ou *infra legem* qui se développerait dans le cadre du traité et la pratique offre de nombreux exemples de celle-ci, notamment dans le cadre des accords écrits ou non dans lesquels les institutions organisent leurs relations dans le respect des traités. (50)

La révision du traité CEE est organisée par l'article N. L'initiative de la révision appartient à tout État membre et à la Commission. Le Président du Conseil convoque une conférence intergouvernementale à la suite d'un avis favorable rendu par le Conseil, à la majorité simple, après avis du Parlement et,

(46) Arrêt du 18 février 1986, préc. (note 36).

(47) Arrêt du 23 février 1988, préc. (note 9).

(48) Sur cette question, voir surtout l'arrêt de la Cour dans l'affaire « Post-Tchernobyl », du 22 mai 1990. Parlement européen c. Conseil des CE, aff. C-70/88, Rec. 2042.

(49) CJCE, arrêt du 10 juillet 1986, aff. 149/85, Rec. 2403.

(50) Sur l'ensemble de cette question, cf. notre étude *La pratique des institutions communautaires et le développement de la structure institutionnelle communautaire*, in Bieber/Ress (éd.), « Die Dynamik des Europäischen Gemeinschaftsrechts » (1987), 377. Voir aussi HILF, *Die rechtliche Bedeutung des Verfassungsprinzips der parlamentarischen Demokratie für den europäischen Integrationsprozeß*, Europarecht 1984, 9-40. BOTHE, *Soft Law in den Europäischen Gemeinschaften*, « Festschrift für H.J. Schlochhauer » (1981), 761, WELLENS et BORCHARDT, *Soft Law in European Community Law*, 14 ELR (1989), 267. À notre avis, la pratique communautaire peut dans certains cas donner naissance à du *vrai droit* et non seulement à du *soft law*.

le cas échéant, de la Commission. Les amendements au traité sont arrêtés d'un commun accord par les représentants des gouvernements des États membres et entrent en vigueur après ratification de tous les États. La procédure reste donc largement intergouvernementale. Cependant, on s'est demandé ce qui interviendrait au cas où la révision ne serait pas conforme à l'article 236.

À notre sens, il convient de distinguer deux hypothèses. La première est celle dans laquelle les États désireraient construire une nouvelle entité largement distincte par sa nature et par ses compétences de la Communauté actuelle. Dans ce cas, on ne se situerait plus dans le cadre d'une révision, mais d'une création nouvelle, et il ne serait pas nécessaire d'avoir recours à l'article 236. On peut notamment concevoir qu'une procédure *ad hoc* comportant une intervention plus directe des peuples puisse être utilisée.

Dans la pratique interne, le passage d'une confédération à une fédération s'est souvent produit sans que la procédure de révision du pacte fédéral ait été suivie. Ce fut notamment le cas de la confédération américaine et de la confédération helvétique. (51) Une telle hypothèse avait été envisagée lors de la rédaction du projet de traité d'Union européenne par le Parlement Européen et elle trouve sa traduction dans l'article 82, qui prévoit notamment que le projet pourra entrer en vigueur lorsqu'il sera ratifié par une majorité d'États membres dont la population représente les deux tiers de la population de la Communauté. Mais une telle solution n'est envisageable que si l'acquis communautaire est préservé, ce que prévoit l'article 7 du projet, et que si, par ailleurs, les droits des États qui ne participeront pas à l'Union sont préservés.

Dans le cas d'amendements du traité qui n'impliquent pas un changement de nature, la possibilité d'une modification qui n'emprunterait pas la voie de l'article 236 serait exclue. Certains auteurs ont plaidé en faveur de l'application de la Convention de Vienne sur le droit des traités qui prévoit dans son article 59 l'abrogation d'un traité par la conclusion d'un traité contraire par les parties. (52) Mme Deliège-Secaris estime que l'on est en présence d'une règle de *jus cogens* et que l'accord unanime des parties leur permettrait de s'affranchir de l'article 236. (53) La pertinence du recours à la notion de

---

(51) Cf. WEILER et MODRAL, *La création de l'Union européenne et sa relation avec le traité CEE*, in Bieber et al. (éd.), « L'Europe de demain, une union sans cesse plus étroite. Perspectives européennes » (1985), 173. EVERLING, *Sind die Mitgliedstaaten der Europäischen Gemeinschaft noch Herren der Verträge ? Zum Verhältnis von Europäischem Gemeinschaftsrecht und Völkerrecht*, in « Festschrift für Hermann Mosler » (1983), 188.

(52) On peut citer dans ce contexte la transformation de l'OECE en OCDE par un traité parallèle.

(53) *Révision des traités européens en dehors des procédures prévues*, CDE (1980), 539, avec les observations critiques de J.V. LOUIS. Nous avons soutenu également la thèse de la révision par accord parallèle, mais à la réflexion et au vu de la jurisprudence de la Cour de Justice, cette opinion ne nous paraît pas fondée. Le processus de constitutionnalisation a enlevé de la pertinence à l'argument. Cf. JACQUÉ, « The European Union Treaty and the Communities Treaties », Crocodile (1983), 11. G. ISAAC, qui soutenait également la thèse de la révision par accord parallèle dans l'édition de 1983 de son manuel, a aussi changé d'avis sur ce point dans sa dernière édition, préc. (note 28), 114. Par contre, le Professeur BERNHARDT accepte une telle révision : *Les sources du droit communautaire : la « constitution » de la Communauté*, in « Trente ans de droit communautaire », préc. (note 32), 81.

jus cogens paraît douteuse. La fonction du *jus cogens* est de rendre nul tout traité contraire à une règle impérative. Or, ici, elle aurait pour objet de rendre valable une procédure irrégulière. En outre, si le droit international permet aux États de limiter leur souveraineté, en quoi une telle limitation serait-elle contraire à une norme de *jus cogens* ? On a aussi invoqué la révision du traité CECA par la convention relative à certaines institutions communes sans que la procédure de l'article 96 CECA ait été suivie. Cependant, cette révision est intervenue pendant la période transitoire alors que la procédure de l'article 96 ne s'appliquait pas encore. En outre, le recours à la technique de l'accord parallèle a suscité certaines protestations, notamment aux Pays-Bas. Actuellement, l'attachement au respect de la procédure de l'article 236 parait général. La Cour a rappelé dans l'arrêt *Defrenne II* (54) qu'il s'agissait de l'unique voie de révision du traité et, de son côté, le Conseil a manifesté le même sentiment. (55) La raison en est simple. L'article 236 crée des droits, limités certes à la consultation, au profit de la Commission et du Parlement. Les États ne peuvent disposer librement de ces droits et la Cour qui, dans l'affaire *Isoglucose*, (56) a sanctionné l'absence de consultation du Parlement en annulant un acte qui avait recueilli l'accord unanime du Conseil et de la Commission pourrait-elle accepter le non-respect de la consultation pour cet acte majeur qu'est une révision ? Toute l'évolution jurisprudentielle qui culmine dans l'arrêt *Post-Tchernobyl* (57) montre la volonté de la Cour de préserver l'équilibre institutionnel, et plus particulièrement le principe de démocratie, même sous cette forme atténuée que constitue la consultation. (58) Le même souci doit prévaloir en ce qui concerne la révision des traités. (59)

On peut même se demander s'il n'existe pas des valeurs supraconstitutionnelles qui seraient hors d'atteinte de la volonté des États même lorsque celle-ci s'exprime à travers la procédure de l'article 236. Dans son avis 1/91 rendu à propos de la compatibilité du système juridictionnel institué par l'accord relatif à l'espace économique européen avec le traité CEE, la Cour soulignait que l'accord était incompatible avec l'article 164 du traité CEE. En réponse à

(54) CJCE, arrêt du 8 avril 1976, préc. (note 44). Quant à la pratique des États, on peut mentionner l'article 93 de la convention du 15 décembre 1975 sur le brevet européen en vertu duquel « aucune disposition de la présente convention ne peut être invoquée pour faire échec à l'application d'une disposition du traité instituant la CEE ».

(55) Réponse du Conseil à la question écrite n° 398/77. JOCE C 270, 10 novembre 1977, 18.

(56) CJCE, arrêt du 29 octobre 1980, aff. 138 et 139/79. Roquette frères et Maïzena c. Conseil (Isoglucose).

(57) CJCE, arrêt du 22 mai 1990, préc. (note 47).

(58) Arrêt du 29 octobre 1980, préc. (note 55). Il faut rappeler la formule de la Cour dans l'arrêt Isoglucose à propos de la consultation : « elle est le reflet, bien que limité, au niveau de la Communauté, d'un principe démocratique fondamental selon lequel les peuples participent à l'exercice du pouvoir par l'intermédiaire d'une assemblée représentative ».

(59) Bien entendu, la Cour ne dispose pas de la compétence d'annulation d'une révision non conforme à la procédure de l'article 236, mais la Commission pourrait engager une procédure en manquement contre les États et, de son côté, la Cour ne reconnaîtrait pas la révision ainsi opérée.

la question de savoir s'il pouvait être remédié à cette incompatibilité par une révision de l'article 228, elle notait

> « Toutefois, l'article 228 du traité CEE ne fournit aucune base pour instituer un système juridictionnel qui porte atteinte à l'article 164 de ce traité et, plus généralement, aux fondements mêmes de la Communauté. Pour les mêmes raisons, une modification de cette disposition dans le sens indiqué par la Commission ne saurait remédier à l'incompatibilité du système juridictionnel de l'accord avec le droit communautaire. » (60)

Ainsi, à moins que l'on veuille modifier la nature de la Communauté, ce qui impliquerait une réforme d'ensemble, certains points seraient insusceptibles de révision. (61)

B. – D'une constitution économique à une constitution politique

La finalité fonctionnelle des Communautés devait conduire tout naturellement la doctrine, notamment allemande, à s'interroger sur l'existence d'une constitution économique des Communautés. Selon Léontin-Jean Constantinesco.

> « La Constitution économique n'est pas un ensemble de normes constitutionnelles, mais un complexe de normes juridiques déterminant et régissant le déroulement du processus économique. Au sens matériel, la Constitution économique est donc l'ensemble des normes établissant les structures précisant les facteurs économiques, leurs fonctions et spécifiant les règles, régissant le déroulement du processus économique qu'il soit ou non contenu dans un document constitutionnel. » (62)

Le traité CEE exprime une vision économique qui se traduit sur le plan juridique par un certain nombre de principes et de règles. Si une constitution contient une vision du devenir de la société, il était possible de dire en 1958 que le traité constituait une constitution économique pour la CEE. L'œuvre de la Cour contribuera au renforcement de ce caractère constitutionnel en faisant, à défaut de dispositions spécifiques, application des principes économiques contenus dans les articles préliminaires du traité tant à l'encontre des États membres qu'à l'égard des institutions. L'article 2 définit la mission de la Communauté et l'article 3 énumère les différentes actions à mener par la Communauté, celles-ci étant ensuite décrites dans des articles spécifiques.

---

(60) Avis du 14 décembre 1991 (note 14), points 71 et 72 = RUDH 1992, 101.

(61) Cf. R. BIEBER, *Les limites matérielles et formelles à la révision des traités établissant la Communauté européenne*, RMC (1993), 343.

(62) *La Constitution économique de la CEE*, RTDE (1977), 244. Cf. OPHÜLS. *Grundzüge Europäischer Wirtschaftsverfassung*, Zeitschrift für das gesamte Handels- und Wirtschaftsrecht 1962, 124. PESCATORE, *La Cour en tant que juridiction fédérale et constitutionnelle*, in « Dix ans de jurisprudence de la Cour de Justice des Communautés européennes » (1965), 1520.

La Cour utilise les articles 2 et 3 à l'appui de sa jurisprudence Ainsi, dans l'affaire *Continental Can*, la Cour s'est fondée sur les articles 2 et 3 f) pour sanctionner une concentration, alors qu'elle ne disposait, à cette époque, d'aucun instrument visant spécifiquement les concentrations. Rejetant la thèse des requérants selon laquelle l'article 3 contiendrait seulement un programme dépourvu d'effets juridiques, la Cour estime que cet article « considère la poursuite des objectifs qu'il énonce comme indispensable pour l'accomplissement des missions confiées à la Communauté ». Elle conclut

> « qu'ainsi les restrictions de la concurrence que le traité admet dans certaines conditions, pour des raisons tirées de la nécessité de concilier les divers objectifs à poursuivre, trouvent dans les exigences des articles 2 et 3 une limite au-delà de laquelle le fléchissement du jeu de la concurrence risquerait de porter atteinte aux finalités du marché commun. » (63)

De la même manière, la Cour en combinant l'article 3 f) et l'article 5 a estimé que les États membres ne pouvaient prendre ou maintenir en vigueur des mesures « même de nature législative ou réglementaire, susceptibles d'éliminer l'effet utile des règles de concurrence applicables aux entreprises ». (64)

Le caractère constitutionnel apparaît encore avec plus de netteté lorsque l'action des institutions est soumise à des dispositions du traité qui visent les États comme dans l'affaire *Rewe Zentrale AG* de 1984. (65)

Les principes économique contenus dans le traité forment bien la règle suprême de la Communauté. Mais comment cette constitution économique a-t-elle évolué dans un sens politique ?

On doit sans doute noter que, dans certains domaines, la Cour est allée jusqu'à l'extrême limite d'une interprétation économique du traité. Il en va notamment ainsi en ce qui concerne le statut des individus, domaine sensible puisqu'il touche à la citoyenneté européenne. Comme l'observe K. Lenaerts

> « Le principe d'égalité contribue de façon importante à l'"Europe du citoyen" car au-delà de l'objectif d'une intégration du marché aussi complète que possible, la Communauté entend également conférer à ses citoyens, par le truchement des règles juridiques dont elle s'est dotée, la protection de droits qui n'ont plus guère de rapports avec l'activité économique. » (66)

---

(63) CJCE, arrêt du 21 février 1973, aff. 6/72, Europemballage et Continental Can c. Commission, Rec. 215. Comme l'écrit LENAERTS, « cet arrêt signifie que la Cour de Justice reconnaît une valeur normative autonome aux articles. Cette valeur normative a une influence déterminante sur la façon dont les pouvoirs politiques de la Communauté exercent leur compétence », in « Le juge et la Constitution... », préc. (note 35), 258.

(64) CJCE, arrêt du 29 janvier 1985, aff. 231/83. Henri Cullet, Rec. 305.

(65) CJCE, arrêt du 29 février 1984, aff. 37/83, Rec. 1229 : « s'il est vrai (...) que les articles 30 à 36 du traité visent en premier lieu les mesures unilatérales des États membres, il n'en reste pas moins que les institutions communautaires sont, elles aussi, tenues de respecter la liberté des échanges intracommunautaires, principe fondamental du marché commun », 1248.

(66) *L'égalité de traitement en droit communautaire*, CDE (1991), 3, 25.

L'octroi du droit de séjour à la concubine d'un travailleur ressortissant d'un État membre lorsque le droit national accorde ce droit à la concubine étrangère d'un travailleur national, (67) l'égalité en matière d'enseignement par une interprétation large de la formation professionnelle, (68) l'égalité de traitement accordée au touriste communautaire considéré comme un destinataire potentiel de services (69) sont autant d'éléments d'un statut du citoyen européen. Plus récemment, l'arrêt *Wolf et Dorchain* interdit d'appliquer un régime défavorable à un national lorsqu'il entend travailler sur le territoire d'un autre État membre. Comme l'écrit Lenaerts.

> « Il s'agit d'un arrêt extrêmement important parce qu'il va au-delà de l'interdiction d'exercer directement ou indirectement une discrimination fondée sur la nationalité, interdiction qui est une pierre d'angle du Marché commun, et parce qu'il déclare illicite une autre classification des ressortissants de la Communauté, indépendante de leur nationalité, qui menace tout autant le développement du Marché commun. Il en résulte, pour l'"Europe du citoyen", que ce qui constitue la base de l'égalité de traitement, ce n'est plus la qualité du ressortissant d'un État membre autre que l'État membre légiférant, mais bien la qualité de ressortissant de la Communauté qui, en tant que tel, possède le droit de ne pas être réparti en catégories incompatibles avec l'esprit du traité CEE (selon, comme en l'espèce, qu'ils travaillent dans un seul ou dans plusieurs États membres) ». (70)

Cette évolution trouve son aboutissement dans l'article 8 du traité instituant la Communauté européenne qui crée une citoyenneté européenne.

Si la Communauté avait à l'origine une vocation purement économique et si elle reste encore actuellement fortement marquée par ses objectifs de nature économique, l'évolution l'a conduite à prendre en considération un certain nombre de valeurs d'ordre plus politique. Ce sont ces valeurs qui s'imposent aux institutions communautaires, mais qui sont largement partagées par les États membres, qui constituent les bases de la constitution politique de l'Europe communautaire. Développées au fil de la construction européenne dans des actes divers qui fréquemment ne relèvent pas de l'ordre juridique communautaire, reprises parfois dans la jurisprudence de la Cour, consacrées pour certaines dans le préambule de l'Acte unique européen, elles constituent un encadrement de l'activité de la Communauté.

Parmi les sources essentielles, on doit citer le document sur l'identité européenne adopté par la Conférence des Chefs d'État et de gouvernement à Copenhague le 14 décembre 1973.

---

(67) CJCE, arrêt du 17 avril 1986, aff. 59/85. Royaume des Pays-Bas c. Reed, Rec. 1283.

(68) CJCE, arrêt du 13 février 1985, aff. 293/83. Gravier c. Ville de Liège, Rec. 593 : arrêt du 2 février 1988, aff. 24/86, Blaizot c. Université de Liège, Rec. 379.

(69) CJCE, arrêt du 2 février 1989, aff. 186/87, Cowan c. Trésor public, Rec. 195.

(70) *Ibid.* 32.

> « Désireux d'assurer le respect des valeurs d'ordre juridique, politique et moral auxquelles ils sont attachés, soucieux de préserver la riche variété de leurs cultures nationales, partageant une même conception de la vie, fondée sur la volonté de bâtir une société conçue et réalisée au service des hommes, ils entendent sauvegarder les principes de la démocratie représentative, du règne de la loi, de la justice sociale – finalité du progrès économique – et du respect des droits de l'homme, qui constituent des éléments fondamentaux de l'identité européenne. » (71)

Dans ce document sont mises en évidence cinq valeurs essentielles : le respect de la diversité culturelle, le règne de la loi, la justice sociale, le respect des droits de l'homme et le principe de démocratie. Les deux dernières sont reprises dans la déclaration solennelle sur l'Union européenne adoptée par le Conseil européen de Stuttgart et dans le préambule de l'Acte unique. On sait la place que la Cour de Justice accorde, de son côté, au respect des droits fondamentaux et au règne de la loi, c'est-à-dire au principe de l'État de droit. Le fait que ces valeurs soient contenues dans des textes programmatiques, qui, pour les deux premiers, n'émanent pas d'institutions communautaires, ne les prive pas de toute signification. On assiste à un phénomène d'accrétion qui tôt ou tard finit par produire ses effets dans l'ordre communautaire, soit en constituant un bain idéologique qui imprègne de façon diffuse l'activité communautaire, soit en se traduisant par un amendement au traité. Ainsi la Cour de Justice a salué la mention des droits fondamentaux dans le préambule de l'Acte unique, en précisant que le respect de la vie familiale

> « fait partie des droits fondamentaux qui, selon la jurisprudence de la Cour, réaffirmée dans le préambule de l'Acte unique européen, sont reconnus par le droit communautaire. » (72)

L'évolution s'est poursuivie dans la mesure où le traité sur l'Union européenne a inséré l'obligation de respecter les droits fondamentaux dans le corps même d'une partie du traité d'Union. Compte tenu du fait que la partie dont il s'agit est non justiciable, il sera intéressant de voir le sort que la Cour fait à cette incorporation.

Ainsi le dynamisme communautaire conduit progressivement à préciser les valeurs fondamentales à la base de la constitution de la Communauté.

Section 3. – Les valeurs fondamentales

Les cinq valeurs fondamentales identifiées comme bases de la constitution de la Communauté se sont développées de manière inégale. Le respect du règne de la loi et le respect des droits fondamentaux ont été l'objet

(71) Texte cité dans DE SCHOULTREETE, « La coopération politique », Nathan-Labor, 1986, 254.
(72) CJCE, arrêt du 18 mai 1989, aff. 249/86. Commission c. RFA, Rec. 1263.

d'affirmations sans équivoque. Par contre, les réalisations sont plus timides en ce qui concerne le principe de démocratie, la justice sociale ou l'affirmation du respect des diversités culturelles.

A. – Une communauté de droit

L'arrêt *Les Verts contre Parlement* contient l'affirmation de principe de l'existence d'une communauté de droit :

> « Il y a lieu de souligner d'abord, à cet égard, que la Communauté économique européenne est une communauté de droit en ce que ni ses États membres ni ses institutions n'échappent au contrôle de la conformité de leurs actes à la charte constitutionnelle de base qu'est le traité. » (73)

La Cour a déduit de cette constatation l'existence d'un système complet de recours et a admis, de ce fait, la légitimation passive du Parlement européen. Dans cette définition, la Cour met l'accent sur deux des éléments de l'État de droit, la soumission des autorités publiques à des normes et l'existence d'un contrôle juridictionnel permettant de garantir le respect de ces normes. (74) Mais ainsi définie, la notion n'est pas complète, car rien n'empêche l'auteur des normes d'agir de façon arbitraire. Une communauté de droit serait alors une communauté entièrement soumise à la volonté du législateur qui, dès lors qu'il respecterait la lettre des traités, pourrait se comporter selon son bon vouloir. La notion doit donc inclure dans les principes qu'il convient de protéger le respect des droits fondamentaux dont on traitera plus loin. (75) En outre, le traité CEE est un traité-cadre à vocation économique. Son application implique des choix qu'il est difficile au juge d'apprécier sans substituer son analyse d'opportunité à celle des institutions et d'accomplir ainsi œuvre législative. La Cour s'est toujours montrée fort vigilante à cet égard dans l'exercice de son contrôle de légalité. Comme elle le déclarait dans l'affaire *Consten Grundig*,

> « l'exercice des pouvoirs de la Commission comporte nécessairement des appréciations complexes en matière économique... que le contrôle juridictionnel doit respecter ce caractère en se limitant à l'examen de la matérialité des faits et des qualifications juridiques que la Commission en déduit. » (76)

---

(73) CJCE, arrêt du 23 avril 1986, aff. 294/83, Rec. 1357.

(74) Sur l'État de droit, voir HAMON. *L'État de droit et son essence.* Revue française de droit constitutionnel (1990), 699. MAUNZDÜRIG/HERZOG, « Grundgesetz, Kommentar », art. 20, n° 59.

(75) Selon la doctrine allemande, « l'État de droit signifie que l'exercice de la puissance publique n'est autorisé que sur la base de la Constitution et de lois formellement et matériellement compatibles avec la Constitution ayant pour but la protection de l'être humain, la liberté, l'équité et la sécurité publique », STERN. « Das Staatsrecht der Bundesrepublik Deutschland », München (1984), 781.

(76) CJCE, arrêt du 13 juillet 1966, aff. 56 et 58/64, Rec. 429.

Ce respect pour la large marge d'appréciation du législateur a trouvé récemment son expression dans l'arrêt du 6 octobre 1994 rendu à propos de l'organisation commune du marché de la banane. (77)

Cependant, le respect de l'État de droit est assuré, même dans ce cas, par le recours à la théorie de l'erreur manifeste, (78) héritière de la méconnaissance patente prévue à l'article 33 CECA, ainsi que par l'utilisation de principes comme celui de la sécurité juridique, de la protection de la confiance légitime ou de la proportionnalité qui viennent encadrer le pouvoir discrétionnaire accordé aux institutions.

Ainsi conçue, une communauté de droit n'est pas une communauté de normes, mais une communauté dans laquelle est assuré le contrôle juridictionnel du respect par les autorités de la règle de droit, cette notion allant bien au delà des règles matérielles du traité et comprenant notamment les droits fondamentaux, sans que le pouvoir d'appréciation de ces autorités ne soit bridé par le juge, ce qui porterait atteinte à l'équilibre institutionnel, mais sans que le pouvoir discrétionnaire ne puisse se transformer en arbitraire.

On mesure l'importance que la Cour attache à l'existence d'une communauté de droit puisqu'elle est allée, dans l'affaire *Les Verts*, jusqu'à compléter le traité pour permettre aux requérants d'attaquer un acte du Parlement qui, d'après une interprétation textuelle, échappait à son contrôle. Elle a ainsi doté la Communauté d'un système complet de recours. On peut également illustrer cette attitude par la jurisprudence de la Cour en matière de manquement d'État lorsqu'elle indique que la constatation de manquement entraîne prohibition de plein droit pour les autorités nationales d'appliquer une disposition nationale reconnue incompatible avec le traité. (79) Ici encore, la Cour a développé sa jurisprudence de manière à assurer, grâce au concours du juge national, le respect de la légalité communautaire.

B. – Le respect des droits fondamentaux

Le thème des droits fondamentaux est l'un des classiques du droit communautaire. Sans reprendre ici l'entière évolution de la question, il suffit d'en indiquer les traits essentiels. (80)

---

(77) Aff. C-280/93, Allemagne c. Conseil, Rec. 4973.

(78) Le recours à l'erreur manifeste n'intervient pas seulement dans le domaine économique, mais également lorsque la Cour ne veut pas s'immiscer dans une appréciation politique qui relève des institutions. Ainsi, elle se refuse, sauf erreur manifeste, à contrôler la classification des dépenses (CJCE, arrêt du 27 septembre 1988, aff. 204/86, République hellénique c. Conseil, Rec. 5323).

« [I]l convient d'ajouter qu'en matière de classification des dépenses, les institutions communautaires jouissent d'un pouvoir d'appréciation qui est toutefois limité par la répartition des compétences entre les institutions, prévue par le traité. La Cour doit donc veiller à ce que les institutions ne méconnaissent pas, dans le cadre de leur collaboration, les règles du droit et à ce qu'elles ne fassent pas usage de leur pouvoir d'appréciation d'une façon manifestement erronée ou arbitraire ».

(79) CJCE, arrêt du 13 juillet 1972, aff. 48/71. Commission c. Italie, Rec. 529.

(80) Sur une question qui a donné lieu à une littérature abondante, voir notamment GAJA, *Aspetti problematici della tutela dei diritti fondamentali nell'ordinamento communitario*, RDI (1988), 574 : WEILER, *Eurocracy and Distrust : Some Questions Concerning the Role of the European Court of*

Les traités communautaires ne contiennent aucune disposition générale relative aux droits fondamentaux, même si certains principes contenus dans les traités comme la non-discrimination ou la libre prestation de services peuvent coïncider dans certains cas avec des dispositions relatives aux droits de l'homme. L'explication est simple. La nature économique des traités a fait penser à leurs auteurs qu'il n'existait aucun risque d'interférence entre la législation communautaire et des droits de l'homme. Il s'agissait bien entendu d'une vision erronée, comme le montrera l'expérience, car elle méconnaissait le fait que les droits fondamentaux s'appliquent à l'ensemble des activités des pouvoirs publics. Ainsi, lors du débat en Irlande sur la ratification de l'Acte unique européen, on avait rejeté en souriant l'argumentation selon laquelle l'intégration communautaire pouvait produire des effets sur le droit absolu à la vie dès la conception auquel les Irlandais sont attachés. Cependant, la Cour a été saisie d'une demande préjudicielle sur la compatibilité avec le droit communautaire d'une mesure irlandaise interdisant la diffusion d'informations sur les conditions dans lesquelles des cliniques d'autres États membres pratiquent légalement l'avortement (81) et a jugé que la question pouvait être envisagée sous l'angle de la prestation de services, ce qui a soulevé des problèmes difficiles lors de la procédure de ratification du traité sur l'Union européenne.

Un autre fondement de l'attitude à l'égard des droits de l'homme était peut-être la crainte diffuse qu'en soumettant l'activité communautaire au respect des droits fondamentaux, on ne crée une compétence de la Communauté lui permettant d'agir en ce domaine ou celle que la Cour de Justice, imitant en cela la Cour suprême des États-Unis d'Amérique, ne décide de contrôler la conformité de l'action des États membres au regard des droits de l'homme. (82) C'est pourquoi, dans ses premiers arrêts, la Cour de Justice refusa de prendre en considération les droits fondamentaux protégés par les États membres. (83) Cette attitude était dangereuse puisqu'elle impliquait que le transfert, à la Communauté, de compétences autrefois détenues par les États et dont l'exercice était soumis dans ce contexte au respect des droits fondamentaux garantis par les constitutions nationales, entraînait une diminution de la protection des droits de l'individu. Il fallait également expliquer comment des compétences qui, au sein de cinq États membres, se trouvaient limitées par les

Justice in the Protection of Fundamental Rights within the Legal Order of the European Communities, Washington Law Review (1986), 1136 : COHEN-JONATHAN, *La Convention européenne des droits de l'homme*, Juris-Classeurs Europe, fascicule 6500, n° 68 ; CLAPHAM. *Human Rights and the European Community: a Critical Overview*, in Cassese et al., « European Union – The Human Rights Challenge » (1991), vol. I : WEILER, *Methods of Protection: Towards a Second and Third Generation of Protection*, *ibid.* vol. II, 555.

(81) Aff. 159/90, Society for the Protection of Unborn Children Ireland c. Grogan et autres, arrêt du 4 octobre 1991, Rec. I-152. Cf. aussi l'arrêt de la Cour européenne des droits de l'homme du 29 octobre 1992. Open Door et Dublin Well Woman. Série A n° 246-A = RUDH 1992, 469.

(82) Gitlow v. New York, 258 US 652 (1925).

(83) CJCE, arrêt du 4 février 1959, aff. 1/58. Stork c. Haute Autorité, Rec. 43 et arrêt du 12 février 1960, aff. 16, 17, 18/59. Comptoirs de vente du charbon de la Ruhr c. Haute Autorité, Rec. 47.

obligations contractées dans le cadre de la Communauté européenne, échappaient à toute limitation du fait du transfert et comment les individus qui disposaient auparavant du droit de recours individuel devant les instances de Strasbourg avaient perdu ce droit à l'égard des compétences transférées. Le risque fut rapidement concrétisé par la jurisprudence de la Cour constitutionnelle allemande qui liait primauté et respect des droits fondamentaux. (84) On connaît la suite. La Cour de Justice devait affirmer que le respect des droits fondamentaux faisait partie des principes généraux du droit dont elle assurait le respect. (85) Puis, en 1974, elle faisait référence aux instruments internationaux auxquels les États membres ont coopéré ou adhéré et en particulier à la Convention européenne des droits de l'homme. (86) De leur côté, les institutions adoptaient le 5 avril 1977 une déclaration commune dans laquelle elles soulignaient l'importance fondamentale qu'elles attachent au respect des droits fondamentaux. (87)

En l'état actuel, la situation semble bien résumée dans l'arrêt *Wachauf*.

> « ... En vertu d'une jurisprudence constante établie notamment par l'arrêt du 13 décembre 1979 (Hauer, aff. 44/79, Rec. p. 3727), les droits fondamentaux font partie intégrante des principes généraux du droit dont la Cour assure le respect. En assurant la sauvegarde de ces droits, la Cour est tenue de s'inspirer des traditions constitutionnelles communes aux États membres, de telle sorte que ne sauraient être admises dans la Communauté des mesures incompatibles avec les droits fondamentaux reconnus par les constitutions de ces États. Les instruments internationaux concernant la protection des droits de l'homme auxquels les États membres ont coopéré ou adhéré peuvent également fournir des indications dont il convient de tenir compte dans le cadre du droit communautaire. » (88)

Il n'est pas aisé, en raison de leur diversité, de définir un droit fondamental à partir des traditions constitutionnelles nationales. Cependant, la Cour semble avoir une vision plutôt large qu'étroite en la matière pour éviter que ne soit admise au niveau communautaire une mesure qui, au niveau national, serait censurée au regard des droits fondamentaux. (89) Mais la Convention

---

(84) Pour un historique, voir TOMUSCHAT. *Les rapports entre le droit communautaire et le droit constitutionnel allemand d'après la jurisprudence récente de la Cour constitutionnelle allemande.* CDE (1989), 163 : NERI. *Le droit communautaire et la Cour constitutionnelle italienne : la protection des droits fondamentaux.* Rivista di Diritto Europeo (1989), I : GAJA. *New Developments in a Continuing Story: the Relations between EEC Law and Italian Law*, CMLRev (1990), 83 et SCHERMERS, *The Scales in Balance: National Constitutional Law versus Court of Justice, ibid.* 97.

(85) CJCE, arrêt du 17 décembre 1970, aff. 11/70. Internationale Handelsgesellschalt, Rec. 1125.

(86) CJCE, arrêt du 14 mars 1974, aff. 4/73. Nold, Rec. 45.

(87) JOCE C. 103 du 27 avril 1977.

(88) CJCE, arrêt Wachauf du 13 juillet 1989, aff. 5/88.

(89) J. WEILER a bien montré que le choix pour la Cour entre retenir le plus haut standard de protection ou un niveau moyen en fonction des traditions constitutionnelles relevait d'un faux dilemme dans la mesure où les droits garantis doivent s'interpréter dans un contexte déterminé en fonction d'un équilibre entre les exigences sociales et la protection de l'individu. L'équilibre n'est pas le même dans la Communauté et dans les États membres, *Methods of Protection, ibid.* (note 79), 586. Cependant quid

joue un rôle appréciable, car elle fournit un catalogue de droits fondamentaux accepté par tous les États et nourri par une jurisprudence importante. Dans l'affaire *Hoechst*, la Cour a souligné que la Convention européenne des droits de l'homme revêtait « une signification particulière ». (90) Tant qu'il n'existera pas de catalogue communautaire, la Convention devra donc jouer un rôle privilégié. (91) Cependant, elle reste au rang de source d'inspiration dans la mesure où la Cour a toujours refusé de se considérer comme liée par la Convention au titre de la succession. (92) Jusqu'à présent, la proposition de la Commission en vue d'une adhésion de la Communauté à la Convention n'a pas été suivie par le Conseil. (93) Face à une proposition renouvelée de la Commission, (94) le Conseil a saisi la Cour de justice de la compatibilité de l'adhésion avec les traités communautaires. Dans son avis du 28 mars 1996, la Cour a estimé que la Communauté ne disposait pas en l'état actuel de la compétence nécessaire pour adhérer à la Convention. Le fait que la Communauté soit soumise au respect des droits fondamentaux n'entraîne pas la reconnaissance d'une compétence spécifique pour agir en ce domaine. La possibilité de l'adhésion demeure donc subordonnée à une éventuelle révision des traités.

En l'état actuel, le contrôle s'exerce sur les actes communautaires ainsi que sur les actes des États membres lorsqu'ils mettent en œuvre la législation communautaire. (95) Le problème le plus délicat est celui de savoir s'il existe une possibilité de contrôler, au regard des droits fondamentaux, les mesures nationales qui restreignent l'exercice des libertés garanties par le traité. La réponse est restée longtemps incertaine. Dans l'affaire *Rutili*, la Cour a estimé qu'une mesure nationale qui restreignait la libre circulation pour des motifs d'ordre public pouvait être appréciée au regard des principes consacrés par la Convention européenne des droits de l'homme :

> « ... ces limitations apportées au pouvoir des États membres en matière de police des étrangers se présentent comme la manifestation d'un principe plus général consacré par les articles 8, 9, 10 et 11 de la Convention

d'un droit qui n'est reconnu que dans un seul État membre ? L'hypothèse n'est pas d'école. Dans l'affaire Hoechst, la Cour s'est refusé à appliquer la règle de l'inviolabilité du domicile aux entreprises au motif de divergences entre les législations nationales, « car les systèmes juridiques des États membres présentent des divergences non négligeables en ce qui concerne la nature et le degré de protection des locaux commerciaux face aux interventions des autorités publiques », arrêt du 21 septembre 1989, aff. jointes 46/87 et 227/88, Rec. 2919.

(90) Arrêt préc. (note 88).

(91) Le Parlement a élaboré un tel catalogue dans sa déclaration du 5 avril 1989, JOCE C 120 du 16 mai 1989, 51 ; cf. NICKEL, *Die Erklärung der Grundrechte und Grundfreihelten des Europäischen Parlaments – Ein Schritt zur Verringerung des Grundrechtsdefizits der Europäischen Gemeinschaften*, in Magiera (éd.) « Das Europa der Bürger in einer Gemeinschaft ohne Binnengrenzen » (1990), 89.

(92) *Contra* PESCATORE, *La Cour de justice des Communautés européennes et la Convention européenne des droits de l'homme*, in « Mélanges Wiarda », (1989), 445 ; sur cette question, voir notre étude. *Communauté européenne et Convention européenne des droits de l'homme*, « Mélanges Boulouis », (1991).

(93) Memorandum de la Commission du 4 avril 1979. Bulletin des Communautés européennes, supplément 2/79.

(94) Communication publiée le 19 novembre 1979.

(95) CJCE, arrêt Wachauf préc. (note 87).

> de sauvegarde des droits de l'homme et des libertés fondamentales... qui disposent en des termes identiques que les atteintes portées... aux droits garantis... ne sauraient dépasser le cadre de ce qui est nécessaire à la sauvegarde de ces besoins dans une société démocratique ». (96)

Par contre, dans l'affaire *Cinéthèque*, alors qu'il s'agissait de juger de la compatibilité d'une mesure interdisant la circulation des nouveaux films en vidéocassettes au regard de la liberté d'expression, la Cour a estimé qu'il ne lui appartenait pas d'assurer le respect des droits fondamentaux dans un secteur qui sortait du domaine propre du droit communautaire et relevait de l'appréciation du juge national. (97) Fallait-il voir dans ces jurisprudences différentes un retour en arrière de la Cour ou bien celle-ci considérait-elle que ce qui était valable pour la libre circulation des personnes ne l'était pas pour la libre circulation des marchandises ? Faut-il penser que la législation attaquée dans l'arrêt *Cinéthèque* ne relevait pas du champ d'application du traité ? L'ambiguïté de la position de la Cour venait-elle de ce qu'elle était confrontée, dans l'arrêt *Cinéthèque*, au problème de l'existence de restrictions à la libre circulation fondée sur des objectifs culturels et qu'elle a préféré déclarer que la mesure ne relevait pas du droit communautaire pour éviter de se prononcer sur cette question ? On pouvait espérer qu'une prochaine jurisprudence viendrait clarifier la question. (98) C'est aujourd'hui chose faite puisque, dans une affaire relative à la compatibilité du monopole de la télévision en Grèce avec l'article 10 de la Convention européenne des droits de l'homme, la Cour a adopté une position de principe. Rappelant que dès lors qu'une réglementation nationale entre dans le champ d'application du droit communautaire, elle doit fournir à la juridiction nationale, lorsqu'elle est saisie à titre préjudiciel, tous les éléments d'appréciation de la conformité de cette réglementation avec les droits fondamentaux, elle poursuit

> « En particulier, lorsqu'un État membre invoque les dispositions combinées des articles 55 et 66 pour justifier une réglementation qui est de nature à entraver l'exercice de la libre prestation de services, cette justification, prévue par le droit communautaire, doit être interprétée à la lumière des principes généraux du droit et notamment des droits fondamentaux. Ainsi, la réglementation nationale en cause ne pourra bénéficier des exceptions prévues par les dispositions combinées des articles 55 et 66 que si elle est conforme aux droits fondamentaux dont la Cour assure le respect. » (99)

---

(96) CJCE, arrêt du 28 octobre 1975, aff. 36/75, Rec. 1219.

(97) CJCE, arrêt du 15 juillet 1985, aff. 60/84, Rec. 2605.

(98) Sur ce problème, outre WEILER. *Methods of Protection, ibid.* (note 79), voir SCHWARTZ. *La liberté d'expression et la libre prestation de services*, in Cassese et Clapham (éd.) « La télévision transfrontière en Europe dans la perspective des droits de l'homme » (1990), 165.

(99) CJCE, arrêt du 18 juin 1991, aff. C-260/89, Elleniki Radiophonia Tiléorassi – Anonimi Etairia, Rec. 2925.

Il est désormais clair que, dans le domaine propre du droit communautaire, la Cour veille au respect des droits fondamentaux. On dispose ici d'une claire illustration de la manière dont le juge, avec l'assentiment des institutions et le concours, voire ici la contrainte des juridictions nationales, a complété le traité pour y insérer des valeurs d'ordre constitutionnel.

C. – Le principe de démocratie

Ce principe est reconnu en droit communautaire sous la forme de la démocratie représentative, c'est-à-dire du droit des citoyens de participer à la gestion des affaires publiques par l'intermédiaire de leurs représentants élus.

C'est ainsi que le préambule de l'Acte unique européen consacre le principe :

> « Convaincus que l'idée européenne, les résultats acquis dans les domaines de l'intégration économique et de la coopération politique ainsi que la nécessité de nouveaux développements répondent aux vœux des peuples démocratiques européens pour qui le Parlement européen, élu au suffrage universel, est un moyen d'expression indispensable ».

Cependant, le principe démocratique ne s'est vu, en apparence, reconnaître à l'origine qu'une place fort modeste dans la Communauté (100) puisque le Parlement européen ne disposait que d'un pouvoir de contrôle, qui s'exerçait sur la Commission, et d'un pouvoir de délibération, qui lui conférait un rôle consultatif. Il est vrai que le contrôle démocratique était exercé par les parlements nationaux. L'évolution constitutionnelle a consacré l'approfondissement du principe de démocratie par l'accroissement des pouvoirs du Parlement en matière budgétaire, (101) par le développement de son influence en matière législative à travers les procédures de coopération et de l'avis conforme (102) et, dans le cadre du traité sur l'Union européenne, par la procédure dite de codécision. (103) D'autre part, l'élection du Parlement au suffrage universel direct renforce sa légitimité. (104)

En ce qui concerne le principe de démocratie, le débat porte au sein de la Communauté sur le déficit démocratique. (105) Le constat est simple. Il repose sur le fait que le transfert de compétences réalisé au profit de la Communauté a entraîné un dessaisissement des parlements nationaux qui ont perdu une

(100) Voir PESCATORE, *Les exigences de la démocratie et la légitimité de la Communauté européenne*, CDE (1974), 499.

(101) Traités portant modification de certaines dispositions financières des traités, JOCE L 2 du 2 janvier 1971 et L 359 du 31 décembre 1977.

(102) Acte unique européen, JOCE L 169 du 29 juin 1987.

(103) Article 189 B, JOCE C 191 du 29 juillet 1992.

(104) Acte portant élection des représentants du Parlement européen au suffrage universel direct annexé à la décision du Conseil du 20 septembre 1976, JOCE L 278 du 8 octobre 1976.

(105) Sur ce problème, voir WEILER, *Parlement européen, intégration européenne, démocratie et légitimité*, in Louis et Waelbrock (éd.), « Le Parlement européen » (1988), 325 ; REICH. *Qu'est-ce que... le déficit démocratique ?* RMC (1991), 14.

partie de leurs compétences législatives. Ces compétences sont aujourd'hui exercées au sein de la Communauté par le Conseil, composé de membres des exécutifs nationaux, lequel n'est et ne peut être soumis, en tant que tel, à aucun contrôle démocratique au niveau communautaire. L'intégration communautaire se traduirait donc par un déclin du principe démocratique. Pour lui restituer toute sa place, il conviendrait de faire du Parlement une autorité législative au même titre que le Conseil.

Cette analyse mérite d'être nuancée. En effet, les membres du Conseil procèdent de gouvernements démocratiquement désignés et jouissant de la confiance des parlements nationaux. Leur activité au sein du Conseil est contrôlée par les parlements nationaux. Le Parlement européen ne peut à lui seul se réclamer de la légitimité démocratique. (106) Si, dans de nombreux États, le contrôle démocratique à l'échelle nationale est longtemps resté théorique, le traité sur l'Union européenne a suscité une prise de conscience du problème, notamment en France où la Constitution a été modifiée afin de renforcer le rôle du parlement national. De plus, les mesures adoptées sous la forme de directives appellent une transposition qui peut impliquer l'adoption d'une loi nationale. (107) Pour la Cour constitutionnelle allemande, la légitimation démocratique procède essentiellement des parlements nationaux et accessoirement du Parlement européen. Cette situation ne saurait être modifiée tant que ne seront pas réunis un certain nombre de facteurs extra-juridiques de la légitimité comme l'existence d'un système de partis à l'échelle européenne ou d'une opinion publique européenne. (108)

La Cour de Justice des Communautés, qui ne peut intervenir que dans le cadre de l'équilibre établi par les traités, n'a pu développer, dans ce domaine, une jurisprudence aussi audacieuse qu'en matière de droits fondamentaux. Elle a néanmoins veillé au respect du principe tel qu'il résulte de la jurisprudence actuelle. C'est ainsi qu'elle s'est attachée à préserver le rôle consultatif du Parlement. Elle déclarait à propos de la consultation de ce dernier.

(106) Le Parlement ne prétend plus exprimer seul la légitimité démocratique. Il évoque la double légitimité démocratique, nationale et communautaire, cf. par exemple la résolution du 17 juin 1987 sur la stratégie du Parlement européen en vue de la création de l'Union européenne, JOCE C 190 du 20 juillet 1987, 71.

(107) La question du respect du principe de démocratie a eu une certaine importance dans la position des cours constitutionnelles nationales à l'égard de la primauté. Dans sa décision du 29 mai 1974 (BVerfGE 37, 271), la Cour constitutionnelle allemande notait qu'il manquait à la Communauté un parlement issu d'élections générales, légitimé directement de manière démocratique, ayant des attributions législatives et devant lequel les institutions de la Communauté compétentes pour légiférer seraient responsables. Dans sa décision du 22 octobre 1986 (BVerfGE 73, 339), la Cour constitutionnelle a estimé que sa décision de 1974 était une description de la situation de l'époque et ne posait pas d'exigence constitutionnelle selon laquelle le stade décrit devrait être dépassé avant toute évolution de la Cour constitutionnelle allemande. La jurisprudence constitutionnelle italienne réserve elle aussi l'hypothèse d'un conflit entre le droit communautaire et les principes fondamentaux de l'ordre constitutionnel italien (arrêt Granital du 8 juin 1984. Foro italiano (1984), I, 2063).

(108) Arrêt du 12 octobre 1993. BVerfGE 89, 155 ss. = EuGRZ 1993, 429 ss., notamment p. 438 sous b 1) : traduction française in RUDH 1993, 286, notamment 289.

« La consultation... est le moyen qui permet au Parlement de participer effectivement au processus législatif de la Communauté. Cette compétence représente un élément essentiel de l'équilibre institutionnel voulu par le traité. Elle est le reflet, bien que limité, au niveau de la Communauté, d'un principe démocratique fondamental, selon lequel les peuples participent à l'exercice du pouvoir par l'intermédiaire d'une assemblée représentative. La consultation régulière du Parlement dans les cas prévus par le traité constitue dès lors une formalité substantielle dont le non-respect entraîne la nullité de l'Acte concerné. Il y a lieu de préciser à cet égard que le respect de cette exigence implique l'expression, par le Parlement, de son opinion ; on ne saurait considérer qu'il est satisfait par une simple demande d'avis de la part du Conseil. » (109)

La Cour a bien souligné que la consultation devait être effective et non de pure forme. Il en résulte qu'au cas où la proposition serait substantiellement modifiée après que le Parlement a rendu son avis, une reconsultation devrait être organisée,

« Cette consultation qui permet notamment au Parlement de participer effectivement au processus législatif de la Communauté représente un élément essentiel de l'équilibre institutionnel voulu par les traités. La consultation régulière du Parlement constitue dès lors une formalité substantielle dont le non-respect entraînerait la nullité du règlement en cause. Il y a donc lieu d'examiner si la consultation a effectivement eu lieu. » (110)

Elle en a déduit la nullité d'un acte adopté par le Conseil alors qu'une nouvelle consultation s'imposait.

« ... L'exigence de consulter le Parlement au cours de la procédure législative, dans les cas prévus par le traité, implique l'exigence d'une nouvelle consultation à chaque fois que le texte finalement adopté, considéré dans son ensemble, s'écarte de la substance même de celui sur lequel le Parlement a été consulté, à l'exception des cas où les amendements correspondent, pour l'essentiel, au souhait exprimé par le Parlement lui-même... » (111)

(109) Arrêt Isoglucose du 29 octobre 1980, préc. (note 55). Il faut citer, à cet égard, les conclusions de l'avocat général Reischl : « À ce sujet, il faut tenir compte en particulier du fait que les compétences consultatives du Parlement européen représentent le principal moyen d'associer les peuples de la Communauté à l'élaboration des actes communautaires. On ne peut absolument pas comparer la consultation du Parlement européen dans le cadre de la procédure législative communautaire à la consultation, qui est connue de manière générale dans les droits internes des États membres, de certaines personnes intéressées ou parties à une procédure administrative. En soi, les Parlements des États membres participent de manière décisive à la législation en vertu des constitutions démocratiques de ces États. Si les traités eux-mêmes réduisent la participation du Parlement européen à la législation communautaire à une simple compétence consultative, cette participation des peuples des États membres au processus législatif, qui est restreinte et limitée à certains cas particuliers, ne doit pas être rendue pratiquement sans effet du fait qu'elle peut être complètement écartée sans conséquence de droit », Rec. 3375.

(110) CJCE, arrêt du 4 février 1982. Buyl c. Commission, aff. 817/79, Rec. 245.

(111) CJCE, arrêt du 16 juillet 1992. Parlement c. Conseil, aff. C-765/90, Rec. I-4593 ; voir aussi arrêts du 5 octobre 1993, aff. C-65/90. Driessen e.a., Rec. I-4751 et du 1er juin 1994, aff. C-388/92. Parlement c. Conseil, Rec. 2067.

Il ne suffisait pas de proclamer le respect du principe démocratique et la volonté de préserver les droits du Parlement. Encore faut-il qu'existent des procédures permettant de saisir la Cour au cas où il serait porté atteinte aux prérogatives du Parlement. Dans le silence du traité CEE, la Cour a élaboré un statut juridictionnel du Parlement. (112) L'arrêt *Isoglucose* reconnaît le droit du Parlement à intervenir dans une procédure en annulation pendante devant la Cour. (113) La possibilité pour le Parlement d'introduire un recours en carence devait être consacrée par la suite. (114) La légitimation passive du Parlement suivait dans l'arrêt *Les Verts contre Parlement.* (115) Il restait la question de la légitimation active du Parlement. Dans son arrêt du 27 septembre 1988, la Cour, s'appuyant sur une interprétation textuelle de l'article 173 - lequel ne mentionne pas le Parlement parmi les requérants privilégiés - déclarait irrecevable un recours en annulation du Parlement en estimant que le système de recours existant offrait des garanties suffisantes pour la protection des prérogatives parlementaires.

> « ... le traité offre les moyens de déférer à la censure de la Cour les actes du Conseil intervenus en méconnaissance des prérogatives du Parlement. Si l'article 173, premier alinéa, ouvre de façon générale le recours en annulation contre de tels actes à tous les États membres, l'article 155 du traité attribue plus spécialement à la Commission la responsabilité de veiller au respect des prérogatives du Parlement et d'introduire à cet effet les recours en annulation qui se révéleraient nécessaires. Par ailleurs, toute personne physique ou morale peut, en cas de méconnaissance des prérogatives du Parlement européen, invoquer le moyen de violation des formes substantielles ou de violation du traité pour obtenir l'annulation de l'Acte adopté ou une déclaration incidente d'inapplicabilité de cet acte sur la base de l'article 184 du traité. De même, l'illégalité d'un acte pour atteinte portée aux prérogatives du Parlement européen peut être soulevée devant une juridiction nationale et l'Acte en question faire l'objet d'un renvoi préjudiciel en appréciation de validité à la Cour. » (116)

---

(112) Cf. ISAAC, *L'insertion du Parlement européen dans le système juridictionnel des Communautés européennes*, AFDI (1986), 794 ; ZULEEG, *Le Parlement face à la Cour*, in « Le Parlement européen », 177 et PESCATORE, *ibid.* (note 99), 207.

(113) Arrêt préc. (note 55), aff. 138 et 139/79.

(114) CJCE, arrêt du 22 mai 1985, aff. 13/83, Parlement c. Conseil, Rec. 255 : cf. notre commentaire RTDE (1985), 757. Ici également, la possibilité reconnue au Parlement de faire usage du recours en carence est étroitement liée au principe de démocratie. Comme l'expliquait l'avocat général Lenz, le Parlement a le pouvoir d'influencer les actes du Conseil et de la Commission. Or, cette possibilité est réduite à néant lorsque les institutions n'agissent pas en violation du traité. Permettre au Parlement de faire condamner la carence, c'est l'autoriser à défendre sa participation au processus législatif.

(115) Aff. 294/83 préc. (note 1).

(116) CJCE, arrêt du 27 septembre 1988, aff. 302/87. Parlement européen c. Conseil (Comitologie), Rec. 5615 ; voir notre commentaire, RTDE (1989), 239. BOULOUIS. *La qualité du Parlement européen pour agir en annulation*, RMC (1989), 119 ; THILI, *Le défaut de qualité du Parlement européen pour agir en annulation.* CDE (1989), 367 ; WEILER, *Pride and Prejudice – Parliament v. Council*, ELR (1989), 34.

La protection des prérogatives de la Commission était donc confiée aux particuliers ou à une institution, la Commission, dont les intérêts ne coïncident pas toujours avec ceux du Parlement. Le caractère artificiel de la solution amenait la Cour à un important revirement de jurisprudence puisqu'elle reconnaissait la légitimation active du Parlement pour la défense de ses prérogatives,

> « La Cour chargée, en vertu des traités, de veiller au respect du droit dans leur interprétation et leur application, doit ainsi pouvoir assurer le maintien de l'équilibre institutionnel et, par conséquent, le contrôle juridictionnel du respect des prérogatives du Parlement lorsqu'elle est saisie à cette fin par ce dernier, par une voie de droit adaptée à l'objectif qu'il poursuit...
>
> L'absence, dans les traités, d'une disposition prévoyant le droit de recours en annulation en faveur du Parlement peut constituer une lacune procédurale, mais elle ne saurait prévaloir à l'encontre de l'intérêt fondamental qui s'attache au maintien et au respect de l'équilibre institutionnel défini par les traités constitutifs des Communautés européennes. » (117)

Même si la *ratio decidendi* semble être le respect de l'équilibre institutionnel, il s'agit bien, en l'espèce, de la défense des prérogatives du Parlement (118) et, partant, du respect du principe de démocratie. Ainsi, la Cour a complété le système de recours pour garantir le principe de démocratie dans les Communautés européennes.

D. – La justice sociale

Le principe de justice sociale est loin d'avoir reçu une consécration identique à celle dont ont bénéficié les autres principes sus-mentionnés, mais il n'en est pas moins implicitement présent dans le traité. La Cour y a fait une nette allusion dans l'affaire *Defrenne*,

> « ... celle-ci [la Communauté] ne se limitant pas à une mission économique, mais devant assurer en même temps, par une action commune, le progrès social et poursuivre l'amélioration constante des conditions de vie et d'emploi des peuples européens, ainsi qu'il est souligné dans le préambule du traité. » (119)

Si l'objectif de justice sociale n'est pas inscrit à l'article 3 CE, la présence dans le traité de dispositions spécifiques, notamment les articles 118, 118 A et 119, montre que la Communauté a reçu mission de poursuivre sa réalisation.

---

(117) CJCE, arrêt du 22 mai 1990, aff. C-70/88. Parlement européen c. Conseil, Rec. 2041, notre commentaire RTDE (1990), 620 : voir aussi CHAMBAULT, RMC (1991), 40.

(118) La Cour, dans son arrêt précité du 16 juillet 1992 (note 110), a donné une interprétation large de la notion de prérogatives du Parlement en refusant de limiter la saisine à la seule procédure de coopération ou aux cas d'atteinte substantielle aux droits du Parlement.

(119) CJCE, arrêt du 8 avril 1976, aff. 43/75. Defrenne c. Sabena, Rec. 455.

En outre, le principe a été introduit dans le préambule de l'Acte unique qui y fait expressément référence.

Mais la réalisation de la justice sociale dépend avant tout de la politique menée par le législateur. Elle ne constitue pas un acquis qu'il convient de préserver, mais un objectif que la Communauté doit atteindre.

C'est la raison pour laquelle la Commission a souhaité définir des principes d'action. Ceux-ci ont été rassemblés dans la charte communautaire des droits sociaux des travailleurs adoptée par onze États membres – le Royaume-Uni ayant refusé de s'y associer – lors du Conseil européen de Strasbourg, le 9 décembre 1989. Cette charte, qui n'a pas de valeur juridique, traduit seulement un consensus de onze États membres sur la voie à suivre. Les droits énumérés par la charte font l'objet d'un programme d'action de la Commission qui propose, au niveau communautaire, dans le cadre de la compétence communautaire les mesures à prendre pour la mise en œuvre de la charte. Une des difficultés de la matière est que l'objectif ne peut être atteint que par une action complémentaire de la Communauté et des États membres. Il convient donc de définir ce qui appartient à chacun, d'où l'importance en l'espèce du principe de subsidiarité. (120) Les résistances rencontrées à l'occasion de l'adoption de la charte sociale se sont retrouvées lors de la négociation du traité de Maastricht puisque l'élargissement des compétences de la Communauté en matière sociale n'a pu être accepté que par onze États membres dans le cadre d'un protocole spécial.

E. – Le pluralisme culturel

Si la valeur du pluralisme culturel a été reconnue dans le document sur l'identité européenne, le principe a du mal à trouver sa place dans la Communauté. En effet, la Communauté aborde le culturel sous l'angle du marché et la libre circulation des produits et des services culturels a tendance, sous l'empire des lois économiques, à conduire à une harmonisation croissante. De plus, le traité ne reconnaît pas la possibilité d'invoquer l'objectif culturel pour légitimer une restriction nationale à la libre circulation. (121) La solution ne peut venir à ce stade que de dispositions spécifiques dans les directives d'harmonisation comme celle qui permet aux États membres, dans la directive « Télévision sans frontières », de prévoir des dispositions plus strictes pour la réalisation de leur politique linguistique. (122) Cependant, après certaines hésitations, la jurisprudence de la Cour semble admettre le caractère nécessaire de la protection du pluralisme. Comme elle le déclarait dans l'affaire *Torfean/B & Q*, il

---

(120) Cf. note 183.

(121) Voir DE WITTE et POST. *Educational and cultural rights*, in « Human Rights and the European Community », vol. III, *ibid.* (note 79), 123 ; cf. CJCE, arrêt du 10 janvier 1985, aff. 229/83. Leclerc c. Au blé vert, Rec. 17.

(122) Directive 89/552 CEE, article 8.

est possible d'inclure dans les raisons impérieuses de l'article 30 ou dans les raisons liées à l'intérêt général visées à l'article 59 des raisons qui

> « constituent... l'expression de certains choix politiques et économiques »

et qui se rattachent à des

> « particularités socio-culturelles nationales ou régionales dont l'appréciation appartient, dans l'état actuel du droit communautaire, aux États membres. » (123)

De la même façon, la Cour admet, de plus en plus nettement, le pluralisme culturel comme un objectif légitime pouvant justifier, en liaison avec la liberté d'expression, des restrictions à la libre prestation de services dans le domaine de la télévision. Ainsi, dans ses arrêts du 25 juillet 1991, elle constate :

> « Le gouvernement néerlandais fait valoir que ces restrictions sont justifiées par les impératifs tenant à la politique culturelle qu'il a mise en place dans le secteur audiovisuel. Il explique que celle-ci a pour but de sauvegarder la liberté d'expression des différentes composantes notamment sociales, culturelles, religieuses ou philosophiques existant aux Pays-Bas, telle qu'elle doit pouvoir se manifester dans la presse, à la radio ou à la télévision. Or cet objectif pourrait être mis en péril par l'emprise excessive des publicitaires sur l'élaboration des programmes.
>
> Entendue en ce sens, une politique culturelle peut certes constituer une raison impérieuse d'intérêt général justifiant une restriction à la libre prestation de services. En effet, le maintien du pluralisme qu'entend garantir cette politique néerlandaise est lié à la liberté d'expression, telle qu'elle est protégée par l'article 10 de la Convention de sauvegarde des droits de l'homme et des libertés fondamentales, qui figure parmi les droits fondamentaux garantis par l'ordre communautaire ». (124)

La jurisprudence récente dans ce domaine confirme bien le caractère prioritaire que revêt la nécessité de maintenir le pluralisme en matière de télévision.

Mais en réalité, si l'on voulait réellement protéger cette valeur qu'est le pluralisme culturel, ne paraissait-il pas nécessaire d'insérer dans les traités une disposition spécifique ? Le *non paper* de la présidence luxembourgeoise qui proposait à la conférence intergouvernementale de créer une compétence en matière culturelle mettait particulièrement l'accent sur le nécessaire respect de la diversité culturelle en Europe dans l'exercice de cette compétence. Le texte de Maastricht, dans le titre XIII consacré à la compétence culturelle, confie à la Communauté le soin de veiller à l'épanouissement des cultures

---

(123) CJCE, arrêt du 23 novembre 1989, aff. 145/88, Rec. 3851 : voir aussi les arrêts du 28 février 1991 dans les aff. 312/89 Conforama et 332/89 Marchandise, Rec. 997.

(124) Aff. 288/89, Stichting Collectieve Antennevoorziening Gouda et autres et Commisariaat voor de Media, Rec. 4007 ; aff. 353/89, Commission c. Pays-Bas, Rec. 4069.

des États membres dans le respect de leur diversité nationale et régionale. Il ajoute que la Communauté doit tenir compte des aspects culturels dans son action au titre d'autres dispositions du traité. Ces dispositions devraient permettre la conciliation entre diversité culturelle et intégration européenne.

Dans l'ensemble, on note donc un approfondissement, notamment jurisprudentiel, des valeurs qui sont à la base de la constitution communautaire. Mais une constitution contient plus que l'affirmation de la prééminence de certaines valeurs, elle pose des règles d'organisation politique.

Section 4. – Les principes structurels

Les principes structurels concernent tant la structure institutionnelle de la Communauté que les rapports qui s'établissent entre celle-ci et les États membres. Sur le plan institutionnel, la Communauté ne répond à aucun schéma d'organisation classique. Il n'est pas exclu qu'au fil de son évolution, elle se rapproche du modèle parlementaire, mais pour le moment il s'agit d'un système *sui generis*. Le mérite de la Cour et des autres institutions aura été de mettre en lumière les quelques principes qui commandent l'organisation constitutionnelle de la Communauté. Quant aux relations avec les États membres, les traités ne contiennent aucune théorie des compétences, (125) ni même d'indications suffisantes sur la structure de l'ordre juridique communautaire. Il appartenait donc au juge, à partir des traités et des exigences de la construction communautaire, de construire les concepts indispensables.

A. – Les principes relatifs à la structure institutionnelle

Le modèle de référence de l'organisation constitutionnelle dans les pays occidentaux est celui de la séparation des pouvoirs. Aussi la première interrogation à propos de l'organisation constitutionnelle de la Communauté est-elle de savoir comment se situe celle-ci par rapport à la théorie de la séparation des pouvoirs.

1. – *Séparation des pouvoirs et représentation des intérêts dans la Communauté*

Le principe d'organisation de la Communauté n'a pas été celui de la séparation des pouvoirs, mais bien plutôt, à notre sens, celui de la représentation des intérêts. Chaque institution communautaire est porteuse d'un intérêt spécifique à la défense duquel elle œuvre dans le cadre du processus décisionnel communautaire. La Cour de justice assure, conformément à l'article 164, le

(125) Si ce n'est la nette affirmation que la Communauté ne dispose que de compétences d'attribution, article 3 B du Traité CE.

respect du droit. Le Conseil est l'institution par laquelle les États membres interviennent dans le fonctionnement de la Communauté. La Commission représente l'intérêt général et le Parlement celui des peuples des différents États composant la Communauté.

Le fonctionnement du processus décisionnel est conditionné par les intérêts en présence. Lorsque les auteurs des traités ont jugé que, dans un domaine déterminé, les intérêts des États, en raison de la sensibilité de la matière par rapport à la souveraineté nationale, devaient prédominer, ils ont confié le pouvoir de décision au Conseil statuant à l'unanimité (harmonisation fiscale par exemple), parfois même avec le recours aux procédures nationales de ratification (ressources propres). Lorsqu'ils ont estimé que les intérêts nationaux devaient être conciliés avec l'intérêt général de la Communauté, ils ont décidé que le Conseil statuerait à la majorité qualifiée, conférant ainsi à la proposition de la Commission une valeur particulière puisqu'ils ne pourraient s'en écarter qu'à l'unanimité. Selon les cas, le Parlement est absent de la procédure, consulté ou participe plus étroitement à celle-ci dans le cadre des procédures de coopération et de codécision.

Il existe enfin des hypothèses dans lesquelles l'intérêt général prédominant, la Commission intervient seule, notamment en qualité de gardienne des traités. Il en résulte que chaque matière possède sa procédure de décision en fonction des intérêts qu'elle met en jeu. D'où l'importance en droit communautaire de la base juridique, c'est-à-dire de l'article sur lequel est fondé l'Acte puisqu'il détermine la procédure qui sera suivie. La Cour a bien mis en lumière l'intérêt qui s'attache au choix d'une base juridique correcte,

> « En ce qui concerne le choix de la base juridique, il convient d'observer à titre liminaire que ce choix peut avoir des conséquences sur la détermination du contenu de l'Acte dans la mesure où les exigences procédurales liées aux dispositions d'habilitation en question ne sont pas identiques d'un texte à l'autre. » (126)

Elle a aussi souligné que les raisons qui avaient présidé au choix des procédures de décision n'étaient pas toujours évidentes,

> « À cet égard, il convient de relever que, dans le système des compétences communautaires, les pouvoirs des institutions et les conditions de leur exercice découlent de différentes dispositions particulières du traité, dont les divergences, notamment en ce qui concerne l'intervention du Parlement européen, ne reposent pas toujours sur des critères systématiques. » (127)

(126) CJCE, arrêt du 2 février 1989, aff. 275/87, Commission c. Conseil, Rec. 259 ; cf. aussi CJCE, arrêt du 29 mars 1990, aff. 62/88, République hellénique c. Conseil, Rec. 1545.

(127) CJCE, arrêt du 30 mai 1989, aff. 56/88. Royaume-Uni de Grande Bretagne et d'Irlande du Nord c. Conseil, Rec. 1615.

Cependant de nombreux systèmes fédéraux combinent représentation des intérêts, des États fédérés notamment, et séparation des pouvoirs. Qu'en est-il dans la Communauté ?

Tout dépend d'abord de ce que l'on entend par séparation des pouvoirs.

Si l'on retient la version répandue couramment selon laquelle la séparation des pouvoirs implique qu'à chaque institution correspond une fonction exercée par celle-ci en toute indépendance, la Communauté ne connaît pas la séparation des pouvoirs. Le pouvoir législatif est exercé par le Conseil, mais avec la participation de la Commission et du Parlement européen. Le pouvoir exécutif appartient depuis l'Acte unique en principe à la Commission, mais sous le contrôle du Conseil. Seul le pouvoir judiciaire est confié en exclusivité à la Cour.

Cette vision doit encore être corrigée par l'existence d'une répartition verticale du pouvoir entre la Communauté et les États membres. Ces derniers sont associés d'une certaine manière au pouvoir législatif à travers la transposition des directives et sont chargés en tout état de cause de l'exécution matérielle des normes communautaires. Quant au pouvoir judiciaire, les tribunaux nationaux ont à connaître de l'application du droit communautaire. Le juge national est le juge de droit commun du droit communautaire et il exerce sa mission dans un rapport avec la Cour de Justice qui n'est pas caractérisé par la hiérarchie, mais par la coopération.

Dans ces conditions, la Communauté ne répond certainement pas à la vision traditionnelle de la séparation des pouvoirs, mais cette dernière ne correspond à aucune réalité constitutionnelle nationale. D'ailleurs, Montesquieu lui-même n'a jamais proposé un tel schéma. En effet, si sa conception reposait sur une distinction entre les pouvoirs, il n'a jamais prétendu qu'à la distinction fonctionnelle entre législatif et judiciaire doive correspondre l'attribution de l'un de ces pouvoirs à un seul organe. (128) Que l'on relise le chapitre 6 du livre XI de *De l'esprit des lois*.

> « Lorsque dans la même personne ou dans le même corps de magistrature, la puissance législative est réunie à la puissance exécutrice, il n'y a point de liberté...
>
> Il n'y a point encore de liberté si la puissance de juger n'est pas séparée de la puissance législative et de l'exécutrice...
>
> Tout serait perdu si le même homme ou le même corps des principaux ou des nobles, ou du peuple, exerçait ces trois pouvoirs... »

Or si l'on se réfère à la Communauté, ce qui est remarquable, c'est la confusion qui subsiste encore largement entre le pouvoir exécutif et le pouvoir législatif. Le pouvoir législatif est, on l'a vu, exercé par le Conseil avec

(128) Cf. EISENMAN, *L'esprit des lois et la séparation des pouvoirs*, « Mélanges Carré de Malberg » (1933), 165.

l'indispensable concours de la Commission, laquelle possède le monopole de l'initiative. De son côté, le Parlement intervient dans certains cas à titre consultatif. Dans les cas qui relèvent de la procédure de coopération, le Parlement dispose d'un droit de veto suspensif puisqu'un rejet parlementaire ne peut être surmonté que par un vote unanime du Conseil. Dans le cadre de la nouvelle procédure de codécision, le veto parlementaire est absolu. Le Conseil dispose du pouvoir législatif en dernier ressort, mais il ne peut agir seul. S'agissant du pouvoir exécutif, son exercice se distingue encore mal de celui du pouvoir législatif. Avant l'Acte unique européen, il était exercé dans les mêmes formes que le pouvoir législatif par le Conseil sous réserve des cas dans lesquels ce dernier le déléguait à la Commission. Depuis l'Acte unique, la Commission exerce en principe le pouvoir exécutif, mais sous le contrôle du Conseil qui en détermine les modalités, celles-ci pouvant aller jusqu'à prévoir un droit d'évocation au bénéfice du Conseil. En outre, le Conseil peut, dans certains cas, se réserver le pouvoir exécutif.

On ne peut donc parler d'une véritable séparation des pouvoirs dans la mesure où le titulaire véritable du pouvoir exécutif est le législateur. Cependant, dans le cadre du dynamisme évolutif communautaire, l'Acte unique marque une évolution vers la séparation des pouvoirs. Il est concevable de penser qu'un jour il existera un recouvrement complet entre la séparation des pouvoirs et la représentation des intérêts. (129)

Dans ce contexte, si la séparation des pouvoirs ne permet pas aujourd'hui de rendre compte de la structure institutionnelle communautaire, la Cour, dans le contentieux interinstitutionnel, n'a d'autre solution que de faire respecter la volonté des États membres quant à la répartition des pouvoirs entre les institutions communautaires.

2. – *Les principes relatifs aux relations entre institutions*

À cette fin, elle s'appuie sur le principe de l'équilibre institutionnel (tel qu'il a été voulu par les auteurs des traités), sur le principe de l'autonomie des institutions et sur le principe de collaboration loyale entre institutions.

(129) Si on peut approuver la thèse de PESCATORE selon laquelle la théorie de la séparation des pouvoirs n'est pas un principe d'explication des Communautés, cette thèse n'implique pas qu'une évolution soit impossible ; cf. *L'exécutif communautaire : justification du quadripartisme institué par les Traités de Paris et de Rome*, CDE (1978), 387. Pour une vision évolutive, cf. LENAERTS. *A New Institutional Equilibrium ? The Challenges for the New Intergovernmental Conference*, in « The Institution in the European Community after the Single Act », Colloque de Bruges (1990). Par contre, nous ne partageons pas la thèse de SOLDATOS selon laquelle il existerait dès à présent une séparation des pouvoirs dans la Communauté. *Le système institutionnel et politique dans les Communautés européennes dans un monde en mutation*, *ibid.* 150.

a) *Le principe de l'équilibre institutionnel* (130)

On ne doit pas se méprendre sur la signification à attribuer au principe de l'équilibre institutionnel. Il n'évoque en rien l'idée selon laquelle les auteurs des traités auraient mis en place une répartition équilibrée des pouvoirs entre les différentes institutions, mais plus simplement le fait que l'organisation communautaire est le reflet d'un équilibre des intérêts selon l'importance que les États ont assignée à chacun d'entre eux. Dans ce contexte, la tâche de la Cour est de faire respecter cette organisation des pouvoirs afin que ne puissent pas être remis en cause les arbitrages effectués au moment de la rédaction des traités. D'ailleurs, le principe n'est pas sans rapport avec l'article 4 du traité selon lequel chaque institution agit dans le cadre des attributions qui lui sont conférées par le traité. On ne saurait donc admettre qu'une institution étende ses attributions au détriment d'une autre institution. L'hypothèse n'est pas d'école, car un des traits majeurs de la stratégie du Parlement a été de tenter de lier le pouvoir d'initiative de la Commission aux propositions qui seraient faites par le Parlement. La Commission, si elle a accepté de prendre en considération les propositions parlementaires, s'est toujours gardée de prendre le moindre engagement de nature à lier son pouvoir d'initiative. (131)

On trouve la première référence à cet équilibre dans l'arrêt *Meroni* dans lequel la Cour voit.

> « dans l'équilibre des pouvoirs, caractéristique de la structure institutionnelle de la Communauté, une garantie fondamentale accordée par le traité aux entreprises et associations d'entreprises auxquelles il s'applique ». (132)

Mais c'est sans doute à propos de la comitologie qu'en est donnée l'expression la plus nette, lorsque la Cour juge que la

> « question posée concerne plus particulièrement la compatibilité de la procédure du comité de gestion avec la structure communautaire et l'équilibre institutionnel au regard tant des rapport entre institutions que de l'exercice de leurs pouvoirs respectifs ». (133)

---

(130) Sur le principe de l'équilibre institutionnel, voir BOULOUIS et CHEVALLIER, « Grands arrêts de la Cour de justice des Communautés européennes », tome 1, 5e éd., 226 et CONSTANTINESCO, Juris-Classeurs Europe, fascicule 200.

(131) Cf. COM (81) 581 final. Les relations entre les institutions de la Communauté, publié sous le titre *Le système institutionnel communautaire, un équilibre à rétablir*. Bulletin des Communautés, 3/82.

(132) CJCE, arrêt du 13 juin 1958, aff. 9/56, Rec. IV 11. En fait, la Cour avait déjà fait référence à l'équilibre dans son avis du 17 décembre 1959 en application de l'article 95 CECA, Rec. 1958-1959, 551.

(133) CJCE, arrêt du 17 décembre 1970, aff. 25/70, Einführ- und Vorratsstelle für Getreide und Futtermittel c. Köster, Rec. 1161.

C'est également sur la base du principe de l'équilibre institutionnel que l'arrêt *Isoglucose* consacrait le droit du Parlement à être consulté comme représentant

> « un élément essentiel de l'équilibre institutionnel voulu par le traité ». (134)

Le principe de l'équilibre conduit donc la Cour à veiller au respect par les institutions des compétences qui leur sont attribuées. Ainsi, dans l'affaire *Wybot*,

> « Dans le cadre de l'équilibre des pouvoirs entre les institutions prévu par les traités, la pratique du Parlement ne saurait... enlever aux autres institutions une prérogative qui leur est attribuée par les traités eux-mêmes ». (135)

Le principe interdit donc toute délégation de compétences d'une institution à un organisme externe ou à une autre institution si la délégation modifie l'équilibre des institutions. Il prohibe également tout empiétement d'une institution sur une autre.

L'objet du principe n'est pas la seule préservation des intérêts des institutions, mais aussi des particuliers, car les règles relatives au processus de décision constituent également des garanties qui leur sont offertes par les traités, comme le rappelait la Cour dans l'affaire *Meroni*. Cependant, la Cour a paru tempérer cette position lorsqu'elle explique que le système de répartition des compétences entre les institutions n'a pas pour objectif d'assurer la protection des particuliers. Il est vrai qu'il s'agissait non de contentieux de la légalité, mais de contentieux de la responsabilité et qu'une violation du principe de répartition des compétences ne constitue peut-être pas toujours une atteinte à une règle supérieure de droit destinée à protéger les particuliers. (136)

En outre, les règles qui régissent la répartition des pouvoirs entre institutions ont une incidence sur le contenu des décisions, ce qui explique l'attention avec laquelle la Cour veille au choix de la base juridique correcte puisque celle-ci commande la procédure de décision. La base juridique est une traduction de l'équilibre institutionnel.

(134) Arrêt Isoglucose préc. (note 55).

(135) CJCE, arrêt du 10 juillet 1986, aff. 149/85, Rec. 2403.

(136) Arrêt du 13 mars 1992, aff. C-282/90, Industrie en Handel sonderneming Vreugdenhil BV c. Commission, Rec. I-1962 : « Sous ce rapport, il convient de constater que le système de répartition des compétences entre les différentes institutions de la Communauté a pour but d'assurer le respect de l'équilibre institutionnel prévu par le traité et non pas la protection des particuliers. Par conséquent, le non-respect de l'équilibre institutionnel ne saurait, à lui seul, suffire à engager la responsabilité de la Communauté envers les opérateurs économiques concernés. Il en irait différemment si une mesure communautaire était adoptée en méconnaissance, non seulement de la répartition des compétences entre les institutions, mais également, en ses dispositions matérielles, d'une règle supérieure de droit protégeant les particuliers. »

On a vu que c'est pour préserver cet équilibre que la Cour a reconnu la légitimation active du Parlement dans le cadre du recours en annulation visant à protéger ses prérogatives.

> « ... ces prérogatives sont un élément de l'équilibre institutionnel créé par les traités. Ceux-ci ont, en effet, mis en place un système de répartition des compétences entre les différentes institutions de la Communauté, qui attribue à chacune sa propre mission dans la structure institutionnelle de la Communauté et dans la réalisation des tâches confiées à celle-ci.
>
> Le respect de l'équilibre institutionnel implique que chacune des institutions exerce ses compétences dans le respect de celles des autres. Il exige aussi que tout manquement à cette règle, s'il vient à se produire, soit sanctionné. » (137)

Dans cette affaire, la Cour n'a pas utilisé le principe de manière statique, mais au contraire s'est appuyée sur lui pour compléter de façon dynamique le traité.

b) *Le principe de l'autonomie des institutions* (138)

Dans le cadre de leurs attributions, les institutions ont le pouvoir de s'organiser librement. Ce pouvoir se fonde sur la capacité reconnue par les traités aux institutions d'adopter elles-mêmes leur règlement intérieur. Ce pouvoir a été notamment consacré par la Cour à propos du Parlement européen. En effet, l'assemblée est sans doute l'institution qui a le plus usé de sa capacité d'auto-organisation pour tenter d'accroître ses pouvoirs. Elle a notamment utilisé son règlement intérieur pour consacrer certaines avancées jurisprudentielles ou certaines pratiques interinstitutionnelles. Au lendemain de l'arrêt *Isoglucose*, le Parlement a modifié son règlement pour enregistrer la solution de la Cour et tenter d'en exploiter toutes les virtualités. De la même manière, le règlement de l'assemblée codifie la jurisprudence et la pratique en matière de reconsultation. Il existe un risque de modification, par ce biais, de l'équilibre institutionnel. Le principe d'autonomie doit donc connaître des limites.

La Cour a posé le principe de l'autonomie dans l'arrêt *Lord Bruce of Donington* qui concerne le pouvoir du Parlement d'instituer un système forfaitaire de remboursement des frais de déplacement des parlementaires. Elle a considéré que

> « Il appartient au Parlement de décider quels sont les activités et les déplacements nécessaires ou utiles d'un membre du Parlement dans l'exercice de ses fonctions et quelles sont les dépenses nécessaires ou utiles y relatives.

---

(137) Aff. « Post-Tchernobyl », arrêt préc. (note 47).
(138) Cf. BOULOUIS et CHEVALLIER, *ibid.* (note 129) et CONSTANTINESCO, *ibid.* (note 129).

L'autonomie reconnue à cet égard au Parlement, dans l'intérêt de son bon fonctionnement, implique également la compétence d'effectuer le remboursement des frais de voyage et de séjour de ses membres. » (139)

Le principe d'autonomie est ainsi protégé contre les atteintes que pourraient y porter les États par l'article 5 § 2 du traité qui impose à ceux-ci de s'abstenir des mesures susceptibles de mettre en péril les buts du traité.

« Le droit communautaire impose cependant aux États membres des limites que ceux-ci doivent respecter en arrêtant les règles d'imposition pour les membres du Parlement, ces limites découlent notamment de l'article 5 du traité... Cette obligation comprend le devoir de ne pas prendre de mesures susceptibles d'entraver le fonctionnement interne des institutions. » (140)

Cependant, il a bien fallu définir les limites de ce pouvoir afin d'éviter que, par son utilisation, une institution n'empiète sur les pouvoirs des autres institutions ou des États membres. Le problème s'est posé plus particulièrement en ce qui concerne les lieux de travail du Parlement. En effet, en l'absence d'une fixation définitive de son siège par les États conformément à l'article 216 du traité, le Parlement a tenté d'organiser un glissement progressif de ses activités vers Strasbourg et Bruxelles, puis vers Bruxelles. Ces tentatives ont donné lieu à un contentieux fourni. (141) Dans son arrêt du 10 février 1983, la Cour a reconnu le pouvoir du Parlement de prendre « des mesures appropriées afin d'assurer son bon fonctionnement et le déroulement de ses procédures. » Cependant, il est soumis, en vertu de l'article 5, au principe de coopération loyale avec les États membres et doit respecter la compétence des gouvernements des États membres en matière de fixation du siège des institutions. Dans ce contexte, le Parlement peut décider d'affecter dans ses différents lieux de travail le personnel indispensable à l'exercice de ses missions. Par contre, il lui est interdit de transférer totalement ou partiellement son secrétariat. (142) Dans un arrêt du 30 avril 1996, Pays-Bas c. Conseil (aff. C-58/94), la Cour a confirmé qu'une mesure d'ordre intérieur ne perdait pas ce caractère dès lors qu'elle produisait des effets hors du cadre interne de l'institution.

---

(139) CJCE, arrêt du 15 septembre 1981, aff. 208/80, Rec. 2205.

(140) *Ibid.*

(141) CJCE, arrêt du 10 février 1983, aff. 230/81. Grand-Duché de Luxembourg c. Parlement européen, Rec. 255 : arrêt du 10 avril 1984, aff. 108/83, Grand-Duché de Luxembourg c. Parlement européen, Rec. 1945 ; arrêt du 22 septembre 1988, aff. jointes 358/85 et 51/86, République française c. Parlement européen, Rec. 4821.

(142) Cette situation n'est pas modifiée par la décision prise du commun accord des représentants des gouvernements des États membres du 12 décembre 1992 qui, dans son article premier, point a, dispose : « Le Parlement européen a son siège à Strasbourg où se tiennent douze périodes de sessions plénières mensuelles y compris la session budgétaire. Les périodes de sessions plénières additionnelles se tiennent à Bruxelles. Les commissions du Parlement européen siègent à Bruxelles. Le Secrétariat général du Parlement européen et ses services restent installés à Luxembourg. »

De la même manière, dans l'affaire *Les Verts*, la Cour a été appelée à se prononcer sur la nature de certaines dépenses du Parlement. (143) Selon que l'on analysait celles-ci comme un financement d'activités d'information sur le Parlement, elles relevaient du pouvoir d'organisation interne du Parlement. Par contre, s'il s'agissait d'un financement de campagnes électorales, celui-ci ne pouvait être mis en œuvre dans le cadre des compétences du Parlement dans la mesure où il s'agissait d'une compétence qui appartenait encore aux États membres. C'est donc de la qualification de la mesure contestée que dépendait sa validité. En estimant qu'il s'agissait d'une réglementation visant au financement des dépenses électorales, la Cour devait annuler le système mis en place par le Parlement pour protéger les compétences des États membres.

Les limites du pouvoir d'organisation interne sont ainsi précisées. Celui-ci ne saurait porter atteinte à l'équilibre institutionnel ou à la répartition des compétences entre la Communauté et les États membres. Il ne peut pas davantage déroger aux modalités de fonctionnement d'une institution dès lors que celles-ci sont prévues par le traité. Ainsi les procédures de délégation interne de pouvoir arrêtées par la Commission ne sauraient déroger au principe de collégialité inscrit à l'article 17 du traité de fusion. (144)

Le principe d'autonomie protège la sphère d'organisation interne de chaque institution. Il trouve son corollaire dans le principe de collaboration loyale entre les institutions.

c) *Le principe de coopération loyale entre les institutions* (145)

Le traité ne consacre pas le principe de coopération loyale entre les institutions, mais on a vu que la Cour interprétait l'article 5 comme créant une obligation de coopération loyale entre les États et les institutions. L'évolution consistera à faire jouer ce principe dans le cadre des relations interinstitutionnelles. Les traités organisent dans certains cas la coopération entre les institutions, notamment dans le cadre du processus décisionnel. Mais lorsque l'on est en présence d'une zone grise, c'est-à-dire d'un secteur dans lequel les relations interinstitutionnelles ne sont pas aménagées par les traités, le principe de coopération loyale fournit une base juridique à des accords interinstitutionnels visant à compléter les traités.

La Cour devait déclarer à propos de l'avis conforme du Conseil exigé par l'article 58 du traité CECA pour l'instauration d'un régime de quota de production que :

> « ... le pouvoir de prendre des mesures appropriées appartient selon l'article 58 à la Commission, étant entendu qu'elle ne peut toutefois agir que

(143) Aff. 294/83 préc. (note 1).

(144) CJCE, arrêt du 26 septembre 1986, aff. 5/85, Akso, Rec. 2585.

(145) Cf. CONSTANTINESCO, *ibid.* (note 129) et JACQUÉ, *La pratique des institutions communautaires...* in Bieber/Ress. « Die Dynamik des Europäischen Gemeinschaftsrechts », Nomos Verlag, p. 389.

sur avis conforme du Conseil. En instituant cette forme de concertation entre la Commission et le Conseil, l'article 58 n'en a pas fixé les modalités. Dans ces conditions, il appartient aux institutions d'organiser, d'un commun accord et dans le respect des compétences respectives, les formes de leur coopération. » (146)

Mais la consécration du principe est intervenue à propos de la querelle de la classification des dépenses. En effet, la distinction entre dépenses obligatoires et dépenses non obligatoires commande la répartition des pouvoirs entre le Parlement et le Conseil dans le cadre de la procédure budgétaire. Il n'est donc pas surprenant qu'une controverse permanente sur ce thème se soit instaurée entre le Parlement et le Conseil. Lorsqu'elle a été saisie de la question, la Cour s'est refusée à entrer dans cette controverse, sauf erreur manifeste. Elle en a renvoyé la solution aux institutions elles-mêmes dans le cadre de leur coopération.

« Il y a lieu de rappeler à cet égard que... les problèmes de délimitation des dépenses non obligatoires par rapport aux dépenses obligatoires font l'objet d'une procédure interinstitutionnelle de conciliation instituée par la déclaration commune du Parlement européen, du Conseil et de la Commission du 30 juin 1982, et qu'ils sont de nature à être résolus dans ce cadre. En effet, le fonctionnement de la procédure budgétaire, tel qu'il est envisagé par les dispositions financières du traité, repose essentiellement sur le dialogue interinstitutionnel. Dans le cadre de ce dialogue prévalent les mêmes devoirs de coopération loyale qui, comme la Cour l'a reconnu, régissent les relations entre les États membres et les institutions communautaires. » (147)

Le principe de coopération impose non seulement aux institutions de respecter leurs compétences respectives, mais également de mettre en place des procédures permettant d'assurer le bon déroulement du processus décisionnel.

On s'est fréquemment interrogé sur la valeur juridique des accords interinstitutionnels, qu'ils soient informels ou formalisés dans des déclarations communes. À notre sens, ces accords constituent une expression du devoir de coopération loyale. Comme l'écrit R. Bieber.

« If the institutions are obliged by law to cooperate then the results of such cooperation must, of necessity, have legal force. » (148)

Dès lors que les institutions ont entendu se lier, elles sont tenues de se conformer à leurs engagements. Bien sûr, il sera difficile de déterminer l'existence d'une telle intention. On a beaucoup débattu de la valeur juridique de la déclaration commune du 4 mars 1975 relative à l'institution d'une procédure

(146) CJCE, arrêt du 11 mai 1983, aff. 244/81, Klöckner Werke AG c. Commission, Rec. 1451.

(147) CJCE, arrêt du 27 septembre 1988, préc. (note 115).

(148) *The Settlement of Institutional Conflicts on the Basis of Article 4 of the EEC Treaty*, CMLRev (1984), 503.

de concertation et la Cour n'a jamais eu l'occasion de se prononcer à cet égard. En ce qui concerne la déclaration commune du 30 juin 1982, on a vu que la Cour a renvoyé, à deux reprises, les institutions à la procédure de conciliation mise en place par la déclaration. (149) C'est donc que la déclaration n'est pas dépourvue de toute portée juridique. Quant à l'accord interinstitutionnel du 29 juin 1988 sur la discipline budgétaire et l'amélioration de la procédure budgétaire, le choix même du terme « accord » alors que l'on aurait pu utiliser celui de « déclaration commune » avait pu paraître suffisant pour témoigner de l'intention des parties de se lier. Mais la Cour a évité de se prononcer sur ce point dans son arrêt du 7 décembre 1995, Conseil de l'Union européenne c. Parlement européen (aff. C-41/95). Cependant, elle a admis la valeur obligatoire d'un arrangement conclu entre le Conseil et la Commission en ce qui concerne la représentation au sein de l'OAA. Elle s'est fondée sur l'obligation de coopération pour assurer l'unité de représentation internationale de la Communauté et sur l'intention de se lier manifestée par les institutions (arrêt du 19 mars 1996, Commission c. Conseil, aff. C-25/94).

L'obligation de coopération loyale légitime donc toute la pratique qui vient se greffer sur les traités afin de les compléter et de permettre le fonctionnement des procédures qu'ils instituent.

B. – Les principes relatifs aux rapports entre la Communauté et les États membres

Les rapports entre la Communauté et les États membres sont régis par le principe de coopération loyale tel qu'il résulte de l'article 5 du traité. C'est dans le cadre de ce principe qu'il est possible de définir le système de répartition des compétences et les règles relatives aux rapports entre le droit national et le droit communautaire.

1. – *Le principe de coopération entre les États membres et la Communauté*

Le principe découle de l'article 5 CEE,

> « Les États membres prennent toutes mesures générales ou particulières propres à assurer l'exécution des obligations découlant du présent traité ou résultant des actes des institutions de la Communauté. Ils facilitent à celle-ci l'accomplissement de sa mission.
>
> Ils s'abstiennent de toutes mesures susceptibles de mettre en péril la réalisation des buts du présent traité. »

La doctrine a beaucoup épilogué sur le sens de cette disposition. Faut-il y voir une expression, sans doute superflue, du principe de la bonne foi dans l'exécution des traités ? Faut-il aller plus loin et interpréter l'article 5

(149) CJCE, arrêt du 3 juillet 1986, aff. 34/86, Conseil c. Parlement, Rec. 2155 : aff. 204/86 préc. (note 77).

comme une manifestation du principe de la fidélité fédérale qui lie, dans un État comme la République fédérale d'Allemagne, la fédération et les États membres ?

Pour la Cour, l'article 5 est avant tout la traduction de la solidarité qui unit la Communauté et ses États membres. (150)

Cette solidarité se manifeste de diverses manières. Elle repose essentiellement sur le concours des États membres dans la mise en œuvre du droit communautaire et, d'une façon plus générale, dans l'accomplissement par la Communauté de sa mission. L'article 5 vient alors, comme le montre V. Constantinesco, (151) renforcer des obligations préexistantes, établies par le traité. Selon la formule de la Cour,

> « Cette disposition énonce une obligation générale des États membres dont le contenu concret dépend, dans chaque cas particulier, des dispositions du traité ou des règles qui se dégagent de son système général. » (152)

C'est à ce titre notamment que les États membres doivent prendre toutes les mesures pour transposer les directives. (153) Mais, au delà de cette jurisprudence désormais classique, il convient de se demander si les obligations qui découlent de l'article 5 ne vont pas plus loin en imposant aux États membres d'intervenir pour permettre à la Communauté d'assumer ses obligations à l'égard des tiers alors même qu'elle n'en aurait pas ou plus les moyens. La question s'est surtout posée dans le domaine budgétaire. Dès lors que les difficultés budgétaires, voire l'absence de décision sur les ressources propres, empêchaient la Communauté de faire face à ses obligations financières, ne convenait-il pas qu'en application de l'article 5, les États membres mobilisent les ressources nécessaires et les mettent à la disposition de la Communauté ? La question avait déjà été soulevée en 1984 et un recours en manquement aurait

---

(150) Les articles 108 § 3 et 109 § 3 confèrent aux institutions communautaires des pouvoirs d'autorisation ou d'intervention qui seraient sans objet s'il était loisible, aux États membres, sous prétexte que leur action relève de la seule politique monétaire, de déroger unilatéralement, et en dehors du contrôle de ces institutions, aux obligations dérivant pour eux des dispositions du traité ; la solidarité qui est à la base de ces obligations comme de l'ensemble du système communautaire conformément à l'engagement stipulé par l'article 5 du traité trouve d'ailleurs son prolongement à l'avantage des États dans la procédure de concours mutuel prévue à l'article 108 en cas de menaces graves de difficultés dans la balance des paiements d'un État membre. CJCE, arrêt du 10 décembre 1969, aff. 6 et 11/69, Commission c. France, Rec. 523.

(151) *L'article 5 CEE, de la bonne foi à la loyauté communautaire*, in « Du droit international au droit de l'intégration, Liber Amicorum P. Pescatore », Nomos (1987), 97 ; voir aussi John TEMPLE LANG, *Community Constitutional Law : Article 5 of the EEC Treaty*, 27 CMLRev (1990), 645 ; BLECKMANN, *Die Bindungswirkung der Praxis der Organe und der Mitgliedstaaten der EG bei der Auslegung und Lückenfüllung des Europäischen Gemeinschaftsrechts : die Rolle des Art. 5 EWG-Vertrag*, in Bieber/Ress (éd.), « Die Dynamik des Europäischen Gemeinschaftsrechts », (1987), 161.

(152) CJCE, arrêt du 8 juin 1971, aff. 78/70, Deutsche Grammophon, Rec. 499.

(153) Cf. par ex. CJCE, arrêt du 10 avril 1984, aff. 14/83, Von Colson et Kamaan, Rec. 1909 ; arrêt du 8 décembre 1973, aff. 30/72. Commission c. Italie, Rec. 172 : arrêt du 17 décembre 1970, aff. 30/70, Scheer, Rec. 1208.

pu, dans ce cadre, être intenté. (154) Elle devait resurgir en 1987 lorsque le Conseil se trouva dans l'incapacité, en raison de l'insuffisance des ressources de la Communauté, de présenter un projet de budget à la date imposée par le traité. Saisie par le Parlement d'un recours en vue de faire sanctionner cette carence, la Cour n'a pas statué au fond, la carence ayant disparu à la date de l'arrêt à la suite de la présentation d'un projet de budget. Par contre, l'avocat général Mischo a confirmé l'applicabilité de l'article 5 à la matière :

> « Certes l'article 5 du traité impose à notre avis une obligation aux États membres d'accorder des avances à la Communauté chaque fois que cela s'avère nécessaire afin que le projet de budget puisse être adopté à temps, et sans attendre que le sort futur des finances de la Communauté soit fixé par une décision à longue portée. Il n'en reste pas moins qu'en cas de refus d'un ou de plusieurs États membres de se plier à cette exigence, c'est à la Commission qu'il appartiendrait d'intenter un recours en manquement contre ceux-ci sur la base de l'article 169 du traité. » (155)

Mais l'alinéa 2 de l'article impose également une obligation d'abstention à la charge des États. Cette obligation se manifeste dans leurs rapports avec les institutions, dont ils doivent respecter les exigences de fonctionnement. On a évoqué plus haut cette obligation de coopération loyale entre les États et les institutions. C'est à ce titre que la Cour, dans l'affaire *Lord Bruce of Donington*, a considéré que le pouvoir fiscal des États membres devait être tempéré par la nécessité de permettre au Parlement européen d'accomplir sa mission (156) ou que, dans l'affaire du siège en février 1983, elle a estimé que lorsque les États membres prenaient des mesures provisoires relatives aux lieux de travail du Parlement, ils devaient

> « en vertu de la règle imposant aux États membres et aux institutions des obligations de coopération loyale qui inspire notamment l'article 5 du traité CEE, respecter la compétence du Parlement de régler son organisation interne ». (157)

Cette restriction imposée aux États, dans l'exercice des compétences dont ils disposent, ne se limite pas à l'aspect institutionnel. La Cour, en effet, a jugé que dans l'exercice de compétences dont ils disposaient, les États ne pouvaient prendre unilatéralement des mesures contraires au traité. (158)

---

(154) Cf. notre étude, *Compétences et pouvoirs en matière de ressources propres*, in « Les ressources financières de la Communauté européenne », Economica (1986), 95, 116.

(155) CJCE, arrêt du 12 juillet 1988, aff. 377/87. Parlement européen c. Conseil, Rec. 4017, 4037.

(156) Aff. 208/80, préc. (note 138).

(157) Aff. 230/81, préc. (note 140).

(158) Aff. 6 et 11/76 préc. (note 18).

Enfin, le principe de coopération exige que les États membres donnent à la Communauté toutes les informations nécessaires :

> « le refus du gouvernement hellénique de collaborer avec la Commission a empêché cette institution de prendre connaissance d'une pratique administrative et de vérifier si elle entraînait des entraves aux échanges d'huile d'olive. Ce manque de coopération est d'autant plus grave qu'il a persisté devant la Cour...
>
> Dans ces conditions, il y a lieu de reconnaître qu'en ne communiquant pas à la Commission les informations demandées, la République hellénique a manqué aux obligations qui lui incombent en vertu de l'article 5 du traité ». (159)

Ainsi l'article 5 apparaît bien comme l'expression d'un principe constitutionnel de la Communauté, dont on voit qu'il impose des devoirs aux États membres à l'égard de la Communauté, mais dont la Cour a également constaté qu'il imposait aussi des devoirs aux institutions de la Communauté à l'égard des États membres, notamment celui de respecter les compétences appartenant à ces derniers. (160)

2. – *Le système de répartition des compétences entre les États membres et la Communauté*

La répartition des compétences entre la Communauté et les États membres est naturellement un domaine d'une grande sensibilité politique puisque l'enjeu en est la souveraineté des États. Dans un tel climat, il ne pouvait être question, au moment de la rédaction des traités, de reconnaître à la Communauté d'autres compétences que d'attribution. L'article 3 B du traité sur l'Union européenne rappelle ce principe dans son premier alinéa. Ce rappel du principe selon lequel la compétence des États est la règle et celle de la Communauté l'exception a paru opportun au moment où l'on procédait à l'attribution de nouvelles compétences à la Communauté.

a) *Le problème de l'attribution des compétences*

La Communauté ne connaît pas le système classique, dans les États fédéraux, d'attribution des compétences sous la forme de listes énumérant soit les compétences fédérales, soit les compétences réservées aux États membres. La raison en est bien simple. La Communauté s'est vu assigner un objectif fonctionnel, la réalisation d'un marché commun. Il ne pouvait dès lors être

(159) CJCE, arrêt du 22 septembre 1988, Commission c. Grèce, aff. 272/86, Rec. 4895.

(160) Cf. par exemple, dans l'arrêt précité du 10 février 1983 (note 140). La Cour déclarait à propos du siège du Parlement. « Toutefois, en vertu des devoirs réciproques de coopération loyale ci-dessus évoqués, les décisions du Parlement, de son côté, doivent respecter la compétence des gouvernements des États membres de fixer le siège des institutions. (...) »

question de dresser une liste de l'ensemble des compétences dont elle disposait, car le dynamisme de l'intégration viendrait moduler progressivement l'ampleur de celles-ci. La détermination des compétences communautaires doit s'opérer au cas par cas à partir des règles dispersées dans le traité.

Se pose alors la question de savoir si la Communauté ne dispose que des seules compétences explicitement attribuées par le traité. Une vision internationaliste pouvait conduire à juger que la souveraineté étant la règle, le transfert de compétences demeurait l'exception et ne pouvait être présumé. Cette vision se trouvait confortée par la rédaction de l'article 228 CEE qui attribuait à la Communauté la compétence de conclure des traités dans les cas où les dispositions du traité prévoyaient la conclusion d'accords, ce qui impliquait qu'à défaut d'une disposition expresse, la Communauté ne pouvait se lier conventionnellement. À cette vision s'opposait celle des *implied powers* selon laquelle la Communauté disposait des compétences nécessaires pour pouvoir réaliser ses compétences expresses.

La thèse des compétences implicites a été retenue par la Cour dès les débuts de la CECA. Mais certains auteurs ont vu seulement dans l'arrêt *Fédération charbonnière de Belgique*, (161) qui est le premier à être intervenu en la matière, une référence au principe de l'effet utile, règle d'interprétation classique en droit international public. (162) Mais la Cour devait, par la suite, faire appel clairement à la théorie des compétences implicites dans l'affaire 20/59 en examinant

> « si une compétence normative de la Haute Autorité ne dérive pas implicitement d'autres textes du traité ou de son économie en général ». (163)

En l'espèce, la Cour n'a pas constaté l'existence d'une compétence implicite, considérant que le traité ne consacrait « ni expressément, ni implicitement » de renonciation de souveraineté en la matière. La théorie est accueillie, mais on constate que le juge en marque les limites en prenant soin de se référer au principe des compétences attribuées.

Il faut attendre la jurisprudence *AETR* pour assister à la consécration de la théorie dans le cadre de la CEE. En effet, le problème des *implied powers* dans le domaine des relations extérieures était posé, en l'espèce, sans ambiguïté. Il s'agissait de savoir si, à défaut d'une disposition explicite du traité,

(161) CJCECA, arrêt du 29 novembre 1956, aff. 8/55, Rec. 291, « ... il est permis, sans se livrer à une interprétation extensive, d'appliquer une règle d'interprétation généralement admise tant en droit international qu'en droit national et selon laquelle les normes établies par un traité international ou par une loi impliquent les normes sans lesquelles les premières n'auraient pas de sens ou ne permettraient pas une application raisonnable et utile. »

(162) Pour la discussion à ce propos, cf. KOVAR, *Le pouvoir réglementaire de la CECA*, LGDJ (1964), 139 et LENAERTS, « Le juge et la Constitution... » (note 35), 471. Pour un exposé synthétique, cf. KOVAR (note 15).

(163) CJCE, arrêt du 15 juillet 1960, République italienne c. Haute Autorité, Rec. 663 ; pour la Cour, « la doctrine et la jurisprudence sont d'accord pour admettre que les règles établies par un traité impliquent les normes sans lesquelles ces règles ne peuvent être appliquées utilement ou raisonnablement. »

la Communauté était compétente pour conclure un accord international dans le domaine des transports dès lors qu'elle disposait de la compétence interne sur la base de l'article 75 CEE. La Cour déclare que la compétence de la Communauté pour conclure des accords internationaux

> « résulte non seulement d'une attribution explicite par le traité... mais peut découler également d'autres dispositions du traité et d'actes pris, dans le cadre de ses dispositions, par les institutions de la Communauté ». (164)

En l'espèce, la Communauté peut se voir reconnaître des compétences externes chaque fois qu'elle a pris, pour la mise en œuvre d'une politique commune, des dispositions instaurant des règles communes. La règle du parallélisme des compétences internes et externes ne conduit pas à reconnaître à la Communauté des compétences nouvelles à proprement parler, mais à permettre à celle-ci de développer sur le plan externe des compétences dont elle disposait sur le plan interne. Comme le notait K. Lenaerts,

> « ... le pas que la Cour a dû faire pour reconnaître à la Communauté la compétence de conclure l'AETR a été manifestement assez petit. La Cour n'a plus paru reconnaître à la Communauté une compétence qui n'était pas reprise dans le traité CEE : elle a, au contraire, donné l'impression de veiller à ce qu'une compétence communautaire, en l'espèce celle de déterminer la politique commune des transports, puisse être exercée de façon efficace dans le contexte international pertinent ». (165)

Alors que dans l'affaire *AETR*, la Cour ne faisait pas directement référence aux pouvoirs implicites, l'arrêt *Kramer* en utilise, lui, le terme. (166) Enfin, l'avis 1/76 conclut l'évolution en établissant une théorie générale des pouvoirs implicites dans le cadre des relations extérieures,

> « ... la compétence pour prendre des engagements internationaux peut non seulement résulter d'une attribution explicite par le traité, mais également découler de manière implicite de ses dispositions. La Cour a conclu, notamment, que chaque fois que le droit communautaire a établi dans le chef des institutions de la Communauté des compétences sur le plan interne en vue de réaliser un objectif déterminé, la Communauté est investie de la compétence pour prendre les engagements internationaux nécessaires à la réalisation de cet objectif, même en l'absence d'une disposition expresse à cet égard.
>
> Cette conclusion s'impose notamment dans tous les cas où la compétence interne a déjà été utilisée en vue d'adopter des mesures s'inscrivant dans la réalisation des politiques communes. Elle n'est cependant pas limitée à cette éventualité. Si les mesures communautaires internes ne sont adoptées qu'à l'occasion de la conclusion et de la mise en vigueur de l'accord international,

(164) CJCE, arrêt du 31 mars 1971, aff. 22/70, Commission c. Conseil, Rec. 263.
(165) LENAERTS (note 35), 477.
(166) CJCE, arrêt du 14 juillet 1976, aff. jointes 3, 4 et 6/76, Rec. 1308.

> ainsi qu'il est envisagé en l'espèce... la compétence pour engager la Communauté vis-à-vis des États tiers découle néanmoins de manière implicite des dispositions du traité établissant la compétence interne, pour autant que la participation de la Communauté à l'accord international... est nécessaire à la réalisation d'un des objectifs de la Communauté ». (167)

La reconnaissance d'un pouvoir implicite est donc subordonnée à l'existence d'une compétence interne et à la nécessité de la participation de la Communauté à un accord international pour réaliser l'objectif qui lui est assigné dans le cadre de cette compétence.

La théorie des *implied powers* n'est pas limitée au champ des compétences externes de la Communauté et, sur le plan des compétences internes, la Cour a estimé que l'attribution à la Commission de la compétence pour organiser des consultations entre les États membres dans le domaine de la politique migratoire à l'égard des États tiers impliquait le pouvoir de celle-ci d'organiser une procédure obligatoire de communication préalable et de concertation. (168)

La jurisprudence de la Cour ne reconnaît pas à proprement parler de compétences nouvelles à la Communauté, mais ouvre à cette dernière le recours à des instruments dont l'emploi en certains domaines n'avait pas été expressément prévu par le traité. On s'est demandé si l'insertion du principe de subsidiarité et le rappel de la règle de l'attribution des compétences dans l'article 3 B du traité sur l'Union européenne impliquaient l'abandon du recours à la théorie des compétences implicites. Le Conseil européen d'Édimbourg a laissé la question ouverte. Il note, dans ses conclusions, que le principe de subsidiarité ne remet pas en question

> « ... le principe énoncé à l'article F paragraphe 3 du traité sur l'Union européenne selon lequel l'Union se dote des moyens nécessaires pour atteindre ses objectifs et mener à bien ses politiques ».

S'agissant du respect du principe des compétences d'attribution, il donne la ligne directrice suivante :

> « Les institutions devront avoir la certitude que l'action proposée se situe dans les limites des compétences communautaires conférées par le traité et qu'elle vise à réaliser un ou plusieurs de ses objectifs. L'examen du projet de mesures devra déterminer l'objectif à réaliser, établir s'il peut être justifié en liaison avec un objectif du traité et établir l'existence de la base juridique permettant de l'adopter ».

---

(167) CJCE, 26 avril 1977, avis rendu en vertu de l'article 228, paragraphe 1, alinéa 2, du traité CEE, avis 1/76, Rec. 741 : sur cette question, voir notamment BOULOUIS, *Jurisprudence de la Cour de Justice des Communautés Européennes relative aux relations extérieures des Communautés*, RCADI, 1978, III, 337 : KOVAR. *La contribution de la Cour de justice au développement de la condition internationale de la Communauté*, CDE (1978), 527 : GROUX *Le parallélisme des compétences interne et externe de la Communauté européenne*, CDE (1978), 1.

(168) Arrêt du 9 juillet 1987, aff. 281, 283 à 285 et 287/85, RFA et autres c. Conseil, Rec. 3203.

Se pose alors le problème de l'élargissement des compétences dans le cadre de l'article 235. Cet article permet l'ajustement des compétences de la Communauté à ses objectifs. Compte tenu du caractère fonctionnel de la Communauté, le traité n'a pu octroyer à celle-ci de manière expresse tous les pouvoirs nécessaires pour atteindre les objectifs assignés. Le recours à l'article 235 est donc possible dès lors qu'une action de la Communauté apparaît nécessaire, dans le fonctionnement du marché commun, pour réaliser l'un des objets de la Communauté, sans que le traité ait prévu les pouvoirs d'action requis à cet effet. Il est subordonné à la décision unanime du Conseil sur proposition de la Commission et après avis du Parlement européen.

Après une période de méfiance initiale à l'égard de l'article 235, le dynamisme de l'intégration devait l'emporter et le recours à l'article 235 devenir courant. Le Sommet de Paris de 1972, dans le cadre de ses réflexions sur l'approfondissement de la Communauté, a souligné qu'il était opportun d'avoir largement recours à cette fin à l'article 235. (169)

La pratique devait attester des potentialités offertes par l'article 235. Certaines des politiques nouvelles introduites dans l'Acte unique européen, comme l'environnement ou la recherche, ont été d'abord développées dans la Communauté sur la base de cet article avant de se voir consacrées dans un titre spécial du traité. La démarche semble être bien fixée. Une compétence est ouverte grâce à l'article 235, sur la base duquel sont prises un certain nombre de mesures en vue de réaliser un objectif communautaire, puis, à l'occasion d'une révision du traité, on l'inscrit officiellement dans celui-ci. Il n'est d'ailleurs pas toujours exclu que la consécration de la compétence dans le traité s'accompagne de la volonté de la définir restrictivement, si bien qu'il deviendrait plus difficile de mener des actions après l'introduction de la compétence dans le traité qu'avant. À cet égard, il est intéressant de voir comment la conférence intergouvernementale a défini le champ d'action de la Communauté dans les domaines de l'éducation ou de la culture.

En tout cas, le champ de l'article 235 est extrêmement vaste et la référence au fonctionnement du marché commun, qui définit ce champ, doit être entendue comme s'appliquant à l'ensemble des objectifs assignés par les traités à la Communauté. Il était par exemple envisageable, selon la Commission, de fonder l'adhésion de la Communauté à la Convention européenne des droits

(169) « Ils [les chefs d'État ou de gouvernement] ont été d'accord pour estimer qu'en vue de réaliser notamment les tâches définies dans les différents programmes d'action, il est indiqué d'utiliser aussi largement que possible toutes les dispositions des traités, y compris l'article 235 du traité de la CEE ». Bulletin CEE 10 (1972). Sur l'article 235, voir plus particulièrement OLMI, *La place de l'article 235 dans le système des attributions de compétences de la Communauté,* in « Mélanges Dehousse » (1979), 279 : TIZZANO. *Les compétences de la Communauté,* in « Trente ans de droit communautaire », 45 ; WAELBROECK, in « Commentaire Mégret », 521 : WEILER, « Il sistema communitario europeo » (1985).

de l'homme sur l'article 235 dans la mesure où le préambule de l'Acte unique fait référence à celle-ci. (170) La Cour, saisie par le Conseil sur la base de l'article 228, devra se prononcer sur cette question.

Mais pour qu'une action soit entreprise sur la base de l'article 235, il faut encore qu'elle soit *nécessaire* pour réaliser un des objectifs de la Communauté. Cette référence à la nécessité est-elle susceptible d'un contrôle juridictionnel qui viendrait censurer un recours abusif à l'article 235 ? Jusqu'à présent, on considère plutôt que l'appréciation de la nécessité est d'ordre politique et relève du Conseil statuant à l'unanimité. C'est une considération dont il convient de se souvenir lorsqu'on évoque le principe de subsidiarité. On s'est également demandé si l'article 235 faisait peser sur le Conseil une obligation d'agir dès lors que la condition de nécessité était satisfaite. La Cour n'a pas consacré cette thèse et voit dans l'article 235, à juste titre, une simple faculté « dont le non-exercice ne saurait affecter la validité d'une délibération ». (171) Même, si on soutenait la thèse de l'obligation, il n'en demeurerait pas moins que le Conseil resterait juge de la nécessité. Si l'on voulait faire sanctionner la carence du Conseil dans la mise en œuvre d'une action que le requérant estimerait nécessaire, la Cour ne pourrait guère aller au-delà d'un contrôle minimum. Encore une considération qu'il n'est pas inutile de garder présente à l'esprit dans le cadre de l'étude du principe de subsidiarité.

Enfin, le recours à l'article 235 est subsidiaire puisqu'il est subordonné à l'absence de pouvoirs spécifiques dans le traité. Il ne peut être utilisé si le traité attribue à la Communauté des pouvoirs suffisants. Dans un premier temps, la Cour n'a pas porté une grande attention au problème. (172) Ce n'est que par la suite qu'elle a exposé sa doctrine dans l'affaire des préférences généralisées :

> « Il résulte des termes mêmes de l'article 235 que le recours à cet article comme base juridique d'un acte n'est justifié que si aucune autre disposition du traité ne confère aux institutions communautaires la compétence nécessaire pour arrêter cet acte ». (173)

Cette solution est justifiée par la volonté de préserver l'équilibre institutionnel établi par le traité. Autant la Cour aurait pu ne pas sanctionner un usage injustifié de l'article 235 lorsque les conditions d'adoption de l'Acte par

(170) Cf. WAELBROECK, *ibid.*, 527 : « On a fait valoir que ces objectifs sont ceux des parties contractantes et non ceux de la Communauté. Cette distinction paraît trop subtile pour convaincre. Dans la mesure où les États membres ont exprimé, dans le préambule, les raisons pour lesquelles ils ont décidé d'instituer entre eux la Communauté, il paraît difficile de ne pas y voir une indication des objectifs qu'ils ont entendu assigner à celle-ci. »

(171) CJCE, arrêt du 31 mars 1971, aff. 20/70, AETR, préc. (note 36).

(172) CJCE, arrêt du 12 juillet 1973, aff. 8/73, Massey Ferguson, Rec. 897. Cette relative indifférence pouvait s'expliquer dès lors que l'emploi de l'article 235 ne conduisait pas à remettre en cause le mécanisme décisionnel.

(173) CJCE, arrêt du 26 mars 1987, aff. 45/86, Commission c. Conseil, Rec. 1517 ; cf. aussi arrêt du 9 juillet 1987, préc. (note 167) et arrêt du 27 septembre 1988, aff. 165/87, Commission c. Conseil, Rec. 5558 : arrêt du 30 mai 1989, aff. 242/87, Commission c. Conseil, Rec. 1425.

la voie de cet article étaient identiques à celles prévues par la base juridique expresse figurant dans le traité, autant elle devait sanctionner le recours à l'article 235 lorsqu'il a comme conséquence de substituer l'unanimité à la majorité qualifiée.

Les risques d'utilisation abusive de l'article 235 devaient, en effet, devenir plus nombreux dès lors que l'Acte unique multipliait les cas de recours à la majorité qualifiée puisque l'emploi de cette base juridique permettait de conserver l'unanimité. Mais la stratégie de la Commission a consisté à déférer systématiquement à la Cour les emplois contestables de l'article 235. C'est cette situation qui a suscité l'intérêt pour le principe de subsidiarité. Tant que le Conseil pouvait contrôler par l'unanimité les décisions communautaires, l'article 235 pouvait être utilisé conformément à sa vocation subsidiaire. L'usage effectif de la majorité qualifiée rendait l'unanimité, prévue par l'article 235, attractive. Mais, dès lors que la Cour sanctionne strictement tout emploi jugé par elle abusif de l'article 235 et que la règle de la majorité qualifiée se généralise, le recours au principe de subsidiarité apparaît comme un moyen nécessaire pour conserver un contrôle sur l'extension de l'action communautaire. Comme l'a constaté le Conseil européen d'Édimbourg, les nouveaux articles 126 à 129 du traité CEE introduits par le traité sur l'Union européenne et relatifs à l'éducation, la formation professionnelle et la jeunesse, la culture et la santé, excluent toute harmonisation. Il ne sera donc pas possible d'utiliser l'article 235 pour harmoniser en ce domaine sans que cela puisse pour autant interdire une harmonisation dans ces secteurs si elle était rendue nécessaire par d'autres objectifs de la Communauté et sur d'autres bases juridiques.

Pour conclure l'examen du problème de l'attribution de compétences à la Communauté, il faut rappeler que le transfert de compétences est définitif. Comme l'a indiqué la Cour, dans l'affaire de l'agence d'approvisionnement Euratom, un retour en arrière ne pourrait intervenir qu'à l'issue d'une révision du traité (174) puisque le non-exercice par la Communauté de l'une de ses compétences ne saurait autoriser à faire jouer la caducité et à restituer aux États les compétences non exercées. (175)

b) *La nature des compétences*

Pas plus que le traité ne contient de liste des compétences de la Communauté, il ne fournit une théorie élaborée des compétences communautaires. Ici encore, il a appartenu à la Cour, au fil de sa jurisprudence, de dessiner les contours d'une telle théorie. Sur un plan opérationnel, une distinction doit être faite entre les compétences exclusives et les compétences concurrentes.

(174) CJCE, arrêt du 14 décembre 1971, aff. 7/71, Commission c. France, Rec. 1003.

(175) CJCE, arrêt du 10 juillet 1980, aff. 32/69, Commission c. Royaume-Uni, Rec. 2923 et arrêt du 5 mai 1981, aff. 804/79, Commission c. Royaume-Uni, Rec. 1045.

En principe, la Communauté dispose de compétences concurrentes, les compétences exclusives constituant l'exception.

Dans les domaines dans lesquels la Communauté dispose d'une compétence exclusive, elle est seule à pouvoir intervenir et toute intervention des États membres est exclue. La Cour a retenu que la Communauté disposait d'une compétence exclusive dans deux domaines : la politique commerciale commune (article 113 CEE) et la conservation des ressources biologiques de la mer (article 102 de l'Acte d'adhésion de 1972).

C'est dans l'avis 1/75 que la Cour a nettement défini le caractère exclusif de la compétence communautaire en matière de politique commerciale commune :

> « Une telle politique est conçue par cet article dans la perspective du fonctionnement du marché commun, pour la défense de l'intérêt global de la Communauté à l'intérieur duquel les intérêts particuliers des États membres doivent trouver à s'ajuster mutuellement.
>
> Or, cette conception est, de toute évidence, incompatible avec la liberté que les États membres pourraient se réserver, en invoquant une compétence parallèle, afin de poursuivre la satisfaction distincte de leurs intérêts propres dans les relations extérieures, au risque de compromettre une défense efficace de l'intérêt global de la Communauté. » (176)

Dans le domaine des ressources biologiques de la mer, la compétence exclusive de la Communauté a été consacrée dans les arrêts *Kramer* (177) et *Commission c. Royaume-Uni.* (178)

Cependant, la question de l'intervention d'un État dans le cadre d'une compétence exclusive peut se poser. En effet, si la Communauté n'utilise pas sa compétence exclusive, l'abstention peut créer une lacune normative. Les États ont-ils la faculté de la combler ? En matière de politique commerciale commune, la Cour a jugé dans l'arrêt *Donckerwolke* que les États membres ne pouvaient intervenir que sur la base d'une habilitation spécifique de la Communauté. (179) Elle conciliait ainsi l'affirmation de la compétence exclusive avec le besoin de combler une lacune normative imputable à l'inaction de la Communauté. Mais, une intervention expresse de la Communauté était nécessaire pour leur conférer cette habilitation. Cette interprétation a été dénaturée par la Cour dans l'arrêt *Bulk Oil.* (180) Il s'agissait de savoir si le Royaume-Uni pouvait imposer des restrictions quantitatives aux exportations de pétrole brut. Or le règlement 2603/69 du Conseil sur les exportations excluait le pétrole de son champ d'application. La Cour a vu dans cette

(176) CJCE, avis 1/75 du 11 novembre 1975, Rec. 1355.
(177) CJCE, arrêt du 14 juillet 1976, aff. jointes 3, 4 et 6/76, Rec. 1279.
(178) CJCE, arrêt du 5 mai 1981, aff. 804/79, Rec. 1045.
(179) CJCE, arrêt du 15 décembre 1976, aff. 41/76, Rec. 1921.
(180) CJCE, arrêt du 18 février 1986, aff. 174/84, Rec. 559.

exclusion l'habilitation spécifique mentionnée dans l'arrêt *Donckerwolke*. En fait, l'arrêt *Bulk Oil* signifie qu'une lacune législative permet aux États membres de récupérer, sans aucune habilitation explicite, la compétence non exercée. La différence entre compétence exclusive et compétence concurrente s'en trouve considérablement atténuée. La Cour s'écarte ainsi de la solution *Tezi*, (181) dans laquelle elle avait jugé qu'une lacune normative ne pouvait valoir habilitation spécifique. L'arrêt *Bulk Oil* constitue peut-être une solution de circonstance liée à la sensibilité politique du problème. Mais la Cour ne pouvait-elle au moins reprendre la solution *Kramer* dans laquelle elle considérait qu'en cas de lacune normative, les États membres ne pouvaient agir que comme gestionnaires de l'intérêt commun en collaboration avec la Commission, ce qui impliquait un contrôle sur leur action unilatérale. (182)

La notion de politique commerciale commune étant évolutive, le contenu de la compétence exclusive de la Communauté est évidemment susceptible d'extension, comme l'a noté la Cour dans l'affaire des préférences généralisées. (183)

Les deux domaines identifiés par la Cour sont-ils les seuls dans lesquels la Communauté dispose de compétences exclusives ? En l'absence d'une définition des compétences concurrentes dans le traité, la Cour a suivi une démarche casuistique. Elle s'est prononcée dans les affaires qui lui étaient soumises sans donner de critères généraux permettant d'identifier une compétence exclusive. L'introduction du principe de subsidiarité dans le traité entraîne une nécessité d'identification des compétences exclusives dans la mesure où le principe ne joue que pour les compétences concurrentes. (184) Dans sa communication au Conseil et au Parlement européen sur le principe de subsidiarité, (185) la Commission propose d'identifier une compétence exclusive au moyen de deux éléments cumulatifs :

- l'existence d'une obligation claire et précise d'agir pour la Communauté,
- l'existence d'un dessaisissement des États du droit d'agir unilatéralement.

(181) CJCE, arrêt du 5 mars 1986, aff. 59 et 249/84, Rec. 935. Sur ce problème, outre KOVAR et LENAERTS préc. (note 161), voir DEMARET, *La politique commerciale : perspectives d'évolution et faiblesses présentes*, in Schwarze et Schermers (éd.), « Structure et dimension des politiques communautaires », Nomos (1988), 69.

(182) Le problème de la lacune normative a fait l'objet de vastes discussions au sein de la commission institutionnelle du Parlement européen au moment de l'adoption du projet de traité d'union européenne, cf. CAPOTORTI et al. « Le traité d'Union européenne », ULB (1985), 69.

(183) CJCE, arrêt du 26 mars 1987, aff. 45/86, Commission c. Conseil, Rec. 1517 : « La Cour a déjà reconnu que le lien avec les problèmes du développement ne fait pas échapper un acte au domaine de la politique commerciale commune tel qu'il est défini par le traité. Elle a considéré qu'une politique commerciale commune ne pourrait plus être conduite utilement si la Communauté n'était pas en mesure de disposer aussi de moyens d'action allant au delà des instruments destinés à avoir une prise sur les seuls aspects traditionnels du commerce extérieur. Une "politique commerciale" ainsi comprise serait vouée à devenir graduellement insignifiante. » Sur le contenu de la politique commerciale commune, voir GILSDORF. *Portée et délimitation des compétences communautaires en matière de politique commerciale* (1989) RMC 195 et DEMARET préc. (note 180).

(184) Cf. § 3b du Traité, en vigueur depuis le 1er novembre 1993.

(185) SEC (92) 1990 final du 27 octobre 1992.

À notre sens, ce dessaisissement peut résulter d'une contrainte juridique telle que la Cour l'a identifiée en matière de politique commerciale commune ou d'une contrainte matérielle dans la mesure où les États ne peuvent réaliser par leur intervention individuelle l'objectif assigné à la Communauté (mettre en place une organisation commune de marché, une politique commune des transports...). Il n'est d'ailleurs pas un élément du caractère exclusif de la compétence, mais l'une des conséquences de l'exclusivité.

Dans ses conclusions d'Édimbourg sur la subsidiarité, la présidence du Conseil européen n'a pas donné de définition des compétences exclusives. Cependant, une orientation générale semble se dégager du passage suivant :

> « Le deuxième et le troisième alinéa de l'article 3 B ne s'appliquent que dans la mesure où le traité donne à l'institution concernée le choix d'agir ou non et/ou le choix quant à la nature et à l'étendue de l'action. »

En d'autres termes, lorsque la Communauté ne dispose du droit d'apprécier ni l'opportunité, ni l'étendue de son intervention, on serait en présence d'une compétence exclusive.

Les compétences communautaires sont normalement *concurrentes*, c'est-à-dire que les États membres restent compétents aussi longtemps que la Communauté n'est pas intervenue. Cette conception est parfaitement illustrée par la Commission dans l'affaire *AETR* :

> « Les États membres ne conserveraient leurs compétences qu'aussi longtemps que la Communauté n'a pas exercé la sienne, c'est-à-dire pas effectivement arrêté les dispositions communes. En revanche, lorsque et dans la mesure où la Communauté a effectivement établi de telles réglementations, les États membres auraient perdu toute compétence à légiférer au même niveau. » (186)

Il est donc certain que tant que la Communauté n'est pas intervenue dans un domaine, les États conservent leur liberté d'action. La difficulté ne naît que lorsque la Communauté intervient, mais qu'il subsiste une lacune normative. Quelle est alors la marge de liberté des États face à la préemption communautaire ? Cette dernière épuise-t-elle la matière et sommes-nous en présence d'une compétence désormais exclusive de par l'intervention du législateur ? La question est d'autant plus délicate à résoudre que toute mesure unilatérale des États peut mettre en péril l'unité du marché. D'autre part, il est fort possible que la lacune normative résulte de la volonté de la Communauté, auquel cas les États membres ne peuvent plus bien entendu légiférer.

Sans reprendre dans le détail une jurisprudence qu'ont parfaitement décrite les professeurs Kovar et Lenaerts (187) dans leurs études respectives, on peut

---

(186) Arrêt préc. (AETR, note 36), Rec. 270.

(187) R. KOVAR, Juris-Classeurs Europe (note 15), et LENAERTS, « Le juge et la Constitution... » (note 35).

conclure avec eux qu'après une période d'interprétation assez favorable à la Communauté, la Cour en est arrivée à une vision plus équilibrée. Elle s'interroge sur le caractère exhaustif de la préemption au cas par cas et elle estime que les États membres demeurent compétents dès lors que subsiste une lacune non voulue par la Communauté. On doit cependant observer que demeure un préjugé favorable à l'exhaustivité.

Cette tendance avait déjà été notée par les auteurs du projet de traité d'union européenne qui, dans l'article 12 de leur texte, tentaient de la corriger en précisant que les États membres restaient compétents « là où l'union n'est pas intervenue ». Mais surtout, ils subordonnaient l'intervention de la Communauté au respect du principe de la subsidiarité. En effet, compte tenu de l'usage important de l'article 235 comme technique d'extension des compétences communautaires et de la tendance de la Cour à considérer que la préemption reste exhaustive, compte tenu également du fait que les extensions de compétences envisagées dans le cadre de la révision des traités communautaires touchent des domaines sensibles telles la politique économique et monétaire, la santé, l'éducation, la culture, le risque est grand de voir progressivement disparaître les compétences des États. On a constaté qu'au moins tant que l'unanimité était la règle, les États pouvaient empêcher la Communauté d'utiliser l'une de ses compétences, voire limiter le champ d'intervention de celle-ci. Ceci n'est plus possible à cause de la tendance à la généralisation du vote majoritaire, justifiée par des impératifs d'efficacité. Le choix est donc entre l'absence d'extension des compétences, le maintien de l'unanimité ou la mise en place d'un moyen de limiter l'intervention de la Communauté. La *subsidiarité* a paru fournir une garantie adéquate et la Commission s'en est largement, pour des raisons politiques, fait l'avocat.

Le concept de subsidiarité trouve son origine contemporaine dans la doctrine sociale de l'Église et, plus particulièrement, dans l'encyclique *Quadragesimo Anno*, qui envisage l'organisation des relations entre les différents groupes sociaux et pose le principe selon lequel les collectivités les plus vastes ne doivent intervenir que pour traiter des problèmes qu'ils sont en mesure de régler plus efficacement que les groupements les moins élevés. (188) Le centre n'intervient donc que de manière subsidiaire par rapport

(188) Sur les origines de la subsidiarité, V. CONSTANTINESCO, *L'équilibre mouvant de la compétence législative et le principe de subsidiarité*, in Wessels (éd.), « Balance Sheet and Perspectives in View of the Intergovernmental Conferences », Colloque de Bruges, 1991 ; WILKE et WALLACE, *Subsidiarity : Approaches to Powersharing in the European Community*, RHA Discussion Papers (1990). Voir la définition donnée actuellement par l'Église catholique de la subsidiarité dans l'encyclique *Centesimus Annus* du 1er mai 1991 : « Dans ce cadre, il convient de respecter également le principe de subsidiarité : une société d'ordre supérieur ne doit pas intervenir dans une société d'un ordre inférieur, en lui enlevant ses compétences, mais elle doit plutôt la soutenir en cas de nécessité et l'aider à coordonner son action avec celles des autres éléments qui composent la société en vue du bien commun. » Le principe de subsidiarité va alors de pair avec celui de solidarité.

aux collectivités de base. L'idée est reprise dans le rapport de la Commission du 26 juin 1975 sur l'Union européenne,

> « Pas plus que les Communautés actuelles, l'Union européenne ne doit conduire à la réalisation d'un super État centralisateur. Par conséquent, et conformément au principe de subsidiarité, ne seront attribuées à l'Union que les tâches que les États membres ne pourront plus accomplir avec efficacité. » (189)

Cette définition porte sur ce que l'on pourrait qualifier de subsidiarité initiale. Au moment où est réalisée l'attribution de compétences à l'Union, les pères fondateurs s'interrogent naturellement sur les tâches qu'il convient d'attribuer à l'Union et c'est en fonction de leur appréciation de la subsidiarité qu'ils établissent la répartition des compétences. C'est une démarche qu'ont menée tous les rédacteurs de constitutions fédérales et, à ce titre, la Communauté n'est pas vraiment originale.

Plus important est le jeu de la subsidiarité dans le cadre du traité. On a relevé que l'article 235, par la référence qu'il contient à la notion de nécessité, n'était pas étranger au jeu de la subsidiarité. De manière plus précise, l'article 130 R § 4 n'autorise l'intervention de la Communauté dans le domaine de l'environnement que dans la mesure où les objectifs visés par le traité « peuvent être mieux réalisés au niveau de la Communauté qu'au niveau des États membres pris isolément. » Il s'agit là d'une référence expresse à la subsidiarité probablement inspirée de l'article 12 § 2 du projet de traité d'Union européenne, lequel stipulait :

> « ... L'Union n'agit que pour mener les tâches qui peuvent être entreprises en commun de façon plus efficace que par les États membres œuvrant séparément, en particulier dont la réalisation exige l'action de l'Union parce que leurs dimensions ou leurs effets dépassent les frontières nationales... »

Dans ce cadre, la subsidiarité intervient dans le secteur des compétences concurrentes pour autoriser l'intervention de l'Union. C'est bien ici que le concept trouve tout son intérêt. (190) Étant donné la définition fonctionnelle des compétences de la Communauté et la volonté fréquente des États de tout régler dans les moindres détails afin d'éviter que des différences de législation n'engendrent des distorsions de concurrence, le risque est grand que l'exhaustivité des interventions de la Communauté ne transforme les compétences des États membres en une peau de chagrin. Le recours à l'article 235 et les révisions successives des traités étendent les domaines d'activité communautaire. Dès lors que la Communauté intervient de manière exhaustive, il n'existe plus de place pour une législation nationale autre que d'application.

---

(189) Bull. C.E. Supplément 5/75.

(190) Pour un exemple interne, cf. l'article 72 de la Loi fondamentale allemande. Sur son application, cf. CONSTANTINESCO (note 187).

Le jeu de la subsidiarité préserve un champ d'intervention propre aux États membres et réduit le risque de centralisation excessive produit par la spirale intégrationniste communautaire.

Il n'est donc pas surprenant que la subsidiarité se soit trouvée au cœur des débats de la conférence intergouvernementale et qu'elle ait pu apparaître comme le prix à payer pour une extension des compétences de la Communauté.

À l'issue des travaux de la conférence intergouvernementale, le principe de subsidiarité est inscrit dans le texte du traité d'Union européenne qui comporte un article 3 B lequel se lit de la manière suivante.

> « ... Dans les domaines qui ne relèvent pas de sa compétence exclusive, la Communauté n'intervient, conformément au principe de la subsidiarité, que si et dans la mesure où les objectifs de l'action envisagée ne peuvent pas être réalisés de manière suffisante par les États membres et peuvent donc, en raison des dimensions ou des effets de l'action envisagée, être mieux réalisés au niveau communautaire.
>
> L'action de la Communauté n'excède pas ce qui est nécessaire pour atteindre les objectifs du présent traité. »

Le principe est formulé de manière restrictive : « La Communauté n'intervient que... ». C'est là une réponse à ceux qui voyaient, dans le principe de subsidiarité, le fondement d'une incitation, voire d'une obligation, à agir de la Communauté en vertu du principe de solidarité.

Ainsi, dans son discours lors du colloque de Maastricht le 21 mars 1991, M. Delors déclarait :

> « La subsidiarité, ce n'est pas seulement une limite à l'intervention d'une autorité supérieure vis-à-vis d'une personne ou d'une collectivité qui est en mesure d'agir d'elle-même, c'est aussi une obligation, pour cette autorité, d'agir vis-à-vis de cette personne ou de cette collectivité pour lui offrir les moyens de s'accomplir. »

Pour que cette obligation de solidarité soit juridiquement sanctionnable, il aurait au minimum été indispensable que le principe soit formulé de manière positive : « La Communauté intervient lorsque... »

Mais, quelle qu'ait été la formule choisie, inscrire dans le traité le principe de subsidiarité sans prévoir de contrôle ferait apparaître alors celui-ci plus comme un simple guide pour l'action communautaire que comme une garantie du maintien, dans les domaines relevant de la compétence concurrente de la Communauté, d'un champ d'intervention propre aux États membres, au moins tant qu'il n'est pas établi que la Communauté peut agir de manière plus efficace qu'eux. La difficulté réside dans le choix d'une technique de garantie.

Celle-ci peut-elle être de nature politique ? Une garantie absolue résiderait dans le maintien de l'unanimité comme procédure normale de décision dans la Communauté ou dans la création d'un organe politique de contrôle. Les inconvénients de la première formule sont nombreux. Elle ne contribue pas à l'accroissement de l'efficacité du processus décisionnel et constitue un obstacle à la démocratisation puisque le Parlement européen ne peut, dans cette hypothèse, se voir reconnaître un droit de participer de manière décisive à l'action de la Communauté. Enfin, garantit-elle vraiment la subsidiarité ? Car comme le notait M. Delors dans son discours de Maastricht :

> « ... le recours systématique au vote à la majorité qualifiée... prive les administrations nationales de la possibilité d'imposer, dans le texte communautaire, tous les détails de leur réglementation interne pour ne pas avoir vraiment à la modifier et à la simplifier. » (191)

En effet, on ne saurait méconnaître la tendance fréquente des États, non seulement à se garantir d'une modification de leur législation interne, mais aussi à appeler une réglementation communautaire très détaillée afin d'éviter des différences entre réglementations nationales qu'ils considèrent comme génératrices de distorsions de concurrence.

Quant à la mise en place d'un organe spécifique auquel seraient soumis les problèmes liés à la subsidiarité, on avait envisagé la création d'un Congrès des Parlements composé de délégués des parlements nationaux. Outre les difficultés qu'aurait entraînées une telle solution par les complications qu'elle introduirait dans le processus de décision, on voyait mal ses avantages par rapport au procédé précédent. Soit le Congrès statue à l'unanimité et c'est le blocage généralisé, soit il statue à la majorité, même renforcée, et cela ne constitue pas vraiment une garantie supplémentaire pour les États membres. Le seul intérêt que pourrait présenter le Congrès est d'offrir un système de légitimation par les parlements nationaux de l'exercice des compétences par la Communauté.

Ceci n'implique pas que le contrôle politique soit inefficace. L'article 3 B imposera à la Commission de motiver ses propositions au regard de la subsidiarité et conduira le Conseil à examiner si les mesures qu'il adopte sont conformes au principe. Le Conseil européen d'Édimbourg a adopté un mode d'emploi de la subsidiarité. En ce qui concerne le respect du principe, le Conseil, lorsqu'il sera appelé à statuer, s'assurera que

> « Les objectifs de l'action envisagée ne peuvent être réalisés de manière satisfaisante par une action des États membres et les objectifs peuvent donc être mieux réalisés au niveau communautaire. »

À cette fin, le Conseil européen pose les lignes directrices suivantes,

> « – la question examinée a des aspects transnationaux qui ne peuvent pas être réglés de manière satisfaisante par une action des États membres ; et/ou

(191) Discours prononcé lors du colloque de Maastricht, le 21 mars 1991.

- une action au seul niveau national ou l'absence d'action de la Communauté serait contraire aux exigences du traité (concernant, par exemple, la nécessité de corriger des distorsions de concurrence, d'éviter des restrictions déguisées aux échanges ou de renforcer la cohésion économique et sociale) ou léserait sérieusement d'une autre manière les intérêts des États membres ; et/ou
- le Conseil doit avoir l'assurance qu'une action au niveau communautaire présenterait des avantages manifestes, en raison de ses dimensions ou de ses effets, par rapport à une action au niveau des États membres. »

Sur le plan procédural, la Commission s'est engagée à justifier ses propositions au regard de la subsidiarité tant dans son exposé des motifs que par l'insertion d'un considérant spécifique. Au Conseil, l'examen de la subsidiarité fera partie intégrante de l'examen de la proposition. Il portera également sur les amendements que le Conseil envisage d'adopter. Il est lié à l'étude du fond de la proposition. Un État peut exiger qu'une proposition soulevant des questions au regard de l'article 3 B soit inscrite à l'ordre du jour provisoire du Conseil. Si l'examen qui porte tant sur la subsidiarité que sur le fond montre que la majorité requise pour l'adoption de l'Acte n'est pas réunie, il est notamment possible,

- d'amender la proposition,
- de poursuivre son examen en vue de la rendre conforme à l'article 3 B,
- de suspendre provisoirement l'examen.

Dans la mesure où l'examen du respect de l'article 3 B n'est pas distinct de celui du fond, on ne peut pas vraiment parler de question préalable de subsidiarité, mais il est certain que la question de la subsidiarité ne pourra être éludée.

Quant au recours au contrôle juridictionnel, (192) le principe de subsidiarité est-il vraiment justiciable ? (193) Il est vrai que l'appréciation de l'efficacité de l'action de la Communauté par rapport à celle des États membres paraît être de nature politique. Mais rien n'exclut que dans ce contexte, la Cour puisse établir une balance d'intérêts entre l'efficacité communautaire présumée et le maintien d'un système décentralisé, avec une prise de décision proche des administrés. Croit-on vraiment qu'elle ne puisse transposer à l'appréciation de la subsidiarité la méthode qu'elle utilise dans ce domaine tout aussi délicat que constitue l'appréciation de la proportionnalité ? Les juges nationaux

(192) Cf. JACQUÉ et WEILER, *Sur la voie de l'Union européenne, une nouvelle architecture judiciaire*, RTDE (1990), 441, § 31.

(193) Pour une prise de position en faveur de la justiciabilité, voir l'opinion exprimée par M. Delors dans son discours de Maastricht, préc. (note 190) : « Autant la subsidiarité, en tant que principe d'attribution des compétences, est une décision politique dont l'opportunité n'a pas à être appréciée par le juge, autant le contrôle du juge se justifie, pour vérifier que les modalités concrètes de l'action commune ne violent pas la subsidiarité. Il s'agit, au niveau de l'exécution, d'éviter des réglementations trop disproportionnées dans les moyens requis par rapport à l'objectif poursuivi. »

tranchent sans indication du législateur des questions aussi délicates que la licéité du recours aux mères porteuses ou l'existence d'un droit de propriété sur les produits du corps humain. Pourquoi ne ferait-on pas confiance au juge pour exercer un contrôle minimal sur la répartition des compétences ? D'ailleurs ce contrôle, le juge aurait déjà pu l'exercer lorsqu'il statuait sur l'article 235 ou sur l'article 130 R avec les instruments dont il dispose actuellement. Le Parlement européen proposait l'instauration d'un recours *a priori* qui permettait aux États membres de saisir la Cour de justice après l'adoption d'un texte et avant son entrée en vigueur. (194) On a objecté qu'une telle solution conduirait à instaurer un gouvernement des juges. On a pu répondre qu'il s'agissait d'une crainte exagérée à partir du moment où le juge n'intervient qu'après l'adoption de la mesure contestée. Existe-t-il un risque plus important de gouvernement des juges dans le cadre d'un recours *a posteriori* sur la base de l'article 173 ?

Après l'entrée en vigueur du traité sur l'Union européenne, le juge pourra s'il le désire contrôler le respect de la subsidiarité, inscrite à l'article 3 B, dans le cadre du contentieux de la légalité. Il lui appartiendra de définir une démarche dont on peut penser qu'elle ne saura excéder un contrôle minimum portant sur l'erreur manifeste d'appréciation.

En conclusion, il apparaît que la théorie des compétences a été, pour l'essentiel, élaborée par la Cour dans le cadre d'une vision dynamique des compétences de la Communauté. Cette vision extensive des compétences de la Communauté a correspondu à une époque de la construction communautaire et elle a produit des effets heureux. Cependant, aujourd'hui, alors que l'on passe à une nouvelle extension, par la voie de la révision, des compétences communautaires, il a paru nécessaire de doter le mécanisme d'un système de régulation. Faute de quoi, un jour ou l'autre, les cours constitutionnelles des États membres, qui ont accepté la primauté et l'effet direct, risquaient de rappeler que, dans *Costa c. Enel*, (195) la Cour soulignait que les États membres avaient certes accepté des limitations de compétence, mais seulement dans des domaines restreints. En en tirant les conséquences, elles auraient pu tracer elles-mêmes la ligne de démarcation entre les compétences de la Communauté et celles des États membres.

---

(194) Résolution du 21 novembre 1990, JOCE C 324 p. 167 ; voir aussi le rapport de M. Giscard d'Estaing, doc. A3-267/90.

(195) CJCE, 15 juillet 1964, aff. 6/64, Rec. 1141.

Conclusion

Si l'on pouvait légitimement à l'origine de la Communauté hésiter quant au caractère constitutionnel des traités, l'évolution a conduit à l'affirmation de ce caractère. Qu'ils émanent de la pratique des institutions ou d'une démarche prétorienne fondée sur la spécificité communautaire, des principes constitutionnels se sont progressivement dégagés. La Communauté apparaît aujourd'hui comme un ensemble institutionnel doté d'une finalité propre qu'elle cherche à atteindre dans le respect de valeurs fondamentales. Une constitution est-elle autre chose ?

Certes, les États subsistent et la citoyenneté communautaire se superpose seulement à la citoyenneté nationale sans porter atteinte à celle-ci. Certes, comme le notait la Cour constitutionnelle allemande, la Communauté ne repose pas sur une société politique organisée à l'instar de la société politique nationale. La Communauté n'est pas un État. Mais l'évolution parcourue est saisissante même si l'aboutissement de celle-ci reste indéterminé.

AVENIR DE L'EUROPE

BACK TO PHILADELPHIA

PAR

JEAN-PAUL JACQUÉ (1)

Professeur des Universités, directeur au service juridique du Conseil de l'Union européenne

La lecture des travaux de la Convention de Philadelphie et des débats qui ont entouré la ratification de la Constitution des États-Unis d'Amérique montre que, sur bien des points, les questions que se sont posées les pères fondateurs américains, sont fort proches de celles auxquelles la Convention sur l'avenir de l'Europe doit aujourd'hui répondre.

Certes, le contexte est différent, mais les problèmes théoriques restent les mêmes. Sur deux points particuliers, la nature de l'Union et la protection des droits fondamentaux, la similitude est surprenante et les solutions américaines éclairent les débats actuels. Un retour aux sources est de nature à nous amener à approfondir notre propre réflexion.

La mise en œuvre du processus de réflexion sur l'avenir de l'Europe institué par le processus de Laeken a redonné quelque actualité à la Convention de Philadelphie au cours de laquelle fut rédigée la Constitution des États-Unis d'Amérique. Le président Valéry Giscard d'Estaing ne s'est pas privé d'utiliser cette référence afin de susciter l'ardeur des membres de la Convention et de les convaincre du caractère historique de leur mission (2). Mais, au-delà d'un simple coup de chapeau aux pères fondateurs américains, il ne serait pas sans intérêt de se pencher sur les travaux de la Convention de Philadelphie (3). On ne manquerait pas d'être surpris par l'actualité des thèmes débattus. Ce n'est guère surprenant puisqu'en termes de pouvoir, la problématique rencontrée par la Convention sur l'avenir de l'Europe est étrangement similaire à celle à laquelle ont eu à faire face les délégués à Philadelphie. Il s'agit, dans les deux

(1) *Les idées exposées sont propres à l'auteur et ne sauraient engager l'institution à laquelle il appartient.*

(2) *Il est vrai que, de façon fort éclectique, il faisait également appel au souvenir du serment du Jeu de Paume, preuve qu'il portait davantage son attention sur le processus constituant que sur le contenu des discussions.*

(3) *Voir Jean-Guy GIRAUD, « Miracle à Philadelphie », cette revue, décembre 2001, p. 453.*

cas, de faire vivre ensemble des États qui n'entendent renoncer à leur liberté que dans les limites strictement nécessaires aux exigences d'une vie commune et qui souhaitent contrôler étroitement les institutions nouvelles qu'ils mettent en place. Ainsi, lors de l'été 2000, le ministre des Affaires étrangères d'Allemagne, M. Fischer, avouait avoir, durant ses vacances, étudié les travaux de Philadelphie et manifestait sa surprise devant la similitude des problèmes rencontrés (4). Il va de soi que cette similitude des problèmes ne peut commander une identité des solutions. Nous ne sommes pas au XVIIIe siècle et les défis auxquels l'Union européenne doit faire face aujourd'hui sont bien différents de ceux qu'affrontaient les constituants de Philadelphie à l'époque. De plus, l'Union européenne a vécu depuis cinquante ans sa propre histoire et elle peut difficilement remettre complètement en cause les principes sur lesquels elle a reposé pendant ces années afin de repartir à zéro. Cependant un examen approfondi des travaux de Philadelphie montrerait que, sur bien des points, les débats que nous menons aujourd'hui sont une large répétition de débats passés et que l'évolution des institutions américaines après Philadelphie peut utilement renseigner sur la pérennité des solutions que nous retiendrons.

Un tel examen pourrait apporter une dimension nouvelle à une réflexion européenne qui a été trop souvent fondée sur des expériences nationales d'États unitaires, lesquelles n'ont qu'un rapport éloigné avec les réalités de l'Union (5). Il n'est d'ailleurs guère surprenant que les analyses les plus

---

(4) *Au cours d'un entretien avec le présidium de la Convention chargée de l'élaboration du projet de Charte des droits fondamentaux de l'Union européenne.*

(5) *Il est intéressant à cet égard de lire dans la contribution présentée à la Convention par M. LAMASSOURE « L'Union européenne, quatre modèles possibles » (CONV 235/02 CONTRIB 83) la description qui est donnée du système fédéral. Elle met curieusement l'accent plus sur les aspects unitaires du système que sur les droits des États membres. En la comparant au résultat de Philadelphie, et même aux régimes fédéraux existants, on s'aperçoit du biais que peut introduire la pratique d'un État unitaire dans la lecture du fédéralisme. En ce qui concerne notamment la description des relations extérieures, la plupart des États fédéraux n'atteignent pas le degré de centralisation qui est décrit. De même, il est fondamentalement inexact que, dans le système fédéral, la chambre populaire dispose en général du droit de dernier mot sur la chambre des États. Enfin, même si c'est en grande partie le cas aux États-Unis, il n'est pas généralement vrai que la mise en œuvre des compétences fédérales soit le fait exclusif d'une administration fédérale et que cela entraîne comme conséquence que toutes les politiques fédérales doivent être financées par le budget fédéral. Il existe des systèmes fédéraux, comme l'Allemagne, dans lesquels l'exécution des lois fédérales est laissée aux États membres. Quant au financement des politiques, il peut aussi être laissé partiellement ou totalement aux États membres, la loi fédérale n'imposant que des principes et laissant une large place, dans ce cadre, à des politiques autonomes des États membres. L'essentiel est que la solidarité soit marquée par la mise en place d'un système de péréquation pour assurer aux nationaux des États les moins riches un traitement non discriminatoire par rapport aux citoyens des États les plus riches. En donnant une image déformée du fédéralisme et en ne s'interrogeant pas sur ses diverses variantes, on tue l'idée parce qu'alors la fédération est assimilée à la décentralisation dans un État unitaire et qu'une telle formule est peu attractive pour des États souverains. La raison de telles erreurs d'appréciation est due à ce que l'on s'attache fréquemment à des descriptions institutionnelles alors que le cœur du fédéralisme est ailleurs, essentiellement dans la répartition des compétences et dans l'exercice en commun de la souveraineté. Même l'opposition radicale entre fédération et confédération vue par Mr Lamassoure dans le fait que la sécession serait impossible dans le premier cas et possible dans le second devrait être sérieusement nuancée. En effet, comme nous l'enseigne le droit international, le*

détaillées sur les relations entre l'Union et ses États membres émanent souvent de personnalités qui ont l'expérience politique des États fédéraux et que la question qui leur paraît essentielle soit celle qui est au cœur du fédéralisme, la répartition des compétences. Cette donnée étant acquise, il existe bien des variétés de systèmes fédéraux, selon le degré de solidarité souhaité par les États membres, et la comparaison a ses limites. C'est la raison pour laquelle il est préférable de la mener avant tout au niveau des principes plutôt que de l'ingénierie institutionnelle, laquelle varie très souvent. Il convient également de tenir compte du fait que ce qui nous intéresse ici, c'est plus la fédération que l'État. Il est en effet peu vraisemblable que l'Union puisse à court terme prendre la forme étatique. Aussi est-il important de vérifier s'il est conceptuellement possible de séparer la fédération de l'État et de voir s'il peut exister une fédération sans État. C'est notamment sur ce point que la réflexion des Pères fondateurs américains pourrait nous être utile. En effet, ils n'avaient pas l'intention de créer un État, mais plus simplement un gouvernement national (6) lequel coexisterait avec des États souverains. Il n'est bien entendu pas question de comparer ce qu'est aujourd'hui la fédération américaine à l'Union européenne. Les deux systèmes en sont à des états bien différents de leur évolution et il est incontestable que les États-Unis sont aujourd'hui un État fédéral. Mais il est par contre intéressant de comparer nos débats actuels à ceux qui ont eu lieu lors de la Convention de Philadelphie. Malgré la différence des contextes historiques, les problématiques énoncées sont, lorsqu'on les met en lumière, fort voisines.

Pour illustrer ce propos, sans se livrer à un examen d'ensemble dont l'ampleur dépasserait le cadre limité de cet article, nous voudrions modestement retenir deux exemples de nature bien différente, l'un portant sur ce thème fondamental, bien que théorique, qu'est celui de la nature future de l'Union, l'autre, plus technique, sur l'incorporation de la Charte des droits fondamentaux dans les traités.

---

retrait unilatéral n'est possible d'un traité conclu pour une durée illimitée, sauf clause dérogatoire de ce traité, que dans le cas exceptionnel d'un changement fondamental de circonstances indépendant de la volonté de la partie qui souhaite se retirer. Le retrait devra donc être négocié. D'un autre côté, dans un système fédéral, le retrait est toujours possible au prix d'une révision constitutionnelle. Il peut même être prévu dans la Constitution. On se souviendra que la Constitution fédérale de l'Union soviétique contenait un tel droit, même si celui-ci en raison de la situation politique était purement symbolique.

(6) *Dans les débats de Philadelphie, le terme d'État est le plus souvent employé par les délégués pour désigner les futurs États fédérés et le terme de gouvernement national pour définir les institutions centrales.*

SECTION 1. – LA NATURE DE L'UNION : UNE FÉDÉRATION D'ÉTATS-NATIONS ?

Depuis les débuts du processus d'intégration européenne, le débat sur l'avenir de celle-ci a opposé fédéralistes et anti-fédéralistes. Il est d'ailleurs significatif que la dénomination d'Union européenne ait été utilisée au départ parce qu'elle était suffisamment neutre pour permettre de réaliser un consensus sans trancher au fond le débat sur la nature de l'Union. Certes ces oppositions semblent aujourd'hui être apaisées, mais elles demeurent sous-jacentes (7). Les responsables politiques évitent autant que possible d'utiliser les termes de fédération et confédération, mais il s'agit bien en réalité de savoir où se situera le point d'ancrage de la souveraineté dans l'Union. Les États membres demeureront-ils souverains ou bien transféreront-ils leur souveraineté à un pouvoir central ? Ce débat trouve sa source dans une vision traditionnelle qui remonte à Jean Bodin et qui a inspiré largement la pensée politique européenne, selon laquelle la souveraineté serait une et indivisible et ne pourrait se situer qu'au niveau central ou au sein des États membres. Il en résulte qu'une décision sur l'avenir de l'Union devrait opérer un choix entre fédération et confédération puisqu'il n'existerait pas de position intermédiaire. Or la réalité semble contredire largement cette vue puisque si nul ne soutient que l'Union soit un État fédéral, tous ceux qui sont de bonne foi admettent qu'elle présente des caractéristiques qui vont bien au-delà de ce que l'on admet couramment être une confédération (8). C'est de là que vient la difficulté que rencontrent les juristes lorsqu'ils se penchent sur la nature juridique de la Communauté et de l'Union (9). Comme le démontre, avec pertinence, Vlad Constantinesco, la réalité a dépassé les constructions doctrinales qui refusent toute formule autre que la fédération et la confédération (10).

À vrai dire, on peut se demander si cette vision doctrinale classique de la souveraineté une et indivisible ne fait pas l'impasse sur le mouvement de l'histoire. Les analyses contemporaines reposent sur des formes achevées de construction fédérale, mais ces formes ne sont pas nées toutes armées du cerveau des constituants. Elles ont été précédées de périodes de tâtonnement et ont évolué au gré de l'histoire de chaque peuple. Or la construction de l'Union se situe actuellement dans une phase évolutive et est en mouvement

(7) *La dernière apparition dans le débat officiel de cette controverse remonte à la négociation du traité de Maastrich au cours de laquelle, à la demande pressante de John Major, on a décidé de retirer du traité la référence à la vocation fédérale de l'Union.*

(8) *Il en va ainsi notamment de l'ordre juridique qui présente un caractère très largement fédéral.*

(9) *Ce qui les conduit généralement à évacuer la problématique dans des formules telles que supranationalité ou exercice en commun de la souveraineté qui témoignent de leur malaise vis-à-vis de l'impossible choix entre nature étatique ou confédérale de l'Union.*

(10) *Europe fédérale ou Fédération d'États-nations in « Une Constitution pour l'Europe », sous la direction de Renaud DEHOUSSE, Presse de Sciences Po, Paris, 2002, pp. 115 et svtes ; on lira aussi avec profit le bel ouvrage de Jean-Marc FERRY, « La question de l'État européen », Gallimard, Paris, 2000.*

constant comme en témoignent les révisions successives des traités depuis l'Acte unique européen. Il n'est donc pas approprié de comparer l'Union aux États fédéraux actuels, mais la comparaison prend tout son sens en amont au moment de l'élaboration des constitutions fédérales. Si l'on étudiait plus attentivement la doctrine qui s'est élaborée au moment de la constitution de l'Allemagne ou des États-Unis d'Amérique, on y retrouverait des thèses qui témoignent en faveur de formules intermédiaires et qui se focalisent sur l'idée du partage de souveraineté (11). Dans son œuvre de construction de concepts abstraits, la doctrine a parfois tendance à épurer la réalité qu'elle étudie et à oublier que les situations juridiques se construisent et se consolident lentement. Or, aujourd'hui, l'impossibilité de trouver un accord, sur un plan politique, sur une solution fédérale ou confédérale a conduit certains à se prononcer en faveur d'une formule intermédiaire (12) sous la forme d'un nouveau concept, celui de fédération d'États-nations. On peut y voir une nouvelle manifestation d'habileté verbale permettant d'évacuer un problème politique délicat, mais il serait honnête de se demander également si cette terminologie ne correspond pas à la volonté de traduire avec exactitude l'une des visions possibles du futur de l'Union.

Si l'on se rapporte aux travaux de la Convention de Philadelphie, on constate que le problème auquel avaient à faire face les pères fondateurs est le même que celui qui se trouve aujourd'hui au cœur du débat sur l'avenir de l'Union. Comment construire un système qui préserve la souveraineté des États tout en instituant un gouvernement central efficace ? Sans retracer ici, de façon détaillée, les débats de la Convention et l'opposition entre fédéralistes et partisans des droits des États, il est possible de schématiser les positions en présence (13). Pour les partisans des droits des États, le but de la Convention était de mettre en place un système de gouvernement fondé sur les États, car l'objet essentiel du gouvernement national était de préserver ceux-ci qui constituaient le cœur du système. L'objet de la révision des articles de la Confédération était donc d'assurer l'existence de tous les États en protégeant les faibles contre les forts, ce qui impliquait la reconnaissance de l'égale souveraineté des États membres. Il en résultait la nécessité de limiter les pouvoirs accordés aux institutions centrales à ce qui était strictement nécessaire

(11) *Il suffit à cet égard de relire l'exposé fait par CARRÉ de MALBERG sur la question de la fédération, voir « Contribution à la théorie générale de l'État », tome I, pp. 90 et svtes ; voir aussi l'étude approfondie et stimulante d'Olivier BEAUD, « Fédéralisme et souveraineté. Notes pour une théorie constitutionnelle de la fédération », Revue du droit public, 1998, p. 83. L'idée de la divisibilité de la souveraineté a été proposée depuis longtemps par J.V. LOUIS, « L'ordre Juridique communautaire », 1989, p. 13. Voir également, J.P. JACQUÉ, « Cours général de droit communautaire », Cours de l'Académie de droit européen, volume I, Kluwer, 1991, pp. 260 et svtes.*

(12) *Ce qui ne veut pas nécessairement dire transitaire.*

(13) *Pour une étude renouvelée de ces travaux, voir Thierry CHOPIN, « La République "une et indivisible", les fondements de la fédération américaine », Plan, Paris, 2002.*

pour remplir leurs fonctions (14). Les fédéralistes, pour leur part, mettaient l'accent sur la fragilité inhérente à tout système confédéral puisqu'il repose sur le bon vouloir d'États qui sont fatalement mus par la recherche de leur intérêt propre et, de ce fait, en perpétuel conflit. La confédération ne pouvait donc être une formule durable et il était nécessaire pour préserver la stabilité du système d'établir un gouvernement national qui absorberait les pouvoirs des États même si certains pouvoirs subordonnés leur étaient laissés. La souveraineté des États devait disparaître au profit du pouvoir central, car la souveraineté ne pouvait être divisée (15).

On retrouve aisément nos débats actuels dans ces discussions encore qu'aujourd'hui nul ne défende publiquement pour l'Europe une vision aussi centraliste que celle des fédéralistes américains au sein de la Convention de Philadelphie. Mais ces fédéralistes eux-mêmes se sont montrés disposés à accepter de nombreux compromis pour permettre le succès de la Convention.

On connaît le résultat des travaux, mais il est utile de rappeler la manière dont le compromis final a été analysé à l'époque. Avait-on mis en place un système que nous qualifierions aujourd'hui d'État fédéral ? Le compromis était bien plus ambigu et laissait une large place à des évolutions. Madison expliquait notamment que la Constitution américaine n'était ni nationale, ni fédérale, mais composée de ces deux éléments. Elle mettait en place un système de partage de la souveraineté entre les États et le gouvernement national. Elle était donc mixte, à la fois nationale et fédérale (16), la souveraineté étant divisée entre le gouvernement national et les États. Ce caractère mixte sera réaffirmé par les dix premiers amendements qui insèrent dans la Constitution une déclaration des droits destinée dans l'esprit de ses promoteurs à limiter les pouvoirs du gouvernement national et donc à protéger la souveraineté des États, mais également le dixième amendement qui clarifie le fait que le gouvernement national ne dispose que de compétences d'attribution, les pouvoirs qui ne sont pas attribués aux États-Unis par la Constitution étant réservés aux États et au peuple. Même la référence au peuple des États-Unis dans le préambule doit être interprétée dans le contexte de l'époque. À l'origine, le projet énumérait les peuples des différents États, mais cette énumération posait problème puisque, par définition, on ignorait quels seraient les États qui appartiendraient à l'Union. C'est la raison pour laquelle le comité de style chargé de rédiger le texte définitif a supprimé cette énumération pour la remplacer par la formule actuelle (« We, the People of the United States »), mais sans que l'on soit certain que cette formule recouvre les peuples des

---

(14) *Voir par exemple les lettres publiées les 8 et 9 octobre 1787 par « The Federal Former »* in The Anti-Federalist Papers and the Constitutional Convention Debates *edited by Ralph Ketcham, Penguin USA, 1986 qui présentent une critique antifédéraliste de la constitution américaine.*

(15) *On trouvera un exposé de ces vues dans les lettres n° 15 et 16 d'Hamilton dans Le Fédéraliste,* The Federalist Papers, *edited by Clinton Rossiter, Penguin USA, 1961.*

(16) *Voir surtout le n° 39 des Federalist Papers.*

États ou le peuple américain (17). Il est vrai que cette modification, peut-être rédactionnelle, a été à l'origine d'un grand nombre de discussions au moment de la ratification afin de déterminer quel était l'auteur de la Constitution, le peuple ou les États. Pour Madison, la réponse ne faisait l'objet d'aucun doute. Il écrivait à propos de la ratification de la constitution :

> « : ... this assent and ratification is to be given by the people, not as individuals composing one entire nation, but as composing the distinct and independent States to which they respectively belong. It is to be the assent and ratification of the several States, derived from the supreme authority in each State - the authority of the people themselves » (18).

Ainsi, à l'origine, les États-Unis étaient conçus comme un régime mixte reposant sur un partage de souveraineté entre les États membres et le gouvernement national. Il est d'ailleurs significatif que la Constitution ne fasse pas référence à la notion d'État pour qualifier l'ensemble ainsi créé. L'objet des travaux de la Convention n'était pas d'établir un État détenteur de la souveraineté, mais bien un système de gouvernement. Les pères fondateurs ont donc trouvé un compromis reposant sur un partage de la souveraineté entre le centre et la périphérie. La souveraineté n'appartient ni à l'un, ni à l'autre, elle est divisée et ne se retrouve entière que dans l'action commune du gouvernement national et des États.

On pourrait objecter que ce partage de souveraineté ne peut exister dans l'ordre externe où la souveraineté appartient aux seules instances centrales. Il est vrai que la représentation externe relève du gouvernement national et que ce dernier apparaîtra aux États tiers comme un interlocuteur unique. Mais il s'agit de satisfaire un besoin de sécurité juridique et cela implique seulement que ce gouvernement puisse agir, non comme détenteur exclusif de la souveraineté, mais comme représentant de l'ensemble, gouvernement et États, au prix d'ailleurs d'un contrôle étroit des États membres, à travers le Sénat, sur la conduite de la politique extérieure. On se souvient en effet qu'aux États-Unis les traités internationaux doivent, pour être ratifiés, obtenir l'avis et le consentement du Sénat à la majorité des deux tiers. De plus, dans bon nombre d'États fédéraux, les États membres disposent de la capacité de conclure des traités internationaux dans le domaine de leurs compétences ou sont appelés à autoriser la ratification des traités conclus par la fédération lorsque ceux-ci portent à la fois sur des domaines qui relèvent de leurs compétences et des compétences fédérales (accords mixtes). Ici le partage de souveraineté se manifeste clairement dans les relations extérieures. Ceci n'empêche pas la Fédération d'être considérée par les tiers comme le seul représentant de l'ensemble (19).

---

(17) *Voir sur ce point CHOPIN,* op. cit., *pp. 197 et svtes.*

(18) The Federalist Papers *n° 39.*

(19) *Voir le système belge qui est un des plus avancés sur ce point, R. ANDERSEN, « Les compétences », in Delpérée (sous la direction de), « La constitution fédérale du 5 mai 1993 », Bruylant, Bruxelles, p. 125, surtout pp. 138 et svtes ; pour une vision théorique d'ensemble, voir R. DEHOUSSE, « Fédéralisme et relations internationales ». Bruylant, Bruxelles, 1991.*

La situation aux États-Unis a bien évolué depuis les origines dans le sens d'un renforcement des pouvoirs du gouvernement national. En effet, l'une des conséquences de la guerre de Sécession a été l'altération profonde du système originel. Mais cette évolution est, sur le plan juridique, le produit de la révision constitutionnelle opérée par les XIIIe, XIVe et XVe amendements. On n'est donc pas en présence d'un glissement progressif par la pratique vers une altération du pacte initial au profit du gouvernement central, mais d'une transformation voulue par le constituant au lendemain du conflit. Cependant l'idée initiale de division de la souveraineté n'a jamais été perdue de vue. Ainsi la Cour suprême des États-Unis l'a rappelée avec fermeté dans l'affaire *Alden et al. v. Maine* du 23 juin 1999. Il s'agissait en l'espèce de savoir si la Constitution permettait au législateur fédéral de supprimer l'immunité de juridiction des États fédérés. La Cour suprême répond négativement après une recherche approfondie de l'intention des pères fondateurs. Mais elle ajoute quelques considérations générales qui touchent à notre propos :

> « This case at one level concerns the formal structure of federalism, but in a Constitution as resilient as ours form mirrors substance. Congress has vast power but not all power. When Congress legislates in matters affecting the States, it may not treat these sovereign entities as mere prefectures or corporations. Congress must accord States the esteem due to them as joint participants in a federal system, one beginning with the premise of sovereignty in both the central Government and the separate States (20). Congress has ample means to ensure compliance with valid federal laws, but it must respect the sovereignty of the States » (21).

On sait combien, depuis Reagan, cette idée a connu un regain de force politique aux États-Unis et on a assisté, avec la contribution de la Cour suprême, à un retour en force des États fédérés.

Dans ce contexte, au vu de l'expérience fédérale et de la Convention de Philadelphie, l'expression souvent utilisée de « fédération d'États-nations », pour définir la future Union européenne est-elle aussi malheureuse que le prétendent certains auteurs (22) ? Elle met l'accent sur la construction commune tout en soulignant que les détenteurs du pouvoir constituant sont les États membres. En cela, ces derniers sont souverains. En ce qui concerne l'exercice de la souveraineté, celui-ci est partagé selon les règles que fixera le

(20) *C'est nous qui soulignons.*

(21) *527 U.S. 706 (1999). Sur le rappel en des termes sans équivoque du système de « double souveraineté »* (dual souvereignty) *tel qu'il résulte de la Constitution, voir l'arrêt de la Cour suprême, Prinz v. United States 521 U.S. 898 (1997).*

(22) *Souvent influencés par une vision fondée sur le droit international, ainsi Charles LEBEN, « Fédération d'États-nations ou État fédéral » in Joerges, Mény, Wieler, « What Kind of Constitution for what Polity », Centre Robert-Schumann, Institut universitaire de Florence, 2000, p. 85 : « Nous avouons être sceptiques sur un tel dépassement hégélien des contraintes et sur l'apparition d'une synthèse nouvelle. Nous ne voyons pas comment dans la théorie de l'État, on pourrait glisser un nouvel animal comportant tous les avantages juridiques et politiques de l'État fédéral tout en conservant la souveraineté pleine des "États-nations" ».*

pacte constitutionnel, le principe restant que l'Union ne dispose que de compétences d'attribution. Une « fédération d'États-nations » définit donc un type d'organisation politique dans lequel la souveraineté est divisée entre le niveau fédéral et les États membres. Le terme d'États-nations doit être entendu non pas comme désignant nécessairement des États unitaires, mais des États dans lesquels le pouvoir constituant est détenu par le peuple. Dans ce cadre, la constitution de l'Union sera l'œuvre, non du peuple de la fédération, mais des peuples des différents États membres, ce qui impliquera d'adapter le pouvoir de révision a cette condition. Ce concept n'est pas si étonnant puisqu'actuellement l'article 189 CE indique déjà que le Parlement européen est composé « des représentants des peuples des États réunis dans la Communauté » et non pas du peuple de la Communauté. L'union ne repose pas sur un seul *demos*, mais sur la coexistence institutionnalisée de plusieurs *demoï*. Enfin, on notera que les auteurs de la formule évitent avec soin de faire référence à un État fédéral, mais employant le terme de fédération. Par là, ils mettent l'accent sur le partage des compétences et non sur la souveraineté.

Ne pourrait-on observer qu'en fait, comme le constatait déjà Calhoun (23), la souveraineté cherche toujours à se réunifier et que les systèmes de souveraineté partagée sont toujours transitoires ? Une fédération d'États-nations ne serait alors qu'une étape transitoire vers un État fédéral. C'est d'ailleurs la leçon des États-Unis d'Amérique dans lesquels le système initial n'a pas survécu à la guerre de Sécession. Mais on sait également que des garanties peuvent être instituées pour contrôler de telles évolutions. Les pères fondateurs avaient prévu le risque que présentait pour la souveraineté des États une violation de la ligne de partage des compétences entre la Fédération et les États membres (24). Le système de contrôle judiciaire qu'ils avaient institué et qui faisait intervenir la Cour suprême, juridiction fédérale, ne s'est pas révélé suffisamment efficace (25). La théorie de la nullification par les États membres des lois fédérales qui violeraient le pacte fondateur telle que la proposait le même Calhoun peut être jugée trop dangereuse pour le pacte d'Union (26). Mais il est possible de concevoir des garde-fous qui ne laissent pas aux seules institutions

(23) *Voir à ce sujet, Larry Catà BACKER, « The Extra-National State: American Confederate Federalism and the European Union ».* Columbia Journal of European Law, *2001, p. 173.*

(24) *Ils redoutaient aussi bien d'ailleurs les conflits positifs que les conflits négatifs, c'est-à-dire aussi bien le heurt des souverainetés que l'absence de souveraineté, voit Thierry CHOPIN, op. cit., pp. 247 et svtes.*

(25) *Au sens d'un maintien de la répartition des compétences tel que prévu à l'origine. On peut cependant constater, sur un autre plan, qu'elle a permis une adaptation en souplesse de la répartition des compétences à l'évolution des problèmes et des nécessités d'action qui en découlent ainsi qu'à l'évolution des fonctions de l'État. En outre, la Cour suprême n'est pas un acteur isolé de l'évolution du consensus politique comme le montrent ses modifications de position dans le domaine du fédéralisme lorsque les idées de l'exécutif ont été en faveur d'un retour aux droits des États.*

(26) *Puisqu'elle aboutit à organiser une remise en cause permanente du pacte initial sur la base de la volonté unilatérale d'un État membre, danger qu'avait déjà mis en évidence Hamilton. Cependant, on se souviendra à cet égard du jugement Maastricht du Tribunal constitutionnel allemand dans lequel celui-ci se reconnaît le pouvoir de priver d'effet un acte communautaire qui excéderait les compétences de l'Union, BVerfGE 89 du 12 octobre 1993.*

centrales ou à leurs juges, le soin de trancher des conflits de compétence, mais impliquent la participation des parlements nationaux ou de leurs représentants et permettent de s'assurer que toute évolution est soutenue par les peuples ou leurs représentants (27). On sait également l'utilisation qui a été faite aux États-Unis de la clause du commerce interétatique pour renforcer le pouvoir fédéral avant que la Cour suprême n'y apporte récemment quelques limites (28). Il en va de même de la « proper and necessity clause » (29). Toute réflexion sur l'article 95 CE (30) ou sur l'article 308 CE (31) devrait tenir compte de ces éléments. En d'autres termes, l'évolution américaine postérieure à la guerre de Sécession ne devrait pas amener à remettre en cause le principe selon lequel l'exercice de la souveraineté peut être partagé quoiqu'en dise aujourd'hui la doctrine dominante.

Olivier Beaud a justement montré la difficile coexistence entre l'idée d'une souveraineté une et indivisible et tout système fédéral (32) puisque l'essence d'un tel système repose sur une répartition des pouvoirs. Il existe bien toujours dans une fédération une autorité centrale ou fédérée qui peut décider en dernier ressort sur une question déterminée, mais l'identification de cette autorité suit la répartition des compétences (33). Par contre, on ne trouve pas d'autorité omni-compétence, c'est-à-dire ayant la capacité de décider dans tous les domaines. Le vieux modèle hiérarchique de la souveraineté indivisible est incompatible avec le fédéralisme tel qu'il a été conçu à Philadelphie. Faut-il retrouver l'unité de la souveraineté dans l'origine du pouvoir ? On a vu que sur ce point la Convention de Philadelphie n'apporte pas de réponse univoque. Certains de ses membres estimaient que la souveraineté trouvait

(27) *C'est d'ailleurs dans ce sens que semble s'orienter la réflexion au sein de la Convention sur l'avenir de l'Europe, voir par exemple la contribution du sénateur HAENEL (C-255/02) ou le rapport du groupe sur la subsidiarité (C-286/02).*

(28) *Voir par exemple* United States v. Lopez, *514 US 549 (1995).*

(29) *Jurisprudence fondée sur la clause 18 de la section 2 de la Constitution qui permet au Congrès de faire toutes les « lois nécessaires et appropriées » pour mettre à exécution les pouvoirs accordés au Congrès, voir la célèbre jurisprudence* McCullogh v. Maryland *(4 Wheat.) 316 (1819).*

(30) *Qui autorise l'harmonisation des législations en vue de l'établissement du marché intérieur qui peut, à certains égards, être comparée à la clause américaine sur le commerce interétatique. On notera l'approche restrictive suivie récemment par la Cour de justice des Communautés,* Allemagne/ Parlement et Conseil, *affaire C-376/98, arrêt du 5 octobre 2000,* Rec. *I-8497.*

(31) *Ex-article 235 qui permet au Conseil d'adopter des mesures pour réaliser les objectifs prévus par le traité lorsque celui-ci contient les pouvoirs d'actions nécessaires qui peut s'apparenter à la* proper and necessity clause. *La Cour a également donné une interprétation restrictive de l'article 308 dans son avis sur l'adhésion de la Communauté à la Convention européenne des droits de l'Homme, avis 2/94 du 28 mars 1996,* Rec. *1-1759.*

(32) Op. cit.

(33) *Cette question est distincte de celle de savoir où réside la souveraineté sur le plan international. Comme on l'a vu plus haut, il s'agit plus d'une question d'imputation juridique des actes et de représentation pour des impératifs de sécurité juridique que de la question de savoir qui décide laquelle peut être réglée soit en attribuant la compétence ou gouvernement central, soit en opérant là aussi un partage de compétences, même lorsque le gouvernement central exerce la représentation de la compétence externe. Au fond, cette dernière solution est celle retenue à Nice pour la politique commerciale commune dans les modifications apportées à l'article 133.*

son origine dans le peuple de l'Union, d'autres dans les peuples des différents États. Mais, par la suite, on voit bien que le pouvoir constituant institué est mixte puisqu'il repose sur la participation du Congrès et des trois quarts des États (34).

Section 2. – La question de l'insertion de la Charte des droits fondamentaux de l'Union européenne dans les traités

Une des questions soumise à l'examen de la Convention sur l'avenir de l'Union est celle de l'insertion éventuelle de la Charte des droits fondamentaux de l'Union européenne dans les traités. Or la Convention de Philadelphie avait également examiné l'opportunité de l'insertion d'une déclaration des droits, le *Bill of Rights*, dans la Constitution américaine et elle avait conclu négativement. Cette conclusion n'était que temporaire puisque l'insertion d'un *Bill of Rights* apparut lors des débats de ratification comme l'un des éléments indispensables notamment pour la Virginie et New York (35) à tel point que Madison qui n'avait jamais été un partisan de cette idée mena avec dynamisme la procédure qui conduisit à l'adoption des dix premiers amendements. Il est intéressant de voir combien sur certains points les débats qui se sont déroulés actuellement au sein du groupe de travail de la Convention sur cette question sont proches de ceux qui furent menés lors de la Convention de Philadelphie ainsi qu'entre la fin des travaux et la ratification de la Constitution. Il est vrai que l'opposition d'idées qui eut lieu au sein de la Convention de Philadelphie était inspirée de motifs différents de celle qui se développe aujourd'hui à propos de l'insertion de la Charte dans les traités et que la similitude se trouve surtout dans les arguments utilisés. En effet, sur le plan de la motivation, on se trouve presque à front renversé par rapport à la situation actuelle. À Philadelphie, ce sont les partisans des droits des États qui militent en faveur d'un *Bill of Rights* tandis que les nationalistes, partisans d'un gouvernement central fort, y sont opposés. L'objectif des antifédéralistes est de limiter les pouvoirs du gouvernement national et ils estiment qu'un *Bill of Rights* constituera un moyen adéquat pour atteindre cette fin. L'idée telle qu'elle est exprimée notamment par le Colonel Mason ou par Luther Martin est que les déclarations des droits adoptées au sein des États seront sans effet pour protéger les droits des individus dès lors que la législation fédérale leur est directement applicable et qu'elle primera le droit des États. Il en découle la nécessité d'une déclaration fédérale des droits (36). Pour les partisans

(34) *On retrouve ici le vieux débat sur la compétence de la compétence, critère de la souveraineté.*

(35) *Ne pouvant accepter la constitution telle qu'elle, l'insertion d'un* Bill of Rights *dans la Constitution américaine par voie d'amendement leur apparaissait nécessaire et elle fut réalisée par le premier Congrès.*

(36) *Voir les interventions citées in CHOPIN,* op. cit., *pp. 102 et 103.*

d'un gouvernement national fort, une déclaration des droits ne s'impose pas puisque le peuple est à l'origine de la Constitution. En ce sens, il n'abandonne aucun de ses pouvoirs au Gouvernement et, n'abandonnant rien, n'a aucunement besoin d'une protection spécifique. La Constitution, œuvre du peuple, est le *Bill of Rights* de l'Union. Inutile d'insister sur le caractère formel de cet argument puisque la Constitution confie l'exercice du pouvoir à des représentants qui ne seront en rien limités dans leur action par des dispositions spécifiques protectrices des droits de l'Homme (37). Cependant, fait observer Hamilton, la Constitution elle-même contient certaines garanties, comme le principe de l'*habeas corpus*, la non-rétroactivité des lois pénales, le jugement par jury ou la prohibition des titres de noblesse (38). Nul n'est donc besoin d'une déclaration des droits. Ici encore, on ne peut que souligner le caractère extrêmement limité des droits garantis par la Constitution.

La situation dans l'Union contraste fortement avec celle qui prévalait au moment de la Convention de Philadelphie puisque les partisans d'une intégration de la Charte se recrutent principalement parmi ceux qui favorisent un renforcement de l'Union tandis que les tenants des droits des États sont parfois plus réservés. C'est que les craintes sont différentes. Certains redoutent les interactions entre un catalogue communautaire des droits fondamentaux et les catalogues nationaux. Ils craignent également que l'Union ne se fonde sur l'existence d'un catalogue communautaire pour étendre ses compétences et légiférer dans des domaines qui ne font pas l'objet d'une attribution de compétences sous prétexte de protection des droits fondamentaux.

C'est sur ce dernier point que les débats de Philadelphie paraissent étrangement contemporains. Hamilton a consacré un long texte à l'examen de l'inopportunité d'une déclaration des droits (39). Un des arguments utilisés touche au lien entre compétence et protection des droits. À quoi sert, argumente-t-il, de prévoir des restrictions aux pouvoirs du législateur alors même que celui-ci ne dispose pas de compétences pour régler les matières considérées :

> « I go further and affirm that bills of Rights, in the sense and to the extent in which they are contented for, are not only unnecessary in the proposed Constitution but would even be dangerous. They would contain various exceptions to powers which are not granted; and, on the very account, would afford a colorable pretext to claim more than were granted. For why declare that things shall not be done which there is no power to do? » (40).

(37) *Sans que le peuple puisse intervenir puisqu'une caractéristique commune à l'ensemble des délégués à Philadelphie est leur méfiance vis-à-vis de l'intervention populaire dans la gestion des affaires publiques, voir THORNTON ANDERSON, « Creating the Constitution, the Convention of 1787 and the First Congress », The Pennsylvania State University Press, 1993, pp. 117 et svtes.*

(38) *Voir HAMILTON*, The Federalist papers, *n° 84*, op. cit.

(39) Ibidem.

(40) Ibidem *n° 84*.

Or, un des points importants des discussions relatives à la Charte consiste dans le fait qu'elle contient des droits qui ne correspondent pas à des compétences de l'Union ; ainsi en va-t-il, par exemple, de l'interdiction de la peine de mort ou du droit de grève (41). Dans ces conditions, certains ont utilisé, sans le savoir, les arguments d'Hamilton. Inscrire dans la Charte de tels droits risquerait d'élargir indirectement la compétence communautaire en permettant à celle-ci de légiférer dans le domaine des droits fondamentaux. En outre, si ce n'est pas le cas, quel intérêt de consacrer dans la Charte des droits auxquels l'Union ne peut porter atteinte puisqu'elle ne dispose pas de compétences à cet effet (42) ? Les auteurs de la Charte ont tenté de résoudre le premier problème par l'insertion d'une formule qui indique que la Charte ne crée pas de compétences nouvelles, ni ne modifie les compétences existantes (43). Mais cette disposition ne vise qu'à préserver la répartition des compétences et ne répond pas au second argument d'Hamilton.

En effet, se demande celui-ci, quelle est l'utilité de garantir des droits dans des domaines pour lesquels n'existe aucune compétence ? Les adversaires d'Hamilton avaient tenté de répondre à l'objection en choisissant l'exemple de la liberté de la presse à laquelle les pères fondateurs attachaient la plus grande importance, la liberté d'expression étant selon eux la garantie de la démocratie. Or la Constitution américaine ne confère aucune compétence en ce domaine au gouvernement central. Hamilton répondait que puisqu'il n'existait pas de compétence, la liberté d'expression ne courait aucun danger. Cependant, argumentaient ses adversaires, le gouvernement central pourrait porter atteinte à la liberté de la presse, par le biais du pouvoir de taxation, en taxant les journaux de manière exagérée. La réponse d'Hamilton à cet argument est qu'il n'existe pas de rapport entre la taxation et la liberté de la presse. D'ailleurs, s'il en existait un, le niveau de taxation est à la discrétion du Congrès sous le contrôle de l'opinion publique et ce contrôle suffit. Les adversaires d'Hamilton avaient eu l'intuition de la différence qui existe entre la compétence pour légiférer et l'obligation de respecter les droits fondamentaux. Il n'est pas nécessaire de disposer d'une compétence législative dans le domaine qui correspond à un droit protégé pour porter atteinte à ce droit par l'usage de compétences législatives qui portent sur d'autres matières. Le droit

(41) *Toute compétence de la Communauté en matière de réglementation de la grève étant même formellement prohibée par l'article 137 par. 6 CE.*

(42) *Voir les différentes contributions aux travaux du groupe de travail de la Convention sur la Charte et notamment les interventions très intéressantes des jurisconsultes du Conseil et de la Commission ainsi que du représentant du service juridique du Parlement WD 013-WG2 et le rapport final du groupe CONV 354/02.*

(43) *Article 51, par 2, : « La Charte ne crée aucune compétence ni aucune tâche nouvelle pour la Communauté et pour l'Union et ne modifie pas les compétences et les tâches définies par les traités ». On a soutenu que la Charte prévoyait dans son article 51 la promotion des principes et paraissait à cet égard créer un titre de compétences. Cependant, le paragraphe 1 de l'article 51 prévoit que cette promotion doit se faire conformément aux compétences respectives de l'Union et des États membres. Il ne crée donc pas de titre nouveau de compétence.*

communautaire connaît de nombreuses illustrations de cette situation. Une législation sur l'abattage des animaux interfère avec la liberté religieuse si elle interdit les abattages rituels. Une législation sur la libre circulation des marchandises peut interférer avec le droit de grève si elle a pour conséquence d'interdire de manière absolue d'entraver la circulation routière. Une législation sur les télécommunications peut interférer avec le droit au respect de la vie privée si elle autorise sans restriction la conservation des appels téléphoniques etc. La Cour de justice des Communautés européennes avait d'ailleurs, dans son avis sur l'adhésion de la Communauté à la Convention européenne, mis l'accent sur cet aspect lorsqu'elle distinguait entre la compétence pour agir qui ne peut être exercée que si elle est attribuée par le traité et l'obligation de respect des droits de l'Homme qui s'impose quelle que soit la répartition des compétences (44).

On connaît le résultat de ce débat aux États-Unis et la décision d'amender la Constitution afin d'y introduire le *Bill of Rights*. Mais l'histoire se poursuit. En effet, compte tenu de l'existence d'un système de souveraineté partagée, il était intéressant de savoir si le *Bill of Rights* s'imposerait seulement aux autorités fédérales ou également aux États. La jurisprudence de la Cour de justice nous enseigne que, dans la Communauté, les États membres doivent respecter les droits fondamentaux tels que définis par la Cour lorsqu'ils agissent dans le champ d'application du droit communautaire (45). Vue sous cet angle, la question n'a guère d'intérêt aux États-Unis puisque la mise en œuvre du droit fédéral dépend des seules autorités fédérales. Les États fédérés ne peuvent en principe agir dans le champ des compétences exercées de la fédération. Aussi, pendant longtemps, la réponse à la question était que le *Bill of Rights* ne s'appliquait pas aux États, mais seulement au gouvernement fédéral. Il y avait donc coexistence de plusieurs systèmes de protection, l'un, contenu dans le *Bill of Rights*, s'appliquant à la législation fédérale, les autres dépendant des constitutions de chaque État et s'appliquant à leur législation (46). C'est d'ailleurs, la même solution qui s'impose en droit communautaire en fonction de la nature des compétences en cause. Pour les compétences nationales, le système national de protection joue exclusivement tandis que pour les compétences communautaires, c'est le système communautaire qui s'applique. Mais, dans l'Union, l'auteur de l'acte en cause ne détermine pas le

(44) *Avis 2194 du 28 mars 1996*, Rec. *1-1759*.

(45) *Voir ainsi l'arrêt Kremzow du 29 mai 1997, affaire C-299/95*, Rec. *1-2629*.

(46) *Voir l'opinion du juge Marshall dans* Barron v. Baltimore, *32 U.S. (7 Pet.) 243 (1833) à propos de l'application aux États des dispositions du Ve amendement relatives à l'obligation d'indemniser en cas d'atteinte au droit de propriété « ... le Ve amendement doit être compris comme limitant le pouvoir du gouvernement fédéral, mais non comme s'appliquant aux États. C'est dans leurs diverses constitutions que ceux-ci ont imposé à leurs gouvernements respectifs des limites que leur sagesse particulière leur suggérait et qui leur semblaient les mieux adaptées à leur situation. C'est une question dont ils sont les seuls juges et vis-à-vis de laquelle les autres (États) ne peuvent interférer au-delà de ce qui est censé être un intérêt commun ». Traduction in Élisabeth ZOLLER, « Grands arrêts de la Cour suprême des États-Unis »*, PUF, *Paris, 2000, p. 204.*

système applicable puisqu'à la différence des États-Unis, les États membres de l'Union interviennent dans la mise en œuvre du droit communautaire. Dans cette situation qui ne pourrait se produire aux États-Unis, les États membres agissent dans le champ des compétences communautaires et, dès lors, sont tenus, dans ce seul champ, par le respect des droits garantis par l'Union (47).

Cependant, la non-application du *Bill of Rights* aux États fédérés n'a pas duré aux États-Unis en raison du XIVe amendement adopté au lendemain de la guerre de Sécession. La section 2 de cet amendement impose aux États de ne priver aucune personne de sa vie, de sa liberté ou de sa propriété sans respecter le bénéfice des protections accordées par la loi (*due process of law*). Sur cette base, puisque l'amendement crée des obligations pour les États, la Cour suprême a été amenée à soumettre ceux-ci, sur le fondement du *duc process of law*, au respect de certains des droits contenus dans le *Bill of Rights* dès lors que leur violation constituerait une atteinte aux principes fondamentaux de justice ou de liberté qui constituent la base des institutions (48). Mais il est important de noter que cette extension du *Bill of Rights* ne s'est produite qu'à la suite d'une révision constitutionnelle. Le précédent ne peut donc être utilisé comme argument par ceux qui craindraient une extension mécanique et progressive des droits garantis par la Charte aux domaines de compétences réservés aux États membres. L'insertion de la Charte dans les traités n'a donc pas, sauf disposition expresse des traités, pour effet d'entraîner l'application de celle-ci à tous les actes des États membres. Elle ne peut modifier le champ d'application tel qu'il est prévu dans la charte elle-même.

CONCLUSION

Comme on l'a déjà dit, il serait bien imprudent de prétendre que les solutions américaines soient transposables à l'Europe, mais est-il possible d'ignorer les réflexions des pères fondateurs de la Constitution américaine ? Un regard en arrière montrerait que nous n'avons pas l'exclusivité des difficultés que nous rencontrons et nos concepts pourraient être affinés à la lecture des travaux de la Convention de Philadelphie et des *Federalist papers*. Il est d'ailleurs étrange qu'alors que les constituants américains se sont penchés avec passion

---

(47) *Certains ont regretté que la Charte limite son champ d'application aux États membres aux hypothèses dans lesquelles ils participent à la mise en œuvre du droit communautaire alors que la jurisprudence de la Cour est plus large et vise les cas dans lesquels les États agissent dans le domaine d'application du droit communautaire. À vrai dire, il s'agit plus d'une question terminologique qu'une question de fond. Mettre en œuvre le droit communautaire ne signifie pas uniquement prendre des mesures nationales de transposition, mais d'une manière générale appliquer (ou ne pas appliquer celui-ci). Mais la formule retenue a peut-être l'inconvénient de masquer la simplicité du système qui suit la répartition des compétences. La règle pourrait se formuler ainsi : lorsque le droit communautaire s'applique, que ce soit par l'intermédiaire des institutions communautaires ou des États membres, le système de protection communautaire des droits fondamentaux est appelé à jouer ; lorsque le droit national intervient de manière autonome, le système national de protection joue.*

(48) *Voir* Palko v. Connecticut, *302 U.S. 319 (137).*

sur les réflexions doctrinales et les expériences étrangères, notre pensée se situe le plus souvent dans un cadre beaucoup plus étroit et pragmatique sans un regard pour les expériences fédérales et sans chercher à remonter aux concepts (49). Certes le pragmatisme est nécessaire si l'on veut concevoir un système adapté aux réalités sociales, mais il n'interdit pas d'élever le débat au niveau des concepts et de situer celui-ci dans un cadre plus général. Un système construit pour durer doit être fondé sur des principes clairs, faute de quoi son adaptation aux futurs changements des réalités sociales sera difficile puisque l'on ignorera les fondements conceptuels de l'édifice. Il suffit de se pencher sur l'œuvre de la Cour de justice pour observer la manière dont elle a construit le système communautaire sans disposer de référence autre que le texte des traités. Or, elle aurait pu, sur la même base, construire une autre Communauté si elle était restée plus proche des règles classiques du droit international. Dans ce cas, ni la primauté, ni l'effet direct n'auraient peut-être vu le jour et la réciprocité aurait pu jouer un rôle primordial.

Certes, cette construction jurisprudentielle a été admise au fil du temps par les États, mais si l'on ne veut pas laisser dans l'avenir au juge le soin de construire la Constitution par voie d'interprétation, il est nécessaire que les auteurs eux-mêmes lui fournissent les cadres doctrinaux nécessaires. Jusqu'à présent l'Europe s'est construite au jour le jour par ajustements successifs sans que l'on dispose explicitement d'une vision d'ensemble (50). Nous avons souvent agi comme des architectes qui auraient construit par ajouts sans disposer des plans définitifs de l'immeuble. Le temps est peut-être venu de s'interroger sur le dessin d'ensemble, ce qui ne se résume pas à un simple jeu d'architecture institutionnelle, mais exige la définition des principes et des fondements de la construction. C'est d'ailleurs à ce prix que l'on en assurera la pérennité puisque les futurs interprètes ou les auteurs des révisions futures disposeront des clefs qui leur permettront de mener à bien leur tâche sans que le projet initial ne soit défiguré. Revenir à Philadelphie permet d'avoir une discussion sur les bases constitutionnelles de l'Union et, à cet égard, l'œuvre de Philadelphie mérite plus qu'un respect formel, elle devrait être revisitée.

---

(49) *Ceci est sans doute dû au fait que, jusqu'à une époque récente et heureusement révolue, l'étude des questions communautaires est restée, sauf exception, la chasse gardée d'universitaires ayant une formation de droit international, les constitutionnalistes restant largement indifférents à la question ou ne s'y intéressant que de manière marginale sous l'angle des incidences du droit communautaire sur le droit constitutionnel national.*

(50) *On pourrait donner de nombreux exemples de ces situations où l'on apporte aux traités des modifications partielles sans se demander quel en sera l'effet global sur la structure constitutionnelle de l'Union. Ainsi, l'exigence démocratique a justifié un accroissement considérable des pouvoirs du Parlement sans que l'on se préoccupe de l'effet que produirait cette extension sur l'équilibre institutionnel. On s'est dirigé ainsi sans en avoir vraiment conscience vers un régime d'assemblée alors que n'a jamais été mené de débat sur la nature souhaitable, parlementaire ou non, du régime de l'Union. De la même manière, les effets de l'institutionnalisation du Conseil européen n'ont jamais été mesurés. On pourrait également s'interroger sur la manière dont a été traitée la comitologie sans jamais que l'on s'interroge sur la question constitutionnelle du partage des compétences d'exécution entre la Communauté et les États membres.*

L'ÉTERNEL RETOUR

Réflexion sur la comitologie

Jean-Paul JACQUÉ (1)

La question de l'adoption des normes d'exécution des actes communautaires, plus connue dans le jargon des spécialistes sous la dénomination de comitologie, est une histoire sans fin. J.-V. Louis le sait bien, lui qui avait eu à en connaître dans le cadre du comité d'experts qui assistait le Parlement européen lors de la rédaction du projet de constitution rédigé au sein du Parlement européen sous la conduite du rapporteur G. Herman (2). Une des raisons des discussions incessantes autour de ce concept vient peut-être de ce que l'on a toujours traité ce problème comme une question de lutte pour le pouvoir sans véritablement réfléchir aux bases mêmes de la controverse (3). Le moment est sans doute venu de retourner aux sources dans une perspective constitutionnelle en laissant à d'autres la description des différentes solutions adoptées au fil du temps et des revendications de chaque institution (4). La Convention sur l'avenir de l'Europe ne peut faire l'économie d'un débat sur la comitologie et certains parlementaires, comme M. Bourlanges, ont tenté de présenter leur vision d'une hiérarchie des normes dans l'Union européenne, hiérarchie qui s'accompagne d'une définition des fonctions d'exécution (5). Le Parlement, à peine adoptée la décision de 1999 sur la comitologie, a contesté celle-ci et a obtenu, dans le cadre de la législation sur les services financiers, certains aménagements connus sous le nom de « procédure Lamfalussy » (6). Quant à la Commission, elle a manifesté dans son livre blanc sur la gouvernance sa volonté de réformer le système dans un sens qui lui soit favorable (7). Elle

(1) Les idées exprimées dans cet article sont propres à l'auteur et ne sauraient être imputées à l'institution à laquelle il appartient.

(2) J.-V. Louis, *L'Union européenne et l'avenir de ses institutions*, Bruxelles, Presses interuniversitaires européennes, 1996, notamment p. 28 et s.

(3) À l'exception peut-être de Koen Lenaerts dont nous partageons partiellement les vues, voir K. Lenaerts et A. Verhoeven, « Towards a Legal Framework for Executive Rule-Making in the EU ? The Contribution of the New Comitology Decision », *CML Rev.*, 2000, p. 645 et s.

(4) Voir par exemple, Ciavarini Azzi, « Comitologie, le voile se lève... », *RAE*, 2001-2002, p. 16 et s.

(5) Projet de rapport sur *la typologie des actes et la hiérarchie des normes dans l'Union européenne*, PE 2002/2140 (INI).

(6) Voy. *infra*.

(7) *Gouvernance européenne, un livre blanc*, COM (2001) 428 final, point 3.4 ; cette revendication est affirmée avec clarté dans la contribution de la Commission aux travaux de la Convention, *Pour*

vient d'ailleurs de présenter une nouvelle proposition de révision de la décision de 1999 qui concerne l'exécution des actes adoptés en codécision (8). Le moment est donc propice à une nouvelle approche de ce domaine d'autant plus que certaines contributions individuelles aux travaux de la Convention témoignent d'un approfondissement de la réflexion (9). Les questions essentielles auxquelles il convient de tenter de répondre sur le plan constitutionnel sont celles de l'identification du détenteur du pouvoir d'exécution dans la Communauté et de la définition de ce pouvoir.

Section 1. – Le titulaire du pouvoir d'exécution

Il n'existe aucun doute quant au titulaire du pouvoir matériel de mise en œuvre des mesures communautaires. La Communauté repose sur un système d'administration indirecte et l'application concrète des mesures prises par la Communauté relève de l'administration des États membres. Ce n'est que dans les hypothèses où l'intervention de la Communauté se limite à l'octroi de financements dans le cadre de programmes qu'il est possible de concevoir une intervention de la Commission au titre de ses pouvoirs d'exécution du budget (article 274 CE, ex-205). Cette intervention peut, le cas échéant, être encadrée par une procédure de comitologie (10). L'enjeu du débat réside donc essentiellement dans la détermination du titulaire du pouvoir d'adopter des mesures normatives d'exécution.

Les discussions sur ce thème sont fréquemment inspirées de conceptions fondées sur la séparation horizontale (11) des pouvoirs et ont négligé toute considération quant à la séparation verticale (12) de ceux-ci. Or, c'est sans doute sur ces points que devrait porter l'essentiel de la réflexion de nature constitutionnelle.

---

l'Union européenne, Paix, liberté, solidarité, Communication de la Commission sur l'architecture institutionnelle, COM (2002) 728 final : « La clarification des rôles respectifs des institutions requiert que les compétences d'exécution des lois européennes soient confiées exclusivement à la Commission, qui est responsable pour son action devant les deux branches de l'autorité législative de l'Union, le Parlement européen et le Conseil », p. 8. Voy. aussi le rapport de la Commission sur la gouvernance européenne du 11 décembre 2002, COM (2002) 705 final.

(8) Proposition de décision du Conseil modifiant la décision 1999/468/CE fixant les modalités de l'exercice des compétences d'exécution conférées à la Commission, 11 décembre 2002, COM (2002) 719 final. Cette proposition n'établit plus en ce qui concerne l'exécution des actes adoptés en codécision que deux types de comités : le comité consultatif et le comité de réglementation. La procédure de réglementation ne s'applique que pour l'exécution des éléments essentiels de l'acte. Le projet de la Commission est soumis au comité, mais la Commission peut après avoir réitéré sa consultation en cas d'avis négatif établir un projet d'acte définitif. Ce projet est adressé au Parlement et au Conseil. La mesure est arrêtée après un délai d'un mois sauf si le Parlement ou le Conseil s'y oppose.

(9) Voir notamment la contribution de A. Duff, « The Legislative and Executive Powers of the European Union : a New Scheme », CONV 423/02 CONTRIB 151 et le rapport du groupe de travail sur la simplification, CONV 424/02, WG IX 13.

(10) Arrêt du 24 octobre 1989, aff. 16/88, *Commission c. Conseil*, *Rec.*, p. 3457.

(11) L'expression de séparation horizontale des pouvoirs est utilisée pour rendre compte de la vision classique fondée sur la séparation de l'exécutif, du législatif et du judiciaire.

(12) L'expression de séparation verticale rend compte du partage des pouvoirs entre la Communauté et les États membres.

A. – L'inadéquation des théories fondées sur la séparation horizontale des pouvoirs

À cet égard, les positions traditionnelles souffrent d'une erreur fondamentale. De nature statocentriste, elles font l'impasse sur la spécificité de la nature de l'Union. Reposant sur la théorie traditionnelle de la séparation des pouvoirs, elles reposent sur l'idée que le pouvoir d'exécution doit être l'apanage de l'institution qui remplit la fonction gouvernementale dans l'Union, c'est-à-dire la Commission. Cette vision présuppose que la Communauté repose sur la conception classique de la séparation des pouvoirs. Or, ses promoteurs, et plus particulièrement la Commission qui occupe une position si particulière dans l'architecture de l'Union, savent bien qu'il n'en est rien.

À tort ou à raison, les auteurs des traités ont voulu, à l'origine, faire du Conseil le titulaire du pouvoir d'exécution. La rédaction de l'article 155 (devenu 211), avant l'Acte unique européen était sans équivoque à cet égard. La Commission n'exerçait que les compétences d'exécution que le Conseil lui attribuait. L'Acte unique n'a pas modifié l'article 155, il a simplement introduit un nouvel alinéa dans l'article 145 (devenu 202) lequel pose en principe la délégation des pouvoirs d'exécution à la Commission, le Conseil ayant la faculté de retenir dans des cas spécifiques ces pouvoirs pour lui-même. La Commission ne dispose donc pas de pouvoirs propres en la matière. Elle peut certes exercer des pouvoirs d'exécution, mais n'en est pas le détenteur originaire. Elle bénéficie seulement d'une délégation.

Ce pouvoir appartient-il au seul Conseil ? Cela ne faisait l'objet d'aucune controverse à l'époque où le Conseil était le seul détenteur du pouvoir législatif. La situation a-t-elle changé avec l'apparition de la procédure de co-décision ? Pour Koen Lenaerts (13), tel est bien le cas. La Cour ayant jugé que lorsque le traité fait référence au Conseil, cette mention doit être entendue comme visant le Conseil et le Parlement dans le cas où la procédure de codécision est applicable (14), il estime que la référence au Conseil dans le troisième tiret de l'article 202, selon lequel le Conseil confère à la Commission les compétences d'exécution des règles qu'il établit, doit être comprise comme visant Conseil et Parlement, lorsque la base juridique entraîne le recours à la codécision. On admettra volontiers que le texte de l'article 202 n'est pas d'une exemplaire clarté. La raison en est qu'il n'a pas été modifié alors que le détenteur du pouvoir législatif n'est plus, depuis Maastricht, exclusivement le Conseil. Il est donc nécessaire d'interpréter ce texte, mais il faut tenter de le faire de manière cohérente. Nul ne conteste que la comitologie soit applicable d'une manière générale tant aux actes adoptés par le Conseil seul qu'à ceux adoptés en codécision par le Parlement et le Conseil. Le Parlement avait bien

---

(13) *Op. cit.*, p. 655.
(14) Arrêt du 2 octobre 1997, aff. C-259/95, *Parlement c. Conseil, Rec.*, p. I-5303.

tenté au lendemain de Maastricht de soutenir la thèse contraire avec l'appui incertain de la Commission. Mais il y a très vite renoncé et a accepté, sans contestation, d'appliquer la comitologie aux actes adoptés en codécision. Ni le traité d'Amsterdam, ni celui de Nice n'ont modifié l'article 202 pour préciser la situation, car les auteurs des traités pensaient que celle-ci était acquise. Aussi lorsque l'on soutient que l'on doit lire *législateur* à la place de *Conseil* quant au titulaire du pouvoir d'exécution, il est loin d'être certain que cette analyse puisse être pleinement partagée. L'arrêt de la Cour sur lequel elle s'appuie, concernait uniquement l'exercice du pouvoir législatif et non des pouvoirs d'exécution et se limitait à indiquer que lorsqu'une base juridique faisait référence au Conseil en liaison avec l'article 251, l'auteur de l'acte était dans ce cas le législateur composé du Parlement et du Conseil. Il était donc question du titulaire du pouvoir législatif et non du titulaire du pouvoir d'exécution.

En outre, l'article 202 vise spécifiquement les pouvoirs du Conseil et non ceux du législateur. De plus, l'alinéa 2 de l'article 202 fait référence à trois reprises au Conseil : une première fois pour indiquer que le Conseil confère à la Commission les pouvoirs d'exécution, une seconde pour spécifier que le Conseil peut se réserver les compétences d'exécution dans des cas spécifiques et une troisième pour créer la base juridique qui permet d'adopter les modalités selon lesquelles les compétences d'exécution sont exercées. Il n'est pas contesté que dans le dernier cas, l'expression « Conseil » vise le Conseil agissant seul. Il est vrai que dans le premier cas le Conseil agit dans le cadre de la procédure d'adoption de l'acte. Par contre, l'exercice des pouvoirs d'exécution auquel se réfère la seconde mention est bien le fait du Conseil et il n'agit pas par délégation. En outre, la cohérence intellectuelle ne suffit-elle pas à faire percevoir que l'institution qui fixe les modalités de la comitologie ne peut être que celle qui détient la compétence d'exécution (15). Ceci démontre que la volonté des auteurs du traité était de confier au seul Conseil le pouvoir d'exécution, à charge pour celui-ci de le déléguer à la Commission (16).

En tout cas, la Commission n'est pas actuellement titulaire du pouvoir d'exécution. Ce pouvoir est détenu par le Conseil, même si le Parlement pour les mesures adoptées en codécision n'est pas, comme on le verra plus loin, dépourvu de toute influence sur la détermination de l'étendue de ce pouvoir et le choix de ses modalités d'exercice. Cette position est confortée par l'existence d'une séparation verticale des pouvoirs dans le traité.

---

(15) L'argument selon lequel le Conseil détiendrait seul le pouvoir de déterminer les modalités de la comitologie s'explique par le seul fait qu'il s'agit d'un pouvoir quasi constitutionnel. Il existe bien d'autres hypothèses quasi constitutionnelles dans lesquelles le pouvoir de décision est partagé entre Conseil et Parlement : le statut du médiateur, les commissions parlementaires d'enquête, le statut des parlementaires, le statut des partis politiques, l'adoption d'un mode de scrutin uniforme... On objectera que tous ces cas sont spécifiques parce qu'ils concernent le Parlement.

(16) Ceci n'exclut pas toute intervention du Parlement. Dans les domaines soumis à codécision, il lui appartient avec le Conseil de délimiter le champ des mesures d'application ainsi que d'opérer le choix entre les différentes modalités autorisées par la décision « comitologie ».

B. – La nécessaire prise en compte de la séparation verticale des pouvoirs

Le fait que le Conseil qui est l'institution au sein de laquelle les États membres sont représentés, soit le titulaire du pouvoir d'exécution doit être examiné en rapport étroit avec la question de la répartition des pouvoirs entre la Communauté et ses États membres. Il ne s'agit pas d'un problème propre à la Communauté puisque tous les États fédéraux ont eu à en connaître. En effet, dans tout système fédéral, il convient de déterminer si la répartition des compétences opérée par la constitution s'applique aussi bien au niveau législatif qu'au niveau exécutif. Les États-Unis ont donné une réponse affirmative à cette question et le pouvoir fédéral s'étend aussi bien à l'adoption des lois qu'à celle des mesures d'exécution. Ainsi, le pouvoir fédéral « ne peut pas obliger les États à édicter ou à mettre en œuvre des programmes de réglementation fédérale » (17). La répartition des compétences s'étend aussi bien au législatif qu'à l'exécutif, ce qui explique l'existence d'une administration fédérale sur l'ensemble du territoire en vue d'assurer l'application de la loi fédérale. Le juge Kennedy rend bien compte de cette situation lorsqu'il constate que la constitution établit « un système juridique jusqu'alors inconnu, dans la forme comme dans le fond, établissant deux ordres de gouvernement, chacun doté de sa propre chaîne de commandement, de sa propre individualité, de son propre système de droits et d'obligations réciproques conférés aux individus qui en sont le soutien et sont gouvernés par lui » (18). Le cas de la République fédérale d'Allemagne est différent. En vertu de l'article 80 de la loi fondamentale, le gouvernement fédéral, un ministre fédéral ou les gouvernements des Länder peuvent être autorisés par la loi à adopter des règlements. Dans cette hypothèse, le Bundesrat au sein duquel sont représentés les Länder est fréquemment appelé à intervenir pour approuver ces règlements. Par contre, la chambre populaire, le Bundestag, est exclue du processus. Selon l'article 83 de la loi fondamentale, le pouvoir d'exécution est une compétence propre des Länder. Les Länder peuvent également, si la loi le prévoit, exécuter celle-ci par délégation de la fédération. Dans ce cas, si le gouvernement désire donner des prescriptions générales pour l'application d'une loi, il doit obtenir l'accord du Bundesrat. Bien entendu, la fédération dispose d'un pouvoir de contrôle sur les Länder qui aboutit à une constatation par le Bundesrat d'une violation du droit par le Land. Au-delà de ces dispositions techniques, le schéma est simple. Il repose, dans le domaine des compétences attribuées à la fédération, sur une distinction entre les mesures législatives qui sont adoptées

(17) Cour suprême des États-Unis, *New York v. United States*, 505 US 144 (1992), voy. aussi en ce sens *Prinz v. United States*, 521 U.S. 898 (1997).

(18) Opinion individuelle dans *US Ternis Limits, Inc. v. Thornton*, 514 US, 779, 838 (1995), traduction de E. ZOLLER, *Grands Arrêts de la Cour suprême des États-Unis*, Paris, PUF, 2000, p. 1273.

au niveau fédéral et les mesures d'exécution qui dépendent en principe des Länder. Lorsque le gouvernement fédéral est autorisé par la Loi fondamentale ou la loi à prendre des mesures d'exécution, on note dans la plupart des cas, une intervention de la chambre qui représente les États, le Bundesrat. Exécution fédérale de type américain ou fédéralisme exécutif de type allemand, quelle est la version retenue par la Communauté ?

On a vu qu'il était aisé de tomber d'accord sur le fait que l'exécution matérielle des mesures communautaires appartient en principe aux États membres. En l'absence d'une administration communautaire déconcentrée, il est difficile qu'il en aille autrement même si, dans des secteurs très limités, comme la surveillance des frontières, on a évoqué la nécessité de créer une telle administration sans suite concrète jusqu'à présent. Le fédéralisme d'exécution se limite-t-il aux mesures matérielles ou porte-t-il également sur l'adoption de mesures d'exécution ?

Certes, les mesures communautaires laissent fréquemment une large marge d'appréciation aux autorités nationales, voire leur offrent des options entre plusieurs solutions de mise en œuvre. Dans ces cas, les autorités nationales ont le devoir d'adopter des mesures normatives d'exécution. Aussi, il apparaît encore que la Communauté se situe à cet égard dans un système de fédéralisme exécutif. Cependant, la question du détenteur de la compétence d'exécuter n'est pas résolue. Lorsqu'elles adoptent des mesures normatives d'exécution, les autorités nationales agissent-elles par délégation de la Communauté ou exercent-elles, dans les limites autorisées par l'acte législatif, une compétence propre ?

On ne trouve dans le traité aucun élément permettant de soutenir la thèse d'une compétence exclusive d'exécution de la Communauté. Sur le plan des principes, l'article premier (ex-A) TUE souligne que les décisions doivent être prises le plus près possible des citoyens. Ce principe doit inspirer l'ensemble de l'action communautaire et plus particulièrement l'adoption des normes d'exécution qui sont celles qui touchent de plus près les citoyens dont les droits seront d'autant mieux protégés, y compris sur le plan juridictionnel, que les normes d'exécution seront adoptées par des autorités proches d'eux. Certes, il exact que le principe de subsidiarité, comme le note Koen Lenaerts, s'applique lorsque la Communauté décide d'exercer une compétence concurrente. Il vise avant tout l'action du législateur, ce qui exclurait son application du champ exécutif. Doit-on en déduire pour autant que l'exercice de la compétence législative entraîne l'exclusivité de la compétence d'exécution au profit de la Communauté et que l'intervention des États membres ne serait possible qu'à titre secondaire lorsqu'il n'a pas été jugé nécessaire d'adopter des mesures d'exécution au niveau communautaire ? Ce serait alors faire peu de cas de l'article 1 UE qui a de façon incontestable une portée générale. Ce serait également méconnaître les prescriptions du point 7 du protocole sur l'application des principes de subsidiarité et de proportionnalité qui visent l'action communautaire dans son ensemble et précisent que celle-ci doit laisser « une marge de décision aussi grande que possible au niveau national ». Cette formule ne viserait-elle également que le législatif ? D'ailleurs, le principe de proportionnalité (article 5, dernier alinéa) impose que l'action de la Communauté n'excède pas ce qui est nécessaire pour atteindre les objectifs du traité. La reconnaissance d'une compétence exclusive d'exécution au profit de la Communauté aurait pour conséquence de conduire celle-ci à agir alors qu'une action n'est pas nécessaire pour assurer l'application uniforme du droit communautaire.

Enfin, doit-on passer sous silence l'article 10 du traité ? Il est vrai que deux lectures de cet article sont possibles. La plus restrictive, qui est celle de la Commission, aboutit à la conclusion que l'article 10 a pour seule fonction d'imposer aux États membres l'obligation de prendre toutes les mesures pour assurer l'exécution du droit communautaire. Il n'est pas douteux que tel soit bien l'un des objectifs de cet article. Mais il a une autre finalité qui est d'exprimer l'idée que l'exécution du droit communautaire appartient en principe aux États membres. Telle est la conclusion que l'on peut dégager de la jurisprudence de la Cour telle qu'elle s'exprime notamment dans l'arrêt *Deutsche Milchkontor GmbH* : « Conformément aux principes généraux qui sont à la base du système institutionnel de la Communauté et qui régissent les relations entre la Communauté et les États membres, il appartient aux États membres, en vertu de l'article 5 (devenu 10) du traité d'assurer, sur leurs territoires, l'exécution des réglementations communautaires, notamment dans le cadre de la politique agricole commune, pour autant que le droit communautaire, y compris les principes généraux de celui-ci, ne comporte pas de règles communes à cet effet (...) » (19). Si les mots ont bien un sens (20), cet arrêt reconnaît la compétence d'exécution des États membres. On peut objecter qu'en général la jurisprudence met davantage l'accent sur l'obligation d'exécuter en vertu du principe de coopération loyale que sur la compétence, mais c'est tout simplement parce que les cas dont la Cour est saisie portent sur cet aspect.

Il découle à notre sens de ces éléments que la compétence d'exécution appartient normalement aux États membres. Il est d'ailleurs intéressant de noter qu'au sein de la Convention sur l'avenir de l'Europe, les membres qui sont les plus favorables à l'attribution des pouvoirs d'exécution à la seule Commission, ne contestent pas le fait que cette compétence appartienne en principe aux États membres (21). Telle est également la vision qui se dégage

(19) Arrêt du 21 septembre 1983, aff. jtes 205 à 215/82, *Rec.*, p. 2633.

(20) Les termes « il appartient » reflètent bien l'idée d'une compétence propre aux États membres et non seulement l'existence d'une simple obligation d'exécuter.

(21) Voy. par exemple la contribution de A. DUFF (*op. cit.*).

des travaux du groupe « Simplification » présidé par M. Amato (22). Enfin, les fonctionnaires de la Commission reconnaissent également la situation dans le projet de traité qu'ils ont rédigé, à l'instigation du président de la Commission, à l'attention de la Convention (23). Pour éviter toutes controverses futures, il serait sans doute utile d'introduire dans le traité une formule inspirée de la loi fondamentale allemande et qui pourrait se lire de la manière suivante : « La compétence d'exécution du droit de l'Union appartient aux États membres ». C'est d'ailleurs la conclusion qu'en a tirée le présidium lors de la rédaction de son projet d'articles lorsque, dans l'article 28 par. 1, il attribue le pouvoir d'exécution aux États membres (24). Cette solution n'a guère été critiquée par les membres de la Convention.

Tout ceci ne signifie pas bien entendu qu'il n'existe aucune place pour l'adoption de normes d'exécution au niveau communautaire. Il n'est en effet pas exclu que des normes communautaires soient indispensables pour assurer une uniformité dans l'application afin d'éviter des distorsions de concurrence ou des discriminations entre ressortissants communautaires. Dans ce cas, la Communauté peut intervenir. Ici encore, c'est la formule qui a été retenue par le présidium de la Convention dans le paragraphe 2 de son projet d'articles (25). Mais la pratique, confirmée par la jurisprudence, puis ancrée dans le traité, a été d'associer les États membres à l'élaboration des normes communautaires. En effet, dans la mesure où la Communauté exerçait un pouvoir dévolu en principe aux États membres, il apparaissait logique d'instaurer une étroite collaboration entre ceux-ci et la Communauté lorsque ceux-ci ne pouvaient, du fait de l'intervention communautaire, exercer cette compétence au niveau national. Cette collaboration a pris la forme d'un encadrement de la Commission par des comités de représentants des États membres chargés de donner un avis sur les projets de mesures d'exécution préparées par la Commission. Un avis négatif, voire l'absence d'avis, peut entraîner l'évocation de la question au Conseil. Ce système est généralement connu sous l'appellation de « comitologie ». Il remplit deux fonctions. Il permet tout d'abord

(22) Rapport final du groupe de travail IX « Simplification », CONV 424/02, WG IX 13, voy. p. 12 : « actuellement le principe de base est que l'adoption des actes de mise en œuvre appartient aux États membres (article 10 CE) ».

(23) Article 79 : « La loi détermine les conditions de son exécution. Elle peut prévoir que, pour des raisons de sécurité juridique, d'efficacité des politiques ou de bon emploi des fonds de l'Union, son exécution fait l'objet d'un règlement de la Commission (...) Dans les cas, où la Commission n'est pas habilitée par la loi, les mesures d'exécution sont prises par les États membres », *in Étude de faisabilité, Contribution à un avant-projet de constitution de l'Union européenne*, Document de travail, 4 décembre 2002. C'est bien reconnaître que la compétence des États est la règle et celle de l'Union, l'exception.

(24) « Les États membres prennent toutes les mesures de droit interne nécessaires pour la mise en œuvre des actes juridiquement obligatoires de l'Union ». Selon le commentaire technique : « La première phrase explicite de manière transparente le principe selon lequel la compétence pour la mise en œuvre des actes de l'Union appartient aux États membres ».

(25) « Lorsque des conditions uniformes de mise en œuvre des actes obligatoires de l'Union sont nécessaires, ces actes peuvent conférer à la Commission, ou dans des cas spécifiques et dans les cas prévus à l'article [PESC], au Conseil, des compétences d'exécution ».

aux États membres, plus familiers que la Commission des spécificités administratives nationales, de conseiller celle-ci dans l'élaboration de mesures afin d'éviter d'éventuelles difficultés concrètes d'application (26). Il constitue surtout un moyen pour les États membres d'être associés à l'exercice d'un pouvoir qui leur appartient normalement, mais qui est exercé au niveau communautaire. Dans ces conditions, pas plus que le Bundestag n'est associé en Allemagne à l'exercice du pouvoir réglementaire, le Parlement européen n'a de titre à intervenir directement dans l'exercice d'une compétence qui appartient aux États membres. Ceci n'exclut pas pour autant toute intervention parlementaire, mais pour envisager celle-ci, il est indispensable, au préalable, que l'on définisse clairement ce qui relève de l'exécution.

Le modèle actuel d'exécution repose sur la priorité accordée à un système décentralisé. Rien n'interdit de modifier ce modèle, mais il convient de le faire en toute connaissance de cause et en évitant d'utiliser des arguments mal fondés. Si l'Union veut adopter un système d'exécution centralisé, elle doit le faire consciemment sans se fonder sur des arguments relatifs à la séparation horizontale des pouvoirs et sans oublier le caractère fondamental, dans toute entité composée d'États, de la séparation verticale des pouvoirs.

Section 2. – Les confusions à propos de la notion d'exécution

Les revendications du Parlement et de la Commission en matière de comitologie reposent sur des fondements bien différents. Pour la Commission, il s'agit avant tout d'être considérée comme la titulaire du pouvoir d'exécution et de se débarrasser de la tutelle des comités ainsi que du droit d'évocation du Conseil qui l'accompagne. Pour le Parlement, le raisonnement est différent et repose sur le désir d'être associé à égalité avec le Conseil dans le processus comitologique, au moins dans les domaines soumis à codécision. Dans les deux cas, on assiste à une volonté de remise en cause de l'équilibre établi par les traités et à un refus de la séparation verticale des pouvoirs. Il s'agit bien au fond d'un processus de centralisation au détriment, non du Conseil mais des États membres. C'est préférer la voie américaine à la voie allemande. On peut cependant se demander si la critique parlementaire ne provient pas des ambiguïtés du système et s'il ne serait pas possible de rencontrer les préoccupations parlementaires au prix d'une clarification importante. En effet, la procédure comitologique est aujourd'hui appliquée à deux opérations différentes qui sont de ce fait confondues sous la même réprobation parlementaire : l'exécution et la délégation.

(26) L'utilité de cette fonction est reconnue par les auteurs du projet de la Commission qui la reprennent dans l'article 80 de leur texte. Par contre, ils ne vont pas plus loin et ne prévoient aucun pouvoir d'intervention du législateur ou des États membres.

A. – Mieux définir l'exécution au niveau communautaire

Le concept de mesures d'exécution peut apparaître clair *prima facie*. Cependant, il est important de distinguer ce qui relève de la législation de ce qui appartient au domaine législatif. Le droit communautaire n'a pas recours au critère organique pour définir le pouvoir d'exécution. La meilleure preuve en est que le Conseil qui est législateur peut exercer lui-même des compétences d'exécution. Aussi, l'autorité qui est auteur de l'acte n'a guère d'importance pour autant qu'il s'agisse d'une institution (27). Le critère déterminant est donc celui de la base juridique. L'acte d'exécution ne se fonde pas sur le traité, mais trouve sa base dans un autre acte communautaire. Ce critère n'est pas suffisant. En effet, la compétence d'exécution ne peut porter sur tous les éléments d'une réglementation communautaire faute de quoi il n'existerait aucune distinction entre le pouvoir législatif et le pouvoir d'exécution. La limite entre législation et exécution est déterminée en droit communautaire par le contenu des normes. Il appartient au législateur communautaire de légiférer sur les éléments essentiels d'une matière. Comme le souligne la Cour dans l'affaire *Köster* : « On ne saurait donc exiger que tous les détails des règlements concernant la politique agricole commune soient établis par le Conseil selon la procédure de l'article 43 (...) il est satisfait à cette disposition dès lors que les éléments essentiels de la matière à régler ont été arrêtés conformément à la procédure qu'elle prévoit (...) » (28). Il en résulte que la législation doit fixer les éléments essentiels de la matière et qu'aucune compétence d'exécution relative à la fixation de ces éléments ne peut être prévue. Mais ceci ne signifie aucunement que la compétence du législateur soit limitée à ces éléments essentiels. Le législateur est libre de régler tous les éléments de la matière ne laissant aucune place au pouvoir d'exécution. S'il existe un domaine propre au législateur, il n'en existe aucun réservé à l'exécution.

L'obligation de légiférer sur les éléments essentiels est destinée à préserver l'équilibre institutionnel. Il n'appartient pas au législateur de renoncer, en le conférant à la Commission, au pouvoir de légiférer dans une matière. En outre, en agissant ainsi dans un domaine dans lequel le Parlement dispose du pouvoir de participer à la procédure législative, ce dernier serait privé de la possibilité d'exercer ses prérogatives. Cette situation serait particulièrement grave pour le Parlement dans des domaines soumis à consultation puisqu'il se verrait privé de cette prérogative sans même y avoir consenti. Cependant, la Cour a interprété de manière fort restrictive la notion d'éléments essentiels.

(27) La question de l'habilitation d'une personne privée pour prendre des mesures de mise en œuvre d'une réglementation communautaire est de nature différente. On sait que l'arrêt *Meroni* limite cette possibilité en interdisant toute délégation d'un pouvoir discrétionnaire et en la limitant à des pouvoirs strictement déterminés dans le respect de l'équilibre institutionnel (arrêt du 13 juin 1958, aff. 9/56, *Rec.*, p. 15; voy. sur ce sujet, Y. GAUTIER, La délégation en droit communautaire, Thèse Strasbourg, 1995, 535 p.).

(28) Arrêt du 17 décembre 1970, aff. 22/70, *Rec.*, p. 161.

Ainsi, dans l'affaire C-240/90, elle a estimé que les règles essentielles étaient les règles destinées à traduire les orientations fondamentales d'une politique communautaire, ce qui laisse une large place au pouvoir d'exécution (29).

Le législateur peut encadrer les compétences d'exécution en déterminant les lignes principales qui doivent guider l'exercice de celles-ci. La décision du Conseil du 13 juillet 1987, relative aux modalités d'exercice des compétences d'exécution conférées à la Commission, précisait en son article premier que lorsqu'il conférait des compétences d'exécution à la Commission, le Conseil devait préciser les éléments essentiels de ces compétences. La Cour a jugé qu'une telle précision n'était pas nécessaire et qu'une habilitation rédigée dans des termes généraux était suffisante. Elle ajoute même que la décision de 1987 étant un acte de droit dérivé, « celle-ci ne peut (...) ajouter aux règles du traité, lesquelles n'obligent pas le Conseil à préciser les éléments essentiels des compétences d'exécution déléguées à la Commission » (30). Si rien n'oblige le Conseil à donner de telles précisions, rien ne lui interdit de le faire et le Conseil a reconduit la même règle dans la décision de 1999 qui remplace celle de 1987. Il en résulte que le législateur a parfaitement le droit de fixer dans la législation les lignes directrices que devra suivre l'autorité chargée de l'exécution. La compétence d'exécution doit donc être exercée dans les limites et selon les procédures définies par le législateur. À défaut, la Cour de justice pourra en prononcer l'annulation (31).

Si le pouvoir d'exécuter est ainsi limité, le schéma que nous avons évoqué lui est tout à fait applicable. Ce pouvoir appartient aux États membres et il est exercé au niveau communautaire lorsque les exigences d'application uniforme du droit communautaire l'imposent. Les États qui sont ainsi privés de leur pouvoir peuvent contrôler l'exercice de celui-ci au niveau communautaire grâce à leur participation aux comités comitologiques et au droit d'évocation au Conseil. Comme on l'a vu plus haut, le Parlement ne trouve logiquement pas sa place dans ce système. Ceci ne signifie pas qu'il soit dépourvu de tout pouvoir. En tant que législateur, il a le droit de veiller au respect de l'habilitation donnée à l'institution chargée de l'exécution. Grâce à l'information qui lui est fournie au titre de la décision de 1999, il peut veiller à ce que les limites définies ne soient pas franchies. La décision lui donne dans ce cas le droit de saisir la Commission, et le Conseil le cas échéant, de tout risque de dépassement. Si cette procédure *d'early warning* n'est pas suffisante, il conserve la faculté de saisir la Cour de justice et de faire sanctionner toute interférence de l'exécutif avec le pouvoir législatif. D'autre part, lorsque le Parlement participe au pouvoir législatif, il contribue à la définition de

(29) Arrêt du 27 octobre 1992, *RFA c. Commission*, *Rec.*, p. I-5383.

(30) *Ibid.*

(31) Pour un exemple d'annulation, voy. arrêt du 19 novembre 1998, aff. C-159/96, *Portugal c. Commission*, *Rec.*, p. I-7379

l'étendue de l'habilitation et au choix de la procédure comitologique. Enfin, en application de son pouvoir général de contrôle de la Commission, informé de tous les projets que celle-ci soumet aux comités, il peut, s'il n'est pas satisfait des projets de la Commission, utiliser toute la batterie des instruments de contrôle que le traité met à sa disposition (32). Le Parlement joue donc un rôle pour définir la portée de l'exécution et pour contrôler celle-ci. Par contre, il n'intervient pas dans la prise de décision. Cette situation est satisfaisante si l'on désire préserver les principes constitutionnels sur lesquels le système a été construit. Toute modification conduirait à un changement radical dans le sens d'une exécution centralisée.

B. – La délégation du pouvoir législatif

Les questions de la délégation et de l'exécution sont confondues dans la procédure de comitologie. En effet, sous couvert d'exécution, la Commission est fréquemment habilitée à apporter des modifications au texte législatif lui-même. Il s'agit d'une procédure couramment utilisée pour mettre à jour les innombrables annexes techniques que comportent les règlements et directives. Sur un plan pratique, il est évident que l'utilisation de la procédure législative pour ajouter un produit à une liste de produits dangereux serait disproportionnée. Si l'on était contraint d'agir de la sorte, le processus législatif serait totalement encombré, d'autant plus que, dans la grande majorité des cas, la procédure de codécision est requise. On pourrait s'abstenir de placer ces dispositions dans la législation et réserver toute la matière au pouvoir d'exécution puisque ces annexes ne constituent pas des éléments essentiels de l'acte. Cependant, le Parlement, et fréquemment les États membres, souhaitent qu'au moment de l'adoption d'un texte, on donne un contenu concret à celui-ci et militent en faveur de ces annexes. Dans ces conditions, la procédure la plus efficace que l'on ait trouvé était de confier la mise à jour de celle-ci à la Commission dans le cadre d'une procédure de comitologie.

Cependant, dans ce cas, on accorde, au pouvoir chargé de l'exécution, le droit de modifier un acte adopté par le législateur. Dès lors, on ne saurait s'étonner que le Parlement lorsque la matière est soumise à la procédure de codécision demande un droit de regard sur les mesures prises. La revendication la plus souvent formulée est celle d'un droit d'opposition qui, exprimé dans un certain délai, entraîne l'évocation de la matière par le législateur, ce que l'on désigne dans le jargon communautaire sous l'appellation anglo-saxonne de *call back*.

(32) Il est significatif que le Parlement n'ait pas utilisé les pouvoirs qui lui sont reconnus par la décision de 1999. Preuve que ses craintes n'étaient pas fondées ou qu'il est plus intéressé à l'élargissement de ces pouvoirs qu'à l'usage raisonné de ceux qu'il détient, il est difficile de le dire. La vérité est peut-être qu'il ne parvient pas à exploiter en temps utile l'information surabondante dont il dispose.

Une préoccupation de nature semblable s'est exprimée récemment à propos de la législation sur les services financiers. Le rapport Lamfalussy sur la mise en œuvre de la législation relative aux services financiers préconisait que le législateur se limite à prendre des mesures cadres très générales et que les détails de la réglementation soient adoptés par voie de procédure comitologique. La crainte du Parlement était que, par ce biais, le pouvoir d'exécution n'empiète sur ses prérogatives. Aussi, souhaitait-il introduire dans l'habilitation une *sunset* clause qui lui permettrait de mettre fin à celle-ci sur la base des résultats constatés et d'obtenir de la Commission qu'elle le consulte sur les mesures envisagées et tienne compte de son avis (33). Cette procédure n'est pas en soi contraire à l'article 202 puisque le législateur peut toujours limiter dans le temps une habilitation et que rien n'interdit à la Commission d'informer le Parlement de ses projets et de tenir compte de son avis. Cependant, elle témoigne de la réticence du Parlement à accepter des situations dans lesquelles il s'agit plus de compléter la législation que de la mettre en œuvre.

C'est la raison pour laquelle il a paru important de distinguer l'exécution de la délégation. Cette idée a été explorée par M. Bourlanges (34) et par le groupe de travail « Simplification » de la Convention. Dans ce cas, il est évident que le législateur doit disposer d'un contrôle sur l'exercice de la délégation. Il peut s'agir d'un droit d'évocation dans un délai déterminé. Ceci n'empêche en rien l'intervention de comités destinés à assister la Commission. La comitologie pourrait donc subsister à côté d'un droit d'intervention parlementaire accru. Il convient également de s'interroger sur la nature de l'acte adopté. S'il s'agit d'une délégation et non plus d'une habilitation, l'acte doit-il revêtir la même valeur juridique que la législation ou doit-il conserver une place subordonnée ? Dans les États membres, l'acte adopté par délégation a généralement valeur législative lorsque le législateur le confirme explicitement ou implicitement. Jusqu'à présent cette question a été absente de la réflexion sans doute parce que dans le cadre communautaire son intérêt est limité. Elle n'a pas d'incidence sur le contentieux puisqu'il n'existe pas de différence entre contrôle de constitutionnalité et contrôle de la légalité des actes administratifs. Quant à la modification de l'acte, elle serait opérée sur la base de la délégation tant que celle-ci est valable, puis, à son expiration éventuelle par le législateur. C'est la solution vers laquelle s'est orienté le présidium de la Convention dans l'article 27 de son projet en créant la catégorie de règlement-délégué.

Mais la question la plus délicate reste sans doute celle de la distinction entre législation, habilitation et délégation. La délégation ne devrait pas porter sur les éléments essentiels de l'acte qui demeureraient du pouvoir exclusif du législateur. Pour les autres éléments, il est clair que lorsqu'il s'agit de modifier une législation existante, la technique de la délégation devrait être seule

(33) Voy. le rapport von Wogau du 23 janvier 2002 A5-011/2002.
(34) Projet de rapport précité.

à être utilisée. Mais, le rapport du groupe Amato envisage de l'étendre « à la réglementation des éléments techniques ou détaillés qui développent un acte législatif » (35). Dans ces conditions, le risque est grand que le législateur, sous la pression du Parlement, ne soumette tous les éléments de mise en œuvre à la procédure de la délégation qui lui est plus favorable et ne réduise à peu de choses la procédure classique d'exécution qui lui est moins favorable. Il apparaît donc nécessaire de réfléchir au critère à utiliser pour distinguer le pouvoir délégué du pouvoir d'exécution. Ce critère ne peut être que matériel, ce qui signifie que toute formule sera soumise à interprétation et présente des risques contentieux. La distinction proposée par le groupe de travail repose sur la différence entre développer le contenu d'un acte législatif et prendre des mesures de mise en œuvre. Est-elle suffisante ? Il semble difficile d'éviter toute difficulté en ce domaine, mais une formule qui combinerait la possibilité de modifier les éléments non essentiels de l'acte avec la possibilité de compléter ceux-ci (36) pourrait, même si elle n'évite pas le contentieux, servir de base à une interprétation juridictionnelle. À moins, ce qui serait plus sûr, que l'on limite l'usage de la délégation au cas où il s'agirait de modifier la législation existante dans ses dispositions non essentielles. Sur un plan procédural, le présidium propose diverses formules : acceptation tacite par le Parlement et le Conseil après expiration d'un délai, possibilité de révocation du règlement délégué par le Parlement ou le Conseil, expiration automatique du règlement-délégué à l'expiration d'un délai fixé par l'habilitation sauf reconduction expresse. Cette dernière formule (*sunset* clause) n'est pas très heureuse, car, comme l'ont remarqué plusieurs membres de la Convention, elle organise l'apparition d'un vide juridique qui peut être nuisible à l'application de la réglementation de l'Union (37).

SECTION 3. – CONCLUSION

La comitologie a souvent été considérée comme une question technique. Mais, derrière l'apparente technicité des procédures se dissimule une question constitutionnelle importante, celle de la nature du « fédéralisme » que l'on souhaite construire. Les traités avaient organisé un fédéralisme d'exécution

(35) Rapport du groupe de travail précité, p. 11 ; de la même manière, le projet des fonctionnaires de la Commission prévoit que la loi peut être modifiée ou complétée par des mesures prises par la Commission (article 77). Le risque de confusion entre délégation et exécution subsiste. Or, dans le projet, la Commission prend seule les mesures d'exécution alors qu'en cas de délégation, chacune des branches de l'autorité législative dispose d'un pouvoir de *call back*. Il existe donc un risque important de voir la délégation supplanter l'exécution en raison de l'imprécision de la distinction entre les deux concepts.

(36) C'est la formule choisie par le présidium : « édicter des règlements délégués qui complètent ou modifient certains des éléments non essentiels de la loi ou de la loi-cadre ». Certains des membres de la Convention souhaitent d'ailleurs limiter la délégation à la modification des éléments non essentiels.

(37) De même, plusieurs membres de la Convention ont contesté l'utilisation exclusive de la forme du règlement dans le cadre de la délégation. Dans certains cas, il peut être préférable d'avoir recours à des directives.

décentralisé. Or les querelles interinstitutionnelles ont masqué l'enjeu du problème. Souhaite-t-on réellement centraliser l'adoption des normes d'exécution ? Il ne semble pas que la réponse soit positive. Aussi, les difficultés permanentes relatives à la comitologie proviennent plus d'une mauvaise interprétation de la situation actuelle que d'une volonté de la remettre en cause. En effet, tous sont attachés à l'idée que l'exécution relève en principe des États membres, mais perçoivent mal que les revendications qu'ils expriment aboutissent à remettre en cause cet élément fondamental de l'ordre constitutionnel que constitue la séparation verticale des pouvoirs. On peut comprendre néanmoins ces revendications en raison de l'ambiguïté qui a entouré le concept d'exécution. Les travaux actuels qui vont dans le sens d'une distinction entre exécution et habilitation permettent de répondre aux préoccupations exprimées sans pour autant remettre en cause la nature même du fédéralisme communautaire. Mais elles exigent des réflexions supplémentaires pour distinguer de manière opérationnelle ces deux concepts et pour mettre en place des procédures qui répondent à cette différenciation.

Common Market Law Review **41:** 383–391, 2004.

THE PRINCIPLE OF INSTITUTIONAL BALANCE

JEAN-PAUL JACQUÉ (1)

SECTION 1. – INTRODUCTION

References to institutional balance in the Community legal order go back a very long way. The balance between the institutions can be envisaged in two different ways, one legal, the other political. From a legal point of view, institutional balance is a constitutional principle which must be respected by the institutions and the Member States; infringements may be condemned and sanctioned by the Court of Justice. From a political point of view, it can be envisaged as a means of describing the way the relationship between the institutions is organized. In this case, it is undeniable that there has been a significant evolution in the balance between the institutions since the origins of the Community. The shape of the institutional triangle (Parliament, Council, Commission) has been modified both by the successive revisions of the treaties and by the practice of the institutions. We would like to examine further these two facets of the principle, the one static, the other dynamic; at the same time, we cannot ignore the fact that these two aspects may also interact. Moreover, the case law of the Court has encouraged or prevented certain developments, depending on how the Court itself interpreted the principle.

SECTION 2. – THE PRINCIPLE OF INSTITUTIONAL BALANCE: A CONSTITUTIONAL PRINCIPLE

From a legal point of view, the principle of institutional balance is one manifestation of the rule that the institutions have to act within the limits of their competences. The principle of institutional balance does not imply that the

(1) Editorial Board of this *Review*; Professor, University of Strasbourg; Legal Service, Council of the European Union. The opinions expressed in this article are entirely personal.

authors of the treaties set up a balanced distribution of the powers, whereby the weight of each institution is the same as that of the others. It refers simply to the fact that the Community institutional structure is based on the division of powers between the various institutions established by the treaties.

It is this situation which is reflected by Article 7(1), of the EC treaty according to which each institution acts within the limits of the powers conferred upon it by the Treaties. The distribution of the powers between the institutions reflects the place that the authors of the treaties wanted to grant to each one of them in the exercise of the missions that they entrusted to the Community. In this context, the task of the Court is to ensure that this system is maintained, in order to prevent the compromises made at the time of the drafting of the treaties being called into question again. The balance to which the Court refers is therefore that established by the Treaty. It is therefore not acceptable for one institution to extend its powers unilaterally to the detriment of another institution. Such a hypothesis is not purely academic, because one of the major features of the strategy of the European Parliament has consistently been an attempt to extend its powers, using the means of pressure it had on the other institutions. It thus sought, when it had only a merely advisory role, to obtain from the Commission an undertaking that the latter institution would exercise its powers in the direction desired by the Parliament, in particular with regard to the modification or the withdrawal of its proposals. For its part, the Commission, while it agreed to take into account the Parliament's proposals, was for a long time careful not to engage itself in the least in a way which would restrict its power of initiative. (2)

The first genuine reference to the institutional balance is found in the *Meroni* case, where the Court sees "in the balance of powers which is characteristic of the institutional structure of the community a fundamental guarantee granted by the Treaty in particular to the undertakings and associations of undertakings to which it applies." (3) For the Court, the principle is a substitute for the principle of the separation of powers which, in Montesquieu's original exposition of his philosophy, aimed to protect individuals against the abuse of power. In the absence of a separation of powers, the principle of institutional balance made it possible to guarantee to undertakings that a modification of the institutional balance would not call into question the decision-making process envisaged by the treaties and the accompanying guarantees provided by the treaties. However, this protective aspect of the principle seems to have been gradually lost as other means of protection appeared, including the guarantee of the respect of fundamental rights.

(2) COM(81)581 final, "The relations between the Community institutions", published under the title "the Community institutional system, balance to be restored", Bull. EC, 3/82.

(3) Case 9/56, *Meroni*, [1958] ECR 11; see also opinions of 17 Dec. 1959 pursuant to Art. 95 ECSC, [1959] ECR 551.

The clearest expression of the principle was given in the context of socalled "comitology", that is to say the methods according to which committees composed of representatives of the Member States form a framework within which the Commission exercises the executive powers which are delegated to it. In the *Köster* case, the Court stated that "the question put concerns more particularly the compatibility of the management committee procedure with the Community structure and the institutional balance as regards both the relationship between institutions and the exercise of their respective powers." (4) The Court considered that the delegation of executive powers to the Commission, while subjecting the exercise of these powers to the supervision of a committee made up of representatives of the Member States and to the Council's power to withdraw them again, did not distort the Community structure, or the institutional balance. Moreover, on the basis of the principle of institutional balance, the *Isoglucose* case confirmed the right of consultation of the Parliament, as representing "an essential factor in the institutional balance intended by the Treaty." (5)

The principle of institutional balance thus leads the Court to supervise the respect by the institutions of the competences conferred on them. Thus, the Court stated in the *Wybot* case, "in accordance with the balance of powers between the institutions provided for by the treaties, the practice of the European Parliament cannot deprive the other institutions of a prerogative granted to them by the treaties themselves". (6) Any encroachment by one institution on the powers allotted to another institution is consequently prohibited. The same applies to any delegation of power from one of the institutions to an external body or to another institution insofar as this would alter the institutional balance.

For the Court, the purpose of the principle was not only to maintain the division of powers between the institutions, but also to protect the interests of private individuals. In its view, the decision-making process provided for by the Treaty established guarantees for individuals which were not to be reduced or removed. The object of the principle was therefore not only to safeguard the interests of the institutions, but also those of private individuals. However, the Court modified this position in a judgment of 13 March 1992:

> "it is sufficient to state that the aim of the system of the division of powers between the various Community institutions is to ensure that the balance between the institutions provided for in the Treaty is maintained, and not to protect individuals. Consequently, a failure to observe the balance between the institutions cannot be sufficient on its own to engage the Community's

(4) Case 25/70, *Einfuhrund Vorratsstelle für und Getreide Futtermittel* v. *Köster*, [1970] ECR 1161.
(5) Joined cases 138 & 139/79, *Rocket and Maïzena*, [1980] ECR 3333, para 33.
(6) Case 149/85, *Roger Wybot* v *Edgar Faure*, [1986] ECR 2391.

> liability towards the traders concerned. The position would be different if a Community measure were to be adopted which not only disregarded the division of powers between the institutions but also, in its substantive provisions, disregarded a superior rule of law protecting individuals." (7)

Apparently, a distinction must be made in the decision-making process between those rules which concern the institutional balance in general and those which more specifically protect private individuals; only an infringement of the latter rules would be such as to engage the liability of the Community.

The rules which govern the division of powers between the institutions can entail effects for the contents of decisions. This explains the close attention which the Court pays to the choice of the correct legal basis, since the legal basis determines the decision-making procedure. The legal basis, in the form of the Treaty article on which an act is based, is one of the manifestations of the institutional balance. It was thus with a view to preserving this balance that the Court recognized the active right of the Parliament to bring an action for annulment in order to protect its prerogatives:

> "Those prerogatives are one of the elements of the institutional balance created by the Treaties. The Treaties set up a system for distributing powers among the different Community institutions, assigning to each institution its own role in the institutional structure of the Community and the accomplishment of the tasks entrusted to the Community. Observance of the institutional balance means that each of the institutions must exercise its powers with due regard for the powers of the other institutions. It also requires that it should be possible to penalize any breach of that rule which may occur." (8)

In this case, the Court did not use the principle in a static manner, but on the contrary relied on it to supplement the Treaty in a dynamic way.

The principle of institutional balance has been an essential element in inter-institutional practice. The Council has used it to counter the actions, presented as "faits accomplis", imposed unilaterally by the Parliament. Thus, the Parliament formed the habit each time it revised its rules of procedure of codifying therein the vision that it had of its relations with the other institutions. Relying on the principle of institutional balance, the Council has systematically declared that it considered that this type of provision could not be used against it. In the same way, the principle has provided useful support for the Commission when it tried to oppose the claims of the Parliament to obtain the withdrawal of its proposals. Nevertheless, the concessions made by the Commission in its last framework-agreement with the Parliament seem to have marked the crossing of a boundary, from which there is no return. For

(7) Case C-282/90, *Vreugdenhil BV* v. *Commission*, [1992] ECR I-1937, paras. 20–22.
(8) Case 70/88, *Parliament v. Council*, [1990] ECR I-2041, paras. 21–22.

this reason, the Intergovernmental Conference insisted on taking a position on this, and inserted in Nice, in the final act, a Declaration No. 3 in which it is recalled that inter-institutional agreements cannot amend the treaties and must be concluded by the three institutions. This Declaration marks the limits of the faithful cooperation between institutions on which these agreements are based, by indicating implicitly that this cooperation is subordinate to the respect of the principle of institutional balance. The Declaration helps to ensure the respect of the institutional balance by preventing two institutions from arranging their powers to the detriment of the third.

SECTION 3. – THE DEVELOPMENT OF THE INSTITUTIONAL BALANCE WITHIN THE UNION

Although the Court of Justice takes the institutional balance into account under a static aspect – that is to say, as it results from the treaties – it is evident that the balance established by the treaties has developed radically throughout the history of the Community. If one regards the relations within the institutional triangle, the history of the Community is marked by the progressive growth of the powers of the Parliament to the detriment of the those of the two other institutions.

The first observation which comes to mind when one considers this development is that it has taken place without prior reflection, simply pulled along by the strongest current. No-one took the trouble to wonder what consequences the innovations from the various treaty amendments would have on the balance of powers in general within the Community. In the majority of the Member States, the drafting of constitutional texts is accompanied by a search for balance by means of the meticulous adjustment of weights and counterbalances. In the Community, however, the authors of the various revisions of the treaties acted on the basis of successive additions without wondering what long-term effect the changes made to the treaties might have. The Community lacked an architect with an overall vision of the building that was constructed by means of the successive additions. Surprisingly enough, the Convention on the future of Europe did not reflect on this either. It was satisfied with extrapolating the development started by the Single European Act without stopping for one moment to take the time to have an overall look at the system as it would be on completion. No-one raised the question of what type of political régime the Community should strive after. Such a situation is all the more surprising given that national constitutional law handbooks provide erudite studies on the classification of political regimes, based on the detailed observation of the national constitutions.

Students are taught to distinguish between the American-style arrangement of separation of powers and the European parliamentary régime. One is forced to conclude that all this learning was lost the moment the European Union was at issue. This situation is even more astonishing as the acceding States were all emerging from a phase of constitutional development, during which they had created new institutions on the basis of the experiences of western Europe. It was claimed that as the Community system was so specific, *sui generis*, there was no point in taking account of national experiences. This argument is admissible up to a certain point. It is true that there is really no equivalent elsewhere for the division of the executive between Council and the Commission; however, the relations between the Commission and Parliament remain in many respects close to those which may arise between a government and a (national) parliament. When those involved resolved to ignore the comparative approach, they also deprived themselves of the lessons that could be drawn from the national approaches. Under these conditions, studying the development of the balance of power within the Community is fairly simple.

At the start, the balance was established primarily between the Council and the Commission, the Parliament having only an advisory role. This balance was rudely disturbed by the Luxembourg compromise, which led to a paralysis of the system, reducing the role of the Commission and making the decision-making process quite arbitrary, owing to the de facto return to a requirement of unanimity. Moreover, since the Council decided, when it decided, unanimously, it could always ignore the Commission proposal. It was during this period that the European Parliament started to gain importance. Basing its efforts on legal means, and in particular on the *Isoglucose* case law, the Parliament endeavoured to influence the Commission so that the latter would take over Parliament's amendments. The Parliament also obtained the recognition of its legal competence, first passive and then active, which enabled it to protect its prerogatives before the Court. It also used the interinstitutional agreements to develop its powers, in particular in the legislative field via co-operation, and by consultation in the field of foreign affairs. Most importantly, however, it made full use of its budgetary powers in order to influence the legislative action of the Community. Thus, at the end of this initial period, while the Council appeared to be the dominant institution, the Parliament had been able to strengthen its powers, and was supported by a watertight alliance with the Commission.

The first essential change came with the Single European Act. The adoption of the cooperation procedure marked a modest increase in the powers of the European Parliament. The framework was still essentially the same as in the previous period, however, because the Parliament could play its role fully only if it was in alliance with the Commission. The other essential change was the demise of the Luxembourg compromise and the development of qualified majority voting. Admittedly, decision-making was still de facto largely unanimous, but under the threat of recourse to a qualified majority.

The minority could no longer block the system, and faced the choice between cooperation in search of a unanimous compromise so that they could gain partial satisfaction, or non-cooperation which meant they were simply in the minority. It was significant that, although the Luxembourg compromise was not abolished, it was no longer invoked. In any case, it was difficult to "repeal" a compromise which did not have any legal existence, and which was an agreement to disagree rather than a genuine compromise. This period was certainly a window of opportunity for the Commission which, under the Presidency of Jacques Delors, regained its authority. For the Parliament, it was the apprenticeship for legislative work, a field in which it proved that it could be a reliable partner for the Council.

The second change was the product of the Maastricht, Amsterdam and Nice treaties, which reveal a certain continuity as regards the institutional balance. In the Community pillar, the Parliament largely came to share legislative power with the Council. It also gained a part in the appointment of the Commission. For the Council, the areas of qualified majority voting became more and more common. Finally, the Commission gradually appeared to be on the losing side in the Community system. It lost control of the legislative process because of the disappearance of its powers in the last phase of the co-decision procedure. It also lost its cohesion, in the absence of strong internal leadership, and the various reforms which were adopted to strengthen the role of the President have not remedied this. The crisis around the Santer Commission revealed the true state of affairs.

Indeed, the changes introduced by the treaty amendments have had as a consequence that the Parliament, which negotiates on a basis of equality with the Council, no longer needs a close alliance with the Commission. The relationship between the Commission and the Parliament, which was also based on equality, has become weaker. The strategy of the Parliament consisted henceforth in trying to gain for itself the powers which the Commission was losing, tying the Commission's hands by framework agreements which aim to impose on the Commission the use of its powers in conformity with the will of the Parliament. The Commission, shaken by the Santer crisis, could not defend itself against the claims of the Parliament. After having recovered its authority with regard to the Council in the period following the Single European Act, it lost it again to the Parliament, which did not hesitate to use all its weapons, in particular budgetary, in order to achieve this. The Parliament tried to act in the same way with regard to the Council, but here it was less successful, since it did not have the ultimate weapon of censure. The Council was extremely hesitant to enter into inter-institutional agreements on the second or third pillar, which the Parliament proposed. It is significant that the only agreement concluded on the Common Foreign and Security Policy was in the margin of the intergovernmental conference in Amsterdam, at the instigation of the Council, since the Parliament feared that if it refused, the IGC would insert more binding provisions in the Treaty. In the same way, the Parliament's demands with regard to comitology had very little effect, since the Member States considered that the implementation of texts adopted by the legislature falls, in principle, within the competence of the Member States – which means that the adoption of Community implementation measures has to be supervised by them.

The current situation is therefore characterized by a decrease in the power of the Commission, which appears to be the institution which has lost out in the developments. The institutional balance has shifted to its disadvantage. The explanation is simple. The Commission only retains authority with regard to the Council if it expresses, in an independent way, the general interest. But insofar as developments have put the Commission largely in the hands of Parliament, it has lost its credibility *vis-à-vis* the Council, and the latter prefers to negotiate directly with the Parliament rather than with a Commission which has been made the spokesman of the arguments of Parliament. Moreover, the search for agreement in first or second reading with the Parliament reduces the powers of the Commission, which can hardly hang on to its proposal when the other two institutions have reached agreement on a different text. Finally, although the Commission formally still enjoys its right of initiative, the real significance of this is increasingly being hollowed out. Community legislation is swarming with provisions which oblige (contrary to the Treaty?) the Commission to submit proposals, and which frequently indicate their content as well.

We should add that the claims for the Commission's being composed of a national of each Member State do not tend to strengthen the Commission; in fact, it is very surprising that the Commission supports these claims. In reality, in spite of the legal independence of the members of the Commission, this solution inevitably makes the Commission an intergovernmental institution which is in competition with the Council. However, insofar as each Commissioner has one vote, the majority in the Commission is quite different from that in the Council. From a political point of view, one cannot prevent the Council from withholding its support from proposals made or decisions taken by an institution which is composed intergovernmentally, when – in the Council's view – that institution's majority does not reflect the general interest, but reflects a compromise between national interests reached without the weighting (demographic or otherwise) in the Council. Lastly, it is not certain that the "double hat" which it is proposed to grant to the EU Foreign Minister (9) will be to the advantage of the Commission. The Foreign Minister will be appointed by the European Council, so will be tempted to

(9) A proposal of the 2003 Draft Constitution. See further Cremona, "The draft constitutional treaty: External relations and external action", 40 CML Rev., 1347–1366.

lean towards that institution, from which he draws his legitimacy. A paradoxical effect of the system would be to place all foreign affairs questions under the control of the Council.

What is at stake for the Intergovernmental Conference is therefore to restore the institutional balance to the advantage of the Commission. For that purpose, it is advisable to restore the Commission's independence. One cannot fail to be surprised by the arguments developed currently by the Commission for a widened composition. The Commission argues that, for reasons of legitimacy, it would be impossible to decide on a question of State aid without the participation of a Commissioner with the nationality of the State concerned. But doesn't this support the idea that Commissioners represent the Member States? Where does that leave the "independence" of the Commission? It is significant that the Benelux countries – which have always been supporters of a strong Commission – have realized that a strong Commission must be limited in size. However, even if this problem is settled, the issue remains of some kind of counterweight to ensure the independence of the Commission, both with regard to the Council and the Parliament. If the tendency is towards a parliamentary model, it should be recalled that in such systems balance is ensured by the possibility of dissolution of parliament. Even if this occurs very rarely, the existence of the possibility contributes to strengthening the independence of the executive. If another model is preferred, it should be recalled that in systems with a rigid separation of powers, the responsibility of the executive towards the legislative does not exist. There are therefore many reasons why we should not be satisfied with the work achieved so far, but should continue to reflect – beyond the current Intergovernmental Conference – on the means of establishing a genuine balance between the institutions.

UNE VISION RÉALISTE DE LA PROCÉDURE DE CODÉCISION

PAR

Jean-Paul JACQUÉ

À la fois professeur respecté et praticien de renom. Georges Vandersanden a toujours su que la règle de droit n'était qu'un élément de l'analyse des institutions. Certes, le traité constitue un encadrement dont on ne saurait s'écarter sous peine d'encourir la sanction du juge, mais les règles qu'il contient ne suffisent pas à permettre un fonctionnement institutionnel satisfaisant, ne serait ce que parce que ses auteurs n'ont pas voulu ou n'ont pas su en prévoir toutes les conséquences pratiques. Une fois la règle posée, il appartient aux acteurs de lui donner son effectivité et, à cette fin, de définir les voies qui en permettront une application efficace. C'est cette démarche qui s'est naturellement produite lorsque les traités ont introduit dans le système communautaire la procédure législative dite de codécision prévue à l'article 251 du traité CE.

Modestement introduite par le traité de Maastricht en vue de renforcer la participation du Parlement dans le processus législatif communautaire, la procédure de codécision a vu son champ considérablement étendu par les traités successifs. Le traité de Lisbonne, reprenant en cela le traité constitutionnel, en fait la procédure législative ordinaire. Cette consécration atteste du succès de cette procédure qui a connu peu d'échecs et a consacré le rôle législatif du Parlement. Mieux encore, il n'a pas été utile de modifier les règles inchangées depuis Amsterdam, ce qui témoigne tant de la qualité du texte élaboré par les négociateurs de l'époque que de la manière dont les institutions se sont appropriées la codécision.

Certes on reproche parfois au déroulement de la procédure son absence de lisibilité. Les observateurs mettent l'accent sur sa complexité et la lecture des articles de presse consacrés à l'adoption de telle ou telle législation atteste de la méconnaissance généralisée du déroulement de procédure. Pourtant celle-ci est d'une élémentaire simplicité. Un texte ne peut être adopté sans l'accord du Parlement et du Conseil. Cet accord peut être obtenu au cours de l'une des trois lectures successives, la troisième lecture étant précédée de la réunion d'un comité de conciliation composé paritairement des membres du Conseil et d'un nombre égal de parlementaires. Où est la complexité de l'article 251 alors que la plupart des États membres ont des parlements bicaméraux qui suivent plus ou moins les mêmes règles de procédure législative ?

Il est cependant exact que la seule lecture du traité et de la déclaration commune du Parlement, du Conseil et de la Commission sur la procédure de codécision ne donne qu'une image très limitée de la réalité du système. En effet, comme dans bien d'autres domaines, des pratiques se sont greffées sur les textes de telle sorte que, tout en respectant scrupuleusement ceux-ci, la procédure est mise en œuvre de manière bien différente et peu perceptible à un observateur extérieur. Les textes applicables ne constituent que la partie visible de l'iceberg et leur étude ne permet guère une évaluation sérieuse de l'impact de la codécision sur les rapports interinstitutionnels. Pour pouvoir appréhender celui-ci, une description du fonctionnement réel de la codécision est indispensable. Elle seule permettra d'apprécier les changements qu'elle a induits non seulement dans le fonctionnement, mais aussi dans la place respective des institutions.

SECTION 1. – LA PARTIE IMMERGÉE DE L'ICEBERG : LE DÉROULEMENT DE LA PROCÉDURE ET SES ENJEUX

Le parcours commence par une proposition de la Commission dont le quasi-monopole de l'initiative n'a pas été mis en cause par les révisions successives des traités. Il s'agit d'un pouvoir important puisque la Commission dispose tant du choix des sujets que de celui du contenu de sa proposition et du moment auquel celle-ci sera présentée. La détermination du contenu est capitale dans la mesure où le législateur sera prisonnier de celle-ci. Il ne pourra sortir du champ proposé puisque cela reviendrait à mettre en cause le pouvoir d'initiative de la Commission et que la Cour sanctionnera toute dénaturation de la proposition (1). Cependant, la réalité est bien différente. Les initiatives importantes de la Commission font fréquemment l'objet de commandes du Conseil européen ou du Conseil et sont longuement discutées avant de faire l'objet d'une proposition formelle. Tant le Parlement que le Conseil ont largement l'occasion de s'exprimer sur les livres blancs ou verts de la Commission et contribuent ainsi, avec les groupes d'intérêts, à la détermination du contenu de la future proposition. Bien des initiatives sont préprogrammées par des législations antérieures. En effet, il est fréquent qu'à l'occasion de l'adoption d'un texte législatif, le Parlement et le Conseil insèrent dans celui-ci une clause dite de révision imposant à la Commission d'établir un rapport sur l'application de celui-ci accompagné de propositions « appropriées », formule qui ménage formellement le pouvoir d'initiative de

(1) Arrêt du 11 novembre 1997, *XXX*, affaire C-408/95. *Rec.*, I-6363

la Commission tout en constituant un engagement politique ferme de la part de celle-ci. C'est ainsi qu'ont été réalisées les libéralisations progressives du rail et de la poste. En outre le programme législatif annuel de la Commission est soumis au Parlement et au Conseil et la Commission ne peut manquer de prendre en compte les observations qui lui sont faites lors de l'examen de ce programme. Quant au respect par le législateur du champ de la proposition, il est tout relatif. Certes juridiquement, l'autorité législative est prisonnière de la proposition, mais le champ de celle-ci peut toujours être étendu avec l'accord de la Commission. Or cette dernière, soucieuse de voir sa proposition aboutir, résiste difficilement au désir du législateur de modifier le champ sur lequel porte le texte. Néanmoins, lorsque la proposition est transmise simultanément au Parlement et au Conseil, les dés sont lancés et la transmission marque le début d'un processus qui peut impliquer trois lectures successives, mais se clôturera le plus souvent en première ou seconde lecture, la conciliation restant l'exception. Encadrée par les dispositions de l'article 251 et la déclaration interinstitutionnelle sur la codécision (2), la procédure obéit à une série de pratiques dégagées au fil du temps dans le but d'organiser des contacts suivis entre le Parlement et le Conseil en vue de trouver rapidement un accord entre les deux branches de l'autorité législative. En effet, le recours aux trois lectures successives peut prendre de deux à trois ans et, au delà de cet allongement des délais, accroît considérablement la charge de travail des institutions (3). Mais le recours à ces pratiques n'a pas pour seul objectif le raccourcissement des délais, il comporte des implications stratégiques qui sont analysées avec soin au cas par cas par les institutions.

A. – Une procédure fondée sur des contacts constants entre le Parlement et le Conseil

1. L'examen de la proposition débute simultanément au sein du Parlement et du Conseil. Elle est menée d'un côté au sein de la commission parlementaire compétente, avec le concours éventuel des commissions saisie pour avis et de l'autre par l'un des groupes de travail du Conseil. Le traité ne prévoit aucun délai pour la première lecture. Aussi la durée de cet examen dépend tant d'une appréciation politique de l'urgence et de l'intérêt du dossier que de la difficulté du texte à l'étude. Au début de chaque présidence semestrielle, une réunion entre le président du Coreper I (4) et les présidents des commissions

(2) Déclaration commune sur les modalités pratiques de la procédure de codécision. *JO* C 145 du 30 juin 2007, p. 5.

(3) La déclaration 34 annexée à l'acte final du traité d'Amsterdam invitait le Parlement, le Conseil et la Commission « à mettre tout en œuvre pour garantir que la procédure de codécision se déroule aussi rapidement que possible ».

(4) Le Coreper première partie a en effet la responsabilité de la plus grande partie des dossiers en codécision, le Coreper deuxième partie ne suivant que les dossiers relatifs au titre IV du traité CE et certains textes relevant du Conseil dans sa formation « économie et finances ».

parlementaires concernées permet de faire le point sur l'évolution des dossiers en cours et sur le calendrier envisageable compte tenu des priorités respectives des deux institutions. Certains textes ne franchissent jamais le cap de la première lecture soit parce que le Conseil ne poursuit pas leur examen ou n'arrive pas à trouver un accord, soit parce que le Parlement s'oppose. En effet, bien que le traité n'évoque pas l'éventualité d'un vote de rejet en première lecture, il arrive au Parlement de procéder au vote d'une résolution de rejet. Dans ce cas, le Conseil qui pourrait adopter une position commune, renonce à mener un exercice inutile qui ne pourrait que se heurter à un rejet en seconde lecture.

S'il apparaît qu'un accord en première lecture est possible, des contacts étroits entre le rapporteur parlementaire et le président du groupe de travail du Conseil, puis le président du Coreper, interviennent afin de fixer les termes de cet accord. L'objet est de dégager un ensemble d'amendements qui pourront être approuvés par les deux institutions. La tâche n'est pas aisée. En effet, un accord en première lecture ne peut être trouvé que si le Conseil approuve l'ensemble des amendements parlementaires. Il est donc indispensable de convaincre le Parlement de voter non seulement les amendements qui lui tiennent à cœur, mais également ceux que le Conseil considère comme indispensables. Dans la mesure où le Conseil doit en première lecture réunir l'unanimité pour modifier la proposition de la Commission, l'accord de celle-ci devrait être requis, mais il n'est pas de précédents dans lesquels un accord en première lecture aurait échoué à cause de la Commission, soit parce que le Conseil était unanime, soit parce que le Commission pouvait difficilement mettre en cause un accord politique entre les deux branches de l'autorité législative. Ceci ne signifie pas pour autant que la Commission soit privée de tout pouvoir. Elle participe aux travaux des groupes du Conseil et des commissions parlementaires et à l'occasion d'y faire valoir son point de vue.

Si les points de vue des deux institutions sont suffisamment proches, la Présidence sollicite un mandat de négociation du Coreper (5). Sur la base de ce mandat, des trilogues informels sont organisés entre la Présidence du Conseil, le rapporteur et un représentant de la Commission. Ces négociations peuvent s'ouvrir soit avant l'examen par la commission parlementaire, soit de préférence entre le vote en commission et l'examen en séance plénière du Parlement. Chacun des participants rend compte des résultats des négociations à son institution et obtient des adaptations de son mandat. Si un accord est trouvé, le Président du Coreper adresse une lettre au Président de

(5) En ce qui concerne le Conseil, la négociation peut s'ouvrir soit sur la base d'un mandat défini par le Coreper, soit sur la base d'une orientation générale adoptée par le Conseil. Cette dernière formule présente l'avantage de faire participer les ministres à la prise de décision. Elle a l'inconvénient d'entraver la souplesse des négociations dans la mesure où il est plus difficile au Coreper de revenir sur des positions adoptées publiquement par le Conseil que de gérer la négociation. Sur la base de positions définies par lui.

la commission parlementaire dans laquelle il indique que le Conseil est disposé à approuver l'ensemble des amendements parlementaires dès lors qu'ils seront conformes au texte de l'accord lequel est joint en annexe. Sur cette base, le rapporteur présente au Parlement un ou des amendements de compromis traduisant l'accord obtenu et le Conseil n'a plus qu'à consacrer l'accord qui fait l'objet d'une révision juridico-linguistique afin d'établir la cohérence des différentes versions linguistiques du texte et d'un examen qui porte sur la qualité de la législation.

Si, soit en raison de la nature sensible du dossier ou de la trop grande divergence des points de vue, il a été jugé inopportun de rechercher un accord en première lecture, le Conseil adopte une position commune qu'il transmettra au Parlement. Il en va de même au cas où le Parlement n'a pu confirmer l'accord obtenu. Ceci ne signifie pas pour autant que toute chance d'un accord précoce soit perdue.

2. La transmission de la position commune au Parlement marque le début de la seconde lecture. Depuis l'entrée en vigueur du traité de Maastricht, une divergence oppose Parlement et Conseil sur la computation des délais. Pour le Conseil, le délai de trois mois, prorogeable d'un mois commence à courir à la date de la réception matérielle du texte par le Parlement. De son côté, le Parlement estime que la réception est matérialisée par l'annonce qui en est faite en séance publique. Le Parlement se réserve d'ailleurs le droit de ne pas donner acte de la réception si l'envoi du Conseil n'est pas complet à ses yeux notamment parce qu'il ne comporterait pas l'exposé des raisons qui ont conduit le Conseil à adopter sa position commune. Pour éviter tout contentieux, le Conseil a pris l'habitude de ne communiquer la position commune qu'au cours d'une semaine de session parlementaire de telle sorte que le début de la computation des délais soit identique pour les deux institutions. D'ailleurs, la date de transmission de la position commune fait le plus souvent l'objet d'un accord entre les deux institutions afin de donner un plein effet aux délais prévus par le traité et d'éviter notamment qu'ils soient amputés par la période de vacances parlementaires ou par la fin de la session avant les élections.

Si la position commune est acceptée explicitement, ou implicitement par expiration des délais, l'acte est réputé adopté ce qui signifie que le Conseil ne sera plus amené à se prononcer. Cette faculté est parfois utilisée pour réaliser une « early second reading ». Après le vote par le Parlement de son avis en seconde lecture, le Conseil, par l'entremise du président du Coreper agissant sur mandat de celui-ci, négocie avec le Parlement ceux des amendements parlementaires qu'il intégrera dans la position commune. Cette négociation est facilitée par le fait qu'en première lecture le Parlement se prononce à la majorité des suffrages exprimés alors qu'en seconde lecture la majorité des membres composant le Parlement est exigée. Il est alors simple au Conseil de faire le tri parmi les amendements adoptés en première lecture afin de ne négocier que sur ceux qui sont susceptibles d'obtenir une majorité des membres du Parlement en seconde lecture. Si un accord est trouvé, le président de la commission parlementaire adresse une lettre au président du Coreper lui indiquant que le Parlement acceptera la position commune sans amendements si celle-ci est conforme au texte annexé à la lettre.

S'il n'a pas été jugé utile de rechercher un accord à ce stade ou bien si un accord n'a pu être trouvé, il appartient au Parlement de voter des amendements. Ici encore, des négociations peuvent avoir lieu entre les deux institutions avec le concours de la Commission pour trouver un accord sur les amendements susceptibles d'être approuvés par le Conseil. Le traité permet à la Commission d'imposer au Conseil de se prononcer à l'unanimité sur ceux des amendements qui n'obtiendraient pas son soutien, mais la Commission n'utilise guère cette arme. Si un accord est obtenu, le président du Coreper confirme celui-ci par lettre au président de la commission parlementaire qui, comme en première lecture, propose en plénière des amendements de compromis reprenant l'accord. Le Conseil n'a plus ensuite qu'à confirmer l'accord pour que le texte soit définitivement adopté. Le Conseil doit accepter tous les amendements du Parlement pour que la procédure soit terminée. En cas de refus, il ne se prononce pas sur chaque amendement, mais procède à un vote global. Un vote séparé sur chaque amendement affaiblirait la position du Conseil en conciliation dans la mesure où le Parlement serait informé de manière détaillée sur la position du Conseil ce qui interdirait à ce dernier de présenter lors de la conciliation comme une importante concession l'acceptation d'amendements qu'en fait il aurait déjà pu reprendre en seconde lecture.

Le Conseil dispose d'un délai de trois mois prorogeable d'un mois pour se prononcer, mais il indique le plus tôt possible au Parlement sa position sans procéder à un vote formel qui ferait courir le délai pour la troisième lecture. En cas de refus des amendements parlementaires, il ne se prononcera formellement qu'à l'expiration du délai, ce qui ménage un temps additionnel pour la préparation de la conciliation.

3. En effet, la troisième lecture est enfermée dans des délais assez brefs, six semaines (prorogeables de deux semaines pour réunir le comité de conciliation) et le même délai pour que le comité aboutisse à un texte commun. On comprend donc que le Parlement et le Conseil utilisent une partie du délai de seconde lecture afin d'ouvrir des négociations. Dès que le Coreper a marqué l'intention du Conseil de ne pas accepter tous les amendements du Parlement, le Parlement désigne les vingt-sept membres de la délégation parlementaire, mais le comité de conciliation ne pourra formellement se réunir qu'après le rejet des amendements au niveau ministériel. Ce jeu sur le calendrier permet d'organiser des trilogues informels le plus tôt possible et d'ajouter plus de deux mois aux délais prévus par le traité. La délégation du Conseil est composée des membres du Coreper sous la présidence du président du Coreper, ce dernier étant, par courtoisie envers le Parlement, remplacé par un Ministre de l'État qui exerce la présidence du Conseil lors des réunions formelles du comité de conciliation. Du côté du Parlement, la délégation est composée à la proportionnelle des groupes politiques, mais est toujours présidée par l'un des trois vice-présidents chargés de la conciliation. Ce vice-président et deux autres membres forment un noyau permanent qui participe à toutes les conciliations. Le président de la commission compétente et le rapporteur sont également membres de la délégation parlementaire. Le Commissaire compétent assiste aux réunions du comité de conciliation, mais, à ce stade de la procédure, la Commission ne dispose d'aucun moyen de s'opposer à un accord, aussi son action se limite-t-elle, le cas échéant, à tenter de rapprocher les points de vue de deux branches de l'autorité législative notamment en participant à la recherche de compromis.

En fait, l'essentiel des négociations se déroule dans le cadre de trilogues successifs avec compte rendu aux délégations respectives suivi d'une définition d'un nouveau mandat de négociation. Le comité de conciliation ne se réunit que pour consacrer un accord ou constater un échec. La réunion proprement dite du comité est donc entièrement formelle. Elle se limite à approuver, à la majorité qualifiée pour le Conseil et à la majorité de ses membres pour la délégation parlementaire, la liste des modifications adoptées d'un commun accord à la position commune du Conseil.

Traditionnellement la procédure suivait le principe de l'entonnoir. C'est-à-dire que les discussions en deuxième lecture ne portaient que sur les points qui n'avaient pas été réglés en première lecture et qu'en conciliation le débat portait exclusivement sur les points de désaccord qui subsistaient. C'est d'ailleurs ainsi que le prévoyait le règlement intérieur du Parlement puisque l'article 62 pose en principe que seuls sont recevables en deuxième lecture les amendements dont l'objet est de rétablir la position du Parlement en première lecture, de trouver un compromis avec le Conseil ou de tenir compte d'éléments nouveaux. Cependant il peut arriver qu'au cours de la conciliation, il soit nécessaire afin de trouver un accord de modifier des éléments de la position commune qui n'étaient pas contestés auparavant. La Cour de justice a confirmé cette possibilité qui laisse une grande latitude au comité de conciliation (6).

En cas d'échec du comité de conciliation, la procédure est terminée. En cas de succès, le texte commun établi par le comité doit être approuvé dans un délai de six semaines prorogeable de deux semaines par le Parlement et le Conseil. La mise au point définitive de celui-ci fait l'objet de discussions approfondies entre les juristes linguistes du Parlement et du Conseil. Il n'est pas toujours évident d'établir le texte sur lequel un accord a pu être trouvé

(6) Arrêt du 10 janvier 2006, *IATA*, affaire C. 344/04. *Rec.* 2006, p. I-403.

au cours de discussions nocturnes. C'est ce projet signé par les présidents des deux délégations qui sera soumis pour approbation finale. L'approbation du Conseil ne fait l'objet d'aucun doute puisque tous les membres du Conseil sont présents au sein du comité et il serait étonnant que leur position change lors du vote final au Conseil. Par contre, le Parlement est représenté par une délégation et celle-ci n'est pas certaine de voir sa position confirmée par le Parlement en séance plénière. Il est arrivé à plusieurs reprises (brevetabilité des biotechnologies, offres publiques d'achat, libéralisation des ports) que le Parlement ne suive pas sa délégation. Dans tous ces cas, la Commission a présenté une nouvelle proposition et la procédure a repris sur cette base avec un résultat heureux dans deux cas sur trois (biotechnologies et offres publiques d'achat). Après approbation par les deux branches de l'autorité législative, le texte est signé par le président du Parlement et celui du Conseil, puis publié au *Journal Officiel.*

L'ensemble de la procédure est dominé par la recherche d'un accord ce qui explique l'importance des contacts informels entre le Parlement et le Conseil. Mais chaque institution défend des intérêts qui lui sont propres ce qui implique le développement de stratégies spécifiques destinées à faire prévaloir leur point de vue.

B. – L'affrontement dans la collaboration

Les premières procédures de codécision ne se sont pas déroulées sans heurts. En effet, elles étaient marquées par l'opposition entre deux cultures antagonistes. D'une part une culture parlementaire fondée souvent sur l'affrontement verbal même si l'on savait qu'un compromis serait nécessaire en fin de compte et sur une vive propension à faire porter la responsabilité d'un éventuel échec au Conseil. D'autre part une culture diplomatique plus discrète et fondée sur des négociations discrètes et la recherche de compromis. En outre, chaque membre de la délégation parlementaire tenait à exprimer son point de vue tandis que seule la présidence s'exprimait pour le Conseil. Les parlementaires avaient l'impression d'être sans prise sur le processus de décision interne au Conseil et regrettaient que de vrais débats au cours desquels chacun aurait exprimé sa position ne soient pas possibles puisque le Conseil privilégiait une discussion d'institution à institution et non pas entre les membres. Mais assez rapidement, la réalité s'est imposée. Chaque institution se sent investie de la responsabilité de trouver un accord, car un échec n'est bon pour aucune d'entre elles. Une fois les différences culturelles des uns et des autres acceptées, un vrai dialogue a pu se nouer. Ceci n'a pu se faire que dans un échange entre institutions et l'enceinte du comité de conciliation s'est révélée peu adaptée à cette fin. D'où la préférence pour les trilogues qui mettent face à face un nombre restreint d'interlocuteurs s'exprimant chacun au nom de son institution, voire à titre personnel lorsque le besoin d'explorer de nouvelles pistes d'accord se fait sentir. C'est dans ce format qu'ont pu se développer les stratégies des institutions.

1. Toute négociation doit reposer sur la conviction que les deux branches du pouvoir législatif sont disposées à faire des concessions pour parvenir à un accord sans sacrifier pour autant leurs convictions essentielles. La première démarche consiste en une écoute mutuelle des positions qui doivent être comprises par les interlocuteurs. L'entremise de la Commission qui connaît les positions de chaque institution peut à cet égard être essentielle. La position du Parlement est parfois maximaliste en ce sens qu'il souhaite que la législation soit complète, protectrice des citoyens et que son application fasse l'objet de contrôles stricts. La position du Conseil est plus réaliste. Il désire que la législation puisse être appliquée par les administrations nationales, que les coûts de mise en œuvre ou les contraintes sur les opérateurs économiques soient limités à ce qui est strictement nécessaire et que la subsidiarité soit respectée. Il est essentiel que chaque institution comprenne non seulement la position de l'autre, mais aussi qu'un accord s'établisse sur les données scientifiques ou techniques qui sont en jeu. Les premières rencontres sont cruciales, car elles permettent d'établir le cadre de la discussion dans un climat d'entente mutuelle.

C'est dans ce contexte que peuvent intervenir les premiers rapprochements. Il est fréquent que le Conseil montre sa disponibilité à négocier en acceptant certaines des revendications secondaires du Parlement et en proposant des solutions de compromis sur d'autres. Dès lors la confiance s'installe et la dynamique de la négociation est lancée. Une autre solution consiste à engager directement la discussion sur les points les plus difficiles et à demander au Parlement de renoncer, dès lors qu'un accord est trouvé, à ses autres revendications. Le choix de la méthode est fonction de chaque dossier, mais dans le second cas, le prix à payer en concessions sur les points essentiels sera vraisemblablement plus lourd. Un des premiers objectifs des négociations est de regrouper les amendements sur les questions les plus sensibles en groupes qui feront l'objet des discussions. Puis, un équilibre sera trouvé entre les différents groupes d'amendements. Plus qu'un examen amendement par amendement, il s'agit d'une approche par paquets qui débouche sur un compromis global que l'on espère équilibré. La procédure n'a dès lors que peu de rapport avec un examen parlementaire classique et se rapproche davantage du schéma traditionnel de négociation au sein du Conseil.

La confiance mutuelle implique que l'on admette la nécessité d'une certaine dramaturgie dans la négociation. Dans bien des cas, les interlocuteurs connaissent à l'ouverture des discussions le point d'équilibre que constituera la solution. Dès lors, il peut paraître frustrant de participer à des réunions au cours desquelles les mêmes positions sont répétées à satiété alors que l'on sait très bien qu'en fin de compte un compromis sera trouvé à mi-chemin. Mais ces exercices font partie du rituel parlementaire et sont destinées à montrer à l'extérieur, qu'il s'agisse des parlementaires qui ne participent pas aux débats ou des groupes d'intérêts concernés, avec quelle fermeté sont défendues les positions du Parlement. Lorsqu'on cédera, ce sera avec la bonne conscience du devoir accompli devant l'intransigeance supposée du partenaire et afin d'éviter le plus grand mal que constituerait le rejet de la législation à l'examen. Car là se situe la confiance partagée dans l'assurance que chacun fera tout son possible pour aboutir à un succès, fut-ce au prix de quelques renonciations. Un échec est vu comme une faillite commune et l'adoption du texte est une victoire partagée.

Au fil du temps, un certain nombre de techniques ont été mises au point pour surmonter les difficultés. Une restriction du champ d'application de la législation est souvent compensée par une disposition prévoyant que, dans un délai déterminé, la Commission présentera un rapport, accompagné le cas échéant de propositions. La contrainte juridique qui résulte de certains textes est atténuée par l'ajout de la mention « appropriées » ou « nécessaires » aux mesures que doivent prendre les États membres, les termes « may » ou « should » sont préférés au « shall ». Un amendement repoussé par l'une des institutions, mais soutenu fermement par l'autre, peut faire l'objet d'un simple considérant sans aucune référence dans le texte, ce qui permet de marquer une intention politique sans créer d'obligation juridique. De la même manière, l'usage des déclarations s'est considérablement développé. Elles servent d'instrument interprétatif lorsqu'elles reposent sur un élément contenu dans le texte ou dans le cas contraire de simple manifestation d'intention politique et seront utilisées pour obtenir de nouvelles avancées lorsque le texte fera l'objet d'une révision. Fréquemment, la Commission s'engage par voie de déclaration sur son comportement lors de la mise en œuvre du texte. Enfin, il arrive souvent lorsque subsiste un désaccord à la fin d'une négociation sur le délai de transposition ou sur le montant financier d'un programme que l'on pratique le jugement de Salomon en coupant la différence en deux. Toutes ces techniques sont bien connues des acteurs qui les utilisent de manière graduelle. Le Parlement propose d'insérer une disposition dans le texte. Le Conseil refuse dans un premier temps, puis accepte une déclaration et l'on finit par se mettre d'accord soit sur un considérant, soit sur une insertion dans le texte avec « may ».

Un tel système ne contribue pas toujours à la clarté du texte et la Cour doit intervenir pour en préciser la portée exacte. Mais il témoigne surtout d'une acceptation générale du système par tous les participants.

2. Dans la mesure où la procédure de codécision permet un accord entre Parlement et Conseil à chaque lecture, il est essentiel de déterminer le moment auquel on fera porter l'effort essentiel pour obtenir un accord. Il n'existe pas de règles générales en la matière et tout dépend de la nature et de la difficulté du dossier ainsi que des circonstances. Il est évident qu'en fin de législature le Parlement et le Conseil feront tout pour trouver un accord avant la fin du mandat du Parlement pour éviter de devoir reprendre le dossier avec de nouvelles majorités parlementaires. Cette tendance est accentuée par le fait que le Conseil soutient la thèse de la continuité qui implique qu'après les élections les discussions reprennent au stade où elles s'étaient interrompues tandis que le Parlement estime que, tant qu'une position commune n'a pas été adoptée, il lui est toujours loisible de revenir sur sa position en première lecture.

Cependant le choix dépend d'une évaluation faite au cas par cas et fréquemment à la suite de contacts entre le rapporteur parlementaire et le président du Coreper. Certains dossiers sont d'une grande complexité et donnent lieu à de telles divergences de vues entre les deux institutions qu'un accord en première lecture apparaît difficile. Dans cette hypothèse, il est préférable de laisser se rapprocher les positions après plusieurs lectures. De même, certaines commissions parlementaires préfèrent n'ouvrir de négociations avec le Conseil que sur la base d'une position adoptée par l'Assemblée en séance plénière. Enfin il est des dossiers dont on peut prévoir à l'avance qu'une conciliation sera nécessaire. C'est fréquemment le cas des programmes qui comportent un financement communautaire. Les divergences quant au montant de ce financement sont généralement telles qu'une solution ne peut être trouvée qu'au sein du comité de conciliation.

Ceci n'empêche pas que la part des accords en première lecture est en progression constante. Alors que, sous la précédente législature, elle était de 25 %, elle approche aujourd'hui de 60 %. Cette évolution peut s'expliquer par un souci d'efficacité. Les trois lectures constituent une charge considérable pour le Parlement et le Conseil alors qu'il n'est pas certain qu'elles contribuent à une amélioration du contenu des compromis et de la qualité de la législation. On peut également penser que l'habitude de la négociation a contribué à un rapprochement des cultures du Parlement et du Conseil et que les deux institutions évaluent mieux les résultats qu'ils peuvent raisonnablement attendre d'une négociation, ce qui contribue à la formation plus précoce de compromis.

Mais un accord en première lecture ne présente pas que des avantages notamment pour le Conseil. Il devra négocier sur la base d'une position parlementaire exprimée à la majorité des suffrages exprimés ce qui le contraint à prendre en considération des amendements qui ne réuniraient pas la majorité des membres composant le Parlement en seconde lecture. Du côté du Conseil, les ministres peuvent se sentir exclus du processus sauf s'ils ont pu adopter une orientation générale avant l'ouverture des négociations avec le Parlement ce qui n'est le cas que pour les dossiers les plus importants. Certes les membres du Coreper travaillent sur la base d'instructions gouvernementales, mais, faute d'un véritable débat public au Conseil, la transparence n'est pas toujours au rendez-vous. Enfin, en cas d'échec, la poursuite de la procédure est difficile. Le Parlement considérera que les concessions que le Conseil était prêt à faire comme prix d'un accord en première lecture sont définitivement acquises de sorte que ce dernier s'il souhaite un accord sera amené à faire des concessions supplémentaires. La partie n'est pas non plus sans risque du côté du Parlement. Même si, lors des négociations avec le Conseil, le rapporteur est généralement entouré des « shadow » rapporteurs des groupes politiques, il peut être appelé à aller plus loin qu'il ne voudrait au risque d'un désaveu.

Le choix du moment d'ouverture des négociations doit donc être soigneusement évalué par chaque institution sur la base d'une connaissance des positions respectives de celle-ci et décidé d'un commun accord en sachant que chacun fera le nécessaire pour tenir ses engagements. Ici encore, la confiance mutuelle est l'ingrédient indispensable du système.

Section 2. – L'impact de la procédure de codécision sur l'équilibre institutionnel

Puisqu'elle fait du Parlement l'égal du Conseil dans le travail législatif, la procédure de codécision a profondément modifié l'équilibre institutionnel initial. Cette modification évidente n'exige pas de longs commentaires. Par contre, la manière dont la pratique a mis en œuvre la procédure a introduit des altérations moins visibles sans doute, mais significatives. Elles affectent chaque institution.

A. – Un changement dans la culture parlementaire

Lorsqu'il était simplement consulté sur les propositions de la Commission, le Parlement, malgré tout le sérieux qu'il mettait à examiner les textes proposés, restait assez éloigné de la réalité. En effet, ses amendements passaient ensuite par le filtre de la Commission et du Conseil. Il pouvait donc adopter une attitude tribunicienne quitte à protester ensuite parce que son avis n'était pas suivi. Avec l'avènement de la codécision, cette attitude devait changer. Les amendements votés sont destinés à s'intégrer dans des textes législatifs et, s'ils sont repris, deviendront juridiquement contraignants pour les destinataires. Cette situation exige que soit portée une attention particulière à la qualité des textes. Il ne s'agit pas seulement de la qualité légistique. Il va de soit que la sécurité juridique impose que les règlements et directives soient, autant que les exigences des compromis le permettent, clairs et compréhensibles par leurs destinataires. Mais ceci ne concerne pas seulement la forme, mais aussi le fond. La législation communautaire doit être applicable et ne pas créer de charges inutiles pour les administrés. Elle ne peut être adoptée sans tenir compte de la réalité économique et sociale. C'est la raison pour laquelle la Commission procède à des études d'impact avant toute proposition importante. Mais, de son côté, le Parlement marque son souci de s'informer et procède fréquemment à des auditions publiques avant l'examen d'un texte. L'associer de manière plus étroite à l'œuvre législative conduit à le rendre coresponsable des effets de celle-ci et l'amène progressivement à abandonner son attitude tribunicienne au profit de positions plus réalistes. Cette exigence de réalisme est renforcée par les négociations avec le Conseil. Il ne suffit pas d'avancer des positions, mais d'être capable de les justifier face à des États membres qui sont pleinement informés par leurs administrations respectives des problèmes de mise en œuvre. Pour dialoguer à égalité, il est nécessaire que le rapporteur ait une pleine connaissance du dossier. Ainsi, on voit apparaître au sein du Parlement une culture propre aux parlementaires qui appartiennent à des commissions qui pratiquent la codécision et avec la généralisation de la procédure prévue par le traité de Lisbonne, cette culture deviendra celle du Parlement. Au lieu de considérer le Conseil comme un adversaire naturel, mais sur lequel le Parlement est sans prise, celui-ci devient un partenaire dans un œuvre commune. Cela ne signifie pas une disparition des affrontements, mais un encadrement de ceux-ci par un objectif commun, adopter la meilleure législation possible et applicable dans tous les États. D'ailleurs, cette attention réciproque est renforcée par le fait que de nombreux États membres ne se privent pas d'informer les parlementaires sur leur position individuelle et s'efforcent de les convaincre du bien-fondé de celle-ci, voire de celle du Conseil lorsqu'ils font partie de la majorité en son sein. Le déroulement pratique de la procédure, notamment en première lecture donne un rôle prééminent au rapporteur parlementaire qui est l'interlocuteur unique du Conseil. Le Parlement a pris conscience de cette situation et tente d'imposer au rapporteur de n'avoir de négociation que sur la base des amendements adoptés par la commission parlementaire ou, si ce n'est pas possible, d'obtenir au moins un mandat de la commission.

B. – Les implications sur le Conseil

Dans la mesure où la procédure implique le maintien de rapports constants entre le Parlement et le Conseil, les différentes formations du Conseil qui ne siègent pas en permanence ne peuvent assumer la responsabilité du suivi des négociations. L'accent est donc mis sur la seule instance qui siège régulièrement : le Coreper et son président.

Certes les ministres qui contrôlent l'action de leurs représentants et leur donnent des instructions sont informés du déroulement des contacts et peuvent intervenir, mais le Conseil en tant qu'organe collectif n'y est associé que rarement. C'est particulièrement le cas, on l'a vu, lorsque la procédure s'achève par un accord en première lecture. Il est vrai que pour les dossiers importants la position du Conseil est élaborée lors des sessions ministérielles et que l'on s'efforce avant toute négociation de formuler celle-ci dans un texte qui prendra la forme d'une orientation générale adoptée par le Conseil. Cette orientation sera amendée lors des contacts avec le Parlement. Si la procédure se poursuit au-delà de la première lecture, la position commune sert de base aux négociations et le Conseil n'interviendra par la suite que formellement pour consacrer un accord, le travail sur les amendements parlementaires étant réservé au Coreper. Il serait d'ailleurs difficile au cours des contacts avec le Parlement d'organiser un débat ministériel qui serait nécessairement public. Les positions exposées au cours de ce débat figeraient la discussion et nuiraient à la souplesse des négociations. Aussi, la pratique est de ne jamais inscrire à l'ordre du jour du Conseil de points relatifs à un dossier en seconde ou troisième lecture tant qu'un accord n'est pas réalisé. Seuls des échanges informels en marge du Conseil peuvent exceptionnellement avoir lieu dans un souci d'information.

Dans ce cadre, le rôle de la présidence, et plus particulièrement de la présidence du Coreper, est fondamental. Elle est la seule à suivre quotidiennement le dossier et à avoir des contacts formels ou informels avec le Parlement. Certes elle agit dans le cadre d'un mandat qui lui est donné par le Coreper et rend compte à celui-ci après chaque réunion formelle. Mais elle a la maîtrise de l'information qu'elle dispense et le Coreper agit sur la base des analyses qu'elle lui propose. Cette situation donne à la présidence un pouvoir important, mais si elle en abusait, elle risquerait de se voir désavouer. Aussi lui arrive-t-il parfois afin de faire progresser un texte de faire des propositions sur une base tout à fait personnelle afin de tester les réactions du Parlement. Le pouvoir que lui confère sa situation comporte des responsabilités. Elle doit à tout moment pouvoir bénéficier du soutien le plus large possible au sein du Coreper et, pour ce faire, bénéficier de la confiance de celui-ci. À cet effet, elle doit faire preuve de la plus grande transparence et exposer avec loyauté les positions de l'institution. Comme l'information circule largement entre Parlement et Conseil, tout manquement de la présidence à ses devoirs serait rapidement connu et compliquerait sa tâche pour l'avenir. La mission de la présidence est de maintenir la cohérence de la majorité (ou de l'unanimité) qui a soutenu l'approche générale ou la position commune. Il est extrêmement rare que se produisent en cours de négociation des changements au sein de la majorité au Conseil. La majorité évolue ensemble sans qu'aucune composante ne soit laissée de côté. La contrepartie est la confiance faite à la présidence quant au choix de la stratégie. Elle conduit celle-ci à sa guise en tenant compte de l'avis des membres du Coreper, mais sans être liée par celui-ci. D'ailleurs, les membres du Coreper concluent généralement leurs interventions sur ce point en indiquant qu'en tout état de cause il reviendra à la présidence de choisir les meilleurs moyens de faire triompher le point de vue du Conseil.

De même, lors des réunions du comité de conciliation, dans les rares cas où un débat intervient, la présidence est seule à s'exprimer, les membres du Conseil n'intervenant qu'à la demande de celle-ci pour la soutenir sur un point précis.

C. – La position spécifique de la Commission

La Commission occupe une place particulière. Auteur de la proposition, elle suit la discussion de celle-ci au sein du Parlement et du Conseil. Présente à toutes les réunions, y compris celles des délégations au comité de conciliation, elle a une connaissance très approfondie des différentes positions puisqu'elle participe aux réunions du Coreper auxquelles le Parlement n'a pas accès et aux réunions de la délégation parlementaire auxquelles le Conseil n'a pas accès. Elle est donc particulièrement bien placée pour aider les deux institutions à rapprocher leurs positions. C'est devenu sa mission essentielle.

Certes juridiquement, elle peut en première lecture s'opposer à l'adoption d'une position commune qui s'écarterait de sa proposition si le Conseil ne réunit pas l'unanimité et elle a la possibilité en seconde lecture de s'opposer à l'adoption par le Conseil d'amendements parlementaires qu'elle ne soutient pas, à moins que le Conseil soit unanime. Mais, dans la réalité, elle n'use pas de ces pouvoirs. Il est courant que lors du vote d'une position commune, elle déclare qu'elle est en désaccord avec certains points, mais qu'elle n'empêchera l'adoption à la majorité qualifiée en espérant que, lors de la seconde lecture, le Parlement corrigera les erreurs du Conseil. Il est vrai qu'elle est dans une position inconfortable. Soit elle fait obstacle à l'adoption ce qui conduit à l'enlisement d'une de ses propositions, soit elle laisse le Conseil statuer en faisant confiance à son pouvoir d'influencer le Parlement. À partir de la réunion du comité de conciliation, la Commission ne peut plus s'opposer à un accord entre le Parlement et le Conseil.

Dans la mesure où les armes institutionnelles ne sont plus utilisées qu'exceptionnellement, le pouvoir de la Commission réside dans la faculté d'influence. Il est vrai que sa connaissance du dossier lui est alors d'une grande utilité. Lors des trilogues, elle est fréquemment appelée à donner des explications techniques. Lorsque les négociations achoppent, elle peut soit sur demande, soit spontanément, proposer des formules de compromis qui permettront une reprise des discussions sur une base nouvelle. Mais ce rôle de facilitateur exige une attitude de neutralité. Si la Commission est soupçonnée de favoriser l'une ou l'autre institution, elle perd la confiance nécessaire au succès de ses interventions. En outre, dès lors que les armes institutionnelles sont mises au fourreau, le facteur personnel joue un rôle essentiel. L'efficacité des interventions de la Commission est étroitement liée aux qualités individuelles et à la force de conviction de ses représentants. Commissaires ou hauts fonctionnaires. Ici encore, l'aptitude à susciter la confiance joue un rôle fondamental.

En fait, le seul domaine dans lequel la Commission fait preuve de fermeté est celui des questions proprement institutionnelles. La protection de son pouvoir d'initiative contre les velléités de lui imposer dans un texte l'obligation juridique de faire une proposition donne classiquement lieu à des joutes homériques dans lesquelles elle finit par triompher. Le choix de la base juridique correcte ou le respect de la décision comitologie, notamment dans l'utilisation de la procédure de réglementation avec contrôle constituent également des points d'affrontement classiques et, sur le dernier point, elle fait souvent cause commune avec le Conseil. Lorsqu'elle ne peut l'emporter, elle fait une déclaration qui exprime, pour éviter tout précédent, sa position et réserve son droit de saisir la Cour de justice.

Conclusion

Au delà des textes, mais en respectant les contraintes qu'ils imposent, la procédure de codécision est à l'origine d'une transformation institutionnelle profonde. Le classique triangle institutionnel se sent investi d'une mission commune et s'est donné les moyens de remplir sa tâche législative le plus efficacement possible. Si l'époque précédente a été marquée par des combats institutionnels dont l'enjeu était la conquête du pouvoir, cette période est aujourd'hui dans bien des domaines dépassée. La question est actuellement celle de l'exercice du pouvoir et les discussions essentielles portent moins, et porteront encore moins après Lisbonne, sur l'équilibre des pouvoirs que sur le contenu des textes. C'est une heureuse évolution, car, après tout, le citoyen est peu concerné par les querelles institutionnelles et devrait davantage être préoccupé par le contenu des politiques. Une des conséquences d'ailleurs devrait être à terme, si l'électeur en avait conscience, de majorer l'importance des élections européennes.

Ce qui est remarquable dans cette évolution, c'est la faculté d'adaptation des institutions. Puisque rien ne pouvait se faire sans un accord entre Parlement et Conseil, il fallait imaginer des techniques nouvelles et inventer des cadres permettant des négociations en vue d'un accord. Après plusieurs essais, les trois institutions ont pris conscience du fait que la formule de la conciliation prévue par le traité n'était pas satisfaisante. D'une part, elle conduisait à un allongement inutile de la durée de la procédure. D'autre part, le nombre de participants était tel qu'une négociation sérieuse ne pouvait être menée au sein du comité de conciliation. La formule du trilogue s'est imposée dès la première lecture et a permis des contacts constants entre les institutions. Puis se sont dégagées des techniques facilitant les accords précoces. Certes, tout ceci a entraîné un certain nombre d'adaptations internes dont les plus importantes touchent au rôle de la Commission et à la répartition des responsabilités au sein du Conseil.

Mais l'essentiel est que le système ne peut fonctionner sans l'établissement de rapports fondés sur la confiance. La coopération loyale entre institutions a d'abord été une contrainte juridique dégagée par la Cour de justice (7). Elle est devenue dans le cadre de la procédure de codécision une réalité quotidienne, aliment des rapports interinstitutionnels et condition indispensable du succès de l'œuvre législative.

(7) Arrêt du 27 septembre 1988. *Parlement européen et Conseil*, affaire 302/87. *Rec.*, 5615.

L'AUTORITÉ DISCRÈTE DU COMITÉ DES REPRÉSENTANTS PERMANENTS

Jean-Paul JACQUÉ

Professeur émérite à l'Université de Strasbourg
Directeur général honoraire au Conseil de l'Union

Philippe Manin fait partie des universitaires qui sont venus au droit communautaire par le canal du droit international. Mieux encore, il a toujours pendant sa carrière pratiqué simultanément, et avec quel talent le droit communautaire et le droit international. Cela ne signifie pas qu'il n'ait pas perçu la spécificité irréductible de la Communauté et il a eu le courage d'intituler son manuel « droit constitutionnel de l'Union européenne » alors que d'autres plus timidement se contentaient d'évoquer le droit institutionnel. Cependant, sa formation d'origine lui a permis de comprendre que tout le fonctionnement des institutions ne résidait pas dans les traités et que derrière les institutions reconnues comme telles par le droit primaire d'autres organes pouvaient jouer un rôle essentiel et c'est particulièrement le cas, au sein du Conseil, du Comité des représentants permanents, mieux connu sous l'acronyme de Coreper.

Dans certaines organisations internationales, le caractère espacé des réunions des organes principaux a conduit à la création formelle ou informelle d'un organisme composé des représentants permanents des États auprès de l'organisation. Cet organe permet d'assurer la permanence de l'action de l'organisation entre les réunions des organes principaux ainsi que d'assurer la préparation de celles-ci. Qu'il s'agisse de l'OCDE ou du Conseil de l'Europe sans parler de l'OTAN, les réunions des représentants permanents sont au cœur de la vie de l'organisation même si leurs fonctions et leur statut varient. Dans ces conditions, l'existence du Comité des représentants permanents au sein du Conseil de l'Union européenne n'est guère surprenante. Ce qui l'est davantage, c'est l'importance qu'il a prise au fil du temps. L'ancêtre du Coreper, la Commission de coordination (Cocor), n'était pas prévue par le traité CECA, mais le Conseil a rapidement éprouvé le besoin d'un organe chargé de la préparation de ses travaux et la Cocor fut créée en 1953 par le Conseil sur la base de son règlement intérieur. Cette pratique fut reprise dans la CEE puisque le traité, se fondant sur l'expérience de la CECA, prévoyait la possibilité pour le Conseil de créer dans son règlement intérieur un Comité des représentants permanents, faculté dont il se saisit immédiatement. À la différence de la Cocor dont les membres se déplaçaient spécialement des capitales pour assister aux réunions, le Coreper sera dès l'origine doté d'une grande permanence puisque ces membres résident à Bruxelles et peuvent se réunir à bref délai. Le Conseil ne comportait à l'époque qu'une seule formation composée des ministres des affaires étrangères lesquels n'avaient guère de goût pour les discussions techniques et préféraient réserver leur attention aux questions politiques essentielles. Mais les multiplications progressives des formations du Conseil renforcera le rôle du Coreper puisqu'il est le seul organe à avoir une vision générale des affaires européennes. L'article 4 du traité de fusion des exécutifs du 8 avril 1965 qui sera par la suite intégré dans les traités par le traité de Maastricht consacre l'existence du Coreper et le charge de préparer les réunions du Conseil ainsi que d'exécuter les mandats qui lui sont confiés. Le Sommet de Paris de 1974 appelle à renforcer le rôle des représentants permanents. Le traité d'Amsterdam accorde au Coreper le droit de prendre des décisions de procédure. Enfin les conclusions du Conseil européen d'Helsinki de 1999 qui seront traduites en 2000 dans la révision du règlement intérieur réaffirment l'importance du Coreper et en précisent les attributions. De son côté, le Coreper se structurera progressivement. Il se réunira en deux formations l'une au niveau des ambassadeurs chargée, en principe, des questions les plus politiques (Coreper II), l'autre au niveau de leurs adjoints, chargée des questions techniques (Coreper I) (1). En fait, cette présentation n'est pas exacte puisque la répartition des affaires entre les deux Coreper se fait sur la base des compétences des formations du Conseil. Le Coreper II prépare les formations Affaires étrangères et affaires générales, économie et finances, justice et affaires intérieures laissant au Coreper I le soin de préparer les travaux des autres formations. Compte tenu de leur charge de travail, les deux formations se sont adjointes des instances préparatoires, le groupe Antici pour le Coreper II et le groupe Mertens pour le Coreper I. Baptisés du nom de leur premier président, ces groupes sont chargés d'examiner l'ordre du jour du Coreper avant chaque réunion, notamment la liste des points A soumis à adoption sans discussion. Ils entendent également les observations que les États membres voudraient formuler par anticipation sur l'un des points qui sera soumis à discussion et peuvent également être chargés de tâches particulières pour des questions institutionnelles horizontales qui ne seront dès lors pas soumises à un groupe de travail du Conseil.

Les analystes hésitent à qualifier le Coreper. S'agit-il d'un organe diplomatique ou d'un organe d'intégration ? Le débat n'a guère d'intérêt. Consacré par le traité et placé auprès du Conseil, le Coreper est un organe de l'Union

(1) Il existe à côté du Coreper un Comité spécial agricole, créé au moment de la mise en place de la politique agricole commune et qui joue pour un certain nombre de questions agricoles le même rôle que le Coreper.

de nature « subsidiaire » (2) qui, comme tel, participe au travail du Conseil en fonction des pouvoirs que le traité accorde à ce dernier. Ses méthodes de travail sont celles du Conseil et le règlement intérieur du Conseil lui est applicable. Certes les travaux du Coreper sont apparentés aux techniques classiques de la négociation multilatérale, mais le Conseil n'agit pas autrement. Ce qui est plus important que la prétendue nature de l'institution (3), c'est l'importance qu'elle a prise au fil du temps à tel point qu'elle s'affirme comme un instrument irremplaçable du système décisionnel dans l'Union. Au fil du temps, le Coreper est devenu la tour de contrôle de l'Union européenne (I). Il constitue un lieu privilégié de négociations entre les États membres (II) et, avec le développement de la procédure de codécision, il s'avère être le principal instrument de négociations du Conseil avec le Parlement européen (III).

SECTION 1. – LA TOUR DE CONTRÔLE DE L'UNION EUROPÉENNE

Cette fonction du Coreper était déjà implicite lorsque le traité de fusion le chargeait de préparer les travaux du Conseil, mais elle s'est considérablement développée avec le temps. La raison principale de cette évolution réside dans la multiplication des formations du Conseil. Lorsqu'il n'existait qu'une formation du Conseil, le Coreper était étroitement dépendant de celle-ci. L'accroissement des compétences de l'Union ayant entraîné une augmentation considérable du nombre de formations, le Coreper est le seul organe à disposer d'une vision générale des travaux de celles-ci. Certes, en principe, la mission de coordination des travaux du Conseil est confiée au Conseil dans sa formation « affaires générales et relations extérieures », mais la longueur des ordres du jour est souvent telle que le point sur les activités des autres formations qui est systématiquement inscrit à l'ordre du jour consiste en une note récapitulative de ces travaux qui donne rarement lieu à discussion. Le Coreper dispose lui de l'opportunité, à l'occasion de chaque débat sur un dossier, de rappeler les travaux des autres formations et d'éviter les contradictions. Mieux le Coreper II, dans sa tâche de préparation du Conseil européen, peut, sur des points précis, assembler de manière cohérente dans un document unique les positions des différentes formations. La diminution drastique du nombre de formations opérée par les conclusions des Conseils européens d'Helsinki et de Séville a été sans influence sur le phénomène.

(2) Le terme d'organe est utilisé dans le sens commun et non dans celui du traité.

(3) Le Coreper fait partie de l'appareil institutionnel de l'Union. Mais il est composé de représentants des États membres ce qui conduit certains à le qualifier d'organe intergouvernemental. Sur le plan de la composition, la formule est exacte, mais sous certaines plumes elle se veut péjorative, l'intergouvernemental étant le mal par rapport au supranational représenté par le Parlement et la Commission. En fait, l'essence même de l'Union est d'être composée d'États et de peuples et la légitimité des deux formes de représentation est équivalente. Le Coreper, comme le Parlement, contribue à dégager la volonté de l'Union.

En effet, la réduction s'est effectuée sur la base du regroupement des formations existantes en neuf nouvelles formations. Ainsi le Conseil « transport » regroupe les anciennes formations transport, télécommunication et énergie. Dans les faits, une session de ce conseil juxtapose sous un ordre du jour unique les travaux des trois anciennes formations avec des ministres compétents différents, avec parfois pour les seules questions relatives aux transports terrestres la présence du ministre des transports, puis sur les questions maritimes du ministre de la mer. On assiste donc à une noria de ministres nationaux qui donnent chacun des instructions à leurs représentants permanents dans le domaine qui relèvent de leur propre portefeuille. Le Coreper reste alors la seule instance capable d'introduire un minimum de cohérence dans les travaux. De toute façon, même entre formations différentes, les difficultés sont nombreuses. Les ministres de l'industrie n'ont pas la même vision que les ministres de l'environnement sur la réduction de la pollution des véhicules à moteur ou les ministres de la justice ont des appréciations différentes des ministres des transports sur la répression des infractions routières sans compter la vision spécifique des ministres des affaires sociales sur le temps de travail des transporteurs routiers... Certes, ces arbitrages pourraient être effectués au niveau national et ils le sont fréquemment, mais le contenu des textes évolue au fil des discussions et, ici encore, les représentants permanents sont en première ligne pour maintenir la cohérence des textes face à ces positions différentes.

Cette mission de coordination de l'activité du Conseil est menée au moyen de divers instruments dont les plus importants sont constitués par l'élaboration des ordres du jour du Conseil, l'examen de tous les points inscrits à l'ordre du jour et le contrôle du respect de certaines règles horizontales.

A. – L'élaboration des ordres du jour des sessions du Conseil

La préparation des ordres du jour des sessions du Conseil est un long processus. Elle s'inscrit dans le cadre de la programmation des activités du Conseil élaborée par les trois présidences successives pour une période de dix-huit mois et approuvée par le Conseil (4). Sur cette base, la future présidence fait connaître sept mois avant sa prise de fonctions les dates envisagées pour les sessions du Conseil. Commence alors en concertation avec le Secrétariat général du Conseil le travail de confection des ordres du jour en fonction du programme pluriannuel. Ces ordres du jour provisoires sont établis au plus tard une semaine avec la prise de fonction de la présidence (5). Jusqu'à ce point, le Coreper n'est pas impliqué et l'ordre du jour est proposé sous la seule responsabilité de la présidence. Mais il ne s'agit que d'un document

(4) Art. 2 § 4 du règlement intérieur du Conseil, ci-après RIC.
(5) Art. 2 § RIC.

très provisoire dont le contenu évolue en fonction du rythme des travaux au sein du Conseil, mais aussi à la Commission et au Parlement. L'intervention du Coreper se produit dans le mois qui précède la session du Conseil puisque l'ordre du jour doit être adressé aux États membres et à la Commission au plus tard quatorze jours avant la session afin de permettre une préparation nationale des travaux.

À ce stade, le Coreper examine avec attention la liste des points proposés ainsi que les mentions qui les accompagnent et qui indiquent le résultat espéré (état des travaux, orientation générale, accord politique, adoption...). À cette occasion, chaque membre du Coreper commente l'ordre du jour suggérant d'ajouter ou de supprimer certains points, voire de modifier les indications quant au résultat soit que la présidence ait été trop ou pas assez ambitieuse. Certes le Coreper n'a pas le pouvoir d'adopter l'ordre du jour, mais la présidence sait que si elle ne dispose pas d'une majorité des États à ce stade, il lui sera difficile de maintenir sa proposition au Conseil. Cette étape est également importante parce qu'il s'agit du dernier moment auquel un État peut obtenir sans difficulté l'inscription d'un nouveau point. Par la suite, toute adjonction devra recueillir l'unanimité. En ce qui concerne le Conseil européen, le Conseil « Affaires générales et relations extérieures » établit un ordre du jour annoté quatre semaines avant la réunion. Ici encore, cet ordre du jour a fait auparavant l'objet d'un examen approfondi au Coreper.

Ainsi, le travail des différentes formations du Conseil est soigneusement programmé par le Coreper. Certes les représentants permanents agissent sur instruction de leurs capitales, mais ils ont également, de par leur expérience, une excellente connaissance de ce qui peut advenir de l'examen d'un dossier au Conseil. Il peut être inutile de soumettre une question qui n'est pas mûre pour une décision, car une discussion infructueuse à ce stade sera dans certains cas contreproductive à long terme. Mais, pour d'autres dossiers un examen précoce peut s'imposer afin de permettre aux ministres de dégager des orientations ou d'envoyer au Parlement un message sur ce qui sera acceptable ou ne le sera pas lorsqu'il examinera le texte. Les représentants permanents peuvent ainsi aisément convaincre leurs capitales de suivre leur avis en ce domaine et de renoncer à certaines de leurs demandes d'inscription ou, au contraire, solliciter l'inscription d'un point. Dans ces conditions, le passage des ordres du jour au Coreper est une garantie de l'efficacité des travaux du Conseil.

B. – L'examen détaillé des points inscrits à l'ordre du jour

Tous les points inscrits à l'ordre du jour d'une formation du Conseil doivent faire l'objet d'un examen préalable au Coreper à moins que celui ne renonce à cet examen ou que le Conseil n'en décide autrement à l'unanimité (6). En fait, il n'est que très rarement fait recours à cette exception et le Coreper passe en revue l'ensemble des points en consacrant une attention particulière à ceux d'entre eux qui soulèvent des difficultés particulières. Cet examen approfondi est notamment l'occasion de veiller à la cohérence des positions du Conseil. En effet, les groupes de travail spécialisés qui préparent un dossier particulier n'ont généralement pas une vue d'ensemble sur les travaux dans les autres domaines. Le passage au Coreper est l'occasion de procéder à une indispensable coordination. Cette tâche est facilitée par le fait que la transmission d'un dossier du groupe de travail au Coreper constitue une étape importante pour la vie d'un dossier au sein des États membres. Souvent tant que les débats se déroulaient au sein du groupe de travail, la question n'était suivie que par le ministère dans les compétences duquel elle entrait. Au moment de l'inscription à l'ordre du jour du Coreper, les mécanismes de coordination nationaux, lorsqu'ils existent, entrent généralement en fonction et abordent le dossier dans une perspective interministérielle avec les arbitrages nécessaires. Les représentants permanents reçoivent les instructions qui résultent de ces arbitrages et qui viennent s'ajouter à leurs connaissances personnelles. D'ailleurs, ils participent bien souvent à ces arbitrages. Déjà les conclusions du sommet de Paris en 1974 indiquaient que « des dispositions seront prises pour renforcer le rôle des Représentants permanents et les associer à la préparation des positions nationales sur les affaires européennes ».

Ce rôle préparatoire aurait pu être mis en cause en raison de la multiplication des comités dits « à haut niveau » prévus par le traité ou créés par le Conseil. Le Comité politique et de sécurité (article 25 UE), le Comité de coordination institué par l'article 36 UE), le Comité économique et financier (article 114, paragraphe 2 CE), le Comité de politique économique (article 272, paragraphe 9, deuxième alinéa CE), le Comité de l'article 133 CE (politique commerciale commune), le Comité de l'emploi (article 130 CE), le Comité de la protection sociale (article 144 CE), auxquels viennent s'ajouter un certain nombre d'organes créés par le Conseil lui-même (7), sont composés d'am-

(6) Art. 19 § 2 RIC.

(7) Comité chargé des aspects civils de la gestion des crises (décision du Conseil du 22 mai 2000). Comité militaire de l'UE qui réunit les chefs d'état-major des États membres (décision du Conseil du 22 janvier 2001), Comité de sécurité (décision du Conseil du 19 mai 2001). Comité des services financiers (décision du Conseil du 18 janvier 2003). Une place spécifique doit être faite au Comité spécial agricole créé en 1960 au moment de la mise en œuvre de la politique agricole et qui suit les principaux aspects de cette politique à l'exception des questions vétérinaires et phytosanitaires. Ce Comité rend directement compte au Conseil sans passer par le Coreper. Il s'agit d'une dérogation implicite et coutumière à la règle de l'article 207.

bassadeurs ou de hauts fonctionnaires qui communiquent directement avec leur ministre et acceptent mal la tutelle du Coreper. Ils ont naturellement été tentés de communiquer directement avec le Conseil en passant outre le Coreper. Ce fut notamment le cas de l'ancêtre du Comité politique et de sécurité (8), le Comité politique qui avait pris l'habitude de se réunir juste avant les sessions du Conseil ou en marge de celui-ci afin de pouvoir soumettre directement ses textes aux ministres. Certes le traité prévoit expressément que ces comités travaillent dans le respect de l'article 207, c'est-à-dire des prérogatives du Coreper, mais il a fallu quelque temps pour que cette règle devienne réalité. Le Conseil européen d'Helsinki de 2002 rappelait le rôle central du Coreper et l'obligation pour tous les groupes autres organes du Conseil de passer par son intermédiaire. Il appelait également le Conseil à s'abstenir de créer de nouveaux groupes, à haut niveau. L'avertissement a été salutaire et, au prix de concessions réciproques, un équilibre s'est établi. Le Coreper ne revient généralement pas sur les travaux des groupes à haut niveau sauf lorsque le dossier présente des implications pour d'autres secteurs ou contient des éléments horizontaux de nature institutionnelle, juridique ou budgétaire. Bien entendu, dans les autres cas, lorsque le Comité ne parvient à un accord ou que cet accord est contesté, il appartient au Coreper de revenir sur la question avant de transmettre le dossier au Conseil.

C. – Le respect des règles horizontales

Les groupes de travail du Conseil et les Comités à haut niveau sont extrêmement spécialisés dans un domaine particulier et manquent de la vision d'ensemble nécessaire à la gestion des affaires européennes. Ils sont préoccupés par le succès des dossiers dont ils sont chargés et souvent leur présidence est prête à tous les compromis pour obtenir un heureux résultat. La pression est forte en leur sein pour contourner certaines règles si tel est le prix d'un aboutissement heureux. S'il n'existait pas d'élément modérateur, il serait impossible au Conseil d'avoir une politique institutionnelle cohérente. C'est pour cette raison que l'article 19 du règlement intérieur charge le Coreper de veiller « en tout état de cause à la cohérence des politiques et actions de l'Union européenne... ». Une déclaration précise que cette règle s'applique en particulier aux dossiers dont la matière est traitée dans d'autres enceintes, c'est-à-dire précisément les comités à haut niveau. Mais le règlement intérieur qui reproduit sur ce point les conclusions du Conseil européen d'Helsinki énumère certaines tâches spécifiques qui ne peuvent être accomplies que par le Coreper et qui sont de ce fait exclues de la compétence des groupes de travail et des comités à haut niveau (9). Il s'agit pour l'essentiel du

(8) Le Comité politique et de sécurité s'est vu reconnaître par le traité (article 25, alinéa 3, TUE) un pouvoir de décision sur habilitation du Conseil pour la direction stratégique de la gestion des crises.
(9) Art. 19, paragraphe 1, RIC.

contrôle des aspects juridiques et budgétaires de l'activité du Conseil. L'objet de cette disposition est de préserver la cohérence horizontale de l'action du Conseil.

Ainsi, il appartient au Coreper de veiller au respect du principe de légalité, ce qui implique que, lorsqu'un groupe de travail ou un comité, a des doutes à ce sujet ou lorsque le service juridique du Conseil exprime un désaccord avec la solution retenue à ce niveau, le Coreper est seul habilité à définir la position qui sera retenue, sauf réserve d'un éventuel contrôle du Conseil. Cette disposition est essentielle, car les divergences sont importantes. Les plus fréquentes portent sur l'étendue des compétences communautaires ou la base juridique des actes, mais aussi sur le respect par la Communauté des accords OMC ou des autres accords internationaux, sur la protection des droits fondamentaux et, depuis la création, dans le cadre de la comitologie, de la procédure de réglementation avec contrôle sur la portée exacte de celle-ci. De la même manière, le Coreper doit veiller au respect des « règles fixant les attributions des institutions et organes de l'Union », c'est-à-dire de l'équilibre institutionnel. Dans toutes ces matières, l'intervention du Coreper doit éviter que les diverses formations du Conseil n'adoptent des positions divergentes et ne créent des précédents qui pourraient jouer en défaveur du Conseil, soit dans ses rapports avec les autres institutions, soit dans le cadre d'un éventuel contentieux devant la Cour de justice.

Les questions de subsidiarité, de proportionnalité et de motivation des actes relèvent également du Coreper. Ceci est dû à l'importance politique attachée depuis Maastricht à ces principes. La gestion des règles de procédure, de transparence et de qualité de la législation revient également au seul Coreper. À vrai dire, sur le dernier point, si le Coreper accepte volontiers d'entendre les arguments fondés sur la mauvaise qualité rédactionnelle d'un texte issu d'un groupe de travail, il se montre parfois peu enclin à leur donner suite dès lors que les modifications risquent de remettre en cause un accord trouvé au niveau du groupe. Enfin le Coreper veille au respect des règles budgétaires. Il s'agit d'éviter qu'un groupe de travail spécialisé ne remette en cause dans un texte législatif les arbitrages rendus par l'autorité budgétaire.

Afin de remplir sa mission, le Coreper a besoin d'être informé des débats qui se sont déroulés au sein du groupe de travail. Il appartient au Secrétariat du Conseil qui établit le compte-rendu des travaux d'attirer l'attention du Coreper sur les points mentionnés au règlement intérieur, généralement au moyen d'une note de bas de page. Même si, sur l'une de ces questions, le groupe de travail est parvenu à trouver un accord, l'attention du Coreper doit être attirée afin qu'il puisse rendre son arbitrage. Il arrive fréquemment que les présidences des groupes de travail tentent de dissuader le Secrétariat de mentionner ces questions de peur que le consensus trouvé au sein du groupe sur ces points ne soit rouvert. Mais le Secrétariat a le devoir d'assurer pleinement le respect du règlement intérieur même contre la présidence.

Ainsi le Coreper dispose des moyens de contrôler pleinement le déroulement des travaux du Conseil et le respect de la règle de droit, mais ce n'est pas sa seule fonction. Il ne se contente pas d'un contrôle purement formel, mais doit également aborder le fond des dossiers.

SECTION 2. – LE COREPER, UNE « MACHINE À NÉGOCIER »

Dès ses débuts, chargé de préparer les travaux du Conseil, le Coreper s'est efforcé de pré-négocier les dossiers dont le Conseil était saisi afin de faciliter le travail de celui-ci. Les conclusions du Sommet de Paris de 1974 indiquaient qu'une « grande latitude sera laissée aux représentants permanents de manière à n'évoquer devant le Conseil que les problèmes politiques les plus importants ». L'article 19 du règlement intérieur du Conseil décrit plus précisément cette mission : « Le Coreper s'efforce de trouver un accord à son niveau, qui sera soumis à l'adoption du Conseil. Il assure une présentation adéquate des dossiers au Conseil et, le cas échéant, lui présente des orientations, des options ou des propositions de solution ». L'importance de cette tâche a été accentuée par deux éléments. Le premier réside dans l'accroissement du nombre de membres du Conseil. Dans la mesure où les ordres du jour d'une formation du Conseil comportent fréquemment plusieurs points qui exigent une prise de position de l'institution, il devient difficile d'organiser une discussion ouverte qui pourrait prendre plusieurs heures si chaque membre désirait s'exprimer à plusieurs reprises. D'où la nécessité d'une organisation très stricte des débats, la discussion véritable ne pouvant porter que sur quelques points sélectionnés en raison de leur importance politique. Le second élément est le produit de la transparence qui s'est imposée lors des débats législatifs du Conseil. Il devient difficile aux ministres d'exposer clairement leur position parce qu'ils savent qu'en fin de course, ils devront trouver des compromis. Dans ces conditions, une claire prise de position publique limiterait la marge de négociation au sein du Conseil en ce qu'elle rendrait difficile de revenir sur une position exprimée publiquement en raison du risque de se voir critiqué nationalement pour avoir renoncé à ce que certaines fractions de l'opinion considèrent comme des points essentiels au regard de l'intérêt national. Certes, il est possible d'avoir des échanges de vues plus libres lors des déjeuners qui agrémentent chaque session du Conseil, mais le temps est limité. Le Coreper offre à cet égard un forum plus discret pour tester ses positions ou présenter des positions de compromis (A) à travers un processus complexe de négociations (B) qui a conduit parfois à se demander si la décision n'appartenait pas au pouvoir technocratique des représentants permanents plutôt qu'au pouvoir politique des ministres (C).

A. – Les atouts du Coreper

Force est de constater que le Coreper est parfaitement équipé pour remplir la mission qui lui est impartie par le règlement intérieur. La permanence de ses membres et leur habitude des négociations multilatérales constituent des atouts considérables. Une longue journée de réunion par semaine pour le Coreper II et deux pour le Coreper I permettent des discussions approfondies entre des membres qui se connaissent parfaitement et se font mutuellement confiance. La diversité des dossiers qui sont soumis à leur examen leur permet d'anticiper la position des États membres sur les points en discussion et d'imaginer les compromis possibles. La pratique des négociations leur donne une excellente connaissance de la gamme des techniques qui permettent de rallier à l'unanimité les États récalcitrants : déclaration du Conseil ou déclaration unilatérale, délais supplémentaires pour l'entrée en vigueur, dérogation temporaire, clause de révision, affaiblissement de la portée juridique de l'engagement... Les contacts bilatéraux en dehors des réunions, les nombreuses rencontres dans des manifestations sociales contribuent à faire du Coreper un club qui partage des valeurs communes. Si chacun a pour mission principale de défendre les intérêts nationaux, il doit également posséder le sens de l'intérêt commun et savoir qu'un échec qui pourrait le satisfaire à court terme peut être préjudiciable à tous sur le long terme. De même, la conscience de la solidarité entre tous les membres est très aiguë. Écouter et surtout comprendre les positions respectives des différents États membres est un devoir, savoir compromettre avec la minorité une obligation. Mieux vaut trouver un compromis unanime dans lequel sera sacrifié partiellement l'intérêt de la majorité que de l'emporter par une étroite minorité laissant des frustrations telles qu'elles compliqueront les travaux futurs. La recherche de l'unanimité est la pratique naturelle, mais elle impose un esprit partagé de compromis sous la menace d'un recours ultime au vote majoritaire. Un État non coopératif finira par être mis en minorité lorsque toutes les issues auront été explorées. Dans ces conditions, n'est-il pas préférable, même lorsque l'on est opposé à une mesure, de compromettre sur certains points afin d'en atténuer les effets négatifs que de tout perdre en étant minorisé ? Ceci explique que dans plus de 80 % des cas, un accord unanime est trouvé et que, même lorsqu'un État est minorisé, il l'est souvent avec son consentement parce que, pour des raisons de politique intérieure, il ne peut se rallier publiquement à un compromis qu'au fond il pourrait accepter.

Ce mode de fonctionnement impose aux membres du Coreper une double loyauté. Comme le titrait un quotidien allemand en faisant un jeu de mots entre « Vertreter » (représentant) et « Verrater » (traître), le représentant permanent est un représentant de l'État, mais aussi un membre d'un organe du Conseil. Au premier titre, il doit une entière loyauté à son gouvernement sur les instructions duquel il agit. Au second, il doit également faire preuve d'une certaine loyauté aussi à l'égard de ses collègues qui doivent pouvoir se fier aux engagements qu'il prend. Ceci implique qu'il suive moins la lettre de ses instructions que leur esprit et soit ouvert à des solutions alternatives qui préserveront en partie les intérêts nationaux. D'ailleurs compte tenu du rythme de travail notamment au Coreper I où un même dossier est examiné le mercredi, puis le vendredi, les autorités nationales disposent de peu de temps pour réagir alors que les discussions évoluent rapidement. Les représentants peuvent se trouver sans instructions ou avec des instructions peu précises. L'efficacité des représentants permanents dépend alors de l'ampleur de la marge d'appréciation qui leur est laissée. Ne pas pouvoir prendre une part active à la négociation en raison d'instructions trop rigides aurait comme conséquence d'être laissé à l'écart des progrès effectués dans le traitement du dossier avec le risque d'être marginalisé *in fine* et de se trouver en présence d'une solution « à prendre ou à laisser » sur le contenu duquel le représentant n'aurait eu aucune influence. Certes, le Coreper ne prend pas de décision et les points agréés en son sein peuvent toujours être rouverts au Conseil. Mais il est difficile à un ministre de relancer seul un débat sur des aspects que l'on croyait acquis. Si tant du côté du gouvernement national que des représentants permanents, ces pré-requis sont respectés, chacun sait qu'à l'issue d'une discussion difficile, lorsqu'un représentant permanent indique qu'il recommandera positivement la solution à son gouvernement, le dossier est en principe bouclé. Le rôle du représentant permanent est aussi d'éviter des prises de positions nationales qui aboutiraient à des instructions telles qu'elles ne rencontreraient aucun écho au Coreper. En informant continuellement la capitale de l'évolution des dossiers et des compromis possibles, il permet à ses autorités politiques de définir des positions réalistes.

Dans le fonctionnement quotidien du Coreper, même si le rôle de la présidence est important en tant que force d'impulsion et de présentation de compromis, l'organe est capable de s'autogérer. Si, comme cela a pu arriver par le passé, la présidence éprouve des difficultés à exercer ses responsabilités pour des raisons qui tiennent fréquemment à la mauvaise gestion du processus par les capitales nationales, le collectif ou les membres les plus anciens compensent ces défaillances en lui suggérant des solutions. D'ailleurs, les capitales elles-mêmes reconnaissent le caractère incontournable du Comité des représentants permanents. Même les États les plus centralisés qui souhaitent diriger entièrement le travail de la présidence du Coreper depuis la capitale finissent après quelques semaines par modérer leur attitude. Le rythme des travaux est tel qu'un pilotage à distance est difficile. De plus, le Coreper offre le tableau le plus exact des différentes positions nationales et il est difficile d'apprécier à distance la diversité des positions et les éléments des rapprochements envisageables. À tel point que lorsque certains ministres ont voulu profiter de leur présidence pour négocier eux-mêmes certains dossiers difficiles directement avec leurs collègues en ne conservant au Coreper qu'un rôle formel, ils ont fréquemment échoué. La raison en est simple. Ils n'avaient pas de vision d'ensemble et lorsqu'ils prenaient contact avec leurs collègues qui n'avaient pas une connaissance très approfondie du dossier, ils obtenaient des bonnes paroles qu'ils prenaient pour des engagements fermes et l'édifice qu'ils avaient construit à grand peine s'effondrait lors de la session du Conseil.

Négocier est un travail de professionnel qui exige une connaissance sans faille de tous les détails d'un dossier et de la diversité des positions nationales. La tâche d'un membre du gouvernement est de fixer une ligne politique sur la base de laquelle le Coreper cherchera un accord. En ce sens, le Coreper ne se substitue pas au pouvoir politique, mais il le met en position de décider. C'est ce qu'illustre sa méthode de travail.

B. – La méthode de travail du Coreper

Tout texte qui devra faire l'objet d'un examen par le Conseil est soumis en premier lieu à l'un des deux cents groupes de travail spécialisés du Conseil. Ces groupes sont composés de fonctionnaires nationaux et placés sous le contrôle du Coreper qui fixe leur mandat. L'intervention du Coreper commence lorsqu'un dossier quitte le groupe de travail pour être soumis au Coreper. Il s'agit d'une étape importante puisque, comme on l'a vu, c'est le moment où dans les capitales le dossier devrait sans quitter la tutelle du ministère compétent faire l'objet d'un examen à un niveau interministériel ou tout au moins être soumis à l'examen de l'organisme responsable pour les affaires européennes. C'est le moment où les arbitrages doivent être rendus. Chaque État membre doit définir ce qui est essentiel pour lui dans la négociation en distinguant ce qu'il convient d'obtenir à tout prix, les lignes rouges, les points qui sont importants mais qui peuvent servir d'outils de négociation et que l'on abandonnera si satisfaction est obtenue sur d'autres points et enfin ce qui relevait des résistances administratives et que l'on peut abandonner dès le début de la discussion. Cette analyse doit être menée en fonction des positions des autres États membres en vue de déterminer les alliances possibles et, pour les dossiers en codécision, en fonction de la position du Parlement et du soutien qu'il sera possible d'en attendre.

La mission du groupe de travail est de régler les questions techniques et d'isoler les questions politiques qui devront être abordées à un niveau supérieur. En vérité, il n'est pas aisé de distinguer ce qui est technique et ce qui est politique. D'une manière pragmatique, est technique tout ce qui est réglé au niveau du groupe de travail. Il peut arriver que le groupe de travail parvienne seul à une solution. Dans cette hypothèse, le texte sera approuvé sans débat au Coreper et au Conseil. Mais il s'agit pour l'essentiel de dossiers très techniques qui ne présentent guère de difficultés. Dans la grande majorité des cas, lorsque la Présidence estime que le travail du groupe est suffisamment avancé, soit parce que celui-ci a épuisé ses capacités de compromis, soit parce que des orientations du Conseil semblent indispensables pour poursuivre l'examen, le dossier est inscrit à l'ordre du jour du Coreper. Ce dernier est saisi d'un rapport établi par le Secrétariat général qui comporte un exposé des principales questions qui devront être tranchées ainsi que le texte tel qu'il est issu du groupe de travail. Ce texte comporte de nombreuses notes de bas de page qui retracent les positions des États membres. L'objectif du Coreper est de régler le maximum de questions ouvertes à son niveau et, pour celles d'entre elles qui en raison soit de leur importance ou de l'ampleur des désaccords entre les États membres doivent être examinées par le Conseil, de clarifier l'objet des divergences et de présenter celles-ci de manière claire aux membres du Conseil. À l'issue de l'examen, le nombre de notes de bas de pages devrait être considérablement réduit et, pour le reste, le Coreper aura dégagé les deux ou trois questions auxquelles les ministres devront répondre. Si la présidence pense que le dossier peut aboutir en l'état, elle présentera un compromis. Sinon sur la base des orientations qui découlent du débat au Conseil, les travaux reprendront au Coreper soit en vue d'un accord à son niveau ou à celui du Conseil. La navette entre le Conseil et le Coreper se poursuit autant de fois qu'il sera nécessaire. Si, en fin de compte, l'accord est trouvé au Coreper, il sera adopté sans débat au Conseil. Sinon, et c'est le cas pour les questions les plus importantes, la négociation finale se déroulera au sein du Conseil.

Le Coreper occupe ainsi une place centrale dans le processus décisionnel qu'il prépare les travaux du Conseil ou qu'il mette, sur mandat du Conseil, un point final aux discussions. Sans son concours, le Conseil serait submergé par la masse des questions à traiter, questions dont la technicité est fréquemment telle qu'elles ne se prêtent pas à un débat de niveau ministériel (10). Même si les ministres avaient le goût de s'en saisir, la durée des réunions serait telle que l'institution serait vite paralysée. Un Conseil comporte fréquemment une dizaine de points qui appellent une décision et chacun de ces points soulève plusieurs questions. Si chaque ministre désirait s'exprimer sur chaque question, les sessions auraient une durée telle que les ministres ne pourraient être présents en permanence et qu'en fait, comme c'est souvent le cas lorsqu'un point de l'ordre du jour n'appelle pas de décision, le Conseil serait en fait composé des membres du Coreper (11). En voulant éviter le Coreper, on le placerait en fait au niveau du Conseil.

(10) L'argument est souvent utilisé au sein du Coreper lorsqu'un représentant permanent ne veut pas compromettre sur une question technique secondaire : « Souhaitez-vous que votre ministre soulève la question au Conseil ? ». Généralement, la réponse est négative et le compromis accepté.

(11) Le quorum n'est nécessaire que pour la prise de décision. Aussi, notamment pour les points divers qui sont placés en fin d'ordre du jour, les ministres regagnent leurs capitales respectives laissant les représentants permanents siéger à leur place. On peut s'imaginer, si la durée des sessions excédait un délai raisonnable qu'il en irait de même pour les autres points. Certes, la décision formelle ne pourrait alors être prise, mais elle le serait alors en point A, sans débat, d'une autre formation du Conseil ou par procédure écrite.

C. – Le Coreper et le caractère prétendument technocratique de l'Union

L'idée que le Coreper contribuerait à donner au processus décisionnel dans l'Union un caractère technocratique est un des lieux communs de la littérature communautaire. Elle s'appuie sur une méconnaissance de la nature et du rôle de cet organe.

On cite fréquemment à l'appui de cette thèse le nombre de textes adoptés en point A, sans débats, par le Conseil pour suggérer qu'en fait tout serait décidé au niveau du Coreper. Cette affirmation mériterait d'être étayée par un examen plus minutieux des listes de point A. Elles comportent tout d'abord un grand nombre d'éléments de routine : nomination de membres du comité des régions ou du comité économique et social, réponses aux questions parlementaires... qui n'appellent pas d'examen au niveau ministériel. S'agissant de la législation proprement dite (adoption de positions communes, de règlements ou de directives), le sort commun de tout texte est de finir son parcours en point A, mais ceci ne signifie pas pour autant que la décision ait été prise au Coreper. En effet, lorsque le Conseil se met d'accord sur un texte, il le fait le plus souvent sous la forme d'un accord politique, l'adoption définitive intervenant par la suite. Lors d'un Conseil, il n'est pas possible d'établir une version définitive d'un texte dans toutes les langues de la Communauté. L'accord politique n'existe le plus souvent que dans un nombre limité de langues. Il fera l'objet d'une révision juridico-linguistique avant d'être soumis au Conseil pour adoption sous point A, car il n'existe aucune raison de rouvrir un débat sur un texte qui a déjà fait l'objet d'un accord politique. Ainsi le fait que tous les textes législatifs soient adoptés sans débat n'indique pas que la décision ait été prise au Coreper.

Bien sûr, il existe des cas dans lesquels l'accord sur l'ensemble d'un texte est établi au sein du Coreper, mais dans ce cas, et à l'exception des textes de routine ou qui n'ont qu'un objet technique, le Conseil a eu l'occasion auparavant de dégager ses orientations et a chargé sur cette base le Coreper de trouver un accord définitif. Enfin, il convient de se souvenir que les membres du Coreper agissent sur instruction de leur gouvernement et rendent compte à ceux-ci. Ils peuvent s'écarter de leurs instructions, mais en demeurant fidèles à l'esprit de celles-ci. Ils peuvent suggérer à leur gouvernement de modifier certaines positions, mais la décision ne leur appartient pas. Un représentant qui s'écarterait par trop de ses instructions pourrait se voir désavoué et, dans ce cas, il aurait perdu non seulement la confiance de ses autorités, mais aussi celle de ses collègues.

Certes, on pourrait penser que les membres du Conseil qui n'ont ni le goût ni le temps de mener des négociations prolongées sur chaque décision de l'Union ont en fait abandonné leur pouvoir aux représentants permanents et se contentent d'entériner les solutions qu'ils proposent. Cette hypothèse est contredite par le nombre de discussions importantes et de mises au point de textes de compromis qui se déroulent lors des sessions du Conseil. D'ailleurs la simple prudence politique dissuaderait les ministres de s'en remettre aveuglément aux représentants permanents sur des dossiers qui peuvent avoir des répercussions politiques internes importantes et sur lesquels leur responsabilité est engagée. Même si l'ensemble du travail n'est pas effectué au niveau ministériel, les arbitrages sont l'œuvre du pouvoir politique et non du Coreper. En va-t-il d'ailleurs différemment dans la vie politique nationale ? L'administration prépare les décisions, mais l'arbitrage relève du pouvoir politique qui en assume la responsabilité.

Le Coreper n'est donc pas le *deus ex-machina* que l'on a parfois présenté. Il est indispensable pour assurer un fonctionnement efficace du Conseil et constitue un lieu privilégié de négociations, mais il ne peut se substituer au pouvoir politique qui le contrôle et dont il tient ses mandats. Cet équilibre entre Coreper et Conseil est-il remis en cause par le développement de la procédure de codécision ?

SECTION 3. – LE COREPER, UNE BRANCHE DU POUVOIR LÉGISLATIF ?

La procédure de codécision a introduit des contraintes nouvelles dans le fonctionnement du Conseil. Tout d'abord, le déroulement de la procédure est encadré après la première lecture par des délais qui ne sont pas toujours compatibles avec le calendrier des formations du Conseil. Mais surtout, le bon fonctionnement du système repose sur des négociations constantes entre le Parlement et le Conseil. Il est difficile à des formations qui se réunissent épisodiquement et à une présidence qui conserve des tâches nationales et n'a qu'une disponibilité limitée de suivre au jour le jour l'ensemble des relations entre les deux institutions. Cette situation ne pouvait conduire qu'à renforcer le rôle du seul organe permanent au sein du Conseil, le Coreper (A), mais, au sein du Coreper même, elle aboutit à renforcer singulièrement la présidence (B).

A. – Le rôle central du Coreper

L'intensité de l'intervention du Coreper varie selon le stade auquel l'acte est adopté. En effet, la procédure de codécision comporte trois lectures successives, un accord entre le Parlement et le Conseil pouvant être réalisé lors de chaque lecture.

Lorsqu'il apparaît qu'un accord en première lecture n'est pas possible ou pas souhaité, le Conseil établit une position commune qui est envoyée au Parlement européen et sert de base pour la seconde lecture de ce dernier. Dans ce cas, l'adoption de la position commune se fait selon la procédure classique par le Conseil sur la base des travaux du Coreper. Celui-ci joue le même rôle que dans les procédures traditionnelles. Par la suite, les différentes lectures se feront sur la base de la position commune qui exprime la volonté politique du Conseil. Dans la pratique, l'objectif au cours des étapes ultérieures du Conseil sera de conserver unie la majorité qui s'est formée lors de l'adoption de la position commune. Les orientations données par le Conseil dans ce cadre constitueront donc les lignes directrices qui guideront le Coreper dans les négociations avec le Parlement. Mais, dès la seconde lecture, le Conseil se trouve placé en situation de retrait. En effet, dans la mesure où la suite de la procédure implique le maintien de rapports constants entre le Parlement et le Conseil, les différentes formations du Conseil qui ne siègent pas en permanence ne peuvent assumer la responsabilité du suivi des négociations. L'accent est donc mis sur la seule instance qui siège régulièrement, c'est-à-dire le Coreper.

Certes les ministres contrôlent l'action de leurs représentants et leur donnent des instructions. Ils sont informés des contacts avec le Parlement et peuvent intervenir dans leur déroulement, mais le Conseil en tant qu'organe collectif n'est associé que rarement aux négociations. Il serait d'ailleurs difficile au cours des phases de négociation avec le Parlement d'organiser un débat ministériel qui serait nécessairement public. Les positions exposées au cours de ce débat figeraient les positions des États membres, ce qui nuirait à la nécessaire souplesse des négociations. Aussi, la pratique est de ne jamais inscrire à l'ordre du jour du Conseil de points relatifs à un dossier en seconde ou troisième lecture tant qu'un accord n'est pas réalisé. Seuls des échanges informels en marge du Conseil peuvent exceptionnellement avoir lieu dans un souci d'information.

Les trilogues entre la présidence, le Parlement et la Commission rythment les travaux qui sont encadrés par les délais prévus par le traité. Avant chaque trilogue, le Coreper donne un mandat de négociation à la Présidence et est informé du déroulement des réunions. Si un accord est trouvé entre les deux institutions au cours de la seconde lecture, le Coreper profite de la latitude qui lui est donnée par le règlement intérieur pour adopter une lettre adressée à une institution (12) pour indiquer au Parlement qu'il approuvera le texte voté en seconde lecture par le Parlement si le Parlement reprend les termes de l'accord. L'intervention du Conseil au niveau ministériel en vue de l'adoption définitive du texte est donc purement formelle. La situation n'est guère différente lorsqu'une conciliation est nécessaire. L'article 251, paragraphe 4, prévoit que le comité de conciliation est composé, pour le Conseil, des membres du Conseil ou de leurs représentants. S'il peut arriver exceptionnellement qu'un ministre souhaite assister aux réunions du comité, la situation normale est

(12) Art. 19 § 7 lit.k RIC. On peut se demander si une telle pratique n'excède pas le pouvoir qui est accordé au Coreper d'adopter des décisions de procédure. En effet, la décision porte plus sur le fond que sur la procédure. Mais juridiquement, une telle lettre ne constitue pas un engagement puisque la décision sur le texte n'appartient en fin de course qu'au Conseil et que celui-ci pourrait, certes à un prix politique élevé, refuser d'honorer l'engagement du Coreper.

que les États membres sont représentés par leurs représentants permanents. La seule présence au niveau ministériel est, pour des raisons protocolaires, celle de la Présidence (13).

L'importance de l'intervention du Coreper est encore plus accentuée lorsque la procédure s'achève par un accord en première lecture puisque le Conseil n'a pas eu l'occasion d'adopter une position commune. Il appartient alors au Coreper de définir lui-même la position sur la base de laquelle se dérouleront les négociations avec le Parlement. Il est vrai que, pour les dossiers importants, la position du Conseil a souvent fait l'objet de discussions préliminaires lors des sessions ministérielles et que l'on s'efforce avant toute négociation de formuler celle-ci dans un texte qui prendra la forme d'une orientation générale adoptée par le Conseil. Cette orientation sera amendée lors des contacts avec le Parlement.

B. – L'importance de la présidence

Dans ce contexte, le rôle de la présidence, et plus particulièrement de la présidence du Coreper, est fondamental. Elle a la maîtrise du calendrier. Lors de sa prise de fonction, elle détermine, avec les présidents des commissions parlementaires et sur la base d'une analyse commune, le destin probable de chaque texte : ceux qui peuvent être adoptés en première lecture, ceux qui feront l'objet d'un accord en seconde lecture et ceux pour lesquelles une conciliation paraît probable. Dans l'examen des textes, elle est la seule à suivre quotidiennement le dossier et à entretenir des contacts formels ou informels avec le Parlement. Certes, elle agit dans le cadre d'un mandat qui lui est donné par le Coreper et rend compte à celui-ci après chaque réunion formelle. Mais elle a la maîtrise de l'information qu'elle dispense et le Coreper agit sur la base des analyses qu'elle lui propose. Cette situation donne à la présidence un pouvoir important, mais si elle en abusait, elle risquerait de se voir désavouer. Aussi lui arrive-t-il parfois, afin de permettre la progression d'un texte, de faire des propositions sur une base tout à fait personnelle afin de tester les réactions du Parlement et, si celles-ci sont positives, de revenir devant le Coreper en lui suggérant d'accepter la proposition.

Le pouvoir que sa situation confère à la présidence comporte des responsabilités. Elle doit à tout moment pouvoir bénéficier du soutien le plus large possible au sein du Coreper et, pour ce faire, bénéficier de la confiance de celui-ci. À cet effet, elle doit faire preuve de la plus grande transparence et exposer avec loyauté les positions de l'institution. Dans la mesure où l'information circule largement entre Parlement et Conseil par des canaux informels, tout manquement de la présidence à ses devoirs serait rapidement connu et

(13) Le Parlement dont la délégation est présidée par un vice-président, a toujours insisté sur la nécessité que la délégation du Conseil soit présidée par un ministre.

compliquerait sa tâche pour l'avenir. La mission de la présidence est de maintenir la cohérence de la majorité (ou de l'unanimité) qui a soutenu l'approche générale ou la position commune. Il est extrêmement rare que se produisent en cours de négociation des changements au sein de la majorité au Conseil. La majorité évolue ensemble sans qu'aucune composante ne soit laissée de côté. La contrepartie de cette transparence réside dans la confiance faite par le Coreper à la présidence quant au choix de la stratégie. Cette dernière conduit celle-ci à sa guise en tenant compte de l'avis des membres du Coreper, mais sans être liée par celui-ci. D'ailleurs, les membres du Coreper concluent généralement leurs interventions sur ce point en indiquant qu'en tout état de cause il reviendra à la présidence de choisir les meilleurs moyens de faire triompher le point de vue du Conseil. De même, lors des réunions du comité de conciliation, dans les rares cas où un débat intervient, la présidence est seule à s'exprimer, les membres du Conseil n'intervenant qu'à la demande de celle-ci pour la soutenir sur un point précis. L'attachement de la présidence à mener au mieux les négociations avec le Parlement s'explique par le souci qui l'anime de pouvoir présenter un bilan satisfaisant à l'issue de son mandat. Au fil du temps, une sorte de compétition s'est développée entre les présidences successives quant au nombre de textes adoptés. Cela les conduit à faire pression sur le Coreper pour aboutir à un accord avec le Parlement, le plus souvent en première lecture. Le Coreper cède d'autant plus facilement aux invitations de la Présidence qu'une procédure menée à son terme après trois lectures entraîne une charge de travail considérable pour un seul dossier au détriment des autres. Tout concourt donc à renforcer le rôle de la présidence.

CONCLUSION

Le Coreper constitue aujourd'hui un élément central dans le complexe institutionnel de l'Union. Sans lui, le fonctionnement du Conseil serait sérieusement affecté et les conclusions du Conseil européen d'Helsinki ont reconnu cette situation en s'efforçant de préciser son rôle. Plaque tournante du processus décisionnel de l'Union, il est le seul organe du Conseil à disposer d'une vue d'ensemble qui lui permet de contribuer à la coordination des activités du Conseil. Forum privilégié de négociations et instance législative, il apparaît comme l'un des moteurs de l'action du Conseil. Mais il n'est pas pour autant le véritable décideur. Une des raisons de son succès est de régler les questions secondaires tout en laissant aux seules autorités politiques que sont les ministres le pouvoir de se pencher sur ce qui mérite leur attention. Elle est aussi d'entretenir avec les autorités nationales un dialogue constant afin de mettre à leur disposition une évaluation réaliste des chances de succès de leurs positions. L'autorité du Coreper réside dans son effacement derrière le pouvoir politique qu'il peut influencer, mais auquel il ne saurait se substituer.

TRAITÉS OU CONSTITUTION ?

À PROPOS D'UN DÉBAT RÉCURRENT

PAR

JEAN-PAUL JACQUÉ (1)

Si la doctrine communautaire a, depuis longtemps, tenté de mettre l'accent sur les aspects constitutionnels du droit communautaire, les spécialistes français du droit constitutionnel interne sont longtemps restés muets. Leur attention s'est réveillée avec le traité de Maastricht, mais leur réflexion portait alors essentiellement sur la question des rapports entre droit constitutionnel national et droit communautaire et plus particulièrement sur la réception du droit communautaire par le droit constitutionnel national. Alors que pour la doctrine anglo-saxonne ou allemande, la question de la nature constitutionnelle du droit communautaire a été abordée de front dès les premiers arrêts de la Cour de justice en matière de droits fondamentaux, fréquemment sous la forme d'un processus de constitutionnalisation de la Communauté, une telle suggestion était impensable pour les constitutionnalistes français à en juger par les réactions du regretté Louis Favoreu lors du colloque de Strasbourg en 1993 (2). Elle heurtait de front la vision traditionnelle de la souveraineté comme l'a si bien mis en lumière Olivier Beaud (3). C'est essentiellement le traité de Nice et ses suites qui ont déclenché une vague d'intérêt pour la nature constitutionnelle ou non des traités. Le projet de constitution établi par la Convention sur l'avenir de l'Europe et sur lequel la Conférence intergouvernementale de révision des traités avait trouvé un accord ne satisfaisait guère au fond cette curiosité nouvelle. Il ne constituait pas en lui-même, comme on l'a laissé souvent entendre à tort à l'opinion, une constitution. La forme conventionnelle était préservée puisqu'il s'agissait d'un traité établissant une constitution. Malgré tout, cette formulation n'a pas manqué d'alimenter le débat sur la possibilité pour l'Union de disposer d'une

(1) Professeur émérite à l'Université de Strasbourg, Directeur général honoraire au Conseil de l'Union européenne ; ce rapport reprend des éléments d'un texte publié en 2004, *Der Vertrag über eine Verfassung für Europa: Konstitutionalisierung oder Vertragsrevision?*, EuGRZ, p. 551.

(2) « Vers un droit constitutionnel européen ? Quel droit constitutionnel européen ? », *RUDH*, 1995, vol. 7, n°s 11-12, voir aussi le colloque organisé en 1999 par H. Gaudin, *Droit constitutionnel, droit communautaire, vers un respect réciproque mutuel*, Paris, Economica, 2001 et le rapport de synthèse de L. Favoreu.

(3) Dans *Fédéralisme et souveraineté*, cité note 4.

constitution. En renonçant à tous les éléments qui pouvaient faire penser à une démarche constitutionnelle, les auteurs du traité de Lisbonne ont pensé éloigner le débat du champ politique. Pour les juristes, il n'est cependant pas clos. En effet, il est intrinsèquement lié à la question de la nature juridique de l'Union. Dans la vision traditionnelle, la notion de constitution est indissociable de celle d'État et la notion d'État est liée à celle de souveraineté. Pour les tenants de cette thèse, puisque l'Union ne dispose pas de la souveraineté, elle ne peut avoir une nature étatique. Dans ces conditions, en l'absence de souveraineté de l'Union, qualifier la charte fondatrice de l'Union de constitution constitue une aberration juridique. Puisque l'Union repose sur un traité international, elle ne pourrait recevoir d'autre qualification que celle d'organisation internationale, même s'il est admis qu'elle constitue à elle seule un type très particulier d'organisation internationale qualifié par commodité d'organisation « supranationale ».

Est-il possible de sortir de cette vision manichéenne et est-il permis de remettre en cause les concepts de base qui sous-tendent la réflexion juridique en Europe depuis plus de deux siècles (4) ? C'est la démarche qui a été tentée empiriquement par ces apprentis sorciers que furent les auteurs du projet de constitution. Elle conduit à faire trois observations préliminaires.

1° Tout d'abord, il n'est pas sans intérêt de s'interroger sur le rapport entre le vocabulaire utilisé et la réalité juridique. En effet, si les auteurs du projet ont baptisé « constitution » ce qui pouvait n'être qu'une révision des traités, ils ont aussi été victimes de la portée symbolique du terme employé. Pour des citoyens habitués à réserver l'emploi du terme « constitution » à la loi fondamentale de l'État, l'utiliser pour qualifier le traité fondateur de l'Union n'était pas une opération anodine et impliquait un changement de nature de l'Union. C'est d'ailleurs l'argument qu'ont utilisé les adversaires du projet et l'on constate que certains chefs d'État ou de gouvernement ont été victimes de l'ambiguïté conceptuelle

(4) La bibliographie sur le sujet croît sans cesse depuis que les juristes de droit interne ont pris conscience de la question. Il n'est pas question de la reprendre ici et l'on renverra aux analyses bien connues développées par Grimm, Habermas, Pernice, Weiler et les autres. Pour un aperçu de ces conceptions, voir G. Zagrebelsky (ed.), *Diritti e Costituzione nell'Unione Europea*, Editori Laterza, 2003, 307 p., on y lira notamment les contributions de Grimm (p. 5), de Weiler (p. 22), de Pernice et Mayer (p. 43), d'Habermas (p. 94). Voir aussi P. Magnette (éd.), *La constitution de l'Europe*, Bruxelles, éditions de l'ULB, 2000. Pour une vision plus française, voir « Les Constitutions possibles de l'Europe », *Cités*, n° 13, 2003, avec des contributions de D. Rousseau (p. 13), d'O. Jouanjan (p. 21), de C. Klein (p. 37), de M. Troper (p. 101). Voir aussi l'article d'O. Beaud, « Fédéralisme et souveraineté. Notes pour une théorie de la fédération », *RDP*, 1998, p. 89 et du même auteur, *La théorie de la Fédération*, Paris, PUF, 2007 ainsi que l'excellent cours d'E. Zoller qui, dans sa démarche rigoureuse, remet en cause bien des lieux communs, « Aspects internationaux du droit constitutionnel, Contribution à la théorie de la fédération d'États », *RCADI*, tome 294 (2002), pp. 43 et s. En témoignage de l'époque heureuse (ante-Maastricht) où les spécialistes du droit communautaire s'ébattaient seuls et en toute innocence dans les eaux constitutionnelles, voir J. P. Jacqué, *Cours général de droit communautaire*, Kluwer, 1991, p. 260, notamment pp. 256 et s. et, du même auteur, après le péché originel c'est-à-dire la convocation de la Convention sur l'avenir de l'Europe, « Back to Philadelphia », *RMCUE*, 2002, pp. 661 et s.

qui a présidé à leurs travaux. Ainsi le gouvernement britannique s'était, dans un premier temps, employé à expliquer que le projet de constitution ne contenait aucune disposition novatrice et pouvait de ce fait être approuvé par la voie parlementaire. Il s'est vu, par la suite, contraint à changer de position par une opposition qui notait que si ce projet ne modifiait rien à la situation existante, on aurait continué à le qualifier de traité. L'usage même du terme de constitution impliquait un changement qualitatif, même si, sur le plan juridique la situation n'était pas modifiée.

2° En outre, la construction européenne n'a pas commencé avec le projet de la convention et ne s'est pas arrêtée avec son échec. S'agissant de l'Union, la réflexion doctrinale doit prendre en compte la dimension chronologique. C'est ce que font ceux qui traitent depuis longtemps de la constitutionnalisation de l'Union européenne, c'est-à-dire de la transformation progressive de celle-ci en un système politique fondé sur des bases constitutionnelles. La reconnaissance au fil du temps par la jurisprudence de la Cour de justice de l'obligation de respecter les droits fondamentaux, de l'existence d'une communauté de droit, de la primauté du droit communautaire, du respect dû au principe démocratique constituent autant de pierres blanches sur le chemin de l'évolution constitutionnelle. Si ce caractère évolutif est évident pour tous, pourquoi ne pas faire preuve de prudence lorsqu'on utilise pour analyser l'Union des concepts, comme celui de constitution, qui sont le fruit de la lente maturation doctrinale qui a accompagné la formation des divers modèles étatiques ? Il convient donc de prendre des précautions lorsque l'on souhaite chercher des éléments de comparaison dans des systèmes étatiques. Apprendra-t-on beaucoup en évaluant une Union qui est à un stade encore primitif de son développement à la lumière des régimes allemand ou américain contemporains ? La comparaison n'aurait-elle pas davantage de sens si l'analyse était conduite à partir de systèmes politiques pris à un stade identique de leur développement ? Ne vaut-il pas mieux dès lors comparer la situation de l'actuelle Union à ce qu'étaient les États-Unis au lendemain de l'adoption de la Constitution de 1787 plutôt que de vouloir situer à tout prix l'Union par rapport aux systèmes fédéraux contemporains ? Dans ce contexte, la controverse sur la distinction entre traité et constitution au regard, par exemple, des théories de Calhoun, prend d'ailleurs un sens différent. Mais la réflexion pourrait être plus radicale, car l'État tel que nous le connaissons actuellement est de création récente par rapport à la longue histoire des divers modèles d'organisation politique. Rien ne dit qu'il constitue aujourd'hui le modèle exclusif de référence pour la pensée politique. Comme les empires, les États sont mortels. Refuser de reconnaître de nouvelles formes d'organisation sociale parce qu'elles ne correspondraient pas à la forme étatique traditionnelle, c'est regarder l'avenir dans un rétroviseur.

3° Enfin, beaucoup se demanderont si la querelle entre tenants du traité et partisans de la constitution ne constituerait pas un de ces débats gratuits qui animent à intervalles réguliers la communauté des juristes. Le choix en faveur de l'une des thèses a-t-il des conséquences juridiques ? Puisque de nombreux communautaristes pensent que l'Union dispose déjà d'une constitution, le dire en termes clairs dans les traités n'aurait guère modifié la situation tout au moins sur le plan juridique. De même, supprimer dans le traité de Lisbonne les éléments qui pourraient avoir une résonance constitutionnelle ne porte pas atteinte à la nature constitutionnelle des traités si celle-ci préexistait. Puisque certains constitutionnalistes dénient tout caractère constitutionnel formel aux traités, est-il bien nécessaire de poursuivre un débat de sourds et ne vaut-il pas mieux laisser le temps faire son œuvre ? Une telle renonciation constituerait une erreur. En effet, la question de la nature des « traités », et au-delà de celle de l'Union, ne relève pas seulement d'un débat sémantique. Elle est déterminante quant à la manière dont les institutions, y compris la Cour de justice, abordent les questions institutionnelles. L'enjeu est de déterminer si, dans ce cadre, elles doivent choisir leurs références dans le droit interne ou dans le droit international.

Section 1. – Constitution ou Traité, antagonisme ou complémentarité ?

Dire que les traités sont adoptés au terme d'un processus de nature conventionnelle n'est pas contestable. Soumis, avant l'entrée en vigueur du traité de Lisbonne, à la procédure de révision prévue à l'article 48 du traité sur l'Union européenne, leur texte définitif a jusqu'à présent été établi lors d'une négociation entre les États membres et présenté ensuite à leur ratification. Il n'est entré en vigueur que lorsque tous les États membres ont satisfait à cette exigence. Toute formule de révision majoritaire aurait rompu la continuité avec les traités existants. La Convention sur l'avenir de l'Europe n'avait pas voulu s'engager dans cette voie. Dans son projet intitulé « Pénélope », un groupe de travail de la Commission avait bien envisagé un mécanisme subtil qui aboutissait à une entrée en vigueur dès ratification par les trois quarts des États membres, mais, quoique les auteurs du projet aient tenté de faire croire, cette formule s'inscrivait en violation des traités puisqu'elle établissait la possibilité d'une entrée en vigueur contre la volonté d'un ou plusieurs États membres, ce ou ces derniers se trouvant alors exclus de l'Union. Ni la Convention, ni les États membres n'ont retenu cette hypothèse révolutionnaire qui aurait marqué une rupture entre l'ancienne et la nouvelle Union.

Il est vrai que devant la difficulté de réunir vingt-sept ratifications, comme en témoigne l'histoire mouvementée de l'entrée en vigueur du traité de Lisbonne, certains ont évoqué l'opportunité de prévoir une mode de révision majoritaire, les États de la minorité conservant en dernier ressort le droit de se retirer de l'Union. Cette suggestion a rencontré peu d'échos et se heurterait aujourd'hui à la censure de la Cour constitutionnelle allemande parce qu'elle aurait pour effet de conférer à l'Union la « *Kompetenz-Kompetenz* », ce qui selon le *BundesVerfassungsGericht* ne serait possible qu'après une révision radicale de la constitution allemande (5). Si le traité de Lisbonne modifie la procédure de révision et établit des modalités dites « simplifiées » de révision, il ne déroge en rien à l'exigence d'un accord explicite, et exceptionnellement implicite, de tous les États membres.

A. – Des traités qui échappent à l'application du droit des traités

Que l'on ne s'y trompe pas, la Convention aurait pu choisir une stratégie de rupture en proposant de créer une nouvelle Union avec les États qui souhaitaient en faire partie. C'est délibérément qu'elle a renoncé à suivre la voie ouverte par les pères fondateurs américains et en est restée à l'unanimité. Seule une clause dans la Constitution, conservée à l'article 48 du traité sur l'Union européenne, prévoyait qu'au cas où les quatre cinquièmes des membres auront ratifié, le Conseil européen se pencherait sur la situation de ceux qui n'ont pas ratifié et envisagerait des solutions. Cette formule vise au premier chef les solutions retenues par le passé pour faciliter la ratification danoise après Maastricht et irlandaise après Nice. Elle a été utilisée à la suite du referendum négatif irlandais et a conduit à un second referendum.

---

(5) « *La Loi fondamentale n'autorise pas les organes d'État à transférer de droits de souveraineté de manière à ce que leurs exercices puissent conduire à la création autonome d'autres compétences de l'Union européenne. Elle interdit le transfert de la compétence de la compétence (cf.* BVerfGE *89, 155 <187f., 192, 199> ; cf. également* BVerfGE *58, 1 <37> ; 104, 151 <210>). De même, l'émancipation continue du pouvoir politique de l'Union européenne par la reconnaissance constante d'autres compétences et la suppression progressive de l'exigence d'unanimité ou de règles, jusque-là caractéristiques, destinées à assurer l'égalité des États, ne peuvent du point de vue du droit constitutionnel allemand avoir lieu qu'en vertu de la volonté du peuple qui s'autodétermine librement. De telles démarches d'intégration doivent constitutionnellement être limitées par l'acte de transfert et elles doivent en principe être révocables. C'est pourquoi le retrait – nonobstant la durée illimitée du lien contractuel – du groupement européen d'intégration [*europäischer Integrationsverband*] ne saurait être empêché par d'autres États membres ou par le pouvoir autonome de l'Union... Le principe d'attribution limitée des compétences est ainsi non seulement un principe du droit européen (art. 5, § 1, EU ; art. 5, § 1, EU-Lisbonne ; cf.* Kraußer, Das Prinzip begrenzter Ermächtigung im Gemeinschaftsrecht als Strukturprinzip des EWG-Vertrages, *1991), mais reprend – tout comme l'obligation de l'Union européenne de respecter l'identité nationale (art. 6, § 3, EU ; art. 4, § 2, EU-Lisbonne) – des principes constitutionnels d'États membres. Le principe du droit européen d'attribution limitée des compétences et l'obligation, d'après le droit européen, de respect d'identité sont à cet égard des expressions contractuelles du fondement du pouvoir de l'Union dans les constitutions des États membres. Le corollaire de l'identité constitutionnelle étant inaliénable et ainsi résistante à l'intégration (art. 79, § 3, LF) est l'obligation, d'après le droit européen, de respecter le pouvoir constituant des États membres comme les maîtres des traités. Dans le cadre de ses compétences, la Cour constitutionnelle fédérale a à contrôler, si nécessaire, l'observation de ces principes* ».

La véritable question est celle de savoir si l'origine conventionnelle du texte des traités conduit à leur dénier tout caractère constitutionnel. L'exemple de la constitution américaine est fort intéressant à cet égard. Les Pères fondateurs étaient bien conscients d'avoir élaboré un pacte entre États membres nonobstant la dénomination retenue pour ce pacte et les interprétations de nature constitutionnelle sont apparues plus tard au moment de l'arrêt *Marbury v. Madison* (6). La vision « internationaliste » de la constitution américaine a d'ailleurs persisté jusqu'à la veille de la guerre de Sécession au travers de controverses sur le pouvoir des États de nullifier une loi fédérale qu'ils considéraient comme inconstitutionnelle. Dans ce cas, le passage du traité à la constitution résulte d'un processus progressif qui s'est accompagné d'un changement des mentalités et a été consacré par la Cour suprême. Le franchissement de la frontière entre traité et constitution s'est produit sur le plan juridique lorsque les États fédérés ont été privés du pouvoir d'interpréter eux-mêmes la constitution.

Cette progressivité se rencontre également dans le cas de la Communauté. La Cour de justice a elle-même reconnu la nature spécifique de cette dernière en qualifiant les traités de « charte constitutionnelle ». Elle a consacré la primauté du droit communautaire sur le droit interne dans le silence des traités en donnant à cette primauté un contenu qui va bien au-delà de celui qui est attribué généralement à la primauté du droit international notamment en enjoignant aux juridictions nationales de laisser inappliqué le droit interne contraire. Certes, la question de la primauté du droit communautaire sur le droit constitutionnel national fait encore l'objet de controverses et a donné lieu à des attitudes ouvertes, mais réservées, de la part du Tribunal constitutionnel allemand et du Conseil constitutionnel français, mais pour sa part, la Cour de justice a toujours affirmé la primauté sur le droit interne « quel qu'il soit » (7). L'insertion du principe de la primauté dans le texte de la constitution aurait pu clore cette controverse puisqu'il aurait alors été clair que la primauté aurait résulté de la constitution elle-même et non de la jurisprudence. La situation est plus ambiguë avec le traité de Lisbonne puisque les États membres reconnaissant la primauté telle qu'elle résulte de la jurisprudence de la Cour dans une simple déclaration inscrite à l'Acte final. Cette déclaration a essentiellement pour objet d'éviter que la disparition du texte même du traité d'une référence à la primauté ne soit interprétée comme un refus de celle-ci.

La Cour de justice a marqué très tôt la rupture avec le droit international dans l'arrêt *Costa c. Enel*. L'arrêt *Kadi* semble définitivement consacrer cette rupture en analysant les rapports entre le droit international et le droit communautaire comme des rapports entre un ordre juridique interne et le

(6) Voir à cet égard les analyses d'E. Zoller, *op. cit.*, pp. 81 et s.
(7) CJCE, 15 juillet 1964, *Costa c. Enel*, 6/64, *Rec.*, p. 1141.

droit international (8). Dans le silence des traités, la Cour a imposé à la Communauté l'obligation de respecter les droits fondamentaux (9). Mais, surtout, elle a très tôt exclu le jeu de la réciprocité du champ d'application du droit communautaire (10). Les règles essentielles du droit des traités ne trouvent donc pas à s'appliquer dans le cadre de la Communauté et le pouvoir d'interprétation appartient à la Cour et non aux États membres. Cette évolution a conduit une partie de la doctrine à parler de « constitutionnalisation » des traités.

Dans ce contexte, peut-on encore dire que les traités demeurent des traités internationaux classiques ? C'est la thèse de certains auteurs qui considèrent que les règles du droit des traités ne sont pas impératives et que l'on peut toujours y déroger. Les traités communautaires seraient donc formellement des traités internationaux même s'ils dérogent largement aux règles du droit des traités. L'élément déterminant demeurerait la procédure d'adoption qui est régie par le droit international. Le fait, en outre, que la révision intervienne à l'unanimité constituerait un argument en faveur de cette thèse. Cependant, à l'inverse, nul n'a jamais soutenu que le fait que la Charte des Nations Unies prévoie une procédure majoritaire de révision emporte la qualification de celle-ci comme une constitution. C'est bien que le processus d'établissement ou de révision ne constitue pas un critère déterminant.

À l'opposé se situe la thèse constitutionnelle. Le mode d'adoption de la constitution n'aurait pas une influence décisive sur la nature juridique de celle-ci. Un traité international pourrait donner naissance à une constitution. Dans ce cas, le traité apparaîtrait comme la fusée porteuse de la constitution. Une fois celle-ci en vigueur, la forme contractuelle s'effacerait pour laisser place à un instrument de nature constitutionnelle. Nul ne nie d'ailleurs qu'il soit possible de créer un État fédéral regroupant plusieurs États auparavant indépendants par un instrument conventionnel. Cette circonstance n'enlève rien au caractère constitutionnel de l'acte dès son entrée en vigueur.

B. – Un contenu constitutionnel

Si l'on refuse tout caractère déterminant au mode d'adoption, la constitution doit se distinguer du traité par des caractéristiques qui lui sont propres. Le premier élément devrait être constitué par son contenu. Une constitution contient les règles relatives aux pouvoirs publics qu'il s'agisse de leur désignation, de leurs pouvoirs ou de leurs relations réciproques. À cet égard, les traités ont bien un contenu constitutionnel, mais cet aspect est-il propre à un instrument constitutionnel ? En d'autres termes, si toute constitution contient des règles relatives aux pouvoirs publics, tout instrument contenant de telles

(8) CJCE, 3 septembre 2008, *Kadi*, C-402/05 P et 405/05 P, *Rec.*, p. I-6351.
(9) CJCE, 12 novembre 1969, *Stauder*, 26/69, *Rec.*, p. 419.
(10) CJCE, 13 novembre 1964, *Commission c. Belgique et Luxembourg*, 90 et 91/63, *Rec.*, p. 1217.

règles est-il de nature constitutionnelle ? La réponse est négative. Les traités constitutifs d'organisations internationales contiennent tous de telles règles sans pour autant que leur nature en soit transformée même si, comme pour l'organisation internationale du travail, on a choisi l'appellation de constitution pour les désigner. Étendre à ce point, la notion de constitution, conduirait à nier toute spécificité à la catégorie des organisations internationales.

C. – Un ordre juridique autonome

La seconde approche est plus juridique et reprend la thèse de Kelsen selon laquelle la constitution institue un ordre juridique. L'existence d'un ordre autonome et centralisé dont la constitution est la norme première serait la caractéristique de l'État. Que le droit communautaire constitue un ordre juridique distinct de l'ordre international ne fait pas l'ombre d'un doute. Que cet ensemble de normes puisse être autonome est fréquemment mis en question. Les adversaires de l'autonomie font valoir que cet ordre trouve le fondement de sa validité dans les constitutions nationales et ne peut l'emporter sur celles-ci. Que l'existence de l'Union et partant de son ordre juridique trouve sa source dans la volonté des États membres exprimée conformément à leurs ordres constitutionnels respectifs n'enlève rien à l'autonomie de l'ordre juridique de l'Union qui repose sur les traités qui indiquent les sources et les modes de création des normes qui le composent. La vraie question n'est-elle plutôt pas celle de savoir si un rapport de hiérarchie est établi entre le droit de l'Union et les droits internes au profit de ces derniers ? Or tel ne semble pas être le cas. La Cour de justice n'a pas le pouvoir d'annuler une loi nationale contraire au droit de l'Union. Quant au juge interne, la jurisprudence *Simmenthal* lui impose seulement de laisser inappliquée la loi nationale contraire au droit de l'Union (11). Certes, il ne lui est pas interdit de la déclarer nulle, mais cette faculté est laissée à son appréciation dans le cadre de son autonomie institutionnelle. De son côté, la constitution, puis le traité de Lisbonne, ont mis en place un dispositif qui doit permettre de régler dans le cadre du droit de l'Union les conflits majeurs entre ce droit et certaines normes fondamentales de droit national. La constitution précisait que l'autonomie du droit de l'Union ne jouait que dans le cadre des compétences de l'Union, mais la précision n'était guère utile puisque, pas plus dans un système fédéral qu'en droit communautaire, l'invalidité d'actes pris *ultra vires* n'a jamais été contestée. La question est plutôt celle de savoir qui peut constater cette invalidité. Ce fut un objet de controverses aux États-Unis où certains soutenaient la thèse de la nullification prononcée par les États fédérés. La réponse naturelle devrait être que ce pouvoir appartient à la Cour de justice puisque le traité confie à la Cour un monopole d'interprétation. De même, la réserve selon laquelle

(11) CJCE, 9 mars 1978, *Simmenthal*, 106/77, *Rec.*, p. 629.

le droit de l'Union ne pourrait porter atteinte à un certain nombre de principes constitutionnels des États membres découle aujourd'hui de l'article 4 du traité sur l'Union européenne modifié par le traité de Lisbonne relatif aux relations entre l'Union et les États membres (12) et repris de la défunte constitution. Elle constitue une limitation ancrée le droit de l'Union. Autrement dit, les limitations à la primauté fondées sur l'incompétence ou le respect d'un certain nombre de principes constitutionnels ne reposent plus désormais sur les interprétations contenues dans des arrêts de quelques cours constitutionnelles nationales. Elles trouvent leur origine dans la Constitution européenne et sont soumises à la juridiction de la Cour de justice. Le traité organise donc la primauté du droit de l'Union dans les limites qu'il a lui-même fixées. Non seulement, il clarifie la situation existante, mais, ce faisant, il renforce le caractère autonome du droit de l'Union. La Cour constitutionnelle allemande n'a pas pleinement intégré cette évolution dans son arrêt du 30 juin 2009. Elle reconnaît que sa mission et celle de la Cour de justice vont de pair, mais estime que le droit de l'Union tirant sa validité en Allemagne de la loi de ratification du traité, elle reste habilitée à déclarer celui-ci inapplicable en Allemagne au cas où il porterait atteinte à l'identité constitutionnelle de cet État. Mais, il est important de souligner qu'elle ne se situe pas dans un rapport classique de hiérarchie, mais d'applicabilité. Le jeu de l'inapplicabilité protège l'autonomie des ordres juridiques.

D. – Un pacte qui repose sur des valeurs communes

Si l'on quitte la vision normative pour une approche plus politique, force est de constater que toute constitution traduit la volonté de ceux qui l'adoptent de partager des valeurs communes. Certes, les traités initiaux restaient muets sur ces valeurs, mais progressivement la jurisprudence de la Cour de justice a su dégager celles-ci : communauté de droit, respect des droits fondamentaux, principe de démocratie, respect des identités nationales, valeurs sociales. Ces différentes valeurs ont été codifiées dans l'article 6 du traité sur l'Union européenne. Le traité de Lisbonne, reproduisant la défunte constitution, les consacre dans son article 2 et développe plus particulièrement certaines d'entre elles dans l'article 6 qui accorde à la Charte des droits fondamentaux la même valeur que les traités. On objectera que les chartes de diverses organisations internationales comme l'Organisation des Nations Unies ou le Conseil de l'Europe mettent également en exergue des valeurs communes. Mais, dans ce contexte, il s'agit de valeurs qui s'imposent aux États membres alors que, dans l'Union, ces valeurs s'adressent aux citoyens lesquels disposent de la possibilité de les faire valoir par la voie judiciaire contre l'Union.

(12) « *L'Union respecte l'égalité des États membres devant le traité ainsi que leur identité nationale inhérente à leurs structures fondamentales, politiques et constitutionnelles* ».

E. – L'existence d'une communauté de citoyens

Cette implication des citoyens dans le fonctionnement de l'Union constitue un argument essentiel en faveur de la nature constitutionnelle du texte élaboré par la convention. On a fréquemment souligné qu'il n'existait pas de peuple européen et qu'en conséquence, il ne pouvait y avoir de constitution. Une telle façon de voir ramène au dilemme de la poule et de l'œuf. Ne peut-il y avoir de constitution que lorsqu'un peuple préexiste ou la constitution définit-elle le peuple ? Sur un plan strictement juridique, la seconde hypothèse est la bonne. En droit positif, la constitution organise le peuple en une entité juridique. Ce fait n'a pas de conséquence immédiate sur le plan sociologique et n'a pas pour effet de donner naissance à une population homogène. Mais on sait bien que, politiquement, il existe une interaction étroite entre les deux éléments. Comme on l'a dit, la constitution repose sur la volonté de partager des valeurs communes. Elle présuppose donc l'existence d'une vision partagée de la vie en société. Par la suite, la vie commune renforce le sentiment d'appartenance et forge le peuple. L'homogénéité sociologique a rarement préexisté à l'adoption des constitutions des États membres et les identités nationales se sont forgées progressivement lors de la vie commune dans le cadre défini par la constitution. Il existe d'ailleurs des constitutions européennes qui admettent sur l'hétérogénéité des peuples qui composent l'État et organisent un statut particulier pour les minorités nationales.

En ce qui concerne la citoyenneté dans l'Union, l'accent a été mis dans la constitution sur la place des citoyens dans le processus de décision que ce soit sous la forme de la démocratie représentative ou participative. Mais plus rares sont ceux qui ont noté le glissement sémantique opéré par la constitution. Dans le traité CE, l'article 189 parlait des peuples des États membres réunis dans la Communauté. On cherchera en vain cette mention de la pluralité des peuples dans la constitution. L'article 189 n'a pas d'équivalent et l'article 2 fait référence aux citoyens de l'Union. L'Union regroupe des États et des citoyens. C'est là son originalité par rapport aux organisations internationales dans lesquelles les citoyens sont absents. Le rapport direct qui s'établit entre les institutions de l'Union et les citoyens est la marque de la spécificité d'une entité dans laquelle l'écran étatique disparaît. C'est là que se situe la marque d'une rupture fondamentale avec le droit international. Certes, la citoyenneté de l'Union est tributaire de la possession de la nationalité d'un État membre. Mais elle correspond à un statut spécifique caractérisé par la reconnaissance de droits politiques.

Fondée sur la volonté de partager des valeurs communes, définissant les institutions de l'Union et leurs rapports réciproques, dotée d'un ordre juridique autonome, reposant à la fois sur les États et les citoyens de l'Union, la charte constitutive de celle-ci revêt bien une nature constitutionnelle. Mais alors, on se trouve confronté à la question classique de la nature de l'Union ou, pour l'exprimer autrement, à la question de savoir s'il peut exister une constitution sans État.

Section 2. – Une constitution sans État

Détacher la constitution de l'État permet de répondre à certaines questions qui autrement resteraient ouvertes. Pour le moment l'Union ne dispose pas de la compétence de la compétence. La procédure de révision reste marquée par l'unanimité et les États demeurent les maîtres des traités. S'il en allait autrement, ne serait-on pas en présence d'une création de nature étatique ? La compétence de la compétence est la traduction juridique de la souveraineté et l'Union n'est pas souveraine. Mais les États le sont-ils pour autant ? Aborder ce sujet conduit à réfléchir sur la thèse de l'indivisibilité de la souveraineté. Indivisible, la souveraineté devrait appartenir à l'Union ou aux États membres. Elle ne saurait être partagée entre les deux.

A. – Une souveraineté partagée ?

Pour tenter de faire coïncider cette vision à la réalité, on a tenté, en France notamment, toutes les contorsions intellectuelles possibles. Une distinction a été établie entre les transferts de compétences et les transferts de souveraineté, les premiers étant seuls autorisés. Mais existe-t-il une différence véritable entre les deux notions ? Perdre le pouvoir de décider en dernier ressort dans certains domaines, n'est-ce pas limiter le champ auquel s'applique la souveraineté ? À partir d'un certain moment, l'ampleur des transferts de compétence ne vient-elle pas faire basculer la souveraineté dans le champ de l'Union ? Face à ces difficultés, le Conseil constitutionnel français s'est finalement orienté vers une autre conception selon laquelle était interdit, sauf révision de la constitution, toute atteinte aux conditions essentielles d'exercice de la souveraineté. Cependant, cette vision ne répond pas à la question fondamentale qui est celle de savoir jusqu'où peuvent aller les limitations de souveraineté sans que la souveraineté elle-même ne finisse par disparaître.

L'idée d'une souveraineté indivisible peut-elle rendre compte de la réalité politique contemporaine ? Dans une situation d'imbrication des compétences, ni les États ni l'Union ne sont réellement souverains, c'est-à-dire qu'ils ne peuvent plus décider librement en dernier ressort. Toute action étatique unilatérale est devenue difficile parce qu'elle doit prendre en considération tant les compétences de l'Union et que les réactions des autres États membres. En effet, en accord avec la jurisprudence de la Cour, même dans le cadre des compétences qui leur appartiennent les États membres ne peuvent prendre de mesures qui mettraient en péril les objectifs du traité. C'est la traduction de l'interdépendance politique étroite qui résulte de l'existence de l'Union. Enfin, il ne faut pas oublier que l'idée de l'indivisibilité de la souveraineté trouve son origine dans la monarchie absolue. La souveraineté était indivisible parce que le souverain concentrait tous les pouvoirs entre ses mains. Lors de la Révolution française, le souverain a été remplacé par la nation qui devenait titulaire de la souveraineté et comme la nation s'exprimait à travers ses représentants, la souveraineté est devenue parlementaire. Cette vision qui procède directement des siècles passés ne décrit plus la situation actuelle en raison des transferts de compétences opérés au profit de l'Union. Mais la doctrine continue à s'y raccrocher comme à une croyance d'ordre métaphysique.

Il reste possible de soutenir que subsiste le cœur même de la souveraineté, le doit de disposer seul de son propre destin. Ce droit s'exerce à travers la faculté de retrait qui est reconnue par la constitution. Mais, tant que ce droit n'est pas exercé, l'unicité de souveraineté de l'État demeure virtuelle puisqu'elle ne joue pas dans l'exercice quotidien des compétences.

Dans ces conditions d'exercice de la souveraineté, la théorie de l'indivisibilité de la souveraineté a-t-elle encore un sens ? Si l'on se reporte aux États-Unis d'Amérique, la thématique de l'indivisibilité n'y a jamais reçu un accueil favorable bien que les pères fondateurs ne l'aient pas ignorée (13). Cependant c'est une autre voie qui a été choisie pour préserver les pouvoirs des États qui composèrent la fédération. La souveraineté n'appartient ni aux États, ni à la Fédération, mais est partagée entre eux. États et Fédération sont souverains chacun dans le domaine de ses compétences. Il suffit à cet égard de rappeler la formule de l'arrêt *Alden v. Maine* : « *Congress has vast power but not all power. When Congress legislates in matters affecting the States, it may not treat these sovereign entities as mere prefectures or corporations. Congress must accord States the esteem due to them as joint participants in a federal system, one beginning with the premise of sovereignty in both the central Government and the separate States* » (14). Ainsi l'existence d'États souverains doit se concilier avec celle d'une fédération qui s'est également vu attribuer des pouvoirs souverains. Le juge Kennedy rendait compte de cette réalité lorsqu'il écrivait : « *les pères fondateurs ont brisé l'atome de la souveraineté. Un de leurs traits de génie a consisté à concevoir cette idée que les citoyens auraient deux qualités politiques, l'une au niveau de l'État, l'autre au niveau fédéral, chacune étant protégée contre les empiètements de l'autre. Le résultat est que la constitution a créé un système juridique sans précédent dans sa forme comme dans son objet qui a établi deux systèmes de gouvernement, chacun doté en propre d'une relation directe, exclusive et mutuelle, dans les droits comme dans*

(13) Voir sur ce débat les lettres 15 et 16 d'Hamilton dans C. Rossiter (éd.), *The Federalist Papers*, Penguin USA, 1961.

(14) 527 *U.S.* 706 (1999) ; sur cette théorie de la « dual sovereignty », voir aussi *Prinz v. United States*, 521 *U.S.* 898 (1997).

les obligations, avec le peuple qui le soutient et est gouverné par lui » (15). Cette description recouvre assez exactement la situation au sein de l'Union et était traduite en langage profane par la constitution lorsqu'elle évoquait en son article premier une Union de citoyens et d'États. Il faut bien se rendre à la réalité, l'Union repose sur un partage de souveraineté entre les États et l'Union (16). Pour reconstituer l'atome divisé, il faut prendre en considération ensemble l'Union et ses États membres.

On ne manquera pas d'objecter que tant que l'Union ne détient pas la compétence de la compétence, elle ne peut exercer ses compétences de manière souveraine puisque celles-ci peuvent lui être retirées à tout moment par une révision du traité. Outre le fait que sur un plan pratique, une telle révision soit extrêmement difficile puisque tout retour en arrière exige l'unanimité, la détention par les États de la compétence de la compétence témoigne simplement du fait qu'en entrant dans l'Union ils ont conservé leur qualité étatique. L'Union, puisqu'elle ne détient pas cette compétence de la compétence, ne peut être considérée comme un État. Ceci ne veut pas dire que la souveraineté ne puisse être partagée au sein de l'Union. C'est ainsi qu'apparaissent dans le langage politique des formules qui tendent à rendre mieux compte de la réalité comme celle d'exercice commun de la souveraineté. La formule est habile puisqu'elle maintient la souveraineté dans l'État tout en admettant le partage dans l'exercice de celle-ci. Il n'est pas sûr qu'elle témoigne exactement de la réalité puisque, pour chaque compétence, le pouvoir de décider en dernier ressort appartient soit à l'Union, soit à ses membres. Il existe bien un partage de compétences, mais une compétence, prise en tant que telle, n'est pas partagée.

Le refus d'admettre que la souveraineté puisse être partagée conduit à une situation dans laquelle, puisque la souveraineté doit être attribuée soit à l'Union, soit à ses membres, l'Union ne peut avoir de constitution puisqu'elle ne bénéficie pas de l'exclusivité de la souveraineté et n'a pas de caractère étatique. L'existence d'une souveraineté partagée conduit à une réflexion sur la nature de l'Union.

B. – Une fédération à caractère non-étatique

Pour résoudre les contradictions, il faut admettre qu'il existe d'autres formes d'organisation politique d'une société que l'État ou l'organisation internationale. Pour en revenir aux pères fondateurs américains, ils n'ont pas voulu créer un État au sens où l'on l'entend actuellement parce qu'ils savaient fort bien qu'ils risquaient alors de mettre en péril la souveraineté des États

(15) In 514 *U.S.* 838 (1995) traduit par E. Zoller, *op. cit.*, p. 112.

(16) Nous avons été quelques-uns défendre sans succès cette thèse dans le passé, Voir J.-V. Louis, *L'ordre juridique communautaire*, Bruxelles, Commission des Communautés européennes, 1979, p. 13 et voir notre *Cours général* précité, pp. 260 et ss.

fédérés. Ils ont mis en place un gouvernement central qui n'exercerait que des compétences d'attribution de manière à garantir les droits des États fédérés. Cette forme d'organisation constitue une fédération et elle ne doit pas être confondue avec l'État comme on le fait fréquemment en estimant qu'il ne peut y avoir d'autre forme d'organisation fédérale qu'étatique. L'expérience américaine vient contredire ce lieu commun. Les États-Unis n'ont pas été pensés comme un État, mais comme une fédération au sein de laquelle la souveraineté était partagée (17). Olivier Beaud a fort pertinemment démontré que l'on doit penser la fédération sans l'État (18).

Dans ces conditions, peut-on refuser à l'Union la nature fédérale dès lors que cette nature est dissociée de la qualité étatique ? On est en présence d'une entité politique dans laquelle le pouvoir est partagé entre l'Union et ses membres sous le contrôle de la Cour de justice, d'un système qui garantit la primauté du droit de l'Union sur celui des États membres et qui repose sur le principe de démocratie et de respect des droits fondamentaux, d'un ordre juridique autonome qui peut créer directement des droits et des obligations pour les particuliers. Qu'est-ce d'autre qu'une fédération ?

On objectera que la constitution ne définit pas l'entité qu'elle crée et, même plus, que les conventionnels ont renoncé à introduire dans le texte une référence au fédéralisme. Est-ce bien significatif ? On sait que le terme d'Union a été choisi précisément pour éviter toute référence au fédéralisme en raison des perceptions différentes de ce terme dans les États membres. En effet, dans l'imagerie politique quotidienne, la seule forme possible de fédéralisme est étatique. C'est la raison pour laquelle les Britanniques se sont toujours opposés à l'insertion d'une référence fédérale dans la constitution et que l'on a préféré la mention d'une « union sans cesse plus étroite ». Dans la constitution, on avait substitué à la référence fédérale, refusée par le Royaume-Uni, une mention de la méthode communautaire. L'article I-1 nous indiquait que l'Union exerce sur le mode communautaire les compétences transférées. Mais la méthode communautaire est-elle autre chose que la méthode fédérale ? Elle vise l'adoption de la législation par les institutions de l'Union, fréquemment à la majorité qualifiée, la primauté du droit communautaire, le respect de l'État de droit, tous éléments fédéraux.

Il est d'ailleurs notable que, dans son arrêt du 30 juin 2009, la Cour constitutionnelle allemande bien qu'elle retienne pour l'Union l'adjectif classique « supranational » ne conteste pas que celle-ci ne puisse présenter des caractères de type fédéral. Pour elle, le problème est d'éviter que l'Union ne vienne à disposer des attributs d'un État fédéral sans que son caractère démocratique

(17) Que l'on relise sur la nature mixte du régime américain la lettre n° 36 des *Federalist Papers* ou l'ouvrage de F. Chopin, *La République « une et indivisible », les fondements de la fédération américaine*, Paris, Plon, 2002.

(18) *Théorie de la Fédération*, précité.

ne soit pleinement assuré et sans que le pouvoir constituant national n'ait donné son assentiment. Le problème n'est pas celui de la fédération, mais de l'État.

Même sans le dire, l'Union est organisée sous une forme fédérale. Ses membres restent des États et leur identité nationale doit être respectée, mais ils sont soumis à la loi de l'Union dans les domaines dans lesquels des compétences ont été transférées. Le secret de la fédération est dans cet équilibre entre les pouvoirs de l'ensemble et ceux de ses composantes, pouvoirs qui sont tous légitimés démocratiquement. On est loin du super État qui nous est souvent présenté comme un épouvantail. L'Union ne revendique pas la qualité étatique, mais seulement la qualité fédérale.

Si l'on admet que l'Union revêt une forme fédérale, alors force est d'admettre que sa charte de base est une constitution.

Conclusion

L'Union défie ainsi les visions européennes traditionnelles et incite à une remise en cause doctrinale. Ce défi appelle à revisiter la théorie fédérale et à détacher la notion de fédération de celle d'État. C'est à ce prix qu'il est possible de rendre compte de la nature juridique de l'Union et de son acte fondateur. Mais la fédération est un ensemble évolutif et l'équilibre qu'elle établit entre le pouvoir central et les composantes se modifient régulièrement en fonction des évolutions politiques et sociales. Les États-Unis ont ainsi connu des époques arquées par un mouvement centralisateur et d'autres par un retour aux États membres. Cependant, ces évolutions se produisent dans un cadre juridique qui permet de les contrôler tout en tenant compte de la demande sociale. Il en va de même pour l'Union. Une constitution ne constitue qu'un encadrement de la vie politique, une règle du jeu donnée aux acteurs auxquels il appartient d'en déterminer le contenu en termes de politiques. Le débat sur la nature conventionnelle ou constitutionnelle de l'Union qui plait tant aux juristes, ne devrait pas occulter celui qui concerne directement les citoyens sur l'orientation des politiques de l'Union.

LES VERTS *V* THE EUROPEAN PARLIAMENT

JEAN-PAUL JACQUÉ (1)

The *Les Verts* (2) case will be remembered in the history of the Court both due to its substantial contribution to the Community's constitutional system and the role of the European Court of Justice in that system, and as an illustration of the European Parliament's dynamic usage of the litigation system.

There is no need to spend too long on the facts. The Parliament put in place a system for financing information campaigns leading up to the European elections of 1984. The sums allocated in the Community budget were to be apportioned between the political groupings in Parliament and political groupings that received more than 5 per cent of the vote in the European elections. Sixty-nine per cent of the allocated funds were distributed each year to the political groupings in Parliament, pro-rated by the number of Parliamentarians in each grouping, and 31 per cent were placed in a reserve fund. After the elections, these reserve funds were to be divided between the groupings that had received at least 5 per cent of the vote in one Member State, or 1 per cent of the vote in at least three Member States. The Parti écologique français 'Les Verts' requested that the Court declare the system void on a variety of grounds, including lack of competence and discrimination.

SECTION 1. – A DYNAMIC USE OF LITIGATION BY PARLIAMENT

In this case, Parliament, as a defender, would normally have taken the position that the complaint was not admissible because Article 173 (now 230) was aimed only at acts of the Council or the Commission. This defence would not have been undermined by the fact that the ECSC treaty created the possibility

(1) Professor emeritus at the Robert-Schuman University in Strasbourg, Director of the Council's legal service. The opinions of the author, who was an employee agent of Parliament during the case, in no way represent those of the institution to which he belonged. Text translated by Dana Kaersvang.

(2) Judgment of 23 April 1986, *Parti écologiste 'Les Verts' v The European Parliament*, Case 294/83, rec. 1339 ; see Constantinesco and Simon, *Le Parlement devant la Cour : Les Verts*, Dalloz 1987, 77 ; Daniele, *Il Parlemento europeo dinanzi alla Corte de giustizia*, Il Foro italiano, 1987, col 315–24 ; Jacqué, *Recours en annulation, campagne d'information pour les élections européennes*, RTDE 1986, 500–11 ; Jolliet, *Le remboursement des frais électoraux : un contentieux oublié*, Estudios en homenaje al profesor don Manuel Diaz de Velasco, Technos, Madrid, 985–1005 ; Kovar, *Observations sur l'arrêt Les Verts*, CDE 1987, 314–32 ; Schermers, *De groene partij*, Ars Aequi, 1986, 770–5 ; Voelker, *Rechtsschutz Privater genegenüber dem europäischen Gesetzgeber*, Die öffentliche Verwaltung, 2003, 570–77.

of annulment actions against acts of Parliament and that, in accordance with the case law of the Court, this route was available as long as the acts challenged concerned the organization and functioning of Parliament, because the acts were inextricably linked to the three treaties (ECSC, EEC, and EC). (3) In effect, the action provided for in Article 38 of the ECSC treaty was only open to privileged applicants. Les Verts, therefore, could not have recourse to it. Under such conditions, a wise defense would have been based on inadmissibility under Article 173 EEC. In addition, the case concerned an act of general applicability and, at first glance, les Verts were not directly or individually affected by it. Under such conditions, a defense based on inadmissibility offered Parliament a certain security (although not absolute) and would have permitted it to avoid a debate about the merits, where its position was less solid.

And yet, this approach was not taken. Parliament chose to plead admissibility, thereby opening itself up to the attacks of les Verts just as Saint Sebastian opened himself up to the archers' arrows. This approach, which was far from obvious, was selected for political reasons by the President of the time, Piet Dankert, with full knowledge of the case. (4) Parliament's fundamental objective was to obtain the Court's recognition of its capacity to be sued. This would give it a basis in a similar future case to achieve its real objective, standing to bring suit, which was required to allow it to assert its prerogatives before the Court of Justice. In this case, the Court was not able to avoid the question of Parliament's capacity to be sued because it did not have the opportunity, as it had in prior cases, to hide behind the ECSC treaty, and was obliged to confront the question. At the time, Parliament considered that if the Court recognized its capacity to be the target of a suit, the parallels would make it easier to convince the Court to grant it standing to sue in a subsequent case. In order to attract the Court to this approach, Parliament abstained from raising any objection to admissibility in its written defense. (5) It even overtly declined to argue that the applicant was not directly and individually concerned. Instead, it evoked the supposedly special character of political parties which, it argued, could not be treated as ordinary applicants. The argument was weak, as the jurisprudence on actions brought by regional authorities would soon show, but its primary purpose to

(3) Judgment of 10 February 1983, *Luxembourg v The European Parliament*, Case 230/81, rec. 255.

(4) Piet Dankert's successor, Pierre Pfimlin, was aware of the risk that the action would be annulled and reoriented Parliament's arguments, but it was too late to turn back. However, he modified Parliament's defence, leading to the slightly contradictory position noted by Advocate General Mancini in his opinion ('Moreover, it should be said in the first place that the defendant has not assisted the Court in finding the correct solution, even though it did not raise a formal objection of inadmissibility... [T]he Parliament dissociated itself more and more clearly from that argument as the case proceeded.').

(5) It reoriented its position to plead that the applicant was not individually affected on the instruction of President Pflimlin. The political groupings had seen which way the wind was blowing and feared that they would have to return the sums they had received. As a result, they put pressure on the President in order to make the defence less open to admissibility.

was take this position overtly so that the Court would not have the impression that it claimed that it could be sued even while trying to cause the action to fail by sheltering behind other arguments on admissibility. Anyway, taking account of the weakness of its argument on this last point, Parliament could secretly hope that the Court would follow its classic jurisprudence and find that les Verts was not individually concerned. In this sense, the Opinion of Advocate General Mancini gave it full satisfaction, since it proposed to recognize its capacity to be sued but indicated that the action should be declared inadmissible on grounds that the applicant was not individually concerned.

Thus, the case showed an audacious long-term litigation strategy whereby Parliament risked having the regulation annulled, although it was strongly supported by political parties, in the hope of eventually convincing the Court to grant it standing to bring such actions itself. As we now know, the approach would be fruitful but difficult, as demonstrated by the Court's initial refusal to find standing in the *Comitologie* (6) case before the success in the *post-Chernobyl* case. (7) In the latter case, the Court would not base its holding on parallelism, but on the preservation of the institutional balance mentioned in *Les Verts*. But it is likely that *Les Verts* was a first step that made possible the later evolution in Parliament's judicial standing.

Section 2. – A Constitutional Approach

If the Court agrees with Parliament as to its capacity to be the target of a suit, it does so by situating the case in a constitutional context. Therefore, the case is typical of the Court's constructive approach in its first generation jurisprudence. Three essential elements illustrate this point.

1. First, the most important point relates to the holding by the Court that the Community is a **Community based on the rule of law**. By this new step, the Court introduced the concept of the state based on the rule of law, shared by all the Member States, into the law of European integration. It is then easy to reach the conclusion that respect for the rule of law is necessarily accompanied by respect for the hierarchy of laws and, thus, of the subordination of secondary legislation to treaty provisions. This is not a very large shift, since Article 173 already provided for judicial review of legislation in the Community framework. Most important was the extrapolation from a basic principle, the subordination of legislation, to a rule of admissibility through recourse to the new concept of the Community based on the rule of law. In effect, if the treaty provides for judicial review, such review is not available solely under the conditions in Article 173, which does not provide for challenges to acts of Parliament. And yet, in its reasoning, the Court inverted

(6) Judgment of 27 December 1988, *Parliament v Council*, Case 302/87, rec. 5615.
(7) Judgment of 22 May 1990, *Parliament v Council*, Case C-70/88, rec. I-2041.

the situation. It is because the Community is a Community based on the rule of law that all acts that affect third parties must be subject to judicial review, regardless of the limits in Article 173. The pre-eminence of the rule of law thus empowers the Court to implicitly revise the treaty so that the Court can play its full role. Subsequently, the idea of the Community based on the rule of law would continue to advance. Not only would it serve as a basis for the Court's progressive construction of a coherent system of jurisdictional review, (8) it would be inscribed by the treaties as one of the principles of the Union and appears today in Article 6(1) of the Treaty of the European Union.

2. A second constitutional element in this case is the principle of balance of powers. On this point, the Court noted that, if actions for the annulment of acts of Parliament having effects on third parties were inadmissible, this would result in permitting Parliament to encroach on the powers of the other institutions and the Member States with impunity. The balance of powers established by the treaty could be altered without any barrier to prevent it. (9) In this context, the admissibility of cases challenging acts of Parliament appeared indispensable in order to preserve the institutional balance that was set out in the treaty through the separation of powers. Reliance on separation of powers was not new to the Court, as it had already used the concept in *Meroni* (10) and *Köster.* (11) Its primary importance is for what followed, as it was on this basis that the Court granted Parliament standing to bring suits, concluding that this was the only means of protecting its prerogatives against the potential overreaching of other institutions. The capacity to be sued is seen as a guarantee against future overreaching by Parliament, while its standing to sue gives it a weapon to fight encroachments from other institutions. Thus is assured the respect of Article 4(1) of the EEC (now Article 7), according to which 'each institution shall act within the limits of the powers conferred upon it by this Treaty'. However, like the cases relating to the seat of Parliament, it was less about the balance of institutional powers than about guaranteeing respect of the division of competencies between the Member States and the Community. The Court estimated that the system of financing put in place by Parliament affected the power to control campaign financing, which was reserved to the Member States in the Act of 20 September 1976 relating to the election of Parliament and universal suffrage. (12)

---

(8) In this regard, see the work of Frédérique Berrod, *La systématique des voies de droit communautaires*, Dalloz, 2003.

(9) 'Measures adopted by the European Parliament in the context of the EEC treaty could encroach on the powers of the Member States or of the other institutions, or exceed the limits which have been set to the Parliament's powers, without its being possible to refer them for review by the Court', para 25.

(10) Judgment of 13 July 1961, Cases 14, 17, 20, 24, 26 and 27/60, rec. 321.

(11) Judgment of 17 September 1970, Case 25/70, rec. 1161.

(12) For this purpose, the Court will have to reclassify the allocations in order to show that the financing of information campaigns done by political parties and groupings could not be differentiated from financing for electoral campaigns.

3. Ultimately, the references to the Community based on the rule of law and the principle of balance of powers are situated in a constitutional framework since the court treated the treaties as a **constitutional charter**. 'The European Economic Community is a community based on the rule of law, inasmuch as neither its Member States nor its institutions can avoid a review of the question whether the measures adopted by them are in conformity with the basic constitutional charter.' (13) This expression was to be used a second time by the Court in its *Opinion relating to the European Economic Area.* (14) The reference permits recourse to a classic system of constitutional control in the Member States and the comparison of the Court to a constitutional court. It is not known how much care went into the selection of the terminology, but it is appropriate to note that the Court avoided using the term 'constitution'. The reference to a constitutional charter refers to the period of the restoration of the monarchy in France, in 1815 and 1830, during which the term 'charter' was used to specify the basis of the law as not emanating from the popular will, but rather as constituting an act of self-limitation by the monarch, generally referred to as *charte octroyée.* (15) By analogy, the rights guaranteed by the treaties were granted by the Member States as 'Masters of the Treaty'. Regardless, this case strongly affirmed the break with international law already evident in the *Costa/ENEL* case, (16) which underlined the specificity of Community law. As a result, a dynamic interpretation of the admissibility provisions in the EEC treaty was rendered easier. The construction of a system of review in a coherent framework, even if it is necessary to go beyond the letter of the treaty, could then be privileged by connection to a strict interpretation of the will of the parties.

SECTION 3. – THE COHERENCE OF THE SYSTEM OF REVIEW

The *Les Verts* case was as interesting on the litigation plane as on the constitutional plane. It constituted a stage in the progress of the court in order to construct a coherent system of review, but it was equally significant in the development relating to admissibility of annulment actions.

In so far as, in a Community based on the rule of law, the acts of institutions cannot escape review of their conformity with the treaty, the Court could not but infer the existence of a complete system of judicial review. It emphasizes that private parties can attack measures attributable to Community institutions and, in doing so, raise the issue of the invalidity of the acts of general

(13) Para 23.

(14) Opinion of 14 December 1991, Case 1/91, rec. I-6079, in which the Court was even more precise: 'The EEC Treaty, albeit concluded in the form of an international agreement, none the less constitutes the constitutional charter of a Community based on the rule of law.'

(15) Literally, 'granted charter'.

(16) Judgment of 15 July 1964, Case 6/64, rec. 1141.

application that provided the bases for such measures. They can equally, when faced with the implementation of national measures, invoke the illegality of these acts before national courts and request that the question be referred to the Court of Justice. Experience shows that this system is not as complete as the Court would like us to believe, since there remains the case of a general act that does not require community or national implementing measures. In this case, the challenge cannot be brought before a national judge and the community judge cannot find it admissible because Article 173 requires that the litigants be individually concerned in order to be able bring the case before the Court. In the *Union de Pequeños Agricultores* case, (17) the Court took account of the gap and sent the case back to the national courts, charging those courts with the responsibility of providing the appropriate recourse. The Treaty Establishing a Constitution for Europe filled this gap in Article III-365, paragraph 4. The Treaty of Lisbon maintains this provision. In any case, the coherence of paths of appeal must naturally drive the Court of Justice to permit acts of Parliament that could be contested by the prejudicial route, as was the case in *Lord Bruce of Donnington*, (18) to also be brought through direct requests for annulment.

On the basis of this assumption of the existence of a complete system of judicial review, the absence of reference in Article 173 to acts of Parliament is explained by historical reasons. If review of the acts of Parliament were not provided for, this was not because the authors of the Treaty excluded it deliberately, but because Parliament did not have the power of decision in the original Treaty. As this situation has since changed, it is fitting to fill the gap and permit Parliament to be sued. The argument is supported *a contrario* by the fact that the ECSC Treaty, which provided for the power of decision, certainly limited to Parliament, provided for the possibility of challenging its decisions. The reasoning, however, is not entirely convincing. In effect, from the beginning, Parliament had a power of self-administration on the basis of its internal regulations. In this framework, Parliament could adopt acts having effects on third parties and yet Article 173 did not offer any protection against such acts. It is, however, also true that one could support the view that the authors of the treaty did not envisage such a borderline situation and that, if they had, they would have opened a path for review.

As concerns admissibility, the case clarified the fact that all actions destined to produce legal effects with regard to third parties could be the object of an annulment petition. The mention of articles aimed at producing judicial effects relates to Article 173. The problem was to know if this refers exclusively to the type of acts described in Article 189 (now 249). In the *ERTA* case,

(17) Judgment of 25 July 2002, Case C-50/00P, rec. I-6677.

(18) Judgment of 15 September 1981, Case 208/80, rec. 2205. It is true that this type of judgment related to interpretation and the Court will only implicitly give Parliament *carte blanche* in relation to the validity of the measure.

the Court emphasized the autonomous character of the notion of the act as used Article 173 in finding that the right of appeal was not limited to compulsory acts aimed at Article 189 of the EEC Treaty, but that

> Since the only matters excluded from the scope of the action for annulment open to the Member States and the institutions are 'recommendations or opinions'—which by the final paragraph of Article 189 are declared to have no binding force—Article 173 treats as acts open to review by the Court all measures adopted by the institutions which are intended to have legal force.
>
> The objective of this review is to ensure, as required by Article 164, observance of the law in the interpretation and application of the treaty.
>
> It would be inconsistent with this objective to interpret the conditions under which the action is admissible so restrictively as to limit the availability of this procedure merely to the categories of measures referred to by Article 189. (19)

Under these conditions, no argument can successfully bar the recognition of the reviewability of Parliamentary decisions, so long as they produce effects on third parties.

The internal nature of the Parliamentary decisions at issue cannot be an obstacle to admissibility. In effect, the existence of effects on third parties was not contestable since the financial contributions were destined, in part, to political groupings not represented in Parliament. Certainly, the Court, in applying the principle of institutional autonomy, did not in principle extend its control over purely internal acts carried out in the framework of each institution. However, it does not hesitate to control acts that could produce effects outside of the institution concerned. Thus, in Case 230/81, relating to the seat and place of work of Parliament, the Court did not find the case inadmissible due the internal character of the act. On the contrary, it connected the question of the existence of a reviewable act to an examination of the substance, which presumed that, in the case where the relevant act infringed on the competencies of States in the matter of the seat of Parliament, the act was reviewable. (20) Subsequently, the Court has always examined with care the contents of an 'internal' action in order to check whether it produced effects on third parties. In *Netherlands v Council*, it thus judged that an internal act relating to the transparency of the work of the Council could be based on the Council's internal regulatory power even though it may produce effects on third parties. (21) This attitude is not surprising. In effect, to grant total

(19) Judgment of 31 March 1971, Case C-22/70, rec. 263.

(20) Judgment of 10 February 1983, *Luxembourg v European Parliament*, rec. 255.

(21) 'The fact that the Decision ... has legal effects vis-à-vis third parties cannot call in question its categorisation as a measure of internal organisation. There is nothing to prevent rules on the internal organisation of the work of an institution having such effects ...' Judgment of 20 April 1996, Case C-58/94, rec. I-2169. See also the Judgment of 15 June 1994, *Commission v BASF and others*, Case C-137/92P, rec. I-2555 accepting that the rights of third parties can prevail in certain dispositions of internal affairs.

immunity to actions based on the power of internal organization would permit an institution to unilaterally call into question the institutional balance or the division of competencies between the Community and the Member States. The judicial review of such acts is the consequence of having a Community based on the rule of law.

It remains to discuss the point of whether the applicant was individually concerned by the measure. Advocate General Mancini estimated that the response must be negative since, when the contested measures were adopted, the lists of candidates had not been decided in the Member States and Parliament could not determine which parties would benefit from the appropriations. He was not followed, and it is difficult to avoid the impression that the Court, without saying so explicitly, either wanted to make Parliament pay the price of its victory on admissibility by concluding that les Verts were individually concerned, or, more simply, considered it fitting to put a halt to a situation that did not satisfy elementary criteria of political equity. (22) In effect, the court adopted such an original reasoning, which it did not use again, that it gave the impression that the reasoning was due to the circumstances of the case. It based its position on the fact that certain of the beneficiaries of the financing, the political parties in Parliament, had participated in the decision and were identifiable beneficiaries of it. Under these conditions, to recognize their power to bring an eventual challenge while les Verts were banned from doing so would create an inequality in judicial protection, an inequality which it fell to the Court to correct. To tell the truth, the remedy brought by the Court does not seem aimed at correcting a hypothetical gap since none of the political parties represented in Parliament were involved in the appeal and it would be possible to respond that they were also not directly concerned to the extent that the measure applied to political groupings, the nature and composition of which might vary during the term of office. Moreover, subsequently, the Court has seemed reticent to allow recourse by groupings or parties against internal political decisions, finding that they were not individually concerned. Thus, when non-attached Members of Parliament contested a decision by the Bureau of Parliament relating to the use of budgetary allocations put at the disposal of political parties and non-attached Members, the request was declared inadmissible by an unequivocal order of the Tribunal on grounds that the applicants were not individual concerned: 'That measure

(22) It is this last point that the late Professor Jolliet, Judge Rapporteur in the case, raised in his contribution to the collection in honour of Diez de Valasco: 'If the Court, in resolving the issue of individual concern, had adhered to the traditional criteria and had ignored the novelty of the situation that would have produced the paradoxical result of making the action for annulment available as to the groupings which had no need of it and denying that remedy to the groupings which did need it. Coming immediately after the declaration that the Community is founded on the rule of law, such a "denial of justice" would have make a mockery of the reasoning by which the Court arrived at the conclusion that it had jurisdiction to entertain an action for annulment against a measure of the European Parliament.' English version of Professor Jolliet's test, translated by Keeling, from the text published in French in the *Estudios en homenaje al professor don Manuel Diaz de Velasco* (Madrid, Technos), 985–1005.

applies generally and in the future to the political groupings and non-attached Members. It is therefore capable of affecting future political groupings and non-attached Members as well as those of whom the Parliament was constituted at the time the measure was adopted, even though it does not concern any of them individually.' (23) If the political groupings could not act against such a decision, then the discrimination against third parties envisaged by the Court did not exist and the argument of the Court in *Les Verts* was unfounded. (24) In effect, in *Les Verts*, the Court assumed that an application brought by a political group would be receivable in order to find that discrimination existed vis-à-vis third parties. If that assumption was baseless, the application should have been declared inadmissible. It is true that the budgetary allocations only related to the elections of 1984 and had been adopted in 1982, which could, in the case at issue, render the individualization easier, taking account of the improbable nature of the formation of new groupings in the interval. However, the judgment makes no mention of this fact, which, in other contexts, would not permit a decision in favor of admissibility. Under such conditions, the solution reached in *Les Verts* seems to be an isolated response to a case of a particular kind and has not been followed.

Conclusion

Rereading the case with the knowledge that one has today of Community law can make the observations of the Court seem banal, since they have been incorporated in the treaties. As often, in matters of European integration, the acquired knowledge seems so natural that one forgets the fights that gave birth to it, whether in intergovernmental conferences, through legislative channels, or in the confidential atmosphere of the Court. As René Jolliet wrote, it may in fact have no value as precedent. But one must recognize that the Court brought about a revolution, not only in granting Parliament capacity to be sued and, thus, opening the way to granting it standing to sue and then to the recognition in the treaties of a status for Parliament equivalent to that of the Council and the Commission. Furthermore, this audacious step of the Court, which remains to this day, applies to the Community the notion of a state governed by the rule of law, which implies as much the existence of a coherent system of political review as it implies effective judicial protection of private parties. This constitutional approach constitutes the case's essential contribution to community law today.

(23) Order of 10 January 2005, Case T-357/03, *Gollnisch and others v European Parliament*, rec. II-1.

(24) It is regrettable that the case, which was brought before the Court by Group of the European Right against the decision of the Bureau of Parliament regarding the division of budgetary allocations for the European elections in Spain and Portugal, did not go beyond provisional measures. It could doubtless have given interesting clarification on this point. See Orders of 18 September and 16 October 1986, Case 221/86R, recs. 2579 and 2969.

LA COMMISSION EUROPÉENNE APRÈS LISBONNE DÉCLIN OU CHANGEMENT DE PARADIGME ?

Jean-Paul JACQUÉ

Professeur émérite à l'Université de Strasbourg
Directeur général honoraire au Conseil de l'Union européenne

Vlad Constantinesco a apporté une contribution essentielle à la réflexion sur l'intégration européenne pendant de longues décennies. Professeur exceptionnel et ami fidèle, il reçoit aujourd'hui un hommage amplement mérité auquel c'est pour moi un honneur de contribuer par une brève analyse du rôle actuel de ce qui avait été conçu par les pères de l'intégration comme être le moteur de l'intégration, la Commission européenne. Or ces espoirs ne se sont pas pleinement réalisés. En effet, le discours sur le déclin de la Commission européenne est ancien et, à l'exception de la parenthèse constituée par la Commission Delors, il est constant. Avant Delors, il était principalement attribué au compromis de Luxembourg qui neutralisait le vote à la majorité qualifiée dans les domaines où il était prévu et au recours à l'unanimité dans les autres. L'Acte unique européen a corrigé ces « défauts ». L'existence même du compromis a été oubliée par bon nombre d'États membres, sauf la France et le Royaume-Uni dont les représentants ont toujours l'instruction de se solidariser avec un État qui l'invoquerait. Dans quelques rares domaines sensibles, il subsiste toujours sous la forme d'une évocation par le Conseil européen, mais jusqu'à présent ce système de « frein » ou de « frein accélérateur » n'a pas eu l'occasion de jouer. Le vote à la majorité qualifiée est devenu au fil des révisions successives des traités la règle. Ces réformes auraient dû permettre à la Commission de jouer son rôle, or il n'en a rien été. Pourtant, les États membres ont fait des efforts pour restaurer l'autorité du collège en acceptant qu'il bénéficie d'une légitimité accrue à travers l'élection à la majorité absolue du Président par le Parlement et l'investiture de la Commission par celui-ci. Ils ont également renforcé le statut du Président en lui donnant un droit de veto sur la désignation des commissaires et en lui permettant de révoquer ceux-ci. Ils ont également tenté de mettre en place un collège plus restreint, mais cette réforme a été abandonnée pour le moment suite aux péripéties liées à la ratification du traité de Lisbonne par l'Irlande. Cependant, tous ces changements n'ont guère produit d'effets. Est-on condamné à voir l'exécutif européen rester au second plan dans une situation inconfortable entre le Parlement et le Conseil européen ? La thèse du déclin est-elle justifiée ou bien résulte-t-elle du fait que l'on analyse le rôle de la Commission en fonction de critères anciens qui ne rendent pas compte des mutations qui se sont produites au fil des années ? Ne serait-il pas plus exact de dire que le déclin de certaines fonctions de la Commission est compensé par un accroissement de pouvoirs dans d'autres domaines ? C'est cette hypothèse qu'il convient de vérifier à travers deux des fonctions essentielles du Collège, la fonction législative et la fonction de gestion et de contrôle. Il s'agit de dégager des tendances générales tout en sachant bien que la réalité est parfois plus complexe.

En effet, pendant toute la période de construction du marché intérieur, la mission essentielle de la Commission fut d'élaborer et de proposer les mesures d'harmonisation nécessaires. Le programme de mise en œuvre de l'Acte unique européen impliquait l'adoption de plus de 300 mesures avant la fin de l'année 1992. La Commission constituait alors le moteur d'une vaste entreprise législative. Mais, simultanément en instituant une politique de cohésion, l'Acte unique donnait à la Commission des fonctions de gestion des programmes qui seront amplifiées par les autres programmes mis en place dans les domaines les plus divers qu'il s'agisse des relations extérieures, des politiques communes, comme la politique sociale ou l'environnement ou de ce que l'on appelle aujourd'hui les compétences d'appui comme l'éducation, la culture ou l'industrie. La culture législative rencontrait la culture de gestion. Après le départ de Jacques Delors, la seconde l'emportera progressivement sur la première. Plusieurs causes sont à l'origine de cette mutation. Tout d'abord, le besoin d'une pause législative s'est fait sentir après l'hyperactivité manifestée sous le mandat Delors puisque l'objectif relatif au marché intérieur semblait largement atteint. En outre des voix se sont fait entendre en vue de supprimer les coûts bureaucratiques imposés aux entreprises par la législation de l'Union, mais aussi afin d'améliorer le processus législatif notamment par le recours systématique aux études d'impact. D'où le slogan « légiférer moins, mais légiférer mieux » qui a certainement abouti à un « self-restraint » de la Commission. D'autre part, les péripéties qui ont entouré la crise de la Commission Santer ont attiré l'attention sur la nécessité de renforcer les qualités de gestion au sein de la Commission. Le basculement s'exprimera symboliquement par la réforme statutaire engagée par le Commissaire Neil Kinnock, réforme qui modifie fondamentalement le mode de recrutement des fonctionnaires et s'accompagnera au fil du temps par le départ de fonctionnaires élevés dans la culture ancienne. Il n'est donc pas surprenant que la culture gestionnaire se soit substituée à la culture législative. La gestion et le contrôle prennent le pas sur l'initiative législative.

Section 1. – Le déclin de la fonction législative

Inchangée dans les traités depuis l'origine, la participation de la Commission au processus législatif constitue l'un des piliers du système communautaire. Parce qu'elle représente l'intérêt général, la Commission a reçu le quasi-monopole de l'initiative législative, le Conseil, puis le Parlement, ne disposant que du pouvoir de demander à la Commission de prendre des initiatives. Même l'initiative citoyenne, introduite dans le traité de Lisbonne, préserve le pouvoir de la Commission puisque celle-ci reste juridiquement libre de donner ou non suite à la demande qui lui est adressée. Le traité accorde également un privilège exceptionnel à la proposition de la Commission puisque le Conseil ne peut modifier celle-ci qu'en statuant à l'unanimité (article 293 TFUE). Cette règle était destinée à protéger les petits États membres (Benelux) contre les grands États membres (Allemagne, France et Italie) puisque ces derniers disposaient alors de la majorité qualifiée. Les petits ne pouvaient être minorisés qu'avec l'accord de la Commission, cette dernière étant censée se prononcer en fonction de l'intérêt général. L'objectif premier de cette disposition s'est estompé depuis dans la mesure où, pour être adoptée une mesure nécessite une majorité d'États membres, ce qui permet aux petits États membres de disposer d'un pouvoir de blocage (1). Le droit accordé à la Commission constitue dès lors un instrument de négociation avec le Conseil lorsque celui-ci ne dispose pas de l'unanimité. Il permet à la Commission d'assurer la défense de ce qu'elle considère comme l'intérêt général et, *in fine*, de rechercher un consensus au moyen d'une éventuelle modification de sa proposition. Or ce système qui devait assurer un certain équilibre s'est profondément modifié tant en ce qui concerne l'initiative que le rôle joué par la Commission dans le processus législatif.

A. – Le caractère largement formel du pouvoir d'initiative de la Commission

Les différentes révisions des traités ont laissé inchangé le quasi-monopole de la Commission. Le législateur ne peut toujours pas statuer sans une proposition formelle de la Commission. Mais ce qui est en cause, c'est la réalité du pouvoir d'initiative. Les initiatives importantes ne trouvent pas fréquemment leur origine dans la Commission. En soi, ce n'est pas condamnable puisque le Parlement et le Conseil disposent selon le traité de « l'initiative de l'initiative ». De plus, il semble bien que, même par le passé, la réalité du pouvoir d'initiative était loin d'avoir l'importance que l'on lui prêtait. Une étude réalisée par

(1) Même si cette hypothèse reste théorique puisque les conflits au Conseil n'opposent qu'exceptionnellement les petits aux grands.

la Commission en 1998 indiquait déjà que les initiatives « spontanées » de celle-ci ne dépassaient pas 5 % du total des propositions (2).

La question réside donc dans l'autonomie du pouvoir d'initiative de la Commission. Les consultations ouvertes avant l'adoption d'une proposition ne concernent pas seulement le public, mais aussi le Parlement et le Conseil. S'agissant de ce dernier, il n'est pas rare qu'il adopte à l'unanimité des conclusions ou une résolution qui exprime sa position. Il est alors difficile à la Commission de ne pas tenir compte de ces positions qui limitent sa liberté d'initiative si elle souhaite que sa proposition aboutisse. De plus, s'il est vrai que la Commission réagit à des demandes des États membres (3), il est de plus en plus fréquent que l'initiative résulte d'un engagement pris par la Commission au moment de l'adoption d'un texte législatif. Le Parlement et le Conseil insèrent dans le texte une clause de révision qui impose à la Commission de faire une étude et, le cas échéant, une nouvelle proposition ou alors la Commission prend un tel engagement dans une déclaration inscrite au procès-verbal.

Enfin et surtout, depuis Lisbonne, le rôle du Conseil européen s'est considérablement accru. Cette évolution est sans doute liée à la crise financière qui a appelé des réponses fondées sur la coordination des positions des États membres laquelle s'opère au sein du Conseil européen, mais ce peut être un phénomène durable. En effet la création d'un président permanent du Conseil européen modifie la donne.

Auparavant, la présidence tournante était dotée d'une efficacité limitée par la durée de son mandat. Ne pouvant se projeter dans le long terme, elle se consacrait avant tout à la gestion des problèmes qui étaient sur la table et ne pouvait garantir que les conclusions adoptées par le Conseil européen sous

---

(2) « Il ressort de l'étude menée que, à l'image des résultats obtenus depuis 1991, la Commission a fait un usage modéré de son droit d'initiative, en présentant seulement 5 % environ des propositions de sa propre initiative. L'activité législative communautaire est conditionnée, à hauteur d'environ 75 %, par les obligations internationales souscrites par la Communauté, par la modification et la mise à jour du droit communautaire rendues nécessaires par les changements technologiques, économiques et sociaux dans un monde en pleine évolution et par les obligations découlant du Traité et du droit dérivé. En outre, l'initiative législative de la Commission reste encadrée par des invitations souvent très prescriptives adressées à la Commission par les autres institutions, les États membres et les milieux économiques. Si la Commission continue d'exercer de façon autonome son droit d'initiative, dans la mesure où elle n'est pas tenue, sur le plan juridique, de donner une suite positive aux demandes qu'elle reçoit, elle n'en subit pas moins une forte pression politique, qui porte *de facto* atteinte à son droit d'initiative » Commission européenne, Note du 3 mars 1999, Recherche sur l'exercice du droit d'initiative de la Commission.

(3) Près de 30 % des initiatives selon les statistiques de 1999 résultaient d'une demande du Conseil, du Conseil européen ou des États membres. Voy. aussi Ponzano, Hermanin et Colonna, « Le pouvoir d'initiative de la Commission, une érosion progressive », *Notre Europe*, Études et Recherches n° 89, 2012 : « Le pouvoir d'initiative législative a été également fortement érodé par le Conseil européen et le Conseil. En effet, la Commission s'est de plus en plus considérée comme politiquement tenue de suivre les "conclusions" du Conseil européen. En outre, au-delà de la possibilité du Conseil de pouvoir demander à la Commission de soumettre certaines propositions, possibilité sanctionnée par le Traité, ses résolutions sont considérées comme des "mandats" informels adressés à la Commission européenne ».

sa responsabilité seraient suivies d'effets (4). Il appartenait essentiellement au président de la Commission d'alimenter le Conseil européen par ses rapports et communications et le Conseil européen était naturellement appelé à lui confier des missions de réflexion ou de proposition qui aboutissent fréquemment à des initiatives législatives. Aujourd'hui le président du Conseil européen peut travailler dans la durée et c'est à lui que le Conseil européen confie les tâches de réflexion et la rédaction de rapports. Il rencontre régulièrement les chefs d'État ou de gouvernement afin de leur soumettre ses vues et de recueillir leur opinion. Certes le concours technique de la Commission reste essentiel. Le président du Conseil européen ne dispose pas de services suffisamment importants pour lui fournir les données nécessaires à ses travaux. Certes la coordination avec le président de la Commission est importante, car il vaut mieux éviter des points de vue contradictoires. Mais le pouvoir a changé de main. Il semble aussi que la Commission ne dispose plus de la confiance des chefs d'États et de gouvernement. Comme l'affirment, dans un rapport récent trois anciens représentants permanents et un ancien commissaire : « Le contrôle de plus en plus étroit exercé par le Parlement sur la Commission a eu pour corollaire l'intervention croissante des États dans le fonctionnement quotidien de l'institution. L'attribution d'un commissaire à chaque État membre a contribué à changer la nature du collège des Commissaires, plus proche à présent d'une sorte de "Coreper I au niveau politique" que d'une instance d'un format efficace, capable de dégager l'intérêt général européen » (5).

Depuis Lisbonne, les initiatives essentielles sont préparées par le président du Conseil européen, discutées et amendées par le Conseil européen dont le président de la Commission est membre. L'initiative politique a changé de main et il ne reste à la Commission que le soin de traduire en termes juridiques et techniques ces « initiatives ». Ici encore, cette situation n'est pas nouvelle. Le Conseil européen a toujours adressé des « commandes » à la Commission. Mais l'existence de la présidence permanente renforce l'efficacité de ces commandes qui laissent de moins en moins de marge d'appréciation

(4) Elles avaient reçu la dénomination de « conclusions de la présidence », même si elles étaient adoptées par consensus par le Conseil européen alors qu'aujourd'hui elles sont dénommées conclusions du Conseil européen ce qui traduit symboliquement le chemin parcouru.

(5) *Refaire l'Europe, esquisse d'une politique*, par Pierre De Boissieu, Ancien représentant permanent de la France auprès de l'Union européenne, ancien secrétaire général du Conseil de l'Union européenne, Tom De Bruijn, Ancien représentant permanent des Pays-Bas auprès de l'Union européenne, Stephen Wall, Ancien représentant permanent du Royaume-Uni auprès de l'Union européenne, Antonio Vitorino, Ancien membre du Parlement européen, ancien membre de la Commission européenne. Les auteurs sont également cruels en ce qui concerne la composition de la Commission : « Nul ne pensera que la Commission mérite le respect si elle est composée dans des conditions qui provoqueraient l'hilarité ou la fureur s'il s'agissait d'un orchestre ou d'une équipe de football. La nationalité ou l'appartenance politique sont des considérations secondaires. La seule question qui compte vraiment est simple : les Européens pourront-ils faire confiance aux personnalités désignées, et notamment au futur Président de la Commission, pour remplir leur mission dans l'intérêt commun ? », Synopia.fr.

à la Commission. Il faut sans doute raison garder. Ce schéma ne s'applique pas à toutes les initiatives. Dans des domaines spécifiques, sans sensibilité politique majeure, la Commission joue encore son rôle. Mais, dès lors qu'une question soulève des difficultés importantes, le Conseil européen peut intervenir. Ainsi, il a appartenu au Conseil européen de mettre la dernière main sur le brevet unitaire européen alors que l'on aurait pu penser que cette question relevait du classique dialogue interinstitutionnel. Comme le notent les auteurs d'une des études précitée (6), la Commission est de plus en plus passée d'une fonction d'initiatrice autonome à une fonction d'initiatrice sur commande.

Cette évolution conduit certains auteurs à suggérer à la Commission de renoncer à la technique basée sur une « integration by stealth », c'est-à-dire par l'harmonisation, pour laisser place à l'intégration négative en s'appuyant notamment sur la Cour de justice. En fait, comme le note G. Majone, la difficulté est moins d'ordre institutionnel que d'ordre politique (7). Pour être efficace, l'intégration positive doit s'appuyer sur des objectifs largement partagés ce qui est de moins en moins le cas dans une Europe élargie évoluant dans un contexte économique et politique qui diffère totalement de celui qui a présidé à la création de la Communauté européenne. Si l'Union ne redéfinit pas clairement ses objectifs, il n'existe aucune raison pour que le rôle de la Commission évolue. D'ailleurs, dans les domaines dans lesquels la Commission travaille sur un programme établi par le Conseil européen, comme l'espace de liberté, de justice et de sécurité, et avec une certaine cohérence, en raison des *opting out* de certains États membres, la Commission joue un rôle plus important parce qu'elle travaille sur des objectifs partagés.

Ceci ne veut pas dire que la Commission ne peut utiliser à son profit l'intégration négative en la combinant intelligemment avec l'intégration positive. Elle a su dans le passé faire un usage intelligent de la Cour de justice (8). Ainsi, dans la question des accords « open skies » (9), la Cour obtenu la condamnation de huit États membres pour avoir conclu des accords bilatéraux aériens avec les États-Unis, ce qui a permis de substituer à de tels accords des accords conclus par l'Union (à l'époque la Communauté). Dans ce cas, la Commission a utilisé la procédure de manquement pour s'ouvrir une avenue législative. Dans d'autres cas, comme celui des services de santé, le développement d'une abondante jurisprudence a rendu nécessaire l'adoption d'une

(6) PONZANO, HERMANIN et COLONNA, « Le pouvoir d'initiative de la Commission, une érosion progressive », *op. cit.*

(7) G. MAJONE « Is the Community Method Still Viable? » in R. DEHOUSSE (ed.), *The « Community Method », Obstinate or Obsolete?*, Basingstoke, Palgrave, 2011.

(8) S. K. SCHMIDT, « The Shadow of Judicial Politics », in *The « Community Method », Obstinate or Obsolete?*, *op. cit.*

(9) Affaires C.J.C.E., 5 novembre 2002, *Commission des communautés européennes c. Royaume-Uni*, C-466/98, *Rec.*, p. I-09427, à C.J.C.E., 5 novembre 2002, *Commission des communautés européennes c. République fédérale d'Allemagne*, C-476/98, *Rec.*, p. I-09855.

législation qui codifie l'acquis. Par ses interventions dans les renvois préjudiciels, la Commission contribue à façonner un corset législatif qui facilitera l'harmonisation. La Commission peut également utiliser la voie judicaire du manquement pour faire pression sur les États au moment du débat législatif comme ce fut le cas lors de l'examen dans les années 1990 de la directive sur la libéralisation de l'électricité. Parfois aussi, l'échec d'un processus législatif laisse le champ libre à la Cour comme ce fut le cas après l'exclusion des jeux de hasard de la directive services. D'ailleurs, compte tenu de l'évolution de la jurisprudence sur ce point, l'exclusion a sans doute été sage. Cependant, il s'agit ici de pratiques indirectes et épisodiques qui jouent essentiellement dans le domaine du marché intérieur. Ces stratagèmes ne remettent pas en cause la constatation générale d'un déclin de l'initiative législative.

B. – L'atténuation du contrôle sur le processus législatif

L'introduction de la procédure de codécision (aujourd'hui procédure législative ordinaire) a profondément modifié l'équilibre institutionnel au détriment de la Commission. La raison en est simple. Dès lors qu'un accord s'établit entre les deux branches législatives (Parlement et Conseil), il devient politiquement impossible à la Commission de s'y opposer. L'arsenal juridique que les traités mettaient entre les mains de la Commission ne peut plus être et n'est plus utilisé.

Avant l'introduction de la procédure de codécision, le processus législatif reposait sur un dialogue entre la Commission et le Conseil. Le Parlement ne jouait qu'un rôle indirect en agissant sur la Commission pour qu'elle soutienne ses positions devant le Conseil. Dans ces conditions, l'obligation pour le Conseil de statuer à l'unanimité pour amender le texte contre la volonté de la Commission constituait un instrument important dans les négociations. Il en allait de même du pouvoir, juridiquement contesté par le Conseil, de retirer la proposition. Même si ce prétendu pouvoir était rarement utilisé en pratique, la menace de l'employer constituait un instrument de dissuasion à l'égard du Conseil. De la sorte, la Commission pouvait affronter le Conseil à armes égales et forger un consensus.

La codécision bouleverse l'équilibre du système. En principe, le renforcement des pouvoirs du Parlement aurait dû avoir pour conséquence une diminution de l'autorité du Conseil. Mais paradoxalement, en établissant des rapports directs entre le Parlement et le Conseil, la procédure de codécision a contribué à marginaliser la position de la Commission dans la procédure législative (10). Le processus s'est développé progressivement. Dans un premier temps, la méfiance entre le Parlement et le Conseil a laissé une large place à

(10) « La pratique des négociations directes entre le Parlement européen et le Conseil dès les premières étapes de la procédure de codécision a affecté la possibilité de la Commission de participer activement à la définition du contenu des mesures législatives, en amendant ou retirant ses propositions.

la Commission. La procédure comporte trois lectures et l'accord est possible à chacune des lectures. Entre 1993 et 1999, 61,4 % des textes étaient adoptés en deuxième lecture et 38,6 % en troisième lecture après conciliation (11). Entre 1999 et 2004, 21,8 % des textes étaient adoptés en première lecture, 50,1 % en seconde lecture et 21,8 % en troisième lecture après codécision. Entre 2004 et 2009, 72 % des adoptions ont été faites en première lecture, 22,9 % en deuxième lecture et 5,1 % en troisième lecture. Ce mouvement se poursuit puisqu'entre 2009 et fin 2013, le pourcentage d'accord en première lecture atteint 81 % tandis que celui des accords en troisième lecture tombe à 3 % (12). C'est la conséquence d'un rapprochement entre le Conseil et le Parlement qui partagent le même souci d'efficacité et qui ont mis en place des procédures informelles permettant de rapprocher les points de vue. L'accroissement du nombre d'accords en première lecture a pour conséquence de modifier le rôle de la Commission. En effet, dès lors qu'un accord, parfois informel, est établi entre le Conseil et le Parlement, la Commission ne dispose pas d'une légitimité suffisante pour s'y opposer. Comment pourrait-elle exiger du Conseil qu'il statue à l'unanimité pour approuver un accord avec le Parlement au risque de bloquer le processus ? Comment pourrait-elle retirer sa proposition pour faire obstacle à un tel accord ? (13) En fait, elle ne peut plus utiliser les armes que le traité met à sa disposition pour influencer le débat législatif.

De plus, le caractère informel des négociations entre les deux branches du pouvoir législatif a pour effet de limiter le débat public. En fait, la discussion se déroule au sein de trilogues tenus à huis-clos. Dans ces conditions, la Commission est privée de la possibilité de défendre ses positions lors des débats qui se déroulent au sein des institutions. C'est la raison pour laquelle la doctrine de la Commission quant à sa position dans le débat législatif a changé. Elle se présente aujourd'hui comme investie de la mission de rapprocher les positions des institutions en qualité d'honnête courtier. Ceci signifie qu'elle a renoncé à user de ses prérogatives institutionnelles pour exercer une magistrature d'influence dont le succès dépend de la force de conviction de ses représentants ou la qualité technique de ses propositions de compromis.

En conclusion, bien que les réformes successives n'aient en rien diminué les prérogatives institutionnelles de la Commission, le rôle législatif de celle-ci est fort limité tant en ce qui concerne l'initiative que sa place dans le déroulement de la procédure législative.

En effet, dès le début du processus législatif, la Commission voit augmenter de plus en plus son rôle "d'honest broker" visant à faciliter l'obtention d'un accord entre les deux co-législateurs », Ponzano, Hermanin et Colonna, « Le pouvoir d'initiative de la Commission, une érosion progressive », *op. cit.*, p. 7.

(11) Le traité de Maastricht ne permettait que les accords en seconde lecture.

(12) Sur cette évolution, voy. O. Costa, R. Dehousse et A. Trakalova, « La codécision et les "accords précoces", Progrès ou détournement de la procédure législative ? », *Notre Europe*, Études n° 84, 2011.

(13) La Commission vient cependant de retirer sa proposition de règlement du Parlement européen et du Conseil établissant les dispositions générales relatives à l'assistance macrofinancière aux pays tiers (COM (2011) 396 final), décision contestée par le Conseil devant la Cour, aff. C-409/13.

Section 2. – Le renforcement des pouvoirs de gestion, d'exécution et de contrôle

Si la Commission n'est pas un exécutif au sens classique du terme puisqu'elle n'exerce pas tous les pouvoirs classiquement octroyés à un gouvernement, notamment dans le champ de la politique étrangère, elle a vu au fil du temps sa capacité en domaine considérablement renforcée. Cette reconnaissance du rôle de la Commission en ce domaine est sans doute liée à deux facteurs. Le premier, c'est le besoin d'efficacité. Seule la Commission est capable de décider rapidement sans être soumise aux marchandages entre États au Conseil ou entre groupes politiques au Parlement. Quant au Conseil européen, le délai entre ses réunions et la lourdeur de ses procédures ne lui permet pas de réagir avec célérité. De plus, les institutions autres que la Commission en raison de la charge de leur ordre du jour et de la nécessité de concentrer leurs travaux sur les questions politiques importantes n'ont ni le goût, ni le loisir de se consacrer aux problèmes liés à l'exécution de leurs décisions. Après tout, le développement de la comitologie est lié au développement de la politique agricole commune qui a conduit le Conseil à déléguer à la Commission les compétences d'exécution parce qu'il ne lui était pas possible de suivre toutes les questions relatives à la gestion de cette politique. L'introduction de la comitologie dans le traité a été opérée par l'Acte unique européen parce que le législateur se trouvait confronté à une lourde tâche législative en vue de réaliser l'achèvement du marché intérieur. Il était devenu nécessaire de rationaliser les procédures d'exécution. L'autre motif de l'accroissement des pouvoirs de la Commission en ce domaine réside dans l'indépendance de celle-ci. Même si les États membres n'ont pas, et pour cause, une confiance illimitée dans les commissaires pris individuellement, le fait que seul le collège puisse prendre des décisions conforte l'indépendance de la Commission. En outre, laisser dans certains domaines liés à l'exécution et qui exigent une stricte application du droit le pouvoir de décision au Conseil risque de donner lieu à des compromis politiques qui s'écarteraient d'une appréciation fondée sur des considérations exclusivement juridiques. L'illustration la plus éclatante réside sans doute dans le précédent du contrôle du respect du pacte de stabilité par la France et l'Allemagne en 2003 (14). La Commission a donc bénéficié de ce fait d'une confiance accrue dans ses tâches de gestion, d'exécution et de contrôle.

(14) Voy. C.J.C.E., 13 juillet 2004, *Commission c. Conseil*, C-27/04, *Rec.*, p. I-06649.

A. – Le développement des tâches de gestion

Les premières expériences de gestion se sont d'abord manifestées dans le cadre de la politique agricole commune, mais la gestion des marchés se faisait pour l'essentiel par l'adoption de mesures réglementaires. Ce sont donc les fonds structurels qui ont constitué un véritable banc d'essai. C'est la Commission Delors qui la première a fait l'expérience du développement d'une importante activité gestionnaire avec la mise en place de la politique de cohésion, puis d'une série de programmes à vocation interne (comme Erasmus) ou externe (comme Tacis). Au fil du temps, le nombre de programmes s'est considérablement accru de telle sorte que généralement chaque secteur d'activité de l'Union comporte un programme financier. Cette tendance est évidente dans le cas des compétences complémentaires où l'intervention financière constitue le principal moyen d'action de l'Union.

Cependant les États membres ont souhaité encadrer les tâches de gestion effectuées par la Commission et ont utilisé à cette fin la procédure de comitologie pour exercer un contrôle. De son côté sans refuser cette intervention des États membres dans le processus, la Commission a toujours essayé d'imposer la forme de contrôle la plus légère possible. Le Conseil préférait utiliser la procédure de réglementation qui donnait au Conseil en cas de désaccord le pouvoir de bloquer la prise de décision. La Commission militait en faveur de la procédure de gestion qui, au cas où le Conseil ne parvenait pas à modifier le projet de la Commission, permettait à celle-ci d'adopter l'acte. C'est ainsi que, lors de la réforme de la décision comitologie de 1999, la Commission a proposé de rendre la procédure de gestion obligatoire pour la mise en œuvre des programmes. Le Conseil s'y est refusé et s'est contenté de prévoir à titre indicatif que cette procédure pourrait être retenue dans ce cas. La Commission a attaqué devant la Cour de justice le programme LIFE parce qu'il prévoyait pour sa gestion le recours à une procédure de législation. La Cour n'a pu aller au-delà du texte de la décision comitologie de 1999 et a confirmé le caractère facultatif de l'utilisation de la procédure de gestion. Elle a cependant fait un pas vers la Commission et a souligné l'obligation du législateur de motiver spécifiquement le recours pour la gestion des programmes d'une autre procédure que la procédure de gestion (15).

La Commission n'a pas renoncé à ses prétentions et lors de la révision de la décision comitologie après l'entrée en vigueur du traité de Lisbonne, elle a tenté à nouveau d'imposer le caractère obligatoire du choix de la procédure qui succédait à la procédure de gestion (procédure d'examen) pour l'exécution des programmes. Ici encore, elle s'est heurtée à la résistance du Conseil et à l'absence de soutien du Parlement. En fait, le choix de la procédure reste encore dans les mains du législateur. Mais ce combat sur les principes a de

(15) Voy. C.J.U.E., 21 janvier 2003, *Commission c. Parlement et Conseil*, C-378/00, *Rec.*, p. I-00937.

faibles incidences concrètes puisqu'au bout du compte les désaccords entre la Commission et les comités composés de représentants des États membres demeurent exceptionnels (16).

B. – La reconnaissance d'un pouvoir d'exécution propre à la Commission

La question du pouvoir d'exécution a longtemps été la source de conflits institutionnels quant à la détermination du titulaire de ce pouvoir et quant au contrôle exercé sur l'action de celui-ci. Ces controverses ne sont pas sans importance, car elles concernent l'immense majorité de l'action normative de l'Union. Ainsi, en 2008, sur 2.174 actes adoptés, 1.668 étaient des actes d'exécution. Or, le traité de Lisbonne apporte des clarifications bienvenues qui si elles mettent fin à d'anciennes controverses en créent malheureusement de nouvelles, notamment en ce qui concerne la délimitation entre les actes délégués et les mesures d'exécution.

Mais, en premier lieu, définir l'activité exécutive de la Commission consiste à établir une distinction entre les actes législatifs et exécutifs, sujet qui a fait l'objet de discussions récurrentes entre institutions quant au titulaire du pouvoir exécutif et quant au contrôle qui pouvait être exercé sur celui-ci. Ces discussions ont pris une tournure conflictuelle après la mise en œuvre de la procédure de codécision, le Parlement invoquant le partage du pouvoir législatif pour instaurer un partage du pouvoir exécutif. La Commission a toujours joué un rôle ambigu dans ces débats, car son objectif était avant tout de se voir reconnaître en dernier ressort l'exclusivité du pouvoir exécutif. Une des raisons des discussions incessantes autour du concept d'exécution provient peut-être de ce que l'on a toujours traité ce problème comme une question de lutte pour le pouvoir sans véritablement réfléchir aux racines constitutionnelles de la controverse (17).

1. – *Le pouvoir de la Commission repose sur la distinction entre législation et mesures d'exécution*

Les traités originaires n'ignoraient pas l'existence de mesures d'exécution, puisqu'ils conféraient au Conseil le pouvoir de déléguer l'adoption de celles-ci à la Commission. Cependant, ils ne contenaient pas de critères explicites permettant de distinguer les deux catégories.

---

(16) Peut-être est-ce dû au fait que la Commission est toujours ouverte aux suggestions des membres des comités et s'efforce de rechercher le compromis ?

(17) À l'exception peut-être de Koen Lenaerts dont nous partageons partiellement les vues, voy. K. Lenaerts et A. Verhoeven, « Towards a Legal Framework for Executive Rule-Making in the EU? The Contribution of the New Comitology Decision », *C.M.L.R.*, 2000, pp. 645 et s. Pour une vision récente qui exclut toute perspective constitutionnelle, voy. J. Bering Liissberg, « The EU Constitutionnal Treaty and its distinction between legislative et non-legislative acts – Orange into apples? », *Jean Monnet Working Paper*, 01/06, NYU School of Law.

En effet, le droit communautaire n'avait pas recours au critère organique pour définir le pouvoir d'exécution puisque le Conseil législateur pouvait exercer lui-même des compétences d'exécution. L'acte d'exécution ne se fondait pas directement sur le traité, mais trouvait sa base dans un autre acte communautaire. Ce critère n'était cependant pas suffisant. En effet, la compétence d'exécution ne peut porter sur tous les éléments d'une réglementation de l'Union, faute de quoi il n'existerait aucune distinction entre le pouvoir législatif et le pouvoir d'exécution. La limite entre législation et exécution est déterminée par le contenu matériel des normes. Il appartient au législateur seul de légiférer sur les éléments essentiels d'une matière lesquels sont exclus de la procédure d'exécution. Comme le soulignait la Cour dans l'affaire Köster :

> « On ne saurait donc exiger que tous les détails des règlements concernant la politique agricole commune soient établis par le Conseil selon la procédure de l'article 43 [...] Il est satisfait à cette disposition dès lors que les éléments essentiels de la matière à régler ont été arrêtés conformément à la procédure qu'elle prévoit [...] » (18).

Il en résultait que la législation devait décider des éléments essentiels de la matière et qu'aucune compétence d'exécution relative à ces éléments ne pouvait être prévue. La Cour de justice a été amenée récemment à préciser cette distinction en indiquant que le pouvoir d'adopter des mesures d'exécution impliquant des choix politiques tels celui d'imposer des mesures coercitives ne peut être délégué (19). Mais, à l'inverse, ceci ne signifie aucunement que la compétence du législateur soit limitée à ces éléments essentiels. Le législateur est libre de régler tous les éléments de la matière, ne laissant aucune place au pouvoir d'exécution. S'il existe un domaine propre au législateur, il n'en existe aucun réservé à l'exécution.

2. – *Le titulaire du pouvoir d'exécution*

Il n'existe guère de doute quant au titulaire du pouvoir matériel de mise en œuvre des mesures communautaires. L'Union repose sur un système d'administration indirecte et l'application concrète des mesures prises par celle-ci relève des États membres. Ce n'est que dans les hypothèses où l'intervention de la Communauté se limite à l'octroi de financements dans le cadre de programmes qu'il est possible de concevoir une intervention de la Commission au titre de ses pouvoirs d'exécution du budget (art. 317 TFUE). Cette intervention peut, le cas échéant, être encadrée par une procédure de comitologie (20).

(18) C.J.C.E., 17 décembre 1970, *Einfuhr- und Vorratsstelle für Getreide und Futtermittel c. Köster et Berodt & Co*, 25/70, *Rec.*, p. 1161.

(19) C.J.U.E., 5 septembre 2012, *Parlement européen c. Conseil*, C-355/10, *Rec.*, non encore publié.

(20) C.J.C.E., 24 octobre 1989, *Commission c. Conseil*, 16/88, *Rec.*, p. 3457.

L'enjeu du débat réside donc essentiellement dans la détermination du titulaire du pouvoir d'adopter des mesures normatives d'exécution. Les discussions sur ce thème sont fréquemment inspirées de conceptions fondées sur la séparation horizontale (21) des pouvoirs et ont fréquemment négligé toute considération quant à la séparation verticale (22) de ceux-ci, ce qui peut expliquer certains malentendus.

3. – *La séparation horizontale des pouvoirs après Lisbonne et l'attribution du pouvoir exécutif à la Commission*

À cet égard, les positions traditionnelles souffrent d'un vice rédhibitoire. De nature statocentriste, elles font l'impasse sur la nature spécifique de l'Union. Reposant sur la théorie traditionnelle de la séparation des pouvoirs, elles sont fondées sur l'idée que le pouvoir d'exécution doit être l'apanage de l'institution qui remplit la fonction gouvernementale dans l'Union, c'est-à-dire la Commission. Cette vision présuppose que l'Union repose sur la conception classique de la séparation des pouvoirs ce qui n'était pas le cas dans les traités originaires.

Les auteurs des traités avaient voulu faire du Conseil le titulaire du pouvoir d'exécution. La rédaction de l'article 155 (devenu 211), avant l'Acte unique européen, était sans équivoque à cet égard. La Commission n'exerçait que les compétences d'exécution que le Conseil lui attribuait. L'Acte unique n'a pas modifié l'article 155, il a simplement introduit un nouvel alinéa dans l'article 145 CE (devenu 202), lequel pose en principe la délégation des pouvoirs d'exécution à la Commission, le Conseil ayant la faculté de retenir, dans des cas spécifiques, ces pouvoirs pour lui-même. La Commission ne disposait donc pas de pouvoirs propres en la matière. Elle pouvait certes exercer des pouvoirs d'exécution, mais n'en était pas le détenteur originaire. Elle bénéficiait seulement d'une délégation.

La situation a changé avec l'apparition de la procédure de codécision. La Cour ayant jugé que, lorsque le traité fait référence au Conseil, cette mention doit être entendue comme visant le Conseil et le Parlement dans les cas où la procédure de codécision est applicable (23), la référence au Conseil dans le troisième tiret de l'article 202, selon lequel le Conseil confère à la Commission les compétences d'exécution des règles qu'il établit, devait être comprise comme visant le Conseil et le Parlement, lorsque la base juridique entraîne le recours à la codécision. Certes, le texte de l'article 202 CE n'était pas d'une clarté exemplaire. Aussi, la discussion s'est poursuivie pour savoir quel était

(21) L'expression de séparation horizontale des pouvoirs est utilisée pour rendre compte de la vision classique fondée sur la séparation de l'exécutif, du législatif et du judiciaire.

(22) L'expression de séparation verticale rend compte du partage des pouvoirs entre l'Union et les États membres.

(23) C.J.C.E., 2 octobre 1997, *Parlement c. Conseil*, C-259/95, *Rec.*, p. I-5303.

le véritable titulaire du pouvoir d'exécution. Mais, dans les faits et dans la mesure où ce pouvoir était délégué dans les actes législatifs, le législateur (le Conseil seul ou le Conseil et le Parlement selon les cas) détenait le pouvoir de fixer tant la possibilité d'adopter des mesures d'exécution que les modalités et l'étendue de ce pouvoir. La Commission n'exerçait donc ce pouvoir que sur la base d'une délégation du législateur. Le traité de Lisbonne a confirmé cette situation en confiant à la Commission le pouvoir d'adopter des actes d'exécution sur la seule base d'une délégation du législateur. En principe, la Commission dispose donc du pouvoir d'exécution, mais uniquement lorsque la loi le prévoit. Le Conseil ne pourrait en disposer, selon l'article 291 TFUE, toujours sur la base d'une autorisation législative et uniquement dans des cas spécifiques faisant l'objet d'une motivation spéciale. Il existe peu de chances, sur le plan politique, que cette situation se produise dans des cas autres que ceux où le Conseil est seul législateur. Le traité de Lisbonne clarifie donc la situation en faisant de la Commission le détenteur du pouvoir d'exécution dès lors qu'elle bénéficie d'une délégation législative.

4. – *La prise en compte de la séparation verticale des pouvoirs*

Le fait que, dans les traités originaires, le Conseil, institution au sein de laquelle les États membres sont représentés, ait été à l'origine le titulaire du pouvoir d'exécution doit être examiné en rapport avec la question de la répartition des pouvoirs entre l'Union et ses États membres. Il ne s'agit pas d'une situation propre à l'Union, puisque tous les États fédéraux ont eu à en connaître. En effet, dans tout système fédéral, il convient de déterminer si la répartition des compétences opérée par la Constitution s'applique aussi bien au niveau législatif qu'au niveau exécutif.

Les États-Unis ont donné une réponse affirmative à cette question. Le pouvoir fédéral s'étend aussi bien à l'adoption des lois qu'à celle des mesures d'exécution. La répartition des compétences s'étend aussi bien au législatif qu'à l'exécutif, ce qui explique l'existence d'une administration fédérale sur l'ensemble du territoire en vue d'assurer l'application de la loi fédérale. Le juge Kennedy rend compte de cette situation lorsqu'il constate que la Constitution établit « un système juridique jusqu'alors inconnu, dans la forme comme dans le fond, établissant deux ordres de gouvernement, chacun doté de sa propre chaîne de commandement, de sa propre individualité, de son propre système de droits et d'obligations réciproques conférés aux individus qui en sont le soutien et sont gouvernés par lui » (24).

Le cas de la République fédérale d'Allemagne est différent. Selon l'article 83 de la Loi fondamentale, le pouvoir d'exécution est une compétence propre des Länder. Les Länder peuvent également, si la loi le prévoit, exécuter celle-ci

(24) Opinion individuelle dans U.S. Terms Limits, Inc.v.Thornton, 514 U.S. 779 (1995).

par délégation de la Fédération. Dans ce cas, si le gouvernement désire donner des prescriptions générales pour l'application d'une loi, il doit obtenir l'accord du Bundesrat (article 84). Au-delà de ces dispositions techniques, le schéma est simple. Il repose, dans le domaine des compétences attribuées à la fédération, sur une distinction entre les mesures législatives qui sont adoptées au niveau fédéral et les mesures d'exécution qui dépendent en principe des Länder. Lorsque le gouvernement fédéral est autorisé par la Loi fondamentale ou la loi à prendre des mesures d'exécution, on note, dans la plupart des cas, une intervention de la chambre qui représente les États, le Bundesrat. Exécution fédérale de type américain ou fédéralisme exécutif de type allemand, quelle est la version retenue par la Communauté ?

Les mesures prises par l'Union laissent fréquemment une large marge d'appréciation aux autorités nationales, voire leur offrent des options entre plusieurs solutions de mise en œuvre. Dans ces cas, les autorités nationales ont le devoir d'adopter des mesures normatives d'exécution. Aussi, il apparaît que l'Union se situe à cet égard dans un système de fédéralisme exécutif. Cependant, la question du détenteur de la compétence d'exécuter n'est pas résolue. Lorsqu'elles adoptent des mesures normatives d'exécution, les autorités nationales agissent-elles par délégation de l'Union ou exercent-elles, dans les limites autorisées par l'acte législatif, une compétence propre ?

L'article 10 du traité CE (aujourd'hui article 4, paragraphe 3, TUE) relatif à la coopération loyale entre institutions pouvait apporter une réponse. Il est vrai que deux lectures de cet article étaient possibles. La plus restrictive, qui était celle de la Commission, aboutissait à la conclusion que l'article 10 avait pour seule fonction d'imposer aux États membres l'obligation de prendre toutes les mesures pour assurer l'exécution du droit communautaire. Il n'est pas douteux que tel était bien l'un des objectifs de cet article. Mais il pouvait suivre une autre finalité, celle d'exprimer l'idée que l'exécution du droit communautaire appartenait en principe aux États membres. C'est la lecture que l'on pouvait faire de l'arrêt *Deutsche Milchkontor GmbH* : « Conformément aux principes généraux qui sont à la base du système institutionnel de la Communauté et qui régissent les relations entre la Communauté et les États membres, il appartient aux États membres, en vertu de l'article 5 (devenu 10) du traité d'assurer, sur leurs territoires, l'exécution des réglementations communautaires » (25). Si les mots ont bien un sens (26), cet arrêt reconnaissait la compétence d'exécution des États membres. En général, la jurisprudence a davantage mis l'accent sur l'obligation d'exécuter en vertu du principe de

(25) C.J.C.E., 21 septembre 1983, *Deutsche Milchkontor GmbH et autres c. République fédérale d'Allemagne*, aff. jtes 205 à 215/82, *Rec.*, p. 2633.

(26) Les termes « il appartient » reflètent bien l'idée d'une compétence propre aux États membres et non seulement l'existence d'une simple obligation d'exécuter.

coopération loyale que sur la compétence, mais c'est simplement parce que les cas dont la Cour était saisie portaient sur cet aspect.

Le traité de Lisbonne a tranché la controverse en faveur du fédéralisme exécutif. Selon l'article 291, § 1, TFUE, « Les États membres prennent toutes les mesures de droit interne nécessaires pour la mise en œuvre des actes juridiquement contraignants de l'Union ». Cela ne signifie pas qu'il n'existe aucune place pour l'adoption de normes d'exécution au niveau de l'Union. Des normes adoptées par l'Union peuvent se révéler indispensables pour assurer une uniformité dans l'application afin d'éviter des distorsions de concurrence ou des discriminations entre ressortissants communautaires. Dans ce cas, l'Union doit intervenir. Le Traité de Lisbonne, indique que les compétences d'exécution sont conférées à la Commission « lorsque des conditions uniformes d'exécution des actes juridiquement contraignants de l'Union européenne ». Ceci implique que l'exécution au niveau de l'Union n'intervient qu'à titre subsidiaire dans des circonstances spécifiques qui devront être motivées dans l'acte législatif. Le pouvoir d'exécution confié à la Commission constitue l'exception et non la règle.

En cas d'exécution au niveau de l'Union, la pratique, confirmée par la jurisprudence, puis ancrée dans le traité, a été d'associer les États membres à l'élaboration des normes d'exécution. En effet, dans la mesure où l'Union exerçait un pouvoir d'exécution dévolu en principe aux États membres, il paraissait logique d'instaurer une étroite collaboration entre ceux-ci et l'Union lorsqu'ils ne pouvaient exercer cette compétence au niveau national. Cette collaboration a pris la forme d'un encadrement de la Commission par des comités de représentants des États membres chargés de donner un avis sur les projets de mesures d'exécution préparés par la Commission. Un avis négatif, voire l'absence d'avis, pouvait entraîner l'évocation de la question au Conseil. Ce système est généralement connu sous l'appellation de « comitologie » et remplit deux fonctions. Il permet tout d'abord aux États membres, plus familiers que la Commission des spécificités administratives nationales, de conseiller la Commission dans l'élaboration de mesures afin d'éviter d'éventuelles difficultés concrètes d'application. Il constitue surtout un moyen pour les États membres d'être associés à l'exercice d'un pouvoir qui leur appartient normalement, mais qui est exercé par l'Union. Le traité de Lisbonne confirme le principe, mais modifie la situation indiquant que le contrôle de l'exécution lorsqu'elle est confiée à la Commission appartient aux États membres ce qui exclut du processus le Conseil en tant qu'institution. Le Parlement européen n'a, dans ce cas, de titre à intervenir directement dans l'exercice d'une compétence qui appartient aux États membres. Ceci n'exclut pas pour autant toute implication parlementaire, mais elle doit respecter la place prioritaire des États dans le processus d'exécution.

Le modèle actuel d'exécution repose sur la priorité accordée à un système décentralisé. Si au niveau de l'Union, le pouvoir d'exécution appartient sans contestation à la Commission, celle-ci ne l'exerce que dans le cadre de la comitologie, c'est-à-dire en association étroite avec les États membres.

5. – *La délicate délimitation de la notion d'exécution après Lisbonne : actes délégués et mesures d'exécution*

Jusqu'au projet de traité établissant une constitution pour l'Europe, les questions de la délégation et de l'exécution étaient confondues dans la procédure de comitologie. En effet, sous couvert d'exécution, la Commission était fréquemment habilitée à apporter des modifications au texte législatif lui-même. Il s'agissait d'une procédure couramment utilisée pour mettre à jour les innombrables annexes techniques que comportaient les règlements et directives. Ce qui présentait l'avantage pratique d'éviter le recours à la procédure législative pour des questions secondaires et de permettre une adaptation rapide des textes aux exigences techniques en les renvoyant aux mesures d'exécution habilitées à modifier le texte législatif. Il eût été plus rationnel de s'abstenir de placer des dispositions techniques soumises à une évolution rapide dans un acte législatif. Mais le Parlement et, fréquemment, les États membres souhaitaient, au moment de l'adoption d'un texte, être associés à la définition du contenu concret de celui-ci. Dans ces conditions, la procédure la plus efficace était de confier la mise à jour à la Commission dans le cadre d'une procédure de comitologie.

Dans la mesure où l'institution chargée de l'exécution disposait du droit de modifier un acte adopté par le législateur, on ne peut s'étonner que le Parlement, lorsque la matière a été soumise à la procédure de codécision, ait demandé un droit de regard sur les mesures prises. La revendication le plus souvent formulée était celle d'un droit d'opposition qui, exprimé dans un certain délai, entraîne l'évocation de la matière par le législateur, ce que l'on désigne dans le jargon communautaire sous l'appellation anglo-saxonne de *call back*. C'est la raison pour laquelle il a paru important de distinguer l'exécution de la délégation. Si l'on entendait rester fidèle à la jurisprudence de la Cour, la délégation ne devait pas porter sur les éléments essentiels de l'acte, lesquels demeureraient du pouvoir exclusif du législateur. Pour les autres éléments non essentiels, la technique de la délégation devrait être utilisée lorsqu'il s'agissait de les modifier. Il apparaissait donc nécessaire de réfléchir au critère à utiliser pour distinguer le pouvoir délégué du pouvoir d'exécution. La distinction retenue est fondée sur la différence entre modifier ou compléter le contenu d'un acte législatif et prendre des mesures de mise en œuvre de mise en œuvre de celui. Est-elle suffisante ?

L'article 290 TFUE définit l'acte délégué comme un acte de portée générale qui modifie ou complète un acte législatif sur la base d'une délégation contenue dans cet acte.

Le régime des actes délégués est entièrement décrit dans l'article 290 TFUE et les institutions ont convenu qu'il n'était pas besoin de dispositions d'application. Néanmoins, la Commission a tenu à présenter dans une communication sa vision de la situation. Les actes délégués sont des actes de portée générale, ce qui exclut l'utilisation de la procédure pour des autorisations individuelles. Elle ne peut concerner que des dispositions non essentielles d'un acte législatif, mais, dans la mesure où le recours à la procédure est facultatif, le législateur n'est jamais obligé d'y recourir et peut décider de se prononcer lui-même lorsqu'il s'agit de modifier ou de compléter des éléments non essentiels d'un acte législatif. Enfin, son objet est de modifier ou compléter l'acte législatif. Si la notion de modification est claire, celle de complément l'est moins. Le risque est grand, par une interprétation large de l'action de compléter, de supprimer tout recours aux mesures classiques d'exécution puisque tout acte d'exécution vient en quelque sorte compléter l'acte législatif qu'il applique. Le Parlement pourrait d'autant plus être tenté par ce type d'interprétation qu'il dispose d'un droit de veto sur les actes délégués alors qu'il n'a pas la possibilité d'intervenir pour empêcher l'adoption d'un acte d'exécution. Selon la Commission : « pour déterminer si une mesure "complète" l'acte de base, le législateur devrait évaluer si la future mesure ajoute concrètement de nouvelles normes non essentielles qui changent le cadre de l'acte législatif, en laissant une marge d'appréciation à la Commission. Dans l'affirmative, il pourrait être considéré que la mesure "complète" l'acte de base. À l'inverse, des mesures qui ne visent qu'à donner effet aux règles existantes de l'acte de base ne devraient pas être considérées comme des mesures complémentaires » (27). Dans la pratique, la distinction fait l'objet de controverses constantes et la Commission a saisi la Cour de justice afin d'obtenir une interprétation de l'article 291 sur ce point. Dans l'affaire *Biocides*, la Cour de justice applique le *self-restraint*, puisqu'elle renvoie la question au législateur et indique qu'elle n'interviendra qu'en cas d'erreur manifeste d'appréciation lorsqu'il ressortira à l'évidence de l'objet et du contenu de la mesure que celle-ci relève d'une autre catégorie que celle choisie par le législateur. Cependant, il est surprenant qu'en l'espèce, tout en affirmant qu'elle ne peut procéder qu'à un contrôle restreint, la Cour se livre à un examen approfondi de la mesure en cause (Arrêt du 18 mars 2014, C-427/12).

L'article 290 prévoit deux modalités de contrôle du législateur sur l'usage fait par la délégation. Le Parlement et/ou le Conseil peuvent s'opposer à l'entrée en vigueur de l'acte délégué. Le Parlement et/ou le Conseil peuvent révoquer la

(27) COM(2009) 673 final du 9 décembre 2009.

délégation. L'habilitation accordée par le législateur peut comprendre l'une ou l'autre des modalités, mais les institutions sont d'accord pour estimer qu'elles ne s'excluent pas mutuellement et qu'elles peuvent être employées simultanément. Par contre, la Commission estime que le recours aux « sunset clause », c'est-à-dire aux délégations accordées pour une durée déterminée, devrait disparaître, puisque le législateur a la possibilité de prévoir la révocation de la délégation. Cependant, le Parlement retient cette possibilité en prévoyant le cas échéant une reconduction tacite de la délégation. L'opposition du Conseil ou du Parlement à un acte délégué doit être formulée dans un délai déterminé. La Commission propose un délai de deux mois, prorogeable d'un mois, avec la possibilité d'un délai plus court pour des mesures urgentes.

Actuellement, la situation se présente donc ainsi. Le domaine législatif exclusif porte sur les éléments essentiels d'un acte. Rien n'interdit au législateur d'aller au-delà des éléments essentiels et il se voit reconnaître, dans ce cas, le droit de déléguer à la Commission le pouvoir de modifier ou de compléter ces éléments non essentiels sous réserve du contrôle exercé par le Parlement et/ou le Conseil. La Commission s'est donc vue dans ce cadre reconnaître le pouvoir d'adopter des actes délégués sous réserve de la non-opposition des deux branches législatives. Bien sûr, ceci implique qu'elle tienne compte dans l'élaboration des actes des positions du Parlement et surtout du Conseil, mais jusqu'à présent, à une exception près (28) les conflits ont été évités et la Commission s'est vue renforcée dans ses pouvoirs.

6. – *L'adoption des mesures d'exécution et le contrôle de la Commission dans le cadre de la comitologie*

L'Acte unique européen avait formalisé l'adoption des mesures d'exécution dans le cadre des procédures dites de comitologie. Lors de l'élaboration de ces mesures, la Commission devait prendre l'avis de comités composés de représentants des États membres. Les pouvoirs de ces comités pouvaient être d'ordre purement consultatifs, mais ils pouvaient aussi comporter un droit d'évocation du Conseil permettant à ce dernier de se substituer à la Commission.

Le traité de Lisbonne a conservé la procédure de comitologie, mais a exclu l'intervention directe du Conseil en faisant référence, à l'article 291 TFUE, aux « modalités de contrôle par les États membres », ce qui s'oppose à l'intervention d'une institution comme le Conseil. Le traité prévoit que la décision relative à la comitologie doit être adoptée par le Parlement et le Conseil alors que ce pouvoir était réservé au seul Conseil dans les traités précédents. La Commission a fait diligence pour présenter une proposition (29). On aurait

(28) C.J.U.E., 5 septembre 2012, *Parlement c. Conseil*, C-355/10, *Rec.* non encore publié à propos de la décision 2010/252/UE complétant le code frontière Schengen.

(29) COM(2010) 083. (40) Publié au *J.O.*, 2011, L.55, p. 13.

pu s'attendre à ce que la discussion interinstitutionnelle soit difficile, mais il n'en a rien été, puisque l'accord sur le texte s'est établi rapidement dès décembre 2010, soit un an après l'entrée en vigueur du Traité de Lisbonne, ce qui est un délai bref pour une question aussi débattue (30).

La proposition de la Commission visait à limiter autant que possible le caractère contraignant de l'intervention des États membres en limitant les types de comités et en imposant des critères stricts au recours à un type de comité. Elle substituait deux types de comité aux trois qui existaient jusqu'alors. Le comité consultatif dont l'avis ne liait pas la Commission, bien qu'elle dût en tenir le plus grand compte selon la formule consacrée, et le comité d'examen dont seul l'avis négatif empêchait la Commission d'adopter les mesures d'exécution. Le recours au comité d'examen ne pouvait avoir lieu que dans les cas spécifiques d'adoption de mesures d'exécution de portée générale ou d'autres mesures concernant l'agriculture et la pêche, l'environnement, la sécurité et la sûreté ou la protection de la santé ou la sécurité des personnes, des animaux ou des plantes et la politique commerciale commune.

À l'issue des débats, la structure proposée par la Commission a été maintenue, mais les modifications apportées par le Conseil, et acceptées par le Parlement, sont profondes. Elles touchent tant au choix du type de comité qu'à la procédure. Les États membres ont voulu maintenir l'encadrement de la procédure tel qu'il existait avant l'entrée en vigueur du traité de Lisbonne.

Lors des débats relatifs à la précédente décision « comitologie », le Conseil avait déjà refusé l'établissement de critères contraignants pour le choix du type de comité. Il n'a pas changé d'avis, et, en ajoutant l'expression « en particulier » avant l'énumération des cas dans lesquels il sera fait recours à la procédure d'examen, les auteurs du règlement ont ouvert au législateur la faculté d'avoir recours à cette procédure dans tous les cas à condition qu'ils motivent leur choix (31). La liste proposée par la Commission soumettait notamment à la procédure d'examen les mesures de portée générale, ce qui lui donnait une portée très large. Le règlement reprend la liste proposée par la Commission, mais viennent s'y ajouter les mesures d'exécution des programmes d'importance majeure ce qui institue un contrôle sur les pouvoirs de gestion de la Commission évoqués plus haut. Cependant, pour préserver une certaine souplesse, les domaines énumérés au paragraphe 2 de l'article 2 ne relèvent pas exclusivement de la procédure d'examen, ils peuvent, dans des cas justifiés, se voir appliquer la procédure consultative. La rigidité souhaitée par la Commission a donc disparu.

Sur le plan procédural, la proposition n'a pas été amendée en ce qui concerne la procédure consultative. Par contre, la procédure d'examen proposée par la Commission a été profondément modifiée. Selon un schéma

(30) Publié au *J. O.*, 2011, L.55, p. 13.
(31) C.J.C.E., 21 janvier 2003, *Commission c. Parlement et Conseil*, C-378/00, *Rec.*, p. I-11365.

classique, l'avis favorable du comité, qui statue à la majorité qualifiée, ouvre la voie aux mesures proposées par la Commission, de même que l'absence d'avis, tandis que l'avis défavorable ferme celle-ci. Dans ce dernier cas, la Commission peut présenter une proposition modifiée au comité. Dans la proposition de la Commission, toute évocation à un niveau supérieur était exclue.

Le Conseil n'a pu accepter cette solution et a institué, avec l'accord du Parlement, une instance d'évocation supérieure au comité d'examen sous la forme d'un comité d'appel. Au sein de ce comité, les États membres sont représentés à un niveau approprié selon l'article 4, § 7, du règlement, ce qui a été interprété, dans le règlement intérieur-type, comme impliquant une représentation au niveau des représentants permanents (32). La différence avec la solution antérieure est que la présidence du comité d'appel est assurée par la Commission. Ce comité est convoqué en cas d'avis négatif du comité d'examen. Il l'est également en cas d'absence d'avis lorsque l'acte de base le prévoit, lorsqu'une majorité simple s'est opposée à l'acte au sein du comité d'examen et lorsque les actes portent « sur la fiscalité, les services financiers, la protection de la santé ou de la sécurité des personnes, des animaux ou des plantes ou des mesures de sauvegarde définitive », ce qui recouvre les principaux cas dans lesquels il était fait recours à la procédure de réglementation. L'avis négatif du comité empêche l'adoption de l'acte. L'absence d'avis permet à la Commission d'adopter l'acte. La procédure regroupe ainsi les anciennes procédures de gestion et de réglementation tout en permettant de préserver certaines de leur spécificité lorsque l'acte de base le prévoit.

Il semble bien que, pour l'essentiel, les changements introduits par le traité de Lisbonne n'ont pas conduit à altérer grandement les procédures antérieures. Si les dénominations sont différentes, le schéma décisionnel reste le même. En ce domaine comme dans d'autres, il faut que tout change pour que rien ne change.

Ce qui était au cœur des débats était bien la latitude que l'on pouvait laisser à la Commission dans l'adoption des actes délégués et des mesures d'exécution. Certes la Commission n'a pu obtenir ce qu'elle demandait. Mais, au-delà des discussions procédurales, les contestations dans le passé ont été fort rares et il est exceptionnel que la Commission se soit vue empêchée d'adopter des mesures d'exécution en raison de l'opposition des États membres. La collaboration entre la Commission et les États membres est donc largement satisfaisante en ce qui concerne les mesures d'exécution. Elle le sera vraisemblablement aussi avec le Conseil et le Parlement pour l'adoption des actes

(32) Ce qui ne change guère avec la procédure antérieure où le pouvoir d'évocation du Conseil s'exerçait en réalité au Coreper, le Conseil ne faisant que confirmer la solution arrêtée à ce niveau. La seule différence est que le comité est présidé par un représentant de la Commission et non de la présidence du Conseil.

délégués. La Commission est un exécutif sous contrôle, mais un contrôle qui n'entrave guère son action.

C. – Le pouvoir de contrôle

La fonction de contrôle de la Commission est prévue par les traités originaires et a toujours constitué un élément essentiel de son action puisqu'elle s'est toujours revendiquée comme « gardienne des traités ». Selon l'article 6 TUE, « elle surveille l'application du droit de l'Union sous le contrôle de la Cour de justice de l'Union européenne ». Comme on l'a vu plus haut, cette fonction ne se limite pas à une simple surveillance, elle a des implications plus larges. À travers un recours en manquement, la Commission peut aller plus loin et tenter d'utiliser celle-ci au soutien d'une action législative, voire d'un élargissement de ces pouvoirs. Au-delà de l'exercice classique de la fonction telle qu'elle était prévue à l'origine, la crise économique et financière a donné lieu à un élargissement des fonctions de surveillance plaçant la Commission au centre de la gestion de la zone euro. Mais l'acceptation par les États membres du rôle de la Commission repose sur la conviction qu'ils ont de l'indépendance de celle-ci. Toute politisation d'une Commission qui serait plus étroitement dépendante du Parlement pourrait conduire à une remise en cause du système au profit de la création d'organismes indépendants.

1. – *La fonction traditionnelle*

Cette fonction s'exerce de plusieurs manières. Tout d'abord le traité confie en certains cas des fonctions d'évaluation à la Commission. Ainsi, par exemple, l'article 114 TFUE charge la Commission de vérifier si un État membre n'utilise pas la possibilité qui lui est offerte de ne pas appliquer la législation harmonisée pour créer des discriminations arbitraires, des restrictions déguisées dans le commerce entre États membres ou des entraves au fonctionnement du marché intérieur. Mais l'essentiel de la mission de surveillance s'exerce au moyen de la procédure d'infraction prévue aux articles 258 et 260 TFUE. En effet, à la différence des règles du droit international classique, l'Union dispose d'un système de sanction centralisé. Il existe également la possibilité pour les États membres de mettre en œuvre une procédure d'infraction à l'encontre d'un autre État membre (article 259 TFUE), mais cette possibilité n'a été utilisée que de manière très exceptionnelle. D'ailleurs cette procédure n'est qu'un ultime recours puisqu'avant d'engager une action, le demandeur doit saisir la Commission qui pourra introduire elle-même une procédure d'infraction. Il est vraisemblable que si les États membres avaient été les seuls gardiens du respect du droit de l'Union, les litiges auraient été réglés politiquement plutôt que par la voie judiciaire ce qui aurait compromis sérieusement l'uniformité d'application du droit de l'Union.

Dans sa mission de gardienne des traités, la Commission bénéficie du soutien collectif des États membres, même si individuellement ceux-ci n'apprécient guère de faire l'objet d'une procédure d'infraction. Le Conseil s'est fixé un pourcentage de retard minimal de 1 % dans la transposition des directives et vérifie annuellement les résultats atteints. Il soutient la Commission dans ses efforts (33). D'ailleurs les révisions successives des traités ont visé à rendre plus efficace la procédure d'infraction en instituant sans le traité de Maastricht un système d'amendes et d'astreintes pour non-exécution des arrêts de la Cour constatant un manquement à l'article 260 TFUE (34). Ce système a été complété dans le traité de Lisbonne par la possibilité offerte à la Commission de demander à la Cour de prononcer la sanction contre un État en même temps que celle-ci constate la non-transposition d'une directive ce qui évite la procédure à double détente (un recours en manquement suivi d'un recours en sanction) qui s'impose dans les autres cas (article 260, § 3, TFUE).

Le contrôle de la transposition est le plus aisé, mais il est essentiel de maintenir les administrations nationales sous pression constante pour éviter toute dérive dans l'application du droit de l'Union. Tout laxisme entraînerait une perte de crédibilité qui progressivement ruinerait l'application uniforme du droit de l'Union. Le processus s'est bien entendu compliqué après l'élargissement. Selon la Commission, « le nombre de retards de transposition a fortement augmenté en 2011 par rapport à l'année précédente. La Commission a engagé 1 185 procédures d'infraction pour retard de transposition en 2011, contre 855 en 2010 et 531 en 2009 (35). Les cas de mauvaise transposition et de mauvaise application du droit de l'Union peuvent être plus difficiles à détecter. Aussi, à côté des procédures ouvertes d'office par la Commission, les plaintes transmises par les particuliers jouent un rôle important. Plus de trois mille plaintes ont été déposées en 2011. Après instruction, plus de 600 cas ont été retenus. Tout dossier retenu donne lieu à un dialogue avec l'État concerné ce qui permet non seulement de régler fréquemment le litige, mais aussi peut avoir un effet pédagogique pour les administrations nationales.

---

(33) Dans sa résolution des 30 et 31 mai 2012, le Conseil souligne « qu'il importe de tout mettre en œuvre pour atteindre l'objectif de déficit de 1 % fixé pour la transposition concernant les directives sur le marché unique, l'objectif demeurant de n'avoir aucun déficit de transposition ; lorsqu'une large majorité d'États membres a atteint le déficit de transposition de 1 %, une réduction par étapes de cet objectif peut être envisagée ; qu'il est nécessaire d'échanger les bonnes pratiques, le cas échéant, afin d'assurer la qualité de la transposition et de la mise en œuvre ; qu'il est nécessaire de réduire la durée des procédures d'infraction et que les États membres et la Commission consentent davantage d'efforts pour agir et réagir dans un délai adéquat, compte tenu des circonstances spécifiques du cas particulier ».

(34) L'idée avait été soulevée par la Commission en raison de nombre d'arrêts en manquement inexécutés. Dans un premier temps, une procédure de nature politique avait été envisagée qui aurait reposé sur un rapport de la Commission au Conseil suivi d'une décision de ce dernier. L'idée avait été abandonnée en raison de la politisation de la procédure qui n'était pas un gage de son efficacité. Elle fut reprise sous sa forme actuelle à l'initiative de la délégation britannique. Le recours à la Commission et à la Cour de justice permettait de conserver le débat sous un angle juridique, même si la Commission qui en a l'initiative n'est jamais obligée d'introduire un recours.

(35) Le rapport annuel sur le contrôle de l'application du droit de l'UE (2011).

En outre, la Commission a adopté une stratégie préventive qui consiste dans certains cas complexes à engager avec les administrations nationales des travaux préparatoires avant la transposition.

Bien entendu, il revient à la seule Cour de constater le manquement, mais la Commission est seule juge de l'opportunité des poursuites. Selon une jurisprudence constante de la Cour, le défaut d'engager une action n'est pas susceptible de constituer une carence (36). La Commission est à l'instar d'un ministère public juge de l'opportunité des poursuites. En termes politiques, cela signifie qu'agissant dans l'intérêt général, elle peut choisir ses priorités et mettre l'accent sur certaines politiques. Elle est donc libre de choisir sa stratégie. Ceci ne signifie pas d'ailleurs que le particulier soit laissé sans remède. Il peut toujours agir devant le juge national et solliciter un renvoi préjudiciel. Il pourra également mettre en jeu la responsabilité de l'État devant le juge national.

2. – *L'amplification du rôle de la Commission suite à la crise financière*

Un des paradoxes des solutions apportées dans la gestion de la crise est que le traitement de celle-ci par une institution intergouvernementale a conduit à un renforcement considérable des pouvoirs de l'institution intégrée que constitue la Commission (37). Rien de surprenant à cela. La gestion de la crise de la zone euro repose sur l'établissement d'une solidarité entre les États membres, mais cette solidarité n'est possible que si chacun accepte une certaine discipline. Le respect de cette discipline ne peut être assuré par le Conseil européen qui ne dispose ni de la permanence, ni de l'appareil administratif nécessaire. Mais surtout, les péripéties liées à l'incapacité du Conseil de prendre des mesures face aux violations du Pacte de stabilité en 2003 montrent bien qu'un contrôle de ce type est inefficace parce qu'il est pollué par des considérations de type politique. Dans ces conditions, la seule possibilité est de confier la surveillance du processus à l'institution indépendante qu'est la Commission. Ceci implique d'ailleurs que toute « politisation excessive » de la Commission irait à l'encontre de la confiance que les États membres sont censés lui porter. Il est difficile d'être simultanément porteur d'un programme politique au sens partisan du terme et de vouloir être considéré comme un acteur impartial.

(36) C.J.C.E., 14 février 1989, *Star Fruit Company SA c. Commission des Communautés européennes*, 247/87, *Rec.*, p. 291 : « Il résulte toutefois de l'économie de l'article 169 du traité que la Commission n'est pas tenue d'engager une procédure au sens de cette disposition, mais qu'à cet égard elle dispose au contraire d'un pouvoir d'appréciation discrétionnaire excluant le droit pour les particuliers d'exiger de cette institution qu'elle prenne position dans un sens déterminé ».

(37) Sur ce point, voy. Ph. De Schoutheete et S. Micossi, « On Political Union in Europe: The changing landscape of decision-making and political accountability », *CEPS*, Essay n° 4, 21 février 2013.

L'ensemble des règles nouvelles adoptées dans le cadre du pacte de stabilité et de croissance, du six-pack, puis du two-pack, conduisent à un renforcement considérable des pouvoirs de la Commission. Sans entrer dans les détails de chaque mesure, la Commission se voit d'abord reconnaître un pouvoir d'avis et de surveillance qui repose sur un dialogue avec les États concernés. Ce pouvoir ne concerne pas seulement les États qui font l'objet de mesures en cas de déficit excessif ou de risque d'un tel déficit, mais tous les États de la zone euro. Est notamment très significative la procédure d'examen des plans budgétaires des États qui donne lieu à avis de la Commission avec la possibilité de demander à l'État concerné un plan révisé. Il s'agit d'une intrusion significative dans ce qui relève par excellence de la souveraineté nationale. Certes, le pouvoir reste entre les mains des parlements nationaux, mais avec tous les risques que peuvent présenter le refus de tenir compte des avis tant en ce qui concerne les réactions des marchés que la possibilité de se voir dans l'avenir placé dans une situation où s'appliquera une surveillance renforcée avec la perspective de se voir imposer des mesures correctrices contraignantes.

Au-delà de ce dialogue budgétaire, la Commission dans ses missions de surveillance s'est vue reconnaître le droit de proposer des recommandations au Conseil. Le pouvoir de décider reste dans ce cas entre les mains du Conseil, mais est soumis à la procédure dite « comply or explain ». Si le Conseil n'adopte pas la proposition de recommandation, il doit donner publiquement ses raisons, ce qui renforce considérablement la position de la Commission et constitue une garantie d'objectivité du débat en évitant une politisation trop évidente (38).

Enfin, les décisions relatives aux sanctions et aux mesures correctrices sont adoptées selon la procédure de la majorité inversée qui était déjà appliquée pour les mesures provisoires anti-dumping. La proposition de la Commission est adoptée à moins que le Conseil ne s'y oppose à la majorité qualifiée dans un délai déterminé.

Ce renforcement des pouvoirs de la Commission se manifeste également dans le cadre du traité sur la stabilité, la coordination et la gouvernance de l'Union économique et monétaire. Si la spécificité de ce type de gouvernance par voie d'accord intergouvernemental se développe, il n'y aurait pas de difficultés à ce que la Commission se voie confier des missions supplémentaires tant que, selon la Cour de justice, « ces missions ne dénaturent pas les attributions que les traités UE et FUE confèrent à ces institutions » (39).

---

(38) Voy. par exemple article 2*bis ter* § 2 du règlement n° 1466/97 relatif au renforcement de la surveillance des positions budgétaires ainsi que de la surveillance et de la coordination des politiques économiques : « Le Conseil est censé, en principe, suivre les recommandations et propositions de la Commission ou expliquer publiquement sa position ».

(39) C.J.C.E., 27 novembre 2012, *Thomas Pringle c. Governement of Ireland, Ireland et The Attorney General*, C-370/12, *Rec.* non encore publié.

Dans le contexte de l'UEM, la Commission se trouve donc placée au centre du dispositif parce qu'elle est la seule institution à pouvoir exercer des pouvoirs de nature exécutive avec une certaine indépendance. L'expérience ayant montré qu'un système presque qu'exclusivement fondé sur des règles que les États étaient invités à respecter sous le contrôle de leurs pairs et du marché n'avait pu permettre la stabilité de la zone euro, elle s'est trouvée en position de combler ce vide. Il ne s'agit sans doute pas d'une solution transitoire. Les difficultés liées à l'asymétrie entre le pilier monétaire et le pilier économique de l'UEM n'ont pu être résolues que par un renforcement de la gouvernance qui a profité tant au Conseil européen qu'à la Commission.

Conclusion

Telle qu'il est possible de l'analyser aujourd'hui, la situation ne correspond guère aux vues des partisans de la méthode communautaire qui plaçaient la Commission au cœur du système. Le système de l'Union repose sur un équilibre en constante évolution entre le pôle intergouvernemental et le pôle intégré et la Commission est au service de l'un comme de l'autre. Si elle repose sur la double légitimité qui lui est conférée par sa désignation par le Parlement européen, le Conseil européen et les États membres, le refus de réduire le nombre de ses membres accentue cependant une tendance intergouvernementale. Mais surtout, les révisions des traités ont conduit à affaiblir considérablement ce qui était à l'origine le principal pouvoir de la Commission, l'initiative législative. Certes, formellement, elle conserve ses pouvoirs, mais ceux-ci sont largement devenus inopérants. Par contre, ses missions de gestion et de contrôle sont devenues prépondérantes et, à cet égard, elle constitue un véritable exécutif. Aussi, plus que d'un déclin de la Commission, il s'agit d'une mutation. Mais ce nouvel équilibre n'est-il pas mis en péril par ceux qui réclament une politisation accrue, au sens partisan du terme, de la Commission ? Ses pouvoirs actuels reposent sur son indépendance et la politisation mettrait celle-ci en danger. Faut-il, sans aucune certitude de retrouver une autorité perdue, mettre en péril l'autorité actuelle. Le président de la Commission semble jouer sur les deux tableaux. Tout en réclamant des pouvoirs de gestion et de surveillance accrus, il se prononce en faveur de la politisation en estimant que la question de la désignation du président de la Commission doit être tranchée par les élections du Parlement européen. Or les États membres ne peuvent accepter de confier de nouvelles tâches exécutives à la Commission que pour autant que son indépendance soit assurée, c'est-à-dire si elle n'est l'otage ni du Parlement, ni du Conseil. D'ailleurs gagnerait-elle en légitimité en étant l'expression exclusive d'une majorité parlementaire ? L'expérience montre curieusement que l'accroissement continu des pouvoirs du Parlement européen s'est accompagné d'un accroissement constant de l'abstention aux élections européennes. La conclusion n'est pas qu'il faille revenir en arrière, mais plus simplement, comme le prévoit le traité, qu'un équilibre entre les deux légitimités, celle des peuples représentés par le Parlement et celle des États au sein du Conseil européen et du Conseil, doit être préservé. En ce sens, la Commission est à la croisée des chemins. Selon qu'elle choisira de préserver cet équilibre ou de se lier à l'une de ces branches, son destin sera profondément différent.

Les leçons de la récente élection parlementaire sont intéressantes à cet égard. La stratégie parlementaire qui consistait à lier la désignation du président de la Commission au vote des électeurs n'a guère eu d'effet sur la participation électorale tant il semble que, pour le moment, les électeurs semblent largement indifférents à la personnification du scrutin. Par contre, elle a joué un certain rôle dans le choix du futur président par le Conseil européen lequel a tenu compte du résultat des élections. Il est vrai que le candidat était issu du sérail et qu'il en aurait peut-être été autrement avec un véritable outsider. Cependant, au vu de la composition du collège et de la distribution des responsabilités, on ne peut parler d'une politisation accrue. Dans la lignée des Commissions précédentes, on assiste davantage à la recherche d'un équilibre politique fondé sur une représentation des différentes tendances. En structurant le collège en *clusters* autour de chaque vice-président, le président cherche à restaurer une certaine efficacité. Mais au fond, il n'est guère de raisons pour que la situation change fondamentalement.

THE EVOLUTION OF THE APPROACH TO EXECUTIVE RULEMAKING IN THE EU

Jean-Paul JACQUÉ (1)

Section 1. – Introduction

This contribution is aimed at tracing the evolution of the approach to executive rulemaking in the European Union, without dealing in depth with the legal and technical aspects that are the object of profound analysis in the other contributions. Since the Union started to legislate, the distinction between legislative and executive acts has caused recurring debates concerning who is the holder of the executive power and what control the Parliament can exercise over that entity. These questions took a conflictual turn when the co-decision procedure entered into force, because the Parliament took advantage of its shared legislative power to claim a shared executive power. The Commission has always played an ambiguous role in these debates, since its aim, above all, has been to be recognized as the final holder of the executive power. One of the reasons for the incessant discussions about the concept of execution (2) is perhaps that the problem has always been treated as a power struggle, without genuine reflection on the origins of the debate. (3)

The debate in effect started off between the Council and the Commission about whether the former could exercise a control over the latter concerning its adoption of measures of execution. Then the Parliament intervened in the discussions, emphasizing its hostility to the comitology, but before Maastricht it did so mostly by supporting the prerogatives of the Commission. That in turn created the first situation where the Parliament claimed its right to

(1) The author wishes to acknowledge the invaluable support from Doctoral Candidate Love Rönnelid at the Uppsala University Law Faculty, with translation of the text from French to English.

(2) Note that the French expression *exécution*, extends, in English, to both 'execution' and 'implementation' (depending on the context). In cases referring to the treaty provisions on 'implementation' that expression has been used; otherwise, the expression 'execution' has been preferred.

(3) Perhaps with the exception of K Lenaerts and A Verhoeven, 'Towards a Legal Framework for Executive Rulemaking in the EU? The Contribution of the New Comitology Decision' (2000) 37 CMLRev 645. For a recent vision that excludes any constitutional perspective, see J Bering Liisberg, 'The EU Constitutional Treaty and its distinction between legislative et non-legislative acts—Oranges into apples?' Jean Monnet Working Paper 01/06 NYU School of Law.

standing before the Court in order to annul the first Comitology Decision, (4) which, according to the Parliament, led to a paralysis of the decisions taken by the Commission. (5)

The founding treaties did not ignore the existence of measures of execution, since they conferred on the Council the power to delegate the adoption of such measures to the Commission. They therefore recognized the existence of an executive power distinct from the legislative power. The treaties did not contain explicit criteria for discerning the two categories. This situation gave rise to suggestions about the establishment of a hierarchy of norms in Community law. This meant that Community law, as it stood before the entry into force of the Lisbon Treaty, recognized a certain kind of hierarchy of norms. Clearly, secondary law was subordinate to primary law and the measures of execution had to take their authority from an enabling provision in secondary law. The system thus contained three legislative levels arranged hierarchically. Each act had its specified place in the Community legal order and had to conform to superior norms. There was a distinction between legislation and measures of execution but the criterion was not an organic one, since the legislator, for most of that period the Council alone, could keep for itself the power to adopt measures of execution. The Commission's implementing powers rested on an empowerment granted by the legislator.

SECTION 2. – THE HOLDER OF EXECUTIVE POWER

There is hardly any discussion about the holder of the power to take measures for implementation of Union acts. The Union is based on a system of indirect administration and the material application of measures taken by it falls within the competencies of the Member States. It is essentially only where the intervention by the Union is limited to granting financing within the confines of programs that it is possible to conceive of an intervention by the Commission under its executive budget powers (Article 317 TFEU). That intervention can, if necessary, be controlled by a comitology procedure. (6) At stake in the debate is thus essentially the determination of which organ holds the power to adopt normative executive measures. The discussions on this subject are frequently inspired by ideas about horizontal separation of powers but have overlooked any consideration of vertical separation of powers. (7)

(4) Case 302/87 *Parliament v Council*, EU:C:1988:461.

(5) Resolution of 8 July 1987 on the Council Decision of 22 June 1987 on the implementing powers of the Commission, B2-724/87.

(6) Case 16/88 *Commission v Council*, EU:C:1989:397.

(7) The expression 'horizontal separation of powers' is used to indicate the classical vision of a separation of the executive, the legislator, and the judiciary. The expression 'vertical separation of powers' refers to the division of competencies between the Union and the Member States.

A. – Horizontal separation of powers and the conferral of powers on the Commission

In this respect, the traditional positions have suffered from a crippling flaw. Because of their state-centred nature, these positions have been blind to the particular characteristics of the Union. Founded on the traditional theory of separation of powers, these positions were rooted in the idea that the executive power must be the privilege of the institution that fills the role of a government in the Union; that is the Commission. This vision presupposed that the Union was based on a classical conception of separation of powers, which was not the case in the founding treaties.

Right or wrong, the drafters of the treaties wanted to make the Council the holder of the executive power. The formulation of Article 155 EEC (which became 211 EC) before the Single European Act was without ambiguity in this regard. The Commission only exercised the executive power that it was afforded by the Council. The Single European Act did not change Article 155 EEC, it simply added a paragraph to Article 145 EC (which became Article 202 EC), that adopted the principle of delegation to the Commission, but with the Council having the possibility to retain the powers for itself in specific cases. Thus, the Commission did not hold its own powers in the matter. It could definitely wield executive power, but it was not the original holder of such power. It was merely the beneficiary of a delegation.

Did this power belong to the Council alone? This was not even in question at the time when the Council was the sole legislator. But has the situation changed with the advent of the co-decision procedure? The Court had held that in cases where the treaty referred to the Council this must be understood as a reference to the Council and the Parliament in cases where the legal basis indicated a co-decision procedure. (8) Therefore, the reference to the Council in Article 202 EC had to be understood as referring to the Parliament and the Council when the legal basis required recourse to co-decision. Nevertheless, the formulation of Article 202 EC could have been more clearly worded. It had not been modified, although the holder of the legislative power was no longer solely the Council since Maastricht. The discussion had gone on and on concerning which organ was the original holder of the executive power. However, in fact, and since the executive power was conferred in legislative acts, the legislator (the Council alone or jointly with the European Parliament) had the power to decide both the extent and the modalities of measures of implementation. Accordingly, the Commission only exercised such power on the basis of a delegation and could not be the original holder of such power.

(8) Case C-259/95 *Parliament v Council*, EU:C:1997:454.

The Lisbon Treaty has confirmed this situation by entrusting the Commission with the power to adopt implementing acts only where the legislator has delegated such power. In principle the Commission thus holds an executive power, but only where it is prescribed by law. The Council can exercise such power, according to Article 291, on the basis of legislative authorization that can be accorded only in duly justified specific cases. It is unlikely, for political reasons, that this situation will occur outside situations where the Council is the sole legislator. Therefore, the Lisbon Treaty fundamentally modifies the situation, since the Commission becomes the holder of the executive power from the moment it receives a legislative delegation.

B. – Taking vertical separation of powers into account

The fact that the Council, which represents the Member States, has been the holder of the executive power according to the founding treaties, must be examined in close connection with the question of the division of powers between the Union and the Member States. This is not a situation that is specific to the Union, since every federal state faces similar questions. In fact, in a federal system it is to be determined if the allocation of competences provided for by the constitution applies to the legislative level as well as to the executive level.

The United States have given an affirmative answer to that question. The federal power extends equally far when it comes to adopting laws as to measures of implementation. Thus, the federal power 'may not commandeer the States' legislative processes by directly compelling them to enact and enforce a federal regulatory program'. (9) The allocation of competences covers the legislative as well as the executive, which explains the existence of a federal administration on the totality of the territory in order to ensure the implementation of federal law. Judge Kennedy gave an account of this situation when he held that the constitution establishes 'a legal system unprecedented in form and design, establishing two orders of government, each with its own direct relationship, its own privity, its own set of mutual rights and obligations to the people who sustain it and are governed by it'. (10)

The situation in the Federal Republic of Germany is different. According to Article 80 of the Basic Law, the Federal Government, a Federal Minister, or the *Land governments* can be authorized by law to adopt regulations. In such a case the *Bundesrat*, which represents the *Länder*, is often called upon to intervene in order to approve these regulations. On the other hand the popular assembly—the *Bundestag*—is excluded from this process. According to Article 83 of the Basic Law, the power to execute federal laws belongs to the

(9) The Supreme Court of the United States of America, in *New York v US*, 505 US 144 (1992). The same idea can be found in *Prinz v United States*, 521 US 898 (1997).

(10) Individual opinion in *US Terms Limits, Inc v Thornton*, 514 US 779, 838 (1995).

Länder in their own right. The *Länder* can also, if it is prescribed by federal law, implement it on delegation from the Federation. In such circumstances, if the Government wishes to adopt general administrative rules for how to apply a federal law, it has to obtain the consent of the *Bundesrat.* Of course, the federation disposes of an oversight power over the *Länder* that can lead to an acknowledgment by the *Bundesrat* of a violation of the federal law by the *Land* (Article 84 of the Basic Law). Apart from these technical dispositions, the overarching structure is simple. It rests in the area of federal competences, on a distinction between legislative measures that are adopted on the federal level and measures of implementation that are in principle incumbent upon the *Länder.* When the Federal Government is authorized by the Basic Law or a law to take executive measures, the *Bundesrat* (which represents the States) intervenes in most cases.

The measures adopted by the European Union often leave a considerable margin of appreciation to the national authorities, and even offer them the choice between several implementing solutions. Under such circumstances, national authorities are under a duty to adopt normative measures of implementation, so that the Union is similar to a system of executive federalism. However, that does not solve the question of who is the holder of the executive competence. Do the national authorities act on delegation of the Union, or do they exercise a competence of their own within the limits set by the legislative act? The founding treaties do not provide any evidence for an exclusive executive competence for the Union, which has prompted debates among the institutions on the question.

The case law on the principle of sincere cooperation in Article 5 EEC (now in Article 4(3) TEU) could contribute to a solution. It is true that two readings of that Article were possible. The more restrictive, which has been supported by the Commission, resulted in the conclusion that the only function of Article 5 EEC was to impose on the Member States an obligation to take all measures to execute Community law. This was no doubt one of the objectives of the Article. But it also had another purpose, which was to express the idea that execution of Community law fell within the responsibility of the Member States. That is the conclusion one could draw from the reasoning of the Court, which was expressed clearly in *Deutsche Milchkontor*: (11)

According to the general principles on which the institutional system of the Community is based and which govern the relations between the Community and the Member States, it is for the Member States, by virtue of Article 5 of the Treaty, to ensure that Community regulations, particularly those concerning the common agricultural policy, are implemented within their territory. In so far as Community law, including its general principles, does not include common rules to this effect...

(11) Joined cases 205 to 215/82 *Deutsche Milchkontor GmbH v Germany*, EU:C:1983:163.

If these words are to have any meaning, (12) the ruling recognized the executive competence of the Member States. Admittedly, the jurisprudence of the Court generally focused more on the obligation to implement that stems from the principle of sincere cooperation than on the competence, but this was only due to the fact that the type of cases the Court was seized of related to this aspect.

The Lisbon Treaty has put an end to the controversy in favor of executive federalism. According to Article 291(1) TFEU: 'Member States shall adopt all measures of national law necessary to implement legally binding Union acts'. This does not mean that there is no possibility for adopting norms of execution at the Union level. It is in fact not even excluded that norms at the Union level could be indispensable to assure uniform application of the law in order to avoid discrimination between Union citizens or distortion of the competition. In such circumstances, the Union shall intervene. This again is the formulation in the Lisbon Treaty, which indicates that implementing powers are conferred on the Commission '[w]here uniform conditions for implementing legally binding Union acts are needed'. This implies that execution at the Union level is only subsidiary in case of specific circumstances that have to be motivated in the legislative act.

In case of implementation at the Union level, the practice then embedded in the Treaty, confirmed by case law, has been to involve the Member States in the elaboration of implementing norms. Where the Union is exercising a power of execution, which in principle is granted to the Member States, it appears logical to institute a close collaboration between them and the Union, when presented with a situation where they cannot, because of a Union intervention, exercise that competence on a national level. This collaboration has developed into a supervision of the Commission by committees with Member States' representatives in charge of giving opinions on the proposals for measures of implementation prepared by the Commission. A negative opinion, and even the absence of an opinion, can lead to the question being referred back to the Council. This system is generally known as the 'comitology'. It serves two functions.

Firstly, it permits Member States, which are more familiar than the Commission with administrative specificities, to advise the Commission in order to avoid concrete difficulties of implementation. Secondly, and above all, it permits Member States to participate in the exercise of a power that normally belongs to them, but which now is exercised at Union level. The Lisbon Treaty modifies the situation by indicating that the control of the implementation, when it is entrusted to the Commission, should be performed

(12) The wording 'it is for' [('*il appartient*' in French)] clearly reflects the idea that this is a competence of the Member States, and not only the existence of an obligation to execute.

by the Member States, meaning that the Council, as an institution, is excluded from a process where it could earlier be called upon to play a major role.

The European Parliament has not, from the outset, wanted to maintain this situation. From the emergence of the co-decision procedure, it has wanted to share the power to execute legislation with the Council. That is the reason why the Parliament has been opposed to legislation where it has not received guarantees on this point. For this reason, it refused in 1994 to adopt the common position of the Council concerning voice telephony. In order to overcome this blockage, an interinstitutional *modus vivendi* was reached after negotiations. That foresaw that the Parliament was provided with information and the possibility for it to address a motivated opinion to the Council when the latter was seized. The text also indicated that the next intergovernmental conference should return to the question. That conference, however, limited itself to indicating in a declaration that the Commission should make a new proposal for a comitology decision. The Comitology Decision from 1999 maintained the procedure requiring that information be provided to the Parliament and accorded it a possibility to address a motivated opinion to the Commission when it assessed that the measures of implementation exceeded the competences delegated by the legislator. Thus, the Parliament did not acquire any competence concerning the measures of implementation themselves, but only the right to preserve the powers of the legislator against all encroachment by the Commission. The power to control the execution rested in the hands of the Council.

The Lisbon Treaty definitely clarifies the situation by substituting the control by the Council with a control by the Member States. The implementation is thus a question for the Member States, or the Member States and the Commission. The logic of the system thus excludes all parliamentary involvement, even though it is natural that the Parliament is informed. The only real power it possesses is therefore the possibility to contest the legality of an implementing measure that would be contrary to the legislative act from which it arises. For its part, the Parliament has abandoned its demands, in exchange for the creation of the delegated act.

The present model of implementation rests on the priority given to a decentralized system. If, on the Union level, the executive power level belongs without dispute to the Commission, it only exercises that power within the framework of the comitology: that is, in close association with the Member States.

Section 3. – Defining the Concept of Implementation

The demands by the Parliament and the Commission that have fuelled the debate for a long time are clearly based on different conceptions. For the Commission, the question was about being seen as the holder of the executive power, and freeing itself from the supervision of the committees as well as from the right of evocation of the Council. For the Parliament, the rationale has been different and based on the desire to be seen as an equal to the Council in the comitology process, at least in areas of co-decision. In both cases the outcome has been a challenge to the balance set by the Treaties and a refusal of vertical separation of powers. In the course of the discussions, it has seemed to the Council that the parliamentary critique was the result of the ambiguities of the system and that its clarification would make it possible to meet the concerns of the Parliament. In reality the executive procedure was applied to two different operations that have, because of this, been subject to the same parliamentary reprobation: implementation and delegation. One of the important innovations of the Lisbon Treaty has been to distinguish these two cases.

A. – Delegated acts and measures of implementation

Under the guise of implementation, the Commission has frequently been able to carry out modifications of the very legislative text. It was a commonly used procedure to update the countless technical annexes that contained (the substance of) the regulations and directives. On a practical level, it was evident that the use of the legislative procedure for adding, for example, a product on a list of dangerous substances was disproportionate, because it was both administratively cumbersome and time-consuming, while the adoption was a matter of certain urgency. Could one abstain from placing such provisions in the legislation and leave the whole matter to the executive power, since these annexes do not constitute essential elements of the act? That would run counter to the wishes of the legislator, which demanded that, at the time of its adoption, a concrete meaning be given to the text and called for such annexes. Under such conditions, the most efficient procedure was to entrust the Commission with updating them within a comitology procedure.

That meant granting the holder of the executive power the capacity to modify an act adopted by the legislator. Therefore, it was hardly surprising that the Parliament, when the matter fell under the co-decision procedure, demanded the right to inspect the measures. The most common demand was the formulation of a right to call back, which, when expressed within a certain period of time, would refer the matter back to the legislator. A concern of similar nature was expressed about the legislation on financial services. The Lamfalussy Report on the implementation of the legislation concerning financial services advocated that the legislator should limit itself to issuing very broad framework policies measures and that the details of the regulation should be adopted through the comitology procedure. The fear of the Parliament was that the executive power might in this way intrude upon its prerogatives. It therefore wanted to include a sunset clause in the authorization, which would permit Parliament to put an end to it on the basis of later findings; it also wanted to ensure that the Commission has to consult it concerning envisaged measures and take its view into account. Such a procedure was not, in itself, contrary to Article 202 EC, since the legislator could always limit an authorization in time and there was nothing to prohibit the Commission from informing the Parliament about its proposals and to take its views into account. However, it testified to the reluctance of the Parliament to accept situations where the role of the executive is supplementing the legislation rather than implementing it.

It thus appeared that the Parliament could be satisfied by distinguishing between executive acts and acts that amend non-essential elements of a legislative act. The Parliament would abandon its demands on the first category in exchange for a control power concerning the latter. The idea was developed in an article published under a pseudonym by a member of the legal service of the Council, (13) and which later was taken up without success by the Austrian presidency during the elaboration of the Comitology Decision of 1999. However, within the Union, few are the ideas that have triumphed at first attempt. But the debate was launched.

Accordingly, it seemed important to distinguish pure execution from delegation accorded in order to modify a legislative act. If one was to remain faithful to the jurisprudence of the Court, the delegation should not concern the essential elements of the act, which should remain within the exclusive power of the legislator. For the other non-essential elements of the act, it was clear that, when the purpose was to modify them, the technique of delegation should be used. The difficulty lay in the definition of the criterion to be used for distinguishing the delegated power from the executive power. This criterion could only be a material one, which meant that every formula was subject to interpretation and presented risks of litigation.

It appeared difficult to obtain absolute precision in this domain, but a formula that combined the possibility of modifying the non-essential elements of the act with the possibility of complementing them could, even though it could not avoid litigation, serve as a basis for a judicial interpretation. On a procedural plane, different solutions were proposed: tacit acceptance by the Parliament and the Council after the expiry of a period of time, the possibility for revocation of a delegated regulation by the Parliament or the Council,

(13) Justus Lipsius, 'The 1996 Intergovernmental Conference' (1995) 20 ELRev 235.

automatic expiry of a regulation after a fixed time of authorization unless it has been expressly renewed. Due to the obstacles to the entry into force of the Constitution, the discussions about a revision of the Comitology Decision restarted in the Council. Those discussions resulted in a formulation close to that in the Constitution: that is, the regulatory procedure with scrutiny. However, the Council succeeded in limiting parliamentary control in cases where the proposed measures 1) exceed the competences foreseen by the delegation, 2) are not compatible with the purpose and content of the legislative act, or 3) are contrary to the principles of subsidiarity or proportionality. The entry into force of the Lisbon Treaty should put an end to the use of this specific procedure and replace it by the procedure of delegated acts provided for in Article 290 TFEU, without taking into account the limits imposed on the intervention of the Parliament.

The regime for delegated acts is set forth in its entirety in Article 290 TFEU and the institutions agreed that no implementing provisions were necessary. Nevertheless, the Commission has outlined its vision of the situation in a communication. (14) The delegated acts are of general scope, which excludes use of the procedure for individual authorizations. It can only concern non-essential parts of legislative acts, but, as recourse to the procedure is optional, the legislator is never obliged to use it and can choose to pronounce itself on the matter, when it is about amending or supplementing non-essential elements of a legislative act. Last, its object is to supplement or amend the legislative act. If the notion of amendment is clear, the notion of supplementation is less so. The risk is great that a wide interpretation of the supplementing action will suppress every possibility of resort to the classic measures of implementation, since every implementing measure supplements the legislative act it implements. The Parliament could be even more tempted by such an interpretation since it can exercise a right of veto on delegated acts whereas it has no such possibility to prevent the enactment of implementing acts. Under the regulatory procedure with scrutiny, which established the same conditions, an agreement had been reached between the institutions on the margin of appreciation left to the Commission by the legislative act. If the Commission was left a very large margin that was not limited by precise criteria set in the legislative act, it was agreed that supplementation of the legislative act was at stake. The Commission's communication proposes to keep this solution: 'The Commission believes that in order to determine whether a measure "supplements" the basic instrument, the legislator should assess whether the future measure specifically adds new non-essential rules which change the framework of the legislative act, leaving a margin of discretion to the Commission. If it does, the measure could be deemed to "supplement" the basic instrument. Conversely, measures

(14) Commission Communication of 9 December 2009—Implementation of Article 290 of the Treaty on the Functioning of the European Union, COM(2009) 673 final.

intended only to give effect to the existing rules of the basic instrument should not be deemed to be supplementary measures'. (15) The ruling of the Court in *Biocides* does not depart fundamentally from that vision. (16)

Article 290 TFEU provides two methods of oversight by the legislator of the use made of the legislative delegation. The Parliament and/or the Council can oppose the entry into force of the delegated act. Furthermore, the Parliament and/or the Council can revoke the delegation. The authorization granted by the legislator can include any of the methods, but the institutions have agreed that they do not exclude each other, and that they can be used simultaneously. However, the Commission takes the position that the use of sunset clauses (that is, delegations accorded for a limited amount of time) must disappear, since the legislator has the possibility to revoke the delegation. Nevertheless, the Parliament retains this possibility by providing for, if need be, a tacit renewal of the delegation. The opposition of the Council or the Parliament to a delegated act must be formulated within a specified time limit. The Commission proposes a two-month period, which can be prolonged by one month, with the possibility for shorter time limits for urgent matters.

The position of the Commission has to a large extent been accepted by the Council and the discussion has only been on the question of a possible intervention of the Member States. According to its communication, the Commission was willing to consult the committees of representatives of the Member States before the adoption of a delegated act. It needs to take their position into account in order to ensure that the delegated act will be well implemented, but also in order to prevent a possible veto by the Council.

At present, the situation thus appears as follows. The exclusive legislative domain concerns the essential elements of an act. Nothing prevents the legislator from going further than this and it is, in such a case, accorded the right to delegate to the Commission the power to amend or supplement the non-essential elements subject to control by the Parliament and/or the Council. The Commission is thus given the right to adopt delegated acts under the condition that the two legislative branches do not oppose it. Of course, this will mean that it will have to take the positions of the Parliament and, above all, the Council, into account when elaborating the acts, the latter insisting on consultation of national experts. The situation has not yet stabilized and the institutions are considering ways to solve the recurring conflicts about the choice of the procedure at the moment of the adoption of the legislative acts, but the disagreements between them remain strong.

(15) *Ibid.*

(16) Case C-427/12 *Commission v Parliament and Council (Biocides)*, EU:C:2014:170. For an extensive comment see D Ritleng, 'The Dividing Line between Delegated and Implementing Acts: the Court of Justice Sidesteps the Difficulty in *Commission* v. *Parliament and Council (Biocides)*' (2015) 52 CMLRev 243. For assessments of that ruling in this volume see the chapters by Paolo Ponzano (Section 3.7), Kieran Bradley (Section 4.5.3), Jürgen Bast (Section 8.3.1), and Paul Craig (Section 9.3.1).

B. – The preservation of the essential elements of the legislative text

It is for the EU legislator to legislate concerning the essential elements of a matter. As the Court underscored in its ruling in *Köster*: (17)

It cannot therefore be a requirement that all the details of the regulations concerning the common agricultural policy be drawn up by the Council according to the procedure in Article 43. It is sufficient for the purposes of that provision that the basic elements of the matter to be dealt with have been adopted in accordance with the procedure laid down by that provision.

It follows that the legislation has to lay down the essential elements of the matter and that no implementing power (cf. French *compétence d'exécution* and German *Durchführungsbefugnisse*) concerning such questions can be delegated. But this does not mean that the competence of the legislator is limited to these essential elements. The legislator is free to regulate all elements of the subject matter without leaving any place for the executive power. If there is a domain reserved for the legislator, there is none reserved for the executive.

The obligation to legislate on the essential elements is intended to preserve the institutional balance. The legislator does not have the right to renounce its power to legislate by delegating it to the Commission. Furthermore, by proceeding in this manner in a domain where the Parliament has a power to participate in the legislative procedure, the use of measures of implementation would deprive it of the possibility to exercise its prerogatives. That would be especially undesirable for the Parliament in the domains subject to consultation since it would be deprived of that right without having consented to it. In the past, however, the Court has interpreted the notion of essential elements very restrictively. In *Germany v Commission* it pronounced that essential rules are rules that are intended to give concrete shape to the fundamental guidelines of Community policy, which left a wide space for the executive power. (18) Yet, the power to impose penalties, such as the exclusion of farmers who had given false information, was at stake and the authorization was silent on the issue. For the Court, a general authorization was sufficient and there was no need (though the Comitology Decision required it) to prescribe the essential elements of the measures of implementation to be taken: (19)

> 41. It is clear from the aforementioned K[ö]ster judgment that since the Council has laid down in its basic regulation the essential rules governing the matter in question, it may delegate to the Commission general implementing power without having to specify the essential components of the

(17) Case 22/70 *Commission v Council*, EU:C:1971:32.
(18) Case C-240/90 *Germany v Commission*, EU:C:1992:408.
(19) Case C-240/90, *ibid*, paras 41 and 42.

delegated power; for that purpose, a provision drafted in general terms provides a sufficient basis for the authority to act.

42. That principle is not affected by the aforementioned decision. As a measure of secondary law it cannot add to the rules of the Treaty, which do not require the Council to specify the essential components of the implementing powers delegated to the Commission.

At that time, the scope of the executive competence was interpreted very broadly. Admittedly, it concerned the agricultural domain, where the Council was both the sole legislator and the holder of the executive power.

After the Lisbon Treaty, the interpretation of the scope of the executive power will be much stricter, as can be seen in the ruling in *Schengen Borders Code*. For the Court, the notion of essential elements is intended to protect the legislator's own responsibility and refers to political choices that only the legislator should make. The notion, thus, has to be interpreted on a case-by-case basis, depending on the matter at hand, and is to be assessed in the light of objective criteria. It cannot be left to the sole legislator's political appreciation. In *Schengen* the granting of coercive powers to border guards demands an assessment and political choices that have to be performed within the framework of the legislative procedure. (20)

SECTION 4. – THE ADOPTION OF MEASURES OF IMPLEMENTATION

The Single European Act formalized the adoption of measures of implementation within the so-called comitology procedures. During the elaboration of these measures, the Commission was required to take the opinions of committees composed of Member State representatives into account. In the event of a negative opinion of these committees or even in the absence of an opinion, the measure was referred to the Council.

Within the advisory procedure, the committee gave the Commission an opinion about the proposed measures of implementation. Afterwards, the Commission took its decision freely. The management procedure—which was to be used for the management of agricultural and fishing policies, and also for the management of financial programs—provided that the committee should give an opinion to the Commission by qualified majority. If the opinion was favourable or there were no opinion, the Commission adopted the proposed measures. When the opinion was negative, the Council was seized and could adopt a different text with qualified majority. If no decision was taken by the Council, typically because no qualified majority could be brought together, the Commission adopted its proposal.

(20) See Case C-355/10 *Parliament v Council (Schengen Borders Code)*, EU:C:2012:516, paras 76 and 77.

The regulatory procedure would take place in cases of implementation of essential elements of a legislative act or for modification of non-essential elements of such an act. Here the committee worked according to the same procedure, but the referral to the Council did not only occur where the opinion was negative, but also where there was no opinion. Under such circumstances, the Commission submitted a proposal to the Council which, according to the general rule on modifications of proposals of the Commission, meant that it could only be modified by the Council unanimously. If the Council adopted the proposal—modified or not—it was applied as an implementing measure. Otherwise, the Commission took the decision of the measures of implementation itself unless the Council opposed it with qualified majority. In such a case, no implementing measure was adopted and the procedure either had to be restarted from the beginning or to take the legislative route.

The Lisbon Treaty has kept the comitology procedure, but excluded the direct intervention of the Council through the reference in Article 291 TFEU to 'mechanisms for control by Member States', which forbids the intervention of an institution such as the Council. The Treaty prescribes that a decision concerning the comitology should be taken by the Parliament and the Council, whereas it was to be taken by the Council alone under the previous treaties. One could have expected the interinstitutional discussion to be difficult, but it was not, since the agreement on the proposal presented by the Commission was reached quickly in December 2010, that is, one year after the entry into force of the Lisbon Treaty, which is a short period of time for such a much-debated question. (21)

The proposal of the Commission was aimed at limiting, as far as possible, the binding character of the intervention of Member States, by limiting the types of committees and by imposing strict criteria for recourse to a certain type of committee. It replaced the three types of committees that had existed up until that time with two new ones: firstly, the advisory committee, whose opinion was not binding on the Commission, even though (according to the proposal) it had to be afforded 'the greatest account', and secondly, the examination committee, where only a negative opinion stopped the Commission from adopting measures of implementation. Recourse to the examination committee could only take place under specific circumstances of adoption of measures of implementation of general scope or other measures concerning agriculture or fishery, the environment, security and safety, or protection of the health or security of persons, animals, or plants, and common commercial policy.

(21) Regulation (EU) 2011/182 of the European Parliament and of the Council of 16 February 2011 laying down the rules and general principles concerning mechanisms for control by Member States of the Commission's exercise of implementing powers, OJ 2011 L 55/13.

At the end of the discussions, the structure proposed by the Commission was accepted, but the changes introduced by the Council and accepted by the Parliament are profound. They concern both the type of committee and the procedure, paying special attention to the procedure concerning adoption of commercial measures.

During the debates concerning the previous Comitology Decision, the Council had already refused to establish binding criteria for the choice of procedure. It has not changed its opinion, and, by adding the expression 'in particular' before the enumeration of cases where use will be made of the examination procedure, the authors of the regulation have given the legislator the possibility to choose this procedure at any time, as long as its choice is motivated. The list proposed by the Commission submitted in particular measures of general scope to this procedure, which gave it a very broad application. The regulation retains the list proposed by the Commission, but further adds measures of implementation concerning programs with substantial implications. This addition was important for the Member States, which have always wanted to control the way in which the Commission allocates the funds foreseen in the funding programs, while the Commission itself has tried to keep its managerial independence. Nevertheless, in order to keep a certain flexibility, the domains enumerated in Article 2(2) do not fall within the exclusive remit of the examination procedure. They can, in duly justified cases, be subject to the advisory procedure. Thus, the rigidity that the Commission wanted has disappeared.

On the procedural plane, the proposal concerning the advisory procedure has not been amended. The opinion of the committee is adopted by a simple majority and the Commission has to take the utmost account of it. By contrast, the examination procedure proposed by the Commission has been profoundly changed. According to a standard pattern, a favourable opinion by the committee (which decides by qualified majority) as well as the absence of an opinion opens the way for the measures proposed by the Commission, while a negative opinion closes that possibility. In the event of a negative opinion, the Commission can present a modified proposal to the committee. The previous Comitology Decision provided an appeal to the Council in the event of a negative opinion in the management procedure. In the regulatory procedure, the question was in addition referred to the Council in the absence of opinion by the committee. Relying rightly on the wording of Article 291 TFEU, which only refers to the intervention of the representatives of Member States, the proposal of the Commission had excluded every recourse to the Council, which is an institution.

The Council was not ready to accept such a solution and instituted, with the agreement of the Parliament, an instance superior to the examination committee—the Appeal Committee. In this committee, the Member States are represented at an appropriate level, which leaves open the possibility of permanent representatives and even ministers. (22) The difference compared to the previous solution is that the chairmanship of the Appeal Committee is assured by the Commission. The Appeal Committee is convened in the event of a negative opinion by the examination committee, but also in the absence of an opinion where the basic act so provides, when a simple majority is opposed to the act in the examination committee, and when the acts concern 'taxation, financial services, protection of the health or security of persons, animals or plants, or definitive safeguard measures'. (23) One finds in this enumeration the principal cases where recourse was made to the regulatory procedure. A negative opinion by the Appeal Committee stops the adoption of the act. The absence of an opinion permits the Commission to adopt the act, but it is not obliged to do so, which leaves it a certain degree of flexibility. The appeal procedure thus groups together the old management and regulatory procedures, but permits the retention of some of their specificities when the basic act so permits.

During the discussions, the Parliament seems to have admitted that, since the implementation is in principle a matter for the Member States, it should not intervene directly in the implementation procedure at Union level. It is possible that the question is not of major importance to the Parliament, since it estimates that most of the measures will fall under the procedure of delegated acts, where its role is decisive.

After the adoption of this text, the question of executive rulemaking, which has been the object of incessant discussions between the Parliament and the Council, seems to be definitively settled and the legislative discussion should be simplified. However, the choice between the use of delegated acts and implementing acts will remain a delicate question in every case.

SECTION 5. – CONCLUSION

It has taken more than fifty years to reach a stable situation concerning the Union's executive rulemaking. This situation seems to be due to the pragmatism that the institutions have shown. The comitology was born from practical demands, was later streamlined, and lastly progressively adapted to the evolution of the institutional balance. What was at the heart of these technical debates was the question of how much liberty could be left to the Commission in the adoption of delegated acts and implementing acts. From the beginning, the Commission conducted an unending combat in order to obtain the

(22) Article 3(7) of Regulation (EU) 2011/182 of the European Parliament and of the Council of 16 February 2011 laying down the rules and general principles concerning mechanisms for control by Member States of the Commission's exercise of implementing powers, OJ 2011 L 55/13.

(23) Article 5(4) of Regulation (EU) 2011/182/EU, *Ibid.*

recognition of a wide executive power. Admittedly, the Commission has not obtained what it demanded and, at least concerning measures of implementation, the present situation is not fundamentally different from the situation earlier. On their side, the Member States have been able to maintain their position. But beyond the procedural discussions, there have been very few disputes in the past and it is exceptional that the Commission has been stopped from adopting an implementing measure because of the opposition of the Member States. The only recent disputes have concerned authorizing genetically modified organisms. The Commission is an executive under control, but under a control that does not hinder its action. However, the technical debates have altogether overshadowed a real constitutional question: the question of the Union's 'federative' nature. Perhaps, a constitutional reflection on this question earlier on would have saved us from this long process of trial and error.

LE VOTE MAJORITAIRE AU CONSEIL DE L'UNION EUROPÉENNE

Une vision pragmatique

Jean Paul JACQUÉ

Professeur émérite de l'Université de Strasbourg
Directeur honoraire au Conseil de l'Union européenne

La question du système de vote au sein du Conseil a été, pendant des années, à l'ordre du jour des débats tant dans les institutions de l'Union que dans la doctrine. La solution adoptée de haute lutte dans le traité de Lisbonne semble aujourd'hui généralement acceptée et il est permis d'espérer qu'elle ne sera pas remise en cause dans les prochains temps ce qui n'interdit pas de revenir sur les discussions passées. Sur un plan doctrinal, les oppositions mettaient en œuvre deux visions de la construction européenne, l'une fondée sur la coopération intergouvernementale, l'autre sur une vision plus intégrée de l'intégration européenne. Les premiers, s'appuyant sur le principe d'égalité souveraine des États, ne pouvaient accepter un système dans lequel un État ne disposerait pas du droit de veto sur les décisions ou tout au moins du droit de se soustraire à l'application d'une décision adoptée à la majorité. Pour les autres, une Europe unie ne pouvait se concevoir que sur la base de la « méthode communautaire » qui impliquait la généralisation du vote à la majorité. En fait, des considérations pratiques ont fini par l'emporter et ont conduit à la mise en place d'un équilibre instable entre les deux visions (Section 1). Mais l'acceptation d'un recours, même limité au vote majoritaire, oppose les tenants d'un système fondé sur l'égalité qui implique que chaque État dispose d'une voix aux partisans du principe de réalité favorables à la prise en compte du poids réel des États. Ici encore, ces oppositions ont conduit à l'adoption de compromis complexes qui tiennent compte des différentes visions (Section 2). Enfin, au-delà des débats théoriques, l'observation de la pratique montre que le recours au vote majoritaire est loin d'être systématique et que son usage est tempéré par des considérations politiques liées à la nécessité de maintenir la solidarité entre les États membres et de garantir la mise en œuvre effective des décisions adoptées (Section 3).

Section 1. – Unanimité *v.* majorité qualifiée

Le traité CEE ne prévoyait à l'origine l'usage de la majorité que dans des cas limités, principalement liés à la politique agricole commune et au vote du budget. En outre, il instituait une période de transition pendant laquelle seule l'unanimité serait utilisée. On sait les résistances qui ont accompagné la fin de la période de transition et qui ont conduit au soi-disant compromis de Luxembourg. À la suite, et pendant des années, le droit de veto a joué et toutes les tentatives d'encadrer le compromis par des règles juridiques ou des règles de comportement ont été vouées à l'échec. En fait, à partir du moment où un droit de veto est admis, même s'il ne figure pas dans les traités, il est difficile d'établir des critères objectifs pour limiter son usage. L'appréciation de l'intérêt national qui constitue le substrat du veto est éminemment subjective et varie d'un État à un autre. La solution a été trouvée dans le cadre de l'Acte unique européen qui ne reconnaît pas le droit de veto, mais établit une clause échappatoire dans le cadre du marché intérieur auquel la majorité qualifiée est désormais applicable. L'article 95, paragraphe 4, CEE (actuel art. 114 TFUE) permet à un État membre de maintenir après harmonisation une législation nationale pour des motifs limitativement énumérés et qui font l'objet d'un contrôle par la Commission. Cette clause a permis le passage à la majorité qualifiée parce qu'elle offrait aux États membres une porte de sortie au cas où ils seraient minorisés. Sans qu'il soit nécessaire d'abroger le compromis de Luxembourg puisque celui-ci n'avait pas d'existence juridique, cette solution a conduit à sa désuétude. L'Acte unique européen soumettait l'harmonisation des législations dans le cadre du marché intérieur à la majorité qualifiée. Puis, chaque révision des traités a élargi le champ auquel la majorité qualifiée était applicable. Ce mouvement peut s'expliquer par divers facteurs.

Tout d'abord, le choix des modes de votation ne repose pas sur des critères dogmatiques, mais sur l'intérêt des États membres. Dès lors qu'il leur paraît utile que l'intégration soit renforcée dans un domaine particulier et que cela ne remet pas en cause des questions qu'ils considèrent comme devant relever de leur souveraineté, ils acceptent le passage à la majorité qualifiée. Ainsi, bien que, par principe, le Royaume-Uni soit fortement en faveur de l'unanimité, Margaret Thatcher a accepté l'extension de la majorité au marché intérieur parce qu'elle pensait qu'elle agissait dans l'intérêt de son pays qui profiterait d'une plus grande intégration dans ce secteur. Par contre, elle s'est fermement opposée à son application dans d'autres secteurs comme la fiscalité.

Ensuite, le passage à la majorité qualifiée requiert une pédagogie préalable. Lorsque l'Union européenne intervient dans un nouveau domaine, les États membres ne sont pas encore préparés à comprendre leurs positions mutuelles. Les fonctionnaires nationaux n'ont pas l'habitude de travailler ensemble. Le recours à l'unanimité leur permet, dans l'ignorance de leurs intérêts communs et leurs divergences, de se préserver de décisions qui pourraient aller à l'encontre de certains intérêts nationaux essentiels, mais il favorise aussi une certaine socialisation des élites politiques et administratives. Une fois cette dernière réalisée, le recours à la majorité devient plus aisé parce que l'on évolue dans un univers connu où les positions des uns et des autres sont prévisibles. C'est d'ailleurs à ce moment que les inconvénients de l'unanimité se réalisent. Les États constatent que si l'unanimité est un bouclier lorsqu'ils l'utilisent, ils constatent également que lorsqu'ils ressentent le besoin d'une action l'usage de veto par les autres est un obstacle insurmontable. Pour peu que la nécessité d'une action de l'Union se fasse fortement sentir, la modification du mode de décision devient acceptable, sinon désirée par tous. C'est l'évolution que l'on a pu constater, par exemple, dans le domaine de la justice et des affaires intérieures.

Enfin, et c'est un élément important, la pratique du vote à la majorité qualifiée ne fonctionne pas comme un bulldozer détruisant tous les intérêts nationaux. Le Conseil ne fonctionne pas comme un parlement avec une majorité stable pendant une législature. Si tel était le cas, un État n'accepterait jamais d'être minorisé sur tous les points pendant plusieurs années. Les États votent en fonctions de leurs intérêts et les coalitions qui se forment varient selon les domaines et selon le contenu des propositions de la Commission. Ce jeu de majorités alternatives ou par problèmes que connaissait autrefois le Congrès des États-Unis rend les défaites supportables. Si un État perd sur un point, il l'emportera sur un autre. À cela s'ajoute le fait qu'aucun membre du Conseil n'a intérêt à une défaite frontale d'un autre dont il aura besoin de l'aide sur une autre question. Il est d'ailleurs aisé d'établir des liens entre des questions différentes par lesquels un État accepte de soutenir un autre sur un texte en échange de son soutien sur un autre texte. Il en résulte des compromis dans lesquels si nul n'obtient tout ce qu'il demande, il voit cependant une partie de ses préoccupations prises en compte. C'est l'ensemble de ces facteurs qui explique l'acceptation de plus en plus généralisée de la majorité qualifiée.

Section 2. – Le mode de calcul de la majorité qualifiée

Comme dans les organisations internationales économiques, le système de vote dans la CEE était fondé sur une pondération et la règle normale de vote est *la majorité qualifiée des voix pondérées* des membres du Conseil. Dans la Communauté des Six, le système de pondération était fondé sur des critères démographiques et économiques, combinés avec des règles d'équilibre politique. Ni les États du Benelux, ni un grand État membre ne pouvait bloquer la prise de décision. De plus, les voix additionnées des États du Benelux égalaient celles d'un grand État membre. Ces équilibres ont été préservés lors des élargissements. Ainsi, avant le dernier grand élargissement, les cinq plus grands États (Allemagne, France, Italie, Royaume-Uni, Espagne) ne disposaient pas de la majorité qualifiée et une coalition de petits États pouvait bloquer la décision, mais n'avait pas la faculté de l'imposer. En d'autres termes, ni les petits États, ni les grands États ne pouvaient emporter la décision. Au fil des élargissements successifs, les États ont été regroupés dans des catégories qui accueillaient les membres ayant un poids démographique comparable. Le nombre de voix qui leur était attribué restait fonction de leur importance démographique selon une proportionnalité régressive, c'est-à-dire avantageant les petits États. Le vote à la majorité qualifiée était assorti de deux modalités. La majorité était exprimée en voix pondérées lorsque le Conseil statuait sur proposition de la Commission, mais elle devait en outre recueillir le soutien de deux tiers des États membres dans les autres cas. La vague d'élargissements qui a suivi la chute du mur de Berlin a conduit à une remise en cause du système de pondération. Le débat portait sur le choix entre une repondération des voix ou la mise en place d'un nouveau système fondé sur un critère purement démographique. Les deux voies ont été mises en œuvre successivement.

A. – La repondération dans le traité de Nice

La question de la pondération des votes et de la détermination de la majorité qualifiée a été soulevée avec détermination par le Royaume-Uni lors de l'élargissement à l'Autriche, la Suède et la Finlande. En effet, il apparaissait qu'à terme l'application mécanique des solutions antérieures aboutirait à renforcer les États membres les moins peuplés et à abaisser la représentation démographique de la majorité. La question n'a pu être réglée avant l'adhésion et, en l'attente d'une solution, le compromis de Ioanina permettait à une minorité d'État inférieure à la minorité de blocage de demander que la question soit réexaminée avant le vote afin de rechercher majorité une plus large. Renvoyée au Conseil européen d'Amsterdam, le problème n'a pu être résolu à cette occasion et la question a été renvoyée à une prochaine conférence intergouvernementale.

La discussion sur la nouvelle pondération des voix a été l'une des plus longues et des plus difficiles de celles qui ont marqué le Conseil européen de Nice. À l'opposition entre petits et grands États s'ajoutaient des difficultés internes à chaque groupe sur le poids relatif de certains États. Ainsi la France était très réticente à un décrochage par rapport à l'Allemagne ou la Belgique par rapport aux Pays-Bas. Si, en réalité, l'opposition entre petits et grands États membres n'a guère joué de rôle par le passé dans le processus décisionnel, la perspective de l'accroissement du nombre de petits États membres suite à l'élargissement faisait craindre qu'une décision soutenue par la majorité qualifiée ne bénéficie pas du soutien d'une large majorité de la population ou plus encore que le maintien des critères de pondération ne nuise à l'efficacité de l'Union en favorisant la constitution de minorités de blocage. De plus, les grands États membres estimaient qu'un accroissement de leur pondération constituait une contrepartie de l'abandon de leur droit d'avoir deux commissaires de leur nationalité à la Commission. La méthode choisie a été d'accroître le nombre de voix pondérées de chaque État membre, ce qui rend moins sensible la perte d'influence relative de certains d'entre eux. Le rapport entre le nombre de voix dont dispose chaque État et sa population montre que les distorsions étaient très importantes en faveur des États les moins peuplés et que l'effort a surtout porté sur le maintien de catégories homogènes de telle sorte que des États ayant un nombre proche d'habitants disposent d'une influence comparable. Dans ce contexte, l'Espagne et la Pologne étaient très avantagées puisque leur poids relatif par rapport aux grands États membres est très important (27 voix pour l'Espagne et 29 pour l'Allemagne alors que la population espagnole est moitié moins importante que la population allemande). Le système cumulait repondération et majorité des membres, cette dernière majorité étant d'ailleurs portée aux deux tiers lorsque le Conseil statuait sans proposition de la Commission. À cela s'ajoute un filet démographique puisqu'un membre du Conseil pouvait demander que l'on vérifie que la majorité qualifiée représente au moins 62 % de la population de l'Union. Si tel n'est pas le cas, la décision n'était pas adoptée. Cette règle a été ajoutée pour tenir compte du fait que le nombre de voix pondérées accordées à l'Allemagne n'avait pas été augmenté par rapport à celui des autres grands malgré un déséquilibre démographique favorable à l'Allemagne. Cette solution rendait plus aisée pour l'Allemagne que pour d'autres États membres la constitution de minorités de blocage, mais elle jouait d'autant moins que l'Europe s'élargissait. Dans la pratique, cette règle n'a jamais été invoquée.

La nouvelle pondération telle qu'elle s'appliquait le 1er novembre 2004 s'établissait ainsi : Allemagne, France, Italie, Royaume-Uni, 29 voix chaque ; Espagne et Pologne, 27 voix chaque ; Roumanie 14 voix, Pays-Bas 13 voix ; Belgique, Grèce, Hongrie, Portugal, République Tchèque, 12 voix chaque ; Autriche, Bulgarie et Suède, 10 voix chaque ; Danemark, Irlande, Lituanie, Finlande, Slovaquie, 7 voix chaque ; Chypre, Estonie, Lettonie, Luxembourg, Slovénie, 4 voix chaque ; Malte, 3 voix. Le total de voix pondérées est de 345 et la majorité qualifiée de 255, ce qui établit la minorité de blocage à 91. Seuls étaient décomptées, pour la majorité qualifiée, les votes en faveur du texte ce qui signifiait que les abstentions produisent le même effet qu'un vote négatif. Pour être adopté, un texte devait réunir en sa faveur :

- 255 voix pondérées ;
- la majorité des membres (14) si le Conseil statuait sur proposition de la Commission ou au moins les deux tiers de membres dans les autres cas (18) ;
- à la demande d'un membre, il était vérifié si la majorité représente 62 % de la population, la décision n'étant pas adoptée dans le cas contraire. Il s'agit d'une vérification optionnelle qui n'intervient qu'à la demande.

B. – Le vote fondé exclusivement sur le critère démographique dans le traité de Lisbonne

La convention sur l'avenir de l'Europe ne pouvait éviter la question de la majorité qualifiée et les discussions y ont été aussi animées qu'à Nice. Cependant, la France ayant renoncé à revendiquer l'égalité de pondération avec l'Allemagne, la voie était ouverte à une formule fondée sur l'importance démographique. Le Conseil devait statuer à la majorité des membres représentant trois cinquièmes de la population. Cette solution a suscité l'objection des États auxquels le système de Nice octroie un nombre de voix plus que proportionnel à leur population, notamment de l'Espagne et de la Pologne qui en additionnant leurs voix pondérées dépassent celles de l'Allemagne alors que leurs populations additionnées sont inférieures à celle de l'Allemagne. En fait, le système de la convention n'affaiblissait pas en termes réels l'influence de l'Espagne et de la Pologne. Leur poids relatif augmentait par rapport aux petits États membres et diminuait par rapport aux grands. Par exemple, la Pologne représentait sous l'ancien système 7,6 % des voix pondérées et son poids dans le nouveau système n'est guère différent (7,49 %). Par contre l'écart avec les grands (2 voix pondérées) s'est considérablement accru puisqu'il varie du simple au double (Allemagne 15,91 % contre Pologne 7,49 %). Au fond, ces États cherchaient moins à jouer de leur poids dans la prise de décision qu'à conserver un équilibre symbolique avec les plus grands États membres et à jouir d'une faculté de blocage plus étendue. Après de difficiles discussions, la conférence intergouvernementale a trouvé un accord sur les bases dégagées par la convention. Pour ce faire, un certain nombre d'aménagements ont été introduits afin d'apaiser les craintes des petits États et de préserver l'efficacité du processus de décision. Le système adopté n'est guère moins complexe que celui qui avait été retenu à Nice. Les seuils de la double majorité ont été relevés afin de venir à la rencontre des préoccupations de l'Espagne et de la Pologne en ce qui concerne le seuil de population et de celles des petits États membres en ce qui concerne le seuil d'États. La majorité qualifiée est de 55 % des États représentant 65 % de la population de l'Union. Il est précisé que le seuil d'États doit représenter au moins quinze membres du Conseil. Pour éviter le pouvoir de blocage que confère le seuil de 65 % aux grands États, il est prévu qu'une minorité de blocage doit être composée de quatre États au moins. Dès lors, trois grands ne peuvent bloquer l'adoption d'un texte alors même qu'ils représentent plus de 40 % de la population. En d'autres termes, pour être adoptée une décision doit obtenir le soutien de quinze membres représentant 65 % de la population. Pour empêcher l'adoption d'un texte, la minorité de blocage doit être composée de quatre membres au moins. Ceci signifie que le seuil de population est de facto abaissé lorsque trois États représentant plus de 35 % de la population s'opposent à la décision puisque la décision sera alors adoptée alors qu'elle ne réunissait pas 65 % de la population en sa faveur. Enfin, une décision du Conseil introduit une procédure inspirée du compromis de Ioanina (1). Si s'opposent à une décision des membres représentant les trois quarts de la minorité de blocage en termes de population (27 %) ou de nombre de membres (10), le Conseil doit, dans un délai raisonnable faire le nécessaire pour trouver une solution satisfaisante. Ceci implique qu'en cas d'échec de cette tentative, le recours au vote s'impose. Cette disposition devait s'appliquer jusqu'en 2014 au moins. Le traité de Lisbonne, malgré des discussions animées, ne modifie pas fondamentalement le système prévu dans la défunte constitution. Il reporte à 2014 l'entrée en vigueur du nouveau système tout en permettant de 2014 à 2017 à un État membre de demander un recours du mode de votation à l'ancien système. Enfin, après 2017, la formule inspirée de Ioanina subsiste et peut être mis en œuvre à la demande d'États représentant au moins 55 % de la population ou 55 % des États nécessaires à la constitution d'une minorité de blocage

Finalement la volonté de doter l'Union d'un système de décision simple et transparent a été contrebattue par les préoccupations de certains États membres. Cependant, compte tenu de l'expérience du passé, il est peu probable que les mécanismes de protection établis par le traité jouent réellement. Le filet démographique établi par le traité de Nice n'a jamais été invoqué. Lorsqu'il était encore en vigueur, le compromis de Ioanina n'a joué qu'à deux reprises. En ira-t-il différemment de son avatar actuel ? De même, il est politiquement peu probable que l'on se trouve dans la situation d'adopter une proposition contre la volonté de trois grands États membres.

SECTION 3. – LA RÉALITÉ DU VOTE MAJORITAIRE

C'est devenu aujourd'hui une évidence que le recours à la majorité qualifiée contribue fortement à la réalisation d'un accord unanime. La majorité est la meilleure amie de l'unanimité. De 1994 à 1999, 71 % des décisions qui requerraient la majorité qualifiée ont été adoptée à l'unanimité, ce pourcentage a atteint 81 % pendant la période 2009-2014. L'élargissement n'a donc pas entrainé un recul du consensus. En cas de vote majoritaire, les minorités sont faibles, limitées en général à un ou deux États membres. Quant aux États minorisés, le Royaume-Uni est la principale « victime » essentiellement sur les questions budgétaires et agricoles. Parfois, sur le budget, les Pays-Bas et le Danemark se joignent au Royaume-Uni. L'Allemagne peut éprouver des difficultés sur le marché intérieur et les nordiques sur l'environnement.

À l'origine de cette situation, se trouve le fait qu'un État membre est incité à négocier avec ses homologues sous peine de courir le risque d'être minorisé

(1) Compromis de Ioannina adopté en 1994 afin de surmonter les difficultés liées à la fixation de nouveaux seuils de majorité du fait de l'élargissement à l'Autriche, la Finlande et la Suède.

d'emblée s'il refuse toute discussion. Dès lors qu'il participe à la négociation, il peut espérer obtenir en échange certaines concessions, car, pour, lui un texte insatisfaisant qui prend en compte certaines de ses préoccupations, est préférable à un texte qui ne lui convient absolument pas. De plus, si un État éprouve de grandes difficultés, les autres écouteront ses arguments et s'efforceront de trouver des solutions plus acceptables pour lui. Une relative solidarité entre les États a régné jusqu'à présent dans les débats du Conseil, ce qui explique qu'à l'issue des négociations, un compromis acceptable par tous peut être trouvé. À cela vient s'ajouter que, dans certains cas, l'opposition d'un État membre ne se justifie que pour des raisons de politique interne, mais qu'au fond, il est convaincu que le texte adopté est nécessaire et lui est préférable. À la limite, il votera contre ou s'abstiendra, mais acceptera d'appliquer le texte sans difficultés. En outre, un État qui se joint volens nolens au consensus aura toujours le loisir d'exprimer sa position dans une déclaration qui donnera son interprétation du résultat et servira de garde-fou à l'égard de son opinion publique interne. Dans ces conditions, il pourrait être possible de penser que ce qui est important est le principe du vote à la majorité qualifiée et non les modalités de calcul de celle-ci. Ce serait faire erreur, ces modalités de calcul déterminent les contours de la minorité de blocage. Or, joindre plusieurs États afin de constituer une minorité de blocage est le principal moyen d'obtenir des concessions dans le cadre des négociations ou à défaut d'empêcher l'adoption du texte ce qui arrive régulièrement. Cependant, à la différence du Parlement, il n'existe pas au Conseil de vote de rejet définitif. Une proposition qui n'est pas soutenue par une majorité qualifiée reste sur la table tant que la Commission ne l'a pas retirée. Il est toujours possible de rouvrir le débat éventuellement sur la base de modifications apportées par la Commission à sa proposition.

Il y a bien des années, le doyen Claude-Albert Colliard évoquait à propos du processus de décision au sens du Conseil l'incontournable intergouvernemental et plaçait peu de confiance dans le recours à la majorité qualifiée. Sa vision a été contredite par l'usage courant aujourd'hui de la majorité qualifiée et la renonciation au droit de veto. Mais il reste d'importante trace d'intergouvernementalisme dans le processus. Tout d'abord, la méthode de discussion rappelle celle d'une conférence intergouvernementale. Contrairement à la pratique parlementaire, les amendements à une proposition ne font jamais l'objet d'un vote au sein du Conseil. Il appartient à la présidence d'apprécier le soutien que peut recevoir un amendement et de décider de l'incorporer ou non dans son compromis. Les différentes parties d'une proposition font l'objet de négociations successives sur la base du principe selon lequel rien n'est acquis tant que tout n'est pas acquis. Enfin, les votes formels sont rares. Il appartient à la présidence lorsqu'elle estime avoir atteint un stade dans lequel son compromis est acceptable de constater l'existence d'une majorité qualifiée, laissant aux États qui ne peuvent soutenir le texte le soin de déclarer qu'ils votent contre ou s'abstiennent. Cette pratique rend plus aisée encore l'obtention d'un résultat positif, car il est plus difficile pour un État de déclarer seul une position défavorable que de s'exprimer au sein d'un vote formel. S'agissant du droit de veto, il est vrai qu'il a disparu, mais on ne minorise pas sans réflexion un grand État membre, à fortiori plusieurs. Les poids politiques respectifs des différents États n'ont pas disparu au profit du seul critère démographique et certains ont une influence qui dépasse de loin leur nombre d'habitants. Ceci ne signifie pas qu'ils disposent d'un réel pouvoir d'empêcher la prise de décision, mais ils ne seront pas mis en minorité sans de sérieuses réflexions et sans qu'aient été explorées toutes concessions qui pouvaient leur permettre de joindre la majorité. En fait, il paraît parfois qu'ils ne soient mis en minorité qu'avec leur accord.

À PROPOS DE LA HIÉRARCHIE DES NORMES

JEAN-PAUL JACQUÉ (1)

SOMMAIRE : I. Fallait-il réviser les traités en vue d'établir une hiérarchie des normes ? – *a*) L'exigence de simplification. – *b*) L'obstacle institutionnel à l'établissement d'une hiérarchie. – II. La relativité des progrès résultant du traité de Lisbonne. – *a*) Une simplification incomplète. – *b*) L'existence de principes directeurs. – III. Conclusion.

Erasme utilisait à propos de son ami Thomas More l'expression d'« omnium horarum hominem » traduite en français par « un homme pour toutes les saisons ». Or s'il est en droit de l'Union européenne un homme que l'on pourrait qualifier de juriste de toutes les saisons, c'est bien Antonio Tizzano. Durant sa longue carrière, il a couvert toute la diversité des fonctions que peut exercer un juriste de droit européen. Praticien, il a été conseiller juridique à la représentation permanente italienne auprès du Conseil, mais aussi avocat. Professeur d'université à la Sapienza, il a marqué la doctrine par ses travaux et notamment par son incontournable manuel de droit de l'Union européenne rédigé avec Roberto Adam. Magistrat, il a été successivement avocat général, juge et vice-président de la Cour de justice de l'Union européenne. Dans ces conditions, il n'est pas aisé de trouver un sujet qui permette de lui rendre hommage.

Peut-être est-il alors intéressant de revenir à ce qui fut une de ses préoccupations initiales, la hiérarchie des normes au sein de l'Union européenne (2). Il a suivi la question au cours de son passage à la représentation permanente, puis lors de conférences intergouvernementales et a été évidemment amené à en connaître au sein de la Cour de justice. La manière dont a été traité au fil du temps le problème de la hiérarchie des normes témoigne également de la manière dont progresse toute tentative de réforme importante au sein de l'Union. Abordée lors de la négociation du traité de Maastricht, la hiérarchie a donné lieu à une déclaration annexée à l'acte final (3). Elle a été

(1) *Professeur émérite à l'Université de Strasbourg. Directeur général honoraire au Conseil de l'Union européenne.*

(2) Voir A. TIZZANO, *La hiérarchie des normes communautaires*, *Revue du Marché unique européen*, 1995, p. 219.

(3) Déclaration n° 16 : « La Conférence convient que la conférence intergouvernementale qui sera convoquée en 1996 examinera dans quelle mesure il serait possible de revoir la classification des actes communautaires en vue d'établir une hiérarchie appropriée entre les différentes catégories de normes ».

évoquée sans succès au cours des révisions suivantes (4) ne suscitant que l'intérêt du Parlement européen (5). Mise à l'ordre du jour, par la déclaration de Laeken (6) avant la convocation de la convention destinée à préparer le traité établissant une constitution pour l'Europe, elle a trouvé place dans le traité et n'a été remise en cause que partiellement lors de la négociation du traité de Lisbonne (7).

I. Il serait exagéré de prétendre que l'existence d'une hiérarchie des normes était ignorée avant le traité de Lisbonne (8). À partir du moment où l'on a considéré que le droit communautaire constituait un ordre juridique autonome, il allait de soi que l'on était en présence d'un ensemble cohérent de normes, ce qui impliquait l'existence d'une certaine hiérarchie. Pour reprendre la théorie positiviste de Kelsen, la validité d'une norme est déterminée par la conformité de son adoption avec les conditions prévues par une norme supérieure (9). Il s'agit d'un principe consacré par la Cour de justice de longue date dans sa jurisprudence sur la base juridique. Les modalités d'adoption des actes ne sont à la disposition ni des institutions, ni des États membres et l'existence d'une Union de droit s'oppose à l'adoption d'actes en violation de la charte constitutionnelle que constituent les traités (10). Cette jurisprudence trouve

---

(4) Le traité d'Amsterdam a mis l'accent sur la simplification des traités en supprimant des dispositions obsolètes et en procédant à une renumérotation des articles du traité, Voir H. Gaudin, *Amsterdam : l'échec de la hiérarchie des normes ?*, *R.T.D.E.*, n° 1, 1999, p. 1 à 20.

(5) J.-L. Bourlanges, *Rapport sur la typologie des actes et la hiérarchie des normes*, du 2 décembre 2002, Parlement européen, A5-0425/2002.

(6) Déclaration annexée aux conclusions du Conseil européen de Laeken du 15 décembre 2001 : « La question de savoir qui fait quoi n'est pas la seule importante ; il importe tout autant de déterminer comment l'Union agit et quels sont les instruments qu'elle utilise. Les modifications successives des traités ont à chaque fois entraîné une prolifération d'instruments. Et les directives ont progressivement évolué pour devenir des actes législatifs de plus en plus détaillés. Il est donc essentiel de se demander si les différents instruments de l'Union ne doivent pas être mieux circonscrits et s'il ne faut pas en réduire le nombre. En d'autres termes, faut-il introduire une distinction entre mesures législatives et mesures d'exécution ? Faut-il réduire le nombre des instruments législatifs : normes directes, législation-cadre et instruments non contraignants (avis, recommandations, coordination ouverte) ? Est-il souhaitable ou non de recourir plus souvent aux législations-cadres qui laissent plus de latitude aux États membres pour réaliser les objectifs politiques ? Pour quelles compétences la coordination ouverte et la reconnaissance mutuelle sont-elles les instruments les plus appropriés ? Le principe de proportionnalité reste-t-il le principe de base ? ».

(7) Pour retracer cette évolution, voir T. Blanchet, *1997-2007 : d'une simplification à l'autre*, *Mélanges Jacqué*, Dalloz, 2010.

(8) Voir P.-Y. Monjal, *Recherches sur la hiérarchie des normes communautaires*, Paris, L.G.D.J., 2000 ; R. Bieber, I. Salome, *Hierarchy of norms in European law*, *C.M.L.R.*, 1996, p. 907 à 930 ; R. Mehdi, *La "double hiérarchie" normative à l'épreuve du projet de traité établissant une Constitution pour l'Union européenne*, dans *Les dynamiques du droit européen en début de siècle. Études en l'honneur de Jean-Claude Gautron*, Paris, 2004.

(9) Ou, pour se référer à Hart, la qualification d'une norme est déterminée par l'existence d'une règle de reconnaissance qui contient les éléments d'identification d'une règle comme norme dans l'ordre juridique considéré ; « un ou plusieurs traits qui peuvent être considérés comme indiquant d'une manière positive et décisive que la règle visée qui les possède constitue bien une règle du groupe, et qu'elle devra être soutenue par la pression sociale exercée par ce groupe », H.L.A. Hart, *Le concept de droit*, trad. M. Van de Kerchove, Bruxelles, 2005, p. 114.

(10) C'est le sens de toute la ligne de jurisprudence « constitutionnelle » de la Cour marquée par CJCE 15 juillet 1964, 6/64, *Costa c. Enel*, et par CJCE 23 avril 1986, 294/83, *les Verts c. Parlement*.

son expression la plus claire dans la prohibition de la création par le Conseil de bases juridiques dérivées : « Or, il a déjà été jugé que les règles relatives à la formation de la volonté des institutions communautaires sont établies par le traité et ne sont à la disposition ni des États membres ni des institutions elles-mêmes (voir arrêt *Royaume-Uni c. Conseil*, précité, point 38). Seul le traité peut, dans des cas particuliers tels que celui prévu à l'article 67, paragraphe 2, second tiret, CE, habiliter une institution à modifier une procédure décisionnelle qu'il établit. Reconnaître à une institution la possibilité d'établir des bases juridiques dérivées, que ce soit dans le sens d'un renforcement ou dans celui d'un allégement des modalités d'adoption d'un acte, reviendrait à lui attribuer un pouvoir législatif qui excède ce qui est prévu par le traité. Cela conduirait également à lui permettre de porter atteinte au principe de l'équilibre institutionnel, qui implique que chacune des institutions exerce ses compétences dans le respect de celles des autres (CJCE 22 mai 1990, C-70/88, *Parlement c. Conseil*, point 22) » (11). N'est-ce pas là reconnaître l'existence d'une hiérarchie au sens kelsénien du terme ? Dans ces conditions, la réforme proposée à Laeken ne visait pas à établir une hiérarchie des normes puisqu'elle celle-ci existait déjà (12), il s'agissait bien plus de clarifier l'existant, mais ce faisant le risque était grand de modifier l'équilibre institutionnel. C'est sans doute là que se situe politiquement le motif principal de la réserve manifestée pendant des années par certains États membres à l'égard d'une telle réforme.

a) Si l'existence d'une hiérarchie des normes était incontestable à la veille du traité de Maastricht, celle-ci était devenue illisible au fil des temps en raison de l'évolution des pratiques dues à la créativité institutionnelle des États membres. Déjà, à l'origine, la rationalité du choix de certaines procédures n'était pas évidente et la Cour de justice en avait fait la remarque notamment à propos de la consultation du Parlement : « Dans le système des compétences communautaires, les pouvoirs des institutions et les conditions de leur exercice découlent des différentes dispositions particulières du traité dont les divergences, notamment en ce qui concerne l'intervention du Parlement

(11) CJCE 6 mai 2008, C-133/06, *Parlement européen c. Conseil*.

(12) La Cour y a d'ailleurs fait référence dans CJCE 3 septembre 2008, C-408/05P, *Kadi* : « Une immunité juridictionnelle du règlement litigieux quant au contrôle de la compatibilité de celui-ci avec les droits fondamentaux qui trouverait sa source dans une prétendue primauté absolue des résolutions du Conseil de sécurité que cet acte vise à mettre en œuvre ne pourrait pas non plus être fondée sur la place qu'occuperaient les obligations découlant de la charte des Nations unies dans la hiérarchie des normes au sein de l'ordre juridique communautaire si ces obligations étaient classifiées dans cette hiérarchie ». La Cour a de longue date fait référence à l'existence d'un système législatif de la Communauté. Ainsi dans l'arrêt CJCE 17 décembre 1970, 25/70, *Köster* : « attendu que tant le système législatif du traité, reflété notamment par l'article 155, dernier tiret, que la pratique constante des institutions communautaires établissent, conformément aux conceptions juridiques reçues dans tous les États membres, une distinction entre les mesures qui trouvent directement leur base dans le traité même et le droit dérivé destiné à assurer leur exécution ». Voir également la référence à un pouvoir législatif de la Communauté dans l'arrêt CJCE 9 mars 1978, 106/77, *Simmenthal*.

européen, ne reposent pas toujours sur des critères systématiques » (13). En fait, le critère essentiel du choix d'une procédure décisionnelle résidait dans l'intérêt que présentait la matière pour les États membres. Dès lors que celle-ci présentait un intérêt politique pour certains d'entre eux, la tendance était de réserver le pouvoir de décision au Conseil. Si l'enjeu était faible lorsque le choix était de prévoir ou d'exclure la consultation du Parlement, il deviendra de plus en plus important lorsque seront mises en place des procédures impliquant une participation accrue du Parlement ou une prise de décision au Conseil à la majorité qualifiée. On se souvient également de la propension du Conseil après l'entrée en vigueur de l'Acte unique à utiliser la base juridique de l'article 235 CE (actuel article 352 TFUE) pour éviter des procédures permettant au Parlement d'exercer une plus grande influence dans le processus décisionnel ou de préserver le recours à l'unanimité en son sein (14).

Un autre reproche est lié au refus des institutions de respecter la typologie des actes prévus par le traité et notamment aux tentatives d'effacer la distinction entre règlement et directive. Bien entendu, le rapprochement entre les deux types d'actes ne pouvait aller jusqu'à gommer les différences relatives aux effets juridiques de chacun de ces types, mais il concernait leur contenu. Les directives perdent leur caractère de loi-cadre et deviennent aussi précises que les règlements. Ici encore, l'explication est politique. D'une part, les États veulent conserver l'apparente marge de discrétion que leur laisserait la directive et éviter tout effet direct. D'autre part, si la directive n'est pas suffisamment précise, ils craignent que d'autres États profitent de cette imprécision lors de la mise en œuvre pour adopter des mesures de transposition leur donnant un avantage concurrentiel. Cette attitude contient sa propre sanction puisqu'elle conduit à faire adopter par les parlements, lorsqu'ils sont compétents, des lois de transposition qui privent ceux-ci de toute latitude et qui ne souffrent aucun amendement. L'intervention parlementaire devient alors purement formelle et laisse une impression de déni de démocratie. Cette situation n'a jamais été ignorée des gouvernements qui, à plusieurs reprises, ont insisté sur la nécessité d'en revenir à l'orthodoxie (15), mais leur volonté collective est toujours restée lettre morte lorsque le Conseil était saisi de dossiers concrets.

---

(13) CJCE 20 mai 1989, 56/88, *Royaume-Uni c. Conseil.* Cette constatation est également faite par Antonio Tizzano lorsque, dans l'article précité, il évoque le choix « presque fortuit » des domaines soumis à la procédure de codécision dans le traité de Maastricht.

(14) Ce qui a donné lieu au rappel au traité par la Cour de justice dans son arrêt CJCE 26 mars 1987, 45/87, *Commission c. Conseil* : « Il résulte des termes mêmes de l'article 235 que le recours à cet article comme base juridique d'un acte n'est justifié que si aucune autre disposition du traité ne confère aux institutions communautaires la compétence nécessaire pour arrêter cet acte ». Voir aussi l'arrêt CJCE 30 mai 1989, C-242/87, *Commission c. Conseil.*

(15) Le protocole sur l'application des principes de subsidiarité et de proportionnalité invitait sans succès à donner la préférence à des directives-cadres plutôt qu'à des mesures détaillées ce qui est par ailleurs un paradoxe puisque par définition la directive est une directive-cadre. Cette invitation a été reflétée à l'article 296, alinéa 1, TFUE.

Sur un plan plus formel, Antonio Tizzano soulignait la confusion engendrée par le fait que les dénominations de règlement et de directive étaient utilisées aussi bien pour les actes de nature législative que pour les actes d'exécution, ce qui entraînait une confusion entre deux niveaux différents de pouvoir, ce qui n'était pas une surprise puisqu'au niveau institutionnel les fonctions législatives et exécutives étaient largement confondues.

Enfin, un élément de confusion provient de la créativité des institutions face à la typologie des actes prévus par le traité qui conduit au développement d'actes atypiques dont la valeur juridique est incertaine et qui ne trouvent pas place dans la hiérarchie des normes prévues par le traité. Accords interinstitutionnels, Décisions dites *Beschluss*, résolutions du Conseil, conclusions ou déclarations du Conseil... constituent des exemples d'une telle activité. Chacun de ces actes trouve sa justification dans les lacunes du traité. Un programme financier ne peut être un règlement ou une directive puisqu'il n'a pas principalement pour effet de déployer des effets dans les ordres juridiques nationaux, mais d'être mis en œuvre au niveau communautaire. Un accord interinstitutionnel vise à régler les modalités de coopération entre institutions et ne produit d'effets qu'entre celles-ci. Une proposition de la Commission n'est pas nécessaire pour que le Conseil adopte une résolution alors que c'est le cas pour une recommandation. La tendance des ministres ainsi que des services de la Commission est d'éviter les contraintes administratives et politiques de la préparation d'une initiative. Aussi est-il plus simple de préparer un texte au sein des instances du Conseil avec la collaboration des services de la Commission et de la faire adopter comme une résolution ce qui ne change rien quant à sa valeur juridique par rapport à une recommandation, mais présente l'avantage d'éviter le formalisme lié à la préparation d'une proposition par la Commission. La conséquence de telles pratiques est l'incertitude quant à la valeur juridique de ces actes atypiques. Et celle-ci ne peut vraiment être levée qu'en cas de contentieux puisque la Cour ne se réfère pas à la classification officielle des actes, mais au fait qu'ils produisent des effets de droit : « Conformément à l'objectif défini par l'article 164, le recours en annulation doit être ouvert à l'égard de toutes dispositions prises par les institutions, quelles qu'en soient la nature ou la forme, qui visent à produire des effets de droit » (16).

Elle a été ainsi amenée à préciser que les accords interinstitutionnels pouvaient avoir un caractère obligatoire dès que les parties avaient eu l'intention de se lier (17). De même, elle a reconnu que les conclusions du Conseil pouvaient être destinées à produire des effets de droit et devaient être annulées lorsqu'elles créaient des obligations en violation des procédures prévues

(16) CJCE 31 mars 1971, 22/70, *Commission c. Conseil*.
(17) CJCE 19 mars 1996, C-25/04, *Commission c. Conseil*.

par le traité (18). Plus récemment encore, l'avocat général Saugmandsgaard Øe contestait la légalité de conclusions du Conseil relatives à la position à prendre par l'Union au sein d'une organisation internationale parce que le traité faisait référence à une décision adoptée à la majorité qualifiée alors que les conclusions résultaient d'un consensus au sein du Conseil (19).

Malgré l'incertitude contentieuse qui résulte des actes atypiques, ceux-ci continuent à être utilisés essentiellement pour des raisons politiques parce qu'ils permettent de contourner certaines contraintes institutionnelles. Derrière la question de la hiérarchie se dissimule un problème d'équilibre des pouvoirs entre institutions.

b) Les propositions d'établissement d'une hiérarchie, notamment celle envisagée par le Parlement européen, reposaient sur une hiérarchie à trois niveaux : le niveau constitutionnel, le niveau législatif et le niveau des actes d'exécution. À l'époque des premières propositions, la question des actes quasi-législatifs ou délégués n'avait pas encore fait son apparition et l'on considérait qu'il était naturel qu'un règlement ou une directive autorise l'institution chargée du pouvoir d'exécution à modifier un acte de nature législative pourvu qu'il en respecte les éléments essentiels. Pour l'essentiel, à l'époque à laquelle l'idée d'une formalisation de la hiérarchie des normes a été émise, le principal problème résidait dans la confusion entre le pouvoir législatif et le pouvoir exécutif, le Conseil étant titulaire des deux pouvoirs, même s'il pouvait déléguer le pouvoir exécutif à la Commission sous réserve du contrôle exercé dans le cadre de la comitologie. Dans ce cas, l'idée impliquait une modification de l'équilibre institutionnel sur la base comme le notait Antonio Tizzano, de critères fonctionnels et organiques. Le pouvoir d'adopter des actes d'exécution appartiendrait à la Commission tandis que le pouvoir législatif serait exercé par le Conseil éventuellement associé au Parlement. Il n'est pas surprenant que cette vision ait entrainé une résistance des États. Ceux-ci craignaient que la distinction entre législatif et exécutif n'entraine des revendications d'un Parlement désireux d'être plus étroitement associé au pouvoir législatif. Mais surtout, l'abandon du pouvoir exécutif à la Commission pouvait marquer la fin de la comitologie où tout au moins des cas de figures dans lesquelles l'opposition d'un comité avait pour effet de substituer le pouvoir de décision du Conseil à celui de la Commission. Cependant, dans un tel schéma, il n'était pas interdit de soumettre le pouvoir de la Commission au contrôle du législateur sous des formes appropriées. Mais, il n'en demeure pas moins que les craintes d'un bouleversement institutionnel incitaient à ne pas s'aventurer dans cette voie lors des conférences de révision des traités. Si l'on ajoute le fait qu'aborder la question de la hiérarchie conduisait à mener une réflexion juridique approfondie, ce qui n'était guère apprécié des diplomates et politiques en charge à

(18) CJCE 13 juillet 2004, C-27/04, *Commission c. Conseil.*
(19) Concl. AG Saugmandsgaard Øe, 7 septembre 2017, C-687/15, *Commission c. Conseil.*

l'époque de la procédure de révision et prisonniers d'un calendrier exigeant, il n'est pas surprenant que la question ait été laissée en jachère (20). Très souvent, en matière de révision des traités, l'écoulement du temps joue un rôle important parce qu'il permet entre deux conférences à la réflexion au sein des États membres et de institutions de faire son chemin. Ce n'est que la conjonction d'une réflexion interne aboutie et d'une opportunité politique qui permet à une réforme d'aboutir. Que l'on se souvienne du temps pris pour en arriver à la réforme de la procédure budgétaire ou à la décision d'inscrire l'adhésion à la Convention européenne des droits de l'homme dans les traités. Aussi il a fallu attendre le traité de Lisbonne pour constater certains progrès.

II. La négociation de ce qui allait devenir le traité de Lisbonne offrait l'opportunité politique recherchée. Les objectifs de la révision tels que résultant de la déclaration de Laeken étaient larges et comportaient une référence tant à la simplification qu'à la distinction entre exécutif et législatif. Mais surtout, la réflexion sur la question, amorcée depuis longtemps, était arrivée à son terme et il ne restait plus qu'à la concrétiser dans les dispositions du traité. En outre, en convoquant une convention composée de parlementaires européens, de parlementaires nationaux et de représentants des États membres, les États avaient perdu le contrôle de l'agenda et ne pouvaient éviter qu'une question soit traitée dans ce cadre. Ils n'avaient donc plus l'opportunité « d'oublier » la question de la hiérarchie des normes. Aussi le traité instituant une constitution pour l'Europe apportait-il des modifications importantes à la nomenclature normative sans pour autant bouleverser celle-ci. Suite à l'échec de la ratification de celui-ci, les travaux en vue de la rédaction d'un nouveau traité conservèrent pour l'essentiel les acquis précédents. Le seul changement majeur, dû à la volonté de « déconstitutionnaliser » le traité afin d'en faciliter la ratification, est constitué par l'abandon dans le vocabulaire de la catégorie de la loi, celle-ci devant être réservée aux législateurs nationaux. Cependant, la réalité étant têtue, la référence à la procédure législative est conservée dans les articles relatifs aux bases juridiques et la doctrine utilise couramment aujourd'hui les termes de lois ou de législation de l'Union. Les auteurs des traités n'ont pas voulu faire du traité de Lisbonne un instrument de rénovation totale de l'ordre juridique de l'Union. Ils ont conservé une démarche pragmatique se fondant sur l'acquis, notamment jurisprudentiel. Il en résulte que l'œuvre de simplification demeure incomplète et laisse subsister des doutes quant aux principes qui la guident (21).

---

(20) Que l'on souvienne qu'à la même époque, bien qu'il soit communément admis que la procédure budgétaire telle qu'elle était prévue par les traités était profondément dysfonctionnelle et que la pratique suivie après l'instauration des perspectives financières n'avait plus qu'un rapport lointain avec la lettre des traités, le sujet a été systématiquement ignoré par les conférences intergouvernementales notamment au motif qu'il était beaucoup trop technique.

(21) Pour quelques études sur la hiérarchie des normes après le traité de Lisbonne : L. Guilloud, *La réforme de la nomenclature des actes de l'Union européenne : le mirage de la simplification*, dans J. Pousson, F. Rueda, *Qu'en est-il de la simplification du droit ?*, Toulouse, 2010, p. 221 à 235 ;

a) Le traité établit davantage de cohérence dans la hiérarchie en réduisant de manière importante le nombre de procédures d'adoption des actes ainsi que les types d'actes. Mais la réforme n'est pas née de toute pièce dans l'esprit des constituants et se présente plus comme une rationalisation de l'existant comme c'était déjà le cas des propositions du Parlement européen.

Le bloc constitutionnel comprend les traités constitutifs et les protocoles tels qu'éventuellement adaptés par les traités d'adhésion. Une des innovations de Lisbonne consiste en la création de deux procédures de révision simplifiée, l'une confiant le pouvoir de révision au Conseil européen, l'autre remplaçant les ratifications nationales par une procédure de non-objection. Ceci n'institue pas pour autant une hiérarchie au sein du bloc constitutionnel entre les dispositions adoptées selon la procédure ordinaire et celles qui relevaient des procédures simplifiées. Certes la Cour de justice a accepté de contrôler la validité d'une procédure de révision simplifiée, mais le contrôle porte uniquement sur la validité du recours à la procédure simplifiée et non sur le contenu en lui-même de la révision en elle-même bien qu'une analyse du contenu ait été nécessaire pour vérifier le caractère correct du recours à la procédure (22).

À juste titre, le traité ne se prononce pas sur la place des principes généraux du droit dans la hiérarchie des normes. Il laisse toute sa place à la jurisprudence de la Cour qui les place au niveau constitutionnel et tente de résoudre d'éventuels conflits par la voie de la conciliation entre les normes (23). Le traité n'innove pas non plus en plaçant les accords conclus par l'Union au

---

L. Guilloud, *La nouvelle nomenclature des actes dans le traité de Lisbonne, Revue interdisciplinaire d'études juridiques*, 2011, p. 85 à 108 ; J. Ziller, *Hierarchy of Norms : Hierarchy of Sources and General Principles In European Union Law, Verfassung und Verwaltung in Europa Festschrift für Jürgen Schwarze zum 70. Geburtstag*, dans U. Becker, A. Hatje, M. Potacs, N. Wunderlich (éd.), Baden-Baden 2014, p. 334 à 352 ; D. Curtin, T. Manucharian, *Legal acts and hierarchy of norms in EU law*, dans Arnull and Chamers (éd), *The Oxford Handbook of European Union Law*, 2015, p. 103 à 125 ; A. Harmonic, *L'ordre juridique de l'Union réfractaire à la hiérarchie*, dans *Abécédaire de droit de l'Union Européenne en l'honneur de Catherine Flaesch-Mougin*, Rennes, 2017, p. 243 à 252.

(22) CJUE 27 novembre 2012, C-370/12, *Pringle* : « À cet égard, il importe de rappeler que, selon l'article 48 paragraphe 6, premier alinéa, TUE, la procédure de révision simplifiée concerne « la révision de tout ou partie des dispositions de la troisième partie du traité [FUE], relatives aux politiques et actions internes de l'Union ». Le deuxième alinéa du même paragraphe confirme que « [l]e Conseil européen peut adopter une décision modifiant tout ou partie des dispositions de la troisième partie du traité [FUE] ». Conformément au troisième alinéa dudit paragraphe, une telle décision « ne peut pas accroître les compétences attribuées à l'Union dans les traités ». Le contrôle du respect desdites conditions étant nécessaire afin de constater si la procédure de révision simplifiée peut être appliquée, il incombe à la Cour, en tant qu'institution qui, en vertu de l'article 19, paragraphe 1, premier alinéa, TUE, assure le respect du droit dans l'interprétation et l'application des traités, d'examiner la validité d'une décision du Conseil européen fondée sur l'article 48, paragraphe 6, TUE. À cet effet, il appartient à la Cour de vérifier, d'une part, que les règles de procédure prévues audit article 48, paragraphe 6, ont été suivies et, d'autre part, que les modifications décidées ne portent que sur la troisième partie du traité FUE, ce qui implique qu'elles n'entraînent aucune modification des dispositions d'une autre partie des traités sur lesquels l'Union est fondée et qu'elles n'accroissent pas les compétences de cette dernière ».

(23) CJCE 3 septembre 2008, C-408/05P, *Kadi*, et CJCE 15 octobre 2009, C-101/08, *Audiolux S.A.* dans lequel la Cour indique que les principes généraux du droit se situent au niveau constitutionnel. Voir K. Lenaerts, J.A. Gutierrez-Fons, *The constitutional allocation of powers and general principles of EU law, CMLR*, 2010, p. 1629 à 1669.

second rang de la hiérarchie (article 216, paragraphe 2, TFUE) et en les subordonnant au respect des règles constitutionnelles (article 218, paragraphe 11, TFUE).

C'est dans le cadre du droit dérivé que l'effort s'est particulièrement manifesté. Certes, l'usage du terme de loi n'a pas été retenu, ce qui n'est pas sans conséquences. Alors que la Constitution pour l'Europe préconisait de remplacer le règlement et la directive par la loi et la loi-cadre, le traité conserve les appellations anciennes. Ceci ne change rien sur le fond, mais rend moins visible à première vue la distinction entre les actes législatifs et les autres puisqu'ils conservent la même dénomination. Il faut se référer à la base juridique pour vérifier si elle prévoit ou non le recours à la procédure législative. Cette difficulté est atténuée par le fait que le terme « délégué » ou « d'exécution » doit être ajouté à la dénomination des actes dits d'exécution. Sur un plan procédural, le traité distingue entre les normes adoptées selon une procédure législative ordinaire ou spéciale et les autres. Les actes législatifs font intervenir le Parlement et le Conseil soit en codécision pour la procédure ordinaire, soit selon des modalités qui peuvent impliquer à des degrés divers chacune des institutions (décision du Conseil et consultation du Parlement, décision du Parlement et approbation du Conseil, décision du Conseil et approbation du Parlement).

Sur le plan de la mise en œuvre de l'acte législatif, le traité de Lisbonne établit une distinction entre les actes délégués qui modifient ou complètent des éléments non essentiels d'une législation et les actes d'exécution qui précisent les modalités d'exécution de celle-ci. Reprenant la jurisprudence antérieure (24), il consacre l'existence d'un domaine exclusivement réservé à la loi qui comporte les éléments essentiels d'une législation. Si un acte législatif peut, si le législateur le désire, couvrir tous les aspects d'une matière et ne laisser aucune place aux actes délégués et aux mesures d'exécution, il est par contre interdit à ces derniers d'empiéter sur les éléments essentiels de l'acte législatif (25). À première vue, le traité n'établit pas de hiérarchie entre les actes délégués et les mesures d'exécution puisqu'ils s'appliquent dans des hypothèses différentes. Leur point commun est qu'ils ne peuvent porter sur les éléments essentiels d'une législation, mais pour le reste l'objet des deux types d'actes reste voisin. Quelle différence en effet entre un acte délégué

(24) CJCE 27 octobre 1992, C-240/90, *Allemagne c. Commission.*

(25) CJUE 5 septembre 2012, C-355/10, *Parlement c. Conseil* : « Ainsi, ne sauraient faire l'objet d'une telle délégation les dispositions dont l'adoption nécessite d'effectuer des choix politiques relevant des responsabilités propres du législateur de l'Union. [...] D'une part, l'adoption des règles relatives à l'attribution de pouvoirs coercitifs aux gardes-frontières, [...] nécessite des choix politiques relevant des responsabilités propres du législateur de l'Union, en ce qu'elle implique une pondération des intérêts divergents en cause sur la base d'appréciations multiples [...]. D'autre part, il importe de souligner que des dispositions qui portent sur l'attribution de pouvoirs de puissance publique aux gardes-frontières [...] permettent des ingérences dans des droits fondamentaux des personnes concernées d'une importance telle qu'est rendue nécessaire l'intervention du législateur de l'Union ».

qui complète une législation et une mesure d'exécution qui en précise les modalités de mise en œuvre. Dans les deux cas, l'acte vient en fait compléter un acte législatif. Ceci explique le contentieux persistant entre institutions quant au choix d'une des deux catégories d'actes puisque le Parlement dispose d'un pouvoir de veto à l'égard des actes délégués alors que le contrôle de l'élaboration des mesures d'exécution appartient exclusivement aux États membres. La Cour de justice a préféré laisser au Parlement et au Conseil une large marge d'appréciation quant au choix entre le recours à l'acte délégué ou aux mesures d'exécution sous réserve d'un contrôle de l'erreur manifeste d'appréciation (26). Il en résulte que la frontière entre les deux catégories d'actes n'est pas claire et sur ce point le traité de Lisbonne n'a pas complètement atteint son objectif de simplification.

S'agissant des décisions, le traité prend acte de la réalité. Alors qu'auparavant cette catégorie ne recouvrait que des actes visant des destinataires individualisés, mais était utilisée plus largement dans la pratique, le traité de Lisbonne en fait un acte qui peut être utilisé aussi bien pour des actes de portée générale que pour des actes individuels.

Ainsi, malgré une volonté simplificatrice, le poids du passé et des contraintes politiques s'est fait sentir et la typologie de l'article 288 TFUE est loin d'être exhaustive. Ainsi, il existe des actes qui n'ont ni un caractère législatif, ni celui d'actes délégués ou de mesures d'exécution, mais sont directement fondés sur le traité. Par exemple, les mesures prises par le Conseil en application de l'article 43, paragraphe 3, TFUE dans le domaine de l'agriculture et de la pêche qui confèrent au Conseil un pouvoir de décision propre pour la fixation des prix, des prélèvements et des aides et des limitations quantitatives ne constituent ni des actes législatifs, ni des mesures d'exécution. Cette particularité s'explique par la volonté des États de faire échapper au législateur certaines questions qu'ils jugeaient sensibles. Il en va de même des mesures prises par le Conseil en cas d'urgence relative à un afflux de ressortissants de pays tiers prévues à l'article 78, paragraphe 3 TFUE ou en matière de concurrence des pouvoirs attribués au Conseil par l'article 103 TFUE. La doctrine s'est interrogée sur le caractère législatif de ces actes dont certains étaient pris après consultation du Parlement, mais la Cour n'a reconnu un caractère législatif qu'aux actes adoptés sur une base juridique qui fait expressément référence à l'usage de la procédure législative (27).

---

(26) CJUE 18 mars 2014, C-427/12, *Commission c. Parlement et Conseil.*

(27) CJUE 6 septembre 2017, C-463/15 et C-647/15, *Slovaquie et Hongrie c. Conseil.* Le raisonnement de la Cour qui repose sur une vision formelle mérite d'être intégralement cité : « Aux termes de l'article 289, paragraphe 3, TFUE, les actes juridiques adoptés par procédure législative constituent des actes législatifs. Partant, les actes non législatifs sont ceux qui sont adoptés par une procédure autre qu'une procédure législative. La distinction entre actes législatifs et non législatifs revêt une importance certaine, dès lors que seule l'adoption d'actes législatifs est assujettie au respect de certaines obligations tenant, notamment, à la participation des parlements nationaux conformément aux articles 3 et 4 du protocole (n° 1) et aux articles 6 et 7 du protocole (n° 2), ainsi qu'à l'exigence, découlant de

Enfin, en ce qui concerne les actes atypiques, les innovations sont limitées. L'existence des accords interinstitutionnels est confirmée et l'article 295 TFUE soumet ces accords au traité et précise qu'ils peuvent être obligatoires ou non. Quant aux autres actes atypiques, la seule mention est l'interdiction d'adopter de tels actes lorsqu'une procédure législative est engagée.

En conclusion, les auteurs des traités ont fait œuvre de simplification, mais celle-ci a été contrariée par des considérations politiques. La nomenclature des actes clarifie certainement la situation, mais elle laisse subsister des incertitudes quant aux critères de choix entre les différents types d'actes. La simplification a été également contrariée par le souci de préserver certaines pratiques existantes ce qui a parfois conduit à habiller celles-ci des nouveaux noms plus qu'à les réformer.

b) La réforme de simplification a-t-elle été conçue autour de principes structurels et d'une vision globale de ce que devrait être la constitution européenne ? L'une des idées essentielles des promoteurs des réformes et notamment d'Antonio Tizzano reposait sur la distinction entre le pouvoir législatif et l'exécutif. Il est vrai que le traité de Lisbonne en distinguant entre les actes législatifs, les actes délégués et les mesures d'exécution semble s'inspirer de la théorie de la séparation des pouvoirs. Le Parlement et le Conseil sont titulaires du pouvoir législatif et la Commission du pouvoir exécutif. Montesquieu aurait-il triomphé ? Derrière cette vision idéaliste, la réalité est bien différente. Plus que de procéder d'un schéma préconçu, la réforme prend avant tout en compte les réalités politiques. Le moteur de la réforme est avant tout la croissance des pouvoirs du Parlement. Plus le champ de la codécision s'élargissait, plus la distinction entre exécutif et législatif devenait inévitable. En effet, il était illusoire de penser qu'un Parlement co-législateur se désintéresserait de l'adoption des mesures d'exécution d'autant plus que les habilitations à adopter des mesures d'exécution devaient être établies dans la loi. Refuser frontalement toute amélioration de son implication en la matière risquait de conduire à un blocage de la procédure législative. Le Parlement

l'article 16, paragraphe 8, TUE et de l'article 15, paragraphe 2, TFUE, selon laquelle le Conseil siège en séance publique lorsqu'il délibère et vote sur un projet d'acte législatif. Il ressort en outre d'une lecture combinée des dispositions de l'article 289, paragraphe 1, et de l'article 294, paragraphe 1, TFUE que la procédure législative ordinaire, caractérisée par l'adoption conjointe d'un acte du droit de l'Union par le Parlement et le Conseil sur proposition de la Commission, s'applique uniquement si la disposition des traités constituant la base juridique de l'acte en cause « fait référence » à une telle procédure législative. S'agissant de la procédure législative spéciale, caractérisée quant à elle par le fait qu'elle prévoit l'adoption d'un acte de l'Union soit par le Parlement avec la participation du Conseil, soit par le Conseil avec la participation du Parlement, l'article 289, paragraphe 2, TFUE dispose qu'elle s'applique « dans les cas spécifiques prévus par les traités ». Il en découle qu'un acte juridique ne peut être qualifié d'acte législatif de l'Union que s'il a été adopté sur le fondement d'une disposition des traités qui se réfère expressément soit à la procédure législative ordinaire, soit à la procédure législative spéciale. Une telle approche systémique assure la sécurité juridique nécessaire lors des procédures d'adoption d'actes de l'Union, en ce qu'elle permet d'identifier de manière certaine les bases juridiques habilitant les institutions de l'Union à adopter des actes législatifs et de distinguer ces bases de celles ne pouvant servir que de fondement à l'adoption d'actes non législatifs ».

avait d'ailleurs déjà utilisé cette arme lors des débuts de la codécision après l'entrée en vigueur du traité de Maastricht et il avait été nécessaire que le Conseil conclue avec lui en 1994 un modus vivendi et promette que la question serait abordée à Amsterdam. Tout l'enjeu du débat était le désir du Conseil de conserver son contrôle sur l'exécution et l'accord intervenu finalement aboutit à ce résultat. Le Conseil accepte en principe que le pouvoir d'exécution appartienne à la Commission, mais conserve celui-ci dans des cas spécifiques qui ne peuvent réellement concerner que les hypothèses dans lesquelles le Conseil légifère seul par une procédure législative spéciale (28). Pour le reste, la base de l'accord est que le législateur, Parlement et/ou Conseil, dispose d'un contrôle sur les actes qui complètent ou modifient un acte législatif tandis que les États membres conservent seuls le contrôle des mesures d'exécution à travers le maintien de la comitologie. Les États membres, au sein du Conseil ont un droit de veto sur les actes délégués ainsi qu'à travers la procédure de comitologie sur les mesures d'exécution. Malgré cet accord et la mise en place de procédures spécifiques d'adoption des actes délégués et des mesures d'exécution, la pratique marque un retour aux pratiques anciennes ce qui prouve que les schémas théoriques relatifs à la hiérarchie des normes ont beaucoup de mal à résister aux réalités du pouvoir (29). Il convient d'ajouter que la distinction entre exécutif et législatif n'est pas complète puisque les deux pouvoirs sont confondus entre les mains du Conseil dans le cadre de la PESC.

Dans la pratique, le premier critère de distinction entre les actes qui relèvent du législatif et ceux qui relèvent de l'exécution ne réside pas dans la nature ou la fonction de l'acte, mais plus prosaïquement dans sa base juridique, ce qui postule que l'analyse fonctionnelle aurait été menée par le constituant lui-même lorsqu'il a établi les bases juridiques. Cependant, la réflexion semble avoir surtout porté sur les limites du pouvoir d'exécution puisque les actes législatifs peuvent couvrir tous les aspects d'un domaine sans laisser aucune place à l'exécution. Cette prévalence de l'aspect formel est claire dans la jurisprudence de la Cour qui, dans les affaires C-463/15 et C-645/15 (30) définit exclusivement l'acte législatif par référence à la base juridique. Un autre exemple peut être trouvé dans la distinction entre les pouvoirs accordés au Parlement et au Conseil pour statuer par voie législative et ceux accordés au Conseil seul respectivement par les paragraphes 2 et 3 de l'article 43 TFUE

(28) Il est effet douteux que le Parlement accepte que le Conseil exerce le pouvoir exécutif dans des domaines soumis à la procédure législative ordinaire.

(29) Il est d'ailleurs surprenant de constater comment a été contourné le fait que le contrôle de la comitologie ait échappé dans le traité au contrôle du Conseil pour être conféré aux États membres en prévoyant dans le règlement du comité d'appel que les États membres seraient représentés au niveau des représentants permanents. Dans la réforme récemment proposée par la Commission, celle-ci accentue encore le retour à la situation antérieure à Maastricht (voir COM (2017)85 final du 14 février 2017). De la même manière, à la suite de l'accord « mieux légiférer », la procédure d'élaboration des actes délégués connaît un retour à une certaine forme de comitologie (voir l'annexe à l'accord JO L 123 du 12 mai 2016).

(30) Affaires précitées.

relatifs à la politique commune de l'agriculture et de la pêche (31). Selon le paragraphe 2 de l'article 43, Le Parlement et le Conseil fixent « les dispositions nécessaires à la poursuite des objectifs de la politique commune de l'agriculture et de la pêche » tandis que, selon le paragraphe 3, le Conseil seul fixe les prix et la répartition des possibilités de pêche. Le paragraphe 3 a souvent été analysé comme une disposition attribuant un pouvoir d'exécution autonome au Conseil, même si le traité ne fait entrer les actes adoptés sur cette base ni dans la catégorie de l'acte législatif ni dans celle des mesures d'exécution. Les considérer comme des mesures d'exécution pourrait avoir comme effet d'instituer une hiérarchie entre ces actes au profit de ceux adoptés sur la base du paragraphe 2. La Cour constate que le pouvoir confié au Conseil par le paragraphe 2 peut aller au-delà d'un simple pouvoir d'exécution au sens de l'article 291 TFUE. Si le Conseil doit agir dans le respect des dispositions adoptées sur la base du paragraphe 2, il peut aussi prendre des mesures de manière autonome pourvu que celles-ci « n'impliquent pas un choix politique réservé au législateur de l'Union en raison de leur caractère nécessaire pour poursuivre des objectifs afférents aux politiques communes de l'agriculture et de la pêche ». Le Conseil doit également respecter le cadre établi sur la base du paragraphe 2. Le pouvoir accordé au Conseil est exclusif et, à l'opposé de ce qui se passe pour les mesures d'exécution visées à l'article 291 TFUE, une délégation du législateur n'est pas nécessaire et surtout le législateur ne saurait occuper le champ couvert par le Conseil en vertu du paragraphe 3. Les deux paragraphes constituent des bases juridiques distinctes et doivent être mises en œuvre séparément. Plus qu'à une analyse fonctionnelle, la Cour se livre à un examen strict des bases juridiques. Elle ne s'intéresse à la fonction de l'acte que lorsqu'il s'agit de protéger le pouvoir législatif en lui réservant l'exclusivité du droit de statuer sur les éléments essentiels de l'acte (32) ou alors pour fixer les limites du recours aux actes délégués (33). Ceci montre bien que l'aspect formel et procédural l'emporte largement sur l'aspect fonctionnel.

III. L'effort réalisé en faveur d'une hiérarchie des actes dans le traité de Lisbonne reste donc inachevé. Sous certains de ses aspects et, sans nier les progrès accomplis, la simplification peut paraître apparente et d'ordre

(31) CJUE 7 septembre 2016, C-113/14, *Allemagne c. Parlement et Conseil.*

(32) CJUE 24 mars 2011, C-365/10, *Commission c. Slovénie.* Voir aussi CJUE 11 mai 2017, C-44/16P, *Dyson Ltd.*

(33) CJUE 17 mars 2016, C-286/14, *Parlement soutenu par le Conseil c. Commission* : « la délégation d'un pouvoir de « compléter » un acte législatif ne vise qu'à autoriser la Commission à concrétiser cet acte. Lorsque celle-ci exerce un tel pouvoir, son mandat est limité au développement en détail, dans le respect de l'intégralité de l'acte législatif arrêté par le législateur, des éléments non essentiels de la réglementation concernée que le législateur n'a pas définis. [...] En revanche, la délégation d'un pouvoir de « modifier » un acte législatif vise à autoriser la Commission à amender ou à abroger des éléments non essentiels édictés dans cet acte par le législateur. Lorsque la Commission exerce un tel pouvoir, elle n'est pas tenue d'agir dans le respect des éléments que le mandat qui lui est accordé vise justement à « modifier ».

cosmétique. Il en restera essentiellement la distinction entre acte législatif, acte délégué et mesures d'exécution. L'intention de séparer le pouvoir législatif et le pouvoir exécutif se manifeste avant tout par des normes de procédures liées à des bases juridiques. Il n'y a certes rien de surprenant à cela puisque pour Kelsen, c'est la conformité de l'adoption des normes par des procédures prévues par des normes supérieures qui caractérise un ordre juridique, conception que l'on pourrait transposer dans le droit de l'Union par l'obligation de respecter les bases juridiques qui définissent tant l'étendue du pouvoir de décider que les règles procédurales d'adoption de la norme. À cet égard, les négociateurs du traité de Lisbonne ont accompli leur tâche. Par contre, sur un plan institutionnel, le traité n'apporte pas une définition claire des fonctions et, plus encore, la pratique revient, en marge des traités, en arrière sur les avancées d'une approche fonctionnelle. Faut-il en être surpris ? Les théories sur la séparation des pouvoirs et la hiérarchie des normes ne constituent que des cadres conceptuels qui doivent s'adapter aux contraintes politiques et à la réalité de la répartition des pouvoirs entre institutions ainsi qu'entre États et institutions. Toute avancée qui ne prendrait pas en compte ces éléments demeurerait caduque ou serait contournée par la pratique. Comme le jardinier, le juriste peut tailler les haies, mais il ne les empêchera pas de croître à nouveau. L'approfondissement de la hiérarchie des normes peut encadrer les mutations institutionnelles, elle ne peut pas en être à l'origine.

POUR EN FINIR AVEC LES DÉBATS SUR LA MÉTHODE

Jean-Paul JACQUÉ

Introduction

On ne rendra jamais assez hommage à Marianne Dony pour son apport à la connaissance du droit européen. Ses travaux toujours pertinents et bien informés m'ont permis, comme à de nombreux collègues, d'enrichir notre réflexion. Pour avoir enseigné à l'Institut d'études européennes lorsqu'elle en assurait la direction, je peux témoigner de son intérêt profond pour la transmission des connaissances à des générations d'étudiants. De plus, elle ne s'est pas limitée au champ universitaire. Combien de fois nous est-il arrivé d'entendre à la radio ou de lire dans la presse ses commentaires sur des questions d'actualité. On ne lui rendra jamais assez hommage et surtout pas dans les modestes réflexions qui suivent.

Dix ans après l'entrée en vigueur du Traité de Lisbonne, faut-il encore revenir sur la méthode à suivre pour réaliser l'union de l'Europe. Certes les débats à ce sujet sont aussi anciens que la construction européenne elle-même et l'opposition entre la méthode intergouvernementale et ce qui est devenu la méthode communautaire était présente lors de la création successive du Conseil de l'Europe, organisation intergouvernementale, et de la Communauté européenne du charbon et de l'acier (CECA), première organisation d'intégration. Le débat s'est poursuivi au sein de l'Europe intégrée. Que l'on se souvienne des controverses autour du plan Fouchet ou du Traité de Maastricht avec sa structure comprenant un pilier intégré et deux piliers intergouvernementaux. Le Traité de Lisbonne, malgré la suppression des piliers, a relancé la discussion notamment en raison de l'institutionnalisation du Conseil européen doté d'un président permanent.

L'appréciation portée sur la méthode communautaire recouvre une certaine ambiguïté. Alors que Jean Monnet y voyait avant tout un gage d'efficacité par contraste avec les lenteurs et les atermoiements de la méthode intergouvernementale classique, les partisans d'une Europe fédérale en ont fait un dogme institutionnel. Pragmatique, Jean Monnet avait essentiellement construit son édifice autour d'une Haute Autorité de la CECA indépendante. C'est seulement au cours des négociations qu'ont été dessinées les autres institutions,

Conseil, Parlement et Cour de justice. N'est-ce pas lui aussi qui a inspiré une déviation importante de la méthode en militant en faveur de la création d'un gouvernement provisoire européen qui deviendra le Conseil européen parce qu'il avait constaté que la méthode communautaire ne recelait en elle les ressources suffisantes pour surmonter les blocages ? Pour lui, porteur d'un fort idéal européen, le dogmatisme n'était pas de mise et il savait s'adapter aux événements.

La méthode communautaire s'est adaptée au fil du temps (1). Fondée à l'origine sur le dialogue entre une Commission indépendante jouissant du monopole de l'initiative et le Conseil sous le contrôle de la Cour de justice, elle a vu progressivement le Parlement, doté à l'origine d'un pouvoir consultatif, prendre sa place dans le processus décisionnel et devenir l'une des branches du pouvoir législatif. De même, le passage progressif de l'unanimité à la majorité qualifiée au sein du Conseil a fait du vote majoritaire l'un des traits de la méthode.

Les développements de la méthode intergouvernementale ont toujours été concomitants avec un renforcement de la voie communautaire. La création du Conseil européen a été accompagnée de la décision d'élire le Parlement européen au suffrage universel direct, ainsi que d'une renonciation de principe au compromis de Luxembourg qui deviendra effective après l'Acte unique européen.

Si le Traité de Lisbonne institutionnalise le Conseil européen, il élargit de manière très significative les pouvoirs du Parlement européen. De même, si le Traité de Maastricht institue deux piliers (politique étrangère, justice et affaires intérieures) régis par la méthode intergouvernementale, il situe ceux-ci dans un cadre institutionnel commun. Ainsi l'équilibre entre les deux méthodes a toujours été préservé, ce qui n'est pas étonnant compte tenu de la méfiance manifestée par certains États à l'égard de la démarche intergouvernementale. Ceci n'a rien de surprenant. En effet, autant la méthode communautaire protège les petits États par un ensemble de règles procédurales et relatives à la prise de décision, autant ceux-ci sont, dans le cadre intergouvernemental, confrontés aux réalités liées à la puissance économique et politique. Dans ce contexte, le principe de prise de décision par consensus ne leur paraît guère susceptible de les protéger des pressions qui pourraient s'exercer sur eux.

Pour certains, cet équilibre entre les méthodes avait un aspect essentiellement institutionnel et juridique. La méthode communautaire s'appliquait dans le champ des compétences reconnues à l'Union par les traités tandis que la méthode intergouvernementale concernait l'action commune des États

(1) Sur la question dans son ensemble, voy. R. DEHOUSSE (dir.), *"The Community Method" – Obstinate or Obsolete?*, London, Palgrave MacMillan, 2011.

membres dans les domaines hors-traités (2). Cette vision supposait l'imperméabilité de la frontière entre compétences communautaires et compétences nationales et le respect par les instances dites intergouvernementales de celle-ci, ce qui a été loin d'être le cas. D'ailleurs, lors de la création du Conseil européen, il avait été convenu qu'il pouvait agir, le cas échéant, en tant que Conseil de l'Union (3). Cette double fonction disparaîtra par la suite pour en arriver à l'affirmation, dans le Traité de Lisbonne, selon laquelle le Conseil européen n'exerce pas de fonction législative (article 15, paragraphe 1 TUE). Dans un ouvrage récent, Luuk van Middelaar abandonne cette distinction fondée sur la répartition des compétences pour une vision plus réaliste qui repose sur les fonctions assumées par chaque type de méthode. Il oppose la politique de la règle qui vise à appliquer dans un cadre déterminé les politiques prévues par le Traité à la politique de l'événement qui consiste à répondre de façon politique à des questions imprévues. C'est l'opposition par exemple entre la gestion du marché intérieur et celle de la crise monétaire ou de l'immigration. La politique de la règle mobilise essentiellement la méthode communautaire, et celle de l'événement la méthode intergouvernementale sans que l'une soit exclusive de l'autre dans un champ donné (4). Cette vision réaliste rend compte de meilleure manière de l'emploi de chaque méthode en faisant abstraction de la distinction entre les matières couvertes ou non par les traités et en retenant essentiellement la nature des problèmes posés. Elle explique aussi l'interpénétration entre les méthodes en fonction de la sensibilité des questions traitées. De ce fait, la méthode communautaire a subi au fil du temps des altérations (I) qui, par contrecoup, ont donné une importance accrue à la méthode intergouvernementale (II).

SECTION 1. – LES ALTÉRATIONS DE LA MÉTHODE COMMUNAUTAIRE

Les altérations de la méthode communautaire ne sont guère visibles à la lecture des traités. Bien au contraire, les révisions successives de ceux-ci ont conforté celle-ci notamment par l'accroissement progressif des pouvoirs du Parlement européen et par l'élargissement des hypothèses de recours à la majorité qualifiée au sein du Conseil. En se fiant au texte des traités, un observateur extérieur pourrait décrire l'évolution de l'Union comme un long fleuve tranquille suivant paisiblement son cours vers un État fédéral.

(2) D. DERO-BUGNY, « La dilution de la méthode communautaire et la diversification des pratiques institutionnelles », *Revue de l'OFCE*, No. 3, 2014, p. 65.

(3) Communiqué final du Sommet de Paris des 9 et 10 décembre 1974, point 3.

(4) L. VAN MIDDELAAR, *Quand l'Europe improvise. Dix ans de crises politiques*, Paris, Gallimard, 2018, voy. not. p. 24 : « Traditionnellement, les institutions de l'Union européenne sont uniquement aménagées en fonction d'une politique de la règle afin de construire et d'équilibrer un marché [...] En revanche, dans la "politique de l'événement", l'enjeu consiste à avoir prise sur des événements imprévus. Cette forme d'action politique ne se déroule pas dans un cadre réglementaire donné, mais lorsque celui-ci est remis en cause [...]. »

Mais l'examen de la pratique institutionnelle conduit à une perception différente tant le hiatus est important entre les textes et la manière dont ils sont appliqués.

Que nous disent les textes ? Selon Paolo Ponzano, « la méthode communautaire "pure" correspond à un système où la Commission – institution représentative de l'intérêt général européen – détient le monopole de l'initiative législative [...] alors que le Conseil [...] et le Parlement [...] adoptent en codécision les lois européennes. Par ailleurs, le Conseil vote en règle générale à la majorité qualifiée, l'unanimité étant nécessaire pour amender la proposition de la Commission » (5). Il suffit de compléter cette définition en mentionnant le rôle de la Cour de justice qui, outre sa mission de contrôle de légalité, s'est comportée souvent comme un supplétif du législateur lorsqu'il était défaillant.

A. – La réalité des pouvoirs de la Commission

Si l'on se réfère à la Commission, force est de constater que la place centrale que semblent lui conférer les traités n'existe que dans l'esprit des eurosceptiques attachés à contester « la dictature de Bruxelles ». S'il est vrai qu'elle détient juridiquement le pouvoir d'initiative, elle n'est pas toujours à l'origine des initiatives importantes. Outre les demandes qui lui sont adressées par le Conseil dans le cadre de résolutions ou de conclusions, voire par le Parlement européen, elle doit faire suite aux « commandes » impératives qui lui sont adressées par le Conseil européen et qui peuvent porter sur le contenu précis de la législation à proposer (6). Enfin, il n'est pas exceptionnel que lors de l'adoption d'une proposition par le Conseil et le Parlement, la Commission s'engage à l'initiative de ces institutions à faire de nouvelles propositions législatives (7). Le Conseil européen programme même l'activité de la Commission dans le cadre de programmes pluriannuels comme le programme de Stockholm en matière de justice et d'affaires intérieures (8). Sur un plan plus général, avant sa désignation par le Conseil européen, le

(5) P. PONZANO, « Méthode intergouvernementale ou méthode communautaire : une querelle sans intérêt ? ». *Notre Europe – Les Brefs*, No. 23, février 2011, http://institutdelors.eu/wp-content/uploads/2018/01/bref23-pponzano_01.pdf, consulté le 16 avril 2019.

(6) À ce sujet, voy. P. PONZANO, C. HERMANIN, D. CORONA, « Le pouvoir d'initiative de la Commission, une érosion progressive », *Notre Europe – Études et Recherches*, No. 89, 2012, http://institutdelors.eu/wp-content/uploads/2018/01/commission_pouvoir_initiative_ne_fev2012_01.pdf, consulté le 16 avril 2019. Depuis l'époque à laquelle cette étude a été menée, le processus s'est encore accéléré, notamment en raison des crises de l'euro et des migrations.

(7) « Il arrive souvent que le Parlement européen et le Conseil demandent à la Commission européenne de présenter des propositions, de les modifier à des dates précises ou même suggèrent le contenu de ces propositions. Ces requêtes sont habituellement insérées dans les textes de mesures législatives afférentes contenues dans les déclarations séparées qui leur sont annexées ». P. PONZANO, « Méthode intergouvernementale... », *op. cit.*, p. 39.

(8) Le programme de Stockholm – une Europe ouverte et sûre qui sert et protège les citoyens, *JO*, n° C115, du 4 mai 2010, p. 1.

président de la Commission a été amené à prendre des engagements sur son programme à l'égard de celui-ci et a mené des négociations avec le Parlement avant son élection. Enfin, avant de présenter formellement une proposition importante, la Commission soumet généralement ses idées au Parlement et au Conseil sous la forme d'une communication, qui peut donner lieu à l'adoption de conclusions du Conseil contenant les éléments essentiels du futur texte. Le pouvoir d'initiative de la Commission est dans certains cas contrôlé, voire encadré par le Conseil, l'initiative législative relevant plus d'un processus de coproduction que d'un mouvement unilatéral de la Commission. Dans les cas les plus sensibles, comme dans celui de la crise de la zone euro, le pouvoir de la Commission a été réduit à une simple mise en forme des volontés du Conseil européen et de l'Eurogroupe.

De la même manière, les pouvoirs reconnus à la Commission par les traités, d'une part, de contrôler le processus de décision en imposant au Conseil de statuer à l'unanimité lorsqu'il s'écarte de la proposition de celle-ci et, d'autre part, de modifier sa proposition ont été progressivement réduits à peu de chose. Le compromis de Luxembourg l'a annihilé puisque le Conseil, statuant toujours à l'unanimité, pouvait s'écarter librement de la proposition. La fin du recours au compromis n'a pas modifié la situation puisque le Conseil s'attache toujours à rechercher le consensus plutôt qu'à trancher à la majorité qualifiée. Mais l'évolution ne s'est pas limitée à cela. Avec le compromis de Luxembourg, la présidence du Conseil s'est attribué la tâche de forger des compromis au sein du Conseil, se substituant à la Commission qui aurait pu l'accomplir en rédigeant une proposition modifiée. Cette technique a survécu au compromis de Luxembourg. Le scénario classique commence par une proposition de la Commission sur la base de laquelle la présidence du Conseil construit par touches successives un compromis sur lequel se forge un consensus, la Commission reprenant ce consensus dans une proposition modifiée si cela est nécessaire pour faciliter l'adoption du texte. La Commission n'est certes pas absente des débats. Elle fait valoir son point de vue en s'appuyant sur certains États, participe à l'élaboration du compromis, mais joue un simple rôle de conciliateur. Cette tendance n'a pas été contrariée, mais au contraire accentuée, avec l'apparition de la procédure de codécision, aujourd'hui procédure législative ordinaire.

En effet, la pratique qui s'est établie de conclure le débat législatif en première lecture par un accord entre le Parlement et le Conseil a pour effet de marginaliser la Commission. Même si celle-ci a le pouvoir d'obliger le Conseil à statuer à l'unanimité lorsque l'accord conclu avec le Parlement s'écarte de la proposition de la Commission, il lui est politiquement difficile de s'opposer à la volonté commune des deux branches de l'autorité législative et d'imposer une seconde lecture dont il n'est pas évident que le résultat soit différent. En outre, en seconde lecture, le débat se déroule sur la base de la position commune adoptée par le Conseil et non sur une proposition modifiée de la Commission. Cette dernière pourrait utiliser la faculté de menacer ou de retirer sa proposition pour faire pression sur le Conseil, mais, selon la jurisprudence de la Cour, le retrait n'est possible qu'au cours de la première lecture (9). De plus, le retrait a un coût politique pour la Commission puisque celle-ci renonce à l'une de ses propositions. C'est la raison pour laquelle les retraits politiques sont rares : on en compte six avant l'introduction de la procédure de codécision et un seul par après (10). La Commission a d'ailleurs reconnu l'évolution de la méthode puisqu'aujourd'hui, dans la conduite de la procédure législative, elle revendique seulement un statut de médiateur entre le Parlement et le Conseil.

Si la pratique a conduit à neutraliser les pouvoirs reconnus par les traités à la Commission en matière législative, le Traité de Lisbonne aurait dû conduire à une reconnaissance de ses pouvoirs en ce qui concerne l'exécution des actes législatifs. Elle adopte les actes délégués sous réserve d'un droit de veto du Parlement et du Conseil. Elle dispose du pouvoir propre d'adopter les actes d'exécution et ne doit plus agir sur délégation du Conseil qui est d'ailleurs exclu des procédures de comitologie. Mais, ici encore, la pratique a singulièrement modifié la situation. En ce qui concerne les actes délégués, le Conseil a obtenu que des comités d'experts nationaux soient consultés avant leur adoption. Certes, il ne s'agit que d'un pouvoir consultatif, mais, en présence d'une opposition du comité, la Commission sera amenée à revoir son texte pour éviter un rejet de l'acte lors de son examen au Conseil. S'agissant des mesures d'exécution, le contrôle des États membres a été maintenu, mais la Commission a curieusement proposé de réintroduire le Conseil dans le jeu pour qu'il prenne lui-même la responsabilité de mesures que la Commission ne veut pas assumer (11). On en reviendrait de fait à la situation antérieure à Lisbonne.

En conclusion, si l'on considère que la méthode communautaire est celle prévue par les traités quant au processus décisionnel, force est de constater que, malgré un respect formel des règles imposé par le respect de la légalité, celles-ci sont contournées dans la pratique au détriment de la Commission qui n'est plus guère en position de faire jouer les prérogatives qui lui sont reconnues. Certes un retour aux textes dans toute leur rigueur est toujours possible, mais cela exigerait que la Commission dispose d'une réelle légitimité. Or paradoxalement, l'accent mis par certains panégyristes de la

(9) Puisqu'ensuite le débat ne porte plus sur la proposition initiale de la Commission mais sur la position du Conseil, voy. l'arrêt du 15 avril 2015, *Conseil c. Commission*, C-409/13.EU : C : 2015:217.

(10) Retrait d'ailleurs contesté par le Conseil et qui a donné lieu à l'arrêt cité ci-dessus.

(11) Voy. Commission européenne, 14 février 2017. Proposition de règlement du Parlement européen et du Conseil portant modification du règlement (UE) No. 182/2011 établissant les règles et principes généraux relatifs aux modalités de contrôle par les États membres de l'exercice des compétences d'exécution par la Commission, COM (2017)85 final.

Commission sur la méthode communautaire a contribué à répandre l'idée d'une Commission puissante. Du coup, ce fantasme est devenu réalité pour une partie de l'opinion publique et contribue de façon toute contreproductive à nourrir les critiques des eurosceptiques qui, du coup, se battent contre des moulins. Ne serait-il pas plus sage de se limiter à une description objective de la réalité en exposant les limites considérables qui encadrent l'action de la Commission pour que la contestation, si elle est fondée, se dirige vers les véritables responsables des décisions ? Le paradigme a changé. Plus que d'inspirer la politique législative de l'Union, la Commission s'est transformée en gestionnaire des politiques de l'Union, qu'il s'agisse de la politique de concurrence, de la gestion des fonds, de l'adoption des mesures d'exécution ou de la surveillance des politiques économiques et budgétaires des États membres. Quant à la méthode communautaire, elle se caractérise par l'instauration d'un dialogue permanent entre les différents intérêts représentés par les institutions : l'appréciation de l'intérêt général faite par le Commission, celle de l'intérêt des États représentés au Conseil, l'idée que le Parlement européen se fait de l'intérêt des peuples.

B. – Les problèmes posés par le développement de la démocratie parlementaire

L'accroissement des pouvoirs du Parlement européen devait permettre une évolution vers un système de type parlementaire fédéral dans lequel la législation était adoptée par accord entre une chambre populaire, élue directement au suffrage universel direct et une chambre des États. Pour le Parlement, la Commission devait émaner du choix des électeurs à travers le système des *Spitzenkandidaten*. La logique du régime parlementaire s'imposerait, ce qui entraînerait une légitimation démocratique du système. Cette logique ne s'insérait pas dans la méthode communautaire originaire qui voyait dans la Commission une institution neutre politiquement dont l'autorité reposait sur l'indépendance et l'expertise. Mais, en revanche, aux yeux d'une très large majorité des parlementaires, elle présentait l'avantage, à terme, de faire de la Commission un véritable gouvernement européen démocratiquement investi. On sait combien les espoirs suscités par la désignation de la Commission Juncker ont été cruellement déçus lors de la désignation de la présidente de la Commission en 2019.

Le Parlement s'est rapidement adapté à l'exercice de ses nouveaux pouvoirs. D'une fonction tribunicienne, il est passé à une fonction législative. Alors que lorsqu'il exerçait un simple rôle consultatif, il pouvait proposer des amendements sans tenir compte de leur applicabilité réelle, il a su prendre une position plus réaliste. De même, après une période initiale de méfiance à l'égard du Conseil, une coopération fructueuse s'est établie entre les deux institutions notamment grâce à l'organisation de trilogues informels. Le nombre écrasant d'accords en première lecture et la quasi-disparition des conciliations en troisième lecture suffisent à l'attester.

Cependant, ce bilan positif n'a guère eu d'influence sur la légitimité du Parlement et de l'Union dans son ensemble. Il est paradoxal que chaque accroissement des pouvoirs du Parlement ait coïncidé avec une diminution de la participation électorale et le développement des critiques relatives au déficit démocratique de l'Union. Cette situation est certes liée au fonctionnement même du processus décisionnel dans l'Union, mais elle répond également à des contraintes politiques.

Le processus décisionnel conduit à une dépolitisation des dossiers examinés par les institutions. Il repose avant tout sur la recherche du consensus. Or, par nature, pour qu'un consensus puisse être dégagé, il est nécessaire que soient évités les débats politiques et les divisions qu'ils entraînent. Les solutions retenues doivent être présentées comme répondant à des nécessités techniques reposant sur une expertise approfondie. La démarche « mieux légiférer » initiée par la Commission en est l'illustration. Elle met l'accent sur les études préliminaires, notamment les études d'impact, qui conduisent à réduire les options offertes au législateur. Il ne s'agit pas de critiquer ces pratiques qui se sont imposées dans presque tous les États, mais, compte tenu de la suite du processus, elles contribuent en l'état au phénomène de dépolitisation. En effet, au sein du Conseil, la recherche du consensus est la règle. Dans les dernières années, près de 80 % des décisions soumises à la majorité qualifiée étaient adoptées à l'unanimité. Ce pourcentage a légèrement diminué puisqu'en 2018, il ne s'élevait plus qu'à 64 %, mais, dans la plupart des autres cas, l'opposition ou l'abstention ne représentait qu'un ou deux États membres. Le Conseil redoute le conflit et n'a guère d'appétit pour des solutions acquises à la majorité qualifiée dans un contexte conflictuel qui laissera des traces et pourrait conduire les opposants à ne pas appliquer l'acte adopté. La saga de la réallocation des migrants est significative à cet égard. De la même manière, au sein du Parlement, il est nécessaire en l'absence de parti majoritaire de construire une majorité, ce qui suppose un consensus entre formations politiques. Certes, en raison des groupes qui seront exclus du consensus, le débat est plus ouvert. Mais, compte-tenu du fait qu'il se déroule essentiellement en commission parlementaire en vue d'obtenir un accord en première lecture, la plénière n'est le plus souvent qu'une instance d'enregistrement et les débats en son sein restent formels. Enfin, le consensus final entre le Parlement et le Conseil est réalisé en vase clos au sein des trilogues. Cette procédure privilégie l'efficacité sur le débat démocratique. Sa relative opacité ne permet pas au public d'en suivre le déroulement et d'identifier les responsables d'une décision. Ce n'est pas la politique de transparence qui porte essentiellement sur l'accès aux documents qui peut permettre d'améliorer la situation puisque, par définition, elle n'intervient qu'*a posteriori*. En outre, les réunions seraient-elles toutes publiques qu'en vue de trouver un consensus les institutions négocieraient dans un cadre informel tant elles éprouvent le besoin de négocier à l'abri des regards et surtout des pressions que les milieux concernés pourraient exercer sur elles.

Cependant, ces raisons liées au mécanisme institutionnel ne suffisent pas à expliquer le sentiment de déficit démocratique. La pratique institutionnelle répond à des exigences politiques. Dépolitiser les débats pour favoriser la recherche du consensus en mettant l'accent sur les aspects techniques répond à la nature même des matières régies par la méthode communautaire. Tout d'abord, un certain nombre de questions soumises à la procédure législative ordinaire sont traitées dans les États membres au niveau des exécutifs sans que les Parlements soient sollicités. Ensuite, bien des décisions ne soulèvent d'intérêts que dans des secteurs particuliers lesquels n'ont pas toujours envie que l'opinion s'en saisisse sinon pour les soutenir lorsqu'ils se sentent menacés. La pollution par les véhicules à moteur ou par les aéronefs intéresse avant tout les constructeurs ou la politique agricole les exploitants fermiers. En les abordant sous un aspect technique, on évite le lien avec des préoccupations plus générales comme l'environnement ou la protection de la santé. Il peut arriver que des ONGs ou des groupements professionnels arrivent à établir ce lien et à susciter un débat général, mais ce n'est le cas que dans quelques dossiers. Enfin et surtout, l'Union relève de ce que certains universitaires qualifient de démocratie consociative (12). Il s'agit de systèmes dans lesquels les divisions entre les parties constituantes sont telles qu'un système majoritaire classique ferait courir des risques de refus des décisions majoritaires et, à terme, d'éclatement de l'ensemble. Pour cette raison, des mécanismes protecteurs sont institués afin d'éviter la domination du groupe majoritaire (13). Mais surtout, le mode de décision fait une place particulière au consensus comme méthode de décision, consensus qui doit être atteint par la négociation entre les élites. Ces dernières constituent un groupe particulier dont la sagesse doit permettre d'établir des consensus. Selon la formule d'un des théoriciens de la démocratie consociative, celle-ci se caractérise par « le gouvernement par un cartel d'élites dont la fonction est de transformer une démocratie à la culture politique fragmentée en une démocratie stable » (14). Magnette et Papadopoulos

(12) Sur ce concept, voy. A. LIJPHART, *Democracy in Plural Societies: A Comparative Explanation*, New Haven, Yale University Press, 1977.

(13) Dans l'Union, on peut mentionner le fait qu'au Conseil les décisions sont prises par une majorité des États représentants plus de 65 % de la population. De même, la règle selon laquelle le Conseil ne peut modifier une proposition de la Commission qu'à l'unanimité avait été introduite dans les traités pour permettre à la Commission de protéger la minorité contre les grands États membres.

(14) A. LIJPHART, « Consociational Democracy », *World Politics*, Vol. 21, No. 2, 1969, p. 207-225 : voy, aussi D. SINARDET, « Le fédéralisme consociatif belge : vecteur d'instabilité ? », *Pouvoirs*, No. 1, 2011, p. 21 : « La démocratie consociative est un système de division du pouvoir entre élites qui sont supposées se comporter comme des "leaders prudents". Puisque la société est divisée, c'est à elles de créer le consensus entre les différents groupes qui la composent ».

ont reconnu en l'Union une forme de démocratie consociative et ont soutenu que le moyen le plus sûr de politiser celle-ci consistait à introduire des mécanismes de démocratie directe comme le référendum d'initiative (15). Jusqu'à présent, l'initiative citoyenne introduite dans le Traité de Lisbonne n'a pas encore fait ses preuves. Mais notre objectif n'est pas de proposer ici des solutions, mais de noter le fait que la nature même de l'Union n'a pas permis à l'insertion de la démocratie parlementaire dans la méthode communautaire de produire pleinement ses effets.

SECTION 2. – LA PERMANENCE DE LA MÉTHODE INTERGOUVERNEMENTALE

Le recours à l'intergouvernementalisme est aussi vieux que la construction communautaire. Les traités originaires prévoyaient le recours à la coopération notamment en matière de politique économique. Les principales décisions relatives au marché intérieur étaient prises à l'unanimité. Mais il s'agissait d'un recours à la méthode intergouvernementale dans le cadre institutionnel prévu par les traités, ce qui permettait à la Commission et au Parlement de jouer un rôle dans la prise de décision. La volonté de développer une coopération intergouvernementale hors du cadre des traités date du plan Fouchet initié par la France, plan qui trouvera son expression dans la coopération politique en matière de politique étrangère, puis, dans le cadre du groupe Trévi, en matière de justice et d'affaires intérieures. La volonté de lier cette coopération au système communautaire se manifestera dans l'Acte unique européen dont le nom vient de ce qu'il recouvre, sous un même chapeau, la Communauté et la coopération politique. Placer les politiques intergouvernementales dans un cadre institutionnel commun se manifestera encore à Maastricht avec la structure en piliers de l'Union. Le Traité d'Amsterdam intégrera l'accord de Schengen en lui conservant son caractère intergouvernemental. Enfin, Lisbonne montrera en supprimant la structure en piliers que la frontière entre la méthode communautaire et la méthode intergouvernementale n'est pas figée, tout en conservant la structure intergouvernementale spécifique à la politique étrangère et de sécurité commune. Il peut, en effet, arriver que la coopération entre les États membres crée une confiance réciproque et des habitudes de travail telles que, sous la pression des défis externes, ils acceptent de passer à la méthode communautaire. Cette démarche est facilitée par le fait que les États mesurent les limites qu'apporte le recours au consensus ou à l'unanimité. Si ce recours permet à un État d'empêcher l'adoption de mesures qui lui déplaisent, il autorise aussi ses partenaires à s'opposer aux mesures qui

(15) P. MAGNETTE, Y. PAPADOPOULOS, « On the Politicization of the European Consociation: A Middle Way between Hix and Bartolini », *European Governance Papers (EUROGOV)*, 2008, https://www.ihs.ac.at/publications/lib/ep17.pdf, consulté le 19 avril 2019.

lui plaisent. L'exigence d'efficacité des politiques favorise le passage à la méthode communautaire. Tel est le chemin qui a été suivi pour la justice et les affaires intérieures de Maastricht à Lisbonne. En apparence, la méthode communautaire trouve à s'appliquer dans les domaines prévus par les traités et la méthode intergouvernementale en dehors de ces domaines, mais il s'agit d'une vision par trop juridique.

S'il est vrai qu'un acte adopté selon la méthode intergouvernementale alors qu'il relève de la méthode communautaire serait entaché de nullité et réciproquement, il n'en demeure pas moins que des interférences existent, ne serait-ce qu'en raison du rôle joué par le Conseil européen.

A. – Le Conseil européen, pilier de la méthode intergouvernementale

La création du Conseil européen est liée à la perception de Jean Monnet selon laquelle la Communauté avait besoin d'une autorité capable de la guider au-delà de la gestion du quotidien, rôle que n'avait pu assumer la Commission. C'est la raison pour laquelle le Conseil européen n'a pas vocation à intervenir seulement en dehors du cadre communautaire, mais peut couvrir tous les domaines. Certes, il a comme mission de guider le développement futur de l'Union, mais rien ne lui interdit d'intervenir dans les dossiers à l'examen. Aussi progressivement il ne s'est pas limité à développer des perspectives à long terme, mais a demandé à la Commission de présenter des propositions et n'a pas refusé, lorsque le besoin s'en faisait sentir, de trancher à son niveau les divergences qui s'étaient faites jour au Conseil. D'ailleurs la tentation était grande pour les membres du Conseil de solliciter, lorsque celui-ci était en situation de blocage, l'arbitrage du Conseil européen. Tentation étant d'autant plus forte, qu'en l'absence d'un ordre du jour formel, rien n'interdisait à un membre du Conseil européen d'évoquer de manière impromptue un sujet dans l'espoir d'obtenir une réponse favorable. Face à ces sollicitations, le Conseil européen pouvait adopter une attitude prudente en se contentant de souligner l'importance du dossier, voire de se limiter à fixer un délai au Conseil pour l'adoption du texte, mais il pouvait aussi arbitrer sur le fond, voire prendre la plume pour amender le texte, comme ce fut le cas par exemple pour le brevet européen. Le Conseil européen n'intervient pas dans tous les domaines, mais dans ceux où la nature des problèmes rencontrés par les États impose une action commune, mais où la sensibilité politique des questions abordées implique que la solution se voie imprimer le sceau de la plus haute autorité politique au sein de l'Union. Ainsi, le cadre financier pluriannuel qui relève normalement de la méthode communautaire, est en fait adopté au sein du Conseil européen, l'intervention du Conseil restant formelle.

Le Traité de Lisbonne ne modifie pas la situation antérieure, mais dote le Conseil européen d'une plus grande efficacité. En effet, la consécration du Conseil européen en tant qu'institution de l'Union n'est certes qu'un changement, en grande partie symbolique, qui ne passionne que les juristes, mais l'innovation que constitue la présidence permanente du Conseil européen modifie la donne au détriment de la Commission. Tout d'abord, les États membres manifestent une plus grande confiance au président du Conseil européen, qui jusqu'à présent a été choisi en leur sein, qu'au président de la Commission. Ils le chargent de tâches d'études et de propositions qui, au temps de la Commission Delors, auraient été confiées au président de la Commission. Certes, compte tenu de la faiblesse de l'appareil bureaucratique autour du Président, celui-ci doit s'appuyer sur la Commission, mais il porte la responsabilité politique des résultats devant les chefs d'État ou de gouvernement. En outre, par rapport aux anciennes présidences tournantes, le président du Conseil européen a l'avantage de la permanence. Ses rencontres régulières avec les membres du Conseil lui donnent une connaissance précise des positions de chacun et lui permettent de créer des liens de confiance indispensables pour la recherche du consensus. Enfin, le Traité sur l'Union européenne confie au président la mission d'assurer la continuité des travaux du Conseil européen. Les conclusions du Conseil européen ne tombent plus dans l'oubli et le devoir du président est de s'assurer qu'une suite leur est donnée par les autres institutions et d'en rendre compte au Conseil, ce qui a donné lieu à l'établissement de feuilles de route retraçant l'état des travaux.

Cette nouvelle structuration a permis au Conseil européen d'intervenir de manière continue dans la gestion de la crise de l'Euro, dans celle de la crise ukrainienne ou dans le traitement du *Brexit*. De même, les questions principales relatives à l'immigration sont traitées à son niveau. Dans ce contexte, bien que le traité interdise au Conseil européen d'exercer tout rôle législatif, les décisions essentielles sont prises à son niveau, la Commission, le Parlement et le Conseil n'intervenant que pour les traduire en textes législatifs avec une faible latitude. Cette situation a donné lieu à des vives critiques des tenants de la méthode communautaire. Dans un article publié dans le journal Le Monde, le 10 mars 2011, le président du groupe libéral au Parlement européen, et ancien Premier ministre belge, Guy Verhofstadt, estime que « la montée en puissance du Conseil européen nuit aux institutions de l'Union » (16). Il souligne que cette situation a abouti à « confier les rênes de l'Europe à la seule Allemagne » au détriment des petits États membres et appelle à un retour à la « méthode communautaire », c'est-à-dire à un réveil de la Commission. Mais la réalité est bien différente. Plus qu'à un intergouvernementalisme pur, on assiste à une situation mixte dans laquelle on a simultanément recours aux deux méthodes. D'ailleurs, Angela Merkel au Collège d'Europe de Bruges renvoyait dos à dos les partisans d'une opposition entre les deux méthodes et définissait une troisième voie, « la méthode de l'Union », qui, en fonction des

(16) G. Verhofstadt, « Quand les grands pays européens s'entendent pour imposer leur loi aux petits », *Le Monde*, 10 mars 2011.

objectifs et des compétences de l'Union, fait appel à l'une ou l'autre méthode, voire aux deux simultanément (17). De son côté, H. Van Rompuy observait que parfois le choix n'est pas entre les deux méthodes, mais entre la coordination intergouvernementale ou rien (18). D'ailleurs, comme le montre une récente étude de Guillaume Sacristie et d'Antoine Vauchez, dans le cadre de la zone euro, la gouvernance est moins assurée par une institution que par un réseau d'intervenants qui se sont associés au fil du temps (19).

B. – Méthode intergouvernementale versus démocratie

L'un des reproches faits à la méthode intergouvernementale est qu'elle fait l'impasse sur le contrôle démocratique. D'où l'idée pour certains d'instaurer un parlement de la zone euro. Il est d'ailleurs intéressant que les auteurs conscients de la réalité du pouvoir en ce domaine n'aient pas souhaité conférer ce pouvoir au Parlement européen, mais à une instance mixte composée tant de parlementaires européens que de parlementaires nationaux, ce qui traduit les interférences entre les méthodes évoquées ci-dessus (20). Mais faute de telles instances, peut-on parler d'un déficit démocratique né de l'emploi de la méthode intergouvernementale ?

Le Traité sur l'Union européenne rappelle dans l'article 10, § 2 la responsabilité des membres du Conseil européen devant leurs parlements et leurs citoyens. Cette responsabilité reste largement théorique dans la mesure où le contrôle des parlements nationaux est formel, mais cela ne signifie pas une absence de débat dans l'opinion. Les questions liées à l'Union européenne

---

(17) « En tant que représentante d'un État membre, je me suis déjà demandé si les députés du Parlement européen et les membres de la Commission ne se considéraient pas comme les seuls et véritables champions de la méthode communautaire. Car ils se définissent parfois en opposition aux partisans de la méthode intergouvernementale que sont le Conseil, le Conseil européen et les États membres. Et c'est ainsi que deux camps s'affrontent, d'un côté les intergouvernementalistes et de l'autre les dépositaires et protecteurs de la méthode communautaire… Étant donné ces nouvelles définitions de compétences, je crois que le temps est venu de passer outre ces anciennes rivalités pour nous fixer des objectifs et adopter des stratégies en commun. Peut-être pourrions-nous nous mettre d'accord sur la description suivante de cette approche : une action coordonnée dans un esprit de solidarité, chacun de nous dans le domaine qui relève de ses responsabilités, mais tous en nous fixant le même but. Ce serait en ce qui me concerne ce que j'irais jusqu'à qualifier de nouvelle "méthode de l'Union" dont, je le pense sincèrement, nous avons tellement besoin ». A. Merkel, Discours prononcé au Collège d'Europe de Bruges, le 2 novembre 2010.

(18) H. Van Rompuy, « Non pas renationalisation de la politique européenne, mais européisation de la politique nationale », discours prononcé le 20 septembre 2010 à Paris au Grand amphi de Science-Po, à l'invitation de « Notre Europe ».

(19) « L'"€-isation de l'Europe", c'est d'abord en effet l'histoire de la montée en puissance d'un pôle financier au cœur du projet européen. Il ne s'impose pas "d'en haut" sous l'effet d'un "diktat de Bruxelles", ni "de l'extérieur", pas plus qu'il ne constitue une élite "supranationale". C'est bien plutôt un réseau *transnational* toujours plus dense de bureaucraties, "trésoriens" français, allemands, italiens et autres mais aussi hauts fonctionnaires de la DG Ecfin de la Commission et banquiers centraux, nationaux et européens ». G. Sacriste, A. Vauchez. « L'euro-isation de l'Europe, Trajectoire historique d'une politique "hors les murs" et nouvelle question démocratique », *Revue de l'OFCE*, 2019, https://www.ofce.sciences-po.fr/pdf/revue/1-165OFCE.pdf, consulté le 19 avril 2019.

(20) S. Hennette, T. Piketti, G. Sacriste, A. Vacchez, *Pour un traité de démocratisation de l'Europe*, Paris, Seuil, 2017.

font de plus en plus partie du débat national et les chefs d'État ou de gouvernement peuvent être amenés à rendre compte de leurs positions devant l'opinion publique. Ainsi, en France, à l'occasion de la ratification du Traité de Lisbonne, le débat sur les travailleurs détachés a joué un rôle important. Il en est allé de même à propos de l'introduction du glyphosate. On pourrait évoquer le lien entre la crise de l'euro et les crises politiques nationales (21), ou encore les incidences des décisions relatives à l'immigration sur les gouvernements nationaux. Dès lors qu'une question européenne devient très sensible dans les opinions publiques nationales, le Conseil européen est tenté de s'en saisir. Les citoyens sont d'autant plus tentés de porter les débats à l'échelle nationale que leur chef d'État ou de gouvernement dispose de la légitimité nationale et qu'il existe une possibilité de lui demander des comptes alors qu'ils se sentent perdus dans le labyrinthe bruxellois. Certes il ne s'agit souvent que d'un contrôle *a posteriori* et il ne se substitue guère à un véritable contrôle parlementaire, mais, de plus en plus, la politique européenne est insérée dans le débat national.

CONCLUSION

Le débat entre deux méthodes, vues comme des « idéal-types », n'a guère de sens aujourd'hui. Il a été le vecteur d'une vision fédéraliste qui voyait dans la méthode communautaire l'espoir d'une démarche vers une fédération européenne. Force est de constater que les deux méthodes non seulement coexistent, mais s'interpénètrent et se complètent largement. La méthode communautaire fait aux États dans la pratique une place beaucoup plus large que celle que leur octroie les traités et la méthode intergouvernementale a été souvent une voie transitoire vers une intégration complète. De plus, si le Conseil européen peut prendre des décisions, il n'a guère la possibilité d'en suivre la mise en œuvre et la Commission est équipée pour ce faire. Le choix entre les méthodes est certes sur le plan juridique régulé par la répartition des compétences entre l'Union et les États. Mais, sur le plan pratique, il est aussi lié à la relevance politique des problèmes. Il est des décisions qui, en raison de leur importance, ne peuvent être assumées que par les plus hauts responsables des États membres. Dans ces conditions, leur intervention est inévitable même si, formellement, leurs conclusions doivent passer par le canal du processus décisionnel classique. Selon l'expression de Renaud Dehousse, la méthode communautaire intervient par défaut (22). À un débat

(21) L. VAN MIDDELAAR rappelle qu'au moins sept chefs de gouvernement ont perdu le pouvoir à la suite de la crise de l'Euro, *op. cit.*, p. 348.

(22) R. DEHOUSSE. « La méthode communautaire, système opérationnel par défaut de l'Union européenne », *Notre Europe*, 11 février 2013, http://institutdelors.eu/wp-content/uploads/2018/01/methodecommunautaire-synthese-ne-ijd-fev13.pdf, consulté le 19 avril 2019.

stérile, sur la méthode, ne devrait-on pas s'efforcer de rendre compte de la réalité du fonctionnement du système, loin des dogmes et des mythes, pour s'efforcer ensuite de permettre de faire coexister efficacité et démocratie, car le problème de la démocratie est aujourd'hui le talon d'Achille de celui-ci ?

LA SOUVERAINETÉ FRANÇAISE ET L'ÉLECTION DU PARLEMENT EUROPÉEN AU SUFFRAGE UNIVERSEL DIRECT

JEAN-PAUL JACQUÉ (1)

Depuis près de cinquante ans, le débat en France à propos de la notion de souveraineté pouvait être considéré comme clos. Dans sa magistrale *Contribution à la théorie générale de l'État*, Carré de Malberg avait mis le point final aux discussions sur ce thème dans les milieux juridiques. (2) Les dernières divergences politiques qui pouvaient encore se manifester à ce sujet (3) s'étaient apaisées lors de la rédaction de la Constitution de 1946, au moment de la mise au point de la formule de compromis « la souveraineté nationale appartient au peuple français » (article 3). Mais au fond les tendances antagonistes s'étaient réconciliées depuis plus longtemps, vraisemblablement depuis l'introduction du recours au suffrage universel en 1848.

Les juristes ne sont pas naturellement portés à remettre en cause la notion de souveraineté et celle-ci est rarement un objet de débat pour eux. Par les données politiques qu'il recouvre, par les options sur la nature de l'État qu'il postule, le concept de souveraineté se situe au point de contact du politique et du juridique. Il traduit un état politique donné et fonde un ordre juridique déterminé. Élevé à l'école du positivisme, le juriste est tenté de tenir le concept pour acquis et de raisonner uniquement dans la sphère juridique. Il craint de pénétrer trop avant dans le tabernacle et de se brûler les yeux en découvrant les mystères que dissimule le voile du texte constitutionnel (4). Cette attitude a empêché de nombreux juristes français de percevoir l'originalité de la construction communautaire et les implications que celle-ci pouvait avoir pour a souveraineté nationale. Nos auteurs partageaient largement l'idée que la notion de souveraineté avait deux usages, l'un interne, l'autre externe. Sur l'avers du souverain, les feuilles de chêne et de laurier marquaient le pouvoir suprême qu'exerçait le détenteur de la souveraineté sur ses sujets, au revers

(1) *Professeur, Doyen de la Faculté de Droit et des Sciences Politiques de Strasbourg.*

(2) 2 tomes, Paris Sirey, réédition photomécanique du Centre National de la Recherche Scientifique, 1962.

(3) Et qui opposaient la théorie de la souveraineté nationale à celle de la souveraineté populaire.

(4) Cf. les recherches de notre collègue *Legendre* pour découvrir le non dit dans le discours juridique sur ce point, notamment *Jouir du pouvoir, traité de la bureaucratie patriote*, les éditions de Minuit, Paris 1976.

l'image de la République (5) traduisait l'indépendance du souverain à l'égard des autres États. Comme l'écrit Carré de Malberg :

> « ... comme la summa potestas au dedans ne peut se trouver réalisée que moyennant l'absolue indépendance au dehors, il demeure indispensable, sinon de dédoubler le concept de souveraineté en deux souverainetés différentes, du moins de bien marquer et séparer dans la notion de souveraineté les deux directions distinctes, interne et externe, dans lesquelles cette notion s'oriente, encore qu'au fond elle reste une en soi » (6).

Or, la construction communautaire remet en cause cette vision de la souveraineté. L'existence d'un ordre juridique propre aux communautés qui interfère avec l'ordre juridique interne conduit à se demander si le souverain exerce toujours la *summa potestas* dans l'ordre interne et si l'indépendance externe n'est pas remise en cause. Depuis la querelle de la supranationalité, la question ne pouvait être posée et seule l'élection du Parlement européen au suffrage universel direct touchant à cet instrument d'expression de la souveraineté qu'est le suffrage populaire, invitait les partis et les autorités de l'État à réfléchir aux incidences d'une telle élection sur la souveraineté telle qu'elle était conçue en France.

La question fut posée au Conseil Constitutionnel qui, dans sa décision du 30 décembre 1976, précisait les exigences de la souveraineté nationale au regard de la constitution française. Cette décision dont on peut dire qu'elle constitue une projection de la notion de souveraineté interne dans les relations externes (7), constitue une « charte de la souveraineté nationale » (8).

Avant d'étudier cette charte, il semble utile de situer la notion de souveraineté dans l'évolution de la pensée constitutionnelle française. Il est clair que la théorie de la souveraineté s'est développée avec l'apparition du pouvoir royal. Œuvre des juristes de la couronne, elle avait initialement pour objet de permettre au Roi d'acquérir sa pleine indépendance en le libérant d'un réseau de liens qui limitaient son autorité.

---

(5) Ou d'Hercule sur les anciennes pièces de monnaie.

(6) *Op. cit.*, p. 80.

(7) De telle sorte qu'avers et revers du souverain sont identiquement gravés. *J. Boulouis*, Cahier de Droit Européen 1977, p. 59 et suivantes.

(8) Sur cette décision voir parmi les commentaires outre la note de J. Boulouis citée plus haut : *V. Coussirat-Coustère*, Le Conseil Constitutionnel et l'élection au suffrage universel direct de l'Assemblée Européenne, Ann. Franç. de droit international, 1976, p. 805-821 : *J. Darras* et *O. Rirotte*. La décision du Conseil Constitutionnel du 30 décembre 1976. Rev. trim. de Droit Européen 1977, p. 129-180 : *R. Kovar* et *D. Simon*. À propos de la décision du Conseil Constitutionnel Français du 30 décembre 1976, Rev. trim. de Droit Européen, 1977, p. 665-694 ; *D. Ruzie*. Note au journal du Droit International, p. 66-83 ; on lira également avec profit, *C. Blumann*, L'article sur la Constitution et le contrôle de la Constitutionnalité des traités en France, Rev. gén. de droit international public, 1978, p. 537-618 ; *L. Favoren*, Le Conseil Constitutionnel et le Droit international, Ann. franç. de droit international 1977, p. 95-126 ; enfin l'article du Doyen *Vedel* nous paraît fondamental : Les racines de la querelle constitutionnelle. Pouvoirs, 1977, n° 2, p. 23-36.

Accompagnant la croissance du pouvoir royal, elle a un aspect dogmatique. S'agit-il d'affirmer son indépendance à l'égard du Pape, de l'Empereur ou d'éventuels liens de vassalité soumettant le Roi par leur jeu à un suzerain extérieur, les légistes royaux trouvent les formules permettant de marquer l'indépendance du monarque. « Le Roi est empereur en son royaume », « le Roi est fils aîné de l'Église, il n'est pas son vassal », « le Roi n'est pas vassal en son royaume ». Toutes les affirmations aboutissent comme le constatera Loyseau dans son traité *Des Seigneureries* à consacrer la puissance absolue et l'indépendance du souverain.

> « La souveraineté consiste en puissance absolue, c'est-à-dire, parfaite et entière en tout point ; et par conséquent, elle est sans degré de supériorité, car celui qui a un supérieur ne peut être suprême et souverain » (ch. II n° 4-9).

La souveraineté va être attachée à la personne du monarque. Ce qui entraînera par la suite la confusion que note Creeé de Malberg sur le sens du terme souveraineté.

> « Dans son sens originaire, il désigne le caractère suprême d'une puissance pleinement indépendante et en particulier de la puissance étatique. Dans une seconde acception, il désigne l'ensemble des pouvoirs compris dans la puissance d'État et il est par suite synonyme de cette dernière.
>
> Enfin, il sert à caractériser la position qu'occupe dans l'État le titulaire suprême de la puissance étatique et ici la souveraineté est identifiée avec la puissance de l'organe ». (9)

Le problème des révolutionnaires de 1789 sera de désigner un titulaire de la souveraineté autre que le monarque. On pouvait opter pour la théorie rousseauiste et attribuer la souveraineté au peuple ou pour la conception attribuée à Montesquieu selon laquelle la souveraineté appartiendrait à la nation. Au fond, il s'agit moins d'une querelle théorique que d'un problème pratique dont certaines conséquences se font sentir encore aujourd'hui.

L'option en faveur de la souveraineté du peuple implique le suffrage universel, le mandat impératif et un régime politique aussi proche que possible de la démocratie directe. En attribuant la souveraineté à un être réel, le peuple, il est nécessaire de tirer toutes les conséquences de ce choix et de laisser à cet « être » le soin d'exercer les pouvoirs qui découlent de sa place dans la hiérarchie constitutionnelle.

Par contre, reconnaître la souveraineté d'une personne morale, la Nation, a des résultats bien différents. La Nation ne pouvant pas s'exprimer directement, elle le fera par l'intermédiaire de représentants qui ne seront pas

(9) *Op. cit.*, page 79.

nécessairement élus au suffrage universel et qui seront munis d'un mandat représentatif.

La distinction disparaîtra en 1848 sur le plan de l'universalité du suffrage, mais la conception du mandat représentatif restera. Dès 1789, la souveraineté appartient à une entité distincte de la personne royale et pour empêcher tout retour en arrière on affirme son inaliénabilité et son indivisibilité.

L'article 3 de la déclaration des droits de l'homme et du citoyen de 1789 se lit ainsi :

> « Le principe de toute souveraineté réside essentiellement dans la nation. Nul corps, nul individu ne peut exercer d'autorité qui n'en émane expressément ».

Quant à l'article 1er du titre III de la constitution de 1791, il dispose :

> « La Souveraineté est une, indivisible, inaliénable et imprescriptible. Elle appartient à la Nation ; aucune section du peuple, ni aucun individu ne peut s'en attribuer l'exercice ».

Cette unité et indivisibilité de la souveraineté postule celle du territoire qui est consacrée à l'article 1er du titre II de la même constitution.

> « Le Royaume est un et indivisible... ».

Les termes sont fixés, ils ne varieront pas jusqu'en 1946 où la réconciliation des tendances opposées amène à attribuer la souveraineté nationale au peuple sans que cette formule n'ait d'autres conséquences pratiques que de permettre le recours au référendum en matière constitutionnelle. La constitution de 1958 réaffirme l'indivisibilité de la République et l'article 3 confirme que :

> « La souveraineté nationale appartient au peuple qui l'exerce par ses représentants et par la voie du référendum. Aucune section du peuple, ni aucun individu ne peut s'en attribuer l'exercice.
>
> Le suffrage peut être direct ou indirect dans les conditions prévues par la constitution... »

Dans ce contexte, l'acte relatif à l'élection du Parlement Européen allait inquiéter la classe politique française à un double titre. Tout d'abord en mettant en place une représentation française élue au suffrage universel direct dans un organisme extérieur à la France, il pouvait amener à penser que la République n'était plus une et indivisible puisque le mode de scrutin et les conditions de la représentation pouvaient conduire une circonscription française à être représentée directement auprès des Communautés Européennes. Ensuite par les virtualités contenues dans l'acte quant à l'accroissement des pouvoirs du Parlement, il mettait en cause, à terme, l'inaliénabilité de la souveraineté française. Devant ces doutes constitutionnels, le Chef de l'État saisissait avant la ratification de l'acte le Conseil Constitutionnel qui profitait de l'occasion pour rendre une décision fondamentale sur les deux points évoqués.

Section 1. – L'unité et l'indivisibilité de la République commandent le régime électoral du Parlement européen

Le suffrage universel est le fondement du système représentatif. À travers lui, les représentants se trouvent investis de la mission de s'exprimer au nom de la nation ou plus exactement, d'être la volonté nationale. Tout système de représentation implique que le représentant exprime la volonté du représenté, mais ici le représenté étant une personne morale, le représentant n'exprime que fictivement la volonté du représenté. En fait, il constitue celle-ci. Est-il possible dans le cadre national de désigner au moyen du suffrage universel des représentants d'une collectivité autre que la collectivité nationale ? Une fois la réponse à cette première question donnée, il en surgit une seconde. Dans quelle mesure, cette désignation de représentants est-elle conciliable avec le principe de l'indivisibilité de la République ?

A. – L'unité de la République interdit le recours au mandat représentatif

Les principes du mandat représentatif tels qu'ils se dégagent de la pratique française sont simples. L'élu ne représente pas sa circonscription, il représente la nation toute entière. Si l'élu était le représentant de sa circonscription, il serait doté d'un mandat impératif puisqu'il serait envoyé au Parlement pour y parler au nom de la circonscription qui l'a désigné. Le recours au mandat représentatif postule l'impossibilité de faire du représentant le délégué de sa circonscription.

La Constitution de 1791 précise que les députés sont nommés dans les départements et évite volontairement la formule « par les départements » (10). C'est bien considérer le département comme un découpage électoral et non comme l'objet d'une représentation spécifique. Si la représentation d'une circonscription particulière est impossible, c'est qu'au fond elle confirmerait le fait que l'élu représente ses électeurs et qu'en réalité la souveraineté appartient aux électeurs et non à la nation.

Le rejet de la théorie de la souveraineté populaire implique donc le refus d'une représentation particulière des circonscriptions.

Cette conception a pour conséquence logique que l'élu ne peut que représenter la nation une et indivisible, qu'il exerce la souveraineté au nom de la nation dans son ensemble. Avec les autres élus, il concourt à l'expression de la volonté nationale.

---

(10) Art. 7, section III, chap. I, titre III : « Les représentants nommés dans les départements, ne seront pas représentants d'un département particulier mais de la nation toute entière, et il ne pourra leur être donné aucun mandat ».

Ainsi pour *Duguit*

> « Sans doute, le député en droit ne doit aucun compte aux électeurs de la circonscription qui l'a nommé ; cette circonscription n'a aucun droit ; lui en reconnaître, ce serait contraire au principe même de la souveraineté nationale une et indivisible » (11).

Le fait que l'élu représente la nation dans son ensemble n'est pas sans conséquence pratique. Ainsi l'Assemblée de Bordeaux admit en 1871 que les élus des départements alsaciens et lorrains ne perdaient pas leur mandat du fait de l'annexion de ces deux provinces. Leur qualité de représentants de la nation survivait à la disparition de la circonscription qui les avait élus. Seule leur démission volontaire pouvait mettre fin à leur mandat.

Appliquons cette conception à l'élection européenne. La France ne constitue qu'une circonscription. Les élus français ne sont pas les représentants de la France, mais ceux de l'Europe et s'expriment au nom de l'Europe dans le cadre d'une éventuelle souveraineté européenne.

La logique du mandat représentatif amène à reconnaître l'existence d'une *entité européenne* dotée d'une *représentation propre* qui s'exprime *en son nom* et non en celui des états membres.

Dans cette hypothèse, la République ne peut plus être une puisque sur son territoire s'expriment deux volontés, la volonté nationale et une volonté que nous appellerons pour simplifier « la volonté européenne ». Les électeurs français contribuent à la formation de la volonté européenne. C'est reconnaître au fond l'existence de deux souverainetés non juxtaposées mais partiellement superposées. La souveraineté est partagée.

Pour éviter ce risque, le Conseil Constitutionnel a clairement écarté toute possibilité de mandat représentatif. Les commentateurs ont remarqué qu'alors que les traités indiquent que l'Assemblée est composée des représentants des peuples des États, la décision précise que l'Assemblée est composée des représentants de *chacun* des peuples. La précision a son importance. En effet, la rédaction des traités pourrait laisser croire que le cadre étatique n'est qu'un cadre électoral et que les élus représenteront les peuples dans leur ensemble indépendamment de l'origine nationale de chacun des représentants. Pour le Conseil Constitutionnel, le cadre national est fondamental. L'élu représentera un peuple déterminé.

Sans reprendre l'idée qui consisterait à voir dans les élus français une délégation nationale devant rendre compte de son mandat (12), la conception du Conseil fait d'eux les représentants de la circonscription française au sein du Parlement Européen et non les élus de l'Europe. L'élu représente

---

(11) Traité de Droit Constitutionnel, 1923, t. 2, p. 504.

(12) Cette formule a été proposée par divers groupes politiques au Parlement Français, cf. notre étude : Das französische Parlament vor den allgemeinen und direkten Wahlen zum Europäischen Parlament, Integration 3/78, p. 90-102.

sa circonscription, la France et non la collectivité européenne dans son ensemble, c'est la négation du mandat représentatif.

Il va de soi qu'une telle analyse aboutit à nier tout caractère supranational aux communautés. Il s'agit d'une juxtaposition d'États et non d'une superposition. C'est la raison pour laquelle le Conseil Constitutionnel peut conclure à la conformité de l'élection à la Constitution.

> « L'élection... n'a pour effet de créer ni une souveraineté ni des institutions dont la nature serait incompatible avec le respect de la souveraineté nationale ».

Pour la France, le refus du mandat représentatif et la représentation par les élus font du Parlement une chambre plus proche d'une seconde chambre fédérale que d'une chambre populaire. Il n'exprime pas une volonté générale européenne différente de la volonté des États membres, mais permet la rencontre des volontés des représentants des différents États. Beaucoup plus qu'à la formation d'une volonté unique, il contribue à la manifestation d'une volonté commune aux États.

L'Assemblée Nationale française tirait toutes les conséquences de cette conception lorsqu'elle interdisait aux formations nationales de recevoir des subsides des Communautés Européennes en vue des élections. Il eut été choquant que des représentants de la France reçoivent des fonds étrangers en vue de favoriser leur désignation (13). Par contre, si l'on avait admis la conception du mandat représentatif, quoi de plus normal que d'admettre que les Institutions Européennes contribuent financièrement à la désignation des représentants de l'Europe.

De même, lorsque *M. Chirac* demande aux candidats inscrits sur la liste qu'il patronne de s'engager, s'ils sont élus, à démissionner au bout d'une année afin de laisser la place à d'autres inscrits, son attitude n'est concevable que parce-qu'elle repose sur une analyse fondée sur le mandat impératif. En Droit Constitutionnel français, où les constitutions successives ont consacré la nullité du mandat impératif, les présidents des Assemblées ont refusé à diverses reprises des démissions qui reposaient sur de tels engagements.

Ainsi, l'unicité de la souveraineté interdisant la cohabitation de deux volontés émanant des mêmes électeurs sur le même territoire dès lors qu'il s'agit de représentations dans des cadres différents, il n'était pas question de retenir la théorie du mandat représentatif.

Dès lors, il ne peut s'agir que d'une représentation du peuple français au sein d'un organe commun extérieur à la souveraineté française et non de la désignation de représentants au sein d'un Parlement où se formera la volonté européenne. On comprend qu'il n'existe aucun lien entre la souveraineté

(13) On sait que le Sénat ne s'est pas donné l'occasion de se prononcer sur cette proposition de loi votée par l'Assemblée Nationale.

nationale et les institutions européennes qui sont des institutions étrangères à la République. Le Conseil aboutit à sa conclusion logique lorsqu'il considère que :

> « ... la souveraineté qui est définie à l'article 3 de la Constitution de la République française tant dans son fondement que dans son exercice ne peut être nationale et que seuls peuvent être regardés comme participant à cette souveraineté les représentants du peuple français élus dans le cadre des Institutions de la République.
>
> Il résulte de tout ce qui précède que l'acte du 20 septembre 1976 est relatif à l'élection des membres d'une assemblée qui n'appartient pas à l'ordre institutionnel de la République française et qui ne participe pas à l'exercice de la souveraineté nationale ».

On peut, cependant, se demander si cette formulation n'est pas trop restrictive. Elle est sans doute exacte dans son sens littéral. Les élus français au Parlement européen ne participent pas à la formation de la volonté nationale. Le Parlement européen ne contribue pas à la naissance d'une volonté européenne qui serait supérieure à la volonté nationale ou qui engloberait cette dernière. Mais, dans la mesure où pour le Conseil Constitutionnel, les élus français ne sont pas des représentants européens, ils ont, même sans mandat impératif, la qualité de représentants français au sein du Parlement européen. S'ils n'exercent pas la souveraineté française, ils représentent les intérêts français. On ne peut simultanément nier le mandat représentatif en refusant de voir dans les élus les représentants de la collectivité englobante tout en voulant rompre tous les liens qui peuvent exister entre eux et la nation.

B. – L'indivisibilité de la République postule la circonscription nationale

Si le Conseil Constitutionnel avait admis le mandat représentatif, la taille de la circonscription eut revêtu peu d'importance. Élu au niveau national ou au niveau régional, le parlementaire européen ne représentait pas sa circonscription, mais l'Europe dans son ensemble. Dans ces conditions, la circonscription restait un simple découpage électoral sans incidence sur le caractère indivisible de la souveraineté.

Refusant aux parlementaires européens la qualité de représentant de l'Europe, le Conseil Constitutionnel leur conférait peut-être contre sa volonté, la qualité de représentant de leur circonscription, conformément à la logique du mandat impératif. À cet égard, la taille de la circonscription prenait une importance nouvelle. Créait-on des circonscriptions régionales ou départementales ? On s'acheminait vers une représentation des départements ou des régions au Parlement. C'était admettre l'idée que la France puisse être divisée en collectivités bénéficiant d'une représentation extérieure.

Le rejet du mandat représentatif, l'indivisibilité de la République, conduisaient inévitablement à la circonscription nationale.

Certes, le Conseil Constitutionnel ne définit pas la circonscription mais les précisions données et l'avertissement contenu dans la décision sont suffisamment clairs.

> « Considérant que l'engagement international du 20 Septembre 1976 ne contient aucune stipulation fixant pour l'élection des représentants français à l'Assemblée des Communautés Européennes des modalités de nature à mettre en cause l'indivisibilité de la République dont le principe est réaffirmé à l'article 2 de la constitution ; que les termes de "procédure électorale uniforme" dont il est fait mention à l'article 7 de l'acte soumis au Conseil Constitutionnel, ne sauraient être interprétés comme pouvant permettre qu'il soit porté atteinte au principe ; que, de façon générale, les textes d'application de cet acte devront respecter les principes énoncés ci-dessus ainsi que tous les autres principes de valeur constitutionnelle ».

Comme on le constate, le Conseil met en place des verrous destinés à empêcher tout recours à une circonscription autre que nationale. Il est visible que pour lui, il s'agit de la seule circonscription dont le « découpage » soit compatible avec l'indivisibilité de la République. Tout texte d'application de l'acte, qu'il soit international ou interne, devra respecter ce principe sous peine d'être déclaré inconstitutionnel. En d'autres termes, l'adoption d'une procédure européenne uniforme se heurte du côté français au principe de la circonscription nationale.

Certes, il est toujours possible de passer outre à ce principe, mais dans cette hypothèse, la ratification d'un acte portant procédure uniforme ne sera possible qu'après une révision constitutionnelle et la procédure de la révision est toujours délicate à mettre en œuvre dans un tel domaine. En dernier ressort, la décision du Conseil revient à condamner les huit autres États à s'aligner sur l'attitude française s'ils désirent mettre en place une procédure uniforme.

De la même manière, s'il s'agit de modification d'initiative interne, il est certain qu'elle sera déclarée inconstitutionnelle si le Conseil en est saisi.

Il va de soi que le système de la circonscription nationale réduit singulièrement les possibilités de choix en matière de système de scrutin puisqu'il impose le recours exclusif au scrutin proportionnel.

Dans ses grandes lignes, le système électoral français peut être déduit de la décision du Conseil et toute modification de ce système passe par une modification constitutionnelle.

Cette volonté d'empêcher toute évolution du statu-quo se manifeste également dans le domaine des pouvoirs de l'Assemblée. L'absence de mandat représentatif et le mode de scrutin devraient limiter l'effet de *spill-over* produit par l'élection. Mais, pour plus de précaution, le Conseil Constitutionnel prend soin de manifester son intention de contenir tout accroissement des pouvoirs et des compétences de l'Assemblée.

Section 2. – L'inaliénabilité de la Souveraineté et l'évolution envisageable du Parlement Européen

Le Conseil Constitutionnel n'avait pas la possibilité de limiter l'accroissement d'autorité que le Parlement pourrait tirer de son élection. Par contre, il a voulu veiller sur l'évolution des pouvoirs et des compétences des Institutions communautaires. Bien qu'il ne fonde pas expressément sa vigilance sur celle-ci, la base en est sans aucun doute l'inaliénabilité de la souveraineté. Selon la conception de Rousseau qui a été reprise par les constituants de 1791, la souveraineté ne peut faire l'objet d'une aliénation. Comme l'écrit Rousseau dans le « contrat social » :

> « Le souverain peut bien dire : "je veux actuellement ce que veut tel homme ou du moins ce qu'il dit vouloir", mais il ne peut pas dire : "ce que cet homme voudra demain, je le voudrai encore" puisqu'il est absurde que la volonté se donne des chaînes pour l'avenir et puisqu'il ne dépend d'aucune volonté de consentir à rien de contraire au bien de l'être qui veut. Si donc le peuple promet simplement d'obéir, il se dissout par cet acte, il perd sa qualité de peuple ; à l'instant qu'il y a un maître, il n'y a plus de souverain et dès lors le corps politique est détruit » (livre II, chapitre I).

Lorsque les révolutionnaires français ont adopté cette conception, ils ne songeaient pas un instant aux relations extérieures, mais ils tentaient de conjurer le retour de la monarchie. En proclamant l'inaliénabilité de la souveraineté, ils désiraient empêcher que le peuple ne puisse se décharger de celle-ci sur un monarque. Or, ce raisonnement à usage interne vaut-il à usage externe ?

Pour essayer de comprendre la décision du Conseil à la lumière de la théorie de l'inaliénabilité de la souveraineté, il faut envisager deux situations distinctes. Dans la première de ses situations, des compétences nouvelles sont transférées aux communautés et l'exercice en est confié au Parlement européen. Dans la seconde, le Parlement européen accroît ses pouvoirs dans le cadre des compétences communautaires existantes.

A. – L'inaliénabilité et l'accroissement des compétences communautaires

Il n'existe aucun lien direct entre l'élection et l'accroissement des compétences communautaires. Tout au plus pouvait-on craindre que le Parlement ne profite de son autorité pour débattre de sujets extérieurs à la compétence de la Communauté. Le considérant du Conseil Constitutionnel constitue bien une précaution pour l'avenir, mais une précaution qui n'était pas justifiée par l'économie de sa décision.

> « Considérant que si le préambule de la Constitution de 1958, dispose que sous réserve de réciprocité, la France consent aux limitations de souveraineté nécessaires à l'organisation et à la défense de la paix, aucune disposition de nature constitutionnelle n'autorise des transferts de tout ou partie de la souveraineté nationale à quelque organisation internationale que ce soit ».

Notons tout d'abord une modification du sens du terme *souveraineté*. Lorsque nous avons jusqu'à présent employé ce terme, il visait le titulaire de la souveraineté, la nation qui s'exprime par ses représentants. Dans le passage cité ci-dessus, la souveraineté vise plutôt la puissance étatique et non le titulaire du pouvoir suprême. Le problème qui se pose est donc celui de savoir si la puissance étatique peut être divisée. Jusqu'à présent, la doctrine a reconnu cette possibilité dans le cadre national. On admettait que l'État était le titulaire de pouvoir de décision final, mais qu'il pouvait répartir ses compétences. Cette répartition est opérée soit entre divers organes de l'État, chacun disposant dans la sphère de sa compétence du pouvoir de décision suprême, (14) soit entre diverses collectivités, l'État conservant son pouvoir de domination. (15)

L'apport de la décision du Conseil Constitutionnel réside dans la distinction entre les limitations qui seraient conformes à la Constitution et les transferts qui ne le seraient point, ce qui aurait pour conséquence d'exiger une révision de la Constitution avant de ratifier un transfert. Il va de soi que cette distinction est caractéristique d'une démarche propre à un État unitaire où la puissance étatique est nécessairement une et suprême. Dans une conception fédérale, l'analyse se développerait sur le terrain des compétences et non sur celui de la souveraineté. Cependant, eu égard au donné constitutionnel français, il faut tenter d'éclairer la distinction en se gardant de faire référence à la Constitution de la République Fédérale d'Allemagne ou à celles d'autres états européens qui reposent sur des réalités distinctes.

Le Conseil Constitutionnel vise les transferts et les limitations de souveraineté. Mais, il est évident qu'il entend prohiber les transferts de compétences qui ont des conséquences sur l'exercice de la souveraineté. Dans la mesure où l'on admet que la souveraineté est le pouvoir de décision final dans un domaine déterminé, toute attribution de ce pouvoir à un tiers peut entraîner un transfert de souveraineté.

Une première interprétation qui est la plus proche du texte consiste à voir dans la limitation une démarche volontaire de l'État qui consent à ne pas exercer sa souveraineté dans un domaine déterminé sous réserve de réciprocité. Le traité international classique est typique de cette démarche. Par contre, il y aurait transfert dès lors que des compétences essentielles font l'objet d'un abandon au profit d'une personne tierce. La limitation est une renonciation, soumise à réciprocité et n'implique pas l'exercice d'un pouvoir par un tiers ; par contre le transfert entraîne une renonciation au bénéfice d'un tiers. Le transfert a pour conséquence une aliénation de souveraineté. (16)

---

(14) *Burdeau*, Traité de Science politique, L.G.D.J.T. II, p. 334-335.

(15) *Carré de Malberg*, *op. cit.*, avec un long exposé des conceptions de *Laband*, t. 1, p. 139-258, notamment p. 147-194.

(16) Pour le Professeur *P. H. Teitgen*, on ne peut parler de transfert de souveraineté : « Dans un premier temps, chacun des États membres a renoncé à exercer pour son compte sur son territoire et ses ressortissants les compétences propres qu'il possédait jusque là pour les matières en case. Il n'a donc

Certains auteurs comme MM. *Favoreu* et *Philipp*, minimisent la distinction en estimant qu'il y a limitation lorsque celle-ci est consentie par voie de traité au bénéfice d'une organisation « souveraine ou en voie de le devenir ». (17)

Comme le constate *M. Blumann*, (18) la décision du Conseil ne permet pas de faire une distinction entre les abandons au profit de tel ou tel type d'organisation. Au contraire, toutes les catégories d'organisation sont visées. Pour interpréter la décision il faut se référer à l'inaliénabilité de la souveraineté nationale. Toutes les fois qu'une organisation internationale prend des décisions qui s'imposent à ses membres sans qu'ils puissent s'y opposer, on est en présence d'une aliénation de souveraineté, donc d'une situation où le transfert est inconstitutionnel. Par contre, s'agissant de la conclusion de traités ou d'actes d'organisations internationales soumis au consentement des membres, on est en présence de limitations qui sont autorisées sans révision constitutionnelle antérieure. La distinction se situe donc au niveau du caractère aléatoire de la renonciation à la souveraineté. Certes, comme le note *M. Ruzie* (19), une limitation de souveraineté dans le cadre d'une organisation implique un transfert au bénéfice de l'organisation. Mais si l'organisation ne dispose pas du pouvoir de décision, la limitation n'intervient qu'au moment où l'État décide d'exécuter la recommandation. Il n'a pas aliéné la souveraineté et il reste à juger de la portée de la limitation. Par contre, s'il s'agit d'une organisation disposant d'un pouvoir de décision, l'État a perdu définitivement toute liberté d'action et, par là même, n'est plus souverain au sens où Rousseau l'entendait.

Si l'on interprète la décision de 1977 par rapport à celle du 19 juin 1970 relative aux ressources propres, on doit préciser que tout transfert n'est pas interdit. En l'espèce, le conseil a jugé que la décision du Conseil des Communautés sur les ressources propres ne portait atteinte « ni par sa structure ni par son importance aux conditions essentielles d'exercice de la souveraineté nationale ». En l'occurrence, la décision du Conseil était une mesure d'application des traités communautaires subordonnée à l'obligation

---

consenti dans ce premier temps qu'à une *limitation* de souveraineté. Grâce à quoi, les États signataires du traité ont pu conjointement attribuer à la Communauté des compétences *communautaires* d'une autre nature et d'une autre étendue que celles nationales, auxquelles ils venaient dans l'instant de renoncer. Ainsi les pouvoirs qu'exercent les Communautés ne leur ont pas été, à proprement parler, *transférés* par les États membres, ils leur ont été attribués par ces États ».

La Constitution de la République Française, Editions Economica, Paris 1979, p. 54 et svtes (commentaire des art. 13 et 14 du Préambule de la Constitution). Cette conception est ingénieuse mais elle ne peut dissimuler que dans bien des cas, on assiste à un transfert non certes de souveraineté mais de compétences ou d'attributions (*G. Costa/Enel*, CJCE 15 juillet 1964).

Ce que décrit le Professeur *Teitgen*, c'est le processus qui aboutit au transfert, mais le résultat est bien un transfert. Ainsi en matière de T.V.A., il ne s'agit pas seulement d'une limitation des compétences nationales, mais au fond d'une substitution de la compétence communautaire à la compétence nationale. C'est cette hypothèse qu'a voulu envisager le Conseil Constitutionnel.

(17) *Op. cit.*, p. 160 et 161.

(18) *Op. cit.*, p. 591.

(19) *Op. cit.*, p. 76.

de réciprocité et elle n'avait qu'une portée limitée. Doit-on conclure du rapprochement des deux décisions du Conseil Constitutionnel, la possibilité de consentir à certains transferts dans les domaines couverts par les traités ?

En tout état de cause, on peut estimer que la vision du Conseil Constitutionnel en 1977, simplifie considérablement la réalité en posant en principe la nécessité d'une option entre la souveraineté nationale et la souveraineté communautaire et en se refusant d'examiner les diverses situations intermédiaires. L'analyse du Conseil ne correspond pas à l'état d'avancement de la construction communautaire. Il existe des dégradés entre la souveraineté nationale et la souveraineté communautaire. L'existence des Communautés européennes et les progrès de celles-ci peuvent avoir une incidence sur la souveraineté, mais l'exercice de compétences d'attribution, même si celles-ci sont largement interprétées, n'équivaut pas à la revendication d'une souveraineté *étatique*. En feignant de le croire, la décision du Conseil Constitutionnel empêche le développement des compétences communautaires.

Certes le blocage n'est pas complet, le Conseil Constitutionnel ne peut intervenir que s'il est saisi avant la ratification d'un traité élargissant les compétences communautaires ou bien s'il doit examiner une loi française tirant les conséquences d'un accroissement de compétences qui se serait réalisé par une autre voie. Mais, s'il s'agit d'un glissement dans l'interprétation des compétences existantes, voire d'une utilisation de l'article 235 du traité, le Conseil Constitutionnel est démuni de tout moyen d'intervention.

B. – L'inaliénabilité de la souveraineté et l'accroissement des pouvoirs du Parlement

L'éventualité d'un accroissement des pouvoirs du Parlement n'implique pas un élargissement des compétences existantes. On peut, en effet, penser que l'élection permettra au Parlement d'exercer en fait ou en droit des pouvoirs accrus, pouvoirs qui seraient transférés (ou conquis) au Parlement par le Conseil ou la Commission. En droit, l'accroissement des pouvoirs exigerait une révision des traités ; mais dans la pratique, il est possible que, tout en respectant la répartition formelle des pouvoirs, le Parlement parvienne à contraindre les autres Institutions à utiliser leurs pouvoirs conformément à ses désirs. Cette hypothèse qui s'est fréquemment réalisée dans l'histoire parlementaire n'implique aucune révision des traités, mais bouleverserait profondément la structure institutionnelle communautaire. Face à cette situation, le Conseil considère :

> « ... que l'acte ne contient aucune disposition ayant pour objet de modifier les compétences et pouvoirs limitativement attribués dans le texte aux Communautés Européennes et, en particulier, à leur Assemblée par les États membres...... que toutes transformations ou dérogations ne pourraient résulter que d'une nouvelle modification des traités ».

Ce domaine est au cœur du débat politique français. Sur le plan juridique, on peut estimer que toute modification des pouvoirs doit résulter d'une révision des traités. C'est la position du Conseil Constitutionnel. Mais faut-il en déduire que cette révision des traités serait contraire à la constitution ? Ici, il convient de se référer à la décision du Conseil du 19 juin 1970 à propos du traité du 22 avril 1970 relatif aux pouvoirs budgétaires du Parlement.

> « Considérant que ce traité ne contient que des dispositions relatives au fonctionnement interne des Communautés, modifiant la répartition des compétences entre les divers organes de celle-ci et qu'il n'affecte pas l'équilibre des relations entre les Communautés européennes d'une part, et les États membres d'autre part ».

Cette décision correspond à l'idée logique que lorsqu'un transfert de compétences a été réalisé au profit des Communautés, la répartition des pouvoirs et compétences entre les organes communautaires ne saurait affecter la souveraineté nationale. Dès que l'aliénation est consentie, on ne peut dire qu'elle est grevée d'une servitude et qu'elle ne peut bénéficier qu'à un organe déterminé. Pour employer une image, les pouvoirs transférés n'ont pas été affectés d'un « droit de suite » national. Les questions d'organisation interne des Communautés sont de la compétence de ces dernières. Certains estiment, et c'est l'avis du Conseil Constitutionnel, que toute modification des pouvoirs implique une révision, mais c'est une opinion que le Conseil n'a pas les moyens de faire respecter. Dès lors que le transfert est réalisé, la dépossession est définitive. Si la modification de la répartition des compétences entre les organes internes ne résulte pas d'un traité, le Conseil Constitutionnel n'a aucun titre de compétence pour en être saisi, car elle se réalise dans un autre ordre juridique.

Certes, le Parlement français a tenté lors du vote de l'autorisation de ratifier l'acte du 20 septembre de s'opposer à toute modification interne des pouvoirs qui ne résulterait pas d'un traité. Mais on voit mal la portée du texte voté.

L'article second de la loi d'approbation dispose :

> « Toute modification des compétences de l'Assemblée des Communautés Européennes, telles qu'elles sont fixées à la date de la signature de l'acte portant élection des représentants à l'Assemblée au suffrage universel direct, qui n'aurait pas fait l'objet d'une autorisation de ratification ou d'approbation suivant les dispositions des traités de Paris et de Rome et qui, le cas échéant n'aurait pas donné lieu à une révision de la Constitution conformément à la décision du Conseil Constitutionnel du 30 décembre 1976 serait de nul effet à l'égard de la France.
>
> Il en serait de même, de tout acte de l'Assemblée des Communautés Européennes qui, sans fonder sur une modification expresse de ses compétences, les outrepassait en fait ». (20)

---

(20) Loi n° 77.680 du 30 juin 1977, Journal officiel de la République Française du 1/7/1977 p. 3479.

Cette disposition semble prévoir toutes les hypothèses et constituer un rempart inébranlable contre toutes les tentatives d'accroissement des pouvoirs du Parlement européen, mais au fond, rien n'est moins sûr.

La loi est extrêmement imprécise lorsqu'elle évoque les compétences du Parlement. Elle vise, en effet, les compétences telles qu'elles sont fixées à la date de signature de l'acte. Cette indication n'apporte pas en elle-même de précisions suffisantes. S'agit-il des compétences telles qu'elles sont définies dans les traités ou telles qu'elles sont exercées en fait ? On sait qu'il existe une importante différence entre les deux. La procédure de concertation mise en place pour l'adoption des actes ayant des implications financières notables n'est pas prévue dans les traités. Elle résulte d'un accord entre les Institutions. A-t-elle un rapport avec les compétences du Parlement ? Fait-elle partie de ce qui est « fixé » à la date de signature de l'acte ? Le Parlement européen a pris l'habitude, en accord avec le Conseil, d'étudier les résultats de la coopération mise en place sur le plan politique entre les États membres. Il s'agit d'un élargissement incontestable de la compétence du Parlement. Doit-on le remettre en question ? La loi française donne latitude à toute interprétation, large ou étroite. Dans le silence, on doit admettre qu'est considéré comme acquis, non seulement ce qui est mentionné dans les textes, mais également ce qui est consacré par la pratique.

La loi ne vise que l'accroissement des « compétences » du Parlement tandis que la décision du Conseil Constitutionnel faisait référence à tout accroissement « des compétences et des pouvoirs » pour émettre des réserves quant à leur conformité à la constitution. La loi nous semble juridiquement plus correcte que la décision du Conseil Constitutionnel, mais cela n'est vraisemblablement pas dû à la volonté des législateurs qui confondaient les termes de « compétences » et de « pouvoirs » lors des débats. Les notions de « compétences » et de « pouvoirs » ne sont pas tout à fait équivalentes, notamment en droit des organisations internationales. L'existence d'une compétence implique qu'un organe peut se saisir d'une question déterminée, elle ne donne pas nécessairement naissance à un pouvoir, c'est-à-dire au droit d'intervenir dans un processus de décision. Dans certains cas, la compétence n'est que la possibilité de débattre d'une question sans pouvoir donner de suite à la discussion sur le plan juridique. Le Parlement dispose de compétences dans l'ensemble du champ communautaire, par contre, il ne dispose d'un début de pouvoir que dans les hypothèses où sa consultation est obligatoire.

Au fond, l'accroissement des pouvoirs ne concerne en rien la souveraineté française dès lors qu'il se situe dans le cadre des compétences communautaires existantes. Savoir, au sein de la Communauté, qui devra exercer les pouvoirs correspondants aux compétences transférées lors de la ratification des traités instituant les Communautés est un problème qui n'a que des rapports limités avec la souveraineté des États membres.

Ceux-ci pourraient arguer que s'ils ont attribué certains pouvoirs au Conseil et non au Parlement, c'est parce qu'ils disposaient d'un droit de regard sur les décisions du Conseil alors qu'ils n'ont aucune possibilité de contrôle sur les délibérations du Parlement européen. Juridiquement, l'argument est de faible valeur. En effet, le Conseil n'est pas une conférence diplomatique mais un organe de la Communauté. Les pouvoirs exercés par le Conseil le sont au nom de la Communauté et non en celui des États membres. Si ces pouvoirs venaient à être transférés au Parlement, ils seraient toujours exercés au nom de la Communauté. C'est la raison pour laquelle il nous semble contradictoire d'affirmer comme l'a fait le Conseil Constitutionnel dans sa décision du 20 décembre,

> « que l'acte du 20 septembre 1976 est relatif à l'élection des membres d'une Assemblée qui n'appartient pas à l'ordre institutionnel de la République Française et qui ne participe pas à l'exercice de la souveraineté nationale »

et de veiller avec autant de soin sur les pouvoirs exercés par cette Assemblée « étrangère ».

L'article 2 de la loi d'approbation française ne peut donc s'opposer ni expressément ni implicitement à un accroissement des pouvoirs du Parlement tant que celui-ci reste dans le cadre des compétences communautaires.

Cet article semble donc relativement inefficace. Affirmer que l'élargissement des compétences du Parlement exige une révision des traités va de soi. Dire que cette révision doit faire l'objet d'une autorisation de ratification ou d'approbation, après une éventuelle révision de la constitution française, revient à rappeler les exigences de la constitution. Cette partie de l'article 2 n'apporte rien de nouveau et constitue une simple référence au droit positif. Par contre, l'alinéa 2 vise les hypothèses où le Parlement tenterait dans la pratique de modifier ses compétences sans passer par la voie de la révision des traités. Dans ce cas, le texte précise que les actes « ultra vires » du Parlement sont nuls et de nul effet.

Or, cet alinéa est tout-à-fait inadapté aux hypothèses qui se réaliseront dans la pratique. En effet, dire qu'un acte pris par le Parlement hors de ses compétences est nul et de nul effet, c'est dire peu de choses !

- Soit le Parlement délibère hors de ses compétences et adopte une résolution : dans ce cas, affirmer que cette résolution est nulle et de nul effet n'apporte qu'une satisfaction morale dans la mesure où la résolution n'a pas par elle-même de valeur juridique. Si le Parlement se prononce sur des questions de politique de défense ou de politique internationale, la résolution qu'il adoptera ne sera créatrice ni de droits, ni d'obligations et ne fera pas partie d'un processus décisionnel. Rien n'interdit de constater sa nullité, mais cela n'apporte rien sur le plan juridique puisqu'elle était déjà dépourvue de valeur. La nullité n'est pas une sanction adaptée à la situation, mais sa proclamation parviendrait peut-être à empêcher la formation d'une coutume interne à l'organisation qui consacrerait un accroissement de compétences du Parlement ou de la Communauté.

- Soit le Parlement exerce, et ce sera le cas le plus fréquent, une pression sur le Conseil pour qu'il adopte un acte (règlement, directive ou décision) dans un domaine qui sans être expressément de la compétence du Parlement est de la compétence du Conseil. Il s'agit d'une hypothèse fort rare, car, en dehors des cas de consultation obligatoire où le Parlement intervient à bon droit, rien n'interdit à la Commission de prendre l'avis du Parlement sur un point déterminé. (21) La pression exercée par le Parlement n'empêche pas que l'acte soit juridiquement imputable au Conseil. Il aura été pris régulièrement par ce dernier puisqu'on ne peut interdire au Conseil d'être sensible à l'opinion des peuples telle qu'elle est exprimée au sein du Parlement.
- Soit enfin, sous la pression du Parlement, le Conseil excède les compétences communautaires. Dans ce cas, il existe des voies de droit, acceptées par la France, pour faire sanctionner cette irrégularité.

On voit mal, dans quelle hypothèse l'article 2 de la loi de ratification française pourrait s'appliquer. Il nous semble inutile. D'ailleurs le gouvernement français semble ne nourrir que peu d'illusions à cet égard. M. De Guiringaud ne déclarait-il pas à la tribune de l'Assemblée :

> « Certes nous n'empêcherons pas que l'Assemblée discute de tel ou tel problème et que des orateurs généreux ou idéalistes utilisent cette tribune pour donner leur sentiment sur la marche de l'univers. Ces positions n'auraient pas plus de sens que de valeur juridique. Ni le Conseil, ni les États membres n'auraient à les considérer, ni à fortiori à leur donner suite ». (22)

Il faisait ainsi beaucoup plus confiance à la volonté de résistance des gouvernements qu'aux vertus de la législation française, il estimait notamment que les pouvoirs actuels du Parlement dépendaient non seulement des traités, mais d'une série d'accords interinstitutionnels (procédure de concertation, débat budgétaire). Une attitude trop conquérante du Parlement pourrait amener le Conseil à revenir sur certaines des concessions consenties dans le cadre de ces accords entre Institutions dont le Conseil pourrait fort bien paralyser le fonctionnement.

> « Aucune de ces pratiques n'est prévue dans le traité, aucune ne correspond à un pouvoir établi de l'Assemblée. Les gestes de bonne volonté marquant notre disposition à associer l'Assemblée sur une base pragmatique et informelle à certains aspects importants de la construction européenne peuvent être demain remis en cause. Les dispositions qui ont été prises ne peuvent

(21) C'est en ce sens que s'est prononcée la Commission, voir Doc. P.E. 103/73 du 18 juin 1973.
(22) Débat, Ass. Nat. du 14 juin 1977, p. 3734.

être appliquées qu'aussi longtemps qu'elles sont unanimement acceptées. La France garde donc le pouvoir de s'y opposer. Elle en ferait usage si l'Assemblée devait sortir de son rôle ». (23)

Il n'est pas évident que ces pratiques n'aient aucune valeur juridique, elles reposent sur des accords écrits entre Institutions et ont été consacrées par la pratique. Mais, il est certain que le Parlement n'a rien à gagner à un conflit politique avec le Conseil, même s'il a raison sur le plan juridique. Toutes les pratiques qui ont été mises en place par le Conseil ne garantissent rien de plus au Parlement que le droit d'être entendu. Or, il va de soi que dans l'hypothèse d'une rupture politique avec le Conseil, ce droit ne présenterait que peu d'intérêt. Quelle que puisse être l'opportunité politique d'une telle attitude, il semble qu'un accroissement des pouvoirs dans le cadre des compétences actuelles doive aux yeux du Conseil Constitutionnel et de l'Assemblée entraîner une révision des traités sans que l'on soit dupé de l'efficacité des moyens mis en place pour empêcher une évolution coutumière des pouvoirs.

Ainsi, l'inaliénabilité de la souveraineté s'oppose aux transferts nouveaux, elle ne semble pas empêcher des modifications de l'équilibre interne des Communautés. La conception française de la souveraineté, née dans un État unitaire pour éviter une restauration monarchique, ne peut rendre compte de la particularité du fait communautaire. Mais quelles en sont les conséquences négatives sur la construction communautaire ? Imposer un système électoral déterminé, subordonner tout transfert de compétences à une révision constitutionnelle ou tout accroissement des pouvoirs du Parlement à une révision des traités ; est-ce bien paralyser le développement des Communautés ? N'est-ce pas au contraire s'assurer que ce développement ne peut se produire que si sont respectées certaines formes qui impliquent un accord des électeurs et des représentants ? La construction communautaire ne peut se faire au détriment d'une souveraineté et le Conseil Constitutionnel sait lorsque c'est nécessaire de tirer les conséquences d'un progrès déjà réalisé. Ainsi dans sa décision du 20 septembre 1977 rendue à propos du règlement du 17 mai 1977 établissant un prélèvement à l'importation d'isoglucose et une cotisation à la production, il était saisi par 60 parlementaires qui estimaient que le Parlement français devait statuer lors du vote du budget sur la cotisation à la production. Il a jugé d'une part que l'intervention du Parlement français était limitée à l'adoption des modalités d'application laissées à son initiative par les règlements communautaires et, se référant à la décision du 21 avril 1970 relative aux ressources propres, il ajoutait que :

« les répercussions de la répartition des compétences ainsi opérée entre les Institutions Communautaires et les autorités nationales au regard tant des conditions d'exercice de la souveraineté nationale que du jeu des règles

(23) Débat du 14 juin 1977 p. 3730.

> de l'article 34 de la Constitution ne sont que la conséquence d'engagements internationaux souscrits par la France... ».

Si la conception du Conseil Constitutionnel peut paraître sévère lorsqu'il s'agit des transferts de souveraineté, ce dernier tire par contre fidèlement les conséquences des engagements contractés.

Il n'en demeure pas moins au fond que la théorie de la souveraineté nationale telle qu'elle est exposée par le Conseil Constitutionnel est incompatible avec un plein développement des Communautés. Des transferts éventuels de compétences et les révisions qu'ils impliqueraient devraient entraîner une remise en cause de la conception française.

Dans ce cas, la révision constitutionnelle qui serait nécessaire pourrait bien consacrer un abandon de la théorie de la souveraineté nationale.

À PROPOS DE LA GUERRE DES JUGES

Accords et désaccords entre le juge français et la Cour de Justice des Communautés européennes

Jean-Paul JACQUÉ

Professeur à la faculté de droit et des sciences politiques de Strasbourg, Doyen honoraire

Si, jusqu'au déclenchement de la crise de 1965, la Commission était au cœur des controverses relatives à la Communauté, la Cour de Justice paraît être devenue aujourd'hui l'une des principales cibles des milieux français hostiles à l'intégration européenne. Ce redoutable honneur témoigne de l'importance de la Haute-juridiction de Luxembourg et du rôle moteur qu'elle joue dans le développement de la Communauté. Ce n'est d'ailleurs pas un hasard si les premières réactions en France se sont manifestées après le prononcé de l'arrêt A.E.T.R. et si elles se sont amplifiées dès lors qu'ont été perçues les conséquences de la position de la Cour sur les directives. Dans un pays où l'on s'est toujours méfié d'un gouvernement des juges en raison des atteintes qu'il porterait à la souveraineté du législateur, il n'est pas surprenant que la Cour soit devenue le point de mire d'un mouvement défavorable à l'intégration.

Or ce mouvement est plus fort que ne le laisse supposer l'identité de certains de ses animateurs. Certes, M. Michel Debré qui dirige un comité destiné à préserver l'indépendance de la France est isolé sur l'échiquier politique français, mais il rencontre des oreilles complaisantes lorsqu'il développe ses thèses en ce domaine. Fort du soutien d'anciens ministres ou d'anciens membres du Conseil constitutionnel, il suscite l'adhésion d'hommes qui comme le Professeur Maurice Duverger, n'ont pas la même sensibilité politique et jouit grâce à eux d'une bonne audience dans les médias. En outre, la campagne pour l'élection du Parlement européen au suffrage universel direct a montré que le clivage entre partisans et adversaires de la construction européenne n'a pas évolué en France depuis la querelle de la C.E.D. La capacité de mobilisation d'un tel mouvement est donc importante. Les amis de M. Debré ont ainsi réussi à réunir à deux reprises une majorité à l'Assemblée nationale. Si, après la délibération 1/78 sur l'Euratom, la proposition de MM. Debré et Foyer déclarant « nulle pour fraude et excès de pouvoir la délibération de la Cour » n'a pas été inscrite à l'ordre du jour, l'Assemblée a adopté délibérément, lors du vote de la loi sur la protection et le contrôle des matières nucléaires (1), des dispositions qui sont incompatibles avec la solution de la Cour. Plus révélateur encore est le vote par l'Assemblée de « l'amendement Aurillac » visant à faire obstacle à la primauté du droit communautaire sur la loi postérieure. On ne saurait traiter à la légère cette opposition qui transcende les tendances partisanes. Réveillée par l'élection du Parlement européen, attisée par certains arrêts de la Cour, elle veille avec intransigeance au respect de l'indépendance nationale.

Ce climat politique n'est pas sans incidence sur le jugement que peuvent porter les milieux juridiques sur l'attitude des juridictions nationales face au droit communautaire. Sans confondre les genres et soupçonner les juges de faire prévaloir des considérations d'opportunité politique, on ne peut manquer d'observer qu'ils contribuent à travers leurs décisions à fournir aux parties autant d'arguments qui servent à alimenter la controverse. Les discussions restent bien entendu cantonnées dans les milieux parlementaires et gouvernementaux ainsi que dans la doctrine, mais il est rare en France que, sur un thème déterminé, le juge soit placé pendant une aussi longue période sous les feux de l'actualité.

Mais le juge ne peut utiliser que le cadre juridique dont il dispose. À des degrés divers, la jurisprudence du juge constitutionnel, administratif ou judiciaire est commandée par des considérations juridiques fondamentales qui tiennent à la structure de l'ordre juridique national et à la place qu'occupe le juge au sein de celui-ci. On peut, avec les spécialistes de droit européen, dénoncer le caractère timoré du juge français qui n'ose s'affranchir de considérations nationales pour céder à l'attrait de l'Europe des juges. Cependant ces valeurs, dont le juge national se fait le gardien, sont partagées par les milieux parlementaires que nous évoquions et elles ont été approuvées par le Constituant lors de l'adoption de la Constitution de 1958. Le juge tire sa légitimité de ces textes et de la tradition constitutionnelle qui s'y reflète.

Les oppositions entre les juridictions françaises et le juge communautaire ne peuvent être comprises qu'à partir d'une investigation dans le donné constitutionnel français. Les différents épisodes de la « guerre des juges » y trouvent leur racine et leur explication.

---

(1) *Cf.* l'exposé de l'affaire par Guy Isaac dans *Les effets des décisions de la Cour de Justice en France*, Cours polycopié, Luxembourg, 29 p., multigraphié, à paraître, p. 27 et s.

SECTION 1. – LES EXIGENCES COMMUNAUTAIRES ET LE CADRE CONSTITUTIONNEL FRANÇAIS

Deux éléments commandent l'attitude des autorités françaises soumises aux impératifs du droit communautaire. Tout d'abord, la valeur accordée à la souveraineté de l'État entraîne la plus vive réserve à l'égard des engagements internationaux qui seraient de nature à lui porter atteinte. Ensuite, à supposer que de tels accords soient régulièrement intervenus, le juge ne peut en tirer les conséquences qu'à la condition de respecter la place qui lui est assignée au sein des institutions. Dès lors que l'on évoque les limitations ou transferts de souveraineté dont bénéficierait la Communauté ou que l'on se réfère à l'autonomie institutionnelle réduite du juge national, apparaît l'opposition entre les exigences de l'ordre juridique communautaire et le cadre constitutionnel français.

A. – Souveraineté française et participation à la Communauté

L'affirmation de la conception française de la souveraineté est allée de pair avec la croissance du pouvoir royal. La révolution française a substitué la nation au roi en tant que titulaire de la souveraineté, mais elle n'a pas remis en cause l'analyse traditionnelle. La définition qu'en donnait Loyseau au XVIe siècle, dans son *Traité des Seigneuries*, est toujours valable :

> « La Souveraineté consiste en puissance absolue, c'est-à-dire parfaite en tout point ; et par conséquent, elle est sans degré de supériorité, car celui qui a un supérieur ne peut être suprême et souverain » (chapitre 2, 4-9).

Dire, dans ce cas, que la nation organisée en État est souveraine, c'est affirmer qu'aucune puissance ne peut lui être opposée à l'intérieur comme à l'extérieur. Telle est l'analyse de Carré de Malberg,

> « ... Comme la *summa potestas* au dedans ne peut être réalisée que moyennant l'absolue indépendance au dehors, il demeure indispensable, sinon de dédoubler le concept de souveraineté en deux souverainetés différentes, du moins de bien marquer et séparer dans la notion de souveraineté les deux directions différentes, interne et externe, dans lesquelles cette notion s'oriente encore qu'au fond elle reste une en soi » (2).

Pouvoir absolu à l'intérieur, indépendance à l'extérieur, telles sont les deux faces de la souveraineté dans la vision classique. Mais le titulaire de la souveraineté, la nation, ne peut-il aliéner celle-ci. Après tout, le propriétaire peut librement vendre son bien. À cela vient s'opposer le fait que la nation, ce ne sont pas seulement ceux qui vivent actuellement dans l'État, mais aussi ceux

(2) *Contribution à la théorie générale de l'État*, 2 tomes, Sirey, réédition photomécanique du Centre national de la recherche scientifique, t. I, p. 80.

qui y vivront demain. La nation actuelle ne peut engager de manière irréversible ceux qui la constitueront dans l'avenir. L'article 1er du titre III de la Constitution de 1971 traduit cette approche métaphysique lorsqu'il dispose,

> « La Souveraineté est une, indivisible, inaliénable et imprescriptible. Elle appartient à la Nation ; aucune section du peuple, ni aucun individu ne peut s'en attribuer l'exercice. »

De la sorte, le retour en arrière est impossible. La nation ne peut déléguer au roi sa souveraineté ; elle n'a pas plus la faculté de la partager avec lui puisque la souveraineté est indivisible. Ainsi conçue, la souveraineté est, pour reprendre la formule de Jean-Jacques Chevallier, un « bloc de marbre » que rien ne peut entamer.

L'indivisibilité n'interdit pas la séparation des pouvoirs. Mais chacun d'entre eux n'exerce ses attributions qu'au nom du souverain (3). Par contre, l'exercice sur le même territoire de deux puissances qui prétendraient à la souveraineté est inconcevable par définition. Le pouvoir suprême ne peut être qu'unique à défaut de quoi il perd sa suprématie. Ni divisibilité, ni aliénabilité ne fut-ce que d'une parcelle de l'autorité, on conçoit que l'idée de Communautés bénéficiant de transferts de compétences cadre mal avec la tradition française. Que l'on lise cette démonstration de Rousseau en remplaçant le mot *homme* par *Communauté européenne*,

> « Le souverain peut bien dire : je veux actuellement ce que veut tel *homme* ou du moins ce qu'il dit vouloir, mais il ne peut pas dire ce que cet homme voudra demain, je le voudrai encore puisqu'il est absurde que la volonté se donne des chaînes pour l'avenir et qu'il ne dépend d'aucune volonté de consentir à rien de contraire au bien de l'être qui veut. Si donc le peuple promet simplement d'obéir, il se dissout par cet acte, il perd sa qualité de peuple ; à l'instant qu'il promet d'obéir, il n'y a plus de souverain et dès lors le corps politique est dissous » (4).

(3) On notera les tendances à la divinisation de la souveraineté, puissance suprême et indivisible bien que formée de trois pouvoirs séparés, mais unique...

(4) *Du contrat social*, Livre II. Chapitre I. D'ailleurs Rousseau était fort hostile à la séparation des pouvoirs : « Nos politiques ne pouvant diviser le souverain dans son principe, le divisent dans son objet : ils le divisent en force et en volonté, en puissance législative et en puissance exécutive... Cette erreur vient de ne s'être pas fait des notions exactes de l'autorité souveraine et d'avoir pris pour des parties de cette autorité ce qui n'en étaient que des émanations... Toutes les fois qu'on croit voir la souveraineté partagée, on se trompe : les droits qu'on prend pour des parties de cette souveraineté, lui sont tous subordonnés et supposent toujours des volontés suprêmes dont ces droits ne donnent que l'exécution (Livre II, chapitre II). Un des grands soucis de Carré de Malberg est d'assurer la conciliation entre la séparation des pouvoirs et l'unité de l'État : « Les titulaires des fonctions législative, exécutive, judiciaire reçoivent ces fonctions, non pas comme des morceaux de puissance étatique, destinés à s'incorporer séparément en chacun d'eux, et dont la possession ferait d'eux des forces politiques concurrentes ou des personnes souveraines appelées à traiter ensemble à la façon de contractants qui font valoir leurs droits et intérêts distincts ; moins qu'aucune autre, la Constitution française, fondée sur l'idée d'indivisibilité de la nation, se prête à une telle conception ; mais ces titulaires multiples reçoivent, avec des compétences diverses, la mission de coopérer à l'exercice d'une puissance publique unique et, par suite aussi, de collaborer à la formation d'une volonté étatique unique et commune », *op. cit.*, t. 2, p. 27.

Il va de soi que les révolutionnaires français en complétant la doctrine monarchique de la souveraineté se souciaient peu des relations extérieures et qu'ils ne pouvaient anticiper sur la création des organisations internationales. De plus, ils construisaient une vision unitaire de la souveraineté destinée à un État unitaire. La vision fédérale restera étrangère à la doctrine française (5).

En ce qui concerne la souveraineté internationale de la France, les constituants de 1946 ont retenu une conception moins rigide et le préambule de la Constitution de 1946, qui est incorporé en droit positif par le préambule de la Constitution de 1958 dispose,

> « Sous réserve de réciprocité, la France consent aux limitations de souveraineté nécessaires à l'organisation et à la défense de la paix. »

Cette formule semblait légitimer la participation de notre pays à des organisations internationales du type communautaire. Mais, la Constitution de 1958 est rédigée dans un contexte moins favorable à la « supranationalité ». Le Général de Gaulle et le Garde des Sceaux de l'époque. M. Debré, se souviennent des débats relatifs à la C.E.D. C'est la raison pour laquelle l'article 54 de la Constitution permet de faire vérifier par le Conseil constitutionnel la non-contrariété d'un traité à la Constitution avant la ratification de celui-ci. D'autre part, la Constitution, notamment en ses articles 5 et 16, accorde une importance particulière à l'indépendance nationale dont le chef de l'État est le gardien. Cependant, s'il existe des restrictions quant à la conformité des traités à la Constitution, ceux-ci se voient conférer dès leur publication, et sous réserve de réciprocité, une autorité supérieure à la loi. C'est dans ce contexte, marqué par un retour à la conception traditionnelle de la souveraineté, que le Conseil constitutionnel a interprété les prescriptions constitutionnelles sur la non-contrariété des traités à la Constitution (6).

S'il ne lui est pas possible de remettre en cause les traités ratifiés et donc l'acquis communautaire (7), l'interprétation qu'il donne rétroagit sur les traités existants. Ainsi, lorsqu'il déclare que la Constitution prohibe les transferts de souveraineté, certains en déduiront que les traités communautaires n'ont pu organiser de tels transferts au moment de leur conclusion.

Pour l'essentiel, la jurisprudence du Conseil conduit à normaliser le fait communautaire en alignant les traités sur des traités internationaux classiques.

---

(5) On notera les tendances à la divinisation de la souveraineté, puissance suprême et indivisible bien que formée de trois pouvoirs séparés, mais unique…

(6) Utilisée à deux reprises à propos des Communautés européennes, cette procédure a permis au Conseil constitutionnel de se prononcer sur le traité modifiant la procédure budgétaire et sur la décision relative aux ressources propres le 19 juin 1970 et sur la décision relative à l'élection de l'Assemblée européenne au suffrage universel direct, le 30 décembre 1976.

(7) Voir à cet égard Luchaire, *Le Conseil constitutionnel*, Paris, Economica, 1980, p. 263. Cette solution est également celle du gouvernement français dans sa réponse à la question écrite de M. Cousté. *J.O.A.N.*, 12 mai 1980, p. 2899. Sur l'acquis communautaire, voir Pescatore, Aspects judiciaires de l'acquis communautaire, *R.T.D.E.*, 1981, pp. 617-651.

1) Tout d'abord, le Conseil nie toute spécificité aux Communautés qui apparaissent comme des organisations internationales de droit commun. La décision du 30 décembre 1976 ne laisse planer aucune ambiguïté à cet égard,

> « aucune disposition de nature constitutionnelle n'autorise les transferts de tout ou partie de la souveraineté nationale à quelque organisation internationale que ce soit. »

Placées sur le même plan au regard de la souveraineté nationale que toutes les organisations de coordination, les Communautés ne peuvent invoquer dans le cadre français le particularisme que leur reconnaissait la Cour de Justice des Communautés dans l'arrêt Costa/Enel du 15 juillet 1964 (8).

La conclusion en découle normalement : les Communautés ne peuvent prétendre bénéficier d'un quelconque transfert de souveraineté, ni exercer une autorité qui s'apparente à la souveraineté.

À première vue, cette affirmation ne s'oppose pas à la jurisprudence de la Cour. Dans Costa/Enel, la Cour considère,

> « qu'en effet, en instituant une communauté de durée illimitée, dotée d'institutions propres, de la personnalité, de la capacité juridique, d'une capacité de représentation internationale et plus particulièrement de pouvoirs réels issus d'une *limitation de compétence ou d'un transfert d'attributions des États à la Communauté, ceux-ci ont limité*, bien que dans des domaines restreints, *leur droits souverains* et créé ainsi un corps de droit applicable à leurs ressortissants et à eux-mêmes » (9).

La terminologie a varié, car la doctrine a relevé que les compétences exercées par la Communauté ne correspondaient pas toujours à un transfert effectué par les États membres. Dans certaines hypothèses, notamment dans le domaine des organisations de marché, la Communauté possède des attributions qui ne pouvaient être exercées par les États membres. Mais, au fond, ces derniers se sont dessaisis de certaines de leurs compétences au profit de la Communauté, sous réserve de l'examen cas par cas de la correspondance entre le dessaisissement et les compétences exercées (10). Ce dessaisissement, ce transfert ou cette attribution est, comme l'a constaté la Cour, définitif.

---

(8) Aff. 6/64, *Rec.*, 1964, p. 1141.

(9) *Id.*, pp. 1159-1160.

(10) Voir aussi l'arrêt Neumann dans l'affaire 17/67 du 13-12-1967, *Rec.*, 1967, p. 589 et l'arrêt Commission contre Italie, aff. 48/71, du 13-7-1972, *Rec.*, 1972, pp. 534-535. Voir également Constantinesco Vlad, *Compétences et pouvoirs dans les Communautés européennes*, Paris, Librairie générale de droit et de jurisprudence, 1974 : « Il y a donc dans les secteurs où les États sont dessaisis, une véritable création de compétences nouvelles au profit de la Communauté qui ne se ramène pas simplement à l'addition des abandons de compétence étatiques. Le traité n'organise pas la gestion de ce qui existe, mais s'attache à définir les conditions et les moyens d'une création nouvelle. Dans le domaine de l'Union douanière, en effet, le traité prévoit une répartition des compétences qui résulte du dessaisissement des compétences étatiques combiné avec la création de compétences nouvelles au profit de la Communauté », p. 251.

> « Un dessaisissement des attributions ainsi conférées et le retour des objets qu'elles concernent dans le domaine de compétence des seuls États membres ne pourraient intervenir qu'en vertu d'une disposition expresse du traité » (11).

J.V. Louis voit dans cette jurisprudence la manifestation de l'idée selon laquelle la souveraineté des États membres serait divisible.

> « L'idée de la souveraineté divisible convient parfaitement pour décrire le fonctionnement d'un mécanisme d'intégration que l'on évoque le *réaménagement* des souverainetés, la *fusion* de celles-ci ou leur exercice en commun que ce mécanisme comporte » (12).

Face à cette analyse, le Conseil constitutionnel affirme d'abord que les Communautés ne sauraient être une entité souveraine puisque l'élection du Parlement européen n'a « pour effet de créer ni une souveraineté, ni des institutions dont la nature serait incompatible avec la souveraineté nationale ». Une seule souveraineté, celle de la nation, peut s'exercer sur le territoire et elle est exclusive de toute manifestation souveraine permanente d'un organisme étranger, destinée à produire ses effets sur le territoire national. La Communauté est ainsi assimilée à un organisme étranger : « l'acte du 20 septembre 1976 est relatif à l'élection des membres d'une assemblée qui n'appartient pas à l'ordre institutionnel de la République française et qui ne participe pas à l'exercice de la souveraineté nationale ».

Dans la mesure où les Communautés ne prétendent pas à la souveraineté, il n'existe pas de contradiction apparente entre la position du Conseil constitutionnel et celle de la Cour. Mais, on sent bien qu'au-delà des termes utilisés, les voies suivies ne sont pas parallèles. En considérant les Communautés comme une organisation internationale classique, en soulignant qu'elle ne participe pas à l'exercice de la souveraineté française à laquelle elle reste extérieure, le Conseil fait de la souveraineté française la règle. Les Communautés ne pourront excéder les pouvoirs des autres organisations internationales que dans la mesure où les traités l'auront expressément prévu. Dans leur silence, l'interprétation restrictive prévaudra. Comme le déclare le Conseil constitutionnel,

> « considérant que l'acte soumis à l'examen du Conseil constitutionnel ne contient aucune disposition ayant pour objet de modifier les compétences et les pouvoirs *limitativement attribués* dans le *texte* des traités aux Communautés européennes » (c'est nous qui soulignons).

Il est difficile de ne pas voir dans ce passage l'expression d'une réserve à l'égard des méthodes d'interprétation fondées sur l'effet utile et la théorie des pouvoirs implicites, dont la Cour est familière. Des juridictions nationales y

---

(11) Commission/France, aff. 7/71, arrêt du 14-12-1971, *Rec.*, 1971, p. 1003 et s.

(12) *In L'ordre juridique communautaire*, Commission des Communautés, perspectives européennes, Bruxelles, 1979, p. 10.

verront un encouragement à faire prévaloir le texte du traité sur l'interprétation qu'en donne la Cour de Luxembourg, même si deux ans se sont écoulés entre la décision du Conseil et l'arrêt Cohn-Bendit.

2) Dans ces conditions, comment la France peut-elle concilier sa participation aux Communautés avec les impératifs de la souveraineté. Même si l'on s'en tient au texte du traité, les Communautés disposent de pouvoirs et de compétences qui vont bien au-delà de ceux d'une organisation de coordination. Sous couvert de se prononcer sur l'élection du Parlement européen, le Conseil constitutionnel a, dans sa décision de 1976, forgé les règles qui régissent la répartition des compétences entre la France et les Communautés.

> « Considérant que si le préambule de la Constitution de 1946, confirmé par celui de la Constitution de 1958 dispose que, sous réserve de réciprocité, la France consent aux *limitations de souveraineté nécessaires à l'organisation et à la défense de la paix*, aucune disposition de nature constitutionnelle n'autorise *les transferts de tout ou partie de la souveraineté nationale* à quelque organisation internationale que ce soit » (c'est nous qui soulignons).

Le laconisme du Conseil ne rend pas aisée la tâche du commentateur. Si la distinction entre limitation et transfert doit avoir un sens, et il faut faire crédit au Conseil constitutionnel sur ce point, c'est dans la nature des pouvoirs conférés à l'organisation qu'il faut chercher la réponse.

S'agit-il de compétences qui touchent à la souveraineté, elles ne pourront être exercées par une organisation qui disposerait d'un pouvoir de décision dont les effets se manifesteraient dans le for interne de l'État. Voilà le transfert interdit. Faut-il penser que les traités de Rome ou de Paris n'ont pu dans le passé réaliser de tels transferts ou bien le Conseil ne songe-t-il qu'aux transferts futurs ? Le Conseil constitutionnel a, semble-t-il opté pour la première branche de l'alternative. Par contre, dans le cadre d'une organisation consacrée à l'organisation et à la défense de la paix, la France peut renoncer à l'exercice de certaines de ses compétences souveraines à condition que les autres membres agissent de même. Il en va ainsi de la renonciation à l'emploi de la force ou à l'utilisation de certaines armes. On pourrait même admettre que l'organisation puisse agir dans le cadre de ces compétences auxquelles l'État a renoncé, mais, comme il ne s'agit pas d'un transfert, la France doit pouvoir contrôler à tout moment l'utilisation faite par l'organisation de ces compétences et revenir, le cas échéant, sur la limitation consentie. L'organisation qui bénéficie de la limitation, disposerait-elle du pouvoir de prendre des décisions, qui puissent produire des effets en France, sans le concours des autorités françaises, sous réserve de réciprocité ? Rien n'est moins sûr.

Si les limitations et les transferts de souveraineté font l'objet de la vigilance du Conseil, existe-t-il des transferts d'attributions qui ne touchent pas à la souveraineté de la France ? La réponse du Conseil est positive. Tout transfert d'attributions ne touche pas à la souveraineté, donc tout transfert d'attributions n'est pas prohibé. Il résulte de la décision du Conseil constitutionnel de 1970 relative aux ressources propres et à la réforme de la procédure budgétaire que la qualification d'un transfert dépend de sa structure, de son importance ou de la modification qu'il introduit dans l'équilibre des rapports entre la Communauté et les États membres. Le Conseil constitutionnel est maître de la décision.

Accorder à une organisation internationale un pouvoir de décision qui interfère avec celui des autorités nationales dans un domaine qui relève de la souveraineté, c'est réaliser un transfert interdit (13). Par contre, renoncer à exercer une compétence, éventuellement au profit d'une organisation avec la possibilité de reprendre cette compétence dès lors que la réciprocité ne jouera plus, c'est se placer dans le cadre des limitations de souveraineté, situation qui ne peut être celle de la Communauté puisque, dans son cas, la réciprocité ne joue pas. Force est d'admettre que la Communauté a dû bénéficier de transferts d'attributions qui ne sont pas souveraines.

---

(13) C'était déjà en 1954 l'opinion de six juristes français qui se penchaient sur l'opportunité de réviser la constitution avant la ratification du traité de la C.E.D. Selon eux, le transfert créait une « autorité supranationale dont les pouvoirs s'exerceront sur le territoire et sur la personne des citoyens français et dont l'existence bouleversera donc profondément l'organisation constitutionnelle française ». (Bastid S., Burdeau G., Capitant R., Eisenmann Ch., Lampué P., Sibert M., *Le Monde* du 2 juin 1954, p. 2 et 3 et du 30 juillet 1954, p. 5) ; la décision du Conseil constitutionnel a fait l'objet de plusieurs commentaires doctrinaux et les auteurs interprètent diversement la distinction entre limitations et transferts. Pour certains, l'analyse du Conseil est incorrecte puisque les traités communautaires ne reposent pas sur des transferts de compétence, mais sur une limitation de souveraineté et sur l'attribution aux Communautés de compétences qui n'appartenaient pas aux États. (C'est l'avis autorisé du professeur Teitgen, *in La Constitution de la République française*, Economica, Paris, sous la direction de Luchaire et Conac, t. 1, pp. 54-58, mais l'auteur admet que le Conseil constitutionnel ne pourrait partager son analyse). D'autres tout en prenant acte de la distinction l'interprètent de telle sorte qu'elle limite aussi peu que possible la construction communautaire. Voir en ce sens, Boulouis J., *C.D.E.*, 1977, p. 59 et s., Favoreu et Philipp, *R.D.P.*, 1977, p. 129 et s., Darras et Pirotte, *R.T.D.E.*, 1977, p. 695 et s. (avec quelques réserves *in fine*), Ruzié, *J.D.I.*, 1977, p. 66 et s. Il nous semble que le Conseil n'a pas envisagé la question avec la subtilité que lui prêtent ces auteurs, mais que dans l'avenir leurs conceptions pourraient légitimer un discret infléchissement de la jurisprudence du Conseil. Les analyses de F. Luchaire, *in Le Conseil constitutionnel, op. cit.*, p. 257, Coussirat-Coustére, *A.F.D.I.*, 1976, p. 805 et Kovar et Simon, *R.T.D.E.*, 1977, p. 665, font valoir l'opposition entre la décision du Conseil constitutionnel et les exigences de droit communautaire. *Cf.* aussi, Jacqué J.-P., la souveraineté française et l'élection du Parlement européen au suffrage universel direct, *in Souveränitätverständnis in den Europäischen Gemeinschaften*, Nomos Verlagsgesellschaft, Baden-Baden, 1980, p. 71 et s. Par la suite, la jurisprudence du Conseil a précisé ce que pourraient être des atteintes à la souveraineté contraires à la Constitution. Ainsi, de la décision relative à la réforme du statut du F.M.I., on peut déduire qu'un système de change qui enlèverait toute liberté aux États porterait atteinte à la Constitution (« que le respect de la souveraineté des États membres est assuré par la liberté qui est reconnue à chacun d'eux de choisir tout système de change qu'il entend appliquer », décision du 29 avril 1979, p. 217 ; note Carreau, p. 209). Dans sa décision du 17 juillet 1980, il a jugé qu'un système d'entraide judiciaire qui permettait à la France de refuser l'entraide pour des raisons tenant au caractère du délit ou à la sauvegarde de la souveraineté nationale n'était pas contraire au principe de la souveraineté nationale. De la même manière, dans la mesure où les autorités judiciaires restaient seules compétentes pour accomplir en France en toute indépendance les actes demandés par une autorité allemande, la souveraineté était respectée (*R.G.D.I.P.*, 1981, p. 202, note Vallée). Cette dernière espèce est très intéressante, car elle montre ce que pourrait être un transfert de souveraineté. En l'occurrence le transfert eut résulté de la soumission des autorités françaises en organes d'exécution des autorités allemandes, sans qu'il subsiste le moindre pouvoir d'appréciation. L'autonomie institutionnelle reconnue par la Cour aux juridictions nationales est donc respectueuse de la Constitution française.

On ne dénote pas de contradiction formelle entre la position du Conseil et celle de la Cour. Mais rien n'interdit que les deux juridictions n'adoptent un jour une position divergente à propos de la qualification d'un transfert à la suite de l'utilisation de l'article 235. Le Conseil constitutionnel pourrait être amené à censurer un tel transfert dans le cadre du contrôle de la constitutionnalité d'une loi mettant en œuvre en France la décision prise dans le cadre de l'article 235. De plus, l'interprétation donnée par le Conseil s'adresse aussi aux juridictions nationales et celles-ci se voient une fois de plus invitées à interpréter restrictivement les pouvoirs et compétences de la Communauté puisqu'il semble résulter de la décision du Conseil qu'ils ne peuvent interférer avec l'exercice de la souveraineté française.

Enfin, la position du Conseil constitutionnel a été reprise par le Parlement lors du vote de la loi autorisant la ratification de l'acte du 20 septembre 1976. Elle dispose dans son article 2,

> « Toute modification des compétences de l'Assemblée telles qu'elles sont fixées à la date de la signature de l'acte portant élection des représentants à l'Assemblée au suffrage universel direct qui n'aurait pas fait l'objet d'une autorisation de ratification ou d'approbation suivant les dispositions des traités de Paris et de Rome et qui, le cas échéant, n'aurait pas donné lieu à une révision de la Constitution conformément à la décision du Conseil constitutionnel du 30 décembre 1976 serait de nul effet à l'égard de la France.

Il en serait de même pour tout acte de l'Assemblée des Communautés européennes qui, sans se fonder sur une modification expresse de ses compétences, les outrepasserait en fait. »

La France aurait pu invoquer ce fait à l'appui de son refus de verser sa contribution au budget 1981 en arguant que le Parlement en l'adoptant avait excédé ses pouvoirs, ce qui n'aurait pas manqué de susciter des difficultés au cas où la saisine de la Cour serait allée à son terme et où celle-ci aurait été amenée à juger en faveur de la légalité du budget. De la même manière, cette arme pourrait être utilisée à l'encontre d'un acte communautaire adopté à la suite d'une forte pression parlementaire et dans le cadre d'une concertation *ad hoc* ne répondant pas à la définition donnée dans l'accord interinstitutionnel relatif à la procédure de concertation. En tout état de cause, il existe en France une procédure de *nullification* des actes pris avec la participation du Parlement européen, procédure qui est incompatible avec les pouvoirs conférés à la Cour de Justice des Communautés (14).

Le refus de reconnaître la spécificité des Communautés, la référence à une interprétation restrictive des traités, le recours à l'idée selon laquelle l'attribution de compétences à la Communauté ne peut avoir d'incidences profondes

(14) Encore doit-on rester prudent puisque le système communautaire ne permet que très exceptionnellement la contestation de la validité des actes du Parlement. Dans ce cas, ne pourrait-on soutenir que les autorités nationales conservent le pouvoir de considérer comme inexistants les actes *ultra vires* du Parlement ? À cet égard, l'affaire qui oppose devant la Cour le Conseil ou Parlement à propos du budget pour 1982 pourrait si elle est menée à son terme donner lieu à un arrêt intéressant.

sur la souveraineté française découlent d'une vision en parfaite opposition avec celle qui anime la Cour de Luxembourg. En outre, de l'absence d'incidence de l'existence des Communautés sur la souveraineté française, il découle naturellement que les traités n'ont pu modifier la place des juridictions nationales par rapport aux autres pouvoirs.

B. – Ordre juridique communautaire et place des juridictions françaises dans la structure constitutionnelle nationale

Dans la tradition française, la qualité de représentant de la nation est réservée au législatif et à l'exécutif. Malgré son indépendance, le juge se situe à un rang subordonné puisque, dépourvu de fonction créatrice du droit, il se limite à appliquer la loi. En fait, la séparation des pouvoirs ne joue qu'entre le législatif et l'exécutif, le juge n'est pas un pouvoir. Rien de surprenant à lire dans le titre VIII de la Constitution de 1958 une référence à l'autorité et non au pouvoir, judiciaire !

Une des conséquences de cette conception réside dans le respect que le juge éprouve pour la loi. Comment le juge qui n'est pas représentant de la nation pourrait-il faire obstacle à la loi, expression de la volonté générale, œuvre du souverain ? Comment une simple autorité pourrait-elle s'opposer au législatif si la constitution ne l'habilite pas expressément à cette fin ?

Comme l'écrit le professeur Foyer, ancien Garde des Sceaux,

> « De l'héritage révolutionnaire, du droit intermédiaire comme aimaient à l'écrire les juristes, la part la plus considérable et la plus durable... est assurément l'affirmation de la souveraineté de la loi et la soumission du juge à la loi... La souveraineté de la loi imposée, au juge comme au citoyen, est la première garantie des droits individuels comme elle l'est de la démocratie. La souveraineté de la loi est la garantie de la liberté contre le juge lui-même... Le juge ne saurait sans forfaiture substituer sa volonté à la volonté générale qu'il appartient à la seule volonté nationale d'exprimer » (15).

---

(15) *La justice : histoire d'un pouvoir refusé, in* La Justice, revue *Pouvoirs*, n° 16, 1981, p. 17 et s., pp. 20-21. On ne sera pas surpris que Jean Foyer porte un jugement sévère sur la jurisprudence J. Vabre : « La Cour de Cassation s'est laissée griser, et par la magnification du pouvoir judiciaire et par l'idéologie de certains de ses membres, lorsqu'elle s'est fait juge de la validité de la loi par rapport à une règle de droit communautaire et reconnut à toute juridiction le pouvoir d'écarter par un tel motif l'application d'une loi votée par le Parlement. Manifestation extrême de l'impérialisme judiciaire. La loi des 16-24 août 1970 qualifie une telle décision forfaiture », p. 27. Sur le même thème, voir surtout Carré de Malberg, *op. cit.*, t. 1, p. 691. Il faut cependant signaler que dans sa décision du 22 juin 1980 sur les validations législatives, le Conseil Constitutionnel affirme avec autorité l'indépendance du juge à l'égard du législatif : « l'indépendance des juridictions est garantie ainsi que le caractère spécifique de leurs fonctions sur lesquelles ne peuvent empiéter ni le législateur, ni le gouvernement ; qu'ainsi il n'appartient ni au législateur, ni au gouvernement de censurer les décisions des juridictions, d'adresser à celles-ci des injonctions et de substituer à elles dans le règlement des litiges relevant de leur compétence ». *R.D.P.*, 1980, p. 1692, avec un commentaire Favoreu, *eod. loc.*, p. 1658. Faut-il voir dans cette décision la consécration d'un véritable pouvoir judiciaire ? De toute façon, si elle consacre l'indépendance du juge, elle ne contient aucun fondement qui permettrait à celui-ci de sortir de ses limites constitutionnelles.

Les illustrations de cette soumission du juge à la loi sont nombreuses. Si le référé législatif a disparu, l'interdiction de rendre des arrêts de règlement, la possibilité de voter des lois d'amnistie ou de paralyser un recours contre un acte administratif en faisant valider celui-ci par le législateur subsistent et demeurent des manifestations de la place subordonnée occupée par le judiciaire. Et nous reviendrons sur la loi du 16-24 août 1970 qui interdit aux tribunaux à peine de forfaiture de prendre part à l'exercice du pouvoir législatif, d'empêcher ou de suspendre l'exécution des décrets du corps législatif.

Prisonnier de ce cadre constitutionnel, le juge français est confronté aux exigences de l'application du droit communautaire telles qu'elles ont été formulées par la Cour de Justice des Communautés. À plusieurs reprises, et déjà dans l'arrêt Van Gend en Loos, la Cour a signalé qu'il appartenait aux juridictions nationales de contribuer à la sauvegarde des droits individuels engendrés par les dispositions communautaires d'application directe (16). Un manquement à cette obligation pourrait être à l'origine de la mise en œuvre de la procédure de l'article 169. Or, le juge exerce cette mission dans le cadre de ses attributions nationales, comme le rappelle la Cour dans l'arrêt Simmenthal,

> « cet effet concerne également tout juge qui, saisi dans le cadre de sa compétence a, *en tant qu'organe d'un État membre*, pour mission de protéger les droits conférés aux particuliers par le droit communautaire » (17).

Puisque le juge agit en qualité de juridiction nationale, il bénéficie de l'autonomie institutionnelle qui lui permet de respecter les règles et procédures nationales à condition que celles-ci ne l'amènent pas à méconnaître les obligations du droit communautaire. On sait que, dans l'arrêt Simmenthal, la Cour a limité cette autonomie en déclarant que,

> « Le juge national chargé d'appliquer, dans le cadre de sa compétence, les dispositions du droit communautaire a l'obligation d'assurer le plein effet de ces normes en laissant au besoin inappliquée de sa propre autorité toute disposition contraire de la législation nationale, même postérieure, sans qu'il ait à demander l'élimination de celle-ci par voie législative ou par tout autre procédé » (18).

Le juge devait donc méconnaître en l'espèce les impératifs constitutionnels et notamment négliger la procédure de déclaration d'inconstitutionnalité devant le juge constitutionnel italien.

Comme l'a relevé le Doyen Boulouis, cette exigence amène à s'interroger sur le fondement du pouvoir du juge lorsqu'il est saisi d'un litige relatif au droit communautaire. Se situe-t-il dans l'ordre communautaire et, dans ce cas, comment peut-on lui demander de se prononcer en tant qu'organe d'un État membre ? Se situe-t-il dans l'ordre national et, dans ce cas, comment

---

(16) Aff. 26/62, arrêt du 5 février 1963, *Rec.*, 1963, p. 1.
(17) Arrêt du 9 mars 1978, aff. 106/77, *Rec.*, 1978.
(18) *Eod. loc.*

pourrait-il écarter l'application d'une règle de droit supérieure que son ordre national lui impose de respecter alors qu'il tire ses pouvoirs de cet ordre ? On ne peut demander au juge d'accomplir simultanément les prescriptions contradictoires de deux ordres juridiques. S'il existe une règle interne de conflit qui impose au juge de régler les conflits en faveur du droit communautaire le juge l'appliquera. À défaut, on ne peut lui reprocher de faire prévaloir l'ordre juridique interne (19).

On comprend que le juge français qui est le gardien de la loi puisse hésiter à modifier de son propre mouvement sa place au sein des institutions pour satisfaire aux exigences du droit communautaire. Même si la Cour de Cassation a cru pouvoir entreprendre cette démarche en s'appuyant sur un titre national, l'article 55 de la constitution, les réticences du Conseil d'État ne doivent pas être exclusivement imputées à un esprit d'opposition à la construction communautaire, mais plutôt à l'impossibilité que représente pour lui, juge national, le fait d'adopter une attitude qui le conduirait à braver la volonté du législateur.

Le Doyen Boulouis suggère qu'en fait la Cour renonce à imposer cette obligation au juge en qualité de juge national, mais qu'elle considère que le titre du juge est fondé sur le droit communautaire,

> « Si les droits et les obligations conférés aux ressortissants communautaires ont, du fait de l'applicabilité directe, leur source immédiate dans le droit communautaire, c'est également dans celui-ci que les juges chargés de sanctionner ces droits et obligations trouvent directement leur titre à le faire, fussent-ils par ailleurs nationaux ; car à l'applicabilité directe du droit ne peut correspondre la médiatisation du titre du juge chargé d'appliquer ce droit sans qu'il en résulte une série de difficultés et de distorsions dont notre affaire n'est qu'une illustration parmi bien d'autres. On peut bien regretter que cela n'ait pas été dit, car le problème et sa solution en auraient été déplacés du plan des rapports de souveraineté auquel on aura toujours ici et là la tentation de revenir au plan de la perfection d'un système dont la cohérence s'en trouverait renforcée » (20).

Mais une telle solution qui reposerait sur un dédoublement fonctionnel du juge national résoudrait-elle concrètement les problèmes ? (21). Certes, du point de vue de la Cour, elle paraît revêtue d'une grande cohérence et règle, par la disparition de son objet, la question posée par l'autonomie institutionnelle. Mais, à l'aune du juge national, elle s'avère d'une utilité toute théorique. Croit-on que séduit par la cohérence d'une proposition venue du

(19) Boulouis, note sous Simmenthal, *A.J.D.A.*, 1978, p. 323. Le doyen Boulouis avait déjà exprimé sa préoccupation dans sa note sous l'arrêt de la Cour de Cassation J. Vabre, *A.J.D.A.*, 1975, p. 567. R. Kovar se fait l'écho de cette conception dans sa contribution aux *Mélanges Sasse* sur *l'intégrité de l'effet direct du droit communautaire selon la jurisprudence de la Cour de Justice des Communautés européennes*, Nomos Verlag, 1981, Baden-Baden, p. 151, voir surtout p. 164 et s.

(20) *Op. cit.* : *A.J.D.A.*, 1978, p. 336.

(21) Sur le dédoublement fonctionnel, voir la note de D. Carreau sous Simmenthal, *R.T.D.E.*, 1978, p. 336.

prétoire de Luxembourg, il adopterait dans l'enthousiasme la théorie du dédoublement fonctionnel et se libérerait d'un même mouvement de toutes les servitudes nationales ? Même s'il voulait se comporter de la sorte, il se heurterait à un obstacle constitutionnel. Il deviendrait lorsqu'il statue au titre de la Communauté un juge étranger. Or comme le laisse entendre le Conseil Constitutionnel dans la décision du 17 juillet 1980, une telle situation ne serait pas compatible avec la souveraineté française. Elle ne pourrait résulter que d'un transfert de souveraineté qui, par hypothèse, exigerait une révision de la constitution. Autant l'application du droit communautaire par le juge national ne heurte pas la souveraineté, autant admettre que le juge national puisse se fonder sur un titre communautaire est de nature à remettre celle-ci en cause.

On peut sans aucun doute, même sans modifier le titre du juge, trouver en droit interne des arguments en faveur de la solution retenue par la Cour dans l'arrêt Simmenthal, surtout lorsque l'on se situe dans un système moniste. Mais, pour les retenir, le juge est conduit à s'affranchir de ce qu'il considère être la tradition constitutionnelle française. S'il cédait aux sollicitations qui lui sont adressées par la doctrine, le juge susciterait vraisemblablement de vives réactions du législateur et on comprend qu'il hésite à s'engager dans cette voie.

L'attitude des autorités françaises face aux principes dégagés par la jurisprudence de la Cour peut être rattachée au donné constitutionnel français. Le droit communautaire, tel qu'il est vu par la Cour, heurte tant la vision traditionnelle des traités que la conception communément acceptée des rapports entre le judiciaire et les autres pouvoirs. Ce caractère corrosif du droit communautaire suscite parfois des réactions de rejet, mais elles ne sont pas aussi unanimes que l'on se plaît à le penser.

SECTION 2. – LES RÉACTIONS DES JUGES AUX EXIGENCES DU DROIT COMMUNAUTAIRE

Il serait fastidieux de présenter un bilan exhaustif de toutes les occasions dans lesquelles les autorités françaises se sont trouvées confrontées aux problèmes qui découlaient de l'application du droit communautaire. L'attention du juriste est plus naturellement attirée par les conflits que par l'application normale des principes du droit communautaire. Sans que l'attitude du juge judiciaire soit méconnue (22), il paraît plus important de chercher à comprendre les ressorts qui commandent le comportement du juge administratif.

Limitant ainsi notre propos aux hypothèses dans lesquelles existe une forte opposition juridique entre les autorités françaises et la Cour, le débat paraît

(22) *Cf.* sur ce point, Isaac précité.

se circonscrire autour de trois thèmes classiques : la primauté, l'effet direct et la collaboration des juges dans le cadre du recours préjudiciel (23).

A. – Le Conseil d'État et l'impossible primauté du droit communautaire

Depuis la jurisprudence Costa/Enel, les exigences communautaires sont bien connues. La spécificité du droit communautaire conduit la Cour à estimer que celui-ci ne saurait se voir opposer un texte interne sans « perdre son caractère communautaire et sans que soit mise en cause la base juridique de la Communauté elle-même ». La primauté découle de la spécificité et, selon la formule de l'arrêt Internationale Handelsgesellschaft,

> « l'invocation d'atteintes portées... aux principes d'une structure constitutionnelle nationale ne saurait affecter la validité d'un acte de la Communauté ou son effet sur le territoire de cet État » (24), et on sait de quelle manière la Cour a précisé dans l'arrêt Simmenthal les effets de la primauté.

D'autre part, la position des juridictions françaises a été largement commentée. Il suffit d'en reprendre les traits essentiels avant de tenter d'en dégager la portée.

1. – *Les faits*

La tragédie s'est déroulée en cinq actes : quatre judiciaires et l'un parlementaire.

– Le Conseil d'État s'est trouvé confronté pour la première fois à l'opposition entre un règlement communautaire et un texte postérieur de valeur législative lors du délibéré de son arrêt de section du 1er mars 1968, Syndicat général des fabricants de semoules de France, rendu aux conclusions de Mme Questiaux (25).

L'article 55 de la Constitution de 1958 dispose que tout traité régulièrement ratifié a dès sa publication « une autorité supérieure à celle des lois, sous réserve pour chaque accord ou traité de son application par l'autre partie ». Le Conseil devait-il donner au texte constitutionnel son plein effet en écartant la loi postérieure ? Le commissaire du gouvernement écartait cette éventualité en soulignant que le juge administratif ne pouvait contrôler la constitutionnalité d'une loi et qu'*a fortiori*, il ne pouvait contrôler la conformité de la loi

(23) Voir Rideau J., *Jurisprudence sur les problèmes généraux de l'intégration*, *in* La jurisprudence européenne après vingt ans d'expérience, Ve Congrès F.I.D.E., Carl Heymans Verlag, 1976, p. 195 et s. ; Genevois B., *Le Conseil d'État et l'ordre juridique communautaire*, Études et Documents 1979-1980, Conseil d'État, p. 73 et s. ; Olmi G., *Les rapports entre droit communautaire et droit national dans les arrêts des juridictions supérieures des États membres*, Revue du Marché Commun, 1981, p. 178 et s., p. 242 et s., p. 379 et s.

(24) Arrêt du 17 décembre 1970, aff. 11/70, *Rec.*, 1970, p. 1135.

(25) *Revue critique de droit international privé* avec les conclusions Questiaux et une note Kovar, 1968, p. 516, voir aussi *D.*, 1968, note M.L., p. 285, et *R.T.D.E.*, 1968, note Constantinides-Megret, p. 399.

à un traité. Seul le Conseil constitutionnel s'était vu conférer la mission de contrôler la constitutionnalité des lois. Quant au juge, il devait appliquer la loi sans possibilité de l'écarter.

Le Conseil d'État a suivi son commissaire du gouvernement et fait prévaloir la loi postérieure.

– Le deuxième acte s'est déroulé devant le Conseil constitutionnel qui, saisi de la constitutionnalité de la loi autorisant l'interruption de grossesse, refusa d'examiner la conformité de celle-ci à la Convention européenne des droits de l'homme (26). Les arguments développés méritent d'être retenus :

- le respect du principe de primauté des traités n'est pas assuré dans le cadre du contrôle de conformité des lois à la constitution ;
- en effet, la supériorité du traité présente un aspect relatif puisqu'elle est liée au champ d'application du traité qui ne coïncide pas nécessairement en totalité avec celui de la loi (27) ; elle serait aussi contingente puisqu'elle dépend du respect par l'autre partie de ses obligations ;
- il est donc impossible au Conseil de rendre une décision définitive et absolue à propos de l'autorité des traités qui est relative et contingente.

Rendue à propos de la Convention européenne des droits de l'homme dont le respect n'est pas conditionné par le comportement des autres parties, la décision frappe par l'accent qu'elle met sur la réciprocité sans opérer de distinction entre les conventions. Elle contraste avec la solution de l'arrêt de la Cour de Justice du 13 novembre 1964 (28).

Par contre, en refusant de se faire le gardien de l'article 55, il écartait un des arguments de Mme Questiaux qui lui avait réservé l'exclusivité de ce rôle et ouvrait la voie aux juridictions ordinaires.

– Dans son célèbre arrêt du 24 juin 1975, Administration des Douanes c. Société « café J. Vabre » et J. Weigel, la Cour de Cassation donnait suite à ce qu'elle considérait être l'invitation du Conseil Constitutionnel. Conformément aux conclusions de l'avocat général Touffait, la Cour assurait la primauté du traité sur la loi postérieure en appliquant l'article 55 de la constitution, mais en se référant aux termes de la Cour de Luxembourg,

> « Mais attendu que le traité du 25 mars 1957 qui, en vertu de l'article susvisé de la constitution a une autorité supérieure à celle des lois institue un ordre juridique propre intégré à celui des États membres ; qu'en raison de

(26) *A.J.D.A.*, 1975, p. 134, note Rivero.

(27) C'est la raison pour laquelle il peut paraître exagéré de considérer que la loi postérieure contraire à une norme communautaire revêtue de la primauté puisse être inexistante. Si la loi a un champ d'application plus vaste que celui du traité, elle doit continuer à produire ses effets à l'égard des destinataires qui ne sont pas protégés par les traités ou par la norme en question. Il est difficile de penser que l'on puisse envisager une autre conséquence de la contrariété que l'inapplicabilité dans les limites de cette contrariété.

(28) Aff. 90 et 91/63, Commission C. Grand Duché de Luxembourg et Royaume de Belgique, *Rec.*, 1964, p. 1217.

28. *D.*, 1975, p. 497, avec les conclusions Touffait, voir la note Kovar, *C.D.E.*, 1975, p. 632 et Boulouis, *A.J.D.A.*, 1975, p. 569.

cette spécificité, l'ordre juridique qu'il a créé est directement applicable aux ressortissants de ces États et s'impose à leurs juridictions. »

En outre, la Cour fait justice de l'argument de la réciprocité en invoquant l'existence d'une procédure destinée à sanctionner les manquements des États membres.

Enfin, dans son arrêt du 15 décembre 1975, Van Kempis c. époux Geldof, la Cour ne fait plus référence à l'article 55 de la constitution. Est-il interdit de penser qu'elle fonde la primauté du droit communautaire sur des raisons tenant à la nature propre de ce droit (29).

Dès lors, aux yeux de certains auteurs, la jurisprudence française était en accord avec la jurisprudence communautaire. L'arrêt du Conseil d'État, dans l'affaire des semoules, n'était plus considéré que comme un cas d'espèce lié aux difficultés juridiques qui suivirent la décolonisation française (30).

– En fait, l'arrêt Astudillo Calleja, rendu à propos de la convention franco-espagnole d'extradition, témoignait de la persistance du Conseil dans l'erreur puisqu'il complétait la convention par la loi postérieure (31).

Les élections européennes fourniront au Conseil d'État de souligner avec toute l'autorité que peut revêtir un arrêt d'Assemblée, la constance de son attitude dans ses arrêts du 22 octobre 1979 (32). L'affaire était sans risque, car au fond on ne pouvait considérer qu'il y eut violation du droit communautaire.

Dans la première espèce, les requérants invoquaient, à l'appui de leur recours, la contrariété entre l'article 183-3° du traité et la législation française en raison de l'absence de procédure uniforme. Le Conseil pouvait aisément se réfugier derrière la décision du Conseil des Communautés et l'acte annexé. Aucune règle n'impose aux juridictions nationales d'établir une hiérarchie entre deux conventions (33). Face à cette situation, le droit international et la logique auraient dû conduire à l'application en l'espèce du dernier engagement international, donc au rejet du grief (34).

---

(29) *D.*, 1976, concl. Touffait, p. 33. Voir aussi sur l'immédiateté Guerrini du 7 janvier 1972 et sur la primauté en matière pénale, C. Cass. crim., 1er octobre 1979, Rossi di Montalera, *J.C.P.*, 1981, II, 1954, note Roux.

(30) *Cf.* Pescatore, *L'ordre juridique des Communautés européennes, étude des sources du droit communautaire*, Cours, Presses universitaires de Liège, 1973, p. 242 ou Louis, *op. cit.*, p. 105, note 3.

(31) 24 juin 1977, *A.J.D.A.*, 1977, p. 516.

(32) Union démocratique du Travail et Élection des représentants à l'Assemblée Européenne, *A.J.D.A.*, 1980, p. 39, note Genevois et *R.D.P.*, 1980, conclusions Hagelsteen, p. 531 et Morisot, p. 541.

(33) Le Conseil constitutionnel se refuse à opérer de telles vérifications, « considérant qu'il n'appartient pas au Conseil constitutionnel... d'apprécier la conformité d'un engagement international aux stipulations d'un traité ou d'un accord international » (décision du 17 juillet 1980), bien qu'en l'espèce le Conseil a en fait opéré le contrôle sous couvert de vérifier si la convention postérieure n'était pas contraire au principe de la souveraineté nationale.

(34) En ce qui concerne le droit international, s'agissant d'engagements ayant le même objet entre les mêmes parties, l'article 30 de la Convention de Vienne, qui codifie le droit en la matière, fait prévaloir le traité postérieur, sauf réserve expresse dans le texte de ce traité. Dans le cas soulevé devant lui le Conseil d'État pouvait d'autant plus facilement éviter de se prononcer sur la primauté de la loi postérieure que la publication de l'acte était postérieure à la loi. Comme le soulignait Mme Hagelsteen : « entre le traité de Rome et le décret attaqué s'interpose en dernier lieu un traité qui a d'ailleurs modifié le premier en prévoyant notamment que les élections à l'Assemblée européenne au suffrage universel auraient lieu

Le Conseil d'État se garde bien d'aborder la question et de faire valoir ce point de vue. Entrer dans de telles considérations reviendrait à admettre qu'il puisse examiner la conformité de la loi au traité (35). Il note simplement avec son laconisme habituel,

> « que, par suite, les moyens tirés de ce que le décret pourrait être contraire à la Constitution, aux principes consacrés dans son préambule et à l'article 138 du traité précité tendent nécessairement à faire apprécier par le juge administratif la constitutionnalité des dispositions de la loi et leur conformité à ce traité ; que ces moyens ne peuvent donc être accueillis » [35].

Le second arrêt est tout aussi clair dans son refus de consacrer la primauté. L'un des requérants plaidait, en se fondant sur l'arrêt Costa/Enel, sur la décision du Conseil constitutionnel du 15 juin 1975 ainsi que sur l'arrêt J. Vabre, que le Conseil d'État devait faire prévaloir le traité sur la loi postérieure. Sans même se référer à cette argumentation, le Conseil d'État note :

> « qu'il n'appartient pas au Conseil d'État statuant au contentieux de connaître d'une contestation mettant en cause la validité de dispositions législatives » (36).

L'opposition entre le Conseil d'État et la Cour de Cassation est ainsi définitivement consacrée. Sur le plan du droit interne, elle conduit à cette regrettable conséquence que, selon les hasards de la répartition des compétences entre les juridictions administratives et judiciaires, la loi postérieure prévaudra dans un litige et sera écartée dans un autre. Quelques hommes politiques allaient s'inquiéter de cette discordance de jurisprudence entre les deux juridictions et s'efforcer de la réduire.

– À la suite d'un colloque consacré à « la souveraineté du droit français » (37), la possibilité de contraindre le juge à respecter la souveraineté parlementaire en faisant prévaloir la loi postérieure était évoquée dans les

sans qu'une procédure uniforme s'applique à l'ensemble des États membres et qu'il n'appartient pas au juge administratif de contrôler la validité de ce dernier traité », p. 538. Le Conseil a écarté cette solution pour considérer que l'acte était devenu applicable en France dès la publication de la loi autorisant l'approbation de l'accord puisqu'il y était annexé, ce qui est au regard du droit constitutionnel français une solution curieuse.

(35) On retrouve l'assimilation du fait d'appliquer la primauté au contrôle de constitutionnalité des lois et à l'appréciation de la validité de la loi par rapport au traité. Or le Conseil constitutionnel avait soigneusement distingué ces opérations dans sa décision de 1975 lorsqu'il considérait « qu'une loi contraire à un traité ne serait pas pour autant contraire à la constitution ».

(36) *R.D.P.*, 1980, p. 35. Ici encore respect de la primauté et contrôle de validité de la loi sont tenus pour des opérations identiques.

(37) Ce colloque qui ne se caractérisait pas par l'aménité des propos des organisateurs à l'égard de la Cour se tint le 20 septembre 1980. Y furent présentées les communications suivantes : *Communauté européenne et légitimité, à propos du rôle idéologique de la Cour de Justice des Communautés* par le Professeur Chaumont ; *La politique de la Cour de Justice des Communautés* par J. Repiquet, avocat à la Cour d'appel de Paris ; *La Cour de Cassation face au droit communautaire* par Fabrice Goguel, avocat à la Cour d'appel de Paris ; *La jurisprudence du Conseil d'État et les décisions de la Cour de Justice des Communautés européennes*, par J. Kahn, Conseiller d'État ; *La pensée juridique française et le droit communautaire* par le professeur René de Lacharrière.

milieux proches de M. Michel Debré. Lors de l'examen par l'Assemblée nationale du nouveau code de l'organisation judiciaire, la commission des lois présentait un amendement qui obtenait l'approbation d'une large majorité des parlementaires présents. Ce texte, qui reprend la vieille loi des 16-24 août 1790 relative à l'organisation judiciaire précise :

> « Les juridictions ne pourront, directement ou indirectement, prendre aucune part à l'exercice du pouvoir législatif, ni empêcher ou suspendre l'exécution des lois régulièrement promulguées, pour quelque cause que ce soit. Le tout à peine de forfaiture » (38).

Les débats ne laissent aucun doute sur l'objet de l'amendement et il semble que le rapporteur avait l'oreille du Garde des Sceaux, M. Alain Peyrefitte, qui, convaincu ou mal informé, ne s'opposa pas au texte proposé. Retiré par le Gouvernement de l'ordre du jour du Sénat, le texte ne fut pas débattu devant la seconde chambre. Le péril était donc écarté. Mais l'incident témoigne de l'existence à l'Assemblée d'une majorité décidée à préserver la volonté du législateur. Comme cette majorité regroupait des parlementaires gaullistes, socialistes et communistes, les récents changements intervenus, à la suite des élections législatives, ne modifient pas la position du problème.

2. – *Les arguments*

Point n'est besoin d'être un éminent spécialiste du droit international ou du droit communautaire pour mesurer la portée des positions de la Haute Juridiction administrative. En cherchant quelles en sont les motivations, on découvre qu'elles reposent sur des prémices en complète contradiction avec les données élémentaires du droit communautaire.

– Tout d'abord, à l'inverse de la Cour de Cassation, le Conseil d'État refuse de prendre en considération la spécificité du droit communautaire qui fonde la primauté de celui-ci sur la loi postérieure. Le commissaire du gouvernement Morisot s'est interrogé sur l'existence d'une spécificité des traités communautaires par rapport aux autres traités internationaux. Pour lui, il est impossible de consacrer un particularisme qui ne trouverait pas sa justification dans une disposition spécifique de la Constitution. C'est ici que les implications, que nous avions relevées, de la décision du Conseil constitutionnel de 1976 vont donner leur pleine mesure.

Permettre au juge de tenir pour nulle la volonté du législateur ne peut résulter que d'un abandon de souveraineté. Or,

> « l'on ne peut dire que précisément en adoptant ces traités instituant la Communauté, le Parlement français a lui-même fait cet abandon de souveraineté ou du moins de compétence puisque le Conseil constitutionnel a

(38) Voir G. Isaac, À propos de l'amendement Aurillac : vers une obligation des juges d'appliquer les lois contraires aux traités, *Gezette du Palais*, 21-23 décembre 1980, p. 4.

> affirmé le contraire dans sa décision du 30 décembre 1976 pour en déduire que l'acte du Conseil des Communautés du 20 décembre 1976 est conforme à la constitution » (39).

Mais le commissaire du gouvernement va plus loin et le passage suivant mérite d'être cité intégralement,

> « La seule disposition constitutionnelle est l'article 55 qui traite de la même façon tous les actes internationaux régulièrement ratifiés. Il y a quelque paradoxe à vouloir fonder sur ce texte une solution propre au *droit international européen*, alors que si le préambule de la Constitution du 27 octobre 1946, que confirme expressément celui de la Constitution du 4 octobre 1958 admet que la France peut consentir à des limitations de souveraineté, c'est seulement dans le domaine de l'organisation et de la défense de la paix, questions qui ne sont pas du ressort des institutions communautaires créées à la suite de l'échec de la Communauté européenne de défense, même si l'existence d'une Communauté européenne contribue à réduire les tensions internes à l'Europe occidentale » (40).

Le raisonnement est complet. La France n'a pu consentir au bénéfice de la Communauté, ni à des transferts, ni à des limitations de souveraineté. Or seuls de tels transferts ou de telles limitations pourraient justifier, à défaut d'une prescription constitutionnelle expresse, un traitement du droit communautaire distinct de celui accordé aux autres traités internationaux. Le droit français ne peut donc prendre en considération l'argument selon lequel « issu d'une source autonome, le droit né du traité ne pourrait donc, en raison de sa nature spécifique originale, se voir judiciairement opposer un texte interne quel qu'il soit » (Costa/Enel).

On ne manquera pas de noter la manière dont le commissaire du gouvernement assimile les transferts de compétences aux transferts de souveraineté, se fondant sans doute sur l'indivisibilité de la souveraineté. De même, M. Morisot confirme l'interprétation stricte de l'alinéa 14 du préambule de 1946 alors que le traité vise dans son propre préambule la sauvegarde de la paix et que M. Savary, rapporteur du projet de loi de ratification des traités de Rome, déclarait à l'époque,

> « Il y a donc dans les domaines, où le pouvoir réglementaire est prévu, une possible et véritable délégation de souveraineté des États membres au bénéfice de la C.E.E. » (41).

Cette conception, fondamentalement opposée à celle du Conseil d'État, est illustrée avec une extrême clarté par un arrêt récent de la Cour d'appel de Versailles, rendu le 27 avril 1981 dans l'affaire Rossi de Montalera et inédit pour le moment,

---

(39) *R.D.P.*, 1980, p. 547.

(40) *Id.*, c'est nous qui soulignons. Si l'on suit M. Morisot, la France ne pourrait conclure d'accords internationaux que dans des domaines ne touchant pas à sa souveraineté, excepté pour la défense de la paix. La capacité internationale de la France est sérieusement limitée.

(41) *J.O.A.N.*, du 26-6-1957, annexe n° 5266, p. 2365.

« Considérant qu'en signant le traité du 25 mars 1957 dit Traité de Rome instituant la Communauté Économique Européenne, la France a consenti une limitation de sa souveraineté et établi un droit communautaire directement applicable dans chaque État membre.

Que le corps de droit propre à la Communauté est par suite intégré au système juridique des États membres et vient y couronner la hiérarchie des textes normatifs de chacun d'eux ;

Que la primauté du droit communautaire s'impose au juge national, compétent pour veiller à son respect à l'encontre de toutes lois nationales contraires et sans qu'il faille distinguer selon que ces lois seraient antérieures ou postérieures au Traité de Rome. »

– À défaut d'assurer la primauté sur la base d'exigences propres à l'ordre communautaire, il n'est pas plus permis de le faire en se fondant sur la prescription de l'article 55 de la constitution. La justification est simple, mais sa force de conviction est faible. De ce que le Conseil constitutionnel n'assurerait pas le contrôle de la conformité des lois aux traités, il ne découlerait pas que le juge puisse intervenir dans le champ qui lui est laissé libre par le juge constitutionnel. En effet, lorsque le champ d'application du traité et celui de la loi postérieure sont identiques, le juge refuse de censurer la volonté du législateur. Sa place au sein des institutions le lui interdirait. Un tel raisonnement prive d'une partie de sa signification l'article 55 puisque le juge ne s'estime pas habilité à l'appliquer. Lorsqu'il fait prévaloir le traité sur la loi antérieure, se limite-t-il à donner effet à la dernière volonté du législateur, celle qui s'est exprimée lors du vote de la loi autorisant la ratification ? L'article 55 a-t-il seulement une fonction ornementale puisque ni le juge constitutionnel, ni le juge ordinaire ne se reconnaissent le droit d'en assurer le respect ?

Selon le postulat du Conseil d'État, pour appliquer l'article 55, le juge devrait contrôler la conformité de la loi au traité. Est-ce bien de cela qu'il s'agit ? Dans un premier temps le juge doit certes confronter le texte de la loi à celui du traité. Mais, il s'agit d'une opération qu'il pratique couramment dans l'exercice de ses attributions contentieuses, lorsqu'il compare le texte d'un acte administratif à celui d'une loi. S'il décèle une contradiction, il devra appliquer le traité de préférence à la loi. Nul n'exige une déclaration de non conformité qui indiquerait que la loi est entachée d'un vice mettant en cause sa validité. Le rôle du Conseil se limite à ne pas appliquer en l'espèce le texte législatif, ce dernier n'étant pas effacé de l'ordre juridique et pouvant d'ailleurs trouver application dans les hypothèses où le champ d'application de la loi et celui du traité ne coïncident pas. En refusant d'appliquer la règle de conflit que contient l'article 55 de la constitution, le juge met en jeu la responsabilité internationale de l'État.

Pour M. Genevois, il serait injuste d'accuser le juge,

> « Lorsque le juge administratif déclare qu'en cas de conflit entre le traité et la loi postérieure, il ne peut qu'appliquer la loi, il est exact qu'il n'assure pas le respect de l'article 55 de la Constitution. Faut-il l'accuser pour autant de violer cet article ? Répondre par l'affirmative aboutirait à déplacer les véritables responsabilités. C'est parce que l'article 55 a été méconnu par le législateur que je juge administratif ne peut qu'en prendre acte. Il n'est ni coauteur, ni complice de la violation de l'article 55, il en est la victime » (42).

La seule ressource, selon notre auteur, consisterait en l'intervention d'un texte de nature législative ou de préférence constitutionnelle qui habiliterait les juridictions à ne pas appliquer la loi en cas de conflit. Est-il vraiment nécessaire de préciser ce qui figure déjà dans le texte de la constitution.

Prenons acte d'une position qui vaut plus en raison de l'autorité avec laquelle elle a été exprimée que par ses mérites propres et essayons d'en mesurer la portée.

Lorsque le champ d'application de la loi et celui du traité sont identiques, la loi s'appliquera nonobstant les dispositions du traité. Ces hypothèses devraient être rares, car elles supposent que le législateur a voulu expressément faire obstacle au traité.

Il en va de même lorsque le champ d'application du traité est plus large que celui de la loi. La loi postérieure s'appliquera également, car le législateur ne peut être censé avoir réservé implicitement le cas du traité auquel la loi déroge.

Les opinions sont partagées sur la solution du conflit lorsque le champ d'application de la loi est plus large que celui du traité. Ce serait le cas d'une loi visant les étrangers et contraire au droit communautaire tel qu'il résulte du traité. Doit-on considérer que le législateur n'a pas voulu déroger au droit communautaire et préférer le traité en l'absence d'indication expresse de sa part. C'est l'opinion de M. Genevois qui considère que le législateur étant lié par l'article 55, on doit toujours présumer qu'il se conduit conformément à la constitution. M. Morisot est beaucoup plus réservé à cet égard (43).

Le monisme affiché dans la constitution française rejoint dans certains de ses effets le dualisme d'autres États membres. Au moins, ces derniers ont recherché les moyens de pallier les inconvénients de leur choix constitutionnel au regard du droit communautaire. En France, on est réduit à se fier à la bonne volonté du législateur dès lors que le Conseil d'État est compétent. La primauté sur la loi antérieure n'est assurée que sous réserve de réciprocité, mais le Conseil ne soulève pas d'office la question de la réciprocité. Quant au conflit avec la loi postérieure, on sait la solution qui est celle du Conseil d'État. Jusqu'à

(42) *A.J.D.A.*, note cit., p. 44.
(43) *Ibid.*, p. 44 et concl. Morisot, *R.D.P.*, 1980, p. 549.

présent cette attitude n'a pas entraîné de graves conflits avec la Communauté, mais puisque le juge se refuse de déclarer inapplicable la volonté du législateur lorsqu'elle entre en conflit avec les accords internationaux ratifiés par la France, on ne peut qu'espérer en la sagesse du législateur lui-même.

– Ainsi limitée, la primauté est en outre subordonnée à l'application du traité par l'autre partie. La constitution ne donne en effet au traité une autorité supérieure à la loi que sous réserve de réciprocité. Cette réserve a été mise en lumière par le Conseil Constitutionnel dans sa décision du 30 décembre 1980 rendue à propos de l'application du traité C.E.E. Pour sa part, le Conseil d'État en a tiré les conséquences dans deux arrêts récents (44).

Pour satisfaire la Cour de justice des Communautés qui venait de condamner la France en raison du caractère discriminatoire du régime des alcools étrangers (27 janvier 1980, Commission contre France, aff. 168/78), le gouvernement introduisait dans la loi de finances un article alignant le régime des alcools français sur celui des alcools en provenance des autres pays de la Communauté. Cette mesure suscitait une vive émotion parlementaire, entretenue d'ailleurs par le lobby des distillateurs. Les critiques s'adressaient moins à la Cour de Luxembourg qu'au gouvernement français qui se conformait à la jurisprudence de la Cour tandis que les autorités danoises, italiennes ou allemandes se souciaient peu de l'imiter bien qu'elles eussent également encouru les foudres communautaires. C'est pourquoi, après l'adoption de la loi de finances, le groupe socialiste invoquait l'inconstitutionnalité du texte en se fondant sur l'absence de réciprocité. La loi méconnaissait l'exigence de réciprocité imposée par l'article 55 de la constitution dans la mesure où elle pourvoyait à l'exécution du traité de Rome alors que d'autres États membres ne remplissaient pas leurs obligations à cet égard.

Le Conseil constitutionnel s'est bien gardé de soulever la question de la spécificité du droit communautaire. La décision ne dit rien du fait que la réserve de réciprocité ne jouerait pas en droit communautaire dans la mesure où l'existence d'un système particulier de sanctions interdirait à une partie de suspendre l'exécution du traité en réponse à une violation par une autre partie. La jurisprudence de la Cour qui enlève toute portée à l'*exceptio non adempleti contractus* ne semble avoir aucune réalité pour le Conseil constitutionnel pas plus d'ailleurs que la solution identique retenue par la Cour de Cassation dans l'affaire J. Vabre. Faut-il voir dans ce silence l'expression d'un désaveu de la haute juridiction judiciaire française. Ce serait bien dans la ligne des décisions du Conseil Constitutionnel pour lequel l'article 55 de la constitution imposerait de mesurer le droit communautaire à l'aune du droit international public. Il suffit de rapprocher cette décision de celle de 1975 dans

(44) *Cf.* Decaux E., La décision du Conseil Constitutionnel du 30 décembre 1980, *R.G.D.I.*, 1981, pp. 601-618 ; C.E. Ass., 29 mai 1981, Rekhou et ministère du Budget c/Mme Vve Bellil, *A.J.D.A.*, 1981, p. 484, voir dans le même numéro, la chronique de jurisprudence de MM. Thiberghien et Lasserre, p. 459 et s.

laquelle le Conseil invoquait la réciprocité à l'égard d'une autre convention dans la mise en œuvre de laquelle elle ne joue aucun rôle, la Convention européenne des droits de l'homme. Les esprits optimistes noteront qu'en tout état de cause l'invocation de la spécificité communautaire n'était pas nécessaire à la solution du litige puisque le Conseil s'est refusé à faire jouer lui-même la réserve de réciprocité. Il n'en demeure pas moins qu'il n'a pas exclu que les juridictions françaises puissent y avoir recours dans une espèce mettant en jeu le droit communautaire. Les esprits chagrins verront une confirmation dans le fait que le Conseil évite d'utiliser l'expression *États membres de la Communauté* et lui préfère celle de *parties signataires*, méconnaissant de la sorte le caractère institutionnel des traités au profit de leur nature conventionnelle.

Le Conseil se refuse à examiner la question de la réciprocité. Celle-ci soulèverait un problème d'application du traité et n'aurait pas de rapport avec la constitutionnalité. Une loi qui met en œuvre un traité, qui n'a pas fait l'objet d'une exécution réciproque par les autres parties, n'est pas inconstitutionnelle. Son adoption pose un problème d'opportunité dont le Parlement est seul juge. Par contre, lors de l'application du traité, la non réciprocité pourra être évoquée devant le juge,

> « ... la règle de réciprocité posée à l'article 55 de la constitution si elle affecte la supériorité des traités ou accords sur les lois n'est pas une condition de conformité à la Constitution ; que, dès lors et quels qu'aient été les motifs qui ont guidé le législateur, les auteurs de la saisine ne sauraient utilement invoquer l'article 55...,

et :

> « ... l'article 55 de la Constitution ne s'oppose pas à ce que la loi édicte... des mesures ayant pour objet d'harmoniser la législation nationale avec les dispositions découlant d'un traité alors que celles-ci ne seraient pas appliquées par l'ensemble des parties signataires. »

Si le Conseil ne s'érige pas en gardien de la réciprocité, il indique aux juridictions françaises quelle doit être leur position lorsque la question est soulevée au cours d'un litige dont elles ont à connaître,

> « ... la règle de réciprocité énoncée à cet article n'a d'autre portée que de constituer une réserve mise à l'application du principe selon lequel les traités ou accords régulièrement ratifiés ont dès leur publication une autorité supérieure celle des lois ; que cette règle ne trouve à s'appliquer que dans le cas où il existe une discordance entre un texte de loi et les stipulations d'un traité. »

Or, nous savons depuis 1975 que le Conseil se refuse à apprécier une telle discordance puisqu'elle ne met pas en cause la constitutionnalité de la loi. La décision du Conseil s'adresse bien au juge ordinaire qui, saisi d'un conflit entre une loi et un traité, communautaire ou non, devra s'enquérir de son application par les autres parties et sanctionner, le cas échéant, la non-réciprocité en faisant prévaloir la loi postérieure. S'agissant du Conseil d'État, la situation ne sera pas modifiée puisque la primauté du traité sur la loi postérieure n'est pas assurée même lorsque la réciprocité n'est pas contestée.

Le Conseil d'État a déféré à l'invitation du Conseil Constitutionnel dans deux décisions rendues le 29 mai 1981 aux conclusions de M. Théry (45). Dans ces affaires *Rekhou* et *Bellil* se posait le problème de la réciprocité dans l'application des accords d'Evian, l'administration soulevant comme moyen de défense la non-application des accords par l'Algérie. Même si les espèces concernent un accord bilatéral étroitement marqué par la réciprocité, le raisonnement et la solution pourraient être transposés dans une affaire mettant en jeu les règles communautaires.

Le Conseil précise d'abord l'effet de la non-réciprocité. Sur ce point, le Commissaire du Gouvernement Théry proposait d'aller plus loin que le Conseil Constitutionnel et d'admettre qu'elle privait le traité de toute valeur dans l'ordre juridique interne. De manière implicite, le Conseil d'État partage ce point de vue puisqu'il indique que l'absence d'application par l'autre partie prive le traité de son autorité supérieure à la loi ce qui entraîne en l'occurrence l'application de la loi contraire antérieure. En fait, le traité devient inapplicable dans l'ordre interne.

Confronté à la nécessité de définir alors l'autorité chargée d'apprécier la réciprocité, le Conseil d'État pratique le « self-restraint » et refuse de se livrer lui-même à cette appréciation. Comme le note M. Théry, agir d'une autre manière conduirait le juge à s'immiscer dans la conduite des relations extérieures de la France et à prendre parti dans un différend pouvant opposer la France à un autre État. C'est pour cette raison que M. Théry suggérait que l'appréciation fût portée par l'organe investi par la Constitution du pouvoir de conclure les traités avec le cas échéant une approbation parlementaire. Mais le Conseil peut-il de son propre chef organiser une procédure de suspension des traités dans le silence de la constitution ? Il a choisi la solution simple qui consiste à renvoyer au ministre des Relations Extérieures l'appréciation de la réciprocité. En l'espèce, il demande,

> « si... les conditions dans lesquelles les autorités algériennes appliquent les déclarations gouvernementales du 19 mars 1962 étaient de nature à priver de leur autorité les stipulations... de la déclaration relative à la coopération économique et financière. »

Le juge remet à l'Exécutif, partie à l'instance, le soin de faire jouer s'il le désire la réciprocité en fonction d'impératifs juridiques, mais surtout politiques. Cette situation est peut-être rassurante pour le droit communautaire,

(45) *R.D.P.*, 1981, p. 1707, avec les conclusions Théry.

car on peut penser que le ministère des Relations Extérieures se montrera plus réservé que ne l'eut sans doute été le juge administratif. Mais, de la même façon que le législateur est le seul gardien de la primauté, l'Exécutif se voit conférer le rôle de gardien de la spécificité. Pour sa part, le juge limite singulièrement sa participation à l'application du droit communautaire. Dans ces conditions, il devient incapable de remplir les tâches que lui reconnaît la Cour de Luxembourg et notamment de veiller au respect de la primauté du droit communautaire, au sens que lui donne l'arrêt Simmenthal.

B. – Le refus de l'effet direct des directives

En général, le principe de l'applicabilité directe de certaines dispositions du traité et des règlements n'a pas rencontré d'obstacles devant les juridictions françaises.

L'applicabilité directe du règlement a fait l'objet d'une reconnaissance solennelle par le Conseil Constitutionnel dans sa décision du 30 décembre 1977 relative au prélèvement de coresponsabilité sur le lait (46). Le Conseil d'État soulève même d'office la violation par un acte administratif d'un règlement communautaire (47). Mais, il est allé plus loin. Dans son arrêt du 3 février 1975, il n'excluait pas qu'une décision puisse être invoquée à l'appui d'un recours contre un acte réglementaire (48). Dans un arrêt d'Assemblée du 12 octobre 1979, Syndicat national des importateurs de vêtements et de produits artisanaux, il admet l'invocation par le gouvernement d'une décision du Conseil comme moyen de défense, ce qui semble autoriser les particuliers à se prévaloir de la violation d'une décision « directement applicable » pour contester la légalité d'un acte administratif (49). Dans la même affaire, il écarte la possibilité d'invoquer devant lui la convention multifibres pour des raisons tirées de la nature des dispositions de l'accord ce qui n'exclut pas pour l'avenir l'invocabilité d'autres conventions dont les dispositions seraient plus précises (50).

Le problème le plus sensible est celui de la directive à la suite de l'arrêt d'Assemblée Cohn-Bendit du 22 décembre 1978. Mais cet arrêt n'est pas la seule forme de réaction française à la politique communautaire dans le domaine des directives. La critique essentielle porte sur la tendance à assimiler les directives aux règlements en les rédigeant de manière si détaillée que les autorités nationales ne disposent d'aucune latitude pour en moduler

(46) *R.T.D.E.*, 1979, p. 142, note Isaac et Molinier.

(47) Synacomex, arrêts du 10 juillet 1970 (*Rec.*, p. 477) et du 27 janvier 1971, *Rec.*, p. 69 : voir aussi Comptoir agricole du Pays bas-normand, 5 novembre 1971, *R.G.D.I.P.*, 1972, p. 911, note Rousseau ; Syndicat viticole des hautes Graves de Bordeaux, 22 décembre 1978, *Rec.*, p. 526.

(48) Sieur Rabot, *A.J.D.A.*, 1975, p. 467, note Sabiani.

(49) *A.J.D.A.*, 1980, p. 95, obs. Robineau et Feffer, p. 83 ; concl. Massot, *R.T.D.E.*, 1979, p. 730.

(50) Conformément à la jurisprudence de la Cour dans Conciera Daniele Bresciani, 5 février 1976, *Rec.*, 1976, p. 2229.

les modalités d'application (51). La Cour complète l'assimilation en conférant aux particuliers le droit d'invoquer directement devant les juridictions nationales les dispositions d'une directive dès lors que l'obligation qui pèse sur l'État est, selon la formule de l'arrêt Ratti, inconditionnelle et suffisamment précise (52).

Le Parlement français, une vingtaine de jours avant le prononcé de l'arrêt Cohn-Bendit, s'était vivement ému de la précision de la sixième directive relative à la T.V.A. et, au nom de la souveraineté parlementaire, avait refusé de se prononcer sur la loi mettant la directive en œuvre (53). Parmi les parlementaires qui avaient pris la parole en faveur de l'irrecevabilité, on trouvait outre le Président de la Commission des lois à l'Assemblée Nationale, J. Foyer, les représentants du groupe communiste et le représentant du groupe socialiste, M. Laurent Fabius (54).

À la fronde parlementaire, viendra s'ajouter celle du Conseil d'État (55). L'arrêt Cohn-Bendit se situe tout à fait dans la ligne de la jurisprudence du Conseil Constitutionnel relative à l'interprétation des traités communautaires. Pour refuser l'effet direct des directives, le Conseil d'État se réfère à

(51) À un point tel que certains États ont soutenu devant la Cour l'inutilité de prendre des mesures nationales d'application en raison de l'applicabilité directe de la directive, Commission c. Belgique, aff. 102/69, arrêt du 6 mai 1980, *Rec.*, 1980, p. 1847.

(52) 5 avril 1969, *Rec.*, 1969, p. 1629.

(53) *J.O.A.N.* du 30 novembre 1978, p. 8571 et s. Les orateurs se sont largement appuyés sur les vues émises par le professeur Lalumière dans un article publié dans *Le Monde* du 28 novembre 1978.

(54) M. Laurent Fabius, actuel ministre du Budget, s'était élevé contre l'applicabilité directe des directives lorsqu'il siégeait comme auditeur au Conseil d'État, voir arrêt du 8 octobre 1978, Hill et Holzappel, qui pouvait laisser penser que le Conseil d'État admettait l'applicabilité directe, Chronique Nauvelaerts et Fabius, *A.J.D.A.*, 1977, p. 130. « En revanche s'agissant des directives, les justiciables ne pourraient selon nous en invoquer les dispositions devant une juridiction nationale qu'à l'appui d'un recours pour excès de pouvoir ou en indemnité en vue de faire sanctionner éventuellement l'inaction des autorités gouvernementales ou la non-conformité d'une disposition du droit interne à une directive. Mais un tel recours ne permettrait pas au requérant d'en obtenir l'application directe. » Auparavant, les auteurs soulignaient : « ... lorsqu'une directive est tellement détaillée qu'elle ne laisse aucune latitude aux États membres pour son exécution, c'est un règlement qui n'avoue pas son nom. »

(55) Arrêt du 22 décembre 1978 « qu'il ressort clairement de l'article 189 du traité du 25 mars 1957 que si ces directives lient les États membres « quant au résultat à atteindre » et si, pour atteindre le résultat qu'elles définissent, les autorités nationales sont tenues d'adapter la législation et la réglementation des États membres aux directives qui leur sont destinées, ces autorités restent seules compétentes pour décider de la forme à donner à l'exécution des directives et pour fixer elles-mêmes sous le contrôle des juridictions nationales les moyens propres à leur faire produire effet en droit interne ; qu'ainsi quelles que soient d'ailleurs les précisions qu'elles contiennent à l'intention des États membres, les directives ne sauraient être invoquées par les ressortissants de ces États à l'appui d'un recours dirigé contre un acte administratif individuel. » *R.T.D.E.*, 1979, avec les conclusions Genevois et une note Dubouis, p. 157 ; *A.J.D.A.*, 1979, p. 27, Chronique Dutheillet de la Mothe et Robineau ; *R.M.C.*, 1979, p. 104, Boulouis ; *J.D.I.*, 1979, p. 591, note Goldman ; *C.D.E.*, 1979, p. 267, note Isaac ; *J.C.P.*, 1979, n° 19158, note Kovar ; *D.*, 1979, p. 162, note Pacteau ; *Gazette du Palais*, n° 140-142, note Ruzié ; *Revue Belge de droit international*, 1980, p. 127, note Barav. Dans une ordonnance rendue le 16 juillet 1981, le Bundesfinanzhof allemand a refusé de reconnaître l'effet direct d'une directive en se référant à la jurisprudence Cohn-Bendit : « Il s'ensuit que la directive lie les États membres mais également qu'elle ne peut pas créer un droit directement applicable dans les États membres. Sur ce point, la Chambre de Céans se rallie pleinement à la décision du Conseil d'État français du 22 décembre 1978. En revanche, la jurisprudence constante de la Cour de Justice sur l'effet des directives ne concerne que le droit de la Communauté européenne ». *Cf. R.T.D.E.*, 1981, p. 779, avec une note Autexier.

une interprétation textuelle et restrictive des traités qui conduit à leur dénier toute spécialité par rapports aux autres accords internationaux.

Au-delà de cette interprétation, la directive est considérée comme un acte qui ne peut avoir d'effets dans l'ordre interne qu'à travers une mesure nationale d'application. On ne peut passer outre la volonté du législateur et du gouvernement s'ils n'ont pas jugé opportun de prendre les mesures d'application nécessaires. Certes, dans l'ordre interne, le juge détient la faculté d'appliquer la loi, à défaut de mesures d'exécution, dès lorsque le texte est suffisamment précis. Mais la directive n'est pas assimilée à la loi, car comme le remarque M. Genevois la loi est exécutoire par elle-même dès sa publication tandis que la directive doit faire, selon le traité l'objet de mesures d'application nationales quelle que soit sa précision. Idée que ne conteste pas la Cour de Luxembourg lorsqu'elle affirme, dans Commission c. Belgique, qu'un État ne peut s'appuyer sur l'effet direct de la directive pour se dispenser de prendre des mesures nationales d'application (56). On comprend dès lors le traitement plus favorable que le Conseil d'État accorde aux décisions puisque, aux termes du traité, celles-ci ne nécessitent pas de mesures d'exécution.

Sur le plan de la protection des justiciables, la jurisprudence du Conseil d'État offre certaines garanties. Les particuliers peuvent faire sanctionner la mauvaise exécution de la directive en invoquant celle-ci à l'appui d'un recours contre la mesure d'exécution. S'il s'agit d'une décision individuelle, la directive ne peut être invoquée directement, mais il est possible de faire vérifier la conformité du règlement d'exécution de la directive, qui fonde la mesure individuelle, à la directive. C'est la voie suivie par le sieur Stasi devant le tribunal de Lyon et elle lui a permis d'obtenir satisfaction sur la base de la directive qu'avait invoquée vainement le sieur Cohn-Bendit (57). Ce remède reste cependant inopérant lorsque la directive est mise en œuvre par une loi en raison du refus du Conseil d'État de censurer le législateur.

En présence d'une directive non exécutée, les ressources dont disposent les particuliers sont plus limitées. Il n'est pas exclu dans l'arrêt Cohn-Bendit que le Conseil d'État accepte de requalifier la directive et de la considérer comme un règlement dès lors qu'elle intervient dans un domaine où les traités reconnaissent aux Institutions le droit d'agir par voie de règlements. D'autre part, les particuliers pourraient mettre en œuvre la responsabilité de l'État pour inexécution de la directive. Il reste que le remède ne permet pas d'obtenir l'exécution de la directive.

Par cette position, confirmée récemment dans un arrêt rendu à propos de la deuxième directive relative à la T.V.A., le Conseil d'État remet en cause les impératifs d'unité du droit communautaire et de protection des justiciables

(56) *Cf.* note 49.

(57) Stasi, 25 octobre 1979, *Rec.*, p. 535. Le tribunal considère qu'en ne prévoyant pas la communication des motifs au moment où est prise la décision d'expulsion, le décret du 5 janvier 1970 est contraire à la directive. La décision d'expulsion a été prise de ce fait sur la base de textes illégaux.

mis en avant par la Cour de Justice des Communautés (58). Certes depuis Cohn-Bendit, la Cour de Justice a clarifié, sinon approfondi, sa jurisprudence sur l'effet direct des directives. Mais, dire que l'État ne peut se réfugier derrière la violation du droit communautaire que constitue l'absence de mesures nationales pour refuser de donner satisfaction au particulier qui s'est conformé à la directive ne semble pas donner au Conseil d'État d'arguments ou de moyens pour revenir sur sa jurisprudence (59). Entre un juge replié sur une vision restrictive du traité et un juge qui s'efforce de faire produire leur plein effet aux virtualités intégrationnistes des traités, le dialogue est délicat. Comme l'écrivait M. Genevois dans *Études et Documents du Conseil d'État*,

> « Il reste à nos yeux que l'arrêt Cohn-Bendit pouvait difficilement ne pas susciter une *profonde préoccupation* au sein des instances communautaires, car il met en cause l'application uniforme du droit communautaire que le traité a cherché à sauvegarder en définissant les compétences de la Cour de Justice. Il n'est pas possible de paraître regretter que le juge communautaire ne s'en tienne pas à l'application littérale de l'article 189 du traité alors qu'on ne veille pas soi-même au respect de la discipline qu'impose l'article 177 » (60).

C. – La réticence à entrer dans le jeu de la collaboration des juges

La collaboration des juges ne vise pas seulement l'application de l'article 177. Ainsi la Chambre criminelle de la Cour de Cassation a rectifié l'erreur d'une Cour d'appel et a rappelé que les juridictions pouvaient surseoir à statuer dans une affaire pénale lorsque les poursuites étaient fondées sur un texte qui faisait l'objet d'une action en manquement devant la Cour de justice des Communautés (61). Mais c'est essentiellement la procédure de renvoi préjudiciel en interprétation ou en appréciation de validité qui donne lieu aux réticences de certaines juridictions nationales tant en ce qui concerne l'obligation qui pèse sur les juridictions statuant en dernier ressort que, plus rarement, quant à l'effet des arrêts rendus par la Cour sur renvoi.

1) Ce n'est pas le lieu de revenir sur la théorie de l'acte clair (62). Dans la ligne actuelle de la jurisprudence de la Cour qui est soucieuse du nombre de demandes, une application raisonnable de cette théorie ne semble pas de

(58) Société Savincast, 28 novembre 1980, non publié au recueil, « ces autorités (nationales) restent seules compétentes pour décider des moyens propres à permettre aux directives de produire effet en droit interne ; qu'ainsi la directive n° 228 du 17 avril 1967 est en tout état de cause sans influence sur l'application des dispositions législatives antérieures, notamment des articles 272-2 et 283-4 du Code Général des Impôts. »

(59) *Cf.* Ratti et Commission C. Belgique précité ; Pescatore, L'effet direct des directives communautaires, une tentative de démythification, *D.*, 1980, p. 171. Chronique.

(60) Genevois, *op. cit.*, 90.

(61) Cass. crim., 1er octobre 1979, Rossi de Montalero et autres, précité.

(62) Voir le rappel des thèses en présence dans Genevois, *Études et documents*, précité ainsi que le bilan établi dans Barav et Vandersanden, *Contentieux communautaire*, Bruylant, 1977, p. 282 et s.

nature à affecter gravement l'interprétation uniforme du droit communautaire. D'ailleurs, il ne semble pas que l'utilisation qui en est faite par la Cour de Cassation ait suscité des controverses. Pour le Conseil d'État, la situation est différente. Certes, l'article 177 n'est pas resté lettre morte (63), mais le Conseil d'État a tendance à considérer comme claires des dispositions dont le sens n'apparaît pas avec évidence au commissaire du gouvernement. La Haute Juridiction partage rarement les doutes de son commissaire du gouvernement.

Ainsi a-t-elle jugé clair dans une espèce célèbre l'article 37 du traité de Rome (64). Elle a interprété sans renvoi à la Cour l'article 93 du traité (65), l'article 31 (66), l'article 40-3° (67), la question des discriminations à rebours (68), la question de l'applicabilité directe de certaines décisions du Conseil et l'absence d'effets directs de l'accord multifibre (69). De la même manière, nonobstant la position de la Cour à ce sujet, l'absence d'effet direct des directives lui a paru découler clairement des dispositions du traité (70). Au besoin, on considérera que l'on est en présence d'une question d'application et non d'interprétation du traité (71).

En agissant de la sorte, le Conseil d'État prend le risque de se trouver en contradiction avec l'interprétation du traité que la Cour a donné ou qu'elle pourrait être amenée à donner. Sans revenir sur la question de la clarté de l'article 37, on a noté que la jurisprudence du Conseil sur les discriminations à rebours n'était peut-être pas en harmonie avec les solutions de la Cour. De la même manière, les interprétations de l'article 40-3° données par les deux juridictions ne coïncident pas. Et nous n'évoquons pas ici les cas dans lesquels le Conseil d'État se met en contradiction délibérée avec la Cour (72).

Ce souci d'indépendance du Conseil le pousse à réduire le nombre de renvois préjudiciels de façon à conserver largement la maîtrise de l'interprétation du droit communautaire. Comme on l'a justement noté,

(63) On note cinq arrêts de renvoi : Synacomex, 10 juillet 1970, *Rec.*, p. 1223 ; Union des minotiers de la Champagne, 18 avril 1974, *Rec.*, p. 39, Char-*masson*, 28 juin 1974, *A.J.D.A.*, 1975, p. 33 avec une note Durupty ; Syndicat viticole des hautes graves de Bordeaux, 22 décembre 1978, *R.T.D.E.*, 1979, p. 717, avec les conclusions Genevois ; Dame Damas, 16 mars 1979, *Rec.*, p. 122.

(64) Shell Berre, 16 juin 1964, Chr. Colliard, *D.*, 1964, p. 263.

(65) Petitjean, 10 février 1967, *R.T.D.E.*, 1967, concl. Questiaux, p. 681.

(66) Syndicat national des importateurs français de produits laitiers, 27 janvier 1967 ; *A.J.D.A.*, 1967, p. 284 et *R.D.P.*, 1967, p. 788.

(67) Confédération générale des planteurs de betteraves, 8 juin 1979, *Rec.*, p. 269.

(68) Syndicat national des fabricants de spiritueux consommés à l'eau, 27 juillet 1979, *A.J.D.A.*, 1979, p. 36, avec les conclusions Genevois.

(69) Syndicat des importateurs de vêtements et produits artisanaux, 12 octobre 1979, *A.J.D.A.*, 1980, p. 83, obs. Robineau et Feffer.

(70) Dans l'affaire Cohn-Bendit, il est vrai qu'en l'occurrence un renvoi préjudiciel n'eut conduit qu'à rendre plus solennel le conflit entre le Conseil d'État et la Cour.

(71) Voir les remarques du Doyen Colliard dans sa contribution aux *Mélanges Waline*, Paris, L.G.D.J., t. 1, 1974, *Le juge administratif français et le droit international communautaire*, p. 187.

(72) *Cf.* sur ces points les observations de Genevois, étude précitée, p. 90.

« L'acte clair semble être moins pour le Conseil d'État celui qui ne pose aucune question d'interprétation que celui qu'il s'estime aussi éclairé que le juge communautaire pour interpréter raisonnablement » (73).

Faut-il voir dans cette attitude un alignement sur la pratique suivie en droit interne à l'égard du renvoi préjudiciel pour interprétation au Ministre des Affaires Étrangères. On a parfois souligné que le juge se montrait réservé à l'égard de ce renvoi pour préserver son indépendance envers à l'administration (74). Une fois de plus, le communautaire suivrait l'international.

2) S'agissant de l'effet de l'arrêt rendu sur renvoi préjudiciel, on ne note pas de cas dans lequel une juridiction ait délibérément refusé de donner suite à un renvoi qu'elle avait sollicité. Le problème est plus complexe si l'on examine la question de l'effet « élargi » accordé par les autorités nationales aux arrêts de la Cour.

Les autorités législative et administrative se sont montrées soucieuses d'adapter les solutions nationales aux conséquences des arrêts rendus par la Cour (75). On peut en voir une illustration récente dans la loi de finances pour 1981 qui, contre la solution retenue par la Cour de Cassation, harmonise la position française sur celle de la Cour de Justice des Communautés en matière de répétition de l'indu à la suite de la perception irrégulière de droits (76).

S'agissant des juridictions, la Cour de Cassation sanctionne les cours d'appel qui ne respectent pas l'autorité des arrêts de la Cour (77). De son côté, le Conseil d'État s'appuie explicitement (78) ou implicitement (79) sur l'autorité de la Cour. Mais, il lui arrive d'écarter celle-ci comme ce fut le cas dans l'affaire Cohn-Bendit. Le cas n'est pas isolé et en 1979, dans l'arrêt Syndicat des fabricants de spiritueux consommés à l'eau, le Conseil a écarté la qualification d'imposition que la Cour avait donnée à la soulte perçue auprès

(73) Robineau et Feffer, *A.J.D.A.*, 1980, p. 83.

(74) Voir Questiaux, *in L'application du droit international par le juge français*, *op. cit.*, p. 66.

(75) *Cf.* les exemples donnés par Isaac dans son étude précitée, p. 22 et s.

(76) Ramel et Margnat, 16 décembre 1980, *D.*, 1981, Jrp., p. 381, note Berr.

(77) Cass. Crim., 14 janvier 1981, Glinel et Voréal, *R.T.D.E.*, 1981, p. 369, la Cour sanctionne la Cour d'appel de Versailles pour ne pas avoir tenu compte d'un arrêt rendu sur renvoi de la Cour d'appel d'Orléans. Sur l'effet des arrêts de la Cour en droit interne lorsqu'il ne s'agit pas d'un renvoi préjudiciel, voir le très intéressant arrêt de la Cour de Versailles dans l'arrêt Rossi di Montalera du 27 avril 1981 : « que le respect du principe de la primauté du droit communautaire commande donc à la Cour de constater que les articles L. 17 et 21 du code des Débits de boissons, encore que non abrogés, ne peuvent plus recevoir application depuis que, par son arrêt du 10 juillet 1980, la Cour de Justice les a déclarés contraires aux dispositions de l'article 30 du Traité de Rome ; qu'ainsi le fondement légal des poursuites n'existe plus. »

(78) Dans Petitjean, préc., et Union régionale des coopératives d'élevage et d'insémination artificielle, 21 janvier 1979, *Rec.*, p. 648.

(79) Ainsi dans Syndicat national des importateurs de vêtements et produits artisanaux, préc., tout en reproduisant la solution Donkerwolke sans citer l'arrêt, le Conseil d'État se garde bien de reprendre les considérations relatives au transfert de compétence réalisé au profit de la Communauté par l'article 113.

des producteurs qui désiraient la libre disposition de leurs alcools réservés à l'État (80).

En fait, la contestation majeure oppose encore le Conseil d'État à la Cour de Justice des Communautés à propos des pouvoirs respectifs du juge de renvoi et du juge du fond. L'affaire est née dans le cadre de l'abondant contentieux relatif au gritz de maïs. Elle a rapidement pris en France les allures d'une nouvelle guerre contre la Cour (81).

Les producteurs de gritz de maïs contestaient devant les juridictions françaises les décisions de refus de l'O.N.I.C. de verser des restitutions à la production en se fondant sur l'illégalité du règlement communautaire sur lesquels s'appuyait l'O.N.I.C. Les tribunaux administratifs saisis renvoyaient à la Cour l'appréciation de la validité du règlement communautaire. La Cour concluait à l'invalidité (82). Dès lors allait se poser le problème du versement des restitutions aux entreprises concernées.

Dans son arrêt, la Cour déclarait,

> « Il appartient aux institutions compétentes en matière de politique agricole de prendre les mesures nécessaires pour remédier à cette incompatibilité » (83).

En effet, en l'espèce, l'illégalité ne résidait pas dans ce que le texte prévoyait, mais dans ce qu'il ne prévoyait pas. La Cour, sans le considérer comme nul, déclarait ses dispositions incompatibles avec le principe de l'égalité. La disparition complète du texte n'était d'ailleurs pas de nature à apporter un remède à une situation qui ne pouvait être réglée que par une intervention des autorités compétentes. Or les juridictions françaises ne semblent pas avoir compris cette nuance plus familière aux juristes allemands puisque le tribunal constitutionnel l'a pratiquée à plusieurs reprises. Le Tribunal administratif de Nancy, alors que les autorités communautaires compétentes n'avaient pas encore statué, considérait que l'arrêt de la Cour de Luxembourg entraînait la nullité du règlement contesté et qu'il convenait de faire revivre le texte

(80) *Cf.* Drago, *R.D.P.*, 1980, p. 214 et l'arrêt de la Cour de Justice des Communautés du 13 mars 1979, S.A. des grandes distilleries Peureux, aff. 86/78, *Rec.*, 1979, p. 897. Cette divergence de vue sur la nature de la soulte peut avoir des conséquences au cas où les établissements Peureux poursuivraient leur controverse devant le juge fiscal qui en l'occurrence est judiciaire en s'appuyant sur l'arrêt de la Cour.

(81) Voir à ce propos les remarques du Conseiller d'État Kahn dans son rapport au colloque sur « la souveraineté du droit français » : « Si étendues que soient ses attributions, la Cour de Justice donne l'impression d'être encore à l'étroit dans le domaine qui lui est assigné et d'avoir hâte d'exercer, sur l'ensemble d'un *droit communautaire* élargi aux dimensions mêmes de *l'espace judiciaire européen*, une plénitude de juridiction que les traités ne reconnaissent pas. Le Conseil d'État, pour sa part, n'a rien fait de pire, ni rien fait de mieux, que de contenir l'expansionnisme de la Cour dans la limitation des engagements souscrits par la France ; qui pourra lui reprocher de montrer, *devant la seconde génération du droit communautaire*, la réserve que lui ont parfois inspirée les excès de la première. » Rapport cit. dernière page.

(82) Aff. 124/76 et 20/77, arrêt du 19 octobre 1977, *Rec.*, p. 1795.

(83) L'avocat général Capotorti avait envisagé de faire revivre le texte antérieur : comme on le constate cette solution n'a pas été retenue par la Cour.

applicable antérieurement. L'O.N.I.C. faisait appel devant le Conseil d'État qui, sans mieux comprendre les particularités de l'arrêt de la Cour, devait en tirer les conséquences.

Or, les producteurs s'étaient pourvus en responsabilité devant la Cour de Justice des Communautés en s'appuyant sur l'invalidité du règlement. Au cours de la procédure, le Conseil mettait l'accent sur l'existence de procédures nationales parallèles. L'avocat général Capotorti écartait l'argument de la litispendance en soulignant que l'invalidité du règlement faisait disparaître toute base normative communautaire pouvant fonder un versement des autorités nationales pour le compte du F.E.O.G.A. Il était suivi par la Cour,

> « dans les circonstances de l'espèce, il est en outre constant aux termes dudit arrêt de la Cour qu'une juridiction nationale n'aurait pu donner suite à un paiement en défaut de toute disposition réglementaire de la Communauté autorisant les paiements » (84).
>
> Le Conseil d'État connaissait la position de la Cour au moment où il a statué. En admettant que l'invalidité faisait revivre le texte ancien et en obligeant l'O.N.I.C. à verser des restitutions sur la base de ce texte, il s'opposait clairement à la jurisprudence de la Cour (85).

Curieuse démarche, car ce qui semble être reproché au fond à la Cour, c'est d'assimiler déclaration d'invalidité et annulation en appliquant les articles 174 et 176 du traité à la déclaration d'invalidité. Si, dans d'autres hypothèses, le reproche peut être fondé, nous avons vu que ce ne peut être le cas ici puisque la Cour n'a pas estimé que le texte était nul. En outre, de son côté, le Conseil d'État, lorsqu'il admet que la déclaration d'invalidité fait revivre le texte ancien, attribue des effets identiques à l'annulation et à la déclaration d'invalidité ce qu'il s'était gardé de faire auparavant (86).

Curieux effets de l'arrêt puisque les requérants auraient pu être indemnisés deux fois, une fois par l'O.N.I.C. en application de l'arrêt du Conseil d'État et une fois par la Communauté en application de l'arrêt de la Cour.

Mais, au fond, ce qui est en cause, c'est l'indépendance du juge du fond par rapport à la juridiction de renvoi. Pour le Conseil, cette dernière doit se limiter à répondre à la question posée sans s'interroger sur les conséquences

---

(84) Aff. 64 et 113/76, 167 et 239/78, 45/79, arrêt du 4 octobre 1979, *Rec.*, 1979, p. 3091 ; *cf.*, p. 3113.

(85) *A.J.D.A.*, 1980, avec concl. Genevois, note Jordan, p. 535 ; *D.*, 1980, Jrp., p. 463, note Plouvin ; *R.T.D.E.*, 1980, avec concl. et note M.A.F., p. 578. Le Conseil d'État a confirmé sa jurisprudence sur les conséquences de l'exception d'illégalité dans l'ordre interne français dans un arrêt du 29 avril 1981, Ordre des architectes, *A.J.D.A.*, 1981, p. 429, note Genevois.

(86) L'inquiétude du Conseil d'État quant à l'assimilation de l'annulation et de la déclaration d'invalidité n'a pas trouvé d'écho au sein de la Cour : *cf.* l'arrêt du 15 octobre 1980, aff. 4/79, *Rec.*, 1980, p. 2823 et surtout l'arrêt du 13 mai 1981 dans l'affaire 66/80 qui admet l'effet *erga omnes* de la déclaration d'invalidité, mais qui modère la portée d'une telle reconnaissance en permettant aux juridictions nationales qui le souhaitent d'interroger à nouveau la Cour si un doute subsistait quant « aux motifs, à l'étendue et éventuellement aux conséquences de l'invalidité ainsi établie ». Faut-il y voir un reproche adressé au Conseil d'État qui aurait dû, au minimum dans l'affaire O.N.I.C., interroger la Cour sur la portée de son premier arrêt.

de la réponse qui relèvent de l'appréciation souveraine du juge du fond. Le Conseil a voulu avertir la Cour des résistances que ferait naître chez les juges nationaux toute revendication d'un pouvoir d'évocation sur les affaires renvoyées. Le Conseil se place au premier plan d'un combat contre la tentation qu'éprouverait la Cour d'interpréter trop largement les pouvoirs qui lui sont conférés.

*

* *

Au terme de notre examen, il apparaît clairement qu'il existe, en France, une forte résistance aux solutions dégagées par la Cour. Cette résistance provient tout d'abord du juge administratif : habitué à contrôler l'action de l'administration au regard de la volonté du législateur, il ne se sent pas autorisé à remettre la loi en cause : familier d'une vision de la souveraineté qui tire sa force d'un large consensus national, il accepte difficilement l'idée d'un ordre juridique communautaire autonome et interprète restrictivement les traités qui encadrent cette souveraineté. Mais, dans cette démarche, il s'appuie sur le Conseil Constitutionnel dont les décisions, sans faire obstacle au progrès des Communautés, en ont toujours soigneusement marqué les bornes. Peut-être était-ce faire preuve de prudence, car on peut se demander si, sans cette jurisprudence, le consensus constitutionnel eut été préservé lors de la mise en œuvre de l'élection du Parlement européen au suffrage universel direct.

Ces juges ne sont pas isolés et nous avons souligné l'existence d'un courant politique vigilant à l'égard du respect de la souveraineté nationale. Certes ses animateurs permanents peuvent faire figure d'activistes, mais ils ne sont pas isolés et arrivent, sur une question précise, à créer un mouvement d'opinion et à réunir une majorité parlementaire par delà les courants politiques.

Dans un tel contexte, il n'est pas surprenant que certains arrêts de la Cour de Justice des Communautés soient mal reçus. Face à une légitimité nationale consacrée par les électeurs, la Cour ne peut faire valoir que l'autorité que lui confèrent les traités. Son œuvre devrait s'imposer grâce à l'admirable cohérence juridique dont elle fait preuve. Mais cette cohérence n'emporte la conviction que lorsqu'on adhère aux postulats de Costa/Enel et de van Gend en Loos.

Nous sommes en présence d'une situation préoccupante au regard de la primauté et de l'application uniforme du droit communautaire. Quoi de plus naturel que le Parlement européen s'en préoccupe et tente de proposer des remèdes au mal révélé par l'arrêt Cohn-Bendit et analysé dans un fort intéressant rapport présenté à l'Assemblée le 13 octobre 1981 par M. Sieglerschmidt (87). On nous permettra de faire part de notre scepticisme

(87) Rapport fait au nom de la Commission juridique sur la responsabilité de la Cour de Justice des Communautés européennes en matière d'application uniforme du droit communautaire dans les États membres, Doc. I-414/81 du 1er septembre 1981, résolution du 14 octobre 1981.

quant à l'opportunité et à l'efficacité des médications préconisées par le Parlement dans sa résolution du 14 octobre 1981. Certes, l'installation de terminaux permettant aux juridictions nationales de consulter plus aisément la jurisprudence communautaire devrait éviter les conflits dus à l'ignorance. Il est vrai que des sessions de formations devraient permettre aux magistrats de se familiariser progressivement avec le droit communautaire. Par contre, est-il d'une grande utilité de proposer,

> « que les représentants des États membres réunis au sein du Conseil fassent, concernant la mise en œuvre de la procédure préjudicielle... une déclaration commune aux termes de laquelle tout recours préjudiciel émanant de juridictions nationales devrait toujours être transmis, sans délai et directement, à la Cour de Justice, par la juridiction, même lorsque des moyens de droit interne ont été opposés à la décision de renvoi. »

S'il semble tout à fait légitime de rappeler au juge national qu'il peut transmettre directement à la Cour son renvoi préjudiciel, n'est-ce pas s'immiscer dans le fonctionnement de la justice que de lui enjoindre de passer outre aux recours nationaux contre la décision de renvoi. La matière est réglée dans le cadre de l'autonomie institutionnelle par les systèmes judiciaires nationaux qui attribuent au recours contre une décision de renvoi un effet suspensif ou non suspensif. On voit mal les autorités nationales passer outre aux législations internes en ce domaine alors que le juge communautaire s'en accommode. De la même manière, la proposition du rapporteur, qui n'est pas reprise dans la résolution, de permettre à la Commission des Communautés de se prononcer à la demande d'une partie sur le bien-fondé d'un refus de renvoi préjudiciel paraît curieuse. Outre qu'elle autoriserait la Commission à s'immiscer dans le fonctionnement des juridictions nationales, elle ferait du renvoi la chose des parties alors que d'après les traités et la Cour, il est seulement à la disposition du juge national.

Plus irréaliste encore nous paraît l'autre proposition du Parlement lorsqu'il suggère,

> « que la Commission présente une proposition de modification de l'article 173 du traité C.E.E. (et des dispositions correspondantes des autres traités) en vue de donner à chaque citoyen le droit de former un recours, après épuisement des voies de droit nationales, devant la Cour de Justice contre tout acte administratif lui faisant grief et pris par des instances communautaires ou nationales sur la base du droit communautaire. »

Bien qu'aucun parlementaire ne l'ait relevé lors du débat, on ne peut supposer que le rapporteur soit si ignorant du droit constitutionnel qu'il ne connaisse pas les caractéristiques élémentaires d'un État fédéral. Or, la possibilité pour la juridiction fédérale d'annuler les actes des États fédérés contraire au droit fédéral est la plus évidente de ces caractéristiques (Bundesrecht bricht

Landesrecht). Dans ces conditions, les chances de succès d'une telle révision des traités sont bien faibles et la proposition en serait-elle faite que sa ratification par la France poserait le problème d'une nécessaire révision de la constitution. En outre, ne faut-il pas en revenir au système communautaire. Même dans le cadre de la Convention européenne des droits de l'homme, la Cour de Strasbourg ne peut que dénoncer une violation de la Convention sans annuler le droit national contraire. La meilleure voie possible dans le cadre de la Communauté réside dans l'utilisation de la procédure de manquement, dans la sanction et non dans l'annulation. Mais, tout dépend des initiatives de la Commission...

Enfin, le rapport évoque la possibilité pour le législateur communautaire de désigner les dispositions d'effets directs dans les actes adoptés par lui. Il ne nous semble pas que le législateur communautaire puisse librement se soustraire à la classification des actes retenue par les traités. De ce qu'un juge puisse dans certains cas reconnaître exceptionnellement, en vue de la protection des justiciables, l'applicabilité directe des directives, il ne résulte pas que le législateur possède la même latitude, sinon quel serait l'effet utile de l'article 189 du traité C.E.E. ?

Faut-il désespérer ? Faut-il compter sur le temps ? Doit-on se dire que les membres du Conseil constitutionnel nommés pour neuf ans ne sont pas renouvelables et que les jeunes auditeurs du Conseil d'État qui ont goûté aux joies du droit communautaire dans le cadre de leurs études juridiques en apprécieront mieux les conséquences lorsqu'ils seront conseillers d'État ? Le travail d'information entrepris par la Cour depuis plusieurs années portera-t-il ses fruits ? À notre avis, il serait vain de tout attendre de ces évolutions.

Si la Cour a pris en charge le développement de la Communauté, c'est en raison de la timidité des autres institutions. La solution des difficultés actuelles doit venir de la volonté politique des États et des Institutions. Si ces dernières exerçaient pleinement leurs fonctions avec l'accord des États membres, les gouvernements se sentiraient sérieusement incités à dénouer certains malentendus et prendraient au besoin les mesures législatives ou constitutionnelles nécessaires. Car, qui peut soutenir qu'il soit normal de ne pouvoir faire prévaloir un traité régulièrement ratifié dans le cadre du droit interne ?

> Comme le déclarait avec lucidité dès 1970 le Professeur Reuter, « Il faudrait en tout cas appeler les choses par leur nom, sortir peut-être du règne du "fédéralisme à la sauvette" dans lequel par faiblesse plus que par duplicité les gouvernements nationaux ou certains d'entre eux ont situé leurs entreprises européennes. Il est véritablement dur pour des magistrats qui en conscience ont toujours estimé qu'ils n'étaient pas qualifiés pour instaurer un gouvernement des juges d'être obligés d'en instituer les principes pour le compte d'une institution extérieure (selon ces magistrats) au système

français et d'après le développement très progressif de la jurisprudence de cette institution » (88).

Il serait grave qu'intervienne une crispation réciproque sur des positions tranchées. Au fond, si l'attitude française peut paraître fondamentalement contraire sur le plan des principes à certains des thèmes majeurs de la jurisprudence communautaire, il n'apparaît pas que cela entraîne des violations quotidiennes de la légalité communautaire. Alors que le Conseil d'État rendait l'arrêt Cohn-Bendit, le ministre de l'Intérieur autorisait le requérant à séjourner sur le territoire national. Les juges pourraient par le dialogue rapprocher leur position. La voie reste ouverte à des évolutions positives et personne n'exige que la rencontre se fasse à Canossa.

(88) *L'application du droit international par le juge français*, *op. cit.*, p. 41.

QUELQUES CONSIDÉRATIONS SUR LES RAPPORTS DE SYSTÈME ENTRE ORDRES JURIDIQUES EN EUROPE

Jean-Paul JACQUÉ

Professeur émérite à l'Université de Strasbourg
Directeur général honoraire au Conseil de l'Union européenne

Si les questions liées aux rapports entre ordres juridiques différents constituent un thème à la mode aujourd'hui, il est loin de s'agir d'un phénomène nouveau (1). Santi Romano l'avait mis en valeur en son temps (2), ce qui a donné naissance à la théorie du pluralisme juridique laquelle connaît aujourd'hui un succès remarquable dans la doctrine. De même, universitaires et praticiens se sont penchés sur les rapports entre droit international et droit interne ou entre droit fédéral et droit des États fédérés. En droit international, les débats entre monistes et dualistes ont contribué à structurer l'esprit de générations entières d'étudiants en droit même si la plupart des internationalistes savaient bien que ces oppositions étaient avant tout théoriques et que la nécessité de faire vivre le système conduisait à des aménagements pratiques (3). De même, en droit interne, les discussions sur la suprématie du droit fédéral par rapport aux constitutions des États fédérés ont été très vives, notamment dans les premières décennies d'existence de la fédération américaine (4). Mais la problématique de l'époque des Anzilotti, Triepel ou Kelsen pour le droit international ou de Calhoun pour le droit fédéral était simple par rapport à la complexité actuelle (5).

---

(1) Cet article est une version complètement remaniée et mise à jour d'une étude publiée à la *Revue de droit constitutionnel* en 2007.

(2) S. Romano, *L'ordre juridique*, Dalloz, 2002.

(3) V. à cet égard l'étude devenue classique de Michel Virally, « Sur un pont-aux-ânes, les rapports entre droit international et droit interne », *Mélanges Rolin*, p. 488.

(4) Marqués par la théorie dite de la nullification, ces débats, même s'ils font aujourd'hui figure d'incidents historiques, pourraient éclairer nos débats sur les rapports entre droit communautaire et constitutions nationales, v. J. P. Feldman, *La bataille américaine du fédéralisme, John C. Calhoun et la nullification*, PUF, coll. « Léviathan », 2004. Sur l'intérêt de l'expérience américaine, v. J.-P. Jacqué, « Back to Philadelphia », *Rev. Marché commun*, 2002, p. 661.

(5) Les difficultés portaient pour l'essentiel sur des rapports entre deux systèmes juridiques (ordre international et ordre interne) ou peut-être trois dans les cas des États-Unis d'Amérique si l'on prend également en compte la question des rapports entre les droits des États fédérés et le droit international.

En effet, la période qui a suivi la Seconde Guerre mondiale a été marquée par la multiplication de systèmes, voire d'ordres juridiques nouveaux et juxtaposés. L'Organisation des Nations unies (ONU) et les institutions spécialisées, plus récemment, l'Organisation mondiale du commerce (OMC), structurent la société internationale contemporaine au plan politique et économique. Ainsi l'OMC est au cœur de nombreux conflits relatifs aux rapports entre son propre système et le droit international de l'environnement ou le droit international du travail. Dans le cadre européen, le système de protection des droits de l'homme mis en place par la Convention européenne des droits de l'homme (Conv. EDH) et celui qui s'est développé au sein de l'Union européenne (UE) constituent des systèmes concurrents et potentiellement conflictuels. De même, l'apparition des juridictions pénales internationales a conduit à réfléchir sur leurs relations avec la Cour internationale de justice (CIJ). Dans ce contexte, toute l'ingénierie juridique forgée par le passé à propos de l'interprétation des traités ou des rapports entre traités successifs donne aujourd'hui des résultats aléatoires.

Certes les États qui sont les créateurs de ces systèmes auraient pu choisir d'instituer une hiérarchie entre les divers ordres juridiques ou au moins d'organiser leur compatibilité. Ce n'est pas impossible comme en attestent dans l'UE les règles qui organisaient avant Lisbonne les rapports entre le traité sur l'UE et le traité instituant la Communauté européenne ou aujourd'hui les règles qui organisent la compatibilité entre le Traité sur la stabilité, la coordination et la gouvernance de l'Union économique et monétaire (UEM) et les traités existants, mais le plus souvent, les rapports entre ordres juridiques n'ont pas été envisagés ou, en tout cas, n'ont fait l'objet de dispositions spécifiques lors de la création des systèmes considérés. Certes l'article 103 de la Charte des Nations unies établit la primauté des obligations qui découlent de la Charte sur les autres obligations conventionnelles des États membres. Dans le cadre de l'Union, l'article 351 du traité sur le fonctionnement de l'UE (TFUE) organise une cohabitation provisoire entre les obligations de l'Union et celles qui résultent d'accords antérieurs conclus avec des tiers. Mais ces hypothèses restent exceptionnelles ne serait-ce que parce que les auteurs des différends traités n'ont pas anticipé le développement de la société internationale et la mondialisation ou n'ont pas voulu ou su voir les difficultés qui en résulteraient dans les rapports entre ordres juridiques. Or il n'était pas possible d'appliquer de manière systématique les solutions classiques sur les rapports entre traités successifs sans que se produise un effet destructeur sur l'uniformité des règles applicables au marché intérieur ? Était-il concevable, par exemple, que l'Italie, partie à la Conv. EDH, n'applique pas une règle de droit de l'Union qu'elle jugerait contraire à la Conv. EDH tandis que la France, non partie à l'époque, appliquerait cette règle ? Que resterait-il dans ce cas de l'unité du marché ? Ce type de questions est la conséquence inévitable de la fragmentation actuelle du droit international en systèmes distincts et peu coordonnés. De ce fait, les potentialités de conflits se sont multipliées, accrues par le fait que la plupart de ces systèmes extérieurs constituent, selon la formule de Strasbourg, « des instruments vivants » qui évoluent à leur propre rythme. La conséquence de ce caractère évolutif est de multiplier les risques de divergences puisque, même si on s'efforce d'adopter des mesures compatibles avec les différents systèmes, ce qui paraît conforme aujourd'hui ne le sera peut-être plus demain.

La complexité dans l'aménagement des rapports de système qui en résulte nuit gravement à la sécurité juridique. Car, pour le particulier, l'essentiel est de vivre dans un ordre stable dans lequel les conséquences juridiques de ses actes soient prévisibles. Si un professeur d'Université peut faire son miel de l'idée de « concepts flous » ou de rapports de « systèmes autorégulés », il est douteux qu'un investisseur puisse en tirer le même plaisir. Certes les différentes juridictions, nationales ou internationales, déploient, à travers un dialogue constructif, de louables efforts pour tenter de démêler l'écheveau des contradictions inhérentes aux rapports de système. Mais une personne physique et morale peut-elle dénouer l'écheveau de ces savantes réflexions pour savoir en temps utile à quelle instance sa requête doit être soumise et quelles seront les règles de fond applicables. L'incertitude quant au droit applicable et les coûts contentieux qu'elle engendre peuvent *in fine* conduire les opérateurs économiques à renoncer à investir ou à faire valoir leurs droits ou, au contraire à jouer sur les divergences pour échapper à tout contrôle.

Ces reproches s'adressent moins aux juristes dont c'est le devoir de tenter de mettre en théorie le réel et d'en prévoir l'évolution qu'aux autorités politiques qui semblent s'en satisfaire. Ainsi, dans ses travaux successifs, Mireille Delmas-Marty analyse avec persévérance les difficultés auxquelles se heurte aujourd'hui la construction d'un système global (6). Après avoir, dans un premier ouvrage, tracé un panorama, illustré d'exemples, d'un univers où la pluralité des normes s'ordonne autour de l'universel et du pluralisme, elle tente, dans un second volume, de mettre à jour les mécanismes d'horlogerie par lesquels se construit l'ajustement des systèmes en vue de donner naissance à un pluralisme ordonné. Le troisième volume devait tracer les voies d'une stabilisation des systèmes « dans le cadre d'une articulation souple du politique et du juridique » (7). En fait, il se contente d'envisager la coexistence des systèmes dans le cadre du pluralisme (8).

(6) V. plus particulièrement M. DELMAS-MARTY, *Les forces imaginantes du droit : Le relatif et l'universel*. Seuil, t. I, 2004 et *Le pluralisme ordonné*, Seuil, t. II, 2005.

(7) M. DELMAS-MARTY, *Le pluralisme ordonné*, *op. cit.*, p. 280.

(8) M. DELMAS-MARTY, *La refondation des pouvoirs*, Seuil, t. III, 2007.

Il est vrai qu'une vision fondée sur la hiérarchie, celle de la pyramide kelsénienne, ne permet pas aujourd'hui de rendre compte de la réalité si ce n'est au prix d'une analyse terriblement réductrice. Si les théories classiques peuvent conserver une certaine utilité dans l'étude des rapports entre normes à l'intérieur d'un même ordre juridique, elles restent désarmées face aux rapports complexes entre systèmes. La vision fondée sur le réseau, proposée par François Ost (9), est plus exacte, mais apporte-t-elle une réponse pratique aux difficultés auxquelles nous sommes confrontés ? Oui, sans doute, dans les rares cas, où les fondateurs de systèmes ont organisé les relations entre leur création et les autres ordres existants et où ces règles sont compatibles avec celles qui sont contenues dans les autres ordres. Non, lorsque faute de telles indications, ou en cas d'incompatibilité entre celles-ci, on se trouve renvoyé à l'application des règles sur les traités successifs ou aux conceptions classiques sur les rapports entre droit interne et international.

En effet, l'application des règles sur les traités successifs est délicate dans des systèmes conventionnels caractérisés par une imbrication étroite entre parties telles des poupées russes. Ainsi l'ONU comprend tous les États membres du Conseil de l'Europe parmi lesquels on trouve tous les membres de l'UE. Les conventions qui fondent certains systèmes comportent des règles impératives auxquelles ne peut porter atteinte un accord entre certaines parties (10). En outre, certains de ces systèmes sont, au sens du droit international, « intégraux », c'est-à-dire que les relations entre parties ne sont pas décomposables en un ensemble de relations bilatérales (11). Aussi les règles de la Convention de Vienne sur le droit des traités n'offrent pas toujours des solutions efficaces surtout dans des hypothèses caractérisées par des transferts de compétences des États membres à l'organisation à laquelle ils appartiennent, comme c'est le cas dans l'UE. Par ajouter à la difficulté, l'application des règles sur les traités successifs est compliquée par le fait que tous les États ne sont pas devenus parties aux mêmes traités en même temps. L'Allemagne est devenue membre des Nations unies, et la France partie à la Conv. EDH des droits de l'homme, bien après la création de la Communauté économique européenne (CEE). Enfin s'ajoute la prétention de certaines organisations à fonder un ordre constitutionnel propre. Si la charte des Nations unies est parfois présentée comme une constitution mondiale, la Cour de justice des Communautés voit dans les traités une « charte constitutionnelle » et la Cour européenne des droits de l'homme (CEDH) dans la Conv. EDH « l'instrument constitutionnel d'un "ordre public européen" ». Les rapports entre ces systèmes « pseudo-constitutionnels » peuvent-ils être mesurés à l'aune du

(9) F. OST et M. VAN DE KERCHOVE, *Dr la pyramide au réseau, pour une théorie dialectique du droit*. Bruxelles, Facultés universitaires Saint-Louis, 2002.

(10) Ainsi Charte des Nations unies, art. 103.

(11) Art. 30 (traités successifs) et art. 41 (accords *inter partes*).

droit des traités ? Quant à l'application des règles sur les relations entre droit interne et international, la primauté combinée avec l'effet direct des normes de l'Union conduit à une remise en cause des visions traditionnelles.

États, organisations régionales, organisations universelles ont donné naissance à une multiplicité d'ordres juridiques non coordonnés dont les champs d'application se recoupent fréquemment. Le choix de la règle applicable devient un enjeu contentieux. Ainsi, si l'on se fonde sur la Charte sociale européenne, certaines mesures d'austérité grecques sont censurées tandis qu'à l'aune de la Convention européenne, elles ne peuvent être contestées (12). Le forum shopping devient de ce fait un élément essentiel de toute stratégie contentieuse. Dans ce contexte, les points d'intersection entre systèmes sont déterminants puisqu'ils permettront d'identifier les voies ouvertes à un requérant avant de passer à l'examen des règles de fond applicables afin de choisir l'ordre juridique qui lui est le plus profitable.

Pour lever ce doute, le juge a fait son devoir au fil des affaires dont il a été saisi (13). Une suite d'interventions unilatérales en provenance de différents systèmes juridictionnels a tenté d'apporter des solutions. Mais, dans la mesure où chaque juge se prononce au regard de l'instrument dont il tire sa compétence, l'absence de convergence des solutions n'est guère surprenante. Cependant, comme nul n'a souhaité interrompre le cours des planètes, les confrontations sont restées toutes théoriques et à travers un dialogue nourri de concepts prétoriens apparemment contradictoires, des solutions concrètes ont pu être dégagées. La survie du système doit beaucoup à la tolérance et à l'ouverture réciproque des juridictions nationales et européennes. Dans ce contexte, les difficultés dans les rapports entre systèmes ont affecté principalement le droit constitutionnel national, le droit de l'Union, la Conv. EDH et la Charte des Nations unies.

SECTION 1. – LES CONFLITS ENTRE LES CONSTITUTIONS NATIONALES ET LE DROIT DE L'UNION : UNE DIVERGENCE FONDAMENTALE D'APPRÉCIATION

La question des rapports entre la législation nationale et le droit de l'Union est l'un des classiques des études juridiques et ne mérite pas de développements particuliers. Par des chemins différents, selon les États, et avec une

(12) Comparer Comité des droits sociaux, déc. sur le bien-fondé, 31 janv. 2012, *IRA-ETAK et Grece* et CEDH, 1re Sect., déc., 7 mai 2013, *Koufaki et Grèce*.

(13) La question est distincte de celle de la reprise de concepts tirés d'un autre système juridique. Cette convergence conceptuelle entre des juges de différents États n'altère en rien le caractère national de chaque système. V. le discours de G. Zagrebelsky à l'occasion du cinquantième anniversaire de la Cour constitutionnelle italienne et plus particulièrement ses réflexions sur le « droit cosmopolite », www.cortecostituzionale.inita:attiviracorte. Ce dont il est question ici, c'est de position réciproque, hiérarchie ou non, de différents ordres juridiques.

sécurité juridique plus ou moins grande, la primauté du droit de l'Union sur la loi nationale antérieure et postérieure a fini par s'imposer (14). En elle-même, la démarche qui conduit le juge national à reconnaître la primauté du droit de l'Union sur la loi antérieure et postérieure n'a rien d'extraordinaire, car elle trouve son fondement dans le droit constitutionnel national qu'il s'agisse d'une clause classique sur la suprématie des traités internationaux ou d'une clause plus spécifique relative à l'appartenance de l'État à une organisation dite supranationale. Dans tous les cas la primauté trouve un appui dans la Constitution. En revanche, les conflits entre le droit de l'Union et le droit constitutionnel font appel à des solutions différentes en raison des démarches divergentes du juge de l'Union et du juge national.

A. – Des normes de référence distinctes

Tout juge agit dans le cadre d'un ordre juridique dont les règles s'imposent à lui. Il ne saurait reconnaître la primauté à des normes issues d'un autre ordre à moins d'être habilité à le faire par son propre ordre juridique. Gardien de la primauté du droit, sa légitimité est fondée sur son ordre constitutionnel propre. Certes, dans ce cadre, il dispose d'une marge d'interprétation et rien ne lui interdit de s'inspirer de concepts tirés d'autres systèmes juridiques pour peu que ceux-ci soient compatibles avec la structure et les principes de son propre système. Mais il appliquera ces concepts en tant qu'éléments de l'ordre juridique dont il est le gardien et non en qualité de règles issues d'un ordre étranger. L'indispensable fertilisation croisée des systèmes juridiques ne supprime pas les barrières entre ceux-ci. Elle peut cependant se révéler utile pour éviter les conflits.

Cependant, chaque juge apprécie la validité des normes en fonction de ses règles constitutionnelles. Il en résulte qu'il ne peut apprécier la validité de normes en provenance d'un autre ordre juridique. La Cour constitutionnelle allemande ne peut annuler une norme du droit de l'Union, elle peut tout au plus s'opposer à son application en Allemagne. De même, la Cour de justice peut estimer qu'une norme nationale viole le droit de l'Union, mais elle ne peut l'annuler. Tout au plus, elle indiquera au juge national qu'il ne peut l'appliquer, laissant à celui-ci le soin de décider de sa validité en fonction des règles nationales sur les rapports entre ordres juridiques. En cas de refus des autorités nationales, la solution se trouvera dans la mise en œuvre de la procédure de manquement. Le problème de l'incompatibilité entre des normes venues d'ordres juridiques différents ne se résout pas dans des appréciations de validité, mais dans l'inopposabilité des normes incompatibles. Dans ce contexte, tant la Cour de justice de l'UE (CJUE) que les cours constitutionnelles nationales voient la primauté d'un point de vue différent puisqu'elles statuent en fonction de normes de référence différentes.

(14) V. J. V. LOUIS et T. RONSE, *L'ordre juridique de l'UE*, Bruylant, Bruxelles, 2005.

1. – *La primauté vue de Luxembourg*

L'affirmation de la primauté du droit de l'Union par la Cour de justice n'est dès lors guère surprenante. Chargé par l'article 220 du CE, devenu l'article 19 du Traité sur l'UE (TUE), d'assurer « le respect du droit dans l'interprétation et l'application du traité », la Cour de justice ne pouvait se soustraire à cette exigence. Même dans le cadre du droit international général, le juge international ne saurait reconnaître d'autre principe que celui de la primauté du droit international sur le droit interne sous peine de nier toute valeur au droit international et au principe *pacta sunt servanda*, qu'il est chargé de faire respecter.

La primauté n'est donc pas une caractéristique spécifique de l'ordre juridique de l'Union. Elle est le propre de tout ordre juridique qui, s'il n'affirme pas la primauté de ses normes, ne peut exister. La primauté est l'expression juridique de l'indépendance. Ceci n'implique pas un repli sur soi. Il est possible d'accueillir des normes venues d'un autre ordre juridique et même de leur accorder une certaine primauté, mais seulement sur la base d'une norme de sa propre « constitution ». En imposant la primauté, le juge de l'Union ne fait rien d'autre que d'affirmer l'existence de l'ordre juridique auquel il appartient. Par contre, le particularisme de l'Union réside dans la manière dont s'articulent les relations entre cet ordre et l'ordre national. En droit international classique, la gestion de ces relations relève principalement du droit interne (moniste ou dualiste) tandis qu'ici elle est réglée par le droit de l'Union. Mettant en œuvre des rapports interétatiques, le droit international laisse aux États le soin de fixer les modalités d'application des règles internationales à la seule condition qu'ils en assurent l'application effective. En cas de violation, il appartiendra à l'État de réparer la sanction pouvant éventuellement intervenir par le jeu de la réciprocité. Par contre, le droit de l'Union ne s'applique pas seulement aux rapports entre États membres, mais également dans les relations entre ceux-ci et particuliers, voire entre particuliers eux-mêmes (15). De ce fait, l'effet direct vient compléter la primauté. Dès lors, les mécanismes classiques du droit international ne permettent pas de répondre aux objectifs du traité puisque, par la « bilatéralisation » des rapports qu'il établirait, le jeu classique de la réciprocité-sanction porterait atteinte tant à l'unité du marché intérieur qu'aux droits que les particuliers tirent du traité (16). C'est d'ailleurs pour cette raison que le traité établit un système centralisé de sanction.

(15) Cette particularité se rencontre également dans les accords relatifs aux droits de l'homme, ce qui explique certaines de leurs spécificités, notamment l'existence d'un système de contrôle propre qui exclut en principe le jeu de la réciprocité. Elle n'a pas été reconnue par la Cour de justice aux règles de l'OMC.

(16) CJCE, arrêt, 9 mars 1978, *Simmenthal*, *Rec. CJCE*, p. 629.

Même si un tel système n'est pas fréquent dans la société internationale, il est loin d'être novateur puisque la Cour de justice ne peut annuler une législation nationale contraire au traité. Cependant, la Cour a su, par une utilisation habile des procédures offertes par le traité, arriver à un résultat équivalent. Certes la procédure de manquement qui devait être le moyen privilégié d'assurer le respect du droit de l'Union répond encore aux principes traditionnels dans la mesure où la constatation d'un manquement intervient au terme d'un processus qui implique les organes de l'État et se termine par un jugement déclaratoire. La mise en œuvre du jugement de manquement appartient aux autorités nationales sous peine de sanctions pécuniaires et de l'éventuelle mise en cause de la responsabilité de l'État à l'égard du particulier. Mais le schéma classique du droit international subsiste puisque l'ordre juridique national reste intangible, la réparation étant le seul remède. La novation vient de l'existence du système de renvoi préjudiciel. En effet, le recours préjudiciel en interprétation permet à la Cour de justice d'intervenir à titre préventif alors que la situation est encore *sub judice* au plan national. Le manquement éventuel n'est pas encore définitif et le juge national pourra y remédier en donnant suite à l'arrêt de la Cour. La mission d'appliquer la primauté est dans ce cas confiée au juge national qui devient le juge de droit commun du droit de l'Union. Cette solution limite la dramatisation des conflits puisque ceux-ci n'opposent pas un juge « étranger » aux autorités nationales, mais sont tranchés en dernier ressort par les autorités judiciaires nationales (17). Encore faut-il que celles-ci acceptent cette mission et écartent l'application des mesures nationales contraires au droit de l'Union. Pour ce faire, elles doivent trouver dans leur ordre juridique un titre pour effectuer cette tâche qu'il s'agisse d'une habilitation constitutionnelle mise en œuvre par la ratification des traités de l'Union, voire, dans des hypothèses plus rares, comme au Royaume-Uni d'une habilitation législative de portée générale.

La difficulté réside dans le fait que, dans la mesure où l'habilitation du juge national découle de la Constitution, elle peut difficilement permettre à celui-ci d'écarter l'application d'une norme constitutionnelle contraire au droit de l'Union (18). Or, pour la Cour de justice, la primauté ne peut qu'être absolue et

(17) En effet, les États membres ont, selon la Cour et en vertu du principe de coopération loyale consacré à l'article 10 (ex-5) du traité CE, l'obligation d'abroger la norme nationale incompatible avec le droit communautaire et, dans l'attente, de la laisser inappliquée (CE, arrêt, 24 mars 1988, aff. 104/86, *Commission c/ Italie*, *Lebon*, p. 1799). Cette obligation s'impose à toutes les autorités nationales, y compris les autorités locales ou régionales (CE, arrêt 22 juin 1989, aff. 103/88, *Fratelli Costanzo c/ Commune de Milano*, *Lebon*, p. 1839), et tout particulièrement au juge national. Comme le note la Cour dans l'arrêt *Simmenthal* : « Le juge national chargé d'appliquer, dans le cadre de sa compétence, les dispositions du droit communautaire a l'obligation d'assurer le plein effet de ces normes, en laissant au besoin inappliquée, de sa propre autorité, toute disposition contraire de la législation nationale, même postérieure, sans qu'il ait à demander ou à attendre l'élimination préalable de celle-ci par voie législative ou par tout autre procédé constitutionnel ».

(18) Le vieux principe fédéral « Bundesrecht bricht Landesrecht » ne trouve pas application dans ce cadre.

le droit constitutionnel national ne bénéficie pas d'une immunité particulière. Agir autrement permettrait aux États membres d'échapper à leurs obligations par une révision de la Constitution ou par une interprétation habile de celle-ci (19). Aussi, la jurisprudence de l'Union affirme-t-elle la primauté du droit de l'Union sur tout le droit interne quelle que soit sa nature (20). C'est ainsi que la primauté joue même en cas « d'invocations d'atteintes portées soit aux droits fondamentaux tels qu'ils sont formulés par la Constitution d'un État membre soit aux principes d'une structure constitutionnelle nationale ». Cette solution de principe n'a jamais été remise en cause. Ainsi, la mission impartie à la Cour de Luxembourg par le traité impose à celle-ci de faire prévaloir le droit de l'Union sur toutes les règles nationales, fussent-elles constitutionnelles.

L'affaire *Winnen Wetten* illustre bien cette situation (21). La loi bavaroise sur les paris avait été déclarée contraire à la loi fondamentale allemande. Cependant, la Cour constitutionnelle avait suspendu pendant une année l'effet de l'inconstitutionnalité afin d'éviter un vide juridique. Saisie de la même affaire, la Cour de justice de l'Union rappelle sa jurisprudence traditionnelle : « Il convient d'emblée de rappeler que, ainsi qu'il résulte d'une jurisprudence constante, en vertu du principe de primauté du droit de l'Union, les dispositions du traité et les actes des institutions directement applicables ont pour effet, dans leurs rapports avec le droit interne des États membres, de rendre inapplicable de plein droit, du fait même de leur entrée en vigueur, toute disposition contraire de la législation nationale (...). En effet, ainsi que l'a souligné la Cour, les règles du droit de l'Union directement applicables qui sont une source immédiate de droits et d'obligations pour tous ceux qu'elles concernent, qu'il s'agisse des États membres ou de particuliers qui sont parties à des rapports juridiques relevant du droit de l'Union, doivent déployer la plénitude de leurs effets, d'une manière uniforme dans tous les États membres, à partir de leur entrée en vigueur et pendant toute la durée de leur validité (...). Il ressort de même d'une jurisprudence constante que tout juge national, saisi dans le cadre de sa compétence, a, en tant qu'organe d'un État membre, l'obligation, par application du principe de coopération énoncé à l'article 10 du traité CE, d'appliquer intégralement le droit de l'Union directement applicable et de protéger les droits que celui-ci confère aux particuliers, en laissant inappliquée toute disposition éventuellement contraire de la loi nationale, que celle-ci soit antérieure ou postérieure à la règle du droit de l'Union ». Ceci implique que la

(19) Ainsi, la France, condamnée à plusieurs reprises pour violation des règles communautaires sur l'ouverture des périodes de chasse pour plusieurs espèces, pourrait échapper à une nouvelle condamnation en fixant dans sa constitution les périodes de chasse. Il est vraisemblable que, dans ce cas précis, elle trouverait une majorité parlementaire en ce sens.

(20) CJUE, 17 déc. 1970, aff. 11/70, *Internationale Handelsgesellschaft*, *rec.*, 1125 ; v. égal. ord., 22 juin 1965, aff. 9/65, *Acciaiere San Michele*, Rec., 1967, p. 35.

(21) CJUE, 8 sept. 2010, C-409/06, *Winnen Wetten*.

question de la suspension des effets de l'arrêt doit être décidée dans l'ordre juridique de l'Union et non par rapport à la jurisprudence de la Cour constitutionnelle. Même si, dans l'ordre interne allemand, la loi pouvait produire encore ses effets de manière transitoire, dans l'ordre de l'Union la primauté exige qu'il soit mis fin immédiatement à ses effets. Il ne s'agit pas d'un conflit entre deux ordres juridiques, mais l'évaluation d'une même norme au regard de normes de référence différentes. L'inconstitutionnalité d'une norme et sa conformité au droit de l'Union sont deux questions différentes qui s'apprécient au regard d'éléments de référence différents. C'est ce qui résulte d'un arrêt de la Cour de justice à propos de la situation de l'Autriche selon laquelle la Charte des droits fondamentaux avait reçu valeur constitutionnelle. Le juge autrichien demandait à la Cour de justice s'il devait soumettre la question de la conformité d'un acte interne à la Cour constitutionnelle autrichienne. La réponse de la Cour de justice est claire. L'appréciation de la conformité d'un acte interne à la Charte relève du seul juge national. L'appréciation interne de constitutionnalité ne saurait se substituer à l'examen au regard du droit de l'Union par le juge national et au besoin par la Cour de justice au moyen du renvoi préjudiciel (arrêt du 11 septembre 2014, *A contre B c. a.*, C-112/13).

Cette primauté ne s'applique pas seulement aux règles de fond, mais aussi aux règles procédurales. Dans l'affaire C-416/10 (22), la Cour suprême tchèque statuait sur renvoi de la Cour constitutionnelle. En application du droit national, elle devait rendre un arrêt conforme à la solution dégagée par la Cour constitutionnelle. Pouvait-elle, en cas de doute sur l'application correcte du droit de l'Union, saisir la Cour de justice d'un renvoi préjudiciel écartant ainsi la règle procédurale nationale relative à l'autorité des arrêts de la Cour constitutionnelle. Pour la Cour de justice, la réponse positive ne fait aucun doute : « Une règle de droit national, en vertu de laquelle les appréciations portées par une juridiction supérieure lient une autre juridiction nationale, ne saurait donc enlever à cette dernière la faculté de saisir la Cour de questions d'interprétation du droit de l'Union concerné par de telles appréciations en droit. Elle doit en effet être libre, si elle considère que l'appréciation en droit faite au degré supérieur pourrait l'amener à rendre un jugement contraire au droit de l'Union, de saisir la Cour des questions qui la préoccupent. (...) Les principes énoncés aux points précédents s'imposent de la même manière à la juridiction de renvoi s'agissant de la position juridique exprimée, dans la présente affaire au principal, par la juridiction constitutionnelle de l'État membre concerné dans la mesure où il résulte d'une jurisprudence bien établie qu'il ne saurait être admis que les règles de droit national, fussent-elles d'ordre constitutionnel, portent atteinte à l'unité et à l'efficacité du droit de l'Union ». Le principe de la primauté a été confirmé avec force par la Cour dans

(22) CJUE, 15 janv. 2013, aff. C-416/10.

l'arrêt *Melloni* à propos de l'application d'une norme constitutionnelle relative aux droits fondamentaux dégagée par le Tribunal constitutionnel espagnol au mandat d'arrêt européen. Pour la Cour de justice, dès lors qu'un acte de l'Union est conforme à la Charte des droits de fondamentaux de l'Union, il l'emporte sur toute règle constitutionnelle nationale contraire même si cette dernière offre une protection supérieure : « Il est, en effet, de jurisprudence bien établie qu'en vertu du principe de la primauté du droit de l'Union, qui est une caractéristique essentielle de l'ordre juridique de l'Union (v. 14 déc. 1991, avis 1/91, *Rec. CIJ*, p. I-6079, pt 21, et 8 mars 2011, avis 1/09, *Rec. CIJ*, p. I-1137, pt 65), le fait pour un État membre d'invoquer des dispositions de droit national, fussent-elles d'ordre constitutionnel, ne saurait affecter l'effet du droit de l'Union sur le territoire de cet État. »

2. – *Primauté et « contre-limites »* (23) *à l'aune des juridictions constitutionnelles nationales*

Cette vision de la primauté peut difficilement être acceptée par le juge national pour lequel la Constitution constitue la norme suprême dans son ordre juridique. À cet égard, la jurisprudence du Tribunal constitutionnel polonais paraît particulièrement représentative. Instance juridictionnelle suprême d'un État membre très sensible à la préservation d'une souveraineté récemment « recouvrée », mais également très au fait de la jurisprudence des cours constitutionnelles des anciens États membres, il adopte, sur les rapports entre droit de l'Union et Constitution, une position de principe qui reflète, au moins sur un plan théorique, celle de nombreux États membres bien que certains d'entre eux aient fait preuve d'une grande souplesse dans l'application pratique. Dans son arrêt du 11 mai 2005 relatif à l'adhésion de la Pologne à l'UE, il constate que l'adhésion est constitutionnellement fondée sur l'article 90, § 1 de la Constitution qui autorise « de céder en vertu d'un traité à une organisation internationale ou à un organisme international les compétences de pouvoirs publics sur des questions concrètes ». En vertu de cette habilitation coexistent sur le territoire polonais deux ordres juridiques autonomes soumis quant à leur validité à des juges distincts. Mais cette autonomie ne signifie pas une absence de rapports et n'exclut pas les conflits entre les normes créées au sein de chacun de ces ordres. Dans ce cas, la solution résulte de la primauté conférée au droit international, et en particulier au droit de l'Union, par la Constitution. Cependant, puisqu'elle est fondée sur la Constitution, cette primauté ne saurait jouer en cas de conflit entre le droit de l'Union et la Constitution. La primauté du droit de l'Union n'implique pas une primauté sur la Constitution. La Cour constitutionnelle reconnaît bien

(23) *L'expression « contre-limite » est issue de la doctrine italienne et vise les limitations mises à la primauté en droit interne.*

l'existence d'une obligation d'interpréter le droit national d'une manière favorable au droit de l'Union (24), mais cette obligation trouve ses limites lorsque le conflit concerne une disposition expresse de la Constitution. Dans ce cas, la Constitution fait obstacle à l'application du droit de l'Union. Il appartient alors au constituant de réviser la Constitution, voire au pouvoir politique d'engager une procédure de retrait de l'Union.

Dans son essence, cette démarche n'est pas fondamentalement différente de celle qui a été suivie à l'origine en Italie ou en Allemagne, mais il reste au juge polonais bien du chemin à faire pour aboutir au même résultat que celui atteint par les cours allemande et italienne au terme d'une longue réflexion (25). En effet, dans ces deux États, bien que l'on soit en présence de systèmes dualistes, la primauté est fondée sur la Constitution (26) et elle est également limitée par cette dernière (27). Sur ces bases, pour la Cour constitutionnelle italienne, la question de la compatibilité du droit interne avec le droit de l'Union n'est pas une question de constitutionnalité et il appartient

(24) « Le principe de l'interprétation du droit national "favorable au droit européen" que le Tribunal constitutionnel a jusque-là formulé dans sa jurisprudence à ses limites. En aucun cas, il ne peut entraîner des résultats contraires à la teneur explicite des règles constitutionnelles et contraires au minimum des fonctions de garantie réalisées par la Constitution. Notamment les règles de la Constitution en matière de droits et libertés des individus déterminent un seuil minimum et infranchissable qui ne peut être diminué ni mis en question suite à l'introduction de réglementations communautaires ». C'est pour cette raison que la Cour constitutionnelle polonaise a jugé contraire à la Constitution la loi transposant le mandat d'arrêt européen en ce qu'elle acceptait la remise des nationaux polonais contrairement à la Constitution qui interdit l'extradition des nationaux, contraignant ainsi la Pologne à réviser sa Constitution, arrêt du 27 avril 2005.

(25) Dans l'affaire pl. US 50/04, la Cour constitutionnelle tchèque va plus loin en indiquant que la délégation de pouvoirs accordée à l'UE n'est certes pas absolue puisqu'elle est fondée sur la Constitution, mais qu'elle ne peut être remise en cause qu'exceptionnellement : « (...) the delegation of a part of the powers of national organs may persist only so long as these powers are exercised in a manner that is compatible with the preservation of the foundations of state sovereignty of the Czech Republic, and in a manner which does not threaten the very essence of the substantive law based state (...) » (traduction vers l'anglais sur le site de la Cour constitutionnelle). La contre-limite est ici constituée par le « principe de l'État de droit démocratique ». L'affaire est intéressante, car elle portait sur la répartition des quotas de production de sucre entre producteurs nationaux, matière que la réglementation communautaire renvoyait aux autorités nationales. Or, les autorités nationales avaient reproduit un système de répartition que la Cour constitutionnelle avait jugé avant l'adhésion contraire au principe d'égalité. La Cour constitutionnelle estime que, puisque la mesure est nationale, elle est compatible tant avec le droit communautaire qu'elle met en œuvre qu'avec le droit constitutionnel national. En outre, le droit constitutionnel national lui-même doit être interprété en tenant compte du droit communautaire. Sur cette base, elle considère que la protection offerte par le droit communautaire n'étant pas d'un niveau moins élevé que celle garantie par le droit national, elle peut revenir sur sa jurisprudence antérieure et ne pas s'aventurer sur la *chin ice* de l'examen des incidences économiques des quotas au regard du principe d'égalité dans le cadre du contrôle abstrait de normes. Cela n'exclut pas bien entendu que les tribunaux ordinaires puissent se livrer à cette appréciation dans des cas concrets soulevés devant elles.

(26) Sur la base d'une interprétation généreuse de la Constitution puisque cette habilitation constitutionnelle ne devrait pas permettre la primauté sur la loi postérieure dans un système dualiste. Pour une critique, v. R. GUASTINI, « La primauté du droit communautaire : une révision tacite de la Constitution italienne », *Cah. Cons. const.*, n° 9. Sur l'évolution de la jurisprudence constitutionnelle italienne à ce propos, v. F. SALERNO, « Il neo-dualismo delle corte costituzionale nei rapporti tra diritto internazionale e diritto interno », *Rivista di diritto internazionale*, 2006, p. 340.

(27) Il n'est pas indispensable de revenir sur la jurisprudence développée par les deux juridictions constitutionnelles. Pour un examen approfondi, v. J. V. LOUIS et T. RONSE, *L'ordre juridique de l'UE*, *op. cit.*, p. 371 et s.

au juge ordinaire d'appliquer le droit de l'Union et, en cas de doute sur son interprétation, de saisir la Cour de justice des Communautés européennes (CJCE) (28). Cependant les juridictions allemande et italienne ont développé une théorie dite des « contre-limites » (29) afin de préserver la suprématie de certaines règles constitutionnelles qui tiennent au respect des droits fondamentaux et à la structure constitutionnelle de l'État (30). Bien entendu, la primauté ne joue que dans le cadre des compétences transférées à l'Union. Un acte de l'Union adopté *ultra vires* ne saurait primer sur une règle de droit interne. Dans ce cas, la question de la compétence devrait être tranchée en premier lieu par la Cour de justice, juge de la validité du droit de l'Union, mais il n'est pas exclu que la décision de la Cour soit portée en dernier ressort devant le juge constitutionnel national.

Bien que fondées sur des motifs différents, les décisions française et espagnole illustrent bien l'attitude actuelle de juridictions qui ont approfondi progressivement leur réflexion sur les rapports entre droit de l'Union et droit

---

(28) V. CJCE, arrêt, 8 juin 1984, *Granital*. La Cour constitutionnelle italienne a dû à cette occasion pousser jusqu'à l'extrême limite son interprétation de la Constitution.

(29) C'est toute la jurisprudence *Solange* de la Cour constitutionnelle allemande. Dans un premier temps, le Tribunal estimait qu'il pouvait contrôler la législation communautaire au regard des droits fondamentaux aussi longtemps que la Communauté ne disposerait pas d'un Parlement élu avec des pouvoirs législatifs et de contrôle et d'un catalogue de droits fondamentaux (BVerfGE 37, 29 mai 1974, *Solange I*). Cette position devait évoluer en 1986, compte tenu de l'évolution de la Communauté elle-même, puisque le Tribunal estimait que le niveau de protection des droits fondamentaux dans la Communauté était suffisant et renonçait à exercer son contrôle aussi longtemps que ce niveau resterait garanti (BVerfGE 73, 22 oct. 1986, *Solange II*). Dans son jugement rendu à propos du traité sur l'UE, le tribunal maintenait sa position, quoique de manière moins nette en ce qui concerne les droits fondamentaux, et ajoutait qu'il n'acceptait la primauté que pour autant que la Communauté agisse dans les limites de sa compétence, se réservant au-delà, d'exercer son contrôle (BVerfGE 89, 12 oct. 1993). Le tribunal maintenait donc en suspens une réserve relative aux droits fondamentaux et aux éventuels dépassements de compétence de la Communauté. Les doutes que pouvait susciter ce jugement en ce qui concerne les droits fondamentaux ont été levés dans un jugement du 7 juin 2000, *Bananes*, dans lequel le tribunal a précisé avec clarté la portée de la jurisprudence *Solange II* (BVerfGE, 2 *BuL* 1/97) : « (...) il est satisfait aux exigences constitutionnelles si la jurisprudence de la CJCE garantit, en général, face à la puissance publique communautaire, une protection effective des droits fondamentaux qui doit être respectée pour l'essentiel de la même façon que la protection des droits fondamentaux dont le Grundgesetz fait un impératif (...) les recours constitutionnels et les renvois préjudiciels effectués par des juridictions continuent d'emblée d'être irrecevables, si leur motivation ne démontre pas que le développement du droit européen qui comprend la jurisprudence de la CJCE, se situe en dessous du niveau requis de protection des droits fondamentaux fixe à la suite de la décision *Solange II* (...). »

(30) L'arrêt de la Cour constitutionnelle allemande sur le mandat d'arrêt européen (18 juill. 2005, 2 *BuR* 2236/04) dans lequel celle-ci déclare la loi allemande de mise en œuvre du mandat d'arrêt peut soulever certaines questions. Certes, la Cour prend soin de souligner le caractère particulier de la décision-cadre qui relève du troisième pilier et reproche au législateur de n'avoir pas usé des exceptions prévues par la décision-cadre, ce qui implique que cette dernière n'est pas en elle-même contraire à la Loi fondamentale en ce qui concerne l'extradition des nationaux. La loi fondamentale n'interdisait pas l'extradition des nationaux, mais la subordonnait au respect de la règle de droit. La décision polonaise sur le même sujet est également intéressante puisque, même en utilisant les exceptions prévues par la décision-cadre, la loi polonaise enfreignait l'absolue prohibition constitutionnelle d'extradition des nationaux (arrêt, 27 avr. 2005). La décision polonaise comporte d'ailleurs une interprétation légèrement distordue du droit communautaire. V. J. KROMAREK, « European Constitutionalism and the European Arrest Warrant: Contrapunctual Principles in Disharmony », *Jean Monnet Working Paper*, 10/05, NYU School of Law.

constitutionnel. Dans sa décision du 10 juin 2004 rendue à propos de la loi pour la confiance dans l'économie numérique (déc. n° 2004-496 DC), le Conseil constitutionnel confirme l'immunité juridictionnelle du droit dérivé (31). Dans cette affaire, les auteurs de la saisine invoquaient l'inconstitutionnalité de dispositions de la loi de transposition d'une directive de l'Union. Pour le Conseil, l'obligation de respecter le droit de l'Union découle de l'article 88-1 de la Constitution française sur la participation de la France à l'Union. En vertu de cette disposition constitutionnelle, le législateur doit respecter le droit de l'Union lorsqu'il transpose une directive. Il n'appartient donc pas au Conseil de se prononcer sur la constitutionnalité de la loi de transposition. Seul le juge de l'Union pourrait vérifier si la directive respecte les limites de la compétence de l'Union et les droits fondamentaux. Le juge constitutionnel français ne pourrait intervenir que dans deux cas. Tout d'abord, dans le cadre de sa marge d'appréciation, le législateur national peut aller au-delà de ce que lui impose la directive (32). Dans la mesure où il exerce alors un pouvoir propre qui n'est pas lié par le droit de l'Union, le contrôle de constitutionnalité s'exerce normalement. Ensuite, l'hypothèse d'une contrariété entre la directive et une disposition constitutionnelle expresse est réservée. En effet, la portée de l'habilitation tirée de l'article 88-1 doit être interprétée à la lumière des autres dispositions de la Constitution. Si ces dispositions n'ont pas été modifiées, c'est qu'elles devaient continuer à s'appliquer. Certes les hypothèses de conflits devraient être rares. D'éventuels conflits avec le principe de laïcité ou avec le principe d'égalité ont été évoqués, mais, compte tenu des compétences de l'Union, ils sont peu probables. L'évolution de la formulation de cette limite dans la décision sur la loi relative au droit d'auteur et aux droits voisins est particulièrement intéressante (33). En effet, le Conseil constitutionnel abandonne la référence aux « dispositions expresses » pour lui substituer celle de règle ou de principe « inhérent à l'identité constitutionnelle de la France ». Ce faisant, il aligne sa position sur celles des juges constitutionnels italien ou espagnol, mais surtout sur l'article I-5 de la Constitution pour l'Europe, reprise à l'article 4, § 2 du traité sur l'UE. Compte tenu des délais qui lui sont impartis pour rendre sa décision, le Conseil constitutionnel ne peut que sanctionner les incompatibilités manifestes entre une loi et une directive de l'Union, aussi, pour le reste, renvoie-t-il au juge ordinaire qui dispose de la possibilité d'adresser une demande préjudicielle à la Cour de justice. Cette main rendue a été saisie par le Conseil d'État dans son arrêt d'Assemblée du 8 février 2007, *Société Arcelor Atlantique et*

(31) V. not. parmi une abondante bibliographie les différents commentaires de J. ROUX, A. LEVADE, J.-P. CAMBY, *RDP*, 2004, p. 878 et s. et le commentaire de J.-F. KOVAR, *RTD eur.*, 2004, p. 580.

(32) Encore que s'il s'agit d'une mesure de mise en œuvre du droit communautaire, elle devra également être conforme à celui-ci.

(33) Déc. 27 juill. 2006, n° 2006-540 DC. V. le commentaire de F. CHALTIEL, « Nouvelle précision sur les rapports entre le droit constitutionnel et le droit communautaire », *RFDC*. 2006, p. 837.

Lorraine. Saisi de la question de la conformité à la Constitution d'un décret de transposition d'une directive, le Conseil estime d'abord devoir rechercher s'il existe une règle ou un principe général de droit de l'Union de nature à assurer le respect de la règle constitutionnelle et, en cas de doute de saisir la Cour. Ce n'est qu'en l'absence d'une règle ou d'un principe de droit de l'Union qu'il examinera la constitutionnalité de la mesure d'application. La portée de l'arrêt devrait être précisée par la jurisprudence ultérieure, car elle dépend beaucoup de l'appréciation par le Conseil d'État de ce qu'est une protection effective (équivalente ?) d'une règle constitutionnelle par le droit de l'Union de même que de la détermination des règles et principes constitutionnels auxquels le droit de l'Union n'offrirait aucune protection. Par contre, en l'absence d'une protection effective parce que le droit de l'Union ne contiendrait pas un principe équivalent aux principes constitutionnels nationaux ou parce qu'il lui donnerait une portée différente, le Conseil d'État appliquerait la Constitution. Malgré une volonté indéniable de coopération, le Conseil d'État français reste encore loin de la présomption « quasi irréfragable » qui résulte de la doctrine *Solange* après l'arrêt *Bananes* et reste plus proche de la jurisprudence *Bosphorus* de la CEDH (34). En tout cas, s'agissant du Conseil constitutionnel, s'il s'efforce de donner toute sa place au droit de l'Union, il fonde bien entendu la primauté sur la Constitution et plus particulièrement son article 88-I et non sur quelque vertu qui serait propre à l'ordre juridique de l'Union (35).

À cet égard, l'analyse du Tribunal constitutionnel espagnol dans sa déclaration du 13 décembre 2004 rendue à propos de la Constitution européenne témoigne d'une plus grande ouverture qui rejoint celle du juge allemand. Le droit de l'Union s'intègre dans le droit national en application de l'article 93 de la Constitution espagnole. Bien que cet article soit silencieux en ce qui concerne les « contre-limites », les transferts de compétences à l'Union sont limités par le respect des structures constitutionnelles de base et des systèmes de valeurs et de principes fondamentaux consacrés dans la Constitution. Dans ces limites, la primauté du droit de l'Union ne porte pas atteinte à la suprématie de la Constitution puisqu'elle est fondée sur celle-ci. Dès lors, dans le champ de compétences propre à l'Union, le droit national ne trouve pas à s'appliquer en vertu de la Constitution. Le principe de primauté

---

(34) Le commissaire du gouvernement Guyomar prend clairement position en ce sens : « Nous récusons toute solution qui risquerait d'être regardée comme engageant, à l'échelon de la Communauté européenne, la *guerre des juges*. »

(35) F. Picod, « Le contrôle de constitutionnalité des actes de droit dérivé dans l'UE », *Cab. Cons. const.*, n° 18 ; B. Mathieu, *Le Conseil constitutionnel conforte la construction européenne en s'appuyant sur les exigences constitutionnelles nationales*, Dalloz, 2004, p. 1739 ; J. Roux, « Le Conseil constitutionnel, le droit communautaire dérivé et la Constitution », *AJDA*, 2004, p. 1537 ; B. Genevoix, « Le Conseil constitutionnel et le droit dérivé », *RFDA*, 2004, p. 651 : d'une manière plus générale, sur les rapports de système en France, v. T. Olson et P. Cassia, *Le droit international, le droit européen et la hiérarchie des normes*, PUF, coll. « Droit et justice », 2006.

constitue l'instrument qui permet de choisir, entre deux normes également valides, la norme applicable selon que l'on se situe ou non dans le champ des compétences de l'Union (36).

Dans son arrêt du 30 juin 2009 sur le traité de Lisbonne, la Cour constitutionnelle allemande confirme sa vision traditionnelle et l'explicite. L'intégration européenne est possible tant que l'Union ne se voit pas accorder, selon la formule allemande la compétence de la compétence, c'est-à-dire du droit de décider elle-même de la répartition des compétences entre les États membres et elle. À cette fin, elle ne dispose que de compétences d'attribution et la Cour constitutionnelle peut exercer un contrôle en cas d'actes pris en dehors de ces compétences (*ultra vires*). Enfin, l'Union doit respecter l'identité constitutionnelle allemande telle qu'elle se traduit dans le noyau dur de la constitution au sein duquel le principe de démocratie. Cela implique un contrôle démocratique allemand sur certains aspects de l'intégration qui touchent à l'identité allemande. « L'unification de l'Europe sur la base d'une union conventionnelle d'États souverains régie par des traités ne saurait cependant être réalisée de manière telle qu'il ne resterait plus dans les États membres de marge d'action politique suffisante à l'égard de la vie économique, culturelle et sociale. Ceci vaut notamment pour les matières qui marquent les conditions de vie des citoyens, notamment leur espace privé – protégé par les droits fondamentaux – de sécurité personnelle et sociale et dans lequel ils mènent leur vie sous leur propre responsabilité. Ceci vaut également pour les décisions politiques dont la prise nécessite de manière particulière la compréhension préalable d'aspects culturels, historiques ou linguistiques particuliers et qui, dans un espace marqué par le régime parlementaire et par les partis politiques, se développent de manière discursive face au public politique. Font entre autres partie des domaines essentiels d'action démocratique le régime de la nationalité, le monopole de la force civile et de la force militaire, les recettes et les dépenses, y compris le recours à l'emprunt, ainsi que les restrictions les plus importantes dans le cadre de la réalisation des droits fondamentaux, notamment en ce qui concerne les restrictions les plus intenses comme la privation de la liberté prononcée par la justice pénale ou dans le cadre d'un internement. Font également partie de ces domaines matériels d'importance des questions culturelles comme l'utilisation de la langue, la réglementation relative à la famille et à l'éducation, le régime de la liberté d'opinion, de la liberté de la presse et de la liberté de

(36) Nous avions tenté de soutenir cette vision, sans grand succès il est vrai, il y a bien des années, v. not. « À propos de la guerre des juges, accords et désaccords entre le juge français et la Cour de justice des Communautés », *Rev. adm. Est*, 1981, p. 5, v. plus particulièrement p. 29. Sur la déclaration du tribunal espagnol, v. A. DEL VALLE GALVEZ, « La déclaration du Tribunal Constitutional du 13 décembre 2004 », *Cah. dr. eur.*, 2005, p. 705 ; L. BURGORGUE-LARSEN, « La déclaration espagnole du 13 décembre 2004 (DTC n° 1/24) : "Un *Solange II* à l'espagnole" », *Cah. Cons. const.*, n° 18 : T. PAPADIMITRIOU, « Constitution européenne et constitutions nationales : l'habile convergence des juges constitutionnels français et espagnol », *Cah. Cons. const.*, n° 18.

réunion, ou encore l'approche relative aux convictions religieuses ou philosophiques ». On notera l'ampleur des questions qui relèveraient de l'identité constitutionnelle nationale ce qui laisse un large pouvoir d'appréciation à la Cour constitutionnelle allemande.

Quel que puisse être le degré d'ouverture des juges constitutionnels des États membres à l'égard du droit de l'Union, leur mode de réflexion est identique. La primauté du droit de l'Union trouve sa source dans la Constitution nationale. Elle ne saurait donc jouer contre certaines règles de celle-ci. Les variations portent sur les règles protégées toutes les dispositions expresses ou les principes structurels et les droits fondamentaux. Mais en général, les contre-limites portent sur le respect des droits fondamentaux, des structures constitutionnelles nationales, de certaines règles constitutionnelles fondamentales, certains de ces éléments pouvant être compris dans le concept plus large d'identité constitutionnelle nationale. Bien entendu, comme le précisait, sans doute inutilement, le traité constitutionnel, la primauté ne joue que dans le champ des compétences de l'Union, c'est la question de l'*ultra vires* soulignée par la Cour constitutionnelle allemande (37). Enfin, un progrès récent et important a été accompli par la Cour constitutionnelle autrichienne, rendue en matière d'asile, qui a constitutionnalisé la Charte des droits fondamentaux de l'Union tout au moins en ce qui concerne la mise en œuvre du droit de l'Union même dans des situations purement internes. On est en présence d'une incorporation de la Charte dans le droit constitutionnel national. Une mesure nationale de mise en œuvre contraire à la Charte ne sera pas seulement contraire au droit de l'Union, mais inconstitutionnelle (38). En effet, dans la quasi-totalité des États membres, une mesure peut être conforme à la Constitution et contraire au droit de l'Union ou l'inverse. C'est cette situation qui a soulevé des difficultés en Belgique et en France à propos de la question prioritaire de constitutionnalité. Faut-il résoudre d'abord le problème de constitutionnalité ou celui de contrariété avec le droit de l'Union. La Cour de justice de l'Union a manifesté une certaine ouverture envers les procédures nationales à condition qu'elle ne porte atteinte ni au droit du juge national d'effectuer à tout moment un renvoi préjudiciel à Luxembourg ni à celui d'adopter des mesures provisoires en vue notamment de suspendre provisoirement l'application de la mesure nationale (39). De même, dans certains cas, il appartient d'abord de régler les éventuels conflits dans le cadre de l'Union avant de s'interroger sur la question de la constitutionnalité. Dans une ordonnance du 28 octobre 2011, à propos de la question de savoir si une directive laissait une marge d'appréciation au législateur national, la Cour rappelle au

(37) Si la Cour constitutionnelle allemande ne s'est jamais trouvée en situation de faire jouer la doctrine de l'*ultra vires*, ce n'est pas le cas de la Cour constitutionnelle tchèque qui a refusé sur cette base de donner suite à un arrêt en renvoi préjudiciel de la Cour de justice (31 janv. 2012, PL-US 5/12).

(38) Verfassungsgerichtshof, U 466/11-18 U 1836/11-13, 14 mars 2012.

(39) 21 juin 2010, C-288/10. *Melki*.

juge national qu'il a le devoir, avant de poser une question de constitutionnalité, de saisir la Cour de justice afin de déterminer s'il existe ou non une marge d'appréciation.

B. – Les tentatives de conciliation par le dialogue des juges

L'étude de la jurisprudence de la Cour de justice et de celle des juridictions nationales révèle l'existence de présupposés théoriques antagonistes quant à la source de la primauté et le rang du droit constitutionnel national. Dans tous les États membres, il existe, pour reprendre la formule italienne, des « contre-limites » (40). C'est sur l'étendue de celles-ci que des divergences entre cours nationales pourraient se faire jour. Il est vrai qu'importante dans l'abstrait cette question l'est moins dans la réalité. En ce qui concerne les règles constitutionnelles auxquelles le droit de l'Union serait concrètement susceptible de porter atteinte, il est peu probable, compte tenu des compétences attribuées à l'Union, qu'un conflit soit possible avec les dispositions constitutionnelles relatives à la structure institutionnelle des États. Le problème le plus préoccupant est celui d'un conflit qui porterait sur les droits fondamentaux au sens large, c'est-à-dire en incluant les garanties qui découlent de la citoyenneté.

L'opposition conceptuelle sur la primauté aurait pu générer de nombreux conflits. Or, jusqu'à présent, il n'en a rien été malgré quelques alertes. Cette coexistence des systèmes est due à la modération réciproque des acteurs. Comme le souligne à juste titre le juge Tizzano : « (...) Tout le système tend à la recherche de points de convergence – et parfois même de compromis – entre les diverses instances juridictionnelles. (...) Il est en fait vrai que chacune d'entre elles est liée à un principe identitaire ainsi qu'à une cohérence intrinsèque qui lui est propre ; mais il est tout aussi vrai que jusqu'à présent, elles ont toutes fait preuve de grande sensibilité aux exigences globales du système et à son harmonie » (41). Cependant, sans négliger le rôle primordial joué par la coopération entre juges, l'absence de conflits majeurs est également due à d'autres facteurs.

1. – *L'attitude conciliatrice prise tant par les autorités de l'Union que nationales*

– Sur un plan national, la prévention des conflits naît avant tout des précautions prises avant la ratification des révisions successives des traités. La vérification par le juge constitutionnel, dans les États qui le permettent, de la compatibilité entre la Constitution nationale et les traités ainsi que les

(40) L'Estonie a intégré les contre-limites dans sa Constitution sous la forme d'une clause constitutionnelle défensive qui subordonne l'appartenance à l'Union aux principes fondamentaux de la Constitution de la république d'Estonie (amendement à la Consc., 14 sept. 2003, entré en vigueur de 14 déc. 2003, art. 1).

(41) « La protection des droits fondamentaux en Europe et les juridictions constitutionnelles nationales », *Rev. dr. UE*, 2006, p. 9.

révisions constitutionnelles afin de supprimer d'éventuelles incompatibilités permet d'éradiquer les causes de conflits. De son côté, le législateur de l'Union est très attentif aux arguments d'inconstitutionnalité qui sont soulevés par les États membres au cours du processus législatif. Alors qu'il pourrait se réfugier derrière la primauté du droit de l'Union et négliger de telles préoccupations, il s'efforce au contraire d'adopter une attitude conciliatrice. Certes, une approche *a priori* n'est pas une garantie absolue, car les interprétations des dispositions constitutionnelles peuvent évoluer. De plus, tout juriste sait que l'ingéniosité des avocats peut faire apparaître des conflits sur des questions qui semblaient à première vue anodines. En outre, les conflits ne naissent pas seulement à propos du droit primaire, mais aussi du droit dérivé dont le contenu ne peut bien entendu pas être évalué au moment de la conclusion du traité.

– En deuxième lieu, une communauté de valeurs s'est établie entre les États membres et l'Union, ce qui limite les potentialités de conflits. Suite à la jurisprudence de la Cour constitutionnelle allemande, le développement de la protection des droits fondamentaux dans l'Union d'abord par la voie jurisprudentielle, puis par leur insertion dans le traité et enfin par l'adoption d'une Charte des droits fondamentaux, qui confirme l'existence d'un consensus sur une liste de droits, a consacré l'existence de valeurs partagées. La Cour constitutionnelle allemande en a tiré les conséquences, dans son arrêt *Bananes*, en limitant considérablement les possibilités de recours fondé sur les droits fondamentaux. Il est vrai que l'évolution du droit de l'Union initiée en ce domaine par la Cour de justice n'était pas gratuite. En allant à la rencontre des préoccupations du juge constitutionnel allemand, la Communauté préservait la primauté du droit de l'Union et son application uniforme.

– En troisième lieu, comme le note le juge Tizzano, la modération réciproque des instances de l'Union et nationales a joué un rôle essentiel. En effet, si les juges nationaux ont posé des « contre-limites » à la primauté, ils n'ont jamais fait jouer celles-ci et ont su. Comme les Cours allemande ou italienne, faire preuve de souplesse. Ainsi, la Cour constitutionnelle allemande a été amenée à se prononcer sur une éventuelle action *ultra vires* de l'Union à propos de la discrimination sur la base de l'âge. Dans son arrêt *Mangold* (42), la Cour de justice avait été amenée à imposer à l'Allemagne le respect d'une directive antidiscrimination avant que le délai de transposition ne soit expiré. Cette position fut justifiée par le fait que la directive ne faisait que mettre en œuvre un principe général de non-discrimination lequel s'imposait donc indépendamment de la transposition. Cette affaire avait provoqué en Allemagne de vives critiques contre la Cour de justice dont on estimait qu'elle avait excédé les compétences de l'Union en reconnaissant un principe

(42) Arrêt, 2 nov. 2005, aff. C-144/04, *Mangold*.

général du droit. La Cour constitutionnelle allemande a considéré qu'il s'agissait en l'espèce d'une interprétation du droit de l'Union qui n'avait pas pour effet d'étendre les compétences de l'Union, mais simplement de soumettre le droit national tombant dans le champ d'application du droit de l'Union au respect des principes généraux du droit. Ce faisant, elle adoptait une vision très restrictive de la contre-limite relative à l'*ultra vires* (43). Ceci n'empêche pas la Cour d'avertir préventivement l'Union de risques d'éventuels conflits comme elle l'avait à propos de la jurisprudence *Akerberg* Fransson qui, selon elle, pourrait constituer un cas d'*ultra vires* si elle était généralisée (44). Mais la prudence a prévalu à propos de la rétention des données des communications téléphoniques ou informatiques, les Cours constitutionnelles qui se sont saisies de l'affaire n'ont pas mis en cause le droit de l'Union, mais les lois nationales de transposition alors même qu'ultérieurement la Cour de justice, saisie à titre préjudiciel, devait constater l'invalidité de la directive (45). De toute façon, dans son arrêt sur le traité de Lisbonne, la Cour constitutionnelle allemande souligne qu'il ne lui appartient pas de se prononcer sur la légalité du droit de l'Union, mais le cas échéant de s'opposer à l'application de celui-ci, ce qu'elle ne ferait qu'après que la Cour de Luxembourg se soit prononcée sur ce point. On n'est donc jamais en présence d'un rapport de hiérarchie, mais de reconnaissance d'une norme dans un autre ordre juridique que celui dont elle est issue.

– De son côté, la Cour de justice de l'Union a adopté une attitude constructive. Ainsi, dans l'affaire *Kreil* qui mettait en cause une disposition constitutionnelle allemande prohibant l'emploi des femmes dans des unités militaires armées, elle a su observer une certaine réserve. Certes, elle a rappelé le principe de non-discrimination dans l'accès à l'emploi, mais s'est bien gardée d'envenimer la situation en évitant tout prononcé théorique sur un conflit éventuel entre une norme constitutionnelle nationale et le traité (46). De leur côté, les autorités allemandes ont tiré les conséquences de l'arrêt dans

(43) Pour la Cour constitutionnelle, le contrôle de l'*ultra vire* ne peut intervenir que dans l'hypothèse où les organes et institutions européens enfreignent les limites de leur compétence de façon suffisamment caractérisée, ce qui serait le cas si la violation des compétences par les autorités de l'Union était manifeste et si l'acte attaqué provoquait une modification structurelle notable dans l'équilibre des compétences entre l'Union et les États membres, au détriment de ces derniers. Elle ajoute que le contrôle doit être exercé avec retenue et en tenant compte des méthodes d'interprétation du droit de l'Union. En tout état de cause, avant de se prononcer dans un tel cas, il conviendrait de saisir la Cour de justice de l'Union par la voie préjudicielle, Bundesverfassungsgericht (2. Sénat), ord. 6 juill. 2010, 2 *BuR* 2661/06, *Mangold-Urted EuGH*, Honeywell.

(44) « As part of a cooperative relationship, this decision must not be read in a way that would view it as an apparent *ultra vires* act or as if it endangered the protection and enforcement of the fundamental rights in the member states in a way that questioned the identity of the Basic Law's constitutional order. The Senate acts on the assumption that the statements in the ECJ's decision are based on the distinctive features of the law on value-added tax and express no general view. The Senate's decision on this issue was unanimous », 24 April 2013, 1 *BVR* 1215 07.

(45) Arrêt, 8 avr. 2014. C-293/12 et C-514/12, *Digital Rights Ireland Ltd.*

(46) Arrêt, 11 janv. 2000, aff. C-285/98.

l'ordre interne. Mais, plus encore, la Cour de justice a utilisé toutes les possibilités offertes par le droit de l'Union pour désamorcer d'éventuels conflits. Dans l'affaire *Schmidberger*, la Cour de justice devait se prononcer sur une mesure nationale autorisant une manifestation qui avait eu pour conséquence de porter atteinte à la libre circulation des marchandises sur l'autoroute du Brenner. L'affaire concernait donc un conflit entre la liberté de circulation, garantie par le traité, et le droit à la libre expression et à la manifestation, garanti, notamment, par la Constitution autrichienne, mais aussi par le droit de l'Union (47). Ce conflit entre l'une des quatre libertés fondamentales de l'Union et les droits fondamentaux a été résolu par une mise en balance des intérêts en présence, en tenant compte du large pouvoir d'appréciation, des autorités nationales. En l'espèce, la restriction aux échanges intracommunautaires n'était pas disproportionnée par rapport à l'objectif légitime de protection des droits fondamentaux (48). La Cour est allée plus loin encore à la rencontre des États membres dans l'affaire *Omega* qui mettait en cause le respect de la dignité humaine en Allemagne. La République fédérale estimait que l'organisation de jeux de tir au pistolet laser sur des êtres humains portait atteinte à la dignité humaine et était de ce fait contraire à l'ordre public. Le respect de la dignité humaine est protégé par le droit de l'Union (49), mais la conception extensive allemande de la dignité n'était pas partagée par les autres États membres lesquels ne voyaient aucun problème dans ce type de jeux. Dès lors, la Cour devait déterminer si une restriction à la libre prestation de services fondée sur une conception purement nationale d'un droit fondamental garanti par le droit de l'Union était admissible. Elle admet que la conception de l'ordre public (50) peut varier d'un État à l'autre et que les États membres disposent en ce domaine d'une marge d'appréciation soumise à un contrôle de proportionnalité : « Il n'est pas indispensable (...) que la mesure restrictive édictée par les autorités d'un État membre corresponde à une

(47) Or le droit de l'Union impose le respect des droits fondamentaux garantis par l'article 6 du TUE aussi bien aux autorités de l'Union qu'aux États membres dans le champ d'application du droit communautaire. Aussi le fait que le droit fondamental en cause soit également reconnu par le droit de l'Union a facilité la solution du litige puisqu'en fait, l'Autriche n'avait fait qu'appliquer un droit garanti par le droit de l'Union dans la mise en œuvre d'une liberté garantie par le traité, en l'occurrence la libre circulation des marchandises.

(48) Arrêt, 12 juin 2003, aff. C-112/00 ; on lira avec intérêt les conclusions de l'avocat général Jacobs qui souligne qu'il s'agit dans le cas présent de protéger un droit fondamental reconnu par le droit communautaire et qui doute qu'une telle protection puisse être accordée à n'importe quel droit fondamental garanti en droit national : « On peut toutefois imaginer un instant un ordre juridique (purement hypothétique) d'un État membre qui reconnaisse expressément le droit fondamental d'être protégé contre la concurrence déloyale d'autres firmes et, en particulier, de firmes établies à l'étranger ou une jurisprudence admettant un tel droit comme un aspect du droit fondamental de libre activité économique, ou le droit fondamental de libre propriété (...) On ne saurait donc exclure automatiquement qu'un État membre qui invoque la nécessité de protéger un droit reconnu comme fondamental par le droit national n'en poursuit pas moins un objectif qui doit être considéré comme illégitime au regard du droit communautaire. »

(49) Arrêt, 9 oct. 2001, aff. C-377/98, *Pays-Bas c/ Parlement es Conseil.*

(50) Fondement de la restriction sur la base de l'art. 46 CE.

conception partagée par l'ensemble des États membres en ce qui concerne les modalités de protection du droit fondamental (...) en cause » (51). De la sorte, les interprétations nationales des droits fondamentaux peuvent être protégées. Alors justement que l'introduction du droit de retrait de l'Union offre une sortie à des situations dans laquelle les contraintes de l'Union seraient perçues comme intolérables au regard de la souveraineté nationale.

2. – *Les avancées opérées par le traité de Lisbonne*

Mais cette alchimie jurisprudentielle n'offre pas toujours la certitude juridique recherchée par le justiciable et il est essentiel que les rapports de système soient réglés par le constituant. À cet égard, le traité établissant une Constitution pour l'Europe permettait d'utiles clarifications comme l'ont d'ailleurs constaté certaines juridictions constitutionnelles. En ce qui concerne les rapports de systèmes, la Constitution tentait de concilier l'approche de l'Union et l'approche nationale en reconnaissant la primauté du droit de l'Union, mais en l'assortissant de limitations inspirées des « contre-limites » établies par les juridictions constitutionnelles. Puisqu'il n'existait pas de réel besoin de réaffirmer une primauté qui existe nonobstant toute constitutionnalisation, l'aspect novateur du texte se trouve dans les limites qui sont apportées au jeu de cette primauté. L'article I-6 de la Constitution précisait que la primauté ne jouait que dans le cadre des compétences de l'Union, indication qui juridiquement n'est pas indispensable puisqu'en vertu de principe d'attribution, tout acte de l'Union adopté *ultra vires* est frappé de nullité. Cependant, on ne peut sous-estimer l'importance politique d'une telle disposition qui rassure les États membres tout en tirant la conséquence du principe d'attribution. En supprimant la référence à la primauté, le traité de Lisbonne ne modifie en rien cette situation. Plus importante encore est l'inscription à l'article 4 du TUE de la « contre-limite » fondée sur les structures politiques et constitutionnelles des États membres (52). L'Union doit respecter l'identité constitutionnelle des États membres. Est inscrite ainsi dans le traité une des limites à la primauté consacrée par plusieurs cours constitutionnelles nationales. La Cour fera assez rapidement usage cette possibilité en considérant que le refus autrichien de permettre l'inscription des titres de noblesse dans les actes d'état-civil repose sur un élément de l'identité de la République autrichienne et constitue une traduction du principe d'égalité commun à l'Union et aux États membres (53). Mais le bien-fondé de l'invocation de cette iden-

(51) Arrêt, 14 oct. 2004, aff. C-36/02, *Omega Spielhallen*, *Rec.*, p. I-9609. Les conclusions de l'avocat général Mme Stix-Hackl sont fort détaillées et apportent une lumière intéressante sur la protection des droits fondamentaux en cause.

(52) « L'Union respecte l'égalité des États membres devant la Constitution ainsi que leur identité nationale, inhérente à leurs structures fondamentales, politiques et constitutionnelles, y compris en ce qui concerne l'autonomie locale et régionale (...). »

(53) CJUE, 22 déc. 2010, aff. C-208/09, *Sayn-Wittgenstria*.

tité est soumis au contrôle de la Cour afin d'éviter que l'application du droit de l'Union ne soit contrariée par des arguments fallacieux tirés de l'identité nationale (54). C'est ainsi qu'elle considérera que cet argument ne peut être utilisé par la Lettonie pour refuser l'application de l'accord-cadre sur le travail à temps partiel à des magistrats : « il convient de constater que l'application, à l'égard des juges à temps partiel rémunérés sur la base d'honoraires journaliers, de la directive n° 97/81 et de l'accord-cadre sur le travail à temps partiel ne saurait avoir un effet sur l'identité nationale mais viserait uniquement à leur faire bénéficier du principe général d'égalité de traitement, qui constitue l'un des objectifs de ces textes, et ainsi à les protéger contre les discriminations à l'égard des travailleurs à temps partiel » (55).

Enfin, en ce qui concerne les droits de l'homme, l'octroi à la Charte des droits fondamentaux d'une valeur équivalente à celle des traités et l'adhésion à la Conv. EDH constituent un socle fondamental ouvert à toute évolution qui s'appuierait sur les traditions constitutionnelles communes aux États membres. La limitation expresse par la Charte de son champ d'application au champ d'application du droit de l'Union et l'indication que la Charte ne crée pas de nouvelles compétences peut rassurer les États membres quant au maintien de leur système national de protection. Désormais, comme le constatait le Tribunal constitutionnel espagnol, toute violation des « contre-limites » constituera une violation du traité et sera sanctionnée au premier chef par la Cour de justice. Le caractère positif de ces aspects novateurs n'a malheureusement pas été perçu dans le débat référendaire français où certains ont mis l'accent sur le caractère prétendument destructeur de la primauté pour les États membres comme si, même dans le cadre du droit international, la France pouvait conclure un traité en prétendant se dégager des obligations qui la dérangent par simple modification de son droit national.

En conclusion, les solutions apportées ne remettent pas en cause les éléments essentiels de chacun des systèmes, mais constituent des aménagements pragmatiques afin de permettre la poursuite de l'intégration. Elles traduisent une acceptation par les gardiens de ces ordres de l'existence de l'autre, mais aussi l'existence d'instruments de pression pour contenir toute velléité d'empiétement. Du côté de l'Union, la remise en cause de la primauté, même fondée sur la Constitution, par un juge national, outre le coût politique qu'elle pourrait avoir, déclencherait une procédure de manquement avec d'éventuelles incidences financières. Du côté national, toute atteinte à la Constitution pourrait provoquer une remise en cause de la primauté et, par là même, de l'unité du marché intérieur.

---

(54) Alors justement que l'introduction du droit de retrait de l'Union offre une sortie à des situations dans laquelle les contraintes de l'Union seraient perçues comme intolérables au regard de la souveraineté nationale.

(55) Arrêt, 1er mars 2012, C-393, *Dermod Patrick O'Brien*.

SECTION 2. – CONFLITS ENTRE L'ORDRE JURIDIQUE DE L'UNION ET LA CONV. EDH : UNE QUESTION TOUJOURS OUVERTE ?

Les rapports entre le droit de l'Union et la Convention ont fait l'objet d'une abondante littérature (56). Cependant la problématique et les solutions apportées ne sont pas sans intérêt pour l'analyse de rapports de système. En effet, comme dans les rapports entre le droit national et le droit de l'Union, le silence volontaire du « constituant communautaire », lors de la rédaction des traités originaires, a laissé un vaste champ à la réflexion doctrinale et à l'expérimentation judiciaire. Les frontières de l'exercice ne sont fondamentalement pas différentes de celles qui bornent les rapports entre Cours constitutionnelles et Cour de justice. En effet, ici encore, tant la Cour de justice que la CEDH n'ont pu retenir d'autre solution que de faire prévaloir l'instrument qui fonde leurs compétences respectives, mais le souci d'éviter les conflits a conduit à des solutions comparables au *Solange II* de la Cour constitutionnelle allemande.

A. – La Convention à l'aune du droit de l'Union

La Convention et les traités de l'Union forment des instruments juridiques distincts. À l'origine, les six États membres de la Communauté économique européenne (CEE) n'étaient pas tous parties à la Convention puisque la

(56) La question des rapports entre le droit communautaire et la Conv. EDH a fait l'objet d'une abondante littérature. Sans viser à l'exhaustivité, on retiendra plus particulièrement : F. BENOÎT-ROHMER, « Chronique d'une décision annoncée : l'affaire *Senator Lines* devant la Cour européenne des droits de l'homme ». *L'Europe des libertés*, n° 4, 2001, p. 2 ; *id.*, « L'adhésion de l'Union à la Convention européenne des droits de l'homme », *RUDH*, 2000, p. 57 ; *id.*, « À propos de l'arrêt *Bosphorus Air Lines* : l'adhésion contrainte de l'Union à la Convention », *RUDH*, 2005, p. 827 ; A. CLAPHAM, « Human Rights and the European Convention : A Critical Overview », *European Union. The Human Rights Challenge*, vol. I, Nomos, Baden-Baden, 1991 ; A. BULTRINI, « La responsabilité des États membres de l'UE pour les violations de la convention européenne des droits de l'homme imputables au système communautaire », *RTDH*, 2002, p. 5 ; G. COHEN-JONATHAN, « Convention européenne des droits de l'homme », *J.-Cl. Europe*, fasc. n° 6 500 ; S. DOUGLAS-SCOTT, « Note sur l'arrêt *Bosphorus* », *Common Market Law Review*, 2006, p. 243 : S. DOUGLAS-SCOTT, « A tale of two courts c/ Strasbourg and the growing European human rights acquis », *Common Market Law Review*, 2006, p. 623 ; DRZEMCZEWSKI. – « The Internal Application of The European Human Rights Convention as European Community Law », *International and Comparative Law Quarterly*, 1981, p. 118 ; J. A. FROWEIN, « Die Europäische Menschenrechtskonvention und das Europäiche Gemeinschafarecht », *Die Grundrechte in der Europäischengemeinschaft*, Nomos, p. 47 ; G. GAJA, « Aspetti problematici della tutela di diritti fondamentali nell'ordinamento comunitario », *Révista di diritto Internazionale*, 1988, p. 574 ; F. HOFFMEISTER, « Note sous l'arrêt *Bosphorus* », *American Journal of international Law*, 2006, p. 442 ; J.-P. JACQUÉ, « The Convention and the European Communities », *The European System for the Protection of Human Rights*, MacDonald ed., Matscher and Perzold, Nijhoff, 1993, p. 888 ; *id.*, « Droit communautaire et convention européenne des droits de l'homme : l'arrêt *Bosphorus*, une jurisprudence *Solange II* de la Cour européenne des droits de l'homme », *RTD, eur.*, 2005, p. ; P. PESCATORE, « The Court of Justice of the Communities and the European Convention on Human Rights », *Mélanges Wiarda*, 1988, p. 457 ; H. G. SCHERMERS, « The Communities Under the European Convention on Human Rights », *Legal Issues of European Integration*, 1981, p. 1 ; *id.*, « The European Communities Bound by Fondamental Human Rights », Common Market Law Review, 1990, p. 249 ; F. TULKENS et J. CALLEVAERT, « La Cour de justice, la Cour européenne des droits de l'homme et la protection des droits fondamentaux », *in* M. DONY et E. BRIBOSIA (dir.). *L'avenir du système juridictionnel de l'UE*. Éditions de l'ULB, 2002, p. 180.

France n'avait pas encore ratifié celle-ci. C'est sans doute l'une des raisons pour lesquelles la Cour de justice n'a pas retenu la suggestion de l'un de ses membres, le juge Pescatore, de déclarer la Communauté liée par les obligations de la Convention au titre de la succession à ses États membres (57). La première évolution est intervenue lorsque la Cour de justice a modifié sa jurisprudence en matière de droits fondamentaux et a décidé de prendre ceux-ci en considération au titre des principes généraux du droit (58). Il était dès lors nécessaire d'identifier les droits qui seraient consacrés au titre des principes généraux, c'est-à-dire en d'autres termes de dresser un catalogue des droits fondamentaux respectés par l'Union. La Cour a retenu comme sources en matière de droits fondamentaux tant les traditions constitutionnelles communes aux États membres que les conventions internationales que ceux-ci avaient signées ou ratifiées (59). Cette solution était logique. En effet, lorsque les compétences de l'Union étaient encore exercées par les États, les pouvoirs de ces derniers étaient limités par les droits garantis par ces conventions. Pour éviter que le transfert de compétences à l'Union ne s'accompagne d'une disparition de cette garantie, il était indispensable que cette fonction soit désormais assurée au niveau de l'Union.

Parmi les conventions internationales, la Convention occupa assez rapidement une place prééminente. Non que la Cour se soit refusée à tenir compte d'autres textes (60), mais parce que la Convention, avec le mécanisme de contrôle juridictionnel qui lui est propre et fait de celle-ci un instrument vivant, constituait sur bien des points l'instrument international le plus perfectionné. Aussi n'est-il pas surprenant que les États membres lorsqu'ils ont, à Maastricht, intégré la jurisprudence de la Cour dans ce qui est aujourd'hui l'article 6, § 2 du TUE, aient repris la référence aux traditions constitutionnelles communes et à la seule Conv. EDH. À ce titre, l'obligation de respecter la Convention découlait alors du droit primaire et elle était devenue une source matérielle du droit de l'Union (61). La Charte des droits fondamentaux de l'Union fait elle-même référence à la Conv. EDH et précise, en son article 52, § 3, que lorsqu'elle contient des droits correspondant à ceux garantis par la Convention, le sens et la portée de ceux-ci sont les mêmes à moins que le droit de l'Union n'offre une protection plus étendue. La Conv. EDH constitue donc le standard minimal de protection des droits fondamentaux dans l'Union. Ceci ne veut pas dire qu'il soit possible d'invoquer directement une violation de la Convention devant la Cour. En effet, la Convention ne fait pas partie en tant

(57) V. art., *Mélanges Wiarda*, *op. cit.*

(58) Arrêt, 14 mai 1974, aff. 4/73. *Nold.*

(59) *Ibid.*

(60) Par ex., arrêt, 17 févr. 1998, aff. C-249/96, *Grant*, pour le pacte international relatif aux droits civils et politiques.

(61) Pour un exposé plus général de l'évolution de cette question, v. dans MOLINIER (dir.), *Les principes fondamentaux de l'UE*, PUF, 2005, chap. II, plus particulièrement à partir de la p. 203.

que telle du droit de l'Union. Le requérant devra s'appuyer sur une violation de la Charte ou des principes généraux du droit. Ce n'est que dans un deuxième temps que la Cour prendre soin de vérifier la compatibilité avec le Conv. EDH tout en tenant compte des spécificités de l'Union (arrêt du 15 février 2016, J.N., C-601/15 PPU).

Bien entendu, l'incorporation porte sur le catalogue des droits garantis et non sur le mécanisme juridictionnel institué par la Convention. Pour qu'il en soit ainsi l'adhésion de l'Union à la Convention était nécessaire et celle-ci n'était possible, selon la Cour, qu'après une révision des traités (62) qui n'est intervenue que par le traité de Lisbonne. De ce fait, la Cour de justice demeurait l'interprète en dernier ressort de la Convention dans le cadre de l'Union. Cette situation a beaucoup inquiété la doctrine qui a souligné le risque de conflits entre la Cour de Strasbourg et celle de Luxembourg. Non que ces risques soient particulièrement préoccupants en eux-mêmes puisqu'il arrive couramment que les juridictions suprêmes nationales donnent de la Convention une interprétation différente de celle de la Cour de Strasbourg. Mais, dans ce cas, il existe une faculté d'obtenir une interprétation définitive de Strasbourg alors que, s'agissant du droit de l'Union, aucun mécanisme ne permettait une telle solution. Le risque était alors pour les États membres qui, confrontés à des indications contradictoires, doivent choisir entre violer soit la Convention, soit le droit de l'Union.

B. – Le droit de l'Union vu de Strasbourg

La CEDH a progressivement précisé sa position à l'égard du droit de l'Union. L'ancienne Commission européenne des droits de l'homme (Comm. EDH) s'était prononcée en son temps en reprenant à son compte la jurisprudence *Solange* et avait estimé que, la protection offerte par le droit de l'Union étant équivalente, il n'y avait pas lieu de déclarer une requête portant sur le droit de l'Union recevable. Après la disparition de la Commission, la Cour a dû traiter directement les requêtes. À plusieurs reprises, elle a déclaré celles-ci irrecevables pour des motifs liés au fond. Mais les recours se sont multipliés et il était inévitable que la Cour prenne position. Deux affaires ont permis de préciser la position de la Cour à l'égard de l'Union : les affaires « *Matthews* (63) et *Bosphorus* (64).

Avant toute chose, la jurisprudence de Strasbourg repose sur deux principes fondamentaux. Le premier est que ni la Communauté ni l'Union ne peuvent être attraites devant la Cour européenne. En effet, aucune de ces entités n'est partie à la Convention et leurs activités ne relèvent pas directement du contrôle de Strasbourg. Certes la Cour de Strasbourg aurait pu s'inspirer de

(62) Avis n° 2/94, 28 mars 1996.
(63) Arrêt, 18 févr. 1999, req. n° 24833/94.
(64) Arrêt, 30 juin 2005, req. n° 45036/98.

la jurisprudence de l'OMC en considérant que puisque, dans le système de l'Union, les États membres ont la responsabilité de la mise en œuvre du droit de l'Union, ils agissent *de facto* comme agents de la Communauté, laquelle assume de ce fait la responsabilité de leur comportement (65). Mais une telle solution aurait conduit soit à reconnaître que la Communauté avait succédé aux États membres ce qui était difficile compte tenu du fait que la Convention n'est ouverte qu'aux États, soit à lui accorder une immunité ce qui était contraire au second principe selon lequel les États membres sont parties à la Convention et ne peuvent exciper d'un quelconque transfert de compétences à la Communauté ou à l'Union pour se soustraire aux obligations qui découlent pour eux de la Convention. Selon l'article premier de la Convention, les parties « reconnaissent à toute personne relevant de leur juridiction les droits et libertés définis au titre I de la présente Convention ». L'existence de la Communauté ne saurait, selon la Cour, les dispenser du respect de cette obligation. Comme elle le rappelle dans l'arrêt *Bosphorus*, « lorsqu'elle tente (...) d'établir (...) dans quelle mesure il est possible de justifier l'acte d'un État par le respect des obligations découlant pour lui de son appartenance à une organisation internationale à laquelle il a transféré une partie de sa souveraineté, la Cour reconnaît qu'il serait contraire au but et à l'objet de la Convention que les États contractants soient exonérés de toute responsabilité au regard de la Convention dans le domaine d'activité concerné : les garanties prévues par la Convention pourraient être limitées ou exclues discrétionnairement, et être par là même privées de leur caractère contraignant ainsi que de leur nature concrète et effective. (...) L'État demeure responsable au regard de la Convention pour les engagements pris en vertu de traités postérieurement à l'entrée en vigueur de la Convention (...) ».

1. – *L'arrêt* Matthews *: le contrôle de conventionnalité du droit primaire*

L'affaire *Matthews* traitait d'un conflit entre l'acte relatif à l'élection du Parlement européen au suffrage universel direct et l'article 3 du protocole n° 1 à la Convention (66). L'acte excluait la participation des habitants de Gibraltar à l'élection du Parlement européen ce qui était à l'origine de la requête de Mme Matthews contre le Royaume-Uni. L'acte relatif à l'élection était une décision du Conseil (67) soumise à ratification des États membres. À ce titre, il fait partie du droit primaire. La CEDH pouvait-elle en connaître ? La Cour rappelle que la Communauté n'étant pas partie à la Convention, ses actes ne peuvent être en tant que tels attaqués devant elle. Cependant, même si elle ne peut objecter au transfert de compétences opéré par les parties

(65) Panel Report, 15 mars 2005, *European Communities... Protection of Trademarks and Geographic Indication for Agricultural Products and Foodauffs*, § 7.725, WTO Doc. WT/DS174/R.

(66) Qui consacre le droit à des élections libres.

(67) Et actuellement du Parlement et du Conseil.

au bénéfice d'une organisation internationale, elle précise qu'un tel transfert n'exonère pas les États de leur responsabilité. Puis elle souligne les spécificités de l'acte contesté : « De fait, l'Acte de 1976 ne peut être attaqué devant la Cour de justice des Communautés européennes, car il ne s'agit pas d'un acte "ordinaire" de la Communauté, mais d'un traité conclu au sein de l'ordre juridique de l'Union. Le traité de Maastricht n'est pas, lui non plus, un acte de la Communauté, mais un traité, par la voie duquel s'est réalisée la révision du traité CEE. Le Royaume-Uni, conjointement avec l'ensemble des autres parties au traité de Maastricht, est responsable *ratione materiae* au titre de l'article 1 la Convention et, en particulier, de l'article 3 du protocole n° 1, des conséquences de ce traité. »

La solution retenue par la Cour répondait à la question posée et à elle seule. Elle ne permettait pas de tirer des conclusions générales quant au statut du droit de l'Union. L'Acte ne fait pas partie du droit dérivé. Il s'agit d'un acte de droit primaire dont les auteurs sont les États membres et non la Communauté. Il a été adopté à l'unanimité et le Royaume-Uni porte sa part de responsabilité dans la mesure où son concours était indispensable à l'adoption et où, en réalité, l'exclusion de Gibraltar est intervenue à sa demande. Les suites de l'affaire permettront également de souligner les difficultés qui résultent d'une absence de hiérarchie entre la Convention et l'ordre juridique de l'Union. En effet, pour exécuter l'arrêt, il était nécessaire de modifier l'Acte ce à quoi l'Espagne s'est opposée. Le Royaume-Uni a choisi d'exécuter unilatéralement en adoptant une solution à la limite de la légalité au regard du droit de l'Union. Le gouvernement espagnol dès lors a intenté une procédure en manquement devant la Cour de justice laquelle a donné généreusement sa bénédiction à la solution britannique, sans doute en partie afin d'éviter un conflit avec la Cour de Strasbourg (68). L'absence de hiérarchie entre le droit de l'Union et la Convention conduit à une situation paradoxale dans laquelle si une norme de l'Union est contraire à la Convention, l'État membre est contraint de choisir entre violer le droit de l'Union ou la Convention.

(68) Aff. C-145-04. Dans ses conclusions du 6 avril 2006, l'avocat général Tizzano admet partiellement la légalité de la mesure britannique. Dans un effort de coopération avec la CEDH, il souligne que le respect des droits fondamentaux s'impose à titre primaire à la Communauté et justifie une dérogation à l'Acte. Mais il limite le champ d'application de cette dérogation aux seuls citoyens de l'Union et estime que le Royaume-Uni a violé le droit communautaire en accordant également le droit de vote aux Qualified Commonwealth Citizens (qui n'ont pas la nationalité britannique) résidant à Gibraltar. L'apport essentiel des conclusions est la reconnaissance du fait qu'une violation de la Convention, constatée par la CEDH, autoriserait une dérogation au droit primaire. Dans son arrêt du 12 sept. 2006, la Cour de justice n'affirme pas clairement la « supra-constitutionnalité » des droits fondamentaux, mais elle souligne clairement que son refus de condamner le Royaume-Uni est étroitement lié à l'existence d'un arrêt de la CEDH.

2. – *L'arrêt* Bosphorus *ou le contrôle de conventionnalité du droit dérivé*

L'arrêt *Bosphorus* était relatif à l'application par l'Irlande d'un règlement communautaire instituant des sanctions à l'encontre de la Yougoslavie. Ce règlement trouvait sa source dans une résolution du Conseil de sécurité des Nations unies (69). La société requérante estimait que la mesure irlandaise d'application relative à la saisie d'un aéronef portait atteinte au droit de propriété. Saisie précédemment de l'affaire, la Cour de justice avait confirmé la légalité de la saisie contestée, notamment au regard du droit de propriété. Dans sa démarche, la Cour suit sa jurisprudence traditionnelle et admet la responsabilité de l'Irlande au regard de la Convention puisque l'appartenance de celle-ci à la CE n'est pas de nature à la dispenser du respect des obligations qu'elle a contractées au titre de la Convention. Cependant, elle prend en compte le fait que le règlement étant obligatoire dans tous ses éléments, l'Irlande était tenue de l'appliquer sans aucune marge d'appréciation sous peine de violation du droit de l'Union. Elle est donc en présence d'un hypothétique conflit entre la Convention et le droit de l'Union, et c'est ici qu'elle fait œuvre de conciliation.

En effet, la Cour reconnaît l'importance de la coopération internationale, notamment le rôle joué par les organisations internationales, et indique qu'elle ne souhaite pas entraver celui-ci. D'où le recours à une solution qui n'est pas sans rappeler la jurisprudence *Solange II* de la Cour constitutionnelle allemande. Si la Cour confirme bien la responsabilité de l'État irlandais, elle admet que l'exécution du droit de l'Union constitue un « intérêt légitime d'un poids considérable ». Pour concilier le respect de la Convention avec l'importance accordée à la Communauté, elle a recours à une présomption de conformité du droit de l'Union avec la Convention, présomption qui ne peut être renversée que si le droit de l'Union n'offre pas une protection équivalente à celle garantie par la Convention. Par équivalence, la Cour entend une protection comparable, mais non identique, concernant tant le fond du droit que les procédures de garantie. Dans chaque cas, la Cour pourra être conduite à examiner le niveau de protection offert par le droit de l'Union avant de se déterminer. Et ce n'est qu'en cas « d'insuffisance manifeste » qu'elle se prononcera (70). Puisque l'immunité offerte au droit de l'Union n'est pas

(69) Ce fait n'a guère influé sur la Cour de Strasbourg qui n'a guère recherché de responsabilité en amont du règlement communautaire s'évitant ainsi prudemment de se poser la question des rapports entre la Convention et une résolution obligatoire du Conseil de sécurité, v. *infra*.

(70) « De l'avis de la Cour, une mesure de l'État prise en exécution de pareilles obligations juridiques doit être réputée justifiée dès lors qu'il est constant, que l'organisation en question accorde aux droits fondamentaux (cette notion recouvrant à la fois les garanties substantielles offertes et les mécanismes censés en contrôler le respect) une protection à tout le moins équivalente à celle assurée par la Convention. (...) Par "équivalente", la Cour entend "comparable" : toute exigence de protection "identique" de la part de l'organisation concernée pourrait aller à l'encontre de l'intérêt de la coopération internationale poursuivi. Toutefois, un constat de "protection équivalente" de ce type ne saurait être définitif : il doit pouvoir être réexaminé à la lumière de tout changement pertinent dans la protection des

absolue, l'arrêt devait inciter la Cour de justice à suivre dans les affaires dont elle est saisie la jurisprudence de Strasbourg afin de se prémunir contre tout contentieux ultérieur.

La solution de la Cour de Strasbourg ne constitue en rien un blanc-seing accordé à l'ensemble du droit de l'Union. Tout d'abord, le défaut manifeste de protection doit être apprécié au cas par cas. Ensuite, la présomption *Bosphorus* ne joue que lorsque le droit de l'Union ne laisse aux États membres aucune marge d'appréciation.

C. – Une coopération des juges, source d'incertitude

Les réponses apportées par les juges de Strasbourg et de Luxembourg aux questions soulevées par les rapports entre le droit de l'Union et la Conv. EDH semblent à première vue heureuses puisqu'elles permettent une coexistence paisible des deux systèmes. Mais un examen plus attentif révèle une série de difficultés, lesquelles intéressent d'ailleurs davantage l'Union que le système de la Convention.

1. La jurisprudence de la Cour conduit *de facto* à soumettre l'UE à son contrôle par l'intermédiaire de la mise en cause de la responsabilité d'un État membre. Cette situation est désavantageuse pour l'Union, qui n'étant pas partie au litige, ne peut intervenir qu'au côté d'un État membre dont elle ne maîtrise pas la défense. De plus, n'étant pas partie à la Convention, elle ne peut désigner de juge à la Cour. Elle subit donc les inconvénients de la situation sans en retirer aucun avantage. Certes, on pourrait penser que les litiges seront exceptionnels, mais la situation actuelle montre que c'est sans compter sans l'ingéniosité des avocats qui s'ingénient à trouver les moyens de profiter de la nouvelle voie de recours qui leur est offerte.

2. Malgré la volonté proclamée de préserver le phénomène d'intégration de l'Union, la jurisprudence de la Cour opère une « re-gouvernementalisation » en faisant des États membres les défenseurs de l'intérêt de l'Union, rôle qui est normalement joué par les institutions de l'Union. Cette négation de la personnalité de l'Union affaiblit celle-ci et engendre un retour en arrière. Cette situation n'est pas innocente.

3. La jurisprudence de la Cour contient en germe une menace pour la primauté du droit de l'Union. Au cas où une violation serait constatée, elle place les États membres dans la situation schizophrénique de devoir choisir entre la violation du droit de l'Union ou celle de la Convention. L'État membre est obligé de remédier à une situation qui ne dépend pas de lui, mais du

droits fondamentaux ». Il est vrai qu'en l'espèce, la solution a été facilitée par le fait que la Commission européenne et l'État défendeur admettaient un tel type de responsabilité qui avait déjà été retenu par l'ancienne Comm. EDH dans l'affaire *M & Co*, déc. 9 févr. 1990, req. n° 13258, D.R. 64, p. 138. Cependant, dans *M & Co*, la présomption semblait absolue alors qu'ici elle est relative et peut être levée dans le cas d'une « insuffisance manifeste ».

législateur de l'Union ou de la Cour de justice ou de la Commission. S'il choisit de donner suite à l'arrêt, il se trouvera dans une situation de manquement au droit de l'Union. Même si la Cour de justice admettait que le respect des droits fondamentaux puisse constituer une justification à ce manquement, l'application uniforme du droit de l'Union ne sera plus assurée. Et que dire des actions en responsabilité qui ne manqueraient pas d'être introduites par les particuliers ? Mais, plus encore, comme la Cour de Strasbourg s'est réservé la possibilité de se prononcer au cas par cas sur la comparabilité de la protection, la sécurité juridique n'est pas pleinement garantie. La tentation pourrait alors être grande pour les États membres de se prémunir d'actions éventuelles à Strasbourg en s'abstenant d'appliquer le droit de l'Union dans des cas incertains. Que l'on imagine l'effet que pourrait avoir sur le droit de la concurrence, le refus d'un État d'appliquer des sanctions parce qu'à ses yeux la procédure suivie n'a pas respecté les droits fondamentaux de l'entreprise concernée ?

4. Pour rétablir les institutions de l'Union dans leur rôle, préserver la primauté et restaurer une certaine sécurité juridique, il n'existe que deux issues, toutes deux liées à une décision politique. Les États membres pourraient collectivement dénoncer la Convention, mais une telle voie est politiquement peu vraisemblable. Il ne reste donc qu'une solution, qui était vraisemblablement celle recherchée par la Cour, l'adhésion de l'Union à la Convention. De la sorte, la hiérarchie serait clairement établie. C'est cette solution qui a été retenue par le traité de Lisbonne dans son article 6 du TUE.

D. – Les problèmes de rapports de système liés à l'adhésion de l'Union à la Conv. EDH

L'article 6, § 2 du traité de Lisbonne impose à l'Union d'adhérer à la Convention. Le protocole n° 8 précise certains aspects liés à cette adhésion dont le résultat sera de soumettre le droit de l'Union au contrôle de la CEDH. L'article 6 ne se limite pas à constituer une base juridique en vue de l'adhésion, mais en employant l'impératif, il impose sans doute possible à l'Union d'adhérer à la Convention. De son côté, le protocole n° 14 à la Conv. EDH, entré en vigueur le 1er juin 2010, contient un article 17 qui amende la Convention en prévoyant l'adhésion de l'Union. Les négociations se sont ouvertes en juillet 2010 et se sont terminées le 8 avril 2013 par un projet d'accord (71) qui, conformément à l'article 218, § 11, du traité sur le fonctionnement de l'UE a fait l'objet, à la demande de la Commission, d'un avis de la Cour de justice quant à sa

(71) Pour une analyse plus approfondie, v. notre étude, « The Accession of the European Union to the European Convention on Human Rights and Fundamental Freedoms », *Common Market Law Review*, 2011, p. 995-1025 ; v. aussi, F. BENOIT-ROHMER, « L'adhésion de l'Union à la Convention européenne des droits de l'homme », *Journal de droit européen*, déc. 2011, p. 285-293.

compatibilité avec les traités. L'avis négatif de la Cour (72) a beaucoup surpris les observateurs, mais il illustre les difficultés liées aux rapports de système entre l'Union et la Convention (73).

En effet, l'adhésion a pour conséquence de faire participer à un système conçu pour des États une entité, l'Union, qui ne possède pas la nature étatique. De ce fait, une série de règles qui s'appliquent sans difficulté aux États parties ne trouvent que difficilement leur place en ce qui concerne l'Union. Lorsqu'un État est attrait devant la CEDH, l'affaire a été examinée auparavant par toute la chaîne judiciaire nationale et, en vertu de la règle d'épuisement des voies de recours internes, la Cour dispose de l'interprétation du droit national donnée par la plus Haute juridiction de l'État. Même, s'il s'agit d'un État fédéral, les États fédérés, qui ne sont pas parties à la Convention, ne pourront voir leurs décisions mises en cause qu'ils appliquent ou non le droit fédéral. Quant à la question des rapports entre le droit fédéral et le droit des États fédérés, elle est réglée au niveau interne et ne peut être évoquée devant la CEDH. Il en va tout différemment de l'Union puisque les États membres sont parties à la Convention. Le requérant pourra, après l'adhésion, déposer une requête soit contre l'Union ou contre un État membre, et la Cour pourra statuer sur l'entité responsable sans que la Cour de justice ait éventuellement été appelée à se prononcer. C'est-à-dire que la Cour de Strasbourg pourrait être appelée, aux fins de recevabilité, à se prononcer sur la répartition des compétences entre l'Union et ses États membres. L'accord d'adhésion devait répondre à ce type de problématique et il semble, aux yeux de la Cour, qu'il ne l'ait pas fait avec suffisamment de rigueur.

En effet, pour éviter que la CEDH ne soit amenée à se prononcer sur la répartition des compétences au sein de l'Union, les négociateurs ont mis en place un système de coresponsabilité. L'individu présente une requête dirigée contre l'auteur de l'acte dont il conteste la compatibilité avec la Convention. L'État ou l'Union, selon le cas, ont la faculté de se porter au côté du défendeur initial et de constituer avec lui une seule partie. De la sorte, la CEDH n'a pas à se demander au stade de la recevabilité si la mesure contestée relève des compétences de l'Union ou de celles de l'État membre en cause. La Cour de justice ne conteste pas le système, mais met le doigt sur certaines insuffisances. La demande de se porter codéfendeur est soumise à la Cour de Strasbourg qui vérifie, *prima facie*, s'il existe bien un lien avec le droit de l'Union. Certes, la Cour ne devrait pas entrer dans le fond et se contenter d'une simple apparence, mais, selon la Cour de justice, il existe un risque, même minime, qu'elle puisse le faire. De la même manière, la condamnation éventuelle est adressée aux codéfendeurs,

---

(72) Avis n° 3/13, 18 déc. 2014.

(73) Seules sont abordées ici les questions en rapport étroit avec le sujet de cette étude. Pour un examen plus approfondi, v. notre article, « *Pride andior Préjudice ?* Les lectures possibles de l'avis 2/13 de la Cour de justice », *Cah. dr. eur.*, 2015, p. 19.

mais l'accord prévoit que la Cour peut décider en cours d'instance de ne condamner qu'un seul d'entre eux. Comme le note la Cour de justice, il existe, dans les deux cas, une possibilité que la CEDH ne s'immisce dans la répartition des compétences qui est une question propre à l'Union et ne saurait être tranchée que par elle et selon ses propres procédures. La constitution du statut de codéfendeur devrait donc être de droit sans autorisation de Strasbourg et persister aussi longtemps que l'Union le jugera bon. Les préoccupations de la Cour de justice sont légitimes, mais elles se fondent sur un sentiment de méfiance à l'égard de la CEDH qui pourrait se croire soupçonnée de vouloir s'immiscer de force dans la répartition des compétences entre l'Union et ses États membres.

Mais la Cour de justice lie surtout la préservation de l'autonomie du droit de l'Union à son pouvoir exclusif d'interpréter le droit de l'Union et d'apprécier sa validité. Cette préoccupation a donné naissance à la procédure d'implication préalable qui permet à la Cour de justice d'intervenir lorsque la question posée à Strasbourg n'a pas été examinée auparavant à Luxembourg. Pour éviter que la Cour de Strasbourg ne se prononce sur un cas sur lequel la Cour de justice n'aurait pas eu à se prononcer auparavant, la Cour a exigé d'être saisie directement par Strasbourg au cours d'une procédure lorsque le droit de l'Union est en cause. Ici encore, la Cour de justice estime que le mécanisme est insuffisant en ce que le texte de l'accord prévoit que la CJUE se prononcera sur la « compatibilité » avec le droit de l'Union. Elle en déduit qu'elle ne pourra être saisie dans les affaires concernant le droit dérivé que dans les cas où se pose un problème de légalité et non d'interprétation, ce qui aurait pour conséquence que la Cour de Strasbourg pourrait dans ce cas interpréter le droit de l'Union. Le raisonnement de la Cour procède d'une interprétation *a contrario* du rapport explicatif. Il aurait sans doute suffi d'évoquer la question dans l'avis pour que l'erreur soit corrigée. Cette volonté de préserver l'autonomie se manifeste à d'autres égards. Ainsi, les États membres pourraient éviter le pouvoir exclusif conféré à la Cour de justice par l'article 344 en saisissant la CEDH d'un différend interétatique relatif à l'interprétation ou à l'application du droit de l'Union. De même, le protocole n° 16 à la Convention qui organise une procédure de demande d'avis consultatif à la CEDH formée par les juridictions suprêmes nationales paraît présenter le même risque de contournement du prétoire de Luxembourg. La Cour de justice craint que les juges nationaux saisissent Strasbourg d'une demande d'avis sur une question liée au droit de l'Union contournant ainsi la procédure de l'article 267 du TFUE. Dans tous ces cas, l'utilisation de ces voies détournées est contraire aux traités. Mais la Cour ne fait pas confiance à la discipline interne de l'Union et exige que des garanties expresses soient incorporées dans l'accord d'adhésion.

La problématique relative à la politique étrangère et de sécurité commune est de même nature. Si l'Union adhérait à la Convention, la PESC entrerait dans le champ de celle-ci. Or, la Cour de justice ne dispose que d'une compétence limitée en ce domaine aux mesures restrictives prises à l'égard des personnes physiques et morales. Pourraient donc être jugés à Strasbourg des cas qui n'auraient jamais été soumis à Luxembourg. Admettre la compétence de la CEDH dans le domaine de la PESC reviendrait à soumettre le contrôle d'actes, de comportements ou d'omissions de l'Union exclusivement à une juridiction extérieure. Or, selon la Cour de justice, reconnaître une telle exclusivité à une juridiction extérieure à l'Union n'est pas possible au regard des traités.

Ainsi, la Cour de justice semble refuser toute hiérarchie entre les traités fondateurs de l'Union et la Convention européenne. Comme les juridictions nationales, la volonté de préserver son autonomie constitutionnelle la conduit à préférer d'éventuels conflits normatifs à la soumission à une juridiction externe.

SECTION 3. – CHARTE DES NATIONS UNIES, DROIT DE L'UNION ET CONV. EDH : LE REFUS DE LA HIÉRARCHIE IMPOSÉE PAR L'ARTICLE 103 DE LA CHARTE

Les relations entre ces trois systèmes posent également des problèmes de hiérarchie des normes, mais les conflits entre juges sont le plus souvent absents en raison de faiblesses du contrôle juridictionnel dans le cadre du système des Nations unies. Certes, pendant longtemps, la probabilité d'un conflit entre ces trois systèmes à propos de la protection des droits fondamentaux était faible. En effet, les activités des Nations unies ne paraissaient guère de nature à porter atteinte aux droits des particuliers, à l'exception peut-être du respect des règles humanitaires lors des opérations de maintien de la paix. L'évolution de la nature des menaces contre la paix et la sécurité et les réflexions qui se sont fait jour sur le caractère injuste des sanctions non ciblées ont profondément modifié la situation. Certes, la mise en œuvre des sanctions contre les États pouvait de manière indirecte avec un effet sur les particuliers comme en atteste d'ailleurs l'affaire *Bosphorus*, mais c'est l'apparition des « sanctions ciblées » ou intelligentes (*targeted or smart sanctions*) contre des particuliers qui constitue l'élément nouveau (74). Ces mesures sont notamment destinées à combattre l'appui apporté aux groupements terroristes par des particuliers. Il existe actuellement huit régimes de sanctions de ce type, et celui qui a soulevé le plus grand nombre de problèmes a été institué par la résolution n° 1267 du 15 octobre 1999. Dans cette résolution, adoptée sur la base du chapitre VII de la Charte, le Conseil de sécurité organise le gel des avoirs de personnes soupçonnées d'aider le terrorisme et inscrites à ce titre sur une liste noire.

(74) V. les réflexions de C. TOMUSCHAT, *Human Rights, Between Idealism and Realism*, Oxford University Press, 2003, not. p. 90.

Les préoccupations humanitaires ne sont pas étrangères au mécanisme puisque les États peuvent, sauf opposition expresse du comité des sanctions, déclarer le gel inapplicable à des dépenses de base (vivres, loyers...) de manière à préserver la dignité de la personne humaine. Les listes sont établies pour une durée limitée et les personnes visées peuvent demander à être radiées. Les demandes sont adressées à l'État de résidence à charge pour lui d'instruire le dossier en consultation avec les autres gouvernements concernés et de le soumettre au comité des sanctions qui prend une décision par consensus. À défaut, le Conseil de sécurité est saisi.

Mais l'existence de ce régime a conduit plusieurs auteurs à se poser un certain nombre de questions quant à sa compatibilité avec les exigences de la protection des droits fondamentaux (75). Le respect du droit de propriété est, bien entendu, en cause, mais d'autres droits sont également concernés. Les particuliers n'étaient pas informés des motifs de l'inscription et ne pouvaient attaquer celle-ci devant un organe indépendant. Ils ne pouvaient donc contester le gel de leurs avoirs au cours d'un procès équitable. Certes, il peut être possible de déroger aux droits fondamentaux pour des motifs liés à la paix et à la sécurité, mais, malgré la large marge d'appréciation laissée aux autorités politiques, la proportionnalité de la mesure devrait pouvoir être appréciée par un organe indépendant.

Dès lors que les sanctions furent mises en œuvre, la question de leur compatibilité avec l'ordre juridique de l'Union et avec la Conv. EDH ne pouvait manquer d'être abordée. Alors que jusqu'à présent, la Cour de Strasbourg a habilement évité le problème, le Tribunal de première instance des Communautés européennes a été contraint de l'aborder de front. La question des rapports entre le système des Nations unies et d'autres ordres juridiques arrivait ainsi au premier plan.

A. – Droit de l'Union et résolutions du Conseil de sécurité

En se prononçant le 3 septembre 2008 dans l'affaire *Kadi* et *Al Barakatt* (76), la Cour ne met pas seulement un point final à la discussion sur l'application par l'Union des résolutions du Conseil de sécurité des Nations unies relatives au gel des avoirs des individus et entités associées à Oussama ben Laden. Elle tranche également d'importances questions qui depuis longtemps animaient les discussions tant dans la doctrine que dans les milieux politiques de l'Union. Jusqu'à quel point l'objectif de lutte contre le terrorisme peut-il

---

(75) V. en particulier le rapport établi par Ian Cameron pour le Conseil de l'Europe, *The European Convention on Human Right. Due Process and United Security Council Counter-Terrorism Sanctions*, Conseil de l'Europe, 6 févr. 2006 et le rapport établi par Bardo Fassbender pour le Bureau des affaires juridiques des Nations unies, *Targeud Sanctions and Due Process*, 20 mars 2006 et l'importante bibliographie citée dans ces rapports.

(76) Aff. C-402/05 P et C-405/05 P.

justifier des atteintes aux droits fondamentaux reconnus par l'Union ? Les résolutions du Conseil de sécurité des Nations unies doivent-elles bénéficier d'une primauté absolue sur le droit de l'Union ? Les réponses apportées par la Cour auront des implications importances non seulement dans le domaine concerné par l'affaire, mais elles ont une portée d'ordre constitutionnel.

L'arrêt *Kadi* a été rendu à la suite d'un pourvoi formé contre l'arrêt du tribunal de première instance du 21 septembre 2005 (T-315/01. *Rec.*, p. II-3649). Dans cet arrêt, le tribunal avait essayé de manière créative de résoudre la contradiction inhérente entre la primauté des résolutions du Conseil de sécurité adoptées dans le cadre du chapitre VII de la Charte des Nations unies et les exigences liées à la protection des droits fondamentaux en droit de l'Union. Il reconnaissait à ces résolutions une immunité juridictionnelle, ce qui lui permettait d'en sauvegarder la primauté conformément à l'article 103 de la Charte des Nations unies, mais acceptait de contrôler celles-ci au regard du *jus cogens* ce qui aurait permis une protection minimale des droits fondamentaux. La solution n'était pas d'une orthodoxie parfaite notamment en ce qui concernait le droit unilatéral que s'accordait le Tribunal de sanctionner des résolutions qui ne respecteraient pas les normes de *jus cogens*, mais elle constituait une tentative intéressante pour établir une contrôle minimal d'un système dans lequel les particuliers étaient dépourvus de tout moyen de contester directement leur inscription sur la liste des entités dont les avoirs devaient être gelés. Dans sa jurisprudence ultérieure, le tribunal tentera d'élargir au maximum les voies de recours ouvertes aux particuliers. Puisque la résolution du Conseil de sécurité permettait aux États membres de demander aux Nations unies la révision d'une inscription sur la liste, le tribunal va donner un plein effet à cette possibilité. Il impose aux États membres d'examiner avec diligence les arguments présentés par des particuliers en vue de leur radiation en tenant compte du fait que ces derniers, faute de motivation de l'inscription, ne disposent pas des moyens de présenter de manière efficace leurs arguments. Le tribunal souligne que cet examen national doit être mené dans le respect des droits fondamentaux garantis par le droit de l'Union ce qui implique notamment qu'un recours juridictionnel soit possible contre un refus de l'État de présenter une demande de radiation au comité des sanctions des Nations unies. En outre, pour assurer une protection effective des droits fondamentaux, le juge national doit pouvoir imposer à l'État l'exercice de la protection diplomatique même si une règle nationale s'y oppose. Ainsi pour atteindre ses fins, le tribunal n'hésitait pas à écarter le principe traditionnel du caractère discrétionnaire de la protection diplomatique (77). De la sorte, le tribunal avait réussi à construire une solution équilibrée qui reconnaissait le principe de la primauté des résolutions du

(77) Arrêt, 12 juill. 2006, aff. T-252/02, *Ayadi*.

Conseil de sécurité adoptée dans le cadre du chapitre VII de la Charte sur le droit de l'Union tout en mettant en place des garde-fous qui permettaient de limiter les inconvénients du système. C'est ce fragile équilibre que ruine la Cour de justice dans son arrêt du 3 septembre 2008.

L'approche de la Cour diffère fondamentalement de celle du tribunal quant aux rapports entre le droit de l'Union et les résolutions du Conseil de sécurité. C'est là sans doute l'apport essentiel de l'arrêt dans la mesure où ses conclusions sur le contenu des droits en cause sont de nature plus classique.

1. – *Le refus de l'immunité juridictionnelle des résolutions du Conseil de sécurité*

Tout au long de l'arrêt, la Cour paye un tribut de déférence verbale aux résolutions du Conseil de sécurité et à l'importance de sa mission de maintien de la paix et de la sécurité internationale, mais cela ne l'empêche pas d'en contrôler l'application et ceci sur la base de plusieurs arguments.

Tout d'abord, il lui est aisé d'établir qu'elle ne contrôle pas la validité des résolutions elles-mêmes, mais celle d'actes d'exécution de l'Union. Elle assimile cette situation aux hypothèses dans lesquelles elle contrôle la validité de l'acte de conclusion d'un accord international. Dans ce cas, l'annulation de l'acte n'a aucune incidence sur l'accord lui-même puisqu'il ne porte que sur la décision de conclusion de l'accord. En fait, si l'annulation est prononcée pour contrariété du contenu de l'accord avec le droit primaire, il s'agit bien d'apprécier la constitutionnalité de l'accord lui-même. S'agissant d'un accord international, cette situation n'est pas choquante puisqu'un accord ne peut produire d'effets qu'en raison du consentement des parties. L'annulation du consentement de l'une d'entre elles est d'ailleurs prévue par l'article 46 de la Convention de Vienne sur le droit des traités. Mais une résolution du Conseil de sécurité n'est pas un accord international. Il s'agit d'un acte unilatéral qui tire sa validité de son adoption par l'organe compétent de l'organisation et non du consentement de son destinataire. Qui plus est, dans le cadre du chapitre VII, la Charte confère à la résolution un caractère obligatoire. Annuler l'acte de l'Union de mise en œuvre revient en fait à empêcher l'application de la résolution et donc à s'opposer à sa force obligatoire ce qu'avait bien perçu le tribunal. Certes la primauté est formellement respectée puisque la validité de la résolution n'est pas directement mise en cause, mais n'y aurait-il pas quelque hypocrisie à soutenir la thèse de la primauté et à interdite l'application de la résolution pour des raisons tirées du contenu même de celle-ci. Prudence cependant, la Cour constate ensuite que les résolutions laissent aux États une large latitude quant à leur mise en œuvre. Dès lors, elles n'excluent pas l'existence d'un contrôle juridictionnel interne de la légalité de la décision interne de mise en œuvre. Force est cependant de remarquer que les résolutions en cause contiennent un régime complet et prévoient des modalités de réexamen de sanctions. Dans ces conditions, introduire un régime interne de recours qui peut conduite à l'annulation de l'acte de l'Union de mise en œuvre revient bien à se soustraire au caractère obligatoire de la résolution.

Mais la Cour va plus loin dans sa contestation de la primauté du droit des Nations unies. Méconnaissant l'article 103 de la Charte qui institue la primauté des obligations qui découlent de la Charte sur tout autre accord international (antérieur ou postérieur), elle assigne au droit des Nations unies un rang inférieur au droit primaire de l'Union. Assimilant les obligations qui découlent de la Charte à celles contractées dans le cadre d'un accord international au sens de l'article 300 CE, elle constate que cet article n'accorde à ces dernières que la primauté sur le droit dérivé : « Toutefois, cette primauté au plan du droit de l'Union ne s'étendrait pas au droit primaire et, en particulier, aux principes généraux du droit dont font partie les droits fondamentaux (pt. 308) ». Certes l'article 307 du Traité CE prévoit que le traité ne remet pas en cause les obligations contractées au titre d'accords antérieurs, mais, pour la Cour et ceci est une novation jurisprudentielle, cette exception « ne pourrait en aucun cas permettre la remise en cause des principes qui relèvent des fondements mêmes de l'ordre juridique de l'Union, parmi lequel celui de la protection des droits fondamentaux, qui inclut le contrôle par le juge de l'Union de la légalité des actes de l'Union quant à leur conformité avec ces droits fondamentaux (pt. 304) ».

En résumé, le raisonnement de la Cour s'appuie sur trois éléments essentiels. En premier lieu, l'annulation d'un acte de l'Union de mise en œuvre d'une résolution ne porte pas atteinte à la primauté que le droit international accorde à cette résolution. En second lieu, les Nations unies reconnaissent aux États une grande latitude dans les moyens de mise en œuvre ce qui n'exclut pas un contrôle juridictionnel interne. En troisième lieu, rien dans le droit de l'Union n'impose la primauté des obligations qui découlent de la Charte sur le droit primaire. La voie était ainsi ouverte pour faire prévaloir les droits fondamentaux consacrés par la Cour.

2. – *L'absolue primauté des droits fondamentaux*

Aux points 281 et suivants de l'arrêt, la Cour rappelle sa jurisprudence classique en matière de droits fondamentaux. Plus que le raisonnement, la nouveauté doit être trouvée dans le vocabulaire utilisé. En effet, elle indique que l'obligation de respecter les droits fondamentaux fait partie des « principes constitutionnels du Traité CE ». L'utilisation d'une référence constitutionnelle n'est sans doute pas neutre compte tenu de l'échec des procédures de ratification du traité établissant une constitution pour l'Europe. Elle montre qu'en dépit de circonstances politiques passagères et quelle que soit la dénomination donnée au traité par les États membres, celui-ci revêt un caractère intrinsèquement constitutionnel. Dans la ligne de son arrêt *Espagne c/ Royaume-Uni*, la Cour confirme également que les principes généraux du droit, et par voie de conséquence les droits fondamentaux, font partie du droit primaire au même rang que les traités (pt. 308).

Sur cette base, le résultat de l'appréciation de la légalité du règlement de l'Union au regard des droits fondamentaux ne laisse pas de place au doute. Il est d'ailleurs identique aux conclusions auxquelles était parvenu le tribunal lors de son examen des mesures de gel des avoirs propres à l'Union (78). L'absence de communication aux personnes soumises aux mesures restrictives des motifs de leur inscription sur la liste ne leur permet pas de défendre leurs droits et viole de ce fait le principe de protection juridictionnelle effective consacré tant par les traditions constitutionnelles communes des États membres que par la Conv. EDH et par l'article 47 de la Charte des droits fondamentaux. Tout comme le Tribunal, la Cour admet que la communication ne doit pas nécessairement intervenir avant l'inscription sur la liste, car une communication préalable pourrait permettre aux intéressés d'échapper à la sanction. De même, « des considérations impérieuses touchant à la sûreté ou à la conduite des relations extérieures de la Communauté et de ses États membres peuvent s'opposer à la communication de certains éléments aux intéressés... » (point 342). Cependant, le juge doit être mis en mesure d'exercer son contrôle et il lui appartient d'établir un équilibre entre les exigences de sécurité et la protection des droits des particuliers.

L'absence de communication, même *a posteriori* des motifs, porte atteinte au droit de propriété. En effet, si le gel des avoirs peut être justifié par l'intérêt supérieur que constitue l'application des résolutions du Conseil de sécurité, il n'en constitue pas moins une restriction à l'usage de la propriété. Il appartient au juge d'apprécier la proportionnalité entre l'importance de cette restriction et le but poursuivi. Pour la Cour, *in abstracto*, la restriction pourrait être justifiée par le maintien de la paix et de la sécurité internationale d'autant plus que la condition de proportionnalité est satisfaite par le fait que des exceptions au gel peuvent être décidées pour permettre de couvrir les dépenses de base nécessaire pour permettre aux intéressés de mener une existence décente et qu'un système de réexamen des mesures à la demande de ceux-ci a été mis en place. Cependant, en l'espèce, M. Kadi n'a pas été en mesure d'exposer son cas aux autorités compétentes ce qui constitue une atteinte à son droit de propriété. En somme, le défaut du système réside dans l'absence de motivation et dans l'impossibilité de faire entendre ses arguments sur la mesure.

Si le système mis en place par le Conseil de sécurité avait répondu aux exigences de la Cour, celle-ci aurait-elle néanmoins exercé son contrôle ? En d'autres termes, la Cour aurait-elle, à l'instar des certaines Cours constitutionnelles nationales et comme la Commission le suggérait, retenu une solution du

(78) Arrêt, 12 déc. 2006, aff. T-228/02, *Organisation des Modjahedines du peuple d'Iran/Conseil*.

type *Solange II* ? La Cour a examiné soigneusement le système de réexamen des mesures établi dans le cadre des Nations unies pour aboutir à la conclusion qu'il ne répondait pas aux exigences d'une protection juridictionnelle efficace. De ce fait, elle écarte l'hypothèse d'une immunité juridictionnelle, mais elle laisse cependant une porte ouverte lorsqu'elle constate : « ... une telle immunité, qui constituerait une dérogation importante au système de protection juridictionnelle des droits fondamentaux prévu par le Traité CE, n'apparaît pas justifiée, dès lors que cette procédure de réexamen n'offre manifestement pas les garanties d'une protection juridictionnelle » (pt. 322). L'idée selon laquelle la Cour renoncerait à exercer son contrôle dès lors que le régime des Nations unies offrirait une protection équivalente à la protection de l'Union n'est pas écartée. La Cour adopterait donc à l'égard du droit des Nations unies la même position que celle suivie par la Cour européenne des droits de l'homme, dans l'arrêt *Bosphorus*, à l'égard du droit de l'Union.

L'arrêt de la Cour consacre une approche unilatéraliste du droit des Nations unies en refusant de donner effet à la primauté de celui-ci. Certes, il s'agit d'une attitude louable au regard de la protection des droits fondamentaux, mais, agissant ainsi, la Cour ouvre une boîte de Pandore qui contribue à fragiliser l'action des Nations unies dans le domaine de la paix et de la sécurité internationale. D'autres sauront, pour des motifs bien moins louables, exploiter cette brèche dans les règles posées par les articles 25 et 103 de la Charte. Paradoxalement en voulant affirmer l'importance des principes fondateurs de l'Union, elle contribue à fragiliser ceux-ci. Quel argument pourrait-elle désormais opposer à une Cour constitutionnelle nationale qui invoquerait sa propre constitution pour paralyser l'adoption de mesures de mise en œuvre du droit de l'Union ? En procédant à une affirmation aussi forte de l'indépendance de l'Union face aux contraintes de l'ordre international, ne détricote-t-on pas l'édifice fragile de la primauté du droit de l'Union sur le droit national ? Certes, on pourra toujours faire valoir que la situation n'est pas identique, mais le ver est dans le fruit.

B. – Convention européenne et résolutions du Conseil de sécurité

La CEDH a longtemps évité de se prononcer sur la question des rapports entre le système des Nations unies et la Convention. Elle a bien noté dans l'affaire *Bosphorus* que le règlement de l'Union mettait en œuvre une résolution du Conseil de sécurité, mais elle n'en a tiré aucune conséquence. Pressée sans doute d'utiliser l'occasion pour exposer sa position à l'égard du droit de l'Union, elle a préféré tirer sur le planiste, en l'occurrence l'Irlande, avec d'autant plus de facilité que son arrêt n'avait aucune conséquence concrète pour celle-ci.

Dans sa décision sur la recevabilité dans l'affaire *Behrami* (2 mai 2007), elle écartait la responsabilité des États membres en estimant qu'ils avaient agi sous l'autorité et le contrôle des Nations unies, lesquelles ne relèvent pas de sa juridiction. Mais elle a tenu un discours qui n'augurait guère un contrôle dans l'avenir (79).

Pourrait-elle persévérer dans cette attitude au cas où la question lui serait soumise de manière plus directe et réaffirmer sa jurisprudence traditionnelle selon laquelle les États membres ne peuvent échapper à leurs obligations en déléguant certaines de leurs compétences à une organisation internationale ? Une telle solution se heurterait directement aux règles du droit des traités et à l'article 103 de la Charte. En effet, contrairement au traité de l'Union qui est postérieur à la Convention, la Charte lui est antérieure et le jeu de l'article 103 ne peut être remis en cause par la Convention. En effet, l'article 30 de la Convention de Vienne sur le droit des traités n'envisage la possibilité, pour certaines parties à un traité, de conclure un traité incompatible avec le premier que sous réserve de l'article 103 de la Charte. Dans l'affaire *Nada*, la Cour a eu l'occasion de répondre à des questions similaires à celles qui se posaient dans l'affaire *Kadi*. Mais, tout d'abord, dans son arrêt du 12 septembre 2012, elle écarte l'application de sa jurisprudence *Behrami* au motif qu'il s'agissait en l'espèce de mesures internes de mise en œuvre d'une résolution du Conseil de sécurité. Sur le fond, elle estime qu'au lieu de faite jouer la hiérarchie, il convient tout d'abord de concilier des normes en apparence incompatibles :

(79) « Il convient d'accorder encore plus de poids au caractère impératif du but premier de l'ONU et, par voie de conséquence, des pouvoirs accordés au Conseil de sécurité en vertu du chapitre VII pour atteindre ce but. En particulier, il ressort clairement du préambule, des articles 1, 2 et 24 ainsi que du chapitre VII de la Charte que l'ONU a pour objectif principal le maintien de la paix et de la sécurité internationales. S'il est tout aussi clair que la protection des droits de l'homme contribue de manière importante à l'établissement de la paix internationale (v. le préambule à la Convention), il n'en demeure pas moins que la responsabilité essentielle quant à cet objectif incombe au Conseil de sécurité, qui dispose de moyens considérables en vertu du chapitre VII pour l'atteindre, notamment par l'adoption de mesures coercitives. La responsabilité du Conseil de sécurité à cet égard est unique, et est devenue le corollaire de l'interdiction du recours unilatéral à la force, qui est aujourd'hui partie intégrante du droit coutumier international.

En l'espèce, le chapitre VII a permis au Conseil de sécurité d'adopter des mesures correctives en réaction à un conflit précis jugé de nature à menacer la paix, mesures qui ont été exposées dans la résolution n° 1244 du Conseil de sécurité établissant la MINUK et la KFOR.

Les opérations mises en œuvre par les résolutions du Conseil de sécurité en vertu du chapitre VII de la Charte de l'ONU sont fondamentales pour la mission de l'ONU consistant à préserver la paix et la sécurité internationales, et s'appuient, pour être effectives, sur les contributions des États membres. Par conséquent, la Convention ne saurait s'interpréter de manière à faire relever du contrôle de la Cour les actions et omissions des Parties contractantes couvertes par des résolutions du Conseil de sécurité et commises avant ou pendant de telles missions. Cela s'analyserait en une ingérence dans l'accomplissement d'une mission essentielle de l'ONU dans ce domaine, voire, comme l'ont dit certaines des parties, dans la conduite efficace de pareilles opérations. Cela équivaudrait également à imposer des conditions à la mise en œuvre d'une résolution du Conseil de sécurité qui n'étaient pas prévues par le texte de la résolution lui-même. Ce raisonnement s'applique aussi aux actes volontaires des États défendeurs, tels que le vote d'un membre permanent du Conseil de sécurité en faveur de la résolution pertinente au titre du chapitre VII et l'envoi de contingents dans le cadre de la mission de sécurité : pareils actes peuvent ne pas être à proprement parler des obligations découlant de l'appartenance à l'ONU, mais ils sont primordiaux pour l'accomplissement effectif par le Conseil de sécurité du mandat qui lui est conféré par le chapitre VII, et donc pour la réalisation par l'ONU du but impératif de maintien de la paix et de la sécurité qui lui est assigné. »

« Quand plusieurs instruments apparemment contradictoires sont simultanément applicables, la jurisprudence et la doctrine internationales s'efforcent de les interpréter de manière à coordonner leurs effets, tout en évitant de les opposer entre eux. Il en découle que deux engagements divergents doivent être autant que possible harmonisés de manière à leur conférer des effets en tous points conformes au droit en vigueur ». De plus, même si la conciliation est difficile, comme dans *Kadi*, la Cour estime que les États disposent d'une certaine marge de liberté dans la mise en œuvre des résolutions : « Sans préjudice de la nature contraignante de ces résolutions, la Charte laisse en principe aux membres de l'ONU le libre choix entre différents modèles possibles de réception dans leur ordre juridique interne de telles résolutions. Ainsi, elle impose aux États une obligation de résultat, leur laissant le libre choix des moyens pour se conformer aux résolutions (v. dans ce sens, *mutatis mutandis*, l'arrêt *Kadi* de la CJCE ». La Cour interprète donc la résolution pour établir l'existence d'une marge d'appréciation ce qui lui permettra de conclure que les autorités suisses n'ont pas utilisé celle-ci.

Ici encore, on constate que tout est mis en œuvre pour éviter le conflit que ce soit par le recours aux techniques d'information ou à la marge nationale d'appréciation.

Mais cette vision devait évoluer. L'artifice de l'existence d'une marge d'appréciation nationale n'était guère tenable devant la précision des résolutions du Conseil de sécurité. C'est sans doute pour cette raison que dans l'arrêt *Al-Dulimi et Montana management* (80), la deuxième section de la Cour inaugure un revirement de jurisprudence qui doit encore être confirmé par la Grande Chambre. Plutôt que de rechercher la responsabilité des États membres dans une marge d'appréciation quasi inexistante, elle revient à sa jurisprudence *Bosphorus* selon laquelle les États membres sont responsables lors de la mise en œuvre d'actes d'organisation internationale auxquels ils appartiennent dès lorsqu'ils ne disposent d'aucune marge d'appréciation et que la protection des droits fondamentaux par l'organisation souffre d'une insuffisance manifeste. Cette jurisprudence développée à propos des rapports entre la Convention et le droit de l'UE trouve ici à s'appliquer au droit des Nations unies (81).

---

(80) Arrêt, 26 nov. 2013.

(81) Pr. 116. « La plupart des affaires (...) concerne le rapport entre le droit de l'UE et les garanties découlant de la Convention. La Cour constate néanmoins qu'elle n'a jamais exclu d'appliquer le critère de la protection équivalente à une situation concernant la compatibilité avec la Convention d'actes relevant d'autres organisations internationales que l'UE. En effet, elle estime que la présomption de protection équivalence vise en particulier à éviter qu'un État partie soit confronté à un dilemme lorsqu'il lui faut invoquer les obligations juridiques qui s'imposent à lui, en raison de son appartenance à une organisation internationale non partie à la Convention (*Michaud*, précité, § 104). Or, comme en témoigne la présente affaire, ce dilemme peut se présenter pour un État aussi bien du fait de son appartenance à l'UE, en tant qu'organisation supranationale de vocation européenne, qu'en sa qualité d'État membre des Nations unies. »

D'après cet arrêt de Chambre, la solution aurait été la suivante. Lorsque les mesures de mise en œuvre des résolutions du Conseil de sécurité laissent une marge d'appréciation aux États membres, ceux-ci sont pleinement responsables au titre de la Convention. Par contre, en l'absence d'une marge d'appréciation, la responsabilité de ceux-ci est conditionnée par l'existence d'une protection équivalente au sein des Nations unies et ne peut être mise en œuvre qu'en présence d'une insuffisance manifeste de protection. Malheureusement, la Grande chambre de la Cour européenne des droits de l'homme n'a pas retenu, dans son arrêt du 21 juin 2016 *Al-Dulimi et Montana Management Inc. c. Suisse*, la position de la Chambre. La Chambre (deuxième section, 21 avril 2013) avait examiné la question à la lumière de la jurisprudence *Bosphorus* pour conclure que la protection offerte par les Nations unies n'était pas équivalente à celle résultant de la Convention ce qui avait pour conséquence qu'il appartenait aux États parties de combler les lacunes existantes. La Suisse avait été condamnée sur cette base. Cette solution apportait une certaine cohérence dans la jurisprudence relative aux mesures nationales de mise en œuvre des actes d'organisations internationales. La Grande Chambre, tout en constatant une violation, revient à sa jurisprudence Nada. Selon elle, il convient de présumer de la conformité des résolutions du Conseil de sécurité aux droits fondamentaux. Elles doivent dès lors bénéficier d'une interprétation favorable dès lors qu'elles n'excluent pas expressément la protection de ces droits. La résolution n'excluant un contrôle juridictionnel interne, malgré un langage péremptoire sur sa mise en œuvre sans retard par les États membres, la Suisse était responsable d'une violation de l'article 6, paragraphe 1, de la Convention. Une fois de plus, la Cour s'appuie sur une interprétation très hasardeuse de la résolution et sur une présomption de conformité de celle-ci aux droits fondamentaux pour éluder le conflit entre la Convention et l'article 103 de la Charte (voir § 149). Les conclusions de notre communication restent donc valables.

CONCLUSION

Les conflits dans les rapports de système ne sont pas un simple jeu de l'esprit, mais une réalité contentieuse incontournable. L'expérience montre qu'heureusement, la sagesse a prévalu jusqu'à présent grâce à l'attitude coopérative des juridictions suprêmes. La solution est toujours la même et semble universellement pratiquée. Elle consiste en une acceptation des autres systèmes assortie de réserves en ce qui concerne quelques principes fondateurs dans l'ordre juridique concerné. La coexistence est acceptée, mais elle s'accompagne du refus d'une subordination totale qui ferait disparaître l'identité du système. Comme cette identité réside dans ces valeurs fondatrices, il n'est pas surprenant que la jurisprudence sur les droits fondamentaux constitue un excellent baromètre de l'état des rapports de système.

D'une manière générale, les techniques utilisées sont toujours les mêmes pour assurer la cohabitation de systèmes différents.

1. Lorsque ces systèmes ne sont pas hiérarchisés entre eux ou que la hiérarchie est refusée par une juridiction, la reconnaissance des normes d'un système dans l'autre est opérée grâce à la technique *Solange*. Les normes sont reconnues dès lorsqu'elles offrent une protection comparable (arrêt *Bosphorus* de la CEDH et arrêts successifs de la Cour constitutionnelle allemande). La différence entre la solution allemande et celle de la CEDH réside dans la difficulté de renverser la présomption d'équivalence pour la première et dans son appréciation au cas par cas pour la seconde.

2. Lorsque existe une hiérarchie ou que le juge prétend qu'une hiérarchie existe, en cas de conflit portant sur des éléments qui relèvent de ce qu'un des systèmes considère comme faisant partie de son identité propre, la solution du conflit est recherchée dans la reconnaissance d'une marge d'appréciation limitée par le recours à la proportionnalité (ou la nécessité dans une société démocratique). On en trouve une illustration dans l'arrêt *Lautsi* de la CEDH à propos du crucifix dans les écoles italiennes (18 mars 2011), ou dans les arrêts *Omega* ou *Sayn-Wittgenstein* de la Cour de Luxembourg (82).

Sur un plan plus politique, les juges pratiquent le système de la dissuasion fondée sur la destruction mutuelle assurée. En effet, le franchissement des « contre-limites » pourrait donner naissance à un conflit qui conduirait le juge à mettre en cause la légitimité de l'autre système et, de ce fait, constituerait une attaque frontale contre sa prétention à la primauté. Le juriste pourrait se contenter d'observer cette situation et se retirer sur la pointe des pieds de peur de perturber de fragiles équilibres. Mais ce serait dormir sur une bombe dont la mèche est peut-être déjà allumée. En effet, les solutions jurisprudentielles, quoique indispensables, ne sont que transitoires. Qui sait quand les « contre-limites » seront atteintes ? L'équilibre reste à la merci d'une affaire trouvant son origine dans une juridiction inférieure ou d'une évolution des conceptions de certains juges nationaux.

Comme l'écrivait de manière prémonitoire le Pr Reuter en 1970 : « Il faudrait en tout cas appeler les choses par leur nom, sortir peut-être du règne du “fédéralisme à la sauvette” dans lequel plus par faiblesse que par duplicité les gouvernements nationaux ou certains d'entre eux ont situé leurs entreprises européennes. Il est véritablement dur pour des magistrats qui en conscience ont toujours estimé qu'ils n'étaient pas qualifiés pour instaurer un gouvernement des juges d'être obligés d'en instituer les principes pour le compte d'une institution extérieure (selon ces magistrats) au système français (83)... » Il devrait relever de la responsabilité du politique d'assurer la sécurité juridique

(82) Arrêt du 18 mars 2011.

(83) P. Reuter, *et al. L'application du droit international par le juge français. Colloque de Grenoble*, Armand Colin, Paris, 1972, p. 41.

en définissant les rapports de système autour de quelques règles simples. La responsabilité des juges serait de la sorte dégagée. Mais que l'on se rassure, leur rôle ne sera pas terminé, car il faudrait être bien naïf pour imaginer que l'adoption « constitutionnelle » de ces règles suffira à répondre à toutes les questions possibles, mais l'œuvre juridictionnelle sera alors encadrée par le pouvoir politique. Le débat démocratique définira les limites du champ d'action judiciaire.

COUR DE JUSTICE DE L'UNION EUROPÉENNE, COURS CONSTITUTIONNELLES NATIONALES ET JURIDICTIONS ORDINAIRES : QUEL EST LE JUGE DES DROITS FONDAMENTAUX GARANTIS PAR LE DROIT DE L'UNION ?

PAR

JEAN-PAUL JACQUÉ

Professeur émérite à l'Université de Strasbourg

Directeur général honoraire au Conseil de l'Union européenne

Une étude de la jurisprudence de la Cour européenne des droits de l'Homme ne peut aujourd'hui être conduite à bien sans tenir compte des analyses éclairantes de Patrick Wachsmann. Ses positions sur la liberté d'information ou la marge d'appréciation sont connues de tous, de même qu'en droit interne son beau manuel de *Libertés publiques*, terme qu'il a toujours préféré à celui de libertés fondamentales. Mais il ne s'est pas arrêté là. Sans porter une attention exagérée à la Cour de justice de l'Union européenne, dont il n'appréciait guère le fait que sa contribution aux droits de l'homme porte essentiellement sur des questions économiques, il s'est cependant attaché à en comprendre les logiques, comme en atteste sa contribution au commentaire de la Charte publié sous la direction de Fabrice Picod. Je voudrais, pour lui rendre hommage, m'attacher aux relations parfois tumultueuses entre la Cour de justice et les Cours constitutionnelles nationales en matière de droit applicable aux droits de l'homme. Dialogue ou guerre des juges, les appréciations varient. Pour sa part, Patrick apprécie particulièrement cette affirmation du ministre Fernando dans le deuxième acte de Fidelio : « Non, ne vous prosternez plus comme des esclaves. Je bannis la rigueur des tyrans. Un frère va à la rencontre de ses frères et leur offre de bon cœur son aide ». Elle reflète assez bien la problématique des rapports entre Cours et la coopération entre les Cours constitue à mon sens le principe qui doit guider leurs rapports. C'est dans cet esprit qu'a été rédigée cette contribution.

Pendant longtemps, les rapports entre droit communautaire et droit national se sont situés dans une logique kelsenienne. En raison du principe de primauté, les règles nationales contraires devaient s'effacer lorsqu'elles entraient en conflit avec le droit de l'Union, tout au moins lorsqu'il était directement applicable. Si tel n'était pas le cas, l'obligation d'interprétation conforme et l'éventuelle mise en jeu de la responsabilité de l'État venaient remédier à la situation. Cette situation a été progressivement acceptée par les juridictions constitutionnelles nationales sous la réserve de « contre-limites » tenant à la structure constitutionnelle nationale, au respect des droits fondamentaux et au respect par la Communauté de ses compétences (1). Dans ces conditions, la primauté sur la loi nationale a fini par s'imposer et le juge national s'est vu reconnaître le pouvoir d'écarter la règle nationale contraire. Il ne s'est jamais agi d'un contrôle de validité, puisque la Cour de justice est privée du pouvoir d'annuler une loi nationale et que les juridictions nationales ne peuvent déclarer invalide une législation de l'Union. Tout simplement, la loi nationale contraire devient inapplicable dans la limite de la contrariété consacrée. Dans ce contexte, puisque le pouvoir de déclarer les dispositions nationales inapplicables sous réserve du renvoi préjudiciel appartient au juge national sans qu'il soit nécessaire, en application de la jurisprudence *Simmenthal* (2), d'avoir recours au juge constitutionnel, les juridictions ordinaires ont acquis un pouvoir considérable. Elles peuvent non seulement remettre en cause l'œuvre du législateur, mais aussi la jurisprudence des Cours qui lui sont supérieures en interrogeant la Cour de justice sur celle-ci. En ce qui concerne les rapports avec les constitutions nationales, la situation a toujours été délicate, les juges constitutionnels montrant une réticence naturelle à faire prévaloir le droit de l'Union sur le droit constitutionnel national. D'où une gamme de solutions qui va des jurisprudences les plus favorables, soumettant la primauté au seul respect des contre-limites, à des hypothèses de refus de la primauté lorsqu'une interprétation conforme n'est pas possible. Dans l'ensemble, cependant, malgré les différences d'approche entre la Cour de justice et les juges constitutionnels nationaux, les conflits directs ont été rares. Une certaine réserve appuyée sur un dialogue entre les juges souvent fondé sur des mises en garde réciproques a permis au système de fonctionner sans accrocs majeurs (3) jusqu'au jugement de la Cour constitutionnelle allemande du 5 mai 2020, encore que celui-ci, sévère pour la Cour de justice, ouvre au fond une issue de secours à la Banque centrale européenne (4).

---

(1) Comme l'a montré avec vigueur sur ce dernier point la Cour constitutionnelle allemande dans son jugement du 5 mai 2020 où elle juge, contrairement à la position de la Cour de justice qu'elle avait sollicitée par voie préjudicielle (CJUE, gr. ch., 11 déc. 2018, aff. C-493/17), que le programme d'assouplissement quantitatif (*quantitative easing*) de la Banque centrale européenne était fondé sur une décision *ultra vires* de la Banque et prive celui-ci de tout effet en Allemagne, à moins que la Banque ne prenne une nouvelle décision respectant le principe de proportionnalité.

(2) CJCE 9 mars 1978, aff. C-116/77.

(3) Jusqu'à l'arrêt de la Cour constitutionnelle allemande, il n'existait que deux cas de conflits dans lesquels une juridiction suprême s'était opposée à un arrêt de la Cour de justice : Cour constitutionnelle tchèque, *Landtova*, 31 janv. 2012, Pl us 5/12 et Cour suprême danoise, *Ajos*, 6 déc. 2016, n° 15/2014.

(4) Puisqu'il suffit que la Banque centrale européenne explicite son analyse de la proportionnalité pour que les autorités allemandes soient satisfaites, ce qui fut le cas.

En attribuant à la Charte des droits fondamentaux de l'Union européenne une valeur contraignante au niveau du droit primaire, les auteurs des traités ont profondément modifié la situation. Jusqu'à l'entrée en vigueur du traité de Lisbonne, la Cour de justice fondait sa jurisprudence en matière de droits fondamentaux sur les traditions constitutionnelles communes aux États membres ce qui ouvrait la porte à un certain pluralisme dont on trouve trace dans l'affaire *Oméga* (5). La présence d'un catalogue écrit, la Charte des droits fondamentaux, rend les choses plus difficiles, parce qu'elle fait apparaître plus clairement d'éventuelles contradictions entre la manière dont les droits sont garantis par la Charte et celle dont ils sont protégés par les constitutions nationales. La hiérarchie est renforcée au profit de la Cour de justice qui détient le pouvoir exclusif d'interpréter la Charte et, face à un texte écrit, le recours au pluralisme sur la base des traditions constitutionnelles communes paraît limité. En outre, l'élargissement des compétences de l'Union multiplie les risques de conflits. Si ces derniers restaient faibles lorsque la Communauté traitait de la politique agricole commune, elles s'amplifient considérablement dès lors que l'on aborde la politique pénale ou la protection des données personnelles. Le risque est encore accru avec l'existence d'une double voie de renvoi préjudiciel, tant devant le juge constitutionnel que devant la Cour de justice. Le juge national a ainsi la possibilité de frustrer de son droit de regard la Cour constitutionnelle nationale au profit de l'appel à la Cour de justice ou alors de risquer de remettre en cause la primauté en faisant jouer le renvoi national. Ces évolutions appelaient à une réévaluation des rapports entre les Cours, tant à Luxembourg que dans les capitales nationales. Elle s'est faite, de part et d'autre, par la voie jurisprudentielle au moyen d'un dialogue, en apparence respectueux, mais qui conduit à sortir d'une vision strictement hiérarchique des rapports de système pour envisager les possibilités de mise en œuvre d'un pluralisme, sur la base de ce que l'on qualifie parfois de « *multilevel constitution* ».

SECTION 1. – LES COURS CONSTITUTIONNELLES NATIONALES EXPOSÉES AUX DIFFICULTÉS NÉES DE LA JURISPRUDENCE DE LA COUR DE JUSTICE SUR LA CHARTE

Ces difficultés sont liées, mais pas exclusivement, à l'analyse faite par la Cour des dispositions générales de la Charte, mais elles portent aussi sur les solutions apportées quant à la coexistence des voies de droit ouvertes dans le cadre de l'Union et dans celui des États membres.

(5) CJCE 14 oct. 2004, aff. C-36/02.

A. – L'interprétation des dispositions générales de la Charte

La nécessité d'obtenir un consensus sur la Charte a conduit ses auteurs à accepter certaines ambiguïtés. Celles-ci ont perduré jusqu'à ce que la Cour de justice se soit vu contrainte de les lever. Mais les clarifications apportées ont conduit à remettre en cause la position traditionnelle des juridictions constitutionnelles sur la place du droit de l'Union dans l'ordre interne et surtout sur leur rôle dans ce cadre.

1. – *La détermination du champ d'application de la Charte, source d'inquiétudes*

Une des ambiguïtés nées de l'entrée en vigueur du Traité de Lisbonne concernait le champ d'application de la Charte. Le texte de la Charte indiquait que celle-ci était applicable aux États membres « uniquement » lorsqu'ils mettaient en œuvre le droit de l'Union, tandis que les explications de l'article 41 remplaçaient la référence à la mise en œuvre par celle au champ d'application du droit de l'Union. Se fondant sur les explications jointes à la Charte (6), la Cour a opté pour le champ d'application le plus large possible et décidé que la Charte s'appliquait dans le champ d'application du droit de l'Union (7). Celle-ci couvre donc toutes les situations dans lesquelles les États membres sont astreints au respect d'une règle de l'Union, quelle que soit son origine. Dès lors, la notion de mise en œuvre allait bien au-delà de la transposition d'une directive ou l'application d'un règlement de l'Union. Cette jurisprudence a eu pour conséquence de déplacer le problème sur la question de la définition du champ d'application, ou plus concrètement, du lien qui doit être établi entre une mesure nationale et le droit de l'Union pour que la Charte devienne applicable. Pour le président de la Cour de justice, l'application du droit de l'Union conditionne l'applicabilité de la Charte. La Charte est donc l'ombre du droit de l'Union (8), mais, comme il existe différentes nuances de gris, une ombre est susceptible de nuances. La Cour a tenté de préciser la nature de ce lien dans l'arrêt *Iida* : « il y a lieu de vérifier, parmi d'autres éléments, si la réglementation nationale en cause a pour but de mettre en œuvre une disposition du droit de l'Union, le caractère de cette réglementation et si celle-ci poursuit des objectifs autres que ceux couverts par le droit de l'Union, même si elle est susceptible d'affecter indirectement ce dernier, ainsi que s'il existe une réglementation du droit de l'Union spécifique en la matière ou susceptible de l'affecter » (9). Cette formulation n'établit guère de

(6) En application de l'article 6, § 1, al. 3, TUE.

(7) CJUE 26 févr. 2013, *Akerberg Fransson*, aff. C-617/10.

(8) « Tout comme un objet définit les contours de son ombre, le champ d'application du droit de l'Union détermine celui de la Charte », K. Lenaerts et J. Giuterrez-Fons, *Les méthodes d'interprétation de la Cour de justice de l'Union européenne*, Bruylant, 2020, p. 109

(9) CJUE 8 nov. 2012, aff. C-40/11.

critères positifs à l'exception du recours à la notion de mise en œuvre qui est une simple répétition du texte de la Charte, mais donne quelques indices d'exclusion tels que l'objectif de la mesure nationale et l'affectation seulement indirecte du droit de l'Union (10). L'analyse du champ d'application est par nature dynamique et ne peut être établie qu'au cas par cas. Cette situation est perturbante pour les juridictions constitutionnelles qui avaient adopté des doctrines selon lesquelles elles s'abstenaient d'intervenir en présence d'une harmonisation complète laissant jouer la primauté du droit de l'Union (11) ou qui conditionnaient leur abstention à l'existence d'une règle d'effet direct (12). Désormais, leur rôle est fonction du champ d'application de la Charte lié à celui du champ d'application du droit de l'Union qui se détermine au cas par cas. Les distinctions traditionnelles sont brouillées et le pouvoir de contrôle au regard des droits fondamentaux reconnus dans la constitution risque de se voir limité en lui substituant un contrôle au regard de la Charte. Compte tenu de l'incertitude liée à la définition du champ d'application, le recours à l'un des catalogues de droits applicables (national ou Charte) n'est plus évident.

Cette remise en cause de certaines jurisprudences nationales est d'autant plus importante que le champ d'application recouvre même des hypothèses dans lesquelles le droit de l'Union reconnaît aux États une marge d'appréciation. Déjà, dans l'arrêt *N.S.*, la Cour estimait que la clause de souveraineté du règlement « Dublin », qui permettait aux États de ne pas renvoyer un demandeur d'asile dans l'État d'entrée dans l'Union, devait s'appliquer dans le respect de la Charte, transformant ainsi *de facto* la faculté de ne pas renvoyer en une obligation (13). Cette solution a été confirmée par l'arrêt *Spiegel on line* : « il y a lieu de relever sur ce point que, dès lors que la transposition d'une directive par les États membres relève en tout état de cause de la situation, visée à l'article 51 de la charte des droits fondamentaux de l'Union européenne (ci-après la "Charte"), dans laquelle les États membres mettent en œuvre le droit de l'Union, le niveau de protection des droits fondamentaux prévu par la Charte doit être atteint lors d'une telle transposition, indépendamment de la marge d'appréciation dont disposent les États membres lors de cette transposition » (14), ce qui pourrait mettre à mal la conception fondée sur le caractère complet ou non de l'harmonisation élaborée par la Cour constitutionnelle allemande puisque, même en cas d'harmonisation incomplète, la Charte peut être

(10) V. l'étude de M. Safjan, D. Düsterhaus et A. Guérin, « La Charte des droits fondamentaux de l'Union européenne et les ordres juridiques nationaux, de la mise en œuvre à la mise en balance », *RTD eur.*, 2016, p. 219 qui illustre la diversité et la complexité des hypothèses dans lesquelles une mesure nationale peut entrer dans le champ d'application du droit de l'Union.

(11) C'était le cas de la Cour constitutionnelle allemande depuis *Solange II*.

(12) C'était le cas de la Cour constitutionnelle italienne, v. *Granital*, aff. C-113/1985 et *Provincia di Bolzano*, aff. C-389/1989.

(13) CJUE 21 déc. 2011, aff. C-411/10 et C-493/10. Même si la Cour précise qu'un État n'est jamais obligé par cette clause, elle ne lui laisse dans la pratique aucune autre possibilité.

(14) CJUE 29 juill. 2019, aff. C-516/17.

l'instrument de référence pour ce qui est laissé à la discrétion des États. De même, l'effet direct reconnu par la Cour de justice à certaines dispositions de la Charte (15) pourrait avoir pour conséquence d'imposer aux juridictions italiennes d'utiliser celle-ci comme instrument de référence à la place des droits fondamentaux consacrés par la constitution, puisque la jurisprudence de la Cour constitutionnelle impose le respect de la primauté pour les dispositions d'effet direct. Les réponses apportées par la Cour à la question du champ d'application contribuent ainsi à étendre celui-ci et les effets de la Charte au détriment de l'application des droits fondamentaux reconnus par les juridictions nationales. Elle remet en cause la position des Cours constitutionnelles dans le cadre interne.

2. – *Les doutes liés aux relations entre la Charte et le droit constitutionnel national*

Cette tendance à la remise en cause est renforcée par la réponse apportée par la Cour à la question des relations entre la Charte et le droit constitutionnel national. La question est régie par l'article 53 de la Charte qui dispose que les dispositions de celle-ci ne limitent pas les droits reconnus par les États membres dans leurs champs d'application respectifs. On aurait pu déduire de la référence aux champs d'application respectifs que seule la Charte était applicable dans le champ du droit de l'Union. Cette solution aurait totalement exclu le recours aux constitutions nationales. Ce n'est pas la voie choisie par la Cour qui a préféré une voie médiane. Le recours aux droits garantis par les constitutions nationales n'est pas exclu à condition que le niveau de protection assuré par la Charte soit respecté. Cette ouverture est cependant limitée lorsque l'Union a mis en place dans un acte législatif une protection uniforme des droits fondamentaux. Dans ce cas, l'application d'une règle nationale plus protectrice est exclue parce qu'elle remettrait en cause la primauté. La seule exigence est que le niveau de protection uniforme soit conforme à celui imposé par la Charte, faute de quoi la mesure adoptée par l'Union serait invalide. Cette solution permet le jeu effectif de la confiance mutuelle, puisque les États sont assurés que tous respectent un niveau au moins égal à celui de la Charte et que lorsque le droit de l'Union impose un régime conforme à la Charte, celui-ci sera respecté par tous. C'est

(15) CJUE 17 avr. 2018, *Egenberger*, aff. C-414/16 : « L'interdiction de toute discrimination fondée sur la religion ou les convictions revêt un caractère impératif en tant que principe général de droit de l'Union. Consacrée à l'article 21, paragraphe 1, de la Charte, cette interdiction se suffit à elle-même pour conférer aux particuliers un droit invocable en tant que tel dans un litige qui les oppose dans un domaine couvert par le droit de l'Union […] D'autre part, il convient de souligner que, à l'instar de l'article 21 de la Charte, l'article 47 de celle-ci, relatif au droit à une protection juridictionnelle effective, se suffit à lui-même et ne doit pas être précisé par des dispositions du droit de l'Union ou du droit national pour conférer aux particuliers un droit invocable en tant que tel ». V. aussi CJUE 15 janv. 2014, *Association de médiation sociale*, aff. C-176/12. L'affaire *Egenberger* a fait l'objet d'un recours individuel de constitutionnalité devant la Cour constitutionnelle allemande sur la base des dispositions de la Loi fondamentale relatives à l'organisation des églises.

la solution retenue dans l'arrêt *Melloni* (16) dont le président de la Cour estime qu'elle ne tranche pas un conflit de droits concurrents, mais respecte le choix politique fait par le législateur s'il décide d'uniformiser la protection (17). Cette solution est confirmée par l'arrêt *Jeremy F.* qui admet le recours à une règle constitutionnelle nationale plus protectrice en l'absence de règles uniformes fixées par l'Union (18). L'affaire *Taricco* (19), qui a entraîné un vif débat dans la sphère juridique italienne, illustre bien l'acceptation dans certains cas du pluralisme en matière de droits fondamentaux. Sans entrer dans les détails de l'affaire, la question était de déterminer si les délais de prescription en matière de fraude à la TVA pouvaient être considérés comme conformes au droit de l'Union. La Cour de justice avait appliqué sa jurisprudence traditionnelle en indiquant que les sanctions liées à l'application du droit de l'Union devaient être effectives et dissuasives et, qu'en l'absence harmonisation, il appartenait au juge national d'assurer le respect de cette règle et, le cas échéant, d'écarter la règle nationale contraire fixant un délai de prescription trop bref et qui ne peut être interrompu par de nouveaux actes d'instruction (20). Cette solution divisa le monde judiciaire italien parce qu'en Italie, les règles relatives à la prescription font partie du droit pénal matériel et sont de ce fait soumises au principe de la légalité des délits et des peines, ce qui implique la précision de la loi et la non rétroactivité. Or, appliquer la solution dégagée par la Cour de justice imposait d'écarter une loi italienne en vigueur pour un régime plus sévère et d'utiliser, pour apprécier le caractère effectif et dissuasif de la législation nationale, des

---

(16) CJUE 26 févr. 2013, aff. C-399/11 : « Par conséquent, permettre à un État membre de se prévaloir de l'article 53 de la Charte pour subordonner la remise d'une personne condamnée par défaut à la condition, non prévue par la décision-cadre 2009/299, que la condamnation puisse être révisée dans l'État membre d'émission, afin d'éviter qu'une atteinte soit portée au droit à un procès équitable et aux droits de la défense garantis par la Constitution de l'État membre d'exécution, aboutirait, en remettant en cause l'uniformité du standard de protection des droits fondamentaux défini par cette décision-cadre, à porter atteinte aux principes de confiance et de reconnaissance mutuelles que celle-ci tend à conforter et, partant, à compromettre l'effectivité de ladite décision-cadre ».

(17) K. Lenaerts et J. A. Gutiérrez-Fons, *Les méthodes d'interprétation de la Cour de justice de l'Union européenne*, Bruylant, 2020, v. en particulier, p. 149 s.

(18) CJUE 30 mai 2013, aff. C-168/13 PPU : « il convient toutefois de constater que, indépendamment des garanties expressément prévues par la décision-cadre, l'absence de réglementation dans cette dernière d'un éventuel droit de recours suspensif contre les décisions relatives au mandat d'arrêt européen n'empêche pas les États membres de prévoir un tel droit. En effet, en l'absence de plus amples précisions dans les dispositions mêmes de la décision-cadre et eu égard à l'article 34 UE, qui accorde aux instances nationales la compétence quant à la forme et aux moyens nécessaires afin d'atteindre le résultat voulu par les décisions-cadres, il convient de constater que la décision-cadre laisse aux autorités nationales une marge d'appréciation quant aux modalités concrètes de mise en œuvre des objectifs qu'elle poursuit, notamment en ce qui concerne la possibilité de prévoir un recours suspensif à l'encontre des décisions relatives au mandat d'arrêt européen. À cet égard, il y a lieu de rappeler que, pour autant qu'il n'est pas fait échec à l'application de la décision-cadre, celle-ci n'empêche pas un État membre, ainsi que le relève le second alinéa de son considérant 12, d'appliquer ses règles constitutionnelles relatives, notamment, au respect du droit à un procès équitable ».

(19) CJUE 8 sept. 2015, aff. C-195/14.

(20) La Cour notait cependant que le juge national devait prendre en compte les droits fondamentaux des personnes qui n'auraient pas été condamnées en application de la loi de prescription nationale et qui le seraient si la loi était écartée.

critères qui seraient déterminés par le seul juge national et non établis par la loi. Sur ce point, l'Italie s'écartait de la majeure partie des États membres qui considère, en accord avec la Cour européenne des droits de l'homme (21), que les règles de prescription ne sont pas soumises au principe de légalité qui ne trouve à s'appliquer qu'à la détermination des infractions et des sanctions, les règles relatives à la prescription n'étant que des règles de procédures soumises au principe *tempus regit actum*. C'est la raison pour laquelle la Cour constitutionnelle et la Cour de cassation italiennes renvoyèrent chacune pour leur part une question préjudicielle, la question de la Cour constitutionnelle est fortement motivée et fondée sur le respect des principes suprêmes de l'ordre italien et des droits fondamentaux. Elle évoque la théorie des contre limites et l'identité constitutionnelle italienne. Sans entrer dans le débat de fond relatif à la nature des règles de prescription, la Cour de justice admet que le juge national n'est pas tenu d'écarter les règles nationales dès lorsqu'elles seraient en conflit avec le principe de légalité des délits et des peines, tel qu'il le conçoit (22). Dans ce cas, la Cour renvoie la responsabilité du respect de l'ordre juridique de l'Union au seul législateur italien (23) et dispense le juge national d'appliquer une loi contraire aux principes fondamentaux de l'ordre juridique italien. Ainsi, sans renoncer à la préservation du droit de l'Union, elle prend implicitement en considération les spécificités constitutionnelles italiennes (24). Mais cette solution d'espèce ne devait pas apaiser les craintes suscitées par l'arrêt *Melloni*.

---

(21) CEDH 22 juin 2000, *Coëme et autres c/ Belgique*, req. n° 32492/96 et autres, § 145.

(22) CJUE 5 déc. 2017, *M.A.S. et M. B.*, aff. C-42/17 : « Il en résulte, d'une part, qu'il incombe au juge national de vérifier si le constat requis par le point 58 de l'arrêt Taricco, selon lequel les dispositions du code pénal en cause empêchent l'infliction de sanctions pénales effectives et dissuasives dans un nombre considérable de cas de fraude grave portant atteinte aux intérêts financiers de l'Union, conduit à une situation d'incertitude dans l'ordre juridique italien, quant à la détermination du régime de prescription applicable, qui méconnaîtrait le principe de précision de la loi applicable. Si tel est effectivement le cas, le juge national n'est pas tenu de laisser inappliquées les dispositions du code pénal en cause. D'autre part, les exigences mentionnées au point 58 du présent arrêt font obstacle à ce que, dans des procédures concernant des personnes accusées d'avoir commis des infractions en matière de TVA avant le prononcé de l'arrêt Taricco, le juge national laisse inappliquées les dispositions du code pénal en cause. En effet, la Cour a déjà souligné, au point 53 dudit arrêt, que ces personnes pourraient, en raison de la non-application de ces dispositions, se voir infliger des sanctions auxquelles, selon toute probabilité, elles auraient échappé si lesdites dispositions avaient été appliquées. Ainsi, lesdites personnes pourraient être rétroactivement soumises à des conditions d'incrimination plus sévères que celles en vigueur au moment de la commission ».

(23) « Si le juge national était ainsi amené à considérer que l'obligation de laisser inappliquées les dispositions du code pénal en cause se heurte au principe de légalité des délits et des peines, il ne serait pas tenu de se conformer à cette obligation, et ce même si le respect de celle-ci permettrait de remédier à une situation nationale incompatible avec le droit de l'Union » (v., par analogie, CJUE 10 juill. 2014, *Impresa Pizzarotti*, aff. C-213/13, EU:C:2014:2067, points 58 et 59). « Il incombe alors au législateur national de prendre les mesures nécessaires, ainsi qu'il a été constaté aux points 41 et 42 du présent arrêt », *ibid.*

(24) Sur les affaires *Taricco* et *M.A.S*, v. N. Perlo, « L'affaire *Taricco*, la voie italienne pour préserver la collaboration des juges dans l'Union européenne », *RTD eur.* 2017, p. 739. À la suite de l'arrêt *M.A.S.*, la Cour constitutionnelle italienne a jugé que la solution *Taricco* portait atteinte au principe de sécurité juridique qui revêt une valeur absolue en faisant ainsi un élément de l'identité constitutionnelle italienne, jugement du 10 avril 2018, 115/2018.

B. – La question de la double préjudicialité

La jurisprudence de la Cour sur le champ d'application de la Charte multiplie les hypothèses dans lesquelles une situation peut être testée à la fois tant au regard de la Charte qu'à celui de la constitution nationale. Face à une mesure entrant dans le champ d'application du droit de l'Union, le juge national ordinaire peut s'interroger sur sa compatibilité soit avec la Charte, soit avec la Constitution, soit avec les deux. Quel mécanisme de renvoi préjudiciel doit-il privilégier, l'appel à la Cour de justice ou l'appel à la cour constitutionnelle nationale ?

Pour la Cour de justice, la préservation de son monopole d'interprétation et d'appréciation de validité des actes de l'Union est essentielle. Il s'agit d'éviter que le contrôle de constitutionnalité ne se substitue au contrôle par rapport aux traités. D'autre part, la clef de voûte du système que constitue le pouvoir du juge national d'écarter une mesure nationale contraire doit à tout prix être préservée. Dans l'affaire *Melki*, la Cour a précisé que le caractère prioritaire de contrôle de constitutionnalité en France ne pouvait conduire à priver le juge national du droit d'adresser à tout moment une demande préjudicielle à la Cour de justice ou d'adopter des mesures provisoires ou encore de laisser inappliquée la mesure nationale contraire au droit de l'Union (25). L'exercice prioritaire du contrôle de constitutionnalité ne doit pas priver la Cour de justice de son pouvoir exclusif d'interpréter les actes de l'Union ou d'apprécier leur validité. Or, tel serait le cas si, dans le cadre d'un contrôle prioritaire, le juge constitutionnel déclarait inconstitutionnelle une loi de transposition d'une directive ne laissant aucune marge d'appréciation aux États membres. Dans ce cas, il serait porté atteinte à l'uniformité d'application du droit de l'Union. Un acte inconstitutionnel n'est pas nécessairement contraire au droit de l'Union et le principe d'application uniforme l'emporte. Aussi, la Cour impose-t-elle dans ce cas que le juge constitutionnel, avant de se prononcer, fasse usage du renvoi préjudiciel parce que la question de validité au regard du droit de l'Union est préalable à celle de la constitutionnalité (26).

---

(25) CJUE 22 juin 2010, *Melki et Abdeli*, aff. C-188 et 189/10.

(26) *Ibid.* : « Avant que le contrôle incident de constitutionnalité d'une loi dont le contenu se limite à transposer les dispositions impératives d'une directive de l'Union puisse s'effectuer par rapport aux mêmes motifs mettant en cause la validité de la directive, les juridictions nationales, dont les décisions ne sont pas susceptibles d'un recours juridictionnel de droit interne, sont, en principe, tenues, en vertu de l'article 267, troisième alinéa, TFUE, d'interroger la Cour de justice sur la validité de cette directive et, par la suite, de tirer les conséquences qui découlent de l'arrêt rendu par la Cour à titre préjudiciel, à moins que la juridiction déclenchant le contrôle incident de constitutionnalité n'ait elle-même saisi la Cour de justice de cette question sur la base du deuxième alinéa dudit article. En effet, s'agissant d'une loi nationale de transposition d'un tel contenu, la question de savoir si la directive est valide revêt, eu égard à l'obligation de transposition de celle-ci, un caractère préalable. En outre, l'encadrement dans un délai strict de la durée d'examen par les juridictions nationales ne saurait faire échec au renvoi préjudiciel relatif à la validité de la directive en cause ».

Mais la situation peut se présenter de manière différente. Dans l'affaire *Winner Wetten* (27), la Cour constitutionnelle avait censuré la législation relative au jeu du Land de Rhénanie-Nord Westphalie, mais en avait maintenu les effets pour une période limitée. La question posée à la Cour de justice était de savoir si ce maintien en vigueur provisoire pouvait persister au cas où la mesure en cause serait contraire au droit de l'Union. On se trouvait dans la situation que voulait éviter l'arrêt *Melki*, c'est-à-dire une décision sur la constitutionnalité d'une loi dans le champ d'application du droit de l'Union. La solution la plus simple eut été de purger le contentieux au regard du droit de l'Union et, si besoin, de statuer ensuite sur la conformité de la loi à la Constitution dans la seule mesure où l'État disposait d'une marge de manœuvre. Mais ici, cette voie n'était pas ouverte puisque la Cour constitutionnelle s'était prononcé la première, ce qui pouvait aboutir à laisser inappliquée la décision du juge constitutionnel en cas d'incompatibilité de la mesure nationale avec le droit de l'Union. Certes, en l'espèce, la Cour constitutionnelle allemande n'avait pas examiné la compatibilité avec le droit de l'Union estimant qu'elle n'avait pas compétence pour le faire. La législation était simultanément incompatible tant avec la loi fondamentale qu'avec le droit de l'Union et le problème résultait du maintien provisoire des effets de la loi. Or, les exigences liées à l'unité et à l'efficacité du droit de l'Union exigeaient l'éviction immédiate de la législation en cause, et il appartenait à la seule Cour de justice de décider si des considérations de sécurité juridique imposaient le maintien provisoire de ses effets. Dans la mesure où tel n'était pas le cas, comme en l'espèce, il convenait d'écarter les effets de la décision de la Cour constitutionnelle.

Une dernière hypothèse est celle dans laquelle le droit national accorde une valeur constitutionnelle au droit de l'Union. Dans ce cas, le juge constitutionnel pourrait être amené à apprécier lui-même la validité d'une législation de transposition par rapport à la constitution. Cette situation s'est présentée en Autriche (28), puisque la Cour constitutionnelle a placé la Charte des droits fondamentaux de l'Union européenne au rang constitutionnel (29). Dès lors, le juge national est-il soumis à l'obligation de soumettre un recours incident de constitutionnalité à la Cour constitutionnelle dès lors qu'une question de conformité à la Charte d'une disposition impérative d'une directive reprise dans la loi de transposition est invoquée ? La réponse de la Cour de justice est dans la ligne de celle donnée dans les cas précédents (30). Le juge national

(27) CJUE 8 sept. 2010, aff. C-409/06.

(28) Elle existe également en Belgique, v. Cour constitutionnelle belge, arrêt n° 291/2018 du 15 mars 2018 qui accorde le même statut à la Convention européenne des droits de l'homme.

(29) CJUE 11 sept. 2014, *A. contre B. e. a.*, aff. C-112/13.

(30) « Avant que le contrôle incident de constitutionnalité d'une loi dont le contenu se limite à transposer les dispositions impératives d'une directive de l'Union puisse s'effectuer par rapport aux mêmes motifs mettant en cause la validité de cette directive, les juridictions nationales, dont les décisions ne sont pas susceptibles d'un recours juridictionnel de droit interne, sont, en principe, tenues, en vertu de l'article 267, troisième alinéa, TFUE, d'interroger la Cour de justice sur la validité de ladite

ne saurait être privé de son droit de former une demande préjudicielle à la Cour de justice et il n'appartient pas au juge constitutionnel de se prononcer a priori sur la validité d'une disposition impérative d'une norme de l'Union transposée dans la législation nationale, faute de quoi serait mise en cause l'efficacité du droit de l'Union. Ce juge peut bien entendu saisir lui-même la Cour de justice d'une demande préjudicielle. Par contre, il retrouve sa liberté lorsque le droit de l'Union laisse une marge de manœuvre aux États membres à condition que le niveau de protection offert par la constitution ne soit pas inférieur à celui garanti par la Charte, puisque l'on se situe dans le champ d'application du droit de l'Union.

En résumé, l'existence d'une double préjudiciabilité ne saurait en aucun cas limiter le pouvoir du juge national de faire usage du renvoi préjudiciel à la Cour de justice avant la saisine de la Cour constitutionnelle ou après la décision de celle-ci. Si la Cour constitutionnelle se prononce en priorité, elle ne saurait statuer sur la validité d'une mesure de l'Union ayant un caractère impératif sans avoir saisi elle-même la Cour de justice. Enfin, il est toujours possible à la Cour constitutionnelle d'examiner la mesure nationale au regard de la constitution, si le droit de l'Union laisse à l'État une marge d'appréciation, mais dans le seul cadre de cette marge et à condition que soit mis en œuvre un niveau de protection qui ne soit pas inférieur au standard garanti par la Charte.

La jurisprudence de la Cour de justice tant sur la Charte que sur la double priorité ne pouvait manquer d'avoir un impact sur les Cours constitutionnelles. Aux incertitudes liées au champ d'application, s'ajoutent les recoupements entre les droits contenus dans la Charte et ceux qui résultent du droit constitutionnel national. Ils portent, sans exclure l'existence de dispositions spécifiques nationales, sur des droits qui sont largement communs, mais peuvent faire l'objet d'appréciations différentes dans leur application. En ce domaine, la double préjudiciabilité peut engendrer une compétition entre les juges ordinaires et les Cours constitutionnelles, ainsi qu'entre ces dernières et la Cour de justice. Dans ces conditions, il n'est pas surprenant que l'*aggiornamento* opéré par la Cour de justice dans ses arrêts relatifs à la Charte engendre des réactions en retour des Cours constitutionnelles.

---

directive et, par la suite, de tirer les conséquences qui découlent de l'arrêt rendu par la Cour à titre préjudiciel, à moins que la juridiction déclenchant le contrôle incident de constitutionnalité n'ait elle-même saisi la Cour de justice de cette question sur la base du deuxième alinéa dudit article. En effet, s'agissant d'une loi nationale de transposition d'un tel contenu, la question de savoir si la directive est valide revêt, eu égard à l'obligation de transposition de celle-ci, un caractère préalable » (arrêt *Melki et Abdeli*, EU:C:2010:363, point 56). « Par ailleurs, lorsque le droit de l'Union accorde aux États membres une marge d'appréciation dans le cadre de la mise en œuvre d'un acte du droit de l'Union, il reste loisible aux autorités et aux juridictions nationales d'assurer le respect des droits fondamentaux garantis par la Constitution nationale, pourvu que l'application des standards nationaux de protection des droits fondamentaux ne compromette pas le niveau de protection prévu par la Charte, telle qu'interprétée par la Cour, ni la primauté, l'unité et l'effectivité du droit de l'Union » (v., en ce sens, arrêt *Melloni*, aff. C-399/11, EU:C:2013:107, point 60).

Section 2. – La reconstruction des systèmes nationaux au vu de la jurisprudence de la Cour

Cette réflexion est principalement le fait des Cours allemande (31) et italienne (32), ce qui n'est pas surprenant puisque, dans des systèmes dualistes, l'effort pour régler les rapports de système entre le droit national et le droit de l'Union a toujours été primordial, la reconnaissance de la primauté n'allant pas immédiatement de soi. Jusqu'à présent, ces efforts avaient moins porté sur des questions de validité du droit de l'Union (33) que sur l'application de celui-ci en droit interne, et plus particulièrement sur l'exercice qui consiste à effectuer une balance entre différents droits. La protection des données personnelles constitue un des domaines privilégiés où interviennent la protection de la vie privée, la liberté d'expression, la protection de la propriété intellectuelle et la liberté d'entreprise qu'il importe de mettre en balance. Ces questions sont à l'origine d'un contentieux important devant la Cour de justice et devant les juridictions nationales. Il n'est donc pas surprenant qu'il s'agisse du domaine principal dans lequel s'est manifesté l'effort de reconstruction ou de rationalisation des jurisprudences nationales. Si ces jurisprudences diffèrent en fonction des visions nationales sur les rapports de système, elles reposent sur des préoccupations communes visant à préserver le rôle central de ces Cours dans le cadre d'un système qu'elles veulent pluraliste.

---

(31) Dans deux décisions rendues le même jour et consacrées au droit à l'oubli en matière de protection des données, décisions du 6 nov. 2019, 1 BvR 7/13 et 1 BvR 276/17. Parmi la nombreuse littérature consacrée à ces décisions, on retiendra notamment P. Friedl, « A New European Fundamental Rights Court : The German Constitutional Court on the Right to Be Forgotten », *European Papers*, 24 mars 2020 ; K. F. Gärditz, « Grundrechts-mobile staat starrer Kompetenz-schichten, Die Beschlüsse des BVerfG », *Recht auf Vergessenwerden I & II, Verfassungsblog*, 19 janv. 2020 ; S. Geiger, « Allemagne : césure jurisprudentielle en matière de protection des droits fondamentaux européens », *RTD eur.* 2020, à paraître ; L. S. Rossi, « Il "nuovo corso" del Bundesverfassungsgericht nei ricorsi diretti di constituzionalità : bilanciamento fra diritti confliggenti e applicazione del diritto dell'Unione », *Federalismi. it*, 5 févr. 2020, la version anglaise a été publiée sur le blog *EU Law Analysis*, 16 avr. 2020 ; M. Wendel, « The two-faced gardian -or how one half of the German Federal Constitutionnal Court became a European fundamental rights court », *CMLR*, 2020, p. 1383.

(32) Dans deux arrêts successifs, le second corrigeant le premier, arrêt du 7 nov. 2017, 269/17 et arrêt du 23 janv. 2019, 20/19. Parmi la très nombreuse littérature consacrée à ces arrêts, v. D. Gallo, « Challenging EU constitutional law : The Italian constitutional Court's new stance on direct effect and the preliminary reference procedure », *Eur Law J.* 2019, p. 1 ; G. Martinico, « Multiple Loyalties and Dual Preliminarity : The Pains of Being a Judge in a Multilevel Legal Order », *International Journal of Constitutional Law*, 2012, p. 871 ; F. Martucci, « La Cour constitutionnelle italienne et la Charte des droits fondamentaux », *in* A. Iliopoulou-Xénot et L. Xenou (dir.), *La Charte des droits fondamentaux, source de renouveau constitutionnel européen*, Bruylant, 2020, p. 83 ; O. Pollicino, « Not to be pushed aside, The Italian Constitutional Court and the European Court of Justice », *Verfassungsblog*, 27 févr. 2019 ; N. Perlo, « L'affaire *Taricco* : la voie italienne pour préserver la collaboration des juges dans l'Union européenne », *RTD eur.* 2017, p. 739, et du même auteur, « Dualisme adieu ? La nouvelle configuration des rapports entre les ordres italien et de l'Union en matière de droits fondamentaux. Les suites effervescentes de l'affaire *Taricco* », *RTD eur.*, 2020, p. 195.

(33) Les questions de validité ont été appréciées sous l'angle des contre limites *(ultra vires)* par la Cour constitutionnelle allemande dans le jugement du 5 mai 2020, précité note 3, et notamment de l'identité nationale dans l'ordonnance de renvoi dans l'affaire *M.A.S.* par la Cour constitutionnelle italienne (décision du 23 nov. 2016).

A. – Préserver le rôle des Cours constitutionnelles dans un système pluraliste

Pour les Cours constitutionnelles allemande et italienne, la Charte vient bouleverser le système des rapports entre droit interne et droit de l'Union. Auparavant, en application de l'article 6 TUE, la conformité des règles nationales au droit de l'Union en matière de droits fondamentaux était appréciée au regard des traditions constitutionnelles nationales, ce qui laissait une place à la reconnaissance d'un certain pluralisme dans lequel s'inséraient les spécificités constitutionnelles nationales. Ainsi, dans l'arrêt *Omega* (34), la Cour de justice avait reconnu les exigences allemandes quant à la protection de la dignité humaine, principe que reconnaît également le droit communautaire, bien qu'elles soient plus exigeantes que celle des autres États membres dès lors qu'elles respectaient le principe de proportionnalité (35). C'est à la survie de ce régime que semblent s'attacher les Cours constitutionnelles.

1. – *La préservation du pluralisme*

Dès lors que l'on est en présence d'un instrument comme la Charte qui énumère les droits et fixe leur régime, la diversité offerte par le recours aux traditions constitutionnelles communes n'est plus assurée, puisque le recours au seul texte de la Charte suffit. On est en présence de deux instruments, l'un national, l'autre de l'Union qui se recoupent et peuvent diverger sur certains droits. Compte tenu du champ d'application de la Charte qui coïncide avec celui du droit de l'Union, la primauté aboutit à écarter les règles nationales de protection, même dans des domaines où le droit de l'Union offre une liberté d'appréciation aux États membres. Aussi, la Cour constitutionnelle italienne constate-t-elle qu'en raison des recoupements entre les droits et principes consacrés par la Charte et les droits et principes qui résultent de la Constitution italienne, l'examen d'une mesure peut relever à la fois de la Charte et de la Constitution (36). Pour la Cour constitutionnelle allemande, la Charte et la Loi fondamentale constituent deux régimes juridiques distincts, car on ne peut affirmer que la Charte institue un cadre identique à

(34) Préc., note 4.

(35) CJCE 14 oct. 2004, aff. C-36/02.

(36) « Granted the principles of the primacy and direct effect of European Union law as consolidated in both European and constitutional case law, it bears considering that the aforementioned Charter of Rights is a part of Union law that is endowed with particular characteristics due to the typically constitutional stamp of its contents. The principles and rights laid out in the Charter largely intersect with the principles and rights guaranteed by the Italian Constitution (and by other Member States' constitutions). It may therefore occur that the violation of an individual right infringes, at once, upon the guarantees enshrined in the Italian Constitution and those codified by the European Charter, as recently occurred in reference to the principle of the legality of crimes and punishments » (CJUE, gr. ch., 5 déc. 2017, *M.A.S. et M.B.*, aff. C-42/17). Arrêt du 7 nov. 2017, 269/2017, traduction de l'italien publiée par la Cour constitutionnelle.

celui reconnu par la Loi fondamentale, en raison notamment de la diversité des expériences nationales et de l'identité des États membres, la Convention européenne des droits de l'homme constituant le seul niveau commun (37).

Face à cette situation, le seul remède réside pour les deux Cours dans l'affirmation du pluralisme. Cette voie a été explorée dans la doctrine italienne par Maria Cartabia, actuelle présidente de la Cour constitutionnelle italienne (38), et dans la doctrine allemande notamment par Ingo Pernice (39). L'accent est mis sur l'article 53 de la Charte et particulièrement sur la référence aux traditions constitutionnelles nationales qu'il contient. Cette importance du pluralisme est affirmée avec force par la Cour constitutionnelle italienne qui indique que dans les cas de recoupements entre la Charte et la Constitution, elle se prononcera avec l'objectif d'assurer que la Charte soit interprétée de manière compatible avec les traditions constitutionnelles nationales mentionnées à l'article 6 TUE et à l'article 52, § 4, de la Charte (40) lequel constitue une règle d'interprétation bien que celui-ci soit dans l'esprit de ses auteurs adressé essentiellement à la Cour de justice, seule compétente pour interpréter la Charte et non aux juridictions nationales (41). La Cour constitutionnelle allemande se fait également l'avocate du pluralisme qu'elle fonde sur le fait que les droits garantis par la Charte et la Loi fondamentale s'enracinent dans la même tradition de protection des droits fondamentaux, sur le principe de subsidiarité et sur l'article 51, § 1, qui rappelle au respect des compétences d'attribution. Elle en conclut que lorsque le droit de l'Union laisse une marge d'appréciation aux États membres, la Loi fondamentale doit servir de base à son examen, même si la Charte est applicable en vertu de la jurisprudence *Fransson*.

2. – *Assurer la centralité du contrôle par le juge constitutionnel*

Pour garantir cette vision pluraliste, les Cours sont conduites à affirmer leur rôle central en leur qualité de juge des droits fondamentaux (42). Les raisons données par les juges constitutionnels sont diverses, mais, au fond, ils veulent conserver leur position hiérarchique dans le système interne. En effet,

(37) Décision du 6 nov. 2019, 1 BvR 14/13.

(38) M. Cartabia, « Convergenze e divergenze nell'interpretazione delle clausole finale della Carta dei diritti fondamentali dell'Unione europea », *Rivista dell'Associazione italiania di constituzionalisti*, 16 juill. 2017, n° 3/2017.

(39) I. Pernice et R. Kanitz, *Fundamental Rights and Multilevel Constitutionnalism in Europe*, Walter Hallstein-Institut für Europaïsches Verfassungsrecht, Humboldt-Universtät zu Berlin, WHI Paper 7/04.

(40) Arrêt du 269/2017 précité, cette affirmation est répétée dans l'arrêt du 23 janv. 2019, 20/2019.

(41) Ce paragraphe ne figurait pas dans la version originaire de la Charte et a été ajouté par la Convention qui a élaboré le projet de traité établissant une constitution pour l'Europe à la demande notamment du Royaume-Uni.

(42) Cette centralité du contrôle au profit des Cours constitutionnelles existe en Belgique (décision de la Cour constitutionnelle du 22 juill. 2004, n° 136/2004) et la loi organique sur la Cour constitutionnelle belge, article 26(4), et en Autriche, décision de la Cour constitutionnelle du 14 mars 2012, U 466/11-18.

par le biais de la question préjudicielle, les juges ordinaires ont la faculté de faire arbitrer d'éventuels conflits en matière de droits fondamentaux par la Cour de justice, ce qui altère l'autorité du juge constitutionnel dans le contexte national. Ainsi, dans l'affaire *Taricco*, la Cour de justice a statué à la demande du juge de Lucca qui, comme en atteste la longue justification de sa question préjudicielle, entendait remettre en cause la législation italienne sur la prescription adoptée pour protéger le Premier ministre Berlusconi. Le détour par la Cour de justice était en grande partie un artifice pour atteindre cet objectif même si le litige avait un rapport avec le droit de l'Union. Dans ce type de cas, le juge constitutionnel national se voit frustré de son rôle central de garant des droits fondamentaux inscrits dans la Constitution au profit de la Cour de justice statuant sur la base de la Charte. C'est cette voie transversale qu'il s'agit de fermer. Dans l'arrêt 269/2017, la Cour constitutionnelle rappelle que l'existence d'un système centralisé de contrôle juridictionnel est à la base de la structure constitutionnelle nationale. De plus, le renvoi préjudiciel opéré par le juge ordinaire n'aboutit pas à purger l'inconstitutionnalité en raison de son effet relatif, tandis que ses propres jugements ont un effet *erga omnes*. C'est pourquoi, dans les cas dans lesquels la Charte et la Constitution sont impliquées, la priorité devait être donnée par le juge ordinaire à la question de constitutionnalité et, compte tenu de l'obligation de coopération loyale avec la Cour de justice, la Cour constitutionnelle pourrait, si le besoin s'en faire sentir, poser elle-même une question préjudicielle à la Cour de justice. Par la suite cependant, la Cour constitutionnelle précisera que le caractère prioritaire de la question de constitutionalité constitue une indication pour le juge national. Cependant, saisie d'une question de constitutionnalité qui touche tant aux droits garantis par la Constitution qu'à ceux contenus dans la Charte, elle ne pourra éviter d'examiner si la mesure nationale viole ces deux types de droits, parce que les garanties inscrites dans la Constitution sont complétées par celles qui résultent de la Charte (43).

Par une voie différente, la Cour constitutionnelle allemande arrive au même résultat. La solution retenue auparavant était de laisser le juge ordinaire faire un renvoi préjudiciel, et au cas où il s'abstenait de le sanctionner en application du droit au juge naturel. Mais, en raison du changement intervenu avec la Charte, lorsqu'un litige à propos de mesures nationales d'application du droit de l'Union concerne les droits garantis par la Charte, la Cour décide qu'elle assurera elle-même leur respect notamment par le biais du recours constitutionnel individuel (*Verfassungsbeschwerde*). La Cour note que, sa jurisprudence précédente s'appliquant à la validité du droit de l'Union, il ne s'agit donc pas d'un retour sur celle-ci puisqu'il s'agit ici de l'application de la Charte au regard des droits fondamentaux. Elle appuie cette démarche sur

(43) Arrêt du 8 juill. 2020, 182/2020.

le fait que l'article 23 de la Loi fondamentale impose aux autorités publiques allemandes de concourir à la réalisation de l'intégration européenne et que cette obligation s'applique également à elle. À ce titre, elle contribue à l'intégration européenne. En outre, le système ancien qui était fondé sur le renvoi préjudiciel et la Cour de justice comportait une lacune quant à la protection juridictionnelle, puisque les particuliers ne pouvaient contester directement devant la Cour de justice une violation de leurs droits. La nouvelle jurisprudence vient combler cette lacune en confiant cette protection à la Cour constitutionnelle qui, étant saisie directement, pourra contribuer au respect de Charte. Ainsi, dans tous les cas, où le droit de l'Union n'offre aucune marge de manœuvre aux États, le contrôle sera exercé par la Cour constitutionnelle sur la base des droits garantis par l'Union dans le respect de la Cour de justice qui est l'interprète final de ce droit et qui pourra être saisie par la voie du renvoi préjudiciel (44). De même, lorsque le droit de l'Union laisse une marge de manœuvre aux États, le contrôle sera effectué également par la Cour constitutionnelle, mais cette fois-ci sur la base des droits garantis par la Loi fondamentale (45).

Ainsi, dans un double mouvement, le contrôle de la Charte est centralisé entre les mains des cours constitutionnelles allemande et italienne, lesquelles favorisent la vision pluraliste qui doit concilier la Charte et les traditions constitutionnelles nationales, et surtout celle des États dans lesquels chaque Cour intervient. Cette nouvelle vision appelle une adaptation des procédures de contrôle.

B. – L'adaptation des procédures de contrôle

Au vu de leur « nouvelle » jurisprudence, les deux Cours constitutionnelles ont été appelées à préciser leurs modalités d'intervention ainsi que la place qu'elles réservaient au juge ordinaire lorsqu'elles se trouvaient en situation de double préjudiciabilité. Sur le premier point, les situations diffèrent, tandis que sur le second, après des hésitations, elles se sont rapprochées.

1. – *La rationalisation des méthodes d'intervention des Cours constitutionnelles*

S'agissant des modalités d'intervention, la Cour constitutionnelle italienne se reconnaît compétente pour se prononcer dans une matière couverte par le droit de l'Union sur le respect des droits fondamentaux garantis par la Constitution. Elle statue sur la base des dispositions constitutionnelles nationales et de la Constitution et, le cas échéant, également sur le droit de

(44) Arrêt 1 BvR 276/17, précité.
(45) Arrêt du 6 nov. 2019, 1 BvR 16/13, confirmé le 30 déc. 2020, 2 BvR 1845/8, 2 BvR 2100/28.

l'Union en fonction de ce qui est le plus approprié (46). Cette intervention de la Cour constitutionnelle ne lui interdit pas de s'adresser à la Cour de justice par la voie préjudicielle s'il est besoin d'interpréter, voire d'apprécier la légalité, du droit de l'Union aux fins de son propre examen. En atteste le renvoi adressé à la Cour de justice à propos du droit au silence devant la CONSOB *(Commissionne nazionale per le societa et la Borza)*. La Cour constitutionnelle devait décider si le fait d'infliger des sanctions à une personne qui garde le silence, pour ne pas s'incriminer, dans le cadre d'une procédure administrative est conforme à la Constitution. À cette fin, elle demande à la Cour de justice d'interpréter la réglementation de l'Union sur les abus de marché, afin de vérifier s'ils permettent de recourir au droit au silence dans le cadre de procédures administratives conduisant à des sanctions punitives et, si tel n'est pas le cas, de statuer sur la validité de cette réglementation au regard de l'article 47 de la Charte (47). La Cour constitutionnelle ne met pas en cause la volonté de collaboration et le dialogue avec la Cour de justice, mais elle veut conserver un rôle central dans le processus. Cette jurisprudence s'applique en cas de litiges mettant en cause la Constitution et la Charte, les juges ordinaires conservant la possibilité d'écarter la loi nationale pour les normes de l'Union directement applicables dans les autres cas.

La solution allemande est plus complexe. Elle distingue entre les cas dans lesquels existe une harmonisation totale, encore qu'il vaudrait peut-être mieux parler de domaines entièrement couverts par des règles impératives de l'Union, et ceux qui laissent une marge de manœuvre aux États membres (48).

---

(46) « This Court's opportunity to intervene with *erga omnes* effect must be preserved, by virtue of the principle that places centralized review for constitutionality at the bedrock of the constitutional architecture (Article 134 of the Constitution), specifying that, in these cases, the Constitutional Court will make a judgment in light of internal constitutional provisions, and, if applicable, European ones as well (per Articles 11 and 117(1) of the Constitution), in accordance with whichever system is most appropriate to the specific case », arrêt 20/2019, préc.

(47) Ordonnance de la Cour constitutionnelle du 6 mars 2019, affaire préjudicielle C-481/19. La Cour de cassation, qui est à l'origine de la saisine préjudicielle de la Cour constitutionnelle, avait indiqué qu'après le jugement de cette Cour, elle saisirait la Cour de justice d'un renvoi préjudiciel, et la Cour constitutionnelle lui a épargné cette peine en opérant elle-même ce renvoi, ce qui confirme sa volonté d'exercer un contrôle centralisé tant sur la constitutionnalité que sur la conformité du droit de l'Union à la Charte. Cependant, la Cour laisse planer le doute sur une possible invocation des contre limites, puisqu'elle précise que le droit au silence fait partie des droits inaliénables qui caractérisent l'identité constitutionnelle italienne. La Cour de justice a confirmé la position de la Cour constitutionnelle (arrêt du 2 févr. 2021, aff. C-481/19).

(48) Pour la Cour de justice, la distinction repose sur l'opposition entre les normes d'effet direct et les autres. Pour les premières, le juge national doit écarter la norme nationale au profit de la norme d'effet direct, soit en l'occurrence faire prévaloir la Charte sur les dispositions de droit constitutionnel national. Pour les autres, il est simplement tenu par l'obligation d'interprétation conforme sous réserve de la possibilité d'engager la responsabilité de l'État : CJUE 24 juin 2019, *Poplavski*, aff. C-573/17 : « l'obligation, pour une juridiction nationale, de laisser inappliquée une disposition de son droit interne, contraire à une disposition du droit de l'Union, si elle découle de la primauté reconnue à cette dernière disposition, est néanmoins conditionnée par l'effet direct de ladite disposition dans le litige dont cette juridiction est saisie. Partant, une juridiction nationale n'est pas tenue, sur le seul fondement du droit de l'Union, de laisser inappliquée une disposition de son droit national contraire à une disposition du droit de l'Union si cette dernière disposition est dépourvue d'effet direct ». La solution retenue par la Cour

Lorsque le domaine est complètement harmonisé, la Cour constitutionnelle, saisie d'un recours constitutionnel direct, affirme son respect de la primauté du droit de l'Union. Elle se prononcera sur la base des droits fondamentaux reconnus par l'Union, dans le respect du principe de coopération étroite avec la Cour de justice dont elle reconnaît l'autorité finale pour l'interprétation du droit de l'Union. Elle la saisira d'un renvoi au cas où une interprétation du droit de l'Union serait nécessaire ou si la solution ne résulte pas également des principes d'interprétation, par exemple, fondés sur la jurisprudence de la Cour européenne des droits de l'homme. Ceci n'exclut pas la réserve classique relative aux droits fondamentaux, mais la Cour reproduit la constatation de l'arrêt *Solange II*, selon laquelle le niveau de protection offert par l'Union est comparable à celui offert par la loi fondamentale (49). Par contre, lorsque le droit de l'Union laisse une marge de manœuvre aux États membres, le contrôle s'exercera sur la base de la Loi fondamentale, même si la Charte peut être applicable. Ceci ne devrait pas poser de problèmes, puisque la Cour observe que le niveau de protection est généralement équivalent. Mais, il s'agit d'une présomption qui pourra être renversée s'il est établi que le droit de l'Union exige un niveau plus élevé. Cependant, la Cour se montre exigeante sur ce point qui requiert des « indications spécifiques et suffisantes ». Celles-ci peuvent résulter du texte même de la disposition applicable du droit de l'Union et du contexte législatif, une seule référence générale dans le texte au respect de la Charte n'étant pas suffisante. Ce peut être également le cas si la Loi fondamentale ne garantit pas le droit en question ou le protège à un niveau inférieur. Dans ces cas, la Cour incorporera celui-ci dans son contrôle, sous réserve d'un éventuel renvoi préjudiciel à Luxembourg en présence de difficultés d'interprétation.

Deux questions méritent cependant d'être soulevées. Tout d'abord, la référence à la jurisprudence de la Cour européenne des droits de l'homme pour décider de la nécessité d'adresser une question préjudicielle à la Cour de justice peut être problématique en raison des divergences possibles d'interprétation entre les deux Cours. L'expérience a montré que le risque, pour n'être pas fréquent, existait, comme par exemple en ce qui concerne le principe *non bis in idem*. Ensuite, qui détermine si un domaine est entièrement couvert par droit de l'Union ? Le seul appel à une harmonisation complète n'est pas suffisant, comme en atteste le principe de non-discrimination ou celui de la reconnaissance mutuelle qui peuvent trouver à s'appliquer en l'absence d'une harmonisation complète. Dans ces cas, il faut espérer que la Cour

---

constitutionnelle allemande est compatible avec celle de la Cour de justice qui, d'ailleurs, n'interdit pas au juge national d'appliquer l'obligation d'exclure l'application de la norme nationale à d'autres cas que ceux dans lesquels joue l'effet direct.

(49) Décision du 22 oct. 1986, BvG 73, 339.

ne substituera pas son appréciation à celle de la Cour de justice, portant ainsi atteinte au monopole d'interprétation de cette dernière (50).

Deux Cours, deux méthodes. Pour la Cour italienne, la volonté de centralisation des contrôles et d'application d'une optique pluraliste l'amène à intervenir dans toutes les hypothèses dans lesquelles une mesure nationale se situe dans le champ d'application du droit de l'Union et où une question relative à la protection des droits fondamentaux se pose. Pour la Cour allemande, la marge de manœuvre laissée aux États détermine les paramètres d'un contrôle que l'on souhaite centralisé. En l'absence d'une telle marge, le contrôle se fait principalement sur la base de la Charte au vu des traditions constitutionnelles communes. Lorsqu'une telle marge existe, le contrôle repose sur la Loi fondamentale, mais peut se faire sur la base du droit de l'Union lorsque celui-ci contient des dispositions spécifiques. Mais cette centralisation interdit-elle aux juridictions ordinaires d'avoir recours à la Cour de justice dans le respect de la jurisprudence *Melki* lorsqu'elles l'estiment nécessaire ? C'est tout le problème de la double préjudiciabilité.

2. – *L'aménagement de la double préjudicialité*

La volonté de centraliser le contrôle du respect des droits fondamentaux entre les mains des Cours constitutionnelles se heurte à la jurisprudence de la Cour de justice qui impose que soit maintenue la liberté du juge national d'adresser à tout moment un renvoi préjudiciel à Luxembourg. Accorder une priorité à l'examen de la constitutionnalité heurte de plein fouet les facultés et les obligations qui résultent de l'article 267 TFUE. Il a fallu faire preuve d'une certaine ingéniosité pour concilier la centralisation nationale du contrôle et le respect de l'article 267.

Dans ce domaine, c'est sans doute la Cour constitutionnelle italienne qui a eu le plus de difficultés à réaliser cette conciliation. La première tentative prend la forme d'un *obiter dictum* dans l'arrêt 269/17. En effet, l'affaire ne concernait pas le droit de l'Union, mais une situation purement interne, et les considérations de la Cour contenues dans ce passage de l'arrêt n'étaient pas nécessaires à la résolution du cas sous examen. Après avoir, comme il a été dit plus haut, souligné la nécessité de la saisir afin d'obtenir une décision opposable *erga omnes* sur la constitutionnalité de la loi, lorsque se pose simultanément la question du respect des droits fondamentaux garantis tant par la Constitution que le droit de l'Union, la Cour n'exclut pas le renvoi préjudiciel par le juge ordinaire après sa propre décision. Cependant, elle indique

(50) Avec cette prise en considération des domaines dans lesquels le droit de l'Union laisse une marge d'appréciation, mais auxquelles la Charte peut s'appliquer, la Cour constitutionnelle devrait être plus à l'aise avec la jurisprudence *Fransson* sur laquelle elle avait exprimé des réserves, en estimant qu'il s'agissait d'un cas d'espèce, arrêt du 23 avr. 2013, 1 BvR 1215/07.

que ce renvoi préjudiciel porte « pour d'autres motifs » (51) sur les questions qui ont survécu à son examen constitutionnel. Cette formulation impliquait qu'il ne serait pas possible de revenir sur des questions déjà examinées par la Cour constitutionnelle. Ainsi, l'arrêt rendu par la Cour constitutionnelle ne pourrait être soumis par un juge ordinaire à un examen par la Cour de justice, même s'il n'est pas conforme à la jurisprudence *Melloni*. La Cour prétend qu'une telle restriction serait conforme à l'arrêt *Melki* de la Cour de justice, puisqu'elle laisse en place la possibilité d'un renvoi préjudiciel, mais en fait son objet serait limité aux questions non tranchées par elle. Est-ce pour cette raison que la Cour de justice a rappelé, à peine trois mois après l'arrêt de la Cour constitutionnelle, sa jurisprudence (52) en disant pour droit que « l'article 267, paragraphe 3, TFUE doit être interprété en ce sens que la juridiction nationale dont les décisions ne sont pas susceptibles d'un recours juridictionnel est tenue, en principe, de procéder au renvoi préjudiciel d'une question d'interprétation du droit de l'Union même si, dans le cadre de la même procédure nationale, la Cour constitutionnelle de l'État membre concerné a apprécié la constitutionnalité des règles nationales au regard des normes de référence d'un contenu analogue à celles du droit de l'Union » ? Il va sans dire que, soucieuses de préserver leur possibilité de saisir la Cour de justice, les juridictions italiennes n'ont pas adhéré aux principes dégagés par la Cour constitutionnelle. Dans la mesure où ils émanaient d'un *obiter dictum*, elles les ont tout au plus considérés comme constituant une proposition de méthode ne s'imposant pas strictement (53).

La Cour constitutionnelle n'est pas restée sourde à cet appel. Dans son arrêt du 23 janvier 2019, elle atténue sa position. Le renvoi pour examen de la constitutionnalité n'est plus une exigence prioritaire, il devient une simple opportunité. Ainsi, la Cour indique que l'opportunité pour elle « d'intervenir avec un effet *erga omnes* doit être préservée en vertu du principe qui place l'examen centralisé de la constitutionnalité à la base de l'architecture

(51) En italien : « *per altri profili* ».

(52) CJUE 20 déc. 2017, *Global Starnet*, aff. C-322/16.

(53) « *Questa Corte ritiene non opportuno... seguire l'impostazione di cui alla sentenza n. 269/2017 della Corte costituzione (e quindi sollevare incidente di costituzionalità sul punto) in quanto in primo luogo la Corte ha già seguito la strada del rinvio pregiudiziale per valutare la compatibilità della normativa interna con il diritto dell'Unione cui la Corte di giustizia ha dato una univoca risposta positiva cui si tratta di dare effettività nel rispetto del principio costituzionale (e sovranazionale) del giusto processo, cui è demandato il giudice di merito... In secondo luogo ritiene che il principio affermato nel punto 5.2 della citata sentenza (discussa in dottrina per i suoi effetti in ordine all'immeditato e tempestivo esercizio dei poteri che al Giudice ordinario attribuisce l'ordinamento dell'Unione onde garantire una pronta effettività ai diritti che sono garantiti a livello sovranazionale) costituisca un mero obiter dictum, in quanto la sentenza è (sul punto) di inammissibilità e sotto altro profilo di rigetto e quindi non ha natura obbligante per il Giudice ordinario offrendo solo una proposta metodologica* ». Cour de cassation italienne, arrêt du 17 mai 2018, n° 12108. Pour plus de développements sur cette « révolte » des juges, v. N. Perlo, « Dualisme adieu ? La nouvelle configuration des rapports entre les ordres italien et de l'Union en matière de droits fondamentaux. Les suites effervescentes de l'affaire *Taricco* », *RTD eur.* 2020, p. 195.

constitutionnelle » (54). Quant au renvoi préjudiciel à Luxembourg, l'arrêt reconnaît que les juges peuvent y avoir recours pour toutes les questions qu'ils jugeront nécessaires. Bien entendu, la Cour est consciente du risque que pourrait entraîner une divergence d'appréciation entre une appréciation de constitutionnalité et un arrêt préjudiciel rendu par la Cour de justice. C'est pourquoi dans l'arrêt 269/17, elle mettait l'accent sur la coopération des juges, ce qui implique qu'elle-même utilise la voie préjudicielle pour être éclairée sur l'interprétation ou la validité du droit de l'Union (55). La conformité de la situation italienne au droit de l'Union semble rétablie, puisque le juge ordinaire peut faire jouer l'opportunité de saisir la Cour constitutionnelle, ce qui ne l'empêchera après le jugement de cette Cour de saisir la Cour de justice et d'écarter ensuite la loi contraire au droit de l'Union, quelle qu'ait été l'appréciation de constitutionnalité. Il pourra également saisir la Cour de justice en priorité. Cette solution est confirmée dans l'arrêt du 20 février 2019 (56).

En Allemagne, on ne se trouve pas dans une situation de double préjudicialité au sens propre, c'est-à-dire d'hypothèses dans lesquelles le juge ordinaire peut s'adresser simultanément à la Cour de justice et à la Cour constitutionnelle. La situation est plus simple, puisque la Cour se prononce dans le cadre de recours constitutionnels, lesquels ne peuvent être ouverts qu'après épuisement des voies de recours existantes devant les tribunaux ordinaires. Ces derniers auront donc la faculté ou l'obligation, s'ils statuent en dernier ressort, de saisir la Cour de justice. S'en seraient-ils abstenus, la Cour constitutionnelle s'est déclarée prête à saisir la Cour de justice d'un renvoi. Cependant, un problème pourrait naître si la Cour, manifestant une volonté de contrôle complet des droits fondamentaux, décidait d'étendre sa jurisprudence à tous les cas dans lesquels la Charte est invoquée devant une juridiction ordinaire. Mais tel n'est encore pas le cas.

Conclusion

Ces nouvelles jurisprudences des juges constitutionnels peuvent être considérées comme constituant un progrès, en ce sens que les droits fondamentaux garantis par la Charte deviennent des paramètres du contrôle de constitutionnalité. Il convient de saluer cette ouverture au droit de l'Union. Cependant, l'approche suivie est pluraliste et ne repose pas uniquement sur la Charte,

(54) Arrêt 20/2019, traduction de l'auteur.

(55) Précité, note 32, c'est pourquoi dans cet arrêt, elle met l'accent sur la coopération des juges, ce qui implique qu'elle-même utilise la voie préjudicielle pour être éclairée sur l'interprétation ou la validité du droit de l'Union, ce qu'elle a fait dans l'affaire C-421/19, actuellement à l'examen devant la Cour de justice.

(56) Arrêt 63/2019 : « *e ciò fermo restando il potere del giudice comune di procedere egli stesso al rinvio pregiudiziale alla Corte di giustizia UE, anche dopo il giudizio incidentale di legittimità costituzionale, e – ricorrendone i presupposti – di non applicare, nella fattispecie concreta sottoposta al suo esame, la disposizione nazionale in contrasto con i diritti sanciti dalla Carta* ».

mais aussi sur les traditions constitutionnelles nationales et la Convention européenne des droits de l'homme. Il n'est pas certain que ce *patchwork* réponde toujours à l'analyse de la Charte menée par la Cour de justice. D'un autre côté, ces jurisprudences consacrent la volonté des Cours constitutionnelles de devenir l'instrument central du contrôle du respect des droits fondamentaux, comme elles le sont dans le cadre purement interne. Cette approche conduit à discipliner les juridictions ordinaires lorsqu'elles sont appelées à statuer sur des litiges qui impliquent un examen des droits garantis au niveau de l'Union. Poussée à l'extrême, cette revendication de l'exclusivité du contrôle aurait pu conduire à priver le juge ordinaire du pouvoir de faire un renvoi préjudiciel à Luxembourg. Tel n'est pas le cas, pour le moment, au prix d'une inflexion de la position de la Cour italienne, mais on peut penser que l'évolution n'est pas terminée. Des réponses ne peuvent être apportées par la Cour de justice qu'au prix d'une démarche qui prend en compte le pluralisme, et par les Cours constitutionnelles nationales qu'au prix du maintien d'un dialogue approfondi avec la Cour de justice dans le cadre du respect de la primauté. Mais il est vrai que, s'agissant particulièrement des droits de l'homme, les Cours nationales disposent de l'arme nucléaire que constitue l'invocation de l'identité constitutionnelle nationale. Celle-ci peut jouer comme instrument de dissuasion, mais son emploi risque de non seulement de ruiner l'équilibre du système, comme en atteste l'arrêt de la Cour constitutionnelle allemande du 5 mai 2020, mais aussi de servir de justification à des États où le respect de l'État de droit ne constitue pas une priorité.

COMMUNAUTÉ EUROPÉENNE ET CONVENTION EUROPÉENNE DES DROITS DE L'HOMME

PAR

JEAN-PAUL JACQUÉ

Professeur à l'Université Robert Schuman de Strasbourg - URA/CNRS 1313

La question de la position de la Communauté à l'égard de la Convention européenne des droits de l'homme a suscité, dans les années 1970, une abondante littérature, due pour partie à l'initiative prise par la Commission en faveur de l'adhésion de la Communauté à la Convention, mais aussi aux menaces que faisait peser la Cour constitutionnelle allemande sur la primauté du droit communautaire en raison de l'insuffisante protection que celui-ci accordait aux droits de l'homme garantis par la loi fondamentale allemande. Puis le débat s'est interrompu pour diverses raisons. Tout d'abord, la jurisprudence de la Cour assurait, dans le cadre du droit communautaire, la garantie des droits fondamentaux en précisant que ne sauraient être admises dans la Communauté des mesures incompatibles avec les droits fondamentaux reconnus par les Constitutions des États membres. Ensuite, pour désarmer l'opposition des juridictions constitutionnelles, les institutions de la Communauté adoptaient une déclaration commune sur les droits fondamentaux. Cette évolution était suffisante pour inciter la Cour constitutionnelle allemande à accorder, dans sa célèbre décision *So lange II* un satisfecit au droit communautaire et pour amener la Cour constitutionnelle italienne dans l'arrêt *Granital* à donner plein effet à la règle de la primauté. Cependant, ces deux juridictions maintenaient toujours une réserve sur les droits fondamentaux, réserve rappelée dans des décisions récentes et qui reste une épée de Damoclès (1) suspendue au-dessus de la règle de la primauté.

Pourquoi le débat revient-il à l'ordre du jour ? Il a toujours subsisté, sur le plan politique, une hésitation quant à la démarche que devait suivre la Cour en matière de droits fondamentaux. Si l'on s'accorde à reconnaître que le respect des droits fondamentaux est l'un des éléments constitutifs de l'identité

(1) Sur ces questions, voir Neri S., *Le droit communautaire et la Cour constitutionnelle italienne : la protection des droits fondamentaux*, Rivista di Diritto europeo, 1989, p. 1 ; Gaja G., *New Developments in a Continuing Story : The Relationship between EEC Law and Italian Law*, CMLR, 1990, p. 83 et Schemers H.-G., *The Scales in Balance : National Constitutional Court V. Court of Justice, id.* p. 97. Voir également la décision de la Cour constitutionnelle allemande du 12 mai 1989, BV erf GNJW 1990, 974.

européenne et qu'il est légitime que la Communauté s'attache, dans le cadre de sa politique extérieure, à insérer cette préoccupation dans le cadre des accords qu'elle conclut, les conceptions sont plus partagées au plan interne. Pour les uns, il ne saurait y avoir de citoyenneté européenne sans une déclaration communautaire des droits de l'homme. Ce fut la voie suivie par le Parlement européen qui prévoyait une telle déclaration dans le projet de traité d'union européenne et qui a concrétisé ses intentions dans sa résolution votée le 12 avril 1989, en déclarant de manière solennelle ces droits (2). Pour d'autres, la Convention européenne des droits de l'homme constitue l'instrument de référence. C'est ainsi qu'elle acquiert un statut officiel dans le préambule de l'Acte unique européen qui, en la mentionnant, consacre la jurisprudence de la Cour (3). De son côté, la Commission européenne avait inscrit à son programme pour 1990 la mise à l'étude d'une éventuelle adhésion de la Communauté à la Convention et elle a présenté une communication en ce sens le 19 novembre 1990. Les deux démarches, adhésion et déclaration communautaire, ne sont d'ailleurs pas exclusives l'une de l'autre. Enfin, il existe, notamment parmi les États membres, des partisans du statu quo, soit parce qu'ils estiment que la protection accordée actuellement est suffisante, soit, et c'est le cas le plus fréquent, parce qu'ils craignent qu'en soumettant la Communauté à des obligations internes ou externes en matière de droits fondamentaux, on ne conduise celle-ci à se reconnaître une compétence en matière de droits de l'homme, ce qui produirait un accroissement considérable du champ des compétences communautaires (4).

Mais, il existe une raison plus immédiate de rouvrir le dossier. Il s'agit de la jurisprudence de la Commission européenne des droits de l'homme lorsqu'elle est saisie de problèmes communautaires. Au fil du temps et des cas qui lui furent soumis, celle-ci a affiné sa position et remis en cause des idées reçues. Au-delà des discussions relatives à l'adhésion ou à l'adoption d'une déclaration spécifique, et alors qu'est réunie la conférence inter-gouvernementale sur l'Union politique, il n'est pas inutile de dresser un bilan, tant du point de vue

(2) J.O.C.E. C 120 du 16 avril 1989, p. 51. Sur la déclaration, cf. Perrakis Stelios E., *Contribution au débat sur la protection communautaire des droits de l'homme : la déclaration des droits et libertés fondamentaux du Parlement européen*, R.M.C., 1990, p. 467.

(3) La Cour s'est référée au préambule dans son arrêt du 18.5.1989, aff. 249/86, Commission / R.F.A. rec. 1263 : « Il faut ensuite observer qu'il faut interpréter le règlement n° 1612/68 à la lumière de l'exigence du respect de la vie familiale mentionné par l'article 8 de la Convention de sauvegarde des droits de l'homme et des libertés fondamentales. Ce respect fait partie des droits fondamentaux qui, selon la jurisprudence constante de la Cour, *réaffirmée dans le préambule de l'Acte unique européen*, sont reconnus par le droit communautaire. », [attendu 10, souligné par nous].

(4) La littérature consacrée à l'adhésion est abondante. On retiendra pour une présentation générale, Cohen-Jonathan G., *La problématique de l'adhésion des Communautés européennes à la Convention européenne des droits de l'homme*, Mélanges Teitgen, Paris, Pedone, 1984, p. 81 ; voir aussi le Mémorandum de la Commission des Communautés, Bulletin des Communautés européennes, supplément 2/79 et la communication du 19 novembre 1990, SEC (90) 1087 final. Cf. aussi, *L'incidence du droit communautaire sur la mise en œuvre de la Convention européenne des droits de l'homme*. Dossiers sur les droits de l'homme n° 6, Conseil de l'Europe.

de la Cour de Luxembourg que de celui des instances de Strasbourg, des rapports entre le droit communautaire et la Convention européenne des droits de l'homme. En effet, la vision n'est pas la même selon que l'on s'interroge sur la place de la Convention dans l'ordre communautaire ou sur le statut du droit communautaire dans le cadre de la Convention.

Section 1. – La place de la Convention dans l'ordre communautaire

La convention a occupé progressivement une place spécifique dans l'ordre juridique communautaire. Sans y être expressément incorporée, elle est fréquemment invoquée par les parties, les avocats généraux et quelquefois la Cour elle-même, mais semble-t-il au même titre que pourraient l'être les traditions constitutionnelles communes aux États membres. De cette manière, la Convention ne joue pas seulement à l'encontre de la réglementation communautaire, mais aussi, dans certains cas, à l'égard des législations nationales.

A. – La Convention, source d'inspiration pour la Cour

Pour le Doyen Boulouis, la Cour n'a pas incorporé la Convention en droit communautaire. La Convention ne constitue qu'une référence parmi d'autres (5). Il ne serait donc pas utile de reprendre le débat sur la place de la Convention dans l'ordre communautaire si des auteurs faisant autorité ne soutenaient que la Communauté est liée par la Convention. Dire que la Communauté est liée par la Convention dans la mesure où cette dernière est incorporée aux principes généraux du droit au respect desquels veille la Cour, nous paraît aller au-delà de la jurisprudence de la Cour, laquelle n'a jamais donné d'indications claires dans le sens d'une incorporation par le biais des principes généraux (6). La Convention reste, même si la Cour en fait un usage de plus en plus privilégié, une source d'inspiration au même titre que d'autres instruments internationaux. Comme la Cour le note dans une formulation devenue classique,

> « En vertu d'une jurisprudence constante établie notamment par l'arrêt du 13 décembre 1979 (Hauer, 44/79, Rec., p. 3727), les droits fondamentaux font partie intégrante des principes généraux du droit dont la Cour assure le respect. En assurant la sauvegarde de ces droits, la Cour est tenue de s'inspirer des traditions constitutionnelles communes aux États membres, de telle sorte que ne sauraient être admises dans la Communauté des mesures incompatibles avec les droits fondamentaux reconnus par les Constitutions de ces États. Les instruments internationaux concernant la protection des

(5) *Droit Institutionnel des Communautés Européennes*, 2e éd., Monchrestien, 1990, p. 184.
(6) La formule de principe est celle de l'arrêt *Nold*, aff. 4/73, arrêt du 14 mai 1974, Rec., p. 491.

droits de l'homme, auxquels les États ont coopéré ou adhéré, peuvent également fournir des indications dont il convient de tenir compte dans le cadre du droit communautaire » (7).

Tenir compte de la Convention n'est pas conférer force obligatoire à ses dispositions, même si, en fait, on arrive à un résultat comparable, tout au moins lorsqu'il s'agit d'un conflit entre une norme de droit dérivé et la Convention. N'en irait-il pas autrement dans l'hypothèse d'un conflit entre un droit garanti par la Convention et le droit primaire ? Une telle hypothèse n'est pas indifférente et c'est sans doute la raison pour laquelle la directive sur la télévision sans frontières érige la Convention en norme interprétative de la directive dans l'un de ses considérants :

« Considérant que le droit appliqué à la diffusion et à la distribution de services de télévision est aussi une manifestation spécifique, en droit communautaire, d'un principe plus général, à savoir la liberté d'expression telle qu'elle est consacrée par l'article 10 § 1 de la Convention de sauvegarde des droits de l'homme et des libertés fondamentales ratifiée par tous les États membres, que pour cette raison, l'adoption de directives concernant l'activité de diffusion et de distribution de programmes de télévision doit assurer le libre exercice de cette activité à la lumière dudit article, sous réserve des seules limites prévues au paragraphe 2 du même article et à l'article 56 § 1 du traité » (8).

Si la Convention avait été incorporée en droit communautaire, dans la limite des compétences de la Communauté, une telle référence n'eût pas été nécessaire.

La jurisprudence de la Cour n'est pas toujours aussi claire que l'on a pu le prétendre. Si la Cour a largement recours à la formule selon laquelle la Convention fournit des indications dont il convient de tenir compte, elle est parfois plus expéditive. Ainsi, dans l'affaire *National Panasonic* (9) ou plus récemment dans l'affaire *Solvay*, la Cour omet de parler de source d'inspiration. Elle indique simplement :

« En effet, selon une jurisprudence constante, les droits fondamentaux font partie intégrante des principes généraux du droit dont la Cour assure le respect, conformément aux traditions constitutionnelles communes aux États membres ainsi qu'aux instruments internationaux auxquels les États membres ont coopéré ou adhéré » (10).

(7) Aff. 5/88, *Wachauf et République fédérale d'Allemagne*, Arrêt du 13 juillet 1989, attendu 17. On trouve parfois une référence à l'affaire *Nold*, aff. 97 à 99/87. Arrêt du 17 octobre 1989, attendu 10, voire une formulation plus ramassée : « Ainsi que la Cour l'a dit dans son arrêt du 14 mai 1974 dans l'affaire 4/73 Nold…, les droits fondamentaux font partie intégrante des principes généraux du droit dont elle assure le respect, conformément aux traditions constitutionnelles des États membres ainsi qu'aux instruments internationaux auxquels les États membres ont coopéré ou adhéré », Aff. 136/79, arrêt du 20.6.1980, Rec., p. 2056.

(8) J.O. du 17.10.1989, L. 298, p. 23.

(9) Arrêt du 20.6.1980, précité.

(10) Arrêt du 18.10.1989.

Il ne nous semble pas qu'il faille voir une évolution dans l'utilisation d'une terminologie différente, d'autant plus que, dans des arrêts postérieurs, la Cour est revenue à ses anciennes formules (11). Ce qui semble cependant notable, c'est le fait que la Cour accorde progressivement une place prééminente à la Convention. Ainsi, dans l'affaire Hoechst, elle déclare que la Convention revêt une « signification particulière » (12).

Rien ne permet donc d'affirmer que la Communauté soit liée directement par la Convention, même par voie de succession. On connaît la thèse soutenue par le juge Pescatore (13) : les États membres n'ont pu transférer à la Communauté plus de droits qu'ils n'en disposaient. Dans la mesure où, avant la création de la Communauté, l'exercice de leurs compétences était limité par la Convention européenne des droits de l'homme, l'exercice par la Communauté des compétences que lui ont transférées les États est soumis à la même discipline. Pour le juge Pescatore, cette considération est à l'origine de la jurisprudence de la Cour à l'égard de la Convention. Le moins que l'on puisse dire, c'est que si telle est la position de la Cour, cette dernière s'est bien gardée de l'affirmer de manière expresse, et à l'époque où la Commission soutenait devant elle la théorie de la succession, elle ne l'a pas consacrée (14).

Alors qu'elle a fait clairement référence à la succession dans l'affaire *International Fruit III* (15), elle a pris soin par la suite de restreindre l'hypothèse de la succession au seul cas du GATT en posant des conditions très restrictives :

> « ... le fait que les États membres étaient déjà liés par le GATT lorsqu'ils ont conclu le traité C.E.E., la volonté de ces États de lier la Communauté par les obligations de l'accord coïncidant avec l'adhésion de la Communauté aux buts poursuivis par le GATT qui découle de l'article 110 du Traité de Rome, l'action effectivement menée par les institutions communautaires dans le cadre de cet accord, et la reconnaissance par les autres parties contractantes de transferts de pouvoirs des États membres à la Communauté » (16).

(11) Cf. ainsi l'arrêt du 13 juillet 1989, affaire 5/88, rec., p. 2633, dans lequel elle reprend sa formule traditionnelle alors qu'elle déclarait dans l'arrêt du 18 mai 1989, Commission contre R.F.A., précité. « Il faut ensuite observer qu'il faut interpréter le règlement n° 1612/68 à la lumière de l'exigence du respect de la vie familiale mentionné par l'article 8 de la Convention de sauvegarde des droits de l'homme et des libertés fondamentales. Ce respect fait partie des droits fondamentaux qui, selon la jurisprudence constante de la Cour, réaffirmée dans le préambule de l'Acte unique européen, sont reconnus par le droit communautaire. » Cette formulation aurait pu laisser croire à une réception complète de la Convention dans l'ordre communautaire.

(12) C.J.C.E., arrêt du 21 septembre 1989, affaire 46/87, Rec., p. 2859.

(13) *La Cour de Justice des Communautés européennes et la Convention européenne des droits de l'homme*, in *Protection des Droits de l'homme : la dimension européenne*, mélanges Wiarda, Carl Heymanns Verlag KG, p. 445.

(14) Sur ces questions, voir Gaja G., *Aspetti problematici della tutela dei diritti fondamentali nell'ordinamento comunitario*, Rivista di Diritto Internazionale, 1988, p. 574.

(15) Aff. 21/72, arrêt du 12.12.1972, Rec., p. 1219.

(16) Conclusions de l'avocat général Capotorti dans l'affaire *Burgoa*, aff. 812/79 ; le raisonnement est repris dans l'arrêt du 14 octobre 1980, Rec., p. 2787 ; sur cette question, voir Rideau J., *Les accords internationaux dans la jurisprudence de la Cour*, R.G.D.I.P., 1990, p. 289.

Sans reprendre ici la discussion sur le point de savoir si les conditions sont remplies en ce qui concerne la Convention, notamment en raison du caractère postérieur par rapport à la création de la C.E.E. de la ratification de la Convention par la France ou du fait que la protection des droits fondamentaux n'est pas mentionnée dans le traité et n'y figurera par la suite qu'à travers le préambule de l'Acte unique, il paraît difficile de penser que la Cour, qui pose des conditions aussi restrictives au jeu de la succession, l'aurait admis implicitement dans le cas de la Convention et, de surcroît, sans jamais indiquer clairement qu'elle était liée par la Convention. Ceci ne signifie pas que la thèse de la succession soit erronée, mais plus simplement qu'elle n'a pas été retenue par la Cour.

Dans ce contexte, la Convention demeure une simple source d'inspiration et la seule solution qui permettrait de l'incorporer en droit communautaire demeure celle de l'adhésion de la Communauté à la Convention. On dira que la situation actuelle n'est pas inquiétante puisqu'en tout état de cause, malgré son statut mineur, la Convention est appliquée par le juge communautaire. Il ne fait aucun doute que la Cour accorde une protection suffisante aux droits fondamentaux. Cependant, il ne convient pas en matière de droits fondamentaux de se satisfaire d'un minimum. L'incorporation de la Convention dans l'ordre communautaire constituerait un signal pour le législateur qui devrait dès lors tenir compte du catalogue de la Convention au moment de l'élaboration des textes. Compte tenu de la complexité du processus législatif, il ne paraît pas superflu que tous les acteurs aient un instrument commun de référence. En outre, l'incorporation donnerait au justiciable un minimum de sécurité puisqu'il disposerait lui aussi de la Convention et de la jurisprudence des organes de Strasbourg comme instrument de référence. Il saurait qu'il existe un standard minimum et en connaîtrait le contenu. On objectera que c'est déjà le cas. Cependant, les réponses actuellement données par la Cour au problème des droits fondamentaux semblent parfois relever d'une mystérieuse alchimie juridictionnelle qui peut les rendre difficilement prévisibles pour le justiciable, tout au moins lorsque la Cour accepte de répondre (17). La conférence inter-gouvernementale sur l'Union politique semble tenter une incorporation indirecte dans la mesure où l'article G du projet de traité d'union présenté au Conseil européen de juin 1990 prévoit que l'Union respecte les droits et libertés reconnus par la Convention européenne. Mais la solution n'est pas entièrement satisfaisante, car, dans la mesure où l'Union se distingue de la Communauté, il n'est pas certain que l'article G qui figure

(17) Ainsi pour le refus de réponse, cf. l'affaire 325/88, *Anklagemyndigheden contre Hansen & Son IIS* qui posait avec netteté le problème de la violation du principe *nulla poena sine lege*, problème auquel l'arrêt de la Cour ne fait pas la moindre référence. Comparer les conclusions de l'avocat général Van Gerven et l'arrêt du 10 juillet 1990, rec. 2911. Ce ne sont pas les seules critiques adressées à la Cour, voir aussi Churchill R.-R. et Foster N.-G., *Double Standards in Human Rights? The Treatment of Spanish Fischermen by the European Community*, European Law Review 1987, p. 430.

dans la partie relative aux dispositions communes lie bien la Communauté. De plus, cet article se trouve malheureusement situé dans une partie qui n'est pas soumise au contrôle de la Cour. Nul doute qu'il s'agisse de malfaçons aisées à corriger à moins qu'elles ne soient intentionnelles. De toute façon, cette disposition ne règle pas tous les problèmes dans la mesure où seule l'adhésion pourrait entraîner la soumission de la Communauté au contrôle des organes de Strasbourg.

La question de l'effet de la Convention aurait pu être abordée sous l'angle de l'article 234 qui prévoit que les droits et obligations contractés antérieurement par les États membres ne sont pas affectés par les dispositions du traité C.E.E. Cet article autoriserait un État à s'opposer à l'application d'une disposition communautaire contraire à la Convention. Une telle interprétation paraît avoir été écartée implicitement dans l'affaire *Dorca Marina* (18), même si en l'espèce l'article 234 n'était pas applicable. En outre, le jeu de l'article 234 ne s'opposerait en rien à l'adoption d'actes communautaires portant atteinte aux droits garantis par la Convention. Il s'opposerait simplement à leur mise en œuvre dans le droit des États membres parties. Il est vrai que tous les États membres, à l'exception de la France, étant parties antérieurement à l'entrée en vigueur du traité C.E.E., on ne serait pas loin d'une paralysie de la norme contraire, dans la limite des modulations dues au jeu des réserves.

L'effet de la Convention dans l'ordre communautaire reste donc indirect et dépend entièrement de la volonté de la Cour.

B. – L'application des droits fondamentaux dans le cadre communautaire (19)

Le jeu des droits fondamentaux et, à travers lui, celui de la Convention dans l'ordre communautaire a été défini progressivement par la Cour.

Il n'a jamais été contesté que les actes communautaires soient soumis au respect des droits fondamentaux et que la Cour puisse annuler un acte de la Communauté qui porterait atteinte à ces droits.

Le véritable problème qui se pose est celui du contrôle du respect des droits fondamentaux par la législation nationale. Il est bien certain qu'actuellement, la Communauté ne disposant pas de compétences en matière de droits fondamentaux, il n'est pas possible à la Cour d'exercer un contrôle sur l'ensemble de la législation nationale. Un tel résultat ne pourrait être atteint qu'à travers une incorporation des droits fondamentaux dans l'ordre communautaire

---

(18) Aff. 50-58/72, arrêt du 28.10.1982, Rec., p. 3949.

(19) Dans une littérature abondante, outre l'article de Gaja, précité, Voir Foster N., *The European Court of Justice and the European Convention for the Protection of Human Rights*, Human Rights Law Journal, 1987, p. 245, Ghandi S., *Interaction between the Protection of Fundamental Rights in the European Economic Community and under the European Convention of Human Rights*, Mendelson M., The European Court of Justice and Human Rights, Yearbook of European LAW, 1981, p. 121.

à l'instar de ce qu'avait décidé la Cour Suprême des États-Unis d'Amérique en utilisant comme véhicule le quatorzième amendement de la Constitution (20). Le contrôle de la Cour ne peut donc s'exercer que pour autant que la mesure nationale soit en rapport avec le droit communautaire.

Il en va ainsi au premier chef des mesures nationales d'exécution d'une règle communautaire. Ainsi, dans l'affaire *Wachauf*, la Cour de justice déclare à propos des exigences découlant des droits fondamentaux,

> « Ces exigences liant également les États membres lorsqu'ils mettent en œuvre cette réglementation communautaire, il s'ensuit que ceux-ci sont tenus, dans toute la mesure du possible, d'appliquer cette réglementation dans des conditions qui ne méconnaissent pas lesdites exigences » (21).

Il est donc bien clair que les mesures nationales prises pour la mise en œuvre du droit communautaire doivent respecter les droits fondamentaux tels que les garantit la Cour de justice des Communautés.

Reste alors le problème le plus délicat, celui des autres mesures nationales. Le critère de l'intervention de la Cour se situe dans le lien entre ces mesures et le droit communautaire. L'arrêt *Cinéthèque* est fort clair à cet égard. S'agissant de la compatibilité de la législation française avec le droit communautaire, et avec les droits fondamentaux qu'il garantit, en matière de diffusion des œuvres enregistrées sous forme de vidéocassettes ou de vidéodisques, la Cour justifie son refus de se prononcer au regard des droits fondamentaux au motif que

> « S'il est vrai qu'il incombe à la Cour d'assurer le respect des droits fondamentaux dans le domaine propre du droit communautaire, il ne lui appartient pas pour autant d'examiner la compatibilité avec la Convention européenne, d'une loi nationale qui se situe, comme en l'occurrence, dans un domaine qui relève de l'appréciation du législateur national » (22) (souligné par nous).

Le critère de l'intervention de la Cour réside dans le rapport existant entre la législation nationale et le domaine propre du droit communautaire. En l'espèce, la Cour a estimé que l'article 30 ne s'appliquait pas à une législation nationale du type de celle qui lui était soumise (23).

---

(20) Cf. sur ce point, Joseph H.-H. Weiller, *Eurocracy and distrust: Some questions concerning the role of the European Court of Justice in the protection of fundamental rights within the legal order of the European Communities*, Washington Law Review, 1986, pp. 923-1324, spécialement p. 1136 et suivantes.

(21) Aff. 5/88, Arrêt du 13 juillet 1989, Rec., p. 2633.

(22) Aff. jointes 60 et 61/84, Arrêt du 11.7.1985, Rec., p. 2620.

(23) La doctrine reste divisée quant à l'interprétation à donner à cette solution. Pour les uns, l'attitude de la Cour serait justifiée par son hésitation à contrôler la législation française au regard de l'article 30, car, dans ce cas, elle aurait été amenée à se prononcer sur la justification française relative à l'objectif culturel de la législation. Cf. Ivo E. Schwartz, *La liberté d'expression (art. 10 C.E.D.H.) et la libre prestation de services (art. 59 Traité C.E.E.) dans le domaine de la radiodiffusion télévisuelle*, in Cassese et Clapham, *La télévision transfrontière en Europe dans la perspective des droits de l'homme*, Nomos, Baden-Baden, 1990, p. 165). Pour d'autres, la législation française ne relève pas du

Cette solution est confirmé dans l'arrêt *Demirel*, où la Cour fonde son refus de contrôler une législation nationale au regard de l'article 8 de la Convention européenne des droits de l'homme, par le fait qu'il n'existe à l'heure actuelle aucune réglementation communautaire relative au regroupement familial des travailleurs non communautaires (24).

Par contre, dans l'affaire *Rutili*, la possibilité d'un contrôle communautaire a été admise. En effet, la Cour a considéré que, dans l'exercice des pouvoirs de police des étrangers, et plus particulièrement dans l'utilisation de la réserve d'ordre public, les

> « limitations apportées aux pouvoirs des États membres en matière de police des étrangers se présentent comme la manifestation d'un principe plus général consacré par les articles 8, 9, 10 et 11 de la Convention de sauvegarde des droits de l'homme... et de l'article 2 du protocole n° 4 à la même convention... qui disposent en des termes identiques que les atteintes portées, en vertu des besoins de l'ordre et de la sécurité publics, aux droits garantis par les articles cités ne sauraient dépasser le cadre de ce qui est nécessaire à la sauvegarde de ces besoins « dans une société démocratique » (25).

En dehors des hypothèses dans lesquelles un État exécute une norme communautaire, il existe un champ dans lequel un contrôle peut intervenir sur le respect des droits fondamentaux dès lors que la mesure nationale se situe dans le domaine propre du droit communautaire. Encore fallait-il savoir si, en application de la jurisprudence Rutili, cette possibilité était réservée au domaine de la libre circulation des personnes. La Cour vient de trancher sans ambiguïté la controverse dans un arrêt du 18 juin 1991. Elle était saisie d'une demande préjudicielle relative à la compatibilité du monopole de la télévision en Grèce avec l'article 10 de la Convention européenne des droits de l'homme. Elle rappelle d'abord qu'elle ne peut se prononcer que pour autant que la mesure nationale contestée se situe dans le domaine du droit communautaire. Puis elle indique que la conformité des mesures nationales, qui limitent les libertés reconnues par le traité, avec la Convention européenne peut être contrôlée.

> « En particulier, lorsqu'un État membre invoque les dispositions combinées des articles 55 et 56 pour justifier une réglementation qui est de nature à entraver l'exercice de la libre prestation de services, cette justification,

---

droit communautaire parce que, comme le constatait la Cour « il faut observer... qu'un tel régime, s'il s'applique indistinctement aux vidéocassettes fabriquées sur le territoire national ou importées, n'a pas pour objet de régir les courants d'échanges ». Le professeur Weiller en déduit que la solution doit être interprétée restrictivement (*The European Court at the Crossroads : Community Human Rights and Member State Action, Liber Amicorum Pierre Pescatore*, Nomos, Baden-Baden, p. 82). L'antériorité de la réflexion sur ce point doit être reconnue à Michel Waelbroek, *La protection des droits fondamentaux à l'égard des États membres dans le cadre communautaire*, Mélanges Dehousse, Nathan-Labor, Bruxelles 1979, p. 333.

(24) Aff. 12/86, arrêt du 30.9.87, Rec. p. 3719.

(25) Aff. 36/75, arrêt du 28 octobre 1975, Rec., p. 1219.

prévue par le droit communautaire, doit être interprétée à la lumière des principes généraux du droit et notamment des droits fondamentaux. Ainsi, la réglementation nationale en cause ne pourra bénéficier des exceptions prévues par les dispositions combinées des articles 55 et 56 que si elle est conforme aux droits fondamentaux dont la Cour assure le respect (26). »

Il n'en reste pas moins qu'il n'est pas aisé de définir en l'espèce le domaine propre du droit communautaire comme le montre la comparaison des solutions *Cinéthèque*, *Demirel* et *Rutili*. On mesure l'incertitude à l'attitude du juge irlandais quant aux prestations de services britanniques dans le domaine du conseil en matière d'interruption volontaire de grossesse. Dans un cas, il a été estimé que l'affaire ne relevait pas du droit communautaire, dans un autre, le juge a estimé qu'un problème se posait au regard de l'article 56 C.E.E. (27). Si la Cour estime que l'affaire entre dans le champ du droit communautaire en raison de ses liens avec la libre prestation de services, elle sera amenée à juger de la compatibilité de la justification d'une mesure nationale dérogeant à la libre prestation avec les droits fondamentaux et notamment du problème du droit à la vie.

Le contrôle communautaire s'étend désormais à l'ensemble des mesures nationales qui interviennent dans le champ du droit communautaire. Dans ce contexte, les réticences des États, comme le Danemark ou le Royaume-Uni, qui refusent l'adhésion de la Communauté à la Convention européenne des droits de l'homme en prétendant que cette opération aurait pour effet d'accorder à la Convention le même statut que le droit communautaire dans leur ordre juridique interne paraissent difficilement compréhensibles (28). En effet, la Communauté ne pourrait adhérer à la Convention que dans le champ de ses compétences et il n'en résulterait aucun effet hors de ce champ, le statut de la Convention en droit interne restant inchangé. En revanche, dans le domaine propre du droit communautaire, la Convention jouirait du même statut que le droit communautaire. Cela ne produirait pas de différence pour les États membres avec la situation actuelle puisqu'on vient de voir que la Cour de justice contrôle déjà les mesures nationales au regard des droits fondamentaux, en s'inspirant notamment de la Convention. Lorsqu'elle exerce son contrôle et utilise la Convention, les droits garantis par celle-ci bénéficient en droit interne du même statut que les normes communautaires. L'adhésion permettrait de disposer d'un catalogue minimal et d'appliquer la Convention en

(26) C.J.C.E. Arrêt du 18 juin 1991, affaire C-260/89 Elleniki Radiophonia Tiléorassi, non encore publié, § 43.

(27) *Attorney General (SPUC), v. Grogan, 11 octobre 1989, cf. Irish Times, 12.10.89. Affaire 159/80, Society for the Protection of Urban Children Ireland C. Grogan*, non encore jugé ; voir aussi la décision de la Commission européenne des droits de l'homme du 15 mai 1990 sur les requêtes 14234 et 14235/88. Il s'agit d'une hypothèse où les organes de Strasbourg et la Cour de Luxembourg sont saisis de la même affaire sous un angle légèrement différent.

(28) Voir Drzemczewski A., *The Domestic Application of The European Human Rights Convention As European Community Law*, I.C.L.Q. 1981, p. 118.

tant que telle mais ne modifierait en rien la place des droits garantis en droit interne puisque ceux-ci, dans la mesure où ils ont été recueillis par la Cour, s'imposent déjà aux autorités nationales. Tout au plus, la situation de l'individu serait améliorée puisque celui-ci pourrait disposer après épuisement des recours internes (nationaux et communautaires) d'un recours devant les instances de Strasbourg.

Le problème est loin d'être théorique dans la mesure où le respect de la Convention en droit communautaire n'est pas seulement l'affaire de la Cour de Luxembourg. La question peut également se poser devant les instances de Strasbourg.

SECTION 2. – LES DROITS FONDAMENTAUX DANS L'ORDRE COMMUNAUTAIRE DEVANT LES ORGANES DE STRASBOURG

Jusqu'à présent, toutes les affaires relatives à la Communauté ou à l'exécution d'actes communautaires portées devant la Commission européenne des Droits de l'Homme ont été déclarées irrecevables (29). Les décisions de la Commission n'en constituent pas moins un précieux apport à l'analyse de la responsabilité des Communautés et de leurs États membres au regard de la Convention.

A. – Les actes des Communautés devant les organes de contrôle

Sur le point de savoir si les Communautés elles-mêmes relèvent des organes de contrôle, la jurisprudence est claire et n'a pas varié depuis 1978. Les Communautés ne sont pas parties à la Convention. Les instances de contrôle ne sont donc pas compétentes *ratione personae*. Cependant, les requérants ont cherché à contourner l'obstacle en mettant en cause, soit la collectivité des États membres, soit les États membres pris individuellement. Dans l'affaire C.F.T.C., la Commission a considéré que la notion de collectivité des États membres n'était pas claire, mais qu'en l'espèce, on pouvait considérer qu'elle recouvrait le Conseil. Elle s'est donc estimée incompétente *ratione personae*, le Conseil étant une institution communautaire. S'agissant des États membres pris individuellement en tant que parties à la Convention, la solution est plus nuancée. Dans l'affaire C.F.T.C., l'État dont la participation avait été déterminante puisqu'il n'avait pas fait figurer la C.F.T.C. dans

(29) Décision du 10 juillet 1978 sur la requête 8030/77 présentée par *la Confédération Française Démocratique du Travail contre les Communautés européennes, subsidiairement contre la collectivité des États membres, et contre les États membres considérés individuellement*, Décision du 9 décembre 1987 sur la recevabilité de la requête 11123/84 présentée par *Etienne TETE contre la France*, décision du 19 janvier 1989 sur la requête 13539/88 présentée par *Christiane Dufay contre les Communautés européennes, subsidiairement, la collectivité de leurs États membres et leurs États membres pris individuellement*, décision du 9 février 1990 sur la requête 13158/87 présentée par *C.M. & Co. contre la République fédérale d'Allemagne*.

la liste des organisations dont il proposait la participation au Comité économique et social, la France n'avait pas encore accepté le droit de recours individuel, ce qui empêchait sa mise en cause. On ne pouvait considérer qu'en l'espèce les autres États avaient exercé leur juridiction. Dans l'affaire *Dufay*, la Commission n'a pas examiné le grief puisqu'elle a jugé que, faute d'avoir saisi la Cour de justice des Communautés, la requérante n'avait pas épuisé les voies de recours interne. Cependant, a contrario, la mise en cause des États membres n'est donc pas exclue dès lors que ceux-ci auraient exercé leur juridiction. En fait, une telle solution paraît difficilement concevable. Les décisions de la Communauté sont prises dans le cadre d'une procédure complexe qui fait intervenir plusieurs institutions. Faut-il analyser chaque procédure pour déterminer le ou les États responsables ? Hormis les cas dans lesquels le Conseil statue à l'unanimité, va-t-on rechercher quels sont les États qui se sont prononcés en faveur de la décision contestée ? L'acte est imputable à un organe de la Communauté et non aux États membres. Peut-on nier l'autonomie de la Communauté par rapport aux États et imputer les décisions de celle-ci à ceux-là ? D'ailleurs, la Commission européenne des droits de l'homme a déjà éprouvé cette difficulté dans l'affaire relative à la détention de Rudolf Hess à Spandau. Elle a considéré que le Royaume-Uni ne pouvait être considéré comme responsable du maintien de l'intéressé en détention dans la mesure où la décision de libération devait être unanime (30). Dès lors, la seule volonté du gouvernement britannique n'était pas suffisante. Il est vrai que dans ce cas, ni l'Union Soviétique, ni les États-Unis d'Amérique n'étaient liés par la Convention tandis qu'ici tous les États membres sont parties à la Convention. On pourrait les considérer comme solidairement responsables sans entrer dans le détail du processus de décision communautaire. Mais, si une telle solution était retenue, elle ne pourrait jouer, ni pour les actes de la Commission, ni pour ceux de la Cour, ni pour ceux du Parlement dès lors que les États n'exercent aucun contrôle sur les décisions prises par ces institutions.

Enfin, la mise en cause des États est subordonnée au respect de la règle d'épuisement des recours internes, ceux-ci ne pouvant en l'occurrence être épuisés que devant la Cour de justice des Communautés. Cette dernière est considérée à cet égard comme une juridiction interne (31).

Cependant, si la mise en œuvre de la responsabilité des États membres n'est pas exclue dans ce cadre, elle jouera beaucoup plus aisément au moment de l'exécution de la mesure communautaire contestée.

(30) Requête 6231/71, décision du 29 mai 1975, Décisions et Rapports, vol. 2, p. 74.

(31) La solution n'est pas originale, voir la décision rendue à propos de la Cour Suprême des restitutions en Allemagne, Annuaire de la Convention 1958-1959, p. 257.

B. – La responsabilité des États membres pour les mesures d'exécution du droit communautaire

Face à une norme communautaire, l'État membre dispose d'une marge d'appréciation variable. Autant il est naturel que sa responsabilité puisse intervenir dès lors que la violation reprochée intervient dans le cadre de cette marge d'appréciation puisque la violation lui sera dès lors directement imputable, autant il supportera mal de se voir attrait devant la Commission lorsqu'il ne dispose d'aucune latitude dans l'exécution.

C'est dire l'intérêt de la décision *M.C. & Co.* qui concerne l'exécution par la République fédérale d'Allemagne d'un jugement de la Cour de justice des Communautés. L'entreprise requérante avait fait l'objet d'une sanction pour non respect des règles communautaires de concurrence. La Cour de justice des Communautés avait maintenu l'amende et rejeté l'argument fondé sur une violation de l'article 6 § 2 de la Convention. L'entreprise avait alors essayé, en vain, d'obtenir des juridictions allemandes la non exécution de l'arrêt. Après épuisement des voies de recours internes, elle saisissait la Commission européenne des droits de l'homme d'une requête contre la République fédérale. L'enjeu était d'importance puisque l'article 187 C.E.E. impose aux autorités nationales d'exécuter les arrêts de la Cour sans autre vérification que celle de leur authenticité. Pouvait-on leur imposer au regard de la Convention de vérifier également si l'arrêt ne portait pas atteinte aux droits garantis par celle-ci au risque de se mettre en contradiction avec leurs obligations découlant du traité C.E.E. ?

La première question à résoudre était celle de savoir si l'Allemagne pouvait se voir attraite devant la Commission dans le cadre d'un litige relatif à l'exécution d'un jugement de la Cour de justice des Communautés alors que le Traité C.E.E. ne lui laissait aucune marge d'appréciation.

La réponse de la Commission européenne des droits de l'homme est sans ambiguïté. Elle porte sur deux points. Tout d'abord, le fait qu'il s'agisse d'un acte d'exécution du droit communautaire ne soustrait pas l'État membre au contrôle, car il n'agit pas à ce titre en tant qu'organe des Communautés (32). Ensuite, le fait que la République fédérale ait transféré des pouvoirs à la Communauté ne supprime pas sa responsabilité au regard de la Convention. Rien dans la Convention n'interdit le transfert de pouvoirs à une organisation internationale dès lors qu'il est satisfait aux obligations de la Convention.

(32) Cela ne signifie pas cependant qu'en accordant l'exequatur à un arrêt de la Cour européenne de justice les autorités allemandes compétentes aient agi comme des organes communautaires et échappent, dans cette mesure, au domaine où s'exerce le contrôle des organes de la Convention. Aux termes de l'article 1 de la Convention, les États membres sont responsables de tous les actes et omissions de leurs organes internes qui auraient violé la Convention, que l'acte ou l'omission en question soit effectué en application du droit ou des règlements internes ou des obligations internationales.

Pour justifier sa position sur ce second point, la Commission s'appuie sur les règles de droit international relatives aux traités concurrents. La conclusion par un État d'un traité contradictoire avec les obligations découlant d'un traité antérieur engage la responsabilité de cet État (33). En conclusion, le transfert de pouvoirs à une organisation internationale n'est possible que lorsqu'il existe au sein de cette organisation une protection équivalente des droits fondamentaux.

Une fois ces principes établis, la Commission s'inspire de la formule « *So Lange* » et constate que « le système juridique des Communautés européennes non seulement reconnaît les droits fondamentaux, mais assure aussi le contrôle de leur respect ». À cette fin, elle se réfère à la déclaration commune du 5 avril 1977 et à la jurisprudence de la Cour de justice. La conclusion vient d'elle-même. Il n'était pas nécessaire, puisque le système offrait des garanties équivalentes que l'Allemagne opère un contrôle avant l'exécution de l'arrêt.

On ne pourrait qu'approuver la décision, si la formulation employée ne traduisait une certaine ambiguïté. En effet, compte tenu des motifs, la requête aurait dû être rejetée, car manifestement mal fondée. Or, elle est considérée comme incompatible *ratione materiae* avec les dispositions de la Convention. Interprétée strictement, cette dernière formule signifierait que la Commission a exclu d'exercer désormais son contrôle sur les mesures nationales d'application du droit communautaire. On peut douter que telle soit la signification voulue. En effet, la requête portait sur le respect de l'article 6 dans le cadre de la procédure communautaire en matière de concurrence. D'ailleurs, la Commission note qu'elle a

> « tenu compte du fait qu'il serait contraire à l'idée même de transfert de pouvoirs à une organisation internationale de tenir les États membres responsables, dans chaque cas particulier, avant de donner l'exequatur à un arrêt de la Cour européenne de justice, de l'examen du point de savoir si l'article 6 de la Convention a été respecté dans la procédure en question. »

La décision ne peut être interprétée comme un blanc seing général. Elle porte sur l'article 6 et l'exécution des arrêts de la Cour de justice. Rien n'empêche la Commission dans d'autres hypothèses d'accueillir des requêtes et de les examiner au fond.

Ainsi, au cas où le contrôle de la Cour de justice ne se révèlerait pas assez vigilant, les États membres pourraient se voir condamnés au moment de l'exécution des mesures communautaires.

---

(33) « Néanmoins la Commission rappelle que « si un État assume des obligations contractuelles et conclut par la suite un autre accord qui ne lui permet plus de s'acquitter des obligations qu'il a assumées par le premier traité, il encourt une responsabilité pour toute atteinte portée de fait aux obligations qu'il assumait en vertu du traité antérieur » (Cf. n° 235/56, déc. 10.6.58, Annuaire 2, pp. 257, 301). La Commission estime qu'un transfert de pouvoirs n'exclut pas nécessairement la responsabilité d'un État en vertu de la Convention, lorsqu'il s'agit de l'exercice de pouvoirs transférés. À défaut, les garanties prévues par la Convention pourraient être limitées ou exclues sans motif et être ainsi privées de leur caractère contraignant. »

CONCLUSION

La situation actuelle n'est pas totalement satisfaisante. En utilisant la Convention de manière indirecte, la Cour prive les autorités communautaires et les particuliers d'un catalogue minimum de droits garantis. D'autre part, ces derniers ne peuvent bénéficier d'un recours direct contre les mesures communautaires devant les instances de Strasbourg. On objectera que la protection assurée par la Cour est d'une grande qualité. Nul ne songe à le nier. Cependant, la pratique des organes de Strasbourg montre que le contrôle du respect des droits fondamentaux est une tâche difficile et que même les juridictions constitutionnelles nationales ont, à l'occasion, mal interprété les dispositions de la Convention. Même si une telle hypothèse est improbable, est-il absolument impossible qu'elle se produise dans la Communauté ?

Faut-il attendre qu'un État membre soit condamné à Strasbourg pour une mesure nationale d'exécution d'une norme communautaire contraire à la Convention ? Quel serait alors l'effet d'une telle condamnation sur les juridictions constitutionnelles allemande et italienne ? Le problème de la primauté ne se poserait-il pas à nouveau ? Les exigences nées de la protection des droits du citoyen communautaire et l'intérêt de la Communauté elle-même ne commandent-ils pas de rouvrir le dossier de l'adhésion de la Communauté à la Convention, seule solution capable d'unir Luxembourg et Strasbourg ?

On a souvent invoqué, à l'encontre de l'adhésion, des difficultés d'ordre technique. Si, à l'époque du mémorandum de la Commission, on pouvait hésiter devant une négociation destinée à faire participer la Communauté à un système conçu pour des États, l'expérience montre que la spécificité communautaire n'est pas un obstacle à une participation des Communautés aux organisations internationales, montre qu'il n'est pas impossible de définir un statut propre à la Communauté, lequel ne pourrait pas être si différent de celui des États membres. En outre, l'adhésion résultera d'une négociation avec les autres parties à la Convention. Tout dépendra alors de la volonté commune d'aboutir.

Au fond, l'argument technique ne dissimulerait-il pas parfois un refus politique ? Alors que la Communauté s'engage sur la voie de l'Union politique, peut-elle offrir à ses citoyens une protection moindre que celle garantie par ses États membres ?

DROITS FONDAMENTAUX ET COMPÉTENCES INTERNES DE LA COMMUNAUTÉ EUROPÉENNE

PAR

JEAN-PAUL JACQUÉ

Professeur des Universités

Directeur au Service Juridique du Conseil de l'Union européenne (1)

La question du lien entre compétences de la Communauté européenne et droits fondamentaux est l'un des classiques du droit communautaire. Fréquemment évoquée à propos de la compétence de la Communauté pour adhérer à la Convention européenne des droits de l'homme, elle aurait pu trouver une réponse dans l'avis 2/94 de la Cour de justice relatif à l'adhésion. Malheureusement, la formulation utilisée par la Cour dans cet avis n'a pas paru à une partie de la doctrine d'une clarté suffisante. Aussi a-t-elle davantage suscité les discussions que rapproché des points de vue opposés (2). Gérard Cohen-Jonathan auquel me lie une ancienne et amicale complicité depuis notre collaboration à Strasbourg le sait bien lui qui a été l'un des pionniers de l'approche communautaire des droits fondamentaux et un partisan de longue date de l'adhésion de la Communauté à la Convention européenne des droits de l'homme. Il est donc légitime de lui dédier cette tentative de réconcilier des points de vue contradictoires.

Cette étude est limitée aux compétences internes de la seule Communauté européenne. En effet, il est difficile, en l'état actuel, de tirer des indications de la pratique suivie dans le cadre de l'Union même si l'on perçoit bien que la fusion des traités conduira à étendre à l'Union les conclusions que l'on

(1) Les opinions énoncées dans ces articles sont propres à l'auteur et ne sauraient en aucun cas engager l'institution à laquelle il appartient

(2) Voir le tableau tracé par Graine DE BURCA, « Fundemental Rights and Citizenship » dans *Ten Reflections on the Constitutionnal Treaty for Europe*, edited by Bruno DE WITTE, European University Institute, 2003, spécialement p. 27. Voir aussi l'affirmation lapidaire d'Olivier de Schutter qui n'éprouve aucun état d'âme à écrire que la Communauté dispose d'une compétence en matière de droits fondamentaux sur la base de l'article 308 en ignorant l'existence d'une doctrine et d'une pratique contraire, si ce n'est un précédent bien antérieur à Maastricht et dans lequel le recours à l'article 235 peut être expliqué différemment. Il est intéressant de noter qu'il parle quant à l'usage de l'article 308 de compétences implicites, notion à laquelle l'avis 2/94 ne fait pas référence, bien au contraire. *Rapport sur la situation des droits fondamentaux dans l'Union européenne et ses États membres, en 2002*, 2003, p. 15. Le rapport émane d'un réseau d'experts, mais l'introduction a été rédigée sous la seule responsabilité d'Olivier de Schutter.

pourrait dégager à propos de la Communauté. En outre, dans la mesure où les droits de l'homme figurent comme l'un des objectifs de la PESC, la compétence de l'Union en ce domaine ne souffre guère de discussions. De même, la compétence externe de la Communauté en matière de droits fondamentaux ne mérite pas un nouvel examen, car la question a été abondamment traitée et une nouvelle analyse de la clause « droits de l'homme » dans les accords internationaux conclus par la Communauté n'apporterait guère d'éléments nouveaux au débat (3). En outre, les difficultés ponctuelles qui avaient pu se présenter autrefois à propos de la dimension « droits de l'homme » des accords de coopération ont été réglées par l'article 181 A (introduit par le traité de Nice) qui généralise à tous les accords de coopération la clause relative à l'objectif du respect des droits de l'homme et des libertés fondamentales contenue dans l'article 177 (coopération au développement). Les difficultés subsistantes sont mineures (4).

Par contre, la question retrouve tout son intérêt s'agissant des compétences internes, domaine où les positions sont les plus tranchées. Les droits fondamentaux constituent-ils, pour reprendre la formule de l'article 308, l'un des objets de la Communauté ? La Communauté peut-elle, et si oui à quelles conditions, légiférer en matière de droits fondamentaux ? Les difficultés rencontrées au cours de la rédaction de la Charte des droits fondamentaux de l'Union européenne et la discussion au sein du groupe de travail consacré à la Charte au sein de la Convention sur l'avenir de l'Europe attesteraient s'il en était besoin de l'actualité de cette problématique.

À la lecture du traité, il est difficile de trouver trace de l'attribution à la Communauté d'une compétence générale en matière de droits fondamentaux. Par contre, tant la jurisprudence de la Cour que la pratique des institutions démontrent à l'envi qu'il n'en résulte pas que l'Union soit indifférente aux droits fondamentaux. Cette opposition apparente entre l'absence de compétence et l'obligation de respecter les droits fondamentaux peut être résolue selon la logique assez simple qui a été mise en avant par la Cour elle-même dans son avis 2/94. L'absence de compétence communautaire interne va de pair avec une obligation de respecter les droits fondamentaux laquelle impose à la Communauté d'agir dans certains cas (5).

---

(3) Voir les études de B. BRANDTNER et A. RONAS, « Human Rights and the External Relations of the European Community », *E.J.I.L.*, 1998, p. 9 et « Préférences commerciales et droits de l'homme », dans *L'Union européenne et les droits de l'homme*, sous la direction de Ph. ALSTON, Bruylant, Bruxelles, 260), p. 727.

(4) Même s'il subsiste encore des incertitudes sur la portée exacte de cette clause à la suite de l'arrêt du 3 décembre 1996, *République portugaise contre Conseil*, affaire C-268/94, *Rec.* 1996, I-6207.

(5) Au premier abord, cette vision pourrait paraître contradictoire avec celle exprimée par J. WEILER et S.C. FRIESS dans leur étude, « Une politique des droits de l'homme pour la Communauté et l'Union européenne », dans *L'Union européenne et les droits de l'homme*, précité, p. 147. Suite à une lecture plus attentive, les divergences sont moins importantes qu'il n'y paraît et la différence pourrait être principalement linguistique. Pour les auteurs, le terme de compétence semble être utilisé dans un sens politique et ils estiment que le fait que l'on trouve dans la législation communautaire des dispositions

SECTION 1. – L'ABSENCE D'UNE COMPÉTENCE GÉNÉRALE EN MATIÈRE DE DROITS FONDAMENTAUX

Le traité confère-t-il à la Communauté une compétence interne pour légiférer dans le domaine des droits fondamentaux ? Il est évident que le traité CE confère dans des domaines spécifiques des compétences à la Communauté pour lui permettre d'adopter des mesures en matière de droits fondamentaux. Sans chercher à être exhaustif, il suffit de rappeler les droits garantis au citoyen par la deuxième partie du traité (6). De même, les dispositions de l'article 13 sur la non-discrimination ont ouvert à la Communauté un large champ d'action pour combattre diverses formes de discrimination. Le principe d'égalité entre les hommes et les femmes dans le domaine social constitue un autre volet de ces compétences. On pourrait trouver d'autres exemples de compétences spécifiques comme le droit d'accès aux documents. Mais des compétences éparses font-elles une politique ?

A. – L'absence d'une base juridique dans le traité

Le système communautaire repose sur le principe de l'attribution de compétences (article 5, alinéa 1 du traité). Nul besoin d'être grand clerc pour constater que le traité n'attribue aucune compétence générale à la Communauté dans le domaine des droits de l'homme. Dans l'avis 2/94, la position de la Cour de justice est sans équivoque à cet égard : « Il convient de constater qu'aucune disposition du traité ne confère aux institutions communautaires, de manière générale, le pouvoir d'édicter des règles en matière de droits de l'homme ou de conclure des conventions internationales en ce domaine » (7).

Si cette constatation reflète une évidence difficilement contestable, elle traduit également la préoccupation constante des États membres d'éviter autant que possible les interventions communautaires dans le domaine des droits fondamentaux. Ils considèrent, en effet, qu'à travers leur propre système de protection de ces droits s'exprime un ensemble de valeurs fondatrices

---

relatives aux droits de l'homme attesterait de l'existence d'une compétence générale. Sur un plan strictement juridique, cette analyse n'est pas exacte. Pour déterminer la compétence qui fonde une action communautaire, il convient de se référer à la base juridique de la mesure communautaire. Ce n'est pas parce que la Communauté peut adopter des mesures relatives aux droits fondamentaux dans le cadre de ses compétences au titre du marché intérieur ou de la politique agricole commune qu'elle dispose d'une compétence en matière de droits de l'homme. Ce qui est d'ailleurs intéressant d'expliquer, c'est la raison pour laquelle la Communauté peut, dans le cadre de telles compétences, agir en matière de droits fondamentaux. Or, sur ce point, la réponse des auteurs et celle qui se trouve dans cette étude est identique, c'est en raison de l'obligation de respect des droits fondamentaux.

(6) Le lien établi par la Cour entre citoyenneté et non-discrimination a entraîné une large extension de ces droits. Voir à ce titre les affaires *Martinez Sala*, arrêt du 12 mai 1998, affaire C-85/96. *Rec.* I-2691 et *Rudy Grzelzyk*, arrêt du 20 septembre 2001, affaire C-184/99. *Rec.* I-6193 ; en outre, l'obligation de respecter les principes généraux du droit et la proportionnalité dans les mesures restreignant la liberté de séjour des citoyens a considérablement renforcé les droits de ces derniers, voir arrêt du 17 septembre 2002, *Raumbast, R/Secretary of State for Home Department*, affaire C-413/99, *Rec.* I-7091.

(7) Avis du 28 mars 1996, *Rec.*, I-1759, attendu 27.

de leur pacte constitutionnel propre et ils redoutent toute interférence communautaire dans un domaine aussi sensible. Cette attitude a guidé les cours constitutionnelles italienne et allemande lorsqu'elles ont paru remettre en cause la primauté dès lors qu'une mesure communautaire porterait atteinte aux droits garantis par leur constitution. Si cette méfiance des Cours semble s'être apaisée en raison de l'attitude responsable de la Cour de Justice ainsi que des évolutions successives des traités (8), plusieurs gouvernements nationaux ne se sont guère éloignés de leur position initiale. Ils admettent volontiers que la garantie des droits fondamentaux doive être assurée par le droit communautaire lorsque la Communauté agit ou également, quoique plus difficilement, lorsque les États membres interviennent dans le champ du droit communautaire, mais restent opposés à toute forme de reconnaissance d'une compétence générale de la Communauté pour légiférer à cet égard. Ce n'est que lorsqu'un besoin particulier de protection se fait sentir dans un domaine bien identifié qu'ils acceptent d'introduire une compétence spécifique dans le cadre d'une révision du traité (9).

Ils sont en effet conscients du caractère exponentiel que pourrait prendre toute compétence en la matière. Alors que l'on a souvent eu, dans le passé, une vision sectorielle de la protection des droits fondamentaux, on a pris conscience du fait que ceux-ci pourraient fournir un argument pour intervenir dans toute matière. Dans ces conditions, admettre une compétence d'ordre général conduirait à permettre l'établissement d'un encadrement communautaire dans des matières qui ne figurent pas parmi les compétences attribuées par le traité à la Communauté, mais que l'on aborderait sous l'angle des droits fondamentaux. S'il existait une compétence générale, serait-il, par exemple, interdit à la Communauté de s'intéresser à la protection des droits de l'homme dans les armées, dans les prisons ou dans les églises ? Elle pourrait alors sous couvert de mesures portant sur les droits de l'homme d'intervenir dans l'organisation et le fonctionnement de ces institutions, ce que redoutent les États membres.

Bien plus, les membres de la Communauté se sont opposés à toute possibilité pour l'Union de mener des actions de promotion en matière de droits fondamentaux. La proposition de la Commission qui a donné naissance aux règlements du Conseil relatifs au développement et à la consolidation de la

(8) Notamment l'introduction de l'article 6 du traité UE à Maastricht.

(9) La compétence pour le traitement des données personnelles a été introduite dans le traité parce qu'aucune base juridique ne permettait d'établir d'obligations spécifiques pour le traitement des données détenues par les institutions alors que le droit communautaire avait permis d'établir un régime applicable aux États membres (article 286 CE). La compétence ainsi créée a été soigneusement limitée à ce cas et ne s'étend pas aux données traitées au sein des États membres lesquelles peuvent être réglementées sur la base de l'article 95. Étendre cette nouvelle compétence aux données traitées au sein des États aurait rendu possible une harmonisation totale de la matière tandis que, sur la base de l'article 95, l'harmonisation ne peut intervenir que pour autant que les différences entre les législations des États membres constituent un obstacle à la réalisation du marché commun. On comprend que cette formule plus limitée ait eu la préférence des États membres.

démocratie et de l'État de droit et au respect des droits de l'homme et des libertés fondamentales (10) ne faisait pas à l'origine la distinction entre les actions communautaires à l'intérieur et à l'extérieur de la Communauté. Il n'a pas fallu longtemps au Conseil pour convaincre la Commission de renoncer à toute action interne et de limiter la portée de ces règlements à l'action communautaire externe (11).

Cette inquiétude quant à la création d'une éventuelle compétence communautaire a été très présente lors des débats de la convention chargée d'élaborer une charte des droits fondamentaux des citoyens de l'Union européenne. De nombreux membres de la convention craignaient en effet que la soumission de l'Union au respect des droits fondamentaux n'ait pour effet de créer une compétence de l'Union pour agir en ce domaine. On trouve trace de cette préoccupation dans le préambule de la Charte qui souligne « le respect des compétences et des tâches de la Communauté et de l'Union » et dans l'article 51, paragraphe 2, qui indique que : « la présente charte ne crée aucune compétence ni aucune tâche nouvelle pour la Communauté et pour l'Union et ne modifie pas les tâches et compétences définies par les traités ». Mais, malgré leur absence d'ambiguïté, ces mentions n'ont pas été jugées suffisantes et lors des travaux du groupe de travail de la convention sur l'avenir de l'Union européenne, ces formules ont été encore renforcées (12). Le rapport du Select Committee on the Europan Union de la Chambre des Lords met tout particulièrement l'accent sur ce point lorsqu'il souligne qu'il est nécessaire d'amender la Charte « to make clear that the Charter is not intended to extend the competences of the Community and the Union and does not in fact do so » (13).

En résumé, le traité ne fournit aucune base pour reconnaître à la Communauté une compétence interne générale lui permettant de prendre des mesures relatives aux droits fondamentaux et il ne semble pas que les auteurs du traité envisagent une quelconque évolution en ce sens.

B. – La controverse relative à un éventuel recours à l'article 308

Pendant longtemps, la doctrine a considéré l'article 308 comme une réserve de compétences et l'habitude s'était établie, faute de compétences expresses de recourir à cet article (14). À la suite des révisions successives des traités qui ont consacré des extensions importantes de compétences et introduit le

---

(10) COM (97) 0357.

(11) Règlements du 29 avril 1999. *J.O.*, L120 du 8 mai 1999, p. 1 et p. 8.

(12) L'article 31, paragraphe 2, commencerait désormais de la manière suivante : « La présente Charte n'étend pas le champ d'application du droit de l'Union au-delà des compétences de l'Union » CONV 354/02 WG II.

(13) *The Future Status of the EU Charter of Fundamental Rights*, 6th Report, session 2002-2003, février 2003, p. 26.

(14) Pour cette vision ancienne de l'article 308, voir OLMI. « La place de l'article 235 dans le système des attributions de compétences de la Communauté », *Mélanges Dehousse*, 1979, p. 279 ; TIZZANO, « Les compétences de la Communauté » dans *Trente ans de droit communautaire*, p. 45.

principe de subsidiarité dans le traité CE, un retour à l'orthodoxie, c'est-à-dire à une interprétation plus stricte de l'article 308, a été amorcé. Certes, on a longtemps pensé que la garantie de l'unanimité au sein du Conseil suffisait, sur un plan politique, à justifier une interprétation large de l'article 308 puisque celle-ci devait de toute façon recevoir l'accord de tous. Cependant, cette vision a profondément évolué. En effet, les réticences de collectivités fédérées dans les États membres fédéraux ont conduit à une vigilance accrue à l'égard de l'utilisation de l'article 308. En outre, l'insistance mise depuis Maastricht sur le principe de l'attribution des compétences a conduit à replacer l'emploi de cet article dans le cadre de seules compétences existantes.

C'est, dans ce contexte qu'il convient de se demander si l'article 308 peut servir de base juridique appropriée pour des actions communautaires en matière de droits de l'homme. À cet égard, le traité pose deux conditions. Il faut que le traité ne contienne aucun moyen d'action à cet effet (15). Mais il est également nécessaire que la mesure vise à réaliser l'un des objets de la Communauté, ce qui est toute la question. Harmoniser les dispositions nationales en matière de droits de l'homme ou mettre en place des actions de promotion des droits de l'homme constitueraient-il l'un des objectifs de la Communauté ?

Toute la discussion porte sur ce dernier point. Pour la Commission, la protection des droits fondamentaux constituerait un objectif horizontal de la Communauté que l'on retrouverait dans toutes les politiques (16). Cette thèse mérite un examen attentif. Dire que l'obligation de respecter les droits fondamentaux pèse sur la Communauté est une évidence qui ne fait que répéter l'article 6, paragraphe 2, du traité sur l'Union européenne. Mais l'existence, au titre des principes généraux du droit d'une telle obligation signifie-t-elle que, par implication, il soit possible d'en déduire un pouvoir général dans tous les domaines d'action communautaire. Pourrait-on d'une manière absolue faire découler d'une obligation d'abstention un titre pour agir et affirmer que la Communauté dispose d'une manière générale de la faculté d'harmoniser le régime des droits fondamentaux dans le cadre du marché intérieur même si les conditions prévues à l'article 95 ne sont pas réunies ? Cela reviendrait à nier les limites soigneusement établies par les auteurs des traités pour chaque compétence transférée (17). Il n'est pas exclu que, dans certaines circons-

(15) La réponse ne peut être apportée qu'au cas par cas.

(16) Pour un témoignage de cette attitude, voir la position de la Commission telle qu'elle est retracée dans l'avis 2/94. Il est significatif que chaque fois que les auteurs des traités ont souhaité qu'un objectif communautaire soit considéré comme horizontal, ils l'ont expressément indiqué dans le traité. Voir à cet égard l'article 6 en ce qui concerne l'environnement ou l'article 3, paragraphe 2, en ce qui concerne l'égalité entre les hommes et les femmes. On sera donc en présence en ce qui concerne les droits fondamentaux de l'un des rares cas où existerait une compétence horizontale sans que le traité en fasse mention.

(17) Il ne faut pas oublier que l'article 308 ne peut être utilisé lorsque le traité a prévu un moyen d'action spécifique. L'utiliser pour contourner les limitations mises par les auteurs du traité à l'exercice d'une compétence constitue un détournement de l'usage de l'article 308.

tances (18), l'obligation de respecter les droits fondamentaux puisse amener la Communauté à agir dans le cadre de ses compétences, mais ce n'est parce que la Communauté doit respecter la liberté religieuse ou la liberté d'expression qu'elle peut utiliser l'article 308 pour adopter une législation sur les cultes ou sur la presse. Si l'article 6 du traité UE s'impose à l'Union dans toutes ses politiques, il n'en résulte pas pour autant une compétence pour mener une politique propre en ce qui concerne les droits fondamentaux. Le respect de ces droits est sans doute une condition indispensable à la légalité de l'action communautaire, il ne suffit pas à donner naissance à un titre de compétence même implicite et l'article 308 ne peut être utilisé.

Comment, dans ces conditions, interpréter l'avis 2/94 de la Cour de justice ? La demande d'avis portait sur la compatibilité de l'adhésion de la Communauté à la Convention européenne des droits de l'homme avec le traité. Il est donc logique que la Cour se soit prononcée sur ce point et sur ce point seulement. Ce n'est qu'au cas où elle aurait reconnu la possibilité de l'adhésion que se serait posée une seconde question, celle de la faculté pour la Communauté de participer aux révisions de la Convention ce qui aurait impliqué une compétence générale en matière de droits fondamentaux (19). Mais la question n'a pas eu à être traitée. Elle se posera peut-être si une révision des traités autorise l'adhésion sans pour autant trancher cette question.

Dans un premier temps, et c'est ce qui nous intéresse au premier chef, la Cour confirme l'interprétation restrictive qu'il convient de donner à l'article 308 : « Faisant partie intégrante d'un ordre constitutionnel basé sur le principe des compétences d'attribution, cette disposition ne saurait constituer un fondement pour élargir le domaine des compétences de la Communauté au-delà du cadre général résultant de l'ensemble des dispositions du traité, et en particulier de celles qui définissent les missions et les actions de la Communauté. Elle ne saurait en tout cas servir de fondement à l'adoption de dispositions qui aboutiraient en substance, dans leurs conséquences, à une modification du traité échappant à la procédure que celui-ci prévoit à cet effet » (20).

Ensuite, comme il est naturel, la Cour répond à la question posée et conclut à l'absence de compétence pour adhérer à la Convention dans des termes non équivoques : « Si le respect des droits de l'homme constitue donc une condition de la légalité des actes communautaires, force est toutefois de constater que l'adhésion à la convention entraînerait un changement substantiel du régime communautaire actuel de la protection des droits de l'homme, en ce qu'elle comporterait l'insertion de la Communauté dans un système institutionnel international distinct ainsi que l'intégration de l'ensemble des dispositions de

(18) Comme on le verra dans la seconde partie de cette étude.

(19) Puisqu'elle aurait été amenée à se prononcer sur la liste et le contenu des droits garantis, ce qui implique l'existence d'une compétence pour définir et réglementer les droits fondamentaux.

(20) Attendu 30.

la convention dans l'ordre juridique communautaire » (21). Ainsi, l'adhésion excède les compétences communautaires, mais il n'est pas dit expressément que la Communauté ne peut légiférer en matière de droits fondamentaux sur la base de l'article 308.

Dans ces conditions, il est compréhensible que des analyses opposées se soient développées. Les uns, raisonnant *a contrario* ont vu dans l'avis la confirmation d'une ouverture à des actions internes dans le domaine des droits de l'homme pour autant que l'on respecte les limites posées par la Cour. Les autres ont estimé qu'il était impossible de déduire de cet avis la faculté pour la Communauté d'intervenir sur le plan interne. En fait, on était renvoyé à la question de départ à laquelle nous avons répondu négativement : les droits de l'homme constituent-ils un objet de la Communauté ? Il nous semble que la réponse donnée dans l'avis 2/94 peut être éclairée par un *obiter dictum* de la Cour dans l'arrêt *Grant* (22).

Dans cette affaire, la requérante se plaignait du refus d'étendre à sa partenaire du même sexe le bénéfice d'une réduction ferroviaire octroyée par son employeur aux époux ou concubins de sexe différent. La Cour a établi que la discrimination dénoncée n'était pas fondée sur le sexe, mais sur les préférences sexuelles. Elle s'est ensuite interrogée sur le point de savoir si une telle discrimination était interdite en droit communautaire. Or, avant le traité d'Amsterdam, il n'existait aucune disposition du traité portant sur la préférence sexuelle. Elle a donc considéré qu'il ne lui était pas possible de prohiber une telle discrimination. Ce qui est intéressant, c'est un passage de l'arrêt qui n'est pas strictement indispensable au raisonnement de la Cour et répond à un argument de la requérante qui invoquait l'appui de sa thèse le pacte international relatif aux droits civils et politiques. La Cour admet qu'elle tient compte de ce pacte pour l'application des principes généraux du droit communautaire. Mais elle ajoute : « Toutefois, si le respect des droits fondamentaux qui font partie intégrante de ces principes généraux constitue une condition de la légalité des actes communautaires, ces droits ne peuvent en eux-mêmes avoir pour effet d'élargir le champ d'application de ces dispositions du traité au-delà des compétences de la Communauté » (voir, notamment en ce qui concerne la portée de l'article 235 du traité CE au regard du respect des droits de l'homme, avis 2/94...) (23). Or cette mention n'était nécessaire, car, la Cour aurait pu se limiter à noter l'interprétation du Pacte n'allait pas dans le sens indiqué par Mme Grant. Ce qui paraît significatif dans la démarche de la Cour, c'est le fait de rappeler cette règle dans le cadre d'une question d'interprétation des chefs de discrimination alors qu'il suffisait de renvoyer au texte du

(21) Attendu 34.

(22) Arrêt du 17 février 1998, affaire C-249/96, *Rec.* 1-621, arrêt contraire aux conclusions de l'avocat général Elmer.

(23) Attendu 45.

traité. De plus, la mention de l'article 235 (article 308 actuel) n'est pas anodine et elle semble destinée à clarifier la portée de l'avis 2/94 en indiquant clairement que cet article n'est pas utilisable lorsqu'il n'existe pas de compétence communautaire, ce que l'on savait déjà, mais aussi que l'invocation des droits fondamentaux ne suffit pas pour élargir le champ de ces compétences. On ne pourrait donc dégager un principe général d'action sur la base de l'article 308 et d'un éventuel objectif horizontal dans ce domaine. Ce n'est pas parce qu'un principe général du droit existe que la Communauté est *ipso facto* habilitée à agir. Encore faut-il que son action se rattache à un titre de compétence prévu par le traité.

Présentée ainsi, la réponse peut donc décevante. Signifie-t-elle que toute possibilité d'action communautaire dans le champ des droits fondamentaux soit exclue ? Si tel était le cas, la pratique de la Communauté serait souvent en contradiction avec les prescriptions des traités. À notre sens, la question a été mal posée par les partisans du recours à l'article 308 (24). Plutôt que de chercher à démontrer que la Communauté dispose d'une compétence en matière de droits fondamentaux, il eut été préférable de raisonner à partir de l'obligation de la Communauté de respecter ces droits.

SECTION 2. – L'OBLIGATION DE RESPECTER LES DROITS FONDAMENTAUX

Dans leur souci de protection des droits fondamentaux, la Commission et ceux qui partagent ses vues ont à tout prix tenté d'établir l'existence d'une compétence de l'Union. Leurs adversaires se sont placés sur le même plan. Au fond, l'enjeu de la discussion est sans grande importance pour l'activité concrète de la Communauté. Savoir si l'article 308 permet d'agir en matière de droits fondamentaux, ne permet guère que des avancées limitées : S'agit-il de financer un certain nombre d'actions de promotion, il est souvent possible de mener sur d'autres bases juridiques, notamment en matière sociale. S'agit-il de conduire des actions de surveillance du respect des droits fondamentaux au

(24) C'est le cas par exemple de P. Wachsmann dans son intéressant commentaire de l'avis 2/94. Il voit très justement que la Cour souligne l'obligation communautaire de respect des droits fondamentaux, mais, dans son esprit une telle obligation a besoin d'une compétence spécifique pour s'exprimer. Il en déduit donc que la protection des droits fondamentaux est un des objets de la Communauté et conclut à l'existence d'une compétence implicite. S'il avait perçu le système des compétences attribuées, il aurait compris que la Communauté a l'obligation de respecter les droits fondamentaux dans l'exercice de ses compétences. Point n'est alors besoin de recourir à la notion de compétence implicite. La compétence en cause est la compétence attribuée par le traité et l'obligation communautaire se manifeste dans l'exercice de cette compétence, ce qui peut éventuellement conduire la Communauté à l'adoption de dispositions relatives aux droits fondamentaux dans le cadre de cet exercice. Cette solution présente d'ailleurs l'avantage pratique de soumettre l'adoption de ces dispositions au processus décisionnel prévu par la base juridique qui fonde la compétence, c'est-à-dire fréquemment la majorité qualifiée, et non au processus de décision à l'unanimité prévu par l'article 308. Voir P. WACHSMANN. « L'avis 2/94 de la Cour de justice relatif à l'adhésion de la Communauté européenne à la Convention de sauvegarde des droits de l'homme et des libertés fondamentales ». *R.T.D.E.*, 1996, p. 467.

sein de l'Union, les dispositions du traité UE sur les sanctions ne permettent-elles pas aux institutions afin d'exercer la mission qui leur est attribuée de se doter, dans le cadre de leur autonomie institutionnelle de se doter de certains moyens d'observations propres pour autant qu'elles n'établissent pas une véritable politique en ce domaine. S'agit-il d'adopter des mesures législatives concernant une liberté particulière, aucune proposition n'a jamais été faite en ce sens, car le besoin d'utiliser l'article 308 à cette fin ne s'en est pas fait sentir, d'autres solutions étant possibles. Cela aurait-il été le cas, peut-on penser, compte tenu des exigences de l'article 308, il ait été aisé de trouver l'unanimité sur une directive relative à la liberté d'expression ou à la liberté d'association ? Chaque fois qu'un besoin spécifique important s'est fait sentir, on a choisi de modifier le traité comme en ce qui concerne la discrimination.

Dans ces conditions, la discussion sur l'existence d'une compétence générale est stérile et n'apporte pas de réponse à la vraie question. En effet, il est relativement secondaire de savoir si la Communauté peut financer un réseau d'organisations non gouvernementales pour veiller au respect des droits fondamentaux. Il s'agit d'une préoccupation sans doute honorable, mais qui reste secondaire tant que l'on n'a pas répondu à l'exigence première qui est de savoir comment la Communauté peut agir pour s'assurer que la législation qu'elle adopte dans le cadre de ses compétences ne porte pas atteinte aux droits fondamentaux. Certains considéreront que la réponse est simple et peut être résolue par une abstention. Il suffirait que la législation communautaire ne porte pas atteinte aux droits fondamentaux. Mais, dans de nombreux cas, cette réponse est inadéquate. En effet, les possibilités ouvertes par la législation peuvent interférer avec la protection de ces droits. Ainsi, dans le cadre de la libéralisation de l'activité de téléphonie, il est nécessaire de savoir quel traitement réserver aux données relatives aux communications personnelles dont disposent les opérateurs. Peuvent-ils ou non les conserver ? Si oui à quelles fins ? Sinon ne faut-il pas faire une exception pour permettre aux services de police d'accomplir leur mission de lutte contre le crime et le terrorisme ? Dans la mesure où la réponse est positive, le législateur est inévitablement amené à entrer concrètement dans la réglementation des droits fondamentaux pour éviter que ceux-ci soient violés. Mais lorsqu'il le fait, ce n'est pas en vertu d'une compétence relative aux droits fondamentaux, mais de l'obligation générale de respect des droits fondamentaux qui pèse sur lui lorsqu'il exerce les compétences attribuées à la Communauté. La préoccupation n'est donc pas de raisonner compétence *versus* obligation de respect, mais tout simplement de montrer qu'aujourd'hui dans l'activité quotidienne du législateur cette dernière joue un rôle primordial et fonde l'action législative en dehors de toute question de compétence.

A. – Distinguer entre compétence et obligation de respecter les droits fondamentaux

La distinction entre compétence et obligation de respect des droits fondamentaux a été établie avec clarté par la Cour de justice. Dans l'avis 2/94, elle souligne que cette obligation est une condition de légalité de l'action de la Communauté pour conclure ensuite qu'il n'existe pas de compétence pour adhérer à la CEDH. On retrouve cette formule exprimée de manière plus claire encore dans l'arrêt *Grant*.

Le débat entre l'obligation de respect et la compétence a fait l'objet d'interminables discussions lors de l'élaboration de la Charte des droits fondamentaux. De nombreux membres s'étaient refusés au premier abord d'inscrire dans la Charte des droits qui touchaient des domaines dans lesquels l'Union n'était pas compétente. La première discussion a eu lieu à propos de la prohibition de la peine de mort. Dans la mesure où l'Union ne disposait pas de compétences en la matière, la Charte pouvait-elle comporter un tel droit ? Il n'était pas évident que le titre VI du traité UE ne puisse permettre à l'Union d'adopter une décision-cadre sur ce point, même s'il est fort probable qu'elle ne le fasse pas compte tenu de la situation dans les différents États membres qui sont tous liés par la prohibition prévue par la CEDH. Retenons cependant pour les besoins du raisonnement, l'argument de l'incompétence. Est-il impensable que l'action menée par l'Union dans le domaine strict de ses compétences ne puisse un jour la conduire à enfreindre la prohibition de la peine de mort ? La réalité devait d'ailleurs rapidement rejoindre la théorie en ce domaine. L'accord sur l'extradition et l'assistance mutuelle projeté avec les États-Unis, à la suite des événements du 11 septembre, pourrait avoir pour conséquence d'amener l'Union à coopérer dans certains cas à des condamnations à la peine capitale prononcées par des juridictions américaines. Dans cette hypothèse, l'Union aurait, bien qu'agissant dans le domaine de ses compétences, violé son devoir de protection des droits fondamentaux. Si l'Union permet d'excepter de la coopération les cas dans lesquels la peine de mort peut être prononcée à moins que l'autre partie s'engage à ne pas prononcer ou exécuter celle-ci, ce n'est pas en raison d'une quelconque compétence en la matière, mais bien de son devoir général de protection des droits fondamentaux.

Cette discussion à propos de la distinction entre compétences et obligation de protection a été au cœur des débats sur l'insertion d'un Bill of Rights dans la constitution américaine (25). On se souvient qu'Hamilton estimait qu'une telle insertion était inutile, car, à son avis, il n'était pas nécessaire de protéger des droits relatifs à des domaines dans lesquels il n'existait pas de compétences pour agir. L'absence de compétence rendait toute violation impossible. Il ajoutait que l'insertion d'une déclaration des droits constituerait surtout un

(25) Voir notre article. « Back to Philadelphia », *Revue du Marché Commun*, décembre 2002, p. 661.

prétexte pour permettre au gouvernement central d'étendre ses compétences. En réponse, les adversaires d'Hamilton observaient que le gouvernement central pouvait fort bien utiliser les compétences qui lui étaient attribuées en vue de violer les droits fondamentaux dans des domaines pour lesquels il ne disposait d'aucune compétence. Ils argumentaient ainsi qu'il serait aisé de se servir du pouvoir fiscal pour porter atteinte à la liberté d'expression en imposant une taxation excessive aux journaux. On sait quel a été le résultat de la discussion aux États-Unis comme en témoignent les dix premiers amendements à la constitution américaine.

La réponse européenne n'a guère été différente. La Charte a été rédigée sans tenir compte de la répartition des compétences parce qu'il ne s'agissait pas, comme le précise le texte lui-même, de définir des compétences d'action de l'Union, mais d'établir quels étaient les droits que celle-ci devrait respecter lorsqu'elle agirait dans le cadre de ses compétences.

L'innovation n'était pas si grande. En effet, la pratique communautaire est riche en cas dans lesquels l'obligation de respecter les droits fondamentaux a conduit la Communauté à légiférer.

B. – L'obligation de respect des droits fondamentaux, condition de l'action de l'Union

La Communauté est non seulement soumise à l'obligation de veiller à ce que les mesures qu'elle adopte dans le cadre de ses compétences ne contiennent aucune disposition de nature à porter atteinte aux droits fondamentaux, elle doit également lorsque cela est nécessaire prendre des dispositions afin d'éviter que les actes qu'elle adopte ne soient pas susceptibles de permettre des violations de ces droits. Pour être plus concret, nul ne doute qu'une réglementation communautaire en matière agricole doive respecter le droit de propriété. Dans le cas contraire, elle serait soumise à la censure de la Cour de justice. Mais il peut arriver qu'un acte communautaire, sans être directement contraire à un droit garanti, puisse permettre qu'intervienne lors de sa mise en œuvre une violation de ce droit. Dans ce cas, la Communauté a l'obligation d'insérer dans cet acte une disposition afin d'éviter qu'une telle situation se produise. La base juridique de cette disposition sera l'article du traité qui fonde la compétence communautaire pour intervenir dans la matière et non une quelconque compétence relative aux droits fondamentaux. Ainsi, dans l'exercice d'une compétence qui lui est expressément attribuée, la Communauté aura respecté ses obligations en matière de droits fondamentaux.

Cette situation n'a rien de surprenant et a été clairement identifiée par la Cour de justice dans son arrêt *T. Port/Bundesanstalt für Lanswirschaft und Ernahrung* : « Une intervention des institutions communautaires s'impose, en particulier, si le passage à l'organisation commune des marchés porte atteinte aux droits fondamentaux protégés par le droit communautaire de certains opérateurs économiques, tels que le droit de propriété ou le droit au libre exercice des activités professionnelles » (26). La protection des droits fondamentaux peut donc exiger une intervention positive dans le cadre de l'exercice d'une compétence attribuée.

Dans la pratique, la Communauté s'est trouvée confrontée à ce type de situation dans des hypothèses bien différentes. Souvent, il a suffi de préciser que le texte en cause ne pouvait faire l'objet d'une interprétation telle qu'il soit possible d'en déduire une violation des droits fondamentaux. Parfois, une telle précision ne permettait pas d'atteindre le but recherché et il était indispensable de prendre des mesures positives pouvant aller jusqu'à la mise en place d'un régime d'exercice de la liberté destiné à préserver cette dernière. Les exemples de telles situations sont nombreux et il n'est pas question de les présenter de façon exhaustive. Plus modestement, il est possible d'illustrer chacune de ces situations.

Relève de la première hypothèse le cas dans lequel il suffit de préciser que le texte ne peut recevoir une interprétation contraire à un droit fondamental. Ainsi, à la suite de la multiplication de mouvements d'agriculteurs ou de transporteurs routiers, généralement français, qui paralysaient la circulation des camions ou aboutissaient à la destruction des marchandises transportées, a-t-il été jugé nécessaire d'adopter une réglementation sur les entraves à la libre circulation (27). Ce règlement fixe les obligations des États membres en vue de rétablir la circulation en cas d'entrave. Interprété strictement, il pourrait paraître imposer aux États membres de porter atteinte à certains droits d'action collective comme le droit de grève. C'est pour cette raison que l'article 3 dispose que ce règlement « ne peut être interprété comme affectant d'une quelconque manière l'exercice des droits fondamentaux, tels qu'ils sont reconnus dans les États membres, y compris le droit ou la liberté de faire grève ». Cette disposition est d'autant plus intéressante qu'en vertu de l'article 137, paragraphe 5, toute compétence communautaire est expressément exclue en ce qui concerne le droit de grève. La Communauté peut donc utiliser les compétences qui lui sont attribuées par le traité (en l'espèce l'article 95) pour éviter que soit porté atteinte à des droits pour lesquels le traité exclut toute compétence. C'est bien la preuve que cette disposition ne repose pas sur une compétence en matière de droits fondamentaux, mais sur l'obligation générale de respecter les droits fondamentaux dans l'exercice des compétences communautaires.

(26) Arrêt du 26 novembre 1996, affaire 68/95, *Rec* I-6065.

(27) Plus connu sous la dénomination de règlement « fraises » en référence aux nombreuses actions d'agriculteurs français visant à détruire des cargaisons de fraises espagnoles, règlement (CE) 2679/98 du 7 décembre 1998 relatif au fonctionnement du marché intérieur pour ce qui est de la libre circulation des marchandises entre les États membres, *J.O.*, L 337 du 12 décembre 1998, p. 8.

Il existe cependant d'autres hypothèses dans lesquelles une simple clause interprétative n'est pas suffisante. Le recours à une mesure dérogatoire est alors indispensable afin de permettre la préservation d'une liberté. Ainsi, il n'est pas douteux que, dans l'exercice de sa compétence, la Communauté puisse établir des règles sur l'abattage des animaux. De telles règles sont justifiées par des exigences de concurrence loyale et par le fonctionnement du marché intérieur. En effet, en leur absence, la concurrence pourrait être faussée par des différences entre les législations nationales qui avantageraient les États membres ayant choisi les méthodes les moins coûteuses. La Communauté exerçait donc de façon tout à fait normale sa compétence lors qu'elle a adopté la directive 93/119/CE sur la protection des animaux au moment de leur abattage ou de leur mise à mort (28). Dans ce texte, il est prévu que les animaux doivent être étourdis avant l'abattage ou mis à mort instantanément. Or cette disposition entre en conflit avec certaines méthodes d'abattage imposées par des prescriptions religieuses. Il était donc nécessaire d'introduire une exception pour préserver la liberté religieuse. C'est pour cette raison que l'article 5, paragraphe 2 de la directive précise que l'obligation d'étourdissement n'est pas applicable aux méthodes d'abattage imposées par les exigences particulières de certains rites religieux. Ici encore, l'utilisation d'une compétence communautaire, en l'espèce l'article 37 du traité, doit se concilier avec la préservation d'une liberté pour laquelle la Communauté ne dispose d'aucune compétence.

Mais l'intervention de la Communauté peut aller plus loin qu'une simple dérogation et prendre la forme de mesures positives. Il existe en effet des domaines dans lesquels les différences entre les législations nationales en matière de droits fondamentaux constituent en tant que telles des obstacles à la réalisation d'un objectif communautaire. Dans ces hypothèses, une harmonisation du régime des libertés est indispensable. Que l'on comprenne bien, il ne s'agit pas alors d'harmoniser en vue d'établir un régime uniforme de ces libertés puisqu'il n'existe aucune compétence pour agir de la sorte. L'harmonisation a pour finalité la réalisation d'un objectif de la Communauté expressément prévu par le traité. Il est d'ailleurs significatif que, dans ces cas, la question d'un éventuel recours à l'article 308 ne se soit pas posée, mais que l'action ait été fondée sur la base juridique pertinente dans le domaine considéré. La directive du 3 octobre 1989, plus connue sous la dénomination de « télévision sans frontières » constitue une première illustration de cette situation (29). L'objet de la directive relève typiquement du marché intérieur puisqu'il s'agit d'assurer la libre prestation de services

(28) Directive du 22 décembre 1993, *J.O.* L 340 du 31 décembre 1993, p. 21.

(29) Directive 89/552/CEE du 3 octobre 1989 visant à la coordination de certaines dispositions législatives, réglementaires et administratives des États membres relatives à l'exercice d'activités de radiodiffusion télévisuelle. *J.O.*, L 298 du 17 octobre 1989, p. 23.

dans la Communauté en supprimant les entraves à la libre diffusion des émissions de télévision (30). Cependant, cette liberté de circulation pourrait entraîner des entraves à la liberté d'expression et au pluralisme puisque le simple jeu du marché pourrait favoriser des programmes de divertissement au détriment de l'information ou entraîner une diminution des ressources publicitaires qui bénéficient à certaines chaînes de télévision au profit de chaînes à objectif plus commercial. À cette fin, la motivation de la directive précise qu'en tant que telle la libre prestation de service devrait favoriser la liberté d'expression telle qu'elle est garantie par la convention, mais elle reconnaît aussi qu'il convient d'éviter des concentrations excessives qui limiteraient cette même liberté et le pluralisme. On retrouve cette idée dans le dispositif. Ainsi, par exemple, la directive réglemente la durée maximale du temps de transmission consacré à la publicité, mais son article 19 autorise les États membres à adopter des règles plus contraignantes afin notamment de sauvegarder le pluralisme de l'information et des médias. De même, la directive interdit le parrainage des émissions d'informations afin de préserver la liberté d'expression. Mais, surtout, le texte va plus loin. Dans un certain nombre de cas, il fixe un régime complet des formes de publicité interdites, établissant ainsi un système de limitation à la liberté d'expression en matière commerciale. Il s'agit donc d'une réglementation des libertés qui n'est pas opérée sur la base d'une quelconque compétence en matière de droits fondamentaux, mais qui se présente comme une application de la libre prestation de services. Ainsi en va-t-il par exemple du régime de la publicité. Cette dernière se voit imposer l'obligation de respecter certains droits fondamentaux (dignité humaine, interdiction des discriminations fondées sur la race, le sexe ou la nationalité, respect des convictions religieuses et philosophiques, santé et sécurité, protection de l'environnement). Les règles relatives à la publicité pour les boissons alcoolisées ou pour la protection des mineurs sont encore plus précises. La directive établit donc un système de conciliation de la liberté d'expression commerciale avec d'autres libertés et un régime de limitation de cette liberté dans l'intérêt de la santé et de la sécurité ou de la protection des mineurs. La volonté de concilier les exigences du marché avec la liberté d'expression a conduit la Communauté à adopter une réglementation d'ensemble de la liberté d'expression dans le secteur considéré. Certes la motivation première est la réalisation du marché intérieur. Mais, s'il ne s'agissait que de cela, il eût suffi d'autoriser sans autre forme de procès la libre prestation de services. L'obligation de respecter les droits fondamentaux a conduit la Communauté à codifier la manière dont joue la liberté d'expression dans ce secteur.

---

(30) La directive est fondée sur les articles 52, paragraphe 2 (aujourd'hui 43, droit d'établissement) et 66 (aujourd'hui 55, services) du traité CE.

Enfin, la directive sur la protection des données personnelles illustre l'hypothèse dans laquelle l'obligation de respect des droits fondamentaux conduit à l'adoption d'un texte destiné à régir entièrement l'exercice d'une liberté (31). Ici on assiste à une harmonisation des législations nationales relative à un droit de l'homme en vue de contribuer au bon fonctionnement du marché intérieur. Il s'agissait en effet d'assurer la libre circulation des données. Comme l'indique la motivation : « considérant que les différences entre États membres quant au niveau de protection des droits et libertés des personnes, notamment du droit à la vie privée, à l'égard du traitement des données à caractère personnel peuvent empêcher la transmission de ces données du territoire d'un État membre à celui d'un autre État membre ; que ces différences peuvent dès lors constituer un obstacle à l'exercice d'une série d'activités économiques à l'échelle communautaire, fausser la concurrence et empêcher les administrations de s'acquitter des responsabilités qui leur incombent en vertu du droit communautaire ; que ces différences de niveau résultent de la disparité des dispositions législatives, réglementaires et administratives ». En conséquence, la directive harmonise le droit à la protection des données personnelles en fixant aussi bien la règle que les exceptions à celle-ci. Visant le même objectif dans le domaine des communications électroniques, la directive du 12 juillet 2002 est encore plus intéressante (32). Alors que la directive de 1999 avait été adoptée par le seul Conseil, celle de 2002 a suivi la procédure de codécision entre Parlement et Conseil. Cette participation du Parlement a fortement contribué à renforcer, au moins dans le vocabulaire utilisé, les aspects relatifs aux droits fondamentaux. Tout d'abord, la motivation fait référence à la Charte des droits fondamentaux (33). Ensuite, l'objectif de la directive étant de faciliter la liberté des communications électroniques, elle harmonise le régime de protection des données personnelles. Elle protège également ces communications de toute interception. Il était cependant nécessaire de prévoir des exceptions à ces règles dans l'intérêt public, notamment en vue de la protection de l'ordre et de la sécurité. Le régime de ces limitations au droit à la vie privée est fixé avec une précision que l'on ne trouve pas dans la directive de 1995. L'article 15 prévoit que les limitations doivent être nécessaires,

(31) Directive 95/46/CE du 24 octobre 1995 relative à la protection des personnes physiques à l'égard du traitement des données à caractère personnel et à la libre circulation de ces données, *J.O.*, L281 du 23 novembre 1995, p. 31. Cette directive est fondée sur l'article 100 A (devenu article 95) relatif au marché intérieur.

(32) Directive 2002/58/CE du 12 juillet 2002 concernant le traitement des données à caractère personnel et la protection de la vie privée dans le secteur des communications électroniques, *J.O.*, L 201 du 31 juillet 2002, p. 37. La base juridique de cette directive est l'article 95 du traité CE (marché intérieur)

(33) Considérant n° 2 « La présente directive vise à respecter les droits fondamentaux et observe les principes reconnus notamment par la charte des droits fondamentaux de l'Union européenne. En particulier, elle vise à garantir le plein respect des droits exposés aux articles 7 et 8 de cette charte » Bien que la charte ne se soit pas encore vue reconnaître de valeur contraignante, son insertion dans la motivation en fait un instrument de l'interprétation de la directive par le juge. Le considérant n° 3 fait lui référence à la convention européenne des droits de l'homme.

appropriées et proportionnées dans une société démocratique (34). Il précise les motifs qui peuvent justifier une limitation (sécurité nationale, défense et sécurité publique, prévention, détection, recherche et poursuite des infractions pénales ou des utilisations non autorisées du système des communications électroniques) et, pour plus de sûreté, ajoute que les mesures ne peuvent être prises que pour une durée limitée. Enfin, le texte souligne, ce qui allait sans dire, l'exigence de respect des principes généraux du droit communautaire, y compris ceux visés à l'article 6 du traité UE, ce qui est une manière de réintégrer la convention européenne des droits de l'homme.

La législation sur la protection des données à caractère personnel illustre bien l'effet que peut avoir l'exigence de respect des droits fondamentaux telle que la rappelait la Cour dans l'avis 2/94. Il est clairement établi que, dans les deux cas, l'objectif qui est de permettre le fonctionnement du marché intérieur ne peut être atteint que dans le respect des droits de l'homme. Aussi le but immédiat des directives est « de garantir un niveau élevé de protection dans la Communauté » (directive de 1995) ou plus simplement de « respecter les droits fondamentaux » (directive de 2002).

Si la question de la protection des données reste spécifique, car il est rare que la réalisation du marché intérieur soit conditionnée par l'adoption d'une législation destinée à établir un régime exhaustif d'exercice d'une liberté, il est par contre fréquent qu'une mesure communautaire appelle des dispositions destinées à protéger les droits de l'homme. On pourrait citer, parmi bien d'autres exemples, la directive sur la qualité du sang en ce qui concerne le don du sang (35) ou le sixième programme cadre de recherche en ce qui concerne la recherche sur les embryons (36). L'obligation de respect des droits fondamentaux amène naturellement à examiner la conformité de toute législation à l'article 6 du traité UE et, lorsque cette compatibilité ne peut être assurée qu'au prix de l'ajout de dispositions destinées à protéger les droits fondamentaux, à insérer de telles dispositions dans le texte.

CONCLUSION

En l'état actuel des traités, la recherche d'une compétence interne générale permettant à la Communauté d'agir dans le domaine des droits fondamentaux est vouée à l'échec. Cette situation n'est vraisemblablement pas appelée à se modifier dans un proche avenir, car les auteurs des traités ne souhaitent que la Communauté, ou demain l'Union, soit autorisée à intervenir dans une

---

(34) Référence syncrétique au régime des limitations tant dans la convention que dans la charte.

(35) Et la protection des données, Directive 2002/98/CE du Parlement et du Conseil du 27 janvier 2003 établissant des normes de qualité et de sécurité pour la collecte, le contrôle et la distribution du sang humain et de ses composants sanguins, *J.O.*, L 33 du 8 février 2003, p. 30.

(36) Voir notamment l'annexe 1 de la décision 1513/2002/CE du Parlement et du Conseil relative au sixième programme-cadre, *J.O.* L 232 du 19 août 2002, p. 1.

matière qui relève de choix fondamentaux propres à leur société. Il suffit pour s'en convaincre de voir, par exemple, la résistance qu'ont opposée certains États à intégrer dans la législation communautaire relative au libre séjour une disposition qui étendrait automatiquement le droit au regroupement familial au partenaire du même sexe. Par contre, nul ne conteste que, dans l'exercice de ses compétences propres, la Communauté soit soumise à l'obligation de respecter les droits fondamentaux et qu'elle puisse être amenée de ce fait à insérer à cette fin des dispositions spécifiques dans les mesures qu'elle adopte. De la sorte et sur cette base, une interprétation commune de ces droits se met progressivement en place. La construction d'un régime communautaire des droits fondamentaux est alors naturellement liée au progrès de l'intégration communautaire et, de ce fait, ne suscite guère de résistance. Plutôt que de combattre des moulins à vent et de rompre des lances en faveur d'une extension des compétences communautaires dans le domaine des droits fondamentaux, il paraît plus utile de travailler au cas par cas au respect dans chaque dossier de l'obligation imposée par l'article 6 du traité. Il est vrai que cela implique une immersion profonde dans les éléments techniques de chaque proposition législative et une vigilance sans faille pour déceler les risques que peuvent présenter ces textes. Mais c'est le lot habituel de la Commission, du Parlement et du Conseil dans l'œuvre législative et, de manière surprenante, les conflits entre ces institutions sont sur ce point plus rares que l'on pourrait le penser. Au bout du compte, même si cette attitude peut paraître moins héroïque aux faiseurs de système, elle a le mérite, sur la base des compétences existantes, d'assurer l'efficacité au quotidien de la protection des droits fondamentaux dans la Communauté.

THE ACCESSION OF THE EUROPEAN UNION TO THE EUROPEAN CONVENTION ON HUMAN RIGHTS AND FUNDAMENTAL FREEDOMS

JEAN-PAUL JACQUÉ (1)

SECTION 1. – INTRODUCTION

Accession of the European Union to the European Convention on Human Rights and Fundamental Freedoms (the Convention, or ECHR) will unfortunately deprive academics and lawyers involved in the European legal discourse of one of their favourite topics of discussion. In fact, the problem of relations between the ECHR and European integration is almost as old as integration itself. (2) In 1953, in its draft treaty establishing a European Community, the ad hoc assembly of the European Coal and Steel Community provided for the integration of the substantive provisions of the ECHR in the Treaty. (3) As it turns out, it is after more than fifty years of debate that Article 6(2) TEU (Lisbon version) now requires the Union to accede to the Convention, and Protocol No. 8 relating to Article 6(2) of the Treaty on European Union on the accession of the Union to the European Convention on the Protection of Human Rights and Fundamental Freedoms clarifies certain related aspects. Article 6 does not limit itself to providing a legal basis for accession, but states (in French) "l'Union adhère", and (in English) "The Union shall accede...". By using the imperative, the article requires, without any doubt, the Union to accede to the Convention. A failure to do so could be ground for an action for failure to act before the Court of Justice.

---

(1) Emeritus professor Strasbourg, Former Legal Adviser Council of the EU.

(2) See for a brief overview of debates in the 20th century, Cohen-Jonathan, "Le problème de l'adhésion des Communautés européennes à la Convention européenne des droits de l'homme", in *Mélanges en l'honneur de P.H. Teitgen* (Pedone, 1984), p. 82; Jacqué, "The Convention and the European Communities", in Macdonald, Matscher and Petzold (Eds.), *The European System for The Protection of Human Rights* (Nijhoff, 1993), p. 889; Schermers, "The European Communities under the European Convention on Human Rights", (1978) LIEI, 1.

(3) This shows that the omission of a reference to fundamental rights in the ECSC and EEC treaties was because, in the opinion of their authors, these were economic treaties, with no implications for the protection of fundamental rights. By contrast, when it came to founding a political community, the issue of protection of fundamental rights returned to the forefront. The same was true for the draft Treaty on European Union adopted in 1984, inspired by Spinelli. The draft provides that the Union recognizes the rights under the ECHR and will deliberate accession to the Convention within five years.

In procedural terms, the accession agreement will require unanimity in the Council and the consent of the European Parliament. It will then be subject in all Member States to approval in accordance with national constitutional procedures (Art. 218 TFEU). The Treaty establishing a Constitution for Europe had allowed for a decision of the Council by qualified majority, but unanimity was substituted at the request of Denmark. (4) This change, however, did not really alter the situation in practice, because the accession agreement must also be ratified by all parties to the ECHR, which includes all the Member States of the Union.

The entry into force of the Treaty of Lisbon did not mean, however, that this process could be completed quickly. First, all Member States of the Union had to agree on the negotiating mandate in spring 2010, and then they must approve the results obtained after negotiations. (5) Even though Protocol No. 8 on Accession to the ECHR provides some guidance, it leaves many issues open, and agreement is not easy to find, especially with regard to the difficulties related to the specificity of the Union and participation of the latter in the Strasbourg organs.

Certainly, on the side of the Council of Europe, Protocol No. 14 to the ECHR, which entered into force on 1 June 2010, regulates at least one crucial matter, since it contains a provision, Article 17, which amends the Convention by providing for the possibility of accession of the Union. There are nevertheless still significant issues to be settled from the viewpoint of the Union.

So now the debate focuses on the conditions of accession, and this is a complex matter. The ball is not just in the court of the political organs of the Union and the other parties to the ECHR; the Court of Justice made a resounding entry in the field of negotiations by issuing on 5 May 2010 a "discussion document" on some aspects of accession. (6) It appears thereafter to have undertaken parallel negotiations with the European Court of Human Rights, if one is to judge by the communication of the Presidents of the two courts issued on 24 January 2011. In the latter text it is also stated that: "The two courts take the view that the results of their discussion can usefully be made known in the context of the negotiations on accession ongoing between the Council of Europe and the EU. They are determined to continue their dialogue on these questions which are of considerable importance for the quality and coherence of the case law on the protection of fundamental rights

(4) Denmark was anxious to avoid a referendum to ratify the Lisbon Treaty, and thus did not want to give the impression to its people that it was possible to extend the powers of the Union by a qualified majority. This precaution was not necessary, since Art. 6 specifically states that accession does not extend the powers of the Union.

(5) See European Parliament hearing, Committee on Constitutional Affairs, <www. europarl. europa.eu/activities/committees/eventsCom.do?language=FR&body=AFCO>, March 18, 2010, de Schutter, "L'adhésion de l'Union à la Convention européenne des droits de l'homme : feuille de route de la négociation", (2010) *Revue trimestrielle des droits de l'homme*, 535.

(6) <curia.europa.eu/jcms/jcms/P_64268/>.

in Europe." (7) There can be no question of the other institutions of the EU ignoring the position of the Court of Justice, since the Court will probably be called upon to render an opinion on the conformity of the agreement with the EU treaties under the procedure of Article 218(11) TFEU, as it seems that some Member States intend to seek such an opinion. If any kind of incompatibility were found, the Union would be forced to revise the Treaties before concluding the agreement; it is unlikely that the EU institutions would take such a risk, given the political importance of an issue that concerns not only the EU but also all members of the Council of Europe who do not belong to the Union. (8)

Be that as it may, after the adoption of a negotiating mandate by the Council on 4 June 2010, (9) discussions were opened in July 2010 with the hope, perhaps optimistically, that they could be concluded within a year. (10) For the Council of Europe, negotiations are in the hands of the Steering Committee for Human Rights. A negotiating group was established, consisting of 14 experts from Member States of the Council of Europe (seven members of the Union and seven non-EU) and the Commission (of the EU). The work of this group has been widely publicized, (11) whereas the negotiation mandate granted to the Commission by the Council is confidential.

The negotiations are based on the principle of giving the Union as far as possible the same status as other contracting parties, strictly limiting any new arrangements necessitated by accession to those elements which are essential in order to take into account the Union's specific character. These two elements deserve attention. But before examining the issues related to the principle of according the same status (see section 4 below) and specificities related to the nature of the Union (section 5), it seems important to

(7) <curia.europa.eu/jcms/upload/docs/application/pdf/2011-02/cedh_cjue_francais.pdf>; Discussion document of the Court of Justice of the European Union on certain aspects of the accession of the European Union to the European Convention for the Protection of Human Rights and Fundamental Freedoms.

(8) For example, see Opinion 1/09, 8 March 2011, nyr, on the proposed agreement on a European patent court and a Community patent, which is not unrelated to our topic, as the Court says in para 76 that "an international agreement may affect its own powers provided that the indispensable conditions for safeguarding the essential character of those powers are satisfied and, consequently, there is no adverse effect on the autonomy of the European Union legal order." One can see in this a warning to the negotiators on accession of the Union to the ECHR. See also Lock, "Walking on a tightrope: The draft ECHR accession agreement and the autonomy of the EU legal order", in this *Review*.

(9) The content of the mandate has not been made public. For its part, the European Parliament voted in a resolution of 19 May 2010, see <www.europarl.europa.eu/sides/getDoc.do?pubRef=-//EP//TEXT+TA+ P7-TA-2010-0184 +0 + DOC + XML + V0 / / EN>. Under Art. 218(6)(a)(ii) TFEU the Parliament must give its consent.

(10) This paper is based on the actual results of the negotiations at the end of June 2011. The end of the negotiations had been set at July 2011. A provisional version of the final agreement has been agreed by the negotiating group on 24 June 2011, CDDH-UE(2011)16 prov. The final text will be transmitted to the Steering Committee for Human Rights for discussion in October.

(11) See the website of the Council of Europe, under Law and Policy of Human Rights <www.coe.int/t/dghl/standardsetting/hrpolicy/cddh-ue/cddh-ue_meetings_EN.asp>.

briefly review the progress towards accession (section 2) and consider the scope of obligations to be incurred by the Union (section 3)

SECTION 2. – A LONG STORY IN A NUTSHELL

The discussion on the issue of accession was mainly developed after the *Solange I* decision of the German Constitutional Court. In response to the German Court's decision, various possible responses were discussed: unilateralism, incorporation, hierarchization through accession.

A. – Unilateralism

The *Solange I* decision (12) did not necessarily imply that the EC had to accede to the ECHR. The Community could develop its own bill of rights which would provide the protection required by Karlsruhe. This was the path followed by the Community institutions when they adopted the Joint Declaration on Fundamental Rights, 5 April 1977, in which they recalled the "prime" importance they attached to fundamental rights and in particular to the ECHR. (13) This was also the path followed by the European Parliament, whose draft Treaty Establishing the European Union provided, in Article 4(3), for the development within five years of a declaration of fundamental rights. The text of the declaration was adopted by the Parliament on 12 April 1989. (14) Unilateralism continued to be the path followed years later with the adoption of the Charter of Fundamental Rights, which has now, after the entry into force of the Lisbon Treaty, "the same legal value as the Treaties" according to Article 6 TEU.

This search for a specific solution for the Union on its own has raised many doubts. Schermers, for instance, stressed the difficulty of reaching agreement on any text, but said it would mark a break between the Union and other European States, and would deal a fatal blow to the ECHR. (15) These fears, which were also strongly manifested during the development of the Charter of Fundamental Rights, would certainly have been justified if the adoption of a Union bill of rights had been considered to exclude any future accession to the Convention, but that was never the case. The Commission itself, in its memorandum on the accession to the ECHR, stressed the compatibility of the

(12) May 29, 1974, BVerfGE 37, 271.
(13) O.J. 1977, C 103.
(14) O.J. 1989, C 120/51.
(15) "Western Europe would be split further... The creation for a more modern codification for the Community alone would further isolate the others members of The Council of Europe... A separate, more modern codification of human rights by its most important partners would be fatal for the European Convention, the results of which wave been so far sufficiently outstanding that such silent termination would be unjustified. ", Schemers, *op. cit.*, *supra* note 1, 2.

two channels. (16) Proponents of this route reasoned by analogy with Member States whose constitutions contain guarantees of rights, while this does not prevent them from become parties to the Convention. It follows that the prospect of accession was not abandoned even after the adoption of the Charter.

B. – Progressive incorporation

The incorporation route is the result of the jurisprudence of the Court of Justice ensuring that Community acts respect fundamental rights as general principles of law. The first judgments of the Court requiring the Community to respect fundamental rights made no direct reference to the ECHR. (17) It is true that, at the time, not all Member States had ratified the Convention. The first direct reference appeared shortly after the ratification of the Convention by France in May 1974, in *Rutili*. (18) The Joint Declaration of the European Parliament, Council and Commission on Human Rights in 1977 would accelerate the process of incorporation, since *Hauer* cited this Declaration in support of a reference to the Convention. Similarly, thereafter, the Court would refer to Article F, – later Article 6 – TEU, and through those provisions, the Convention itself. (19) However, the Convention did not yet appear to be incorporated as such; the Court only mentioned that it is of "special significance". (20) It took a long time for this attitude to change, and *Pupino* provides an excellent example of direct incorporation. Here the Court stated: "Moreover, in accordance with Article 6(2) EU, the Union must respect fundamental rights, as guaranteed by the European Convention for the Protection

(16) "It should be clearly stated from the outset that accession of the European Communities to the ECHR does not form an obstacle to the preparation of a special Community catalogue, nor does it prevent in any way the Court of Justice of the European Communities from further developing its exemplary case law on the protection of fundamental rights" Memorandum of 4 April 1979, Bulletin of the European Communities, supp. 2/79, para 8.

(17) Case 4/73, *Nold* [1974] ECR 491, refers generally to indications drawn from international instruments. Similarly, six years later Case 136/79, *Panasonic*, [1980] ECR 2033, refers to both the common constitutional traditions and the international instruments to which Member States "collaborated or of which they are signatories".

(18) "Taken as a whole, these limitations placed on the powers of Members States... are a specific manifestation of the more general principle enshrined in... the Convention for the protection of human rights and fundamental freedoms... ratified by all Member States...", Case 36/75, *Rutili*, [1975] ECR 1219.

(19) Case 44/79, *Hauer*, [1979] ECR 3727: "The Court also emphasized in the judgment cited, and later in the judgment of 14 May 1974, Nold [1974] ECR 491, that fundamental rights form an integral part of the general principles of the law, the observance of which it ensures; that in safeguarding those rights, the Court is bound to draw inspiration from constitutional traditions common to the Member States, so that measures which are incompatible with the fundamental rights recognized by the constitutions of those States are unacceptable in the Community; and that, similarly, international treaties for the protection of human rights on which the Member States have collaborated or of which they are signatories, can supply guidelines which should be followed within the framework of Community law. That conception was later recognized by the joint declaration of the European Parliament, the Council and the Commission of 5 April 1977, which, after recalling the case-law of the Court, refers on the one hand to the rights guaranteed by the constitutions of the Member States and on the other hand to the European Convention for the Protection of Human Rights and Fundamental Freedoms..."

(20) See e.g. the Order in Case C-17/98, Emesa Sugar, [2000] ECR 615.

of Human Rights and Fundamental Freedoms signed in Rome on 4 November 1950 ('the Convention'), and as they result from the constitutional traditions common to the Member States, as general principles of law". (21)

Indications also started to come that the case law of the European Court of Human Rights must be taken into consideration. (22) The change was slow and was accompanied by subsequent amendments of the treaties, so the Court and the constituent power of the Union were mutually influencing each other. This trend of incorporation was crowned by the Charter of Fundamental Rights, whose Article 53 made the Convention the minimum standard of protection of fundamental rights in the Union. At the same time, Article 52 of the Charter requires that the rights contained in the Charter should be given the same interpretation as those guaranteed by the Convention when the rights correspond, but without prejudice to the possibility for the EU to grant more extensive protection. In these circumstances, it is certainly possible to consider that the material content of the Convention has been incorporated into EU law.

C. – Accession

The possibility of a Community accession to the Convention has never been absent from discussions, both in academic circles and within the institutions during this period. (23) In fact, the *de facto* substantive incorporation had the effect of giving the Court the last word on the Convention within the scope of Community law. This had political consequences and legal effects. On a political level, how was one to explain that people who once had the right to go to Strasbourg saw themselves deprived of this possibility once powers transferred to the Union were at stake? In other words, any progress in integration was accompanied by a regression in terms of remedies available to individuals. In legal terms, conflicts between the Luxembourg Court and the Strasbourg Court concerning the interpretation of the Convention could not be ruled out. However, as the implementation of EU law is largely in the hands of the States, they would be the ones who could be faced with a difficult choice between respecting the Convention as interpreted by the ECtHR and the observance of Community law as interpreted by the ECJ. The conflicts have not been many, and the wisdom of the judges has been able to deal with them, but *Matthews* (24) and *Bosphorus* (25) drew attention to this risk. Implementation of *Matthews* was made possible thanks to the ability of

(21) Case C-105/03, *Pupino*, [2005] ECR I-5285.

(22) See e.g. Case C-465/07, *Elgafaji*, [2009] ECR 1921, para 28.

(23) For the discussions in the 20th century, see works cited in note 1 *supra*, and Schermers, "The European Communities bound by Fundamental Human Rights", 27 CML Rev. (1990), 249.

(24) Judgment of 18 Feb. 1999 (Appl. No. 24833/94) *Matthews* v. *United Kingdom*.

(25) Judgment of 30 June 2005, Grand Chamber, *Bosphorus Hava Yollari Turizm Ve Ticaret Anonim Sirketi* v. *Ireland* (Appl. No. 45036/98).

the United Kingdom, supported by a very indulgent Court of Justice. (26) Yes, conflicts have been rare, but the threat was ever present. (27)

In 1988, Judge Pescatore argued that the Community had succeeded the Member States as parties to the Convention as regards the scope of Community law. (28) In his view, the States could not transfer to the Community more powers than they had. To the extent the exercise of these powers by the Member States was limited by the obligation to respect the Convention, the Community, as transferee, was bound by the same obligations. His reasoning was based, *mutatis mutandis*, on the case law of the Court relating to the GATT. (29) In fact, he failed to state that, unlike the GATT, not all Member States were party to the Convention at the time of the creation of the Community. In any case, the Court has never accepted this solution. Had it done so, it would still have been difficult to go beyond a substantive incorporation. The Convention was only open to States to becomes parties, and it is unclear how the Community could have participate in proceedings before the (former) ECHR Commission and the European Court of Human Rights.

The option of concluding an accession agreement remained open, and has been proposed by the Commission since 1979. (30) Nevertheless, for a long time this proposal was unheeded and it was not until the Belgian Presidency in the second half of 1993 that an ad hoc working group was formed to examine the issue. Three key issues soon emerged: the competence of the Union to accede, maintaining the autonomy of Community law and the exclusive jurisdiction of the Court of Justice, and the Community (later, Union) participation in the Strasbourg organs. (31) Faced with resistance from several Member States, including Spain, France and the United Kingdom, the only way forward seemed to be to seek an opinion from the Court of Justice. Opinion 2/94 responded, as we know, negatively to the question of competence of the Union to accede, leaving the other issues open. (32) Now it was clear that a revision of the Treaty was needed for any further progress. For that reason, at each intergovernmental conference initiatives have arisen in favour of accession. But they were always peripheral to the main part of the debate and, although

(26) Case C-145/04, *Spain* v. *United Kingdom*, [2006] ECR 7917.

(27) See Spielman, “Human rights case law in the Strasbourg and Luxembourg Courts: Conflicts, inconsistencies and complementaries”, in Alston (Ed.) *The EU and Human Rights* (OUP, 1999), p. 757; Tizzano, « La protection des droits fondamentaux/Dialogues croisés entre juridictions européennes et nationales », in Bribosia, Scheeck and Ubeda de Torres (Eds.), *L'Europe des Cours, Loyautés et résistances* (Bruylant, 2010), p. 289.

(28) Pescatore, *The Court of Justice of the Communities and the European Convention on Human Rights, Mélanges Wiarda*, (Karl Heyman Verlag, 1988), p. 457.

(29) Case 21/72, *International Fruit*, [1972] ECR 1219.

(30) Memorandum of 4 April 1979, cited *supra* note 15.

(31) These issues are addressed in a memorandum from the Commission to the Working Group, SEC(93)1679.

(32) Opinion 2/94, [1996] ECR 1759. The Opinion was given during the negotiation of the Treaty of Amsterdam, but it hardly encouraged participants to support the Belgian proposal for accession.

greeted with a certain sympathy, were often rejected on the grounds that the matter was too technical to be comprehensively studied in the time available to the Conference. This sympathetic response concealed the profound hostility of some States which had no great affinity with the Strasbourg system, and did not want it to constrain the Union as it did them. The Convention on the Future of Europe was decisive for two reasons. Firstly, the composition was no longer exclusively intergovernmental, and the debates were public. Therefore, it was difficult for hostile States to oppose the project in the face of public opinion. Secondly, the Convention had created a working group on the issue, chaired by former Commissioner Vitorino who, having represented the Commission in the preparation of the Charter of Fundamental Rights, knew the subject inside out. Accession was subject to a thorough examination and was included in the draft Constitution. The die had been cast and there was no going back, even at the time of drafting the Treaty of Lisbon. A long road had been travelled, another began: that of the accession negotiations.

SECTION 3. – THE SCOPE OF ACCESSION

The scope of accession may be viewed from different angles. First of all, the extent of control exercised within the framework of the ECHR needs to be defined. This needs to be examined both by the Strasbourg Court and by the European Union. From the perspective of Strasbourg, it is essential to identify the norms binding the Union. From the EU side, the analysis must determine – on the basis of Article 6 TEU – what action by the Union may be contested before the ECtHR. Finally, will accession include the possibility to use all available remedies in Strasbourg or will it introduce a specific system for disputes involving the Union?

3.1. – The determination of the norms to which the Union will be subject

Although the Treaty on European Union now provides for the Union's accession to the Convention, it says nothing as regards participation in the protocols to the Convention. Various solutions are possible. It would be possible to have the Union only accede to those protocols that have already been ratified by all Member States, so as to have a unitary corpus of protected rights within the Union and its Member States. This would have the advantage of reassuring those Member States who fear that protocols they have not ratified would become applicable in their national legal order by means of EU law. This was the famous formula of obligations entering "through the backdoor" feared so much by the United Kingdom before the enactment of the Human Rights Act, and was the reason for its hostility to Community accession to the Convention. However, on a conceptual level, there is no need for such parallelism.

Indeed, any protocols ratified will be binding upon the Union, and the Member States will be affected only to the extent that they are implementing Union law. (33) In addition, in some cases, failure to accede to a protocol could imply that the EU refuses an external control of the respect of rights which it protects under its own Charter of Fundamental Rights. For instance, would there be any reason not to accede to Protocol No. 12 on non-discrimination while under Article 21 of the Charter Union law must already fulfil such an obligation? There is thus no reason to exclude this Protocol even if it is not ratified by all Member States. The same applies with regard to the protocols on the death penalty, already prohibited by Article 2 of the Charter.

A suggestion might also be to accede only to protocols that correspond to matters within the competence of the Union. But this would resurrect the debate based on the old confusion between competence to act and the obligation to respect fundamental rights. This debate is definitively settled by Article 6(2) TEU, which confirms the lack of a relationship between accession and the competences of the Union. A fundamental right is neither bound to a specific competence nor does it give rise to a specific competence. It applies horizontally to the whole range of existing powers of the Union. The fact that the Union does not have competence to legislate with regard to the death penalty does not mean it is incapable of infringing the right to life. Take, for example, the conclusion of an extradition agreement with a third State which maintains the *death penalty* in law and *practice*. If no provision was introduced prohibiting extradition if the death penalty were to be imposed, the EU could undermine the right to life. Therefore wisdom would dictate that a broad view should be taken with regard to the protocols and, at least, that the Union should accede to all protocols that refer to rights guaranteed by the Charter.

This is not the solution that was chosen. The Commission had suggested that accession to protocols should be resolved on a case-by-case basis, and should not constitute a comprehensive package, for fear that the discussions on this point would block the process. In fact, the Council chose to retain the principle of neutrality of accession with respect to the Member States, which entails avoiding any risk of calling into question the action of a Member State in the field of EU law in relation to a protocol that it has not ratified. It was therefore decided only to negotiate the accession to protocols to which all Member States are already parties, which includes the additional

(33) This concept is clear in theory, although in practice less so. See on the question of scope e.g. Editorial comment, *The scope of application of the general principles of Union law: An ever expanding Union?* in 47 CML Rev., 1589.

Protocol to the Convention (right to property, education, free elections) and Protocol No. 6 on the abolition of the death penalty. It excludes Protocol 4 (freedom of movement, prohibition of collective expulsion of aliens, prohibition of imprisonment for debt) not ratified by Greece and the United Kingdom, Protocol No. 7 (procedural safeguards for expulsion of aliens, right of appeal to a higher court, compensation for wrongful conviction, double jeopardy, equality between spouses), not ratified by Germany, Belgium and Poland, Protocol No. 12 (general prohibition of discrimination) only ratified by Spain, Finland, Romania and Estonia, Protocol 13 (abolition of death penalties in all circumstances) which has not been ratified by Latvia and Poland. Yet, all these protocols involve rights that are guaranteed by the Charter of Fundamental Rights of the European Union.

It is interesting to wonder what the Court of Justice of the Union will do, when people rely on such rights under the Charter, which after all in its Article 52 refers back to the Convention when the rights guaranteed by the Charter correspond to rights protected by the Convention. Will the Court only refer to the provisions of protocols to which the EU has acceded, or will it consider that the other protocols are also covered by these articles? Will it follow the same path when a protocol is invoked before it by means of the general principles of law? (34) As for the Strasbourg view, what will be the attitude of the Court of Human Rights if it is seized of a complaint against an EU Member State for having violated – in the context of the implementation of EU law – a right contained in a protocol to which the Union has not acceded, but which is binding on that Member State. Here, should it not at least revive the *Bosphorus* case law (35) and examine whether the protection offered by the Union is manifestly inadequate?

B. – The extent of control over the action of the Union

The consequence of accession is to submit the action of the Union to control of compliance with the Convention. This is frequently seen as compliance of *acts* of the Union with the ECHR, but such a view is too narrow since it is not merely the legal acts but also the conduct of the Union which is covered. What is more, the acts or omissions of individuals and entities *under the authority* of a contracting party must also respect the Convention. This consideration raises the question of the possibility of reviewing the activities

(34) This solution would make sense since the purpose of these provisions is to avoid differences of interpretation between the Charter and the Convention. The aim is not to impose on the EU respect of rights which are not guaranteed, but to interpret the rights enshrined in the Charter in harmony with the Convention and its protocols. If similar rights are contained in both instruments (Charter on the one hand, the Convention and protocols on the other), the rules of Arts. 52 and 53 should be applicable regardless of the scope of accession.

(35) *Bosphorus* cited *supra* note 24.

of the Union within the CFSP, but also of challenging the compatibility of the Union's primary law with the Convention.

Since, according to Article 6 TEU, it is the Union which accedes to the ECHR, the Convention should, within whatever terms are set, cover the whole of the Union's activities, regardless of the specific features of certain sectors with regard to the internal legality control. This could result in an asymmetry between the control exercised by the Court of Justice and that of the ECtHR. Indeed, Article 275 TFEU expressly excludes from the control exercised by the Court of Justice the Union's activities under the Common Foreign and Security Policy, with the exception of restrictive measures against individuals. However, the Convention applies to all matters within the jurisdiction of the contracting parties. The Strasbourg Court could therefore review acts or conduct in relation to external action of the European Union. It is likely that such a possibility was never envisaged by the framers of the EU Treaties. They reasoned from the perspective of classic control of compliance with the Convention only with regard to legal acts of the Union. Insofar as the Common Foreign and Security Policy is rarely translated into action producing legal effects on third parties, except for restrictions that are subject to review by the Court of Justice, they believed that control of compliance with the Convention would not arise in this area. It would only concern States when they implement the decisions taken within the framework of CFSP. It was forgotten that the Union manages a number of external operations, either within the framework of the UN or independently. In this context, it is possible that substantive action committed by the Union's missions might constitute a breach of the Convention. According to the *Behrami* case law, the Union would be responsible for these violations when their authors are acting on behalf of the Union and are under its control. (36) In these circumstances it is difficult to prevent activities of the Union in the framework of the CFSP

(36) Grand Chamber, 2 May 2007, Decision on Appl. No. 71412/01, *Agim Behrami and Bekir Behrami* v. *France* and Appl. No. 78166/01, *Ruzhdi Saramati* v. *France, Germany and Norway.* In this case, the ECtHR adopts a position on the UN that could be transposed to the European Union, denying responsibility of Member States: "The Court, however, considers that the circumstances of the present cases are essentially different from those with which the Court was concerned in the *Bosphorus* case. In its judgment in that case, the Court noted that the impugned act (seizure of the applicant's leased aircraft) had been carried out by the respondent State authorities, on its territory and following a decision by one of its Ministers (§ 137 of that judgment). The Court did not therefore consider that any question arose as to its competence, notably *ratione personae*, vis-à-vis the respondent State despite the fact that the source of the impugned seizure was an EC Council Regulation which, in turn, applied a UNSC Resolution. In the present cases, the impugned acts and omissions of KFOR and UNMIK cannot be attributed to the respondent States and, moreover, did not take place on the territory of those States or by virtue of a decision of their authorities. The present cases are therefore clearly distinguishable from the *Bosphorus* case in terms both of the responsibility of the respondent States under Article 1 and of the Court's competence *ratione personae*. There exists, in any event, a fundamental distinction between the nature of the international organisation and of the international cooperation with which the Court was there concerned and those in the present cases. As the Court has found above, UNMIK was a subsidiary organ of the UN created under Chapter VII and KFOR was exercising powers lawfully delegated under Chapter VII of the Charter by the UNSC. As such, their actions were directly attributable to the UN, an

escaping the control of the ECtHR. (37) It might be desirable to make a reservation; however, the Convention does not allow reservations covering future activity in general. Moreover, even if a reservation were possible, would it not be feasible to bring the *Bosphorus* case law into play when Member States intervene in the implementation of the CFSP?

It has also been proposed to exclude primary EU law from control by the ECtHR. There may be good reasons which militate in favour of such an exclusion. The Union is not the author of its primary law, and the EU Court of Justice can not exercise any review of its legality. Member States are the masters of the Treaties and in accordance with the *Matthews* case law, they are the ones responsible. In addition, the EU institutions would be unable to follow up a conviction, as the revision of the Treaties is in the hands of the Member States. On the other hand, it is for the Court of Justice to interpret the treaties and this interpretation is critical when fundamental rights are concerned, since the Charter is now part of primary law. Also, in case of a conflict between a rule of primary law and the Charter, the Court will have the opportunity to reconcile the provisions challenged by the use of consistent interpretation. Under these conditions, even if the Member States are the authors of primary law, the exclusion of the European Union from review by Strasbourg in such a case is not justified to the extent that the dispute could concern the balance of interests established by the Court of Justice between two provisions of primary law. The co-respondent mechanism (which will be discussed more fully below), (38) which allows the Union to join a Member State as co-respondent in the proceedings, will allow it to assert its interpretation of the treaties. In the current state of negotiations, if one looks at Article 4(3) of the draft agreement, the exclusion of primary law does not seem intended. This provision permits a Member State to stand as co-respondent alongside the Union "if it appears that such allegation calls into question the compatibility with the Convention rights at issue of a provision of the Treaty on European Union, the Treaty on The Functioning of the European Union or any other provision having the same legal value pursuant to those instruments, notably where that violation could have been avoided only by disregarding an obligation under those instruments". (39) Such situations must include those involving primary law. The review of primary law should thus not be completely excluded, and the co-defendant

organisation of universal jurisdiction fulfilling its imperative collective security objective". However, if the Union becomes a contracting party, the jurisdiction of the Strasbourg Court will be extended to CFSP operations.

(37) Certainly, in *Behrami*, the ECtHR declared the application inadmissible *ratione personae*, but the UN was in control of the activities complained of and the Court justified its position by including the role of the Security Council in maintaining peace and security, under Art. 103 of the UN Charter; these are arguments that cannot play a role for the benefit of the European Union.

(38) See *infra* section 5.

(39) CDDH-UE(2011)10 and Art. 3(3) in CDDH-UE(2011)16 prov.

mechanism should overcome the difficulties related to the specific nature of such law.

SECTION 4. – REMEDIES

The Convention provides for the possibility of individual applications and State applications. With regard to individual applications, in particular, doubts had been cast. G. Sperduti, for instance, proposed to exclude individual applications and to limit individual remedies to the possibility of a preliminary reference from Luxembourg to Strasbourg if a serious issue of interpretation of the Convention were to arise. (40) It is now accepted that the normal route of referral to the Court of Human Rights will be by individual appeal. That may be deduced from Protocol 8 to the Lisbon Treaty, since this refers to claims filed by non-Member States and individual actions. (41)

As for State applications, the only scenario that should be excluded is that of disputes between EU Member States, because of the monopoly of the Court of Justice to examine disputes between Member States which concern the interpretation or application of the Treaties (Art. 344 TFEU). There is no need to consider this exclusion in the accession agreement, as State applications are merely an option in any case. The internal prohibition on the basis of Article 344 TFEU is sufficient. That is not so for applications from States Parties who are not members of the Union, or those from the Union against such States. In this regard, the Union must be regarded as an ordinary party. As has been stated by Judge Tulkens

> "Le principe qui doit nous guider ici doit être qu'en adhérant à la Convention, l'UE est appelée à devenir une Partie contractante à part entière, au même titre que les autres États contractants. Elle rejoindra ainsi un groupement d'États liés par les mêmes droits et obligations dans l'application de la Convention et tous, nous le savons, sont 'égaux devant la Convention'. Or, le but de l'adhésion de l'UE à la Convention a toujours été, précisément, de soumettre l'UE au même contrôle extérieur que les États: il faut donc assurer, autant que possible, qu'elle soit soumise aux même droits et

(40) Sperduti, "Comment concevoir dans sa spécificité l'adhésion des Communautés européennes à la Convention de Rome sur la sauvegarde des droits de l'homme", in *Etudes en l'honneur d'Herman Mosler* (Heidelberg, 1983), p. 903.

(41) "The agreement relating to the accession of the Union to the European Convention on the Protection of Human Rights and Fundamental Freedoms (hereinafter referred to as the 'European Convention') provided for in Article 6(2) of the Treaty on European Union shall make provision for preserving the specific characteristics of the Union and Union law, in particular with regard to:

(a) the specific arrangements for the Union's possible participation in the control bodies of the European Convention;

(b) the mechanisms necessary to ensure that proceedings by non-Member States and individual applications are correctly addressed to Member States and/or the Union as appropriate."

> obligations vis-à-vis de la Convention que les États de façon à ce que 'l'égalité devant la Convention' s'étende aussi à l'UE". (42)

Such identical status, which is also what the Union desires, has consequences for EU participation in the mechanisms of the Convention.

SECTION 5. – THE CONSEQUENCES OF IDENTICAL STATUS OF THE UNION AND THE OTHER STATES PARTIES

The institutional aspects of accession are undoubtedly the easiest to resolve because they are based on a simple principle of equal treatment between all contracting parties. The Union should therefore be treated in the same way as the other contracting parties, whether this is with respect to judicial appointments, participation in the bodies of the Convention or its financial contribution to the Court of Human Rights.

A. – The EU participation in the appointment of judges

Even when negotiations opened, the presence in the Court of Human Rights of a judge proposed by the Union seemed to be accepted. There had been talk in the past of the possibility that the EU judge might not participate in all deliberations of the ECtHR, but only in those cases concerning the Union as a party, having an observer status for other cases. This cautious proposal is no longer under consideration. It was based ultimately on the idea that each judge "represented" a party, and that was actually in contradiction with the principle of judicial independence. The judge proposed by the Union will thus participate in the Human Rights Court with the same status as her colleagues.

For the designation of the judge proposed by the EU, the process will be the normal one. She will be elected by the Parliamentary Assembly of Council of Europe, out of a list of three persons nominated by the Union. The establishment of the list of candidates will be conducted on terms to be defined within the Union, and the choice should take into account the directives of the Assembly. (43)

In accordance with the principle of equality of parties, the Union will participate in the deliberations of the Parliamentary Assembly and its organs for the election of judges. (44) Since the Assembly is composed of delegations of the parliaments of the Member States, the EU will be represented by a delegation of the European Parliament. It is proposed that the European Parliament delegation includes a number of members equal to the delegations of the

(42) Tulkens, "L'adhésion de l'Union européenne à la Convention européenne des droits de l'homme. Pour et vers une organisation harmonieuse", (2011) RTDE, 27.

(43) See in particular resolution 1646 (2009) Assembly.

(44) Screening of the candidates by the Committee on Legal Affairs and Human Rights.

largest states, i.e. 18 parliamentarians. As to the modalities of participation, these will be fixed by the Parliamentary Assembly in consultation with the European Parliament. (45)

B. – The EU participation in the Committee of Ministers of the Council of Europe

Until now, the identity between the members of the Council of Europe and the Contracting Parties to the Convention did not make it necessary to make a distinction between the functions that the Committee of Ministers exercises under the Convention and its other functions as an organ of the Council of Europe. The Convention gives the Committee responsibility for monitoring the execution of judgments (Art. 54) and settlements (Art. 39). It may request advisory opinions from the ECtHR on interpretation of the Convention and its Protocols (Art. 47). It also has the power, if so requested by the Court, to reduce the number of judges in the chambers. The Committee, however, also carries out many other functions related to the operation of the Convention, such as the adoption of protocols or other documents relating to the Convention. To the extent that the Union will be involved with voting rights only in the Committee's deliberations on the Convention, it will be necessary to define more precisely the functions of the Committee related to the Convention, and to open participation to all contracting parties. The representation of the Union in the Committee and the procedural rules for this will fall under the EU's internal rules. The right to vote which would be accorded to the Union within the Committee has raised objections from contracting parties who fear that the EU and its Member States will dominate the proceedings if they adopt the same position. To address this concern, it was envisaged that the Union should make a statement in an annex to the accession agreement. This statement would indicate that in cases involving non-EU Member States, there is no legal obligation according to Union law to adopt a coordinated position. Similarly, in cases involving a Member State, the Union cannot exercise its right to vote when it is not a party to the proceedings since the matter is normally outside the scope of its powers. Finally, in cases where the Union is a party (either alone or with a Member State), coordination of positions is required, but a solution has to be find in order to prevent any distortion of the system; this declaration has been inserted in Article 7(2) of the final version. The voting rules of the Committee of Ministers will be modified to

(45) An agreement has been concluded between the Chairperson of the Council of Europe's Committee on Legal Affairs and Human Rights and the Chairperson of the European Parliament's Committee on Constitutional Affairs on 15 June 2011. This agreement will be submitted for approval to the Parliamentary Assembly of the Council of Europe and to the European Parliament <assembly.coe.int/ASP/APFeaturesManager/defaultArtSiteView.asp?ID=991>.

prevent the Union from blocking a solution in favour of which a majority of non-Member States of the Union has taken position. (46)

C. – Participation in financing expenses related to the Convention

Expenses related to the Convention are part of the regular budget of the Council of Europe and there is no link between the number of cases from a Contracting Party and its contribution. There is no intention to create such a link, but to apply a flat-rate system. On this point, a tentative agreement has been reached as a percentage of the budget of the Council of Europe equal to the highest rate paid by a Member State. The determination of that percentage will probably require that the costs for operating the system of the Convention can be assessed. But this may be the subject of a specific agreement between the Council of Europe and the Union. It will concern the participation of the EU and may not cover other expenses related to activities of the Council of Europe.

SECTION 6. – THE SPECIFIC NATURE OF THE UNION

The first article of Protocol No 8 (on ECHR Accession) states that the accession agreement "should reflect the need to preserve the specific characteristics of the Union and Union law..." The main problem that arises in this connection is of course the preservation of the autonomy of Union law. (47) In its Opinion 1/91 on the European Economic Area, (48) the Court had shed light on this point as regards the participation of the Community in an international agreement. The Court accepts that an international agreement may establish a judicial system to which the Community will be submitted. (49) But in the case of the European Economic Area, it held that the first agreement was not compatible with the Treaty, in particular because it allowed the

(46) For decisions adopted by simple majority, a simple majority of non-Member States in favour will be sufficient. For decisions adopted by a two-thirds majority, a majority of two-thirds of non-Member States in favour will be sufficient.

(47) See in more depth on this issue, in this *Review*, Lock, *op. cit.*, *supra* note 7.

(48) Opinion 1/91, [1991] ECR I-6079.

(49) *Ibid.*, para 40: "An international agreement providing for such a system of courts is in principle compatible with Community law. The Community's competence in the field of international relations and its capacity to conclude international agreements necessarily entails the power to submit to the decisions of a court which is created or designated by such an agreement as regards the interpretation and application of its provisions." The Court confirmed this in its Opinion 1/09: "74. As regards an international agreement providing for the creation of a court responsible for the interpretation of its provisions, the Court has, it is true, held that such an agreement is not, in principle, incompatible with European Union law. The competence of the European Union in the field of international relations and its capacity to conclude international agreements necessarily entail the power to submit itself to the decisions of a court which is created or designated by such agreements as regards the interpretation and application of their provisions (see Opinion 1/91, paragraphs 40 and 70)", Opinion 1/09 of the Court (Full Court), 8 March 2011, nyr.

court of the European Economic Area to decide on the distribution of competences between the Community and its Member States (50) and because it led, despite the precautions taken, that court to interpret Community law. (51)

In the light of this Opinion, the Court should not see any obstacle against the ECtHR being responsible for deciding on the compatibility of action of the Union with the Convention. However, the accession agreement will have to preserve the autonomy of Union law and consequently the exclusive competence of the Court of Justice of the Union "to ensure compliance with the law in the interpretation and application of Treaties "(Art. 19(1) TEU). In this context, two elements are particularly important: the distribution of responsibilities between the Union and its Member States may only be assessed by the Court of Justice, and the Court of Justice has exclusive jurisdiction regarding the application and interpretation of Union law.

A. – The division of responsibilities between the Union and its Member States

Opinion 1/91 illustrates the concern of the Court of Justice to prevent a court from outside the Union being called upon to decide on the division of competences, which is a constitutional issue of extreme sensitivity. The Agreement on the European Economic Area was a mixed agreement and the contracting parties (both the Community and Member States) could bring cases before the court of the European Economic Area. That court would thus have had the power, in a particular case, of defining the "Contracting Party", that is to say whether the matter was within the competence of the Community or the Member States.

(50) "… 34 This means that, when a dispute relating to the interpretation or application of one or more provisions of the agreement is brought before it, the EEA Court may be called upon to interpret the expression 'Contracting Party'… in order to determine whether, for the purposes of the provision at issue, the expression 'Contracting Party' means the Community, the Community and the Member States, or simply the Member States. Consequently, the EEA Court will have to rule on the respective competences of the Community and the Member States as regards the matters governed by the provisions of the agreement. 35 It follows that the jurisdiction conferred on the EEA Court… is likely adversely to affect the allocation of responsibilities defined in the Treaties and, hence, the autonomy of the Community legal order, respect for which must be assured by the Court of Justice…" Opinion 1/91.

(51) "Although, under Article 6 of the agreement, the EEA Court is under a duty to interpret the provisions of the agreement in the light of the relevant rulings of the Court of Justice given prior to the date of signature of the agreement, the EEA Court will no longer be subject to any such obligation in the case of decisions given by the Court of Justice after that date. Consequently, the agreement's objective of ensuring homogeneity of the law throughout the EEA will determine not only the interpretation of the rules of the agreement itself but also the interpretation of the corresponding rules of Community law. It follows that in so far as it conditions the future interpretation of the Community rules on free movement and competition the machinery of courts provided for in the agreement conflicts with Article 164 of the EEC Treaty and, more generally, with the very foundations of the Community" Opinion 1/91, paras. 44–46.

– *The risks to the autonomy of the Union*

Even though the situation with regard to the ECHR is not identical, the problem is comparable. (52) If the accession agreement contains no provision to deal with such a case, the Strasbourg Court, seized of an individual action, could, at the admissibility stage, be asked to decide on the distribution of powers between the Union and its Member States, through an assessment of the applicant's choice of defendant. In considering whether a complaint against the State or against the Union is admissible or inadmissible, on the ground that the alleged conduct is not attributable to the defendant, the ECtHR interferes in the distribution of competences between the Union and its Member States. However, this is a choice made by the drafters of the Treaties, and any external monitoring would be a serious infringement of the autonomy of the Union. This hypothesis is not purely academic, as it is not always easy for an individual applicant to determine whether the Union or the Member State is responsible for a violation of his rights, particularly when the law of the Union leaves some discretion to the states. In such a case, it must be decided whether or not the violation occurred within this margin of discretion. Leaving such a determination to the ECtHR would inevitably lead that Court to decide on the distribution of competences between the Union and its Member States.

To illustrate this point, it is interesting to refer to the case *MSS* v. *Belgium and Greece*. (53) In this case, an Afghan national brought proceedings against Belgium for having, under the Dublin II Regulation, returned him to Greece, which was the country where he first entered the Union, for the purposes of deciding on his request for asylum. He claimed that he should not have been returned to Greece, because of the inhuman and degrading treatment applied in Greece to asylum seekers. The Court ruled against Belgium after correctly analysing the relevant rules, which allow a State in all cases not to return the applicant but to examine his request itself. It therefore refused to apply the *Bosphorus* solution, and condemned Belgium. (54) This solution raises two

(52) On former approaches to this issue, see Schermers, *op. cit.*, *supra* note 1, 8 or Jacqué, *op. cit.*, *supra* note 1, p. 903, who envisage a system of shared responsibility inspired by the Convention on the Law of the Sea.

(53) Grand Chamber judgment of 21 Jan. 2011, Appl. No. 30696/09

(54) "The Court reiterated in that case that the Convention did not prevent the Contracting Parties from transferring sovereign powers to an international organisation for the purposes of cooperation in certain fields of activity (see *Bosphorus*, cited above, § 152). The States nevertheless remain responsible under the Convention for all actions and omissions of their bodies under their domestic law or under their international legal obligations (*ibid.*, § 153). State action taken in compliance with such legal obligations is justified as long as the relevant organisation is considered to protect fundamental rights in a manner which can be considered at least equivalent to that for which the Convention provides. However, a State would be fully responsible under the Convention for all acts falling outside its strict international legal obligations, notably where it exercised State discretion... The Court found that the protection of fundamental rights afforded by Community law was equivalent to that provided by the Convention system (*ibid.*, § 165). In reaching that conclusion it attached great importance to the role and powers of the

questions. What would have happened if, following accession, the applicant had directed his application against the Union? Would it have been declared inadmissible? Is the ECtHR providing an interpretation of EU law? Of course, it is evident in this case that the Regulation is clear and allows a State to deal with the asylum application itself. But does the Regulation oblige a State which is not the State of entry to do so if it considers that the State to which the asylum-seeker should in principle be returned does not respect human rights? Is this not a matter that deserved to be treated by the EU Court of Justice before being resolved in Strasbourg? Although in this case the solution of the ECtHR hardly attracts any criticism, as the Union law is clear, in other cases the situation may be more complex, which would require the ECtHR to intervene in the division of powers and in the interpretation of Union law.

– *The proposed solution: the "co-respondent mechanism"*

The authors of the TEU were fully aware of this problem when they stated in Protocol No. 8 that the specificity of the Union should entail the provision of "the mechanisms necessary to ensure that proceedings by non-Member States and individual applications are correctly addressed to Member States and/or the Union as appropriate." (Art. 1, under (b)). The establishment of such a mechanism is all the more important in that cases in which the responsibility of Member States and that of the EU is closely intertwined are frequent. The Union institutions apply the Treaties, whose authors are the Member States. Member States implement the provisions of legislation adopted by the Union institutions. This specificity of the Union must necessarily be taken into account in order to avoid gaps in the protection system, insofar as the application could be declared inadmissible if the applicant did not make the correct choice of defendant, which would mean the applicant having to start proceedings all over again – if that is even still possible. Finding a solution to this problem is not merely in order to address a preoccupation of the Union, but also to strengthen the effectiveness of the protection offered to individuals.

ECJ – now the CJEU – in the matter, considering in practice that the effectiveness of the substantive guarantees of fundamental rights depended on the mechanisms of control set in place to ensure their observance (*ibid.*, § 160). The Court also took care to limit the scope of the *Bosphorus* judgment to Community law in the strict sense – at the time the 'first pillar' of European Union law (*ibid.*, § 72)... The Court notes that Article 3 § 2 of the Dublin Regulation provides that, by derogation from the general rule set forth in Article 3 § 1, each Member State may examine an application for asylum lodged with it by a third-country national, even if such examination is not its responsibility under the criteria laid down in the Regulation. This is the so-called 'sovereignty' clause. In such a case the State concerned becomes the Member State responsible for the purposes of the Regulation and takes on the obligations associated with that responsibility... The Court concludes that, under the Regulation, the Belgian authorities could have refrained from transferring the applicant if they had considered that the receiving country, namely Greece, was not fulfilling its obligations under the Convention. Consequently, the Court considers that the impugned measure taken by the Belgian authorities did not strictly fall within Belgium's international legal obligations. Accordingly, the presumption of equivalent protection does not apply in this case." (paras. 338–340).

The proposed solution is to implement a system of "shared responsibility", called the co-respondent mechanism, which would allow the Union or a Member State to join the proceedings as "co-respondent" alongside the addressee of the application. In case a violation is found, the co-respondent will be equally bound by that finding, and it is then for the Union to decide who is the real perpetrator of the violation and therefore have to fully repair the victim's legal and factual situation (individual measures) and draw all necessary conclusions with regard to parallel cases (general measures). Although the idea is clear, its implementation is more difficult. Conceivably, the fact of standing as co-respondent would result purely from the voluntary decision of the Member State in question, or the Union. This would cover broadly all cases in which a question of division of powers might arise. This solution was rejected because it would give too much power to the defendants and meant the ECtHR would no longer be in control of the proceedings, to the extent that it would not have the power to refuse a co-respondent which it considered abusive. (55)

In addition, permission to use the co-respondent mechanism would be granted by the Court of Human Rights after consultation with the parties concerned. This begs the question of the criterion by which this Court will make its decision. Initially, it was proposed that the co-respondent mechanism would be granted when an application "appear[ed] to have a substantive link with European Union legal acts or measures". That test seemed wide enough to avoid any problems, since an apparent link would be sufficient. The text provisionally approved in March was much less satisfactory in our view. For the Union to be co-respondent, it had to appear that the respondent State could not prevent the violation of the Convention without disregarding an obligation of Union law. For these reasons, the final text seems more favourable to the Union. The status of co-respondent may be granted to the Union in a complaint against a Member State "if it appears that such allegation calls into question the compatibility with the Convention rights at issue of a provision of European Union law". (56)

For a State to be co-respondent, it must appear that the "allegation calls into question the compatibility with the Convention rights at issue of a provision of the treaty on European Union, the Treaty on the Functioning of the European Union or any other provision having the same legal value pursuant to those instruments". The use of the verb "appear" indicates that the ECtHR

(55) In its observations, the Italian delegation proposes a more comprehensive formula for triggering the mechanism: "if the alleged violation refers directly or indirectly to the implementation (of an act or measure) (of a provision of the judicial system) of the Union" CDDH-UE (2011)09.

(56) According to the March text, the ECtHR was to assess "whether the reasons stated by the High Contracting Parties concerned are not manifestly incomplete or inconsistent", cf. Report of 6th working meeting of the CDDH informal working group, 15–18 March 2011, CDDH-EU (2011) 06 p. 12. The text agreed in May is in CDDH-UE (2011)10.

should not engage in a thorough study of the situation and must accept the co-respondent when there is a *prima facie* case. The fact remains that it has a discretion that would allow it to interpret EU law and the division of powers. Will it go so far, or will it be satisfied with "mere" appearance? In favour of the *prima facie* thesis, according to the text proposed in May, the status of co-respondent will be granted if "it is *plausible* that the conditions... are met" (emphasis added).

Finally, the procedure must be determined. The ECtHR could assess the situation itself and seek a co-respondent at the moment it receives an application, but in any case a request from the Member State or from the Union is a precondition for triggering the mechanism: "A High Contracting Party should become a co-respondent only at its own request and by decision of the Court". The rule is that the Union, or one or more Member States, could apply for the use of the mechanism. Lastly, the applicant could simultaneously address the complaint to the Union and one or more Member States. In that case, a Party can ask for a change in its status from respondent to co-respondent.

The system must in any case necessarily include rules internal to the European Union for determining the procedure for implementing the mechanism: activating the mechanism, participating in the proceedings, enforcement of judgments, settlement of any disputes on the division of powers. The adoption of such rules will be excluded from the negotiation process, because these are matters purely internal to the Union.

The Court of Human Rights may, at the end of proceedings, assign responsibility for the violation to the defendants jointly. Again, this is merely an option, which leaves open the possibility of distinguishing between the responsibility of each, or attributing responsibility for the violation to only one of them. (57) This solution does not totally exclude the possibility that after hearing the defendants, the ECtHR decides on the division of powers, particularly in cases where Member States enjoy a margin of appreciation. Would it not have been wiser to retain joint responsibility in all cases where co-respondents are involved? This discretion left to the ECtHR makes the question of the monopoly of interpretation of the Court of Justice of the Union even more important.

B. – Preserving the monopoly of interpretation of Union law by the Court of Justice

The preservation of the exclusive power of interpretation of Union law by the Court of Justice pursuant to Article 19(1) TEU is crucial. Some commentators fear that the Strasbourg Court will be led to interpret a provision of EU law in order to determine its compliance with the Convention, thereby

(57) It seems that the explanatory report will indicate that joint responsibility will be the rule.

undermining the monopoly of interpretation of the Court of Justice. In fact, the question does not arise for acts of the Union, as they may be the object of a direct appeal to the Court of Justice by individuals. The rule of exhaustion of domestic remedies requires them to exercise their right of appeal in Luxembourg before turning to Strasbourg. In such cases, the European Court of Human Rights will have the interpretation of Union law given by the Court of Justice, and according to its traditional jurisprudence will not substitute itself for the national authorities when it comes to interpreting acts of national law (in this case Union law) or a treaty. (58) The ECtHR would therefore defer to the interpretation given by the Court of Justice, which will be recalled and explained, where necessary through the co-respondent mechanism.

– Problems related to lack of "prior involvement" of the Court of Justice

The problem only arises when the invalidity of the act for non-observance of rights guaranteed by the Convention is invoked before a national court. If the individual requests a preliminary ruling and the national court acts upon this, the Court of Justice will have the opportunity to pronounce on the matter. If the individual has not requested a preliminary reference, the European Court of Human Rights could possibly reject a subsequent complaint for non-exhaustion of domestic remedies, although there is no clear answer as to whether the exhaustion of local remedies rules applies to preliminary references. In their joint communication, the presidents of the two courts state "that means that the reference for a preliminary ruling is normally not a legal remedy to be exhausted by the applicant before referring the matter to the ECHR." The use of the word "normally" leaves some uncertainty. Be that as it may, if such a reference was requested, but the national court did not follow the request, it would seem unfair to use the non-exhaustion rule to

(58) As it said recently in a decision on admissibility (*W.* v. *The Netherlands*, Appl. No. 20689/08, 20 Jan. 2009): "The Court reiterates that it is primarily for the national authorities, notably the courts, to interpret and apply domestic law. More specifically, it is not for the Court to rule on the validity of national laws in the hierarchy of domestic legislation (see also *Kruslin* v. *France*, 24 April 1990, § 29, Series A no. 176-A). This also applies where international treaties are concerned; it is for the implementing party to interpret the treaty, and in this respect it is not the Court's task to substitute its own judgment for that of the domestic authorities, even less to settle a dispute between the parties to the treaty as to its correct interpretation (see *Slivenko* v. *Latvia* [GC], no. 48321/99, § 105, ECHR 2003-X)." This obligation is recalled in the Conclusions of the High Level Conference on the future of the ECtHR (19 Feb. 2010) in Interlaken: "The Conference, acknowledging the responsibility shared between the States Parties and the Court, invites the Court to: a) avoid reconsidering questions of fact or national law that have been considered and decided by national authorities, in line with its case-law according to which it is not a fourth instance court... "Available through <wcd.coe.int> See also the Izmir declaration (adopted on 27 April 2011 at the High level Conference on the future of the European Court of Human Rights) where the contracting parties recall "that the Court is not an immigration Appeals Tribunal or a Court of fourth instance", available through <wcd.coe.int>. But it not evident that the Court will always respect this principle. In a recent case, the Court has questioned the interpretation of national law given by the Greek Court of Cassation, based on its own analysis and on dissenting opinions of Greek judges; 3 May 2011, *Negropontis-Giannisis*, Appl. No. 56759/08.

the detriment of the applicant, as his responsibility was not involved. In this case, the Strasbourg Court could be asked to decide on the merits while the Court of Justice has not previously had the opportunity to examine the issue. However, as the Court of Justice has written:

> "To maintain uniformity in the application of European Union law and to guarantee the necessary coherence of the Union's system of judicial protection, it is therefore for the Court of Justice alone, in an appropriate case, to declare an act of the Union invalid. That prerogative is an integral part of the competence of the Court of Justice, and hence of the 'powers' of the institutions of the Union, which, in accordance with Protocol No 8, must not be affected by accession... In order to preserve this characteristic of the Union's system of judicial protection, the possibility must be avoided of the European Court of Human Rights being called on to decide on the conformity of an act of the Union with the Convention without the Court of Justice first having had an opportunity to give a definitive ruling on the point." (59)

This requirement is also related to the subsidiary nature of the intervention of the Court of Human Rights, which should allow the Contracting Parties the right to decide first on possible violations. It is interesting to note that, during debates in the working group on fundamental rights during the European Convention, President Skouris did not make reference to this issue when he stated:

> "There will not in general be a conflict involving the autonomy of the Community legal order if the EU accedes to the ECHR. All the rules of Community law, with the exception of those of the ECHR, will continue to be adopted by the Community institutions and applied by the EU administration or the authorities of the Member States. Moreover, the application and interpretation of those rules will remain within the jurisdiction of the national courts and the Court of Justice, as is laid down in the Treaty as it stands. However, with respect to the matters covered by the ECHR, accession will represent a limitation to the autonomy of Community law. Regarding the Court of Justice in particular, it will effectively lose its sole right to deliver a final ruling on the legality of Community acts where a violation of a right guaranteed by the ECHR is at issue. In my view, there is nothing shocking in this: the position is the same when the constitutional courts or supreme courts of Member States test the constitutionality or legality of acts within their domestic legal systems." (60)

---

(59) Discussion document of the Court of Justice of the European Union on certain aspects of the accession of the European Union to the European Convention for the Protection of Human Rights and Fundamental Freedoms, 5 May 2010.

(60) European Convention, Working Group II Working Document 19 of 27 Sept. 2002 (Hearing of Judge Mr. Vassilios Skouris – 17 Sept. 2002). He added: "For those reasons I think that if the EU becomes a party to the ECHR it will be unnecessary to determine the respective roles of the Court of Justice and of the European Court of Human Rights or to regulate relations between the two courts, even if the Charter becomes binding law. The suggestion that the Court of Justice should refer such cases to the European

No specific mechanism was proposed by the President of the Court. By contrast, in 1979, the Commission had suggested the establishment of a specific mechanism, but internal to the Community, in the form of a notice given by the Court of Justice to the institution representing the Community before the ECtHR. (61)

– *Possible solutions*

There are two ways to remedy this situation. The first, which might seem the most logical, would be to strengthen the discipline of the preliminary reference procedure and supplement the *Foto-Frost* case law (62) by requiring national courts to conduct a preliminary ruling in all cases in which the conflict between an act of the Union and the ECHR is invoked, and not just in cases where they consider the complaint to be well-founded. After all, the Treaty clearly requires the courts of last resort to seize the Court, and it is only by way of exception that the Court relaxed this requirement in *CILFIT*. (63) Nothing prevents a return to a more rigorous application of the Treaty in such cases, and this implementation depends only on the Court itself. It is understandable that the Court fears that it would be flooded with such references, especially as lawyers will quickly learn that a mere claim that the act is contrary to the Convention would make the reference automatic. But would this danger not be limited by the rule of exhaustion of domestic remedies, which would require that in all such cases the highest national courts have been seized? Would it not be sufficient simply to remind these courts of their obligations under Article 267 TFEU? Is it really necessary to seek a solution to a problem that can be resolved through the internal Union framework by introducing specific provisions in the agreement on accession to the ECHR, whose only purpose would be to cover a situation – the non-referral by a court of last resort – that does not comply with the wording of the Treaty?

The feeling is unavoidable that the Court does not trust its powers of persuasion over the national courts, since it pursues a different path. It states that "in order to observe the principle of subsidiarity which is inherent in

Court of Human Rights would involve an unreasonable complication and slow down the procedure for the former court, the more so if the reference to the European Court of Human Rights were made in the context of a reference for a preliminary ruling to the Court of Justice."

(61) "Since it can hardly be envisaged that the Strasbourg organs would themselves refer questions to the Court of Justice, it would appear appropriate to introduce a procedure whereby the Community is obliged, in cases where the compatibility of a Community act with the ECHR is in question, to ask the Court of Justice for an opinion before it submits its own conclusions and to transmit this opinion together with its observations to the Strasbourg organs. This procedure should be employed both in the case of clear failure by national courts of last instance to comply with the third paragraph of Article 177 of the EEC Treaty and in the case of applications by nonmember countries which, for their part, when they are in doubt as to the conformity of a Community act with fundamental rights do not have the opportunity to make a reference to the Court of Justice." Commission memorandum cited *supra* note 15.

(62) Case 314/85, *Foto-Frost*, [1987] ECR 4199.

(63) Case 283/81, CILFIT, [1982] ECR 3415.

the Convention and at the same time to ensure the proper functioning of the judicial system of the Union, a mechanism must be available which is capable of ensuring that the question of the validity of a Union act can be brought effectively before the Court of Justice before the European Court of Human Rights rules on the compatibility of that act with the Convention." (64) Judge Timmermans advocated for this purpose that the Commission be empowered to ask the Court of Justice for a preliminary ruling where it appears, in cases declared admissible by the European Court of Human Rights, that the Court of Justice has not had the opportunity to give a ruling. The procedure would be suspended in the Strasbourg Court, and terminated if the Court of Justice finds a violation. (65) Otherwise, it would continue before the ECtHR after the decision by the Court of Justice in Luxembourg. Questions have been raised whether such a solution can be envisaged without revision of the Treaty. Is it possible to implement such a system of reference on the sole basis of the accession agreement? It is for the Court to say so if it is seized, as is likely, with a request for an opinion under Article 218 TFEU on the future agreement, but one need not be a genius to guess that it will be difficult for the Court to decide that a solution which it has itself proposed is contrary to the treaties.

Besides, the two courts have agreed on the need for such a mechanism in their joint statement of 24 January 2011, further to the meeting between the two courts in January 2011. (66) In these circumstances, it remains only to imagine how the mechanism will work in practice. It seems impossible that such a mechanism could be informal, given the view taken by the Court of Justice in Opinion 1/91 on the binding nature of its decisions. A simple consultation procedure is therefore certainly not sufficient. (67)

---

(64) Discussion document of the Court of Justice, 5 May 2010.

(65) Hearing before the Constitutional Affairs Committee of the European Parliament, 18 March 2010.

(66) "In order that the principle of subsidiarity may be respected also in that situation, a procedure should be put in place, in connection with the accession of the EU to the Convention, which is flexible and would ensure that the CJEU may carry out an internal review before the ECHR carries out external review. The implementation of such a procedure, which does not require an amendment to the Convention, should take account of the characteristics of the judicial review which are specific to the two courts. In that regard, it is important that the types of cases which may be brought before the CJEU are clearly defined. Similarly, the examination of the consistency of the act at issue with the Convention should not resume before the interested parties have had the opportunity properly to assess the possible consequences of the position adopted by the CJEU and, where appropriate, to submit observations in that regard to the ECHR, within a time-limit to be prescribed for that purpose in accordance with the provisions governing procedure before the ECHR. In order to prevent proceedings before the ECHR being postponed unreasonably, the CJEU might be led to give a ruling under an accelerated procedure." Available on the Curia website, under "Discussion documents".

(67) "In contrast, it is unacceptable that the answers which the Court of Justice gives to the courts and tribunals in the EFTA States are to be purely advisory and without any binding effects. Such a situation would change the nature of the function of the Court of Justice as it is conceived by the EEC Treaty, namely that of a court whose judgments are binding. Even in the very specific case of Article 228, the Opinion given by the Court of Justice has the binding effect stipulated in that article." *Ibid.*

The simplest way seems to be a preliminary reference. If the ECtHR is seized by an individual in a case in which the Union is co-respondent, the Court of Justice could be asked to rule on the compliance of the act in question with fundamental rights if it has not already had the occasion to do so. It was suggested that this procedure should only be followed after the application is declared admissible by the ECtHR; but this would seem to be too late, as the decision on admissibility may already contain some assessment of EU law. The EU intervention should occur when it becomes party to the dispute, either because it is addressed by the original complaint, or because it has become co-respondent. As for methods of referral to the ECJ, this is an internal matter for the Union. Judge Timmermans suggested that this should be entrusted to the Commission, but another possibility would be for the first Advocate General to be involved if he is the recipient of communications sent by the ECtHR to the parties. The Court should rule promptly, but given the length of the proceedings in Strasbourg, this should pose few problems. Insofar as the absence of a prior Court of Justice decision is an objective fact, the ECtHR would not need to be asked to decide on the advisability of using this procedure. Once the Union is recognized as a co-respondent, the reference to Luxembourg would be *de jure* if the Court of Justice has not intervened earlier in the case. (68) With regard to the ECtHR, its only obligation is to enable the Court of Justice to rule within a reasonable time. If the Court of Justice finds no violation, the proceedings would continue in Strasbourg. If the Union act is annulled in Luxembourg, the continuation of the proceedings would be in the hands of Strasbourg. The ECtHR should still decide, according to its normal case law, whether the applicant is still a victim, whether to take note of the decision of Luxembourg, and whether to order just satisfaction.

In accordance with the Opinions 1/91 and 1/00, the decision of the Court of Justice must be binding, but this does raise several problems. The question of respect for time-limits for declaring the act unlawful should not arise. If the individual had the opportunity to directly challenge the act in question and did not do so, the complaint should be declared inadmissible for failure to exhaust domestic remedies. In other cases, the situation is identical to that in which the Court of Justice rules on invalidity of an act under Article 276 TFEU, and it will be for the institutions to draw the consequences. However, may the decision call into question national judgments that have acquired

(68) See the text proposed at the negotiation meetings in May and June: "In proceedings to which the European Union is co-respondent, if the Court of Justice of the European Union has not yet assessed the compatibility with the Convention rights at issue of the provision of European Union law as under paragraph 2, then sufficient time shall be afforded for the Court of Justice of the European Union to make such an assessment and subsequently for the parties to make observations. The European Union shall ensure that such assessment is made quickly so that the proceedings before the European Court of Human Rights are not unduly delayed. This paragraph does not affect the powers of the Court." CDDH-UE (2011)10 and CDDH-UE (2011)16 prov.

final authority of *res judicata?* Can one imagine, without revision of treaties, a system that would impose on Member States the need for a revision procedure? Should one not limit the effect of the decision to the perpetrators of the act, who must draw the consequences of the declaration of invalidity made by the Court? All these issues will have to be discussed and addressed within the EU before the accession agreement is concluded.

Finally, it should be noted that unlike the Court of Justice, the Strasbourg Court has no power to annul an act of the Union. It merely states the incompatibility of the act with the Convention in a declaration, leaving it to the Union to draw the consequences. The assessment of the consequences of the decision is therefore within the jurisdiction of the Union, which thus allows the Union to retain full control of Union law, provided it complies with the Convention.

SECTION 7. – CONCLUSION

It took a very long time for the decision to accede to the ECHR to ripen, and it has been a long journey since the first work on the issue. However, even though significant progress was made in the negotiating group, accession does not only depend on an agreement between the Union and the Contracting Parties to the Convention. There are important tasks to be accomplished within the Union itself, in relation to the adoption of internal rules designed to address issues related to accession. Take, for instance, the rules for the co-respondent mechanism or the establishment of a specific preliminary ruling system. The decision concluding the agreement depends on the adoption of these rules, and their outcome can only be envisaged once the content of the agreement is accepted by all parties. Thereafter, the internal decision-making process of the Union with the consent of the European Parliament will be followed by the round of ratification by all contracting parties – and one must just hope that at this stage no political difficulties will disturb the process. The fact remains that accession will not take place tomorrow! However, the progress already made proves that those who argued in the 1990s that the issue was technically so complicated that it was better to avoid it altogether were wrong. Instead, the discussions relating to the specificity of the Union show that it is possible to find solutions. The specific nature of the Union does not prohibit accession under essentially the same conditions as any other contracting party, while preserving its domestic legal autonomy. This does come at the price of some adaptations – but even these are limited.

LA CHARTE ET LA COUR DE JUSTICE DE L'UNION UN PREMIER BILAN SUR L'INTERPRÉTATION DES DISPOSITIONS HORIZONTALES DE LA CHARTE

Jean-Paul JACQUÉ

Professeur émérite à l'Université de Strasbourg

Directeur général honoraire au Conseil de l'Union européenne

Jean-François Flauss a consacré l'essentiel de ses travaux à la Convention européenne des droits de l'homme. Nul doute que s'il avait pu continuer sa belle carrière qui a pris fin bien trop prématurément, il aurait porté son attention sur la Charte des droits fondamentaux et notamment sur les relations entre la Charte et la Convention. Cette contribution constitue un bien modeste hommage à son œuvre scientifique. Lors de l'élaboration de la Charte des droits fondamentaux de l'Union européenne, le véritable débat au sein de la Convention a moins porté sur la liste des droits fondamentaux que sur ce que l'on appelait les dispositions horizontales qui sont inscrites dans les dispositions générales. Certes, l'insertion des droits sociaux a exigé une longue et prudente recherche du compromis, mais celle-ci fut presque aisée si on la compare aux discussions incessantes sur le champ d'application de la Charte ou sur les rapports de celle-ci avec la Convention européenne des droits de l'homme. Sur ces points, les oppositions se sont faites jour dès l'ouverture de la Convention et elles se sont manifestées jusqu'au compromis final même si le Présidium avait décidé pour éviter un blocage complet des travaux de n'aborder ces points qu'après que la liste des droits n'ait été établie. L'accord n'a d'ailleurs pu être trouvé qu'au prix de certaines ambiguïtés qui se reflètent dans les explications de la Charte lesquelles s'écartent parfois du texte de la Charte elle-même. Les travaux préparatoires du traité établissant une Constitution pour l'Europe témoignent également de ces difficultés et l'incertitude qui règne sur la distinction entre droits et principes en est l'une des conséquences.

Après l'entrée en vigueur du traité de Lisbonne, il est revenu à la Cour de justice de réduire le champ de ces incertitudes en s'appuyant, comme le lui impose l'article 6 TUE, sur les explications établies à l'époque sous la responsabilité du Présidium de la Convention. Certes, il s'agit d'un « *work in process* » qui dépend étroitement de la physionomie des cas soumis à la Cour.

Mais, d'ores et déjà, celle-ci a été amenée à répondre à certaines des questions que pouvait se poser la doctrine tout en laissant d'autres ouvertes (1). La Cour ne pouvait éviter de se prononcer sur le champ d'application de la Charte puisque les parties, dès l'intégration de celle-ci dans les traités, ont tenté par tous les moyens d'invoquer celle-ci en misant sur une interprétation extensive (I). De même, les dispositions horizontales de la Charte contiennent un certain nombre de précisions sur la portée exacte des droits garantis. Ici encore, les premiers cas d'application ont amené la Cour à se pencher sur ces dispositions (II).

SECTION 1. – DE LA PRUDENCE À L'OUVERTURE DANS L'INTERPRÉTATION DU CHAMP D'APPLICATION DE LA CHARTE

La question du champ d'application de la Charte a été présente lors des travaux qui ont conduit à l'adoption de celle-ci, puis à sa révision dans le cadre du traité de Lisbonne et enfin lors de la révision du traité lui-même. Un grand nombre d'États membres de l'Union redoutaient les interférences entre le système de protection des droits fondamentaux propres à l'Union et leur propre système national. Plus encore, ils redoutaient que la reconnaissance de certains droits ou principes par la Charte n'aient comme conséquence de leur en imposer le respect sous le contrôle de la Cour de justice dans des domaines qui relevaient de leur compétence propre. C'était la grande crainte du Royaume-Uni en matière de droits sociaux qui finit par conduire à l'adoption du protocole sur l'application de la Charte à la Pologne et au Royaume-Uni. En dehors du cas des droits sociaux, la Pologne, l'Irlande ou la République tchèque redoutaient, à tort vraisemblablement que certains droits en matière de mariage, de droit à la vie privée et familiale ou de propriété ne heurtent certains de leurs intérêts ou de leurs valeurs. Certes la plupart de ces droits étaient protégés par la Cour européenne des droits de l'homme et placés sous le contrôle de la Cour de Strasbourg. Dans ces conditions, se soustraire à la Charte laissait subsister les contraintes résultant de la CEDH. Cependant, il existe une grande différence entre un jugement déclaratoire de la Cour européenne des droits de l'homme et une constatation de manquement ou un jugement de renvoi préjudiciel de Luxembourg. Dans le premier cas, l'exécution de l'arrêt est placée sous le contrôle du Comité des ministres

(1) Sur l'ensemble de ces questions, on se référera à l'excellent rapport au XXVe Congres FIDE 2012 de LADENBURGER C., *The interaction between the Charter of Fundamental Rights, The European Convention of Human Rights and National Constitutions*, Tartu University Press vol. 1 ; Voir aussi CRAIG P., *The Lisbon Treaty, Law, Politics, and Treaty Reform*, Oxford, Oxford University Press, 2010, pp. 193 et s., LENAERTS K., « The EU Charter of Fundamental Rights : Scope of Application and Methods of Interpretation », in *Mélanges en l'honneur de Paolo Mengozzi*, Bruxelles, Bruylant, 2013, pp. 107-157 ; ROSAS A., « Implementing' EU Law in Member States : Some Observations on the Applicability of the Charter of Fundamental Rights », in *Mélanges en l'honneur d'Albert Weitzei*, Paris, Pedone, 2103, pp. 185-200.

du Conseil de l'Europe et ses effets en droit interne dépendent des règles constitutionnelles nationales. Dans le second, il est revêtu de la primauté du droit de l'Union et s'impose aux juridictions nationales. Le dernier motif d'inquiétude des États résidait à leurs yeux dans le risque que la reconnaissance de certains droits ne conduise à une extension des compétences de l'Union.

Sur ce troisième point, ils auraient pu être rassurés par l'avis 2/94 rendu à propos de l'adhésion de la Communauté européenne à la Convention européenne des droits de l'homme. Dans cette affaire, la Cour souligne clairement la différence entre l'obligation de respecter les droits fondamentaux et la compétence pour légiférer en ce domaine, la première n'ayant aucun effet sur la seconde (2). Dans l'affaire *Laval*, la Cour est encore plus directe. L'interdiction posée par l'article 137 CE de légiférer sur le droit de grève n'interdit pas à l'Union d'apprécier ce droit au regard de la liberté d'établissement et de vérifier si l'obligation de respecter celui-ci peut constituer une restriction légitime à l'exercice de cette liberté :

> « ... *la circonstance que l'article 137 CE ne s'applique ni au droit de grève ni au droit de lock-out n'est pas de nature à soustraire une action collective telle que celle en cause au principal au domaine de la libre prestation des services... Si le droit de mener une action collective doit donc être reconnu en tant que droit fondamental faisant partie intégrante des principes généraux du droit communautaire dont la Cour assure le respect, il n'en demeure pas moins que son exercice peut être soumis à certaines restrictions... À cet égard, la Cour a déjà jugé que la protection des droits fondamentaux constitue un intérêt légitime de nature à justifier, en principe, une restriction aux obligations imposées par le droit communautaire, même en vertu d'une liberté fondamentale garantie par le traité* » (3).

Finalement, l'acceptation de l'insertion de droits qui, aux yeux de certains États membres, étaient sans rapport direct avec les compétences de la Communauté, telle l'interdiction de la peine de mort se fit au prix de la précision dans l'article 51, paragraphe 2, de la Charte que celle-ci n'étendait, ni ne modifiait les compétences et les tâches de l'Union. Lors de l'inclusion de la Charte dans le traité, certains États ont craint que le simple fait pour un État d'adopter une législation interne dans un domaine couvert par un droit garanti par la Charte ne conduise à considérer que cette législation constituait une mise en œuvre du droit de l'Union et tombe de ce fait dans le champ d'application du droit de l'Union. Aussi la formule fut-elle reproduite également à l'article 6. Ce n'est pas parce que la Charte impose le respect du

(2) Voir notre étude, « Droits fondamentaux et compétences internes de la Communauté européenne », in *Libertés, justice, tolérance, Mélanges en hommage au doyen Gérard Cohen-Jonathan*, Bruxelles, Bruylant, 2004, pp. 1007 et s.

(3) CJCE, arrêt du 18 décembre 2007, *Laval un Partneri*, aff. C-341/05.

droit de grève dans le cadre du droit de l'Union que toute législation nationale sur la question tomberait *ipso facto* dans le champ d'application de ce droit. D'où l'ajout à l'article 52 de la formule selon laquelle la Charte : « *n'étend pas le champ d'application du droit de l'Union au-delà des compétences de l'Union* ». Cette précision est reprise dans la déclaration n° 1 à l'acte final du traité de Lisbonne. Enfin pour couronner le tout l'exclusion de la création de nouvelles compétences sur la base de la Charte est inscrite à l'article 6 TUE.

Dans ce contexte, la question du champ d'application de la Charte se pose essentiellement à l'égard des États membres (A), l'application de la Charte aux institutions, organes et organismes de l'Union ne soulevant guère de problème. Mais ceci ne suffit pas à épuiser les difficultés. Une fois réglée la question du champ d'application *ratione materiae* de la Charte, reste à savoir si celle-ci est uniquement applicable dans les rapports entre États et particuliers ou bien si elle peut être invoquée également horizontalement dans les rapports entre personnes privées (B). Enfin se pose la question des effets du protocole sur l'application de la Charte au Royaume-Uni et en Pologne. Ce protocole constitue-t-il un *opting out* de la Charte en ce qui concerne ces deux États ? (C).

A. – Les États membres et la mise en œuvre du droit de l'Union

La question du champ d'application de la Charte a donné lieu à de difficiles discussions au sein de la Convention entre partisans d'une approche large et tenants d'une position plus restrictive. Comme souvent, le résultat, retranscrit à l'article 51, paragraphe 1, de la Charte, est un compromis. La formule initialement proposée selon laquelle les États membres devaient respecter la Charte dans le champ d'application du droit de l'Union a été écartée au profit d'une formulation beaucoup plus restrictive faisant référence « uniquement » à la mise en œuvre du droit de l'Union. Mais, d'un autre côté, il a été décidé d'une interprétation plus ouverte dans les explications que le TUE élève au rang d'instrument privilégié d'interprétation de la Charte :

> « *En ce qui concerne, les États membres, il résulte sans ambiguïté de la jurisprudence de la Cour que l'obligation de respecter les droits fondamentaux définis dans le cadre de l'Union ne s'impose aux États membres que lorsqu'ils agissent dans le champ d'application du droit de l'Union (arrêt du 13 juillet 1989, Wachauf, aff. 5/88, rec. 1989, p. 2609 ; arrêt du 18 juin 1991, ERT, rec. 1991, p. I-2925 ; arrêt du 18 décembre 1997, aff. C-309/96 Annibaldi, rec. 1997, p. I-7493)* ».

Dans ces conditions, il revenait à la Cour de justice de se prononcer sur l'interprétation à donner à l'article 51 à la lumière des explications. L'utilisation dans cet article de l'adverbe « uniquement » invitait à une démarche prudente tout comme les divers avertissements relatifs au respect des compétences de l'Union. Mais les explications proposaient une interprétation plus ouverte à laquelle invite encore l'expression « sans ambiguïté » utilisée dans les explications.

1. Le plus petit commun dénominateur est constitué par la référence à l'arrêt *Wachhauf*. La Charte est bien entendu applicable lorsque l'État met en œuvre le droit de l'Union en appliquant un règlement ou en transposant une directive. Dans ce cas, l'État agit en quelque sorte comme un agent décentralisé de l'Union et est pleinement soumis au respect du droit de l'Union, y inclus la Charte. Sur ce point, la jurisprudence de la Cour à propos de la Charte est identique à celle qui avait été développée auparavant. Ainsi, dans l'affaire *J.*, qui concerne le droit de garde des enfants et met en cause l'interprétation d'un règlement communautaire, la Cour prend en compte les dispositions de la Charte, même pour des faits antérieurs au traité de Lisbonne (4). Après avoir rappelé les limitations imposées par l'article 51, la Cour estime qu'

> *« il convient de tenir compte de la charte aux seules fins de l'interprétation du règlement n° 2201/2003, sans procéder à une appréciation du droit national en tant que tel. Il s'agit plus particulièrement de vérifier si les dispositions de la charte s'opposent à l'interprétation de ce règlement exposée au point 44 du présent arrêt, compte tenu notamment du renvoi au droit national que cette interprétation implique »* (5).

De la même manière, à propos de l'application de la directive sur le commerce électronique, la Cour constate que le juge national ne peut ordonner à un fournisseur d'accès de filtrer tous les accès pour protéger la propriété intellectuelle garantie par la Charte parce que ce droit doit être mis en balance avec la liberté d'entreprendre également garantie par la Charte (6). De la même manière, la balance entre les droits fondamentaux doit être prise en considération lors de la transposition d'une directive. C'est la raison pour laquelle un État ne peut, à cette occasion, prévoir une limitation supplémentaire au traitement de données à caractère personnel lorsque l'intéressé n'a pas donné son consentement, en l'espèce le fait que les données figurent déjà dans des bases de données publiques. En effet, la pondération entre l'intérêt légitime du traitement et la protection des données personnelles et de la vie privée

---

(4) Il est vrai que la motivation de l'acte faisait référence au respect de la Charte.

(5) CJCE, arrêt du 5 octobre 2010, *J. McB. / L. E.*, aff. C-400/10 PPU ; voir plus clairement dans l'affaire *Kamberaj : « Il s'ensuit que, en déterminant les mesures de sécurité sociale, d'aide sociale et de protection sociale définies par leur législation nationale et soumises au principe d'égalité de traitement consacré à l'article 11, paragraphe 1, sous d), de la directive 2003/109, les États membres doivent respecter les droits et observer les principes prévus par la Charte, notamment ceux énoncés à l'article 34 de celle-ci. Aux termes du paragraphe 3 de ce dernier article, afin de lutter contre l'exclusion sociale et la pauvreté, l'Union, et donc les États membres lorsqu'ils mettent en œuvre le droit de cette dernière, « reconnaît et respecte le droit à une aide sociale et à une aide au logement destinées à assurer une existence digne à tous ceux qui ne disposent pas de ressources suffisantes, selon les modalités établies par le droit de l'Union et les législations et pratiques nationales »*, CJUE, arrêt du 24 décembre 2012, *Kamberaj*, aff. C-571/10.

(6) CJUE, arrêt du 24 novembre 2011, *Scarlett*, aff. C-70/10.

mentionnées aux articles 7 et 8 de la Charte doit être effectuée au cas par cas et non d'une manière globale dans le cadre de l'acte de transposition (7).

2. Dans le cadre de cette analyse du champ d'application, la Cour semble avoir une vision large du concept de responsabilité des États membres. De même qu'en ce qui concerne l'effet direct des directives, l'invocabilité ne joue pas seulement à l'égard des autorités centrales, mais peut découler du comportement de toutes les entités étatiques ou contrôlées par l'État, le concept d'État dans la mise en œuvre du droit de l'Union s'étend à d'autres entités que l'État au sens strict. Il en va ainsi lorsqu'une directive autorise sa mise en œuvre par les partenaires sociaux. Dans cette hypothèse, le non-respect de la Charte par ceux-ci peut être invoqué puisque la Cour considère que l'on reste encore dans le cadre de la mise en œuvre. Comme le déclare celle-ci à propos d'une convention collective relative à la mise en œuvre de la directive 2000/78 instituant un cadre général pour la lutte contre la discrimination notamment sur la base de l'âge :

> *« La Cour a déjà jugé que les partenaires sociaux ne constituent pas des entités de droit public... Cette considération n'empêche cependant pas les États membres d'autoriser, par des règles d'habilitation, les partenaires sociaux à adopter des mesures, au sens de l'article 2, paragraphe 5, de la directive 2000/78, dans les domaines visés à cette disposition qui relèvent des accords collectifs. Ces règles d'habilitation doivent être suffisamment précises afin de garantir que lesdites mesures respectent les exigences énoncées audit article 2, paragraphe 5 »* (8).

Dans ce cas, le droit à la négociation collective visé à l'article 28 de la Charte ne pourrait s'opposer à la mise en œuvre du droit de l'Union par les partenaires sociaux.

3. Il advient parfois que certains actes de l'Union offrent aux États membres des options pour la mise en œuvre ou leur laissent une certaine marge d'appréciation. Est-on alors encore dans le cadre de la mise en œuvre du droit de l'Union ou s'agit-il de mesures nationales qui échappent au contrôle au titre de la Charte ? La réponse a été rapidement apportée par la Cour dans l'affaire *N.S.* (9). Était en cause le règlement Dublin II (343/2003) qui prévoit le renvoi des demandeurs d'asile dans le premier État d'entrée dans l'Union en vue du traitement de leur demande et, plus particulièrement, le paragraphe 2 de l'article 3 du règlement qui, par dérogation, autorise discrétionnairement, un État d'examiner lui-même la demande d'asile. Un Afghan menacé au Royaume-Uni de renvoi en Grèce contestait la décision

(7) CJUE, arrêt du 24 novembre 2011, *ASNEF*, aff. C-468/10.

(8) CJUE, arrêt du 13 septembre 2011, *Prigge et autres*, aff. C-447/09 ; voir aussi CJUE, arrêt du 8 septembre 2011, *Hennigs*, aff. C-297/10.

(9) CJUE, arrêt du 21 novembre 2011, *N.S.*, aff. C-411/10 et C-493/10. Cette réponse a été confirmée dans l'arrêt Puid du 14 novembre 2013, aff. C-4/11.

de renvoi au motif qu'il serait soumis en Grèce à un traitement contraire aux droits fondamentaux (10). Un des problèmes posés par l'affaire était de savoir si l'option laissée au Royaume-Uni par le règlement entrait dans le cadre de la mise en œuvre du droit de l'Union et était donc soumise au respect de la Charte. La réponse de la Cour est sans équivoque :

> « *Ces éléments confortent l'interprétation selon laquelle le pouvoir d'appréciation conféré aux États membres par l'article 3, paragraphe 2, du règlement n° 343/2003 fait partie des mécanismes de détermination de l'État membre responsable d'une demande d'asile prévus par ledit règlement et, dès lors, ne constitue qu'un élément du système européen commun d'asile. Partant, un État membre qui exerce ce pouvoir d'appréciation doit être considéré comme mettant en œuvre le droit de l'Union au sens de l'article 51, paragraphe 1, de la charte* ».

Le Royaume-Uni était donc dans l'obligation d'examiner lui-même la demande d'asile pour des raisons tirées du respect de l'article 4 de la Charte. Le pouvoir d'appréciation laissé aux États membres par un acte de l'Union entre bien dans le cadre de la mise en œuvre du droit de l'Union.

4. Ceci n'implique pas toujours que la Cour ait une vision extensive de la mise en œuvre. Cette notion doit être conciliée avec l'étendue de la préemption exercée par l'acte en cause. Ainsi, dans l'affaire C-483/09, était en cause une décision d'éloignement provisoire du domicile d'une victime de mauvais traitements de la part de son conjoint alors même que la victime n'avait pas été entendue sur le prononcé de cette décision. Les conjoints ayant repris la vie commune au lendemain de la sentence, l'époux fut sanctionné pénalement pour avoir violé la décision d'éloignement. L'article 7 de la Charte consacrant le respect de la vie privée et familiale s'opposait-il à cette sanction alors même que les deux conjoints étaient d'accord pour reprendre la vie commune ? Le lien avec le droit de l'Union était la décision-cadre 2001/220 relative aux droits des victimes. La Cour constate que si la participation à la procédure relève de la décision-cadre, il n'en va pas de même du droit pénal matériel et de la fixation des peines, ce qui exclut le recours à la Charte :

> « *Enfin, il convient de constater que l'obligation, en tant que telle, de prononcer une mesure d'éloignement conformément au droit matériel en cause au principal ne relève pas du champ d'application de la décision-cadre et, par suite, elle ne saurait, en tout état de cause, être appréciée à la lumière des dispositions de la charte des droits fondamentaux de l'Union européenne* » (11).

---

(10) La Cour européenne des droits de l'homme avait non seulement condamné la Grèce dans une affaire similaire pour violation de l'article 3 de la Convention, mais également la Belgique pour avoir renvoyé le requérant en Grèce en application du règlement Dublin II : Cour EDH. Grande Chambre, arrêt du 21 janvier 2011, *M.M.S. c. Belgique et Grèce*, Requête n° 30696/09.

(11) CJUE, arrêt du 15 septembre 2011, *Magatte Geye et Valentin Salmerón Sánchez*, aff. jtes. C-483/09 et C-1/10.

5. Si la Cour tire pleinement les conséquences de la jurisprudence *Wachauf* quant à la mise en œuvre du droit de l'Union, il en va de même en ce qui concerne la jurisprudence *ERT*. Lorsque l'État déroge au droit de l'Union, il doit le faire en conformité avec la Charte. Sur ce point encore, la Cour suit quant au champ d'application de la Charte la solution retenue en ce qui concerne les principes généraux du droit. On en trouve une première trace dans la jurisprudence *Sayn-Wittegenstein* lorsqu'elle indique que

> « *L'ordre juridique de l'Union tend indéniablement à assurer le respect du principe d'égalité en tant que principe général du droit. Ce principe est également consacré à l'article 20 de la charte des droits fondamentaux. Il ne fait donc pas de doute que l'objectif de respecter le principe d'égalité est compatible avec le droit de l'Union* » (12).

Une entrave à la libre circulation des personnes peut donc être justifiée pour des raisons tirées notamment du respect de la Charte. C'est le même raisonnement qui est tenu dans l'affaire *Malgozata Runevic-Wardyn* à propos du refus des autorités lituaniennes de respecter la graphie polonaise dans les actes d'état-civil. Ce refus peut constituer une entrave à la liberté de circulation et de séjour d'une citoyenne de l'Union européenne qui a déjà exercé ces libertés. Pour apprécier la validité de cette entrave, il convient de prendre en considération tant l'article 7 de la charte sur le respect de la vie privée et l'article 22 sur le respect de la diversité culturelle par la préservation de la langue qui était invoquée par le gouvernement au titre de la protection de l'identité nationale. Aussi la Cour considère-t-elle que la balance d'intérêt entre ces deux droits doit être effectuée par le juge national :

> « *S'il est établi que le refus de modification du nom de famille commun au couple de citoyens de l'Union en cause au principal provoque de sérieux inconvénients d'ordre administratif, professionnel et privé à leur égard et/ou à l'égard de leur famille, il appartiendra à la juridiction de renvoi de déterminer si un tel refus respecte un juste équilibre entre les intérêts en présence, à savoir, d'une part, le droit des requérants au principal au respect de leur vie privée et familiale ainsi que, d'autre part, la protection légitime par l'État membre concerné de sa langue officielle nationale et de ses traditions* » (13).

6. Au-delà de l'application des jurisprudences *Wachauf* et *ERT*, existe-il un troisième cas de figure qui irait au-delà de la mise en œuvre du droit de l'Union entendue strictement ? La Charte pourrait-elle être applicable dans tout le champ d'application du droit de l'Union au-delà des cas précités ? Il est difficile de donner une réponse définitive. La Cour, dans un premier temps, semble avoir fait preuve d'une certaine prudence compte tenu du texte

(12) CJUE, arrêt du 22 décembre 2010, *Sayn-Wittegenstein*, aff. C-208/09.
(13) CJUE, arrêt du 12 mai 2011, *Malgozata Runevic-Wardyn*, aff. C-391/09.

même de la Charte lequel exprime la très forte réticence des États membres à l'encontre d'une extension du champ d'application de la Charte. Une démarche extensive aurait pu conduire à soumettre à la Charte des situations qui relèvent essentiellement du droit interne et n'ont qu'un lien ténu avec le droit de l'Union. Ce serait méconnaître le principe de subsidiarité mentionné dans le préambule de celle-ci et substituer la Charte aux protections offertes par le droit national et la Convention européenne des droits de l'homme. Dans l'arrêt *Dereci* qui met le point final aux doutes exprimés à propos des arrêts *Ruiz Zambrano* (14) et *Mc Carthy* (15), la grande chambre de la Cour semble s'inspirer de ce principe lorsqu'elle rappelle au juge national que si l'affaire ne peut être jugée sous l'angle de la Charte, il lui revient d'appliquer la Convention européenne des droits de l'homme :

> *« ... les dispositions de la charte s'adressent... aux États membres uniquement lorsqu'ils mettent en œuvre le droit de l'Union... la charte n'étend pas le champ d'application du droit de l'Union au-delà des compétences de l'Union, ni ne crée aucune compétence ni aucune tâche nouvelles pour l'Union et ne modifie pas les compétences et les tâches définies dans les traités. Ainsi, la Cour est appelée à interpréter, à la lumière de la charte, le droit de l'Union dans les limites des compétences attribuées à celle-ci... si la juridiction de renvoi considère... que la situation des requérants au principal relève du droit de l'Union, elle devra examiner si le refus du droit de séjour de ces derniers porte atteinte au droit au respect de la vie privée et familiale prévu à l'article 7 de la charte. En revanche, si elle considère que ladite situation ne relève pas du champ d'application du droit de l'Union, elle devra faire un tel examen à la lumière de l'article 8, paragraphe 1, de la CEDH »* (16).

Ne pourrait-on pas dire cependant que, dès lors qu'il existe un lien substantiel avec le champ d'application, la Charte pourrait être invocable. C'est la situation actuelle pour la protection des données personnelles non en raison d'une interprétation particulière de la Charte mais parce que l'article 18 TFUE indique explicitement que celle-ci joue dans le champ d'application du droit de l'Union.

Il est cependant des cas dans lesquels la Cour a appliqué de manière extensive certains droits ancrés dans le traité. C'est le cas pour les discriminations fondées sur la nationalité et c'est aussi le cas pour la citoyenneté dans la jurisprudence *Ruiz Zambrano*. Mais elle a évité de fonder son raisonnement sur les droits fondamentaux (17). Dans l'affaire *Dereci*, il apparaît clairement

(14) CJUE, arrêt du 8 mars 2011, *Ruiz Zambrano*, aff. C-34/09.

(15) CJUE, arrêt du 5 mai 2011, *Mc Carthy*, aff. C-434/09.

(16) CJUE, arrêt du 15 novembre 2011, *Dereci*, aff. C-256/11.

(17) Sur de point, voir cependant PECH L., « Between Judicial Minimalism and avoidance: The Court of Justice Side stepping of Fundamental Constitutionnal Issues in Römer and Dominguez », *CMLR*, 2012, pp. 1841-2012.

que l'objet de la Cour était moins de protéger les droits fondamentaux que la citoyenneté en elle-même :

> *« En tant que ressortissants d'un État membre, les membres de la famille des requérants au principal jouissent du statut de citoyen de l'Union en vertu de l'article 20, paragraphe 1, TFUE et peuvent donc se prévaloir, y compris à l'égard de l'État membre dont ils ont la nationalité, des droits afférents à un tel statut (voir arrêt McCarthy, précité, point 48). Sur ce fondement, la Cour a jugé que l'article 20 TFUE s'oppose à des mesures nationales qui ont pour effet de priver les citoyens de l'Union de la jouissance effective de l'essentiel des droits conférés par ce statut (voir arrêt Ruiz Zambrano, précité, point 42) ».*

Cette considération ne s'étend pas à l'ensemble des droits. Certes quelques auteurs ont imaginé de manière intéressante soutenir que des violations manifestes des droits fondamentaux dans un État membre portaient atteinte à des éléments essentiels de la citoyenneté et ont appelé la Cour de justice à étendre sa jurisprudence au-delà de l'article 51 pour couvrir éventuellement de telles situations internes (18). Mais il est peu probable qu'une telle évolution se dessine rapidement parce que le lien établi entre citoyenneté et droit fondamentaux pourrait amener à terme à couvrir toutes les situations nationales en substituant Luxembourg à Strasbourg. Mais surtout, le but des auteurs de la Charte n'était pas de couvrir toutes les situations nationales, mais seulement les hypothèses dans lesquelles le droit national ne pouvait s'opposer, en raison de la primauté, à une mesure de l'Union contraire aux droits fondamentaux ou celles dans lesquelles la protection des droits fondamentaux garantis par le droit de l'Union était mise en cause par une mesure nationale d'application. Dans tous les autres cas, la protection est suffisamment assurée par les constitutions nationales et la CEDH. Si tel n'est pas le cas et qu'il existe des violations graves et systématiques non sanctionnées au niveau national, la procédure de l'article 7 doit s'appliquer.

Cependant rien n'interdit d'avoir une vision large de la mise en œuvre. Cela semble avoir été le cas en ce qui concerne le droit à un recours effectif. Ici la Cour reproduit sa jurisprudence classique en y ajoutant une référence à la Charte. Il existe un lien entre la mise en œuvre par les États membres du droit de l'Union et leur obligation d'assurer l'application effective de celui-ci. Le raisonnement de la Cour se fait en trois étapes. Tout d'abord, le principe d'effectivité impose un accès effectif à la justice afin de permettre la sauvegarde des droits que les justiciables tirent du droit de l'Union. Ce principe est un principe général du droit consacré par une longue jurisprudence.

(18) VON BODGANDY A., KOTTMANN M., ANPÖHLER C., DICKCHEN J., HENTREI S. and SMRKOLJ M., « Reverse Solange. Protecting the essence of fundamental rights against EU Member States », *CMLR*, 2012, pp. 489-519.

Mais, après l'entrée en vigueur du traité de Lisbonne, il convient de tenir compte de la Charte et notamment de son article 47 qui consacre le droit à une protection juridictionnelle effective ainsi que le droit à une aide juridictionnelle si celle-ci est nécessaire à une protection effective. Certes la Cour fait référence à l'article 51 qui limite le champ d'application de la Charte à la mise en œuvre par les États membres, mais, au fond, elle utilise le champ d'application d'un principe général du droit pour l'appliquer à la Charte dans un cas où l'on n'est pas en présence d'une mise en œuvre directe d'une norme de l'Union, mais plus simplement d'une application d'une norme nationale relative à l'aide judiciaire à un litige qui porte sur le droit de l'Union. Elle conclut ainsi :

> *« Eu égard à ces éléments, il convient de reformuler la question posée en ce sens, qu'elle porte sur l'interprétation du principe de protection juridictionnelle effective, tel que consacré par l'article 47 de la charte, afin de vérifier si, dans le contexte d'une procédure d'action en responsabilité de l'État introduite au titre du droit de l'Union, cette disposition s'oppose à ce qu'une réglementation nationale subordonne l'exercice de l'action en justice au paiement d'une avance sur frais et prévoie que l'aide judiciaire ne peut pas être accordée à une personne morale alors même que cette dernière n'est pas en mesure de faire cette avance »* (19).

Les États membres ne s'attendaient vraisemblablement pas à une telle extension du concept de mise en œuvre et à ce jeu entre les principes généraux et la Charte. Mais la question touche un domaine très sensible, celui de la protection juridictionnelle des particuliers qui est une des conditions indispensables de la mise en œuvre correcte du droit de l'Union.

Cette démarche sera être progressivement étendue, la Cour s'écartant de sa prudence initiale. Tout d'abord, dans un arrêt peu remarqué, *Vinkov*, la Cour semble passer sans explication de la notion de « mise en œuvre » à celle de « champ d'application » :

> *« Dès lors, dans le cadre d'un renvoi préjudiciel au titre de l'article 267 TFUE, lorsqu'une réglementation nationale entre dans le champ d'application du droit de l'Union, la Cour doit fournir tous les éléments d'interprétation nécessaires à l'appréciation par la juridiction nationale de la conformité de cette réglementation avec les droits fondamentaux, tels qu'ils résultent en particulier de la Charte »* (20).

Mais c'est l'arrêt *Akerberg Fransson* qui apporte une réponse documentée à la question. La question posée à la Cour portait sur la compatibilité du cumul de sanctions administratives et pénales en matière de fraude à la TVA avec la Charte. S'agissait-il d'un cas de mise en œuvre du droit de l'Union alors que la

(19) CJUE, arrêt du 22 décembre 2010, *DEB*, aff. C-279/09

(20) CJUE, arrêt du 7 juin 2012, *Vinkov*, aff. C-27/11.

6e directive TVA ne contenait pas d'indications quant aux sanctions, mais se limitait à indiquer que les États membres avaient

> « *la faculté de prévoir d'autres obligations qu'ils jugeraient nécessaires pour assurer l'exacte perception de la taxe et pour éviter la fraude* » (21).

Comme dans le cas de l'aide judiciaire mentionné plus haut, il s'agissait de l'application d'une mesure nationale indifférenciée à un cas en relation avec le droit de l'Union sur la base non d'une obligation imposée par le texte, mais d'une simple faculté laissée aux États. Il est cependant vrai que le principe de coopération loyale impose aux États de garantir l'application du droit de l'Union au moyen de sanctions effectives, dissuasives et appropriées. La Cour rappelle sa jurisprudence antérieure à la Charte selon laquelle

> « *... les droits fondamentaux garantis dans l'ordre juridique de l'Union ont vocation à être appliqués dans toutes les situations régies par le droit de l'Union, mais pas en dehors de telles situations* » (22).

La Cour appuie son raisonnement sur les explications de la Charte :

> « *Cette définition du champ d'application des droits fondamentaux de l'Union est corroborée par les explications relatives à l'article 51 de la Charte, lesquelles, conformément à l'article 6, paragraphe 1, troisième alinéa, TUE et à l'article 52, paragraphe 7, de la Charte, doivent être prises en considération en vue de son interprétation (voir, en ce sens, arrêt du 22 décembre 2010, DEB, C-279/09, Rec. p. 1-13849, point 32). Selon lesdites explications, "l'obligation de respecter les droits fondamentaux définis dans le cadre de l'Union ne s'impose aux États membres que lorsqu'ils agissent dans le champ d'application du droit de l'Union"* ».

Sur ces bases, la grande chambre définit sa doctrine quant à la pertinence du recours à la Charte dans le champ d'application du droit de l'Union :

> « *Les droits fondamentaux garantis par la Charte devant, par conséquent, être respectés lorsqu'une réglementation nationale entre dans le champ d'application du droit de l'Union, il ne saurait exister de cas de figure qui relèvent ainsi du droit de l'Union sans que lesdits droits fondamentaux trouvent à s'appliquer. L'applicabilité du droit de l'Union implique celle des droits fondamentaux garantis par la Charte.* »

Il reste à définir les cas dans lesquels on se trouve dans le champ d'application du droit de l'Union. Il faut en effet que la règle nationale qui n'a pas été adoptée dans le but spécifique de transposer une règle de droit de l'Union ou de l'appliquer présente un lien spécifique avec celui-ci ou pour employer un anglicisme soit « relevant » pour son application. En l'espèce, le seul fait que

(21) Article 22.
(22) CJUE, arrêt du 26 février 2013, *Akerberg Fransson*, aff. C-617/10.

les règles soient utilisées pour sanctionner une violation du droit de l'Union est suffisant (23). Il faut donc que la règle nationale soit mise au service du droit de l'Union.

La Cour reste très claire sur sa volonté de ne pas aller au delà. Cette résolution était déjà présente dans l'affaire *Iida*. Il s'agissait d'un national japonais qui résidait en Allemagne depuis cinq ans et était donc éligible à un permis de séjour de longue durée. Mais il avait sollicité un permis de séjour en Allemagne en se fondant sur le fait que son épouse de nationalité allemande et sa fille résidaient en Autriche. Au regard du droit de l'Union, il ne pouvait obtenir le droit de séjourner en Allemagne au titre de membre de la famille. Il pouvait le faire en tant que résidant de longue durée, mais il n'avait pas sollicité ce statut. Dans ces conditions, aucune règle de droit de l'Union ne lui était applicable. Aussi la Cour refuse-t-elle de faire appel à la Charte puisque la relation avec le droit de l'Union n'a qu'un rapport indirect avec la situation de l'intéressé (24). Ces considérations se trouvent également dans l'arrêt *Akerberg Fransson* dans lequel la Cour souligne qu'en dehors du champ d'application du droit de l'Union, la seule invocation de la Charte n'est en aucun cas suffisante pour que celle-ci soit applicable. La Cour constitutionnelle allemande a réagi de manière négative à l'arrêt *Akerberg Fransson*. Si elle estime, en raison de ses relations de coopération avec la Cour, qu'il ne s'agit pas d'une décision *ultra vires*, mais d'une décision spécifique, elle avertit clairement, et à l'unanimité, de ses réticences (arrêt du 24 avril 2013-1 BUR 1215/07).

Ainsi, progressivement, la jurisprudence de la Cour s'est alignée sur celle relative aux principes généraux du droit. Il est vrai qu'il n'existait aucune raison d'instaurer des incohérences sur ce point. Cependant, si elle exploite jusqu'à la limite la Charte, elle prend soin de ne pas franchir celle-ci et de ne pas instaurer une situation fédérale dans laquelle la Charte constituerait le point de référence suprême pour toutes les activités nationales. La Cour n'est pas et ne veut pas être la juridiction suprême de l'Union en matière de droits fondamentaux, mais plus simplement, en ce qui concerne les États membres, assumer sa mission qui est de veiller à l'application du droit de l'Union dans le respect de la Charte.

---

(23) « *Le fait que les réglementations nationales qui servent de fondement auxdites sanctions fiscales et poursuites pénales n'aient pas été adoptées pour transposer la directive 2006/112 ne saurait être de nature à remettre en cause cette conclusion, dès lors que leur application rend à sanctionner une violation des dispositions de ladite directive et vise donc à mettre en œuvre l'obligation imposée par le traité aux États membres de sanctionner de manière effective les comportements attentatoires aux intérêts financiers de l'Union* ».

(24) CJUE, arrêt du 8 novembre 2012, *Iida*, aff. C-40/11 : « *Afin de déterminer si le refus des autorités allemandes d'accorder à M. Iida la "carte de séjour de membre de la famille d'un citoyen de l'Union" relève de la mise en œuvre du droit de l'Union au sens de l'article 51 de la Charte, il y a lieu de vérifier, parmi d'autres éléments, si la réglementation nationale en cause a pour but de mettre en œuvre une disposition du droit de l'Union, le caractère de cette réglementation et si celle-ci poursuit des objectifs autres que ceux couverts par le droit de l'Union, même si elle est susceptible d'affecter indirectement ce dernier, ainsi que s'il existe une réglementation du droit de l'Union spécifique en la matière ou susceptible de l'affecter (voir arrêt du 18 décembre 1997. Annibalch, C-309/90. Rec. p. 1 7493, points 21 à 23* ».

B. – L'application horizontale de la Charte

1. La question de l'application des dispositions relatives aux droits fondamentaux dans le cadre de litiges entre personnes privées n'est pas spécifique au droit de l'Union et la réponse varie selon les interprétations données par les cours constitutionnelles nationales aux différentes constitutions. La Cour constitutionnelle allemande a admis en 1958 un effet horizontal indirect dans la célèbre affaire *Lüth/Harland* (25). Les constitutions espagnole et portugaise prévoient que les droits fondamentaux doivent être également appliqués aux personnes privées. La Cour européenne des droits de l'homme a également admis un effet horizontal indirect (26). Il n'est donc pas surprenant que la question puisse être également posée en ce qui concerne la Charte (27). Elle doit être examinée en tenant compte du fait que la Charte ne s'impose aux États que dans la mise en œuvre du droit de l'Union ce qui réduit les possibilités d'effet horizontal. La Charte ne pourra être invoquée dans un litige entre particuliers sans aucune connexion avec le droit de l'Union.

2. D'autre part, tous les droits contenus dans la Charte ne sont pas soumis au même régime. Ainsi l'article 24 répond lui-même à la question de l'application horizontale lorsqu'il indique que l'intérêt supérieur de l'enfant doit être pris en compte dans les actes relatifs aux enfants « *qu'ils soient accomplis par des autorités publiques ou privées* ». En revanche, certains droits ne présentent pas les conditions requises de précision et d'inconditionnalité pour produire un effet direct. Parmi les droits sociaux, il en est qui font référence à des mesures nationales de mise en œuvre. Il convient donc de vérifier au cas par cas si leur précision est telle qu'ils puissent être invoqués en l'absence de toute mesure de mise en œuvre faute de quoi la Cour de justice se substituerait au législateur. Ainsi, l'article 33 sur la conciliation de la vie privée et professionnelle crée un droit au congé de maternité payé, mais il ne fixe pas les conditions de mise en œuvre. Il serait difficile à la Cour en l'absence de législation de l'Union de se prononcer sur les modalités de mise en œuvre de ce droit tant qu'elles ne remettent pas en cause l'existence du droit lui-même. Par contre, la prohibition de la discrimination sur la base de l'âge ou du sexe dans le cadre des conditions de travail est suffisamment précise et inconditionnelle pour pouvoir produire un effet horizontal comme l'indiquent les arrêts *Mangold* (28) et *Kücükdeveci* (29) pour l'âge ou l'arrêt *Defrenne II* (30) pour les conditions de travail.

---

(25) Cour constitutionnelle allemande, arrêt du 15 janvier 1958, *BverfGE*, t. 7, pp. 198 à 230.
(26) Cour EDH, Chambre, arrêt du 26 mars 1985, *X et Y c. Pays-Bas*, Requête n° 8978/80.
(27) Voir par exemple, DANWITZ T. et PARASCHAS K., « A fresh start for the Charter, Fundamental questions on the application of the Charter », *Fordham International Law Journal*. Vol. 35, 2012, pp. 1396 et s.
(28) CJCE, arrêt du 22 novembre 2005, *Mangold*, aff. C-144/04.
(29) CJUE, arrêt du 19 janvier 2010, *Kücükdeveci*, aff. C-555/07.
(30) CJCE, arrêt du 8 avril 1976, *Defrenne II*, aff. 43/75.

3. Quelles sont les indications que l'on peut trouver dans la Charte à cet égard ? Il ne fait aucun doute que les droits fondamentaux peuvent produire un effet direct vertical en ce sens qu'ils peuvent être invoqués devant un juge national à l'encontre d'un acte national mettant en œuvre le droit de l'Union. Bien entendu, la situation est différente lorsque le droit fondamental se limite à prohiber une action et lorsqu'il est mis en œuvre à travers des mesures positives prises par l'État. Cette dernière situation est celle des droits sociaux qui exigent des mesures de l'Union et/ou nationales. Dans ce cas, la condition d'inconditionnalité évoquée plus haut n'est pas remplie. S'agissant de l'effet horizontal, une lecture stricte du texte de la charte semble l'exclure puisque l'article 51, paragraphe 1, précise que la Charte s'adresse aux institutions, organes et organismes de l'Union ainsi qu'aux États membres. Les personnes privées sont donc exclues. Comme le note l'avocat général, Mme Verica Trtenjak, cette interprétation est confirmée par le fait que les particuliers n'ont pas à leur disposition la réserve légale prévue pour les limitations aux droits fondamentaux (31). Dans cette affaire était en cause le droit au congé payé annuel dans un litige entre un salarié et son employeur. Si l'avocat général a examiné de manière détaillée la question de l'effet horizontal du droit au congé payé, soit en tant que droit garanti par la Charte, soit en tant que principe général du droit, la Cour a soigneusement évité de traiter le problème et a limité son examen au problème de l'effet direct de la directive (32). Elle ne pourra le faire indéfiniment puisque la Cour de cassation française l'a saisie directement de la question à propos de l'article 27 de la Charte relatif à l'information et la consultation des travailleurs (33).

En fait, les auteurs de la Charte ont laissé la question de l'effet horizontal ouverte et la rédaction de l'article 51 n'avait pas pour objet d'exclure tout effet de ce type. Mais, surtout, doit-on considérer que, bien que la Charte ait la même valeur que les traités, ses dispositions doivent avoir un régime différent de celle des traités en ce qui concerne l'effet horizontal. De la même manière,

(31) Conclusions sous *Maribel Dominguez*, aff. C-282/10.

(32) CJUE, Grande Chambre, arrêt du 24 janvier 2012, *Maribel Dominguez*, aff. C-282/10.

(33) C-176/12, voir Cass., 11 avril 2012, arrêt n° 1040 FS-P+B+R dans laquelle la Cour de cassation semble prendre clairement position en faveur de l'effet horizontal : « *Attendu qu'il est de jurisprudence constante que les droits fondamentaux de l'Union européenne peuvent être invoqués dans un litige entre particuliers aux fins de vérifier le respect par les institutions de l'Union et les États membres, lorsqu'ils mettent en œuvre le droit de l'Union, de ces mêmes droits fondamentaux ; que les articles 51 et 52 de la Charte ne comportent aucune limitation de l'invocation des dispositions de la Charte, que celles-ci contiennent des principes ou des droits, aux litiges de nature horizontale, pas plus que les Explications ad article 51 et ad article 52, lesquelles sont dûment prises en considération par les juridictions de l'Union et des États membres en application de l'article 52 § 7 de la Charte : ... qu'aux termes de l'article 53 de la Charte, aucune disposition de la Charte ne doit être interprétée comme limitant ou portant atteinte aux droits de l'homme et aux libertés fondamentales reconnus notamment par la Convention européenne de sauvegarde des droits de l'Homme et des libertés fondamentales ; Attendu qu'il résulte de la jurisprudence de la Cour de Justice que les principes généraux du droit tels que précisés par une directive de l'Union européenne peuvent être invoqués dans un litige entre particuliers* (CJCE, 22 nov. 2005, *Mangold*, aff. C-144/04 : CJUE, 19 janv. 2010, *Kücükdeveci*, aff. C-555/07) ».

doit-on accorder un traitement différent aux droits garantis par la Charte et aux principes généraux du droit ? Dès lors qu'un principe général du droit serait repris dans la Charte, devrait-on continuer à le traiter en qualité de principe général lorsqu'une question relative à l'effet direct est en cause ? La cohérence du système juridique de l'Union exigerait qu'une démarche unique soit adoptée dans tous ces cas. Dans ses conclusions sur le renvoi précité de la Cour de cassation, l'avocat général Cruz Villalon se prononce en faveur de l'effet horizontal du droit à l'information et à la consultation des travailleurs. Pour lui ce droit constitue un principe qui a été concrétisé dans une directive. Si un acte national de mise en œuvre viole le principe, ce dernier peut en application de l'article 52, paragraphe 2, de la Charte, être invoqué dans les relations entre particuliers (conclusions du 18 juillet 2013, aff. C-176/12). Il appartient désormais à la Cour de se prononcer au vue des conclusions.

4. En tout cas, sans qu'il s'agisse d'un effet horizontal au sens propre du terme, la Charte peut être invoquée lorsqu'il s'agit de l'interprétation d'un acte de l'Union dans des relations entre particuliers et les règles de l'interprétation conforme trouvent application dans ce cadre. Il est également possible d'invoquer la Charte afin de justifier une entrave à une liberté fondamentale comme dans l'affaire *Viking* où le droit de grève était utilisé pour justifier une atteinte à la liberté d'établissement (34).

La prudence de la Cour qui s'est refusée, dans l'arrêt *Dominguez*, à interpréter l'article 51 quant à l'effet horizontal laisse la question ouverte pour le moment. Cependant la logique du droit de l'Union devrait l'amener à harmoniser sur ce point sa vision avec celle qu'elle a patiemment construite dans d'autres domaines. Ceci n'implique pas une réponse uniforme sur l'effet direct dans tous les cas, l'analyse doit être menée droit par droit.

C. – Le protocole relatif à l'application de la Charte à la Pologne et au Royaume-Uni

1. Le protocole avait été politiquement présenté au lendemain de la signature du traité de Lisbonne comme constituant un *opting out* à la Charte, mais assez rapidement le gouvernement était revenu sur sa position devant la Chambre des Communes en se contentant de la qualifier d'instrument d'interprétation de la Charte. Cette conception avait été largement soutenue par la doctrine (35). Elle s'appuie sur le texte du protocole lui-même qui indique dans son préambule que la Charte réaffirme des droits reconnus dans l'Union et les rend plus visibles et souligne que le protocole est sans préjudice des

(34) CJCE, arrêt du 11 décembre 2007, *Viking*, aff. C-438/05.

(35) Voir CRAIG P., *op. cit.*, PIRIS J.-C., *The Lisbon Treaty, A legal and political analysis*, Cambridge, Cambridge University Press, 2010, pp. 160 et s., DOUGAN M., « The Treaty of Lisbon 2007 : Winning minds, not heart », *CMLR*, 2008, p. 617 (voir pp. 665 et s.l. JACQUE J.-P., « Les droits fondamentaux dans le Traité de Lisbonne », *European Yearbook on Human Rights*, 2010, pp. 123 et s.

autres obligations de la Pologne et du Royaume-Uni en vertu des traités. Parmi ces obligations figure le principe de primauté qui impose donc à ces États de respecter les droits garantis par la Charte puisqu'ils préexistaient au traité de Lisbonne. L'article 1 indique que la Charte n'étend pas la faculté de la Cour de justice et des juridictions nationales de se prononcer sur l'incompatibilité des dispositions nationales avec la Charte. Mais tel n'est pas l'objet de la Charte. Par contre, il est plus difficile d'interpréter le paragraphe 2 de l'article 1 qui stipule qu'aucun droit contenu dans le chapitre IV de la Charte (solidarité) n'est justiciable au Royaume-Uni et en Pologne si de tels droits ne sont pas prévus dans la législation nationale de ces États. On pourrait estimer que dans la mesure où il s'agit de droits préexistant au traité de Lisbonne, comme l'indique le préambule du protocole, ils doivent nécessairement être applicables dans le droit national au titre de la primauté. Si telle n'était pas l'interprétation correcte, il resterait en tout cas possible de se fonder sur l'acquis communautaire qui est préservé par le Protocole.

2. La question s'est posée dans l'affaire *N.S.* précitée. Le juge britannique ayant expressément interrogé la Cour sur ce point, celle-ci conforme l'interprétation de la doctrine qui avait été reprise par l'avocat général. Mme TRTENJAK :

> « *Il ressort du libellé de cette disposition que, comme l'a relevé Mme l'avocat général notamment aux points 169 et 170 de ses conclusions dans l'affaire C-411/10, le protocole n° 30 ne remet pas en question l'applicabilité de la charte au Royaume-Uni ou en Pologne, ce qui est conforté par les considérants dudit protocole. Ainsi, selon le troisième considérant du protocole (n° 30), l'article 6 TUE dispose que la charte doit être appliquée et interprétée par les juridictions de la République de Pologne et du Royaume-Uni en stricte conformité avec les explications visées à cet article. Par ailleurs, selon le sixième considérant dudit protocole, la charte réaffirme les droits, les libertés et les principes reconnus dans l'Union et les rend plus visibles, sans toutefois créer de nouveaux droits ou principes. Dans ces conditions, l'article 1er, paragraphe 1, du protocole (n° 30) explicite l'article 51 de la charte, relatif au champ d'application de cette dernière, et n'a pas pour objet d'exonérer la République de Pologne et le Royaume-Uni de l'obligation de respecter les dispositions de la charte, ni d'empêcher une juridiction de l'un de ces États membres de veiller au respect de ces dispositions* ».

3. Par contre, puisqu'il n'en était pas besoin, la Cour ne se prononce pas sur le chapitre IV de la Charte pour lequel elle fera sans doute une interprétation au cas par cas.

Conclusion

Au terme de cet examen de la jurisprudence relative au champ d'application de la Charte, il apparaît que la démarche de la Cour se caractérise par une prudence initiale pour évoluer vers une plus grande cohérence avec sa jurisprudence sur les droits garantis par des principes généraux. Il existe encore des marges d'évolution dans le domaine de l'application horizontale, mais la Cour reste cependant soucieuse de respecter la volonté des auteurs des traités en évitant le saut fédéral qui ferait de la Charte un instrument applicable à toutes les situations internes. Le critère de l'application reste donc celui d'un lien effectif avec le droit de l'Union.

Section 2. – Une interprétation fidèle quant à la portée des droits garantis

Trois questions horizontales ont animé les discussions de la Convention quant à la portée des droits garantis. La première a constitué un véritable leitmotiv lors des débats de la première convention. Les amis de la Convention européenne des droits de l'homme qui se recrutaient essentiellement aux Pays-Bas et dans les pays nordiques alliés au Royaume-Uni qui voulait limiter la Charte au seul contenu de la Convention européenne des droits de l'homme ont mené un combat permanent pour aligner les droits garantis par la Charte sur ceux contenus dans la Convention. Ce n'est qu'au terme des travaux qu'un compromis a été trouvé selon lequel si la Charte contient des droits correspondants à ceux de la Convention leur sens et leur portée sont identiques à moins que la Charte accorde une protection plus étendue (article 52, paragraphe 3). L'autre question portait sur la distinction entre droits et principes. Cette distinction a été introduite pour résoudre le conflit sur la prétendue non justiciabilité des droits sociaux. Mais la discussion s'est rouverte à l'instigation du Royaume-Uni lors de la seconde convention et a conduit à l'article 52, paragraphe 5, selon lequel l'invocabilité des principes n'est possible qu'à l'encontre des mesures d'application de ceux-ci et non des principes eux-mêmes. Ces compromis laissaient une large marge d'interprétation à la Cour quant à la définition des principes et des droits correspondants et quant au régime de ceux-ci. Enfin l'article 53 tente de régler les rapports entre les droits garantis par la Charte et ceux qui résultent d'autres instruments, notamment les constitutions nationales. Il n'a pas fallu attendre longtemps pour que l'interprétation de cette disposition soit demandée à la Cour (36).

(36) CJUE, arrêt du 26 février 2013, *Melloni*, aff. C-399/11.

A. – De la nature et de la fonction des principes

1. En ce qui concerne les principes, la Charte laisse une large place à l'interprétation judiciaire. En effet, elle n'identifie pas ceux-ci se limitant à donner quelques exemples dans les explications. Dans la mesure où la distinction entre droits et principes résulte d'un compromis, il est naturel que l'on n'ait pas souhaité être trop précis de peur de rompre l'accord qui s'était difficilement établi entre les membres de la Convention. Même si l'objet du compromis était de permettre l'inscription des droits sociaux dans la Charte, il n'existe pas une coïncidence nécessaire entre les droits sociaux et les principes. Certains des droits contenus dans le chapitre IV de la Charte constituent bien des droits justiciables au sens classique du terme et la Cour l'a admis depuis longtemps. On peut citer parmi d'autres le droit de grève, le droit à la négociation collective, le droit au congé payé ou au congé de maternité, la protection contre les licenciements abusifs... Une approche globale qui reposerait sur l'identification des droits sociaux aux principes n'est donc pas possible et l'analyse doit être menée article par article de la Charte d'autant plus que les explications ne donnent pas une liste exhaustive de principes.

2. Lors des discussions au sein des deux conventions successives, deux éléments liés entre eux ont été pris en considération : la justiciabilité et la nécessité de mesures de mise en œuvre. À l'opposé des droits, les principes ne sauraient être directement invoqués par les particuliers parce qu'il s'agit de normes objectives qui s'adressent aux institutions et aux États en leur assignant un objectif particulier ; protection de l'environnement, de la santé, des consommateurs... Cet objectif est atteint par des mesures de mise en œuvre qui, elles seules, créent des droits subjectifs pour les particuliers.

3. L'article 52, paragraphe 4, prévoit que l'invocabilité des principes ne peut intervenir qu'à propos des actes qui les mettent en œuvre. Au sens le plus étroit, la formule signifierait qu'un requérant ne pourrait se prévaloir d'un principe que si celui-ci a fait l'objet de mesures de mise en œuvre. Mais si l'article 52 signifiait que le particulier ne pourrait invoquer le bénéfice d'un principe tant que celui-ci n'a pas fait l'objet de mesures de mise en œuvre, il n'aurait pas beaucoup d'intérêt. Il est évident que, sans mesure de mise en œuvre, un malade ne peut obtenir abstraitement une condamnation de l'Union ou d'un État membre pour violation du droit à la santé. Par contre, dès lors qu'il existe des mesures de mise en œuvre, l'utilité du principe disparaît puisque ces mesures créent un droit invocable devant le juge. Si c'était la seule utilité des principes, le recours à cette notion ne présenterait qu'un intérêt limité. L'intérêt du recours au principe va plus loin que la protection d'un droit subjectif et concerne ce que l'on pourrait appeler le contrôle objectif de la légalité de l'action de l'Union.

4. En effet, l'article 52 permet au particulier d'attaquer une mesure de mise en œuvre d'un principe dès lors que celle-ci n'est pas conforme au principe qu'elle vise à mettre en œuvre. Mais cette faculté est-elle limitée aux seules mesures qui ont expressément pour but de mettre en œuvre le principe ? On peut en douter et d'ailleurs, en pratique, il sera rare qu'une mesure visant directement à mettre en œuvre un principe entre en conflit avec celui-ci. Elle peut aller plus ou moins loin dans la mise en œuvre, mais guère violer le principe en lui-même. Conçoit-on qu'une mesure destinée à protéger l'environnement aille à l'encontre de cette protection ? Ce n'est théoriquement pas impossible, mais ce sera peut fréquent. Le pourcentage de réduction des émissions de carbone sera plus ou moins élevé, mais le choix fait par le législateur n'ira pas à l'encontre de la protection de l'environnement. Si l'on se réfère à la jurisprudence classique de la Cour, un principe peut être invoqué contre toute mesure quelle qu'elle soit qui irait à son encontre. Comme le note Clemens Ladenburger, le respect d'un principe social peut être invoqué dans une affaire d'aide d'État ou la protection du consommateur dans une affaire relative à la politique commune (37). Pour reprendre la formule d'Olivier de Schutter, le principe est un bouclier qui protège le particulier à l'encontre d'une mesure qui y porterait atteinte, mais, en l'absence de mesure de mise en œuvre, il ne peut servir d'épée pour se voir reconnaître le bénéfice d'un droit (38).

5. Le principe fixe un objectif à l'Union de l'Union et un acte de l'Union ne saurait aller à l'encontre de cet objectif. Dans ces conditions, tout requérant peut, dans le cadre de la contestation de la validité d'un acte de l'Union, invoquer un principe à l'appui de sa requête. De la même manière, l'Union peut se référer à un principe pour justifier son action. Comme le notait la Cour dans son arrêt *Kydep* :

> *« Si le Conseil dispose d'un large pouvoir d'appréciation dans la réalisation des différents buts énumérés à l'article 39 du traité, il ne saurait cependant, dans le cadre de ce pouvoir, faire abstraction d'exigences d'intérêt général telles que la protection des consommateurs ou de la santé et de la vie des personnes »* (39).

La Cour a de la même manière fait usage du principe de protection de la santé pour admettre l'atteinte à la liberté d'établissement que constituait la sectorisation des pharmacies et le *numerus clausus* en Espagne :

> *« il ressort de l'article 52, paragraphe 1, TFUE que la protection de la santé publique peut justifier des restrictions aux libertés fondamentales garanties par le traité telles que la liberté d'établissement... Plus précisément, des restrictions à la liberté d'établissement peuvent être justifiées par l'objectif visant à assurer un approvisionnement en médicaments de la*

(37) *Op. cit.*, *supra* note 1.

(38) Voir son commentaire de l'article 52 de la Charte sur le site de l'Agence des droits fondamentaux sous la rubrique Charterpedia.

(39) CJCE, arrêt du 15 septembre 1994, *KYDEP c. Conseil et Commission*, aff. C-146/91.

population sûr et de qualité (arrêts précités Commission/Italie, point 52, ainsi que Apothekerkammer des Saarlandes e.a., point 28). L'importance dudit objectif est confirmée par les articles 168, paragraphe I, TFUE et 35 de la charte des droits fondamentaux de l'Union européenne en vertu desquels, notamment, un niveau élevé de protection de la santé humaine est assuré dans la définition et la mise en œuvre de toutes les politiques et actions de l'Union européenne. Il s'ensuit que l'objectif visant à assurer un approvisionnement en médicaments de la population sûr et de qualité est susceptible de justifier une réglementation nationale telle que celle en cause au principal » (40).

On notera que la Cour se garde d'employer le terme de principes, mais préfère retenir celui d'objectif. On se trouve renvoyé aux objectifs de nature constitutionnelle consacrés par le Conseil constitutionnel français.

6. Dans un cas plus récent, la Cour de justice a fait usage du principe de protection de la santé qu'elle a mis en balance avec la liberté professionnelle (article 15 de la Charte) et la liberté d'entreprendre (article 16 de la Charte) pour justifier le refus de reconnaître comme une allégation de santé une mention relative au fait qu'un vin favoriserait la digestion (41).

B. – Les droits correspondant aux droits garantis par la CEDH

1. Dans ce domaine, la Cour a fait une application fidèle des dispositions de l'article 52, paragraphe 4. Il est vrai qu'il n'était pas nécessaire de s'interroger sur la notion de droits correspondants dans la mesure où les explications de la Charte dressent une liste qui a certes été critiquée de la notion de droits correspondants et les cas dont la Cour a été saisie ne faisaient pas l'objet de discussions. La première affaire portait sur la notion de vie familiale dans le cadre des questions relatives à la garde d'enfant. Sur ce point, la Cour ne fait preuve d'aucune hésitation :

« *il résulte de l'article 52, paragraphe 3, de la charte que, dans la mesure où celle-ci contient des droits correspondant à des droits garantis par la CEDH, leur sens et leur portée sont les mêmes que ceux que leur confère celle-ci. Cependant, cette disposition ne fait pas obstacle à ce que le droit*

(40) CJUE, arrêt du 1er juin 2010, *Blanco Perez*, aff. C-57/07.

(41) « *S'agissant, en second lieu, des libertés professionnelle et d'entreprise, il y a lieu de rappeler que, selon la jurisprudence de la Cour, le libre exercice d'une activité professionnelle tout comme le droit de propriété n'apparaissent pas comme des prérogatives absolues, mais doivent être pris en considération par rapport à leur fonction dans la société (voir, en ce sens, arrêt du 14 décembre 2004, Swedish Match, C-210/03. Rec. p. I-11893, point 72). Par conséquent, des restrictions peuvent être apportées à l'exercice de ces libertés, à condition que ces restrictions répondent effectivement à des objectifs d'intérêt général poursuivis par l'Union et ne constituent pas, compte tenu du but poursuivi, une intervention démesurée et intolérable qui porterait atteinte à la substance même de ces droits (arrêts du 15 avril 1997, Irish Forevers Association e. a, C-22/94, Rec. p. 1-1809, point 27, ainsi que du 10 juillet 2003, Booker Aquaculture et Hydro Seafood, C-20/00 et C-64/00, Rec. p. 1-7411, point 65). En ce qui concerne lesdits objectifs, il résulte des points 48 à 53 du présent arrêt que la réglementation en cause vise à protéger la santé, qui constitue un objectif reconnu par l'article 35 de la Charte* ». CJUE, arrêt du 6 septembre 2012. *Deutsches Weintor*, aff. C-544/10.

de l'Union accorde une protection plus étendue. Aux termes de l'article 7 de la même charte, "[t]oute personne a droit au respect de sa vie privée et familiale, de son domicile et de ses communications". Le libellé de l'article 8, paragraphe 1, de la CEDH est identique à celui dudit article 7, sauf dans la mesure où il utilise les termes "sa correspondance" au lieu et place de "ses communications". Cela étant, il y a lieu de constater que cet article 7 contient des droits correspondant à ceux garantis par l'article 8, paragraphe 1, de la CEDH. Il convient donc de donner à l'article 7 de la charte le même sens et la même portée que ceux conférés à l'article 8, paragraphe 1, de la CEDH, tel qu'interprété par la jurisprudence de la Cour européenne des droits de l'homme (voir, par analogie, arrêt du 14 février 2008, Varec. C-450/06, Rec. p. 1-581, point 48) » (42).

Les explications faisant référence non seulement au texte de la Convention, mais aussi à la jurisprudence de la Cour européenne des droits de l'homme, la Cour, dans cette affaire, constatant que la Cour de Strasbourg s'était prononcée dans un cas similaire, retient cette interprétation.

2. Dans l'affaire *DEB*, pour statuer sur le droit à une aide juridictionnelle à une personne morale et sur la correspondance avec la CEDH, la Cour doit d'abord se prononcer sur la nature de ce droit. Le gouvernement allemand plaidait qu'il s'agissait d'un droit social qui ne pouvait bénéficier à une personne morale. La Cour note que ce droit est mentionné à l'article 47 de la Charte en liaison avec le droit à un recours effectif. Il ne s'agit donc pas d'un droit social et ce droit peut être considéré comme un droit correspondant puisque les explications mentionnent le droit à recours effectif parmi les droits qui correspondent à la CEDH bien qu'ayant une portée plus large. Ceci permet de fonder la solution sur une analyse exhaustive de la jurisprudence de Strasbourg et de conclure :

« Il ressort de l'examen de la jurisprudence de la Cour européenne des droits de l'homme que l'octroi de l'aide juridictionnelle à des personnes morales n'est pas en principe exclu, mais qu'il doit être apprécié au regard des règles applicables et de la situation de la société concernée » (43).

3. Le recours à la Convention ne sert pas seulement à définir le contenu du droit, mais a également comme conséquence de substituer au régime général de limitations, le régime spécifique prévu par la Convention. C'est la constatation de la Cour dans l'affaire *Volker* :

« Il ressort de l'article 52, paragraphe 3, de la charte que, dans la mesure où celle-ci contient des droits correspondant à des droits garantis par la CEDH, leur sens et leur portée sont les mêmes que ceux que leur confère ladite convention. L'article 53 de la charte ajoute à cet effet qu'aucune disposition de celle-ci ne doit être interprétée comme limitant ou portant

(42) CJUE, arrêt du 5 novembre 2010, *Mc B.*, aff. C-400/10 PPU.
(43) CJUE, arrêt du 22 décembre 2011, *DEB*, aff. C-279/09.

atteinte aux droits reconnus, notamment, par la CEDH. Dans ces conditions, il doit être considéré, d'une part, que le respect du droit à la vie privée à l'égard du traitement des données à caractère personnel, reconnu par les articles 7 et 8 de la charte, se rapporte à toute information concernant une personne physique identifiée ou identifiable (voir, notamment, Cour eur. D. H., arrêts Amann c. Suisse du 16 février 2000. Recueil des arrêts et décisions 2000-II, § 65, ainsi que Rotaru c. Roumanie du 4 mai 2000. Recueil des arrêts et décisions 2000-V. § 43) et, d'autre part, que les limitations susceptibles d'être légitimement apportées au droit à la protection des données à caractère personnel, correspondent à celles tolérées dans le cadre de l'article 8 de la CEDH » (44).

4. Cependant, en l'espèce la Cour ne va pas plus loin que cette constatation. Elle analyse l'atteinte au droit à la protection des données constitué par la publication des données relatives aux bénéficiaires de subventions agricoles au regard du régime de limitation prévu à l'article 52, paragraphe 1 de la Charte. La limitation est prévue par la loi et poursuit un objectif légitime de transparence. L'examen de la nécessité de la limitation se traduit par un examen de la proportionnalité dont il résulte que la balance entre l'objectif poursuivi et la protection des données personnelles n'a pas été opérée de manière satisfaisante par le législateur. Il n'est pas sans intérêt de constater que dans le cadre de l'examen de la proportionnalité la Cour fait référence à la notion de société démocratique qui est le concept au regard duquel la Cour de Strasbourg étudie les limitations (45). Ce refus d'utiliser les limitations prévues à l'article 8 CEDH résulte vraisemblablement du fait que, selon les explications, l'article 8 de la Charte (protection des données) ne figure pas parmi la liste des articles dont les droits correspondent à ceux garantis par la CEDH.

5. Certains auteurs ont cru remarquer une récente réticence de la Cour à faire référence à la jurisprudence de Strasbourg (46), voir à se conformer à celle-ci. Si cette tendance existait, elle serait cependant limitée. Tout d'abord, lorsque la Cour suit la jurisprudence de la Cour européenne des droits de l'homme, il n'est pas indispensable de faire référence à celle-ci.

(44) CJUE, arrêt du 9 novembre 2010, aff. C-92/09.

(45) « *Si, certes, dans une société démocratique, les contribuables ont le droit d'être tenus informés de l'utilisation des fonds publics (arrêt Österreichischer Rundfunk e.a., précité, point 83). Il n'en demeure pas moins qu'une pondération équilibrée des différents intérêts en cause nécessitait, avant l'adoption des dispositions dont la validité est contestée, la vérification, par les institutions concernées, du point de savoir si la publication au moyen d'un site Internet unique par État membre et librement consultable des données nominatives relatives à tous les bénéficiaires concernés et aux montants précis provenant du FEAGA et du Feader perçus par chacun de ceux-ci – et cela sans opérer de distinction en fonction de la durée, de la fréquence ou du type et de l'importance des aides perçues – n'allait pas au-delà de ce qui était nécessaire à la réalisation des objectifs légitimes poursuivis, eu égard notamment à l'atteinte générée par une telle publication aux droits reconnus par les articles 7 et 8 de la charte* ».

(46) Voir not., RITLENG D., « De l'articulation des systèmes de protection des droits fondamentaux dans l'Union. Les enseignements des arrêts Åkerberg Fransson et Melloni », *RTDE*, 2013-2.

D'autre part, il est vrai que dans l'affaire *Akerberg Fransson* (47), la Cour ne paraît pas avoir une vision aussi extensive de la règle *non bis in idem* que celle qui prévaut à Strasbourg en ce qui concerne le cumul des sanctions administratives et pénales. Cela est-il dû au fait que le protocole n° 7 à la CEDH qui contient ce droit dans son article 4 n'est pas ratifié par tous les États membres ? C'était l'opinion exposée par l'avocat général Pedro CRUZ VILLALON dans ses conclusions. La Cour est restée muette à ce propos, mais cette considération peut avoir joué un rôle dans sa décision. Si tel était le cas, il convient de remarquer que ni la Charte, ni les explications ne peuvent fonder une telle conclusion. L'objectif de l'article 52, paragraphe 3, est d'éviter toute discordance dans l'interprétation entre la Charte et la Convention lorsque la Charte contient des droits correspondants. Dès lors qu'un protocole est en vigueur, il est soumis à la règle de l'article 52. Cette thèse est confirmée par les explications qui mentionnent la règle *non bis in idem* parmi les droits correspondants. Cela n'aurait pas été le cas si l'interprétation de l'Avocat général était exacte. Il est plus simple de retenir en l'espèce, même si cela n'a pas été l'intention de la Cour, le fait que les explications indiquent que ce droit n'a pas la même portée que celui garanti par la CEDH. Ceci en raison du fait qu'il s'applique à l'ensemble de l'Union et non à seul État, mais aussi parce que les explications relatives à l'article 50 qui contient ce droit indiquent expressément que « *la règle du non-cumul vise le cumul de deux sanctions de même nature, en l'espèce pénales* ». Enfin, en l'espèce, la Cour n'impose pas à l'État de cumuler sanctions pénales et administratives, mais adopte une attitude permissive en indiquant qu'un tel cumul n'est pas interdit dès lors que la sanction administrative ne revêt pas le caractère d'une sanction pénale. Dans ce cas, il appartient à l'État membre lui-même de prévenir un conflit avec la CEDH puisqu'il n'appartient pas à la Cour d'imposer le respect de cette Convention aux États membres (48). Il en irait sans doute différemment si un arrêt de la Cour aboutissait dans un cas précis à prohiber le respect de la Convention par un État.

Si la Cour prend en compte la CEDH lorsque le droit primaire le lui impose que ce soit au titre des principes généraux du droit ou de l'article 52 de la

---

(47) Arrêt cité note 22.

(48) « *S'agissant, d'abord, des conséquences à tirer, pour le juge national, d'un conflit entre le droit national et la CEDH, il y a lieu de rappeler que si, comme le confirme l'article 6, paragraphe 3, TUE, les droits fondamentaux reconnus par la CEDH font partie du droit de l'Union en tant que principes généraux et si l'article 52, paragraphe 3, de la Charte impose de donner aux droits contenus dans celle-ci correspondant à des droits garantis par la CEDH le même sens et la même portée que ceux que leur confère ladite convention, cette dernière ne constitue pas, tant que l'Union n'y a pas adhéré, un instrument juridique formellement intégré à l'ordre juridique de l'Union. Par conséquent, le droit de l'Union ne régit pas les rapports entre la CEDH et les ordres juridiques des États membres et ne détermine pas non plus les conséquences à tirer par un juge national en cas de conflit entre les droits garantis par cette convention et une règle de droit national (voir, en ce sens, arrêt du 24 avril 2012. Kumberaj, C-571/10, non encore publié au Recueil, point 62)* ». Arrêt *Akerberg Fransson*, précité note 22.

Charte, elle se refuse à appliquer directement la Convention. Dans l'arrêt *Schindler* elle souligne avec force que la Convention, avant l'adhésion de l'Union, ne constitue pas « un instrument formellement intégré à l'ordre juridique de l'Union » (arrêt du 18 juillet 2013 aff. C-501/11P).

C. – Charte et Constitution nationale

1. La question des rapports entre Charte et constitution nationale a été un objet de discussion lors de la rédaction de la Charte. Certains États membres voulaient à juste titre éviter que la Charte ne conduise à abaisser le niveau de protection offert par le droit national. La Commission et la délégation du Parlement européen étaient soucieuses de préserver la primauté du droit de l'Union. La solution de compromis retenue a consisté dans l'insertion d'un principe d'interprétation à l'article 52, paragraphe 4, selon lequel les droits fondamentaux issus des traditions constitutionnelles nationales devaient être interprétés en fonction de ces traditions ; mais cela ne résolvait pas le cas d'un conflit direct entre la Charte et un droit garanti au niveau national. L'article 53 n'apporte pas de solution parce que son texte est ambigu. Certes, il indique que la Charte ne peut être interprétée comme « *limitant ou portant atteinte* » aux droits reconnus par les conventions internationales ou les constitutions des États membres, mais elle précise que cette règle ne s'applique que dans le champ d'application « *respectif* » des instruments concernés.

2. Comme le note l'Avocat général BOT dans ses conclusions sous l'arrêt *Melloni* (49), cet article est susceptible d'interprétations différentes. On peut le voir comme un complément de la règle sur l'application de la Charte aux États membres. Lorsque le droit de l'Union n'est pas concerné, la Charte n'a aucune incidence sur les droits garantis par les Constitutions nationales. L'article 53 ne contiendrait pas un principe de règlement des rapports de système, mais viserait simplement à rappeler les limites du champ d'application de la Charte. Une seconde interprétation irait dans un sens opposé et impliquerait qu'en cas de conflit le droit national s'impose. La seconde solution méconnaîtrait totalement la primauté du droit de l'Union tandis que la première donnerait à l'article 53 une portée redondante avec celle de l'article 52 (50). Il existait une troisième voie qui revenait à la fois à rendre justice aux dispositions constitutionnelles nationales et à préserver la primauté. C'est celle dégagée par la Cour dans l'affaire *Melloni* (51).

---

(49) Arrêt cité note 36.

(50) En fait, tel était bien le but des rédacteurs de l'article 53 qui ont introduit l'adjectif « respectif » pour éviter toute atteinte à la primauté, introduction qui s'est produite au moment du compromis final sur la Charte à un moment où nul ne souhaitait rouvrir les discussions, tous s'en remettant finalement à la Cour de justice si jamais un jour la Charte devenait juridiquement contraignante.

(51) Précitée note 36.

3. En l'espèce était en cause l'exécution d'un mandat d'arrêt par les autorités espagnoles pour un ressortissant italien jugé par contumace en Italie. Le Tribunal constitutionnel espagnol demandait à la Cour de justice si la décision-cadre sur le mandat d'arrêt qui prévoit en ce cas l'exécution du mandat sans garantie que la condamnée bénéficie d'un nouveau procès était conforme aux droits à un procès équitable et à la défense garantis par la Charte. Dans l'affirmative, l'article 53 de la Charte permettait-il dans ce cas d'appliquer le standard supérieur résultant de la Constitution espagnole telle qu'interprétée par le Tribunal constitutionnel et qui subordonnait la remise à la garantie d'un nouveau jugement, un jugement *in absentia* ne répondant pas aux exigences d'un procès équitable. La difficulté résidait dans le fait que la décision-cadre ne permet pas de subordonner l'exécution du mandat à l'ouverture d'un nouveau procès dans le cas d'un condamné qui ne s'était pas présenté alors qu'il avait été informé qu'une condamnation pouvait être prononcée ou qui était en son absence représenté à l'audience. Pour la Cour, ces dispositions de la décision-cadre n'entraient pas en conflit avec la Charte et étaient en harmonie avec la CEDH.

4. Restait donc la question de savoir si, dans ce cas, l'article 53 permettait de faire prévaloir le droit constitutionnel espagnol sur la Charte. La réponse de la Cour est négative parce qu'en l'espèce, les dispositions de la décision-cadre interdisaient le refus d'exécution. Dans cette hypothèse, accepter le refus sur la base du droit national reviendrait à porter atteinte à la primauté du droit de l'Union dans un domaine qui a fait l'objet d'une harmonisation du standard de protection des droits fondamentaux et nuirait en outre à l'exigence de confiance mutuelle qui caractérise l'espace de liberté, de sécurité et de justice (52).

5. La réponse eut été différente si la question n'avait pas été réglementée par la décision-cadre. Dans l'arrêt *Jeremy F.* (53), rendu sur renvoi du Conseil constitutionnel français, la juridiction française demandait à la Cour si le fait qu'une demande d'extension des effets du mandat d'arrêt dusse être accordée dans les trente jours excluait tout recours juridictionnel contre la décision

(52) « *Par conséquent, permettre à un État membre de se prévaloir de l'article 53 de la Charte pour subordonner la remise d'une personne condamnée par défaut à la condition, non prévue par la décision-cadre 2009/299, que la condamnation puisse être révisée dans l'État membre d'émission, afin d'éviter qu'une atteinte soit portée au droit à un procès équitable et aux droits de la défense garantis par la Constitution de l'État membre d'exécution, aboutirait, en remettant en cause l'uniformité du standard de protection des droits fondamentaux défini par cette décision-cadre, à porter atteinte aux principes de confiance et de reconnaissance mutuelles que celle-ci tend à conforter et, partant, à compromettre l'effectivité de ladite décision-cadre... Eu égard aux considérations qui précèdent, il convient de répondre à la troisième question que l'article 53 de la Charte doit être interprété en ce sens qu'il ne permet pas à un État membre de subordonner la remise d'une personne condamnée par défaut à la condition que la condamnation puisse être révisée dans l'État membre d'émission, afin d'éviter une atteinte au droit à un procès équitable et aux droits de la défense garantis par sa constitution* ». Arrêt cité, note 36.

(53) CJUE, arrêt du 30 mai 2013, *Jeremy F.* aff. C-168/13 PPU.

d'accorder cette extension. Pour la Cour, le silence de la décision-cadre ne saurait exclure cette possibilité et les États membres disposent à cet égard d'une marge d'appréciation notamment en vue d'assurer le respect de leurs règles constitutionnelles pour autant que les délais prévus par la décision-cadre soient respectés. En statuant de la sorte, la Cour ouvrait la voie au Conseil constitutionnel pour déclarer que la loi française excluant toute possibilité d'appel contre la décision d'élargissement des effets du mandat était contraire à la constitution (54).

6. L'arrêt *Melloni* a fait l'objet de critiques moins pour avoir affirmé la primauté, mais pour la rigidité avec laquelle elle l'a fait (55). Si la solution d'espèce n'est pas en soi critiquable, l'automaticité du recours à la primauté pourrait le devenir dans des hypothèses dans lesquelles la remise serait demandée par un État qui ne respecterait pas les exigences d'un procès équitable. Mais, dans ce cas, c'est toute l'économie d'un système fondé sur la confiance mutuelle qui s'effondrerait. La Cour a déjà dit que lorsqu'un État disposait d'une marge d'appréciation, il était contraint d'utiliser celle-ci si son non-usage exposerait une personne à des traitements contraires aux droits fondamentaux (56). En outre, dans les cas, où son interprétation de la Charte entrerait en conflit avec une norme constitutionnelle nationale relevant de l'identité constitutionnelle nationale, le droit national devrait l'emporter. Après tout, ce n'est que la suite logique des arrêts *Omega* (57) et *Sayn-Wittgenstein* (58). Sous ces réserves qui relèvent d'hypothèses exceptionnelles, la Cour a retenu la seule interprétation qui donne un effet utile à l'article 53.

Conclusion générale

L'entrée en vigueur du traité de Lisbonne a entraîné un recours plus abondant à la Charte qu'auparavant devant la Cour de justice. Depuis 2009, la Cour a été amenée à répondre à des arguments fondés sur la Charte dans plus de 60 affaires. L'essentiel des cas lui parvient par la voie préjudicielle ce qui montre que les juges nationaux se sont rapidement sentis concernés par la Charte. Il en va de même des institutions, Commission et législateur, qui portent une attention particulière au respect de la Charte dans la législation de l'Union. C'est dire combien la jurisprudence de la Cour revêt une importance particulière pour éclairer les autorités nationales, celles de l'Union

(54) Décision n° 2013-314 QPC du 14 juin 2013.

(55) MEDHI R., « Retour sur l'arrêt Melloni, quelques réflexions sur des usages contradictoires du principe de primauté ». Réseau universitaire européen – droit de l'espace de liberté, de sécurité & justice, www.gdr-elsj-eu, 29 mars 2013.

(56) Affaire *N.S.* précitée note 9.

(57) CJCE, arrêt du 14 octobre 2004, *Omega*, aff. C-36/02.

(58) CJUE, arrêt du 22 décembre 2010, *Sayn-Wittgenstein*, aff. C-208/09.

ainsi que les citoyens. S'agissant de ces derniers, la question de l'application de la Charte aux États membres est capitale puisqu'elle conduit à déterminer s'ils doivent se limiter à la protection offerte par le droit national et la CEDH ou s'ils peuvent bénéficier des garanties qui résultent du droit de l'Union. Au fil des espèces, la Cour de justice a apporté des réponses aux questions qui étaient restées ouvertes parce que les compromis réalisés lors de la rédaction de la Charte laissaient place à des interprétations contradictoires. Tout n'est sans doute pas réglé. Ainsi, la Cour a pour le moment évité d'apporter une réponse claire à la question de l'application horizontale. La délimitation du champ d'application est amenée à être précisée au fil des cas soumis à la Cour. Les clarifications nécessaires viendront de questions suffisamment précises des juridictions nationales. En outre, la nature même du système de protection des droits fondamentaux telle qu'imposée par les articles 52 et 53 fait que la Cour n'est pas seule à intervenir dans ce domaine. La Cour européenne des droits de l'homme et les juridictions constitutionnelles nationales y ont toute leur place. C'est la conjugaison des efforts de ces différentes juridictions qui contribuera progressivement à donner son visage définitif au système. Ceci ne se fera pas sans conflits. Comme l'écrit justement Antonio TIZZANO : « *la définition des valeurs s'enrichit, plus qu'avec l'uniformité, avec la pluralité des contributions* » (59).

(59) TIZZANO A., « Notes sur le rôle de la Cour de justice », in *Mélanges en l'honneur de Paolo Mengozzi*, Bruxelles, Bruylant, 2013, pp. 223-244.

PRIDE AND/OR PREJUDICE?

Les lectures possibles de l'avis 2/13 de la Cour de Justice

PAR

Jean-Paul JACQUÉ (1)

L'avis 2/13 de la Cour de justice de l'Union a constitué une surprise pour les observateurs. Contre l'avis des tous les États membres et de la Commission européenne, la Cour de justice a estimé que le projet d'accord relatif à l'adhésion de l'Union à la Convention européenne des droits de l'homme était incompatible avec les traités. Cet avis peut s'expliquer de deux manières. On peut y voir la manifestation d'une méfiance de la Cour à l'égard des juridictions nationales et des États membres auxquels l'adhésion aurait pu permettre d'échapper aux disciplines communautaires et notamment à l'obligation de renvoi préjudiciel en s'appuyant à cette fin sur la Cour européenne des droits de l'homme. Mais il est possible également de voir dans l'accord l'expression de la vision constitutionnelle de la Cour fondée sur le respect de la répartition des compétences, le partage de valeurs communes, l'autonomie du droit de l'Union sous le contrôle exclusif de la Cour de justice. Quoi qu'il en soit s'il sera possible sur un plan technique de répondre à certaines des observations de la Cour, pour d'autres, comme le respect du principe de confiance mutuelle ou l'exclusion de la PESC, les solutions sont plus difficiles. Il est vraisemblable que la situation actuelle va se prolonger. Or, elle est bien moins favorable à l'Union que celle qui aurait pu résulter d'une adhésion sur la base du projet d'accord qui était à l'examen devant la Cour.

L'avis de la Cour de justice sur le projet d'accord relatif à l'adhésion de l'Union à la Convention européenne (2) a surpris les observateurs (3). Les négociateurs s'étaient en effet efforcés de prendre pleinement en compte les réserves exprimées dans le communiqué commun des présidents des deux

(1) Professeur émérite à l'Université de Strasbourg.

(2) Avis 2/13, 18 décembre 2014, ECLI:EU:C:2014:2454.

(3) À titre d'exemple, voy. une des premières réactions, S. Peers, « The CJEU and The EU's accession to the ECHR, a clear and present danger to the human rights protection », *EU Law Analysis*, 18 décembre 2014.

Cours (4) et de suivre fidèlement les prescriptions du protocole n° 8 relatif à l'adhésion. Informée de l'évolution des négociations, la Cour ne semblait pas avoir exprimé de réserves. Enfin, la compatibilité de l'accord avec les traités était soutenue par tous les États membres et il est rare que la Cour s'oppose à une telle unanimité. Seule contre tous, elle s'est érigée en gardienne des spécificités de l'Union et, plus particulièrement de son propre rôle en ce domaine.

Dès le lendemain de l'arrêt, la majorité des commentateurs ont exprimé des réactions négatives face à un avis qui mettait un point d'arrêt, peut-être définitif, à ce qui apparaissait comme une issue favorable à la protection des droits fondamentaux en Europe. On a parfois résumé le contenu de l'avis à l'expression du refus de la Cour de justice de se voir subordonnée à un contrôle juridictionnel externe (5), ce que pourtant la Cour dément dans son avis, de manière peu crédible diront les gens de mauvaise foi : « la création d'une juridiction chargée de l'interprétation de ses dispositions et dont les décisions lient les institutions, y compris la Cour, n'est, en principe, pas incompatible avec le droit de l'Union, ce qui est d'autant plus le cas lorsque, comme en l'occurrence, la conclusion d'un tel accord est prévue par les traités eux-mêmes. En effet, la compétence de l'Union en matière de relations internationales et sa capacité à conclure des accords internationaux comportent nécessairement la faculté de se soumettre aux décisions d'une juridiction créée ou désignée en vertu de tels accords, pour ce qui concerne l'interprétation et l'application de leurs dispositions » (6).

Mais il convient d'aller au-delà de ces premières réactions. Ce qui importe n'est pas de déceler des intentions cachées derrière l'avis, mais de mettre au jour la vision de la Cour quant aux spécificités de l'Union et quant à son propre rôle dans cette dernière, vision qui serait profondément contrariée par l'adhésion. On a souvent opposé la prise de position de l'avocat général Kokott à l'avis de la Cour. Mais, dans les deux cas, la conclusion est que le projet n'est pas compatible avec les traités. Ce qui oppose l'avocat général à la Cour, c'est que la position de la première semble plus ouverte que celle de la seconde même si elle estime que l'adhésion ne sera possible qu'au prix de modifications du projet. Mais ce qui les oppose aussi, c'est la démarche de la Cour qui va bien au-delà de l'analyse technique de l'avocat général. La Cour appréhende de manière systématique les caractères essentiels de l'Union afin de déterminer s'ils s'opposent ou non à l'adhésion telle qu'elle résultera du projet d'accord tandis que l'avocat général se livre plutôt à une appréciation

(4) 4 janvier 2011. Communication commune des présidents de la Cour européenne des droits de l'homme et de la Cour de justice de l'Union européenne, suite à la rencontre entre les deux juridictions en janvier 2011 ; 5 mai 2010. Document de réflexion de la Cour de justice de l'Union européenne sur certains aspects de l'adhésion de l'Union européenne à la Convention européenne de sauvegarde des droits de l'homme et des libertés fondamentales.

(5) Voy. par exemple W. MICHL, « Thou shalt have no other courts before me », *Verfassungsblog*, 15 janvier 2015.

(6) Avis, point 182.

séparée de chaque point de l'accord. En ce sens, l'avis 2/13, parce qu'il porte sur les principes constitutionnels de l'Union et leur rapport avec un système international de contrôle, doit être considéré comme un avis fondateur au même titre que l'arrêt *Kadi* (7).

À cet égard, on a parfois ironisé sur la constatation initiale de la Cour selon laquelle l'Union n'était pas un État. Il est vrai que cela peut apparaître comme l'énonciation d'une évidence, *stating the obvious* selon la formule anglo-saxonne, mais, dans ce cas, l'évidence est d'une importance essentielle pour singulariser l'adhésion de l'Union à la Convention par rapport à celle d'un État membre et elle explique la position de la Cour. Lorsqu'un État adhère à la Convention, il le fait pour toutes ses composantes internes, même lorsqu'il s'agit d'un État fédéral. Les États fédérés ne sont pas partis à la Convention et n'ont accès à la Cour ni comme demandeurs, ni comme défendeurs. La Cour n'a donc pas à se demander si l'auteur de la violation est l'État fédéral ou les États fédérés et elle n'intervient pas dans la répartition constitutionnelle nationale des compétences. Dans ce cas, le contrôle de la Cour européenne des droits de l'homme est vraiment subsidiaire puisqu'il ne se produit qu'après que toutes les juridictions nationales compétentes se soient prononcées et qu'il porte, en raison de la règle d'épuisement des voies de recours internes, sur l'interprétation du droit national donnée par la plus haute juridiction interne. La situation est bien différente en ce qui concerne l'Union dans la mesure où les États membres et l'Union seraient simultanément parties à la Convention et qu'il serait possible pour cette raison que la Cour de Strasbourg puisse être amenée à se prononcer sur l'interprétation du droit de l'Union donnée par une juridiction nationale si cette dernière a omis d'effectuer un renvoi préjudiciel à Luxembourg. En outre, saisie d'une affaire contre l'Union ou un État membre, elle pourrait être conduite aux fins de la détermination du défendeur à se prononcer sur la répartition des compétences entre l'Union et ses États membres afin de se prononcer sur la recevabilité. La différence entre la position de l'Union et celle d'une partie contractante étatique à l'égard de la Convention est donc essentielle et c'est elle – qui avait bien été vue par les négociateurs du projet d'accord d'adhésion – qui est déterminante pour vérifier si l'accord envisagé met ou non en péril les spécificités de l'Union.

Ce faisant, les résultats de l'analyse approfondie menée par la Cour, laquelle a traité d'une manière exhaustive l'ensemble des questions qui pouvaient se poser, peuvent être envisagés de différentes manières. Deux lectures sont possibles. Si l'on s'intéresse à l'avis du point de vue externe et dans l'intérêt de la protection des droits fondamentaux, il apparaît comme empreint de méfiance à l'égard des partenaires de la Cour dans le cadre du dialogue des juges *(Prejudice)*. On peut presque y voir un repli de la Cour sur elle-même (I).

(7) C.J.C.E., 3 septembre 2008, C-402/05 P et 415/05 P, ECLI:EU:C:2008:461.

Si, par contre, on porte un regard constitutionnel sur l'avis, celui-ci est une nouvelle affirmation de la spécificité constitutionnelle de l'Union européenne (II) dont la Cour s'affirme la garante (*Pride*). Enfin, de façon beaucoup plus pragmatique, s'il l'on se demande si, sans adhésion, la situation de l'Union sera meilleure qu'après une adhésion sur la base de l'accord, la réponse est négative (*Prejudice*) et les États membres continueront à être placés dans une situation difficile (III).

SECTION 1. – LA COUR, SEULE CONTRE LE MONDE ENTIER ?

La lecture de l'arrêt laisse au lecteur l'impression que la Cour de justice se voit comme une forteresse assiégée. Les négociations d'adhésion ont pris en compte la spécificité de l'Union en instituant des mécanismes spécifiques parfois à l'instigation de la Cour elle-même. Ceci n'a visiblement pas suffi pour que la Cour juge que la protection était suffisante parce qu'elle ne fait confiance ni à la Cour européenne des droits de l'homme, ni aux juridictions suprêmes des États membres, ni aux États membres eux-mêmes pour se plier aux disciplines « communautaires » lesquelles sont pourtant garanties par des mécanismes internes à l'Union. Dans de nombreux cas, les risques évoqués par la Cour existent déjà et n'ont pas donné lieu à des problèmes importants. Mais il est vrai qu'il existe une différence entre des potentialités de conflits qui résultent simultanément de l'appartenance des États membres à l'Union et de leur qualité de parties contractantes à la Convention et le fait qu'après l'adhésion, les mêmes États pourraient s'appuyer sur le texte de l'accord d'adhésion pour se soustraire à leurs obligations. Dans le premier cas, le conflit est résolu par la voie du « dialogue des juges », dans le second, l'on se trouve dans une situation de hiérarchie au profit de la Convention. Même si l'adhésion n'introduit pas la Convention au rang du droit primaire et entraîne sa primauté sur le seul droit dérivé, les conséquences ne sont guère significatives. En effet, le contenu de la Convention se situe déjà au rang du droit primaire en vertu de l'article 6 à travers les principes généraux du droit. D'autre part, s'il est vrai que les États ne devraient pas avoir la possibilité d'invoquer les dispositions d'adhésion qui ont un rang inférieur aux traités pour se dégager des normes constitutionnelles de l'Union, la Cour européenne des droits de l'homme ne sera pas liée par cette obligation et examinera les cas qui lui seront soumis, nonobstant les dispositions des traités. Dans ces conditions, la prudence habituelle de la Cour semble s'être muée en méfiance.

A. – MÉFIANCE À L'ÉGARD DES JURIDICTIONS NATIONALES SUPRÊMES ?

Deux points dans l'avis paraissent manifester une particulière réserve à l'égard des juridictions nationales suprêmes : la question de l'implication préalable de la Cour de justice et celle de l'avis consultatif demandé par ces juridictions à la Cour européenne des droits de l'homme.

1. S'agissant de l'implication préalable, elle répond à une difficulté spécifique à l'Union. Tandis que, dans les États membres, la saisine de la Cour européenne des droits de l'homme présuppose un épuisement des voies de recours internes, l'épuisement est d'application plus délicate s'agissant de l'Union en raison de la configuration particulière du système de recours. Dès lors que l'on se trouve dans un des cas où les particuliers peuvent disposer d'un recours direct à la Cour de justice, ce recours fait partie des recours internes à épuiser. Dans ce cas, la Cour européenne des droits de l'homme se prononcerait sur la base de l'interprétation définitive du droit de l'Union donnée par la Cour de justice. Il en irait de même si le particulier a saisi une juridiction nationale et que celle-ci a sollicité la Cour de justice par la voie du renvoi préjudiciel. Les seules difficultés se poseraient lorsque la juridiction nationale n'a pas saisi la Cour de justice à titre préjudiciel, soit que le particulier n'en ait pas fait la demande, soit que cette demande n'ait pas été retenue par le juge national. Rappelons qu'il s'agit ici de juridictions statuant en dernier ressort puisque la règle de l'épuisement l'impose. Mais, si cette hypothèse venait à se produire, la seule base sur laquelle pourrait s'appuyer la Cour européenne des droits de l'homme serait l'interprétation du droit de l'Union donnée par la juridiction nationale.

C'est cette situation qui est couverte dans le projet d'accord, à la demande expresse de la Cour de justice, par le mécanisme de l'implication préalable qui organise la possibilité de solliciter l'interprétation de Luxembourg avant que Strasbourg ne statue au fond. On peut éprouver des doutes en ce qui concerne la nécessité réelle d'instituer un tel mécanisme. L'article 267 TFUE impose une obligation de renvoi aux juridictions nationales statuant en dernier ressort. Certes, depuis la jurisprudence *CILFIT* (8), cette obligation a été atténuée en vertu de la théorie de l'acte clair ou de l'acte éclairé. Mais l'arrêt *Foto Frost* (9) interdit au juge national de statuer sur la validité d'un acte de l'Union et l'oblige dans ce cas à renvoyer. La seule situation qui pourrait poser problème serait celle dans laquelle le juge national ne met pas en cause la validité de l'acte de l'Union et ne renvoie pas alors que le particulier décide de s'adresser par la suite à la Cour européenne des droits de l'homme. Était-il bien nécessaire de mettre en place le système de l'implication préalable pour faire face à une situation qui ne se produira qu'exceptionnellement dans la

(8) 6 octobre 1982, 283/81, ECLI:EU:C:1982:335.
(9) 22 octobre 1987, 314/85, ECLI:EU:C:1987:452.

mesure où les juges nationaux sont conscients de leurs responsabilités ? La Cour de justice ne pouvait-elle étendre sa jurisprudence sur l'obligation de saisir aux hypothèses dans lesquelles la validité d'un acte de l'Union est contestée au regard de la CEDH ? Certes, dans ce dernier cas, il était à craindre que les parties n'usent systématiquement de l'argument de contrariété à la CEDH pour obtenir un renvoi ce qui aurait pu accroître considérablement le nombre de cas portés devant la Cour. Cependant, de toute façon, la violation de l'obligation de renvoi constitue un manquement qui peut être sanctionné par la Cour saisie par la Commission. Nul doute que quelques affaires de manquement auraient rappelé à la discipline les juges nationaux qui s'écarteraient de leur devoir.

Il existe d'ailleurs une autre garantie. Au fil du temps, la Cour européenne des droits de l'homme s'est montrée de plus en plus attentive au respect de l'obligation de renvoi qu'elle a souhaité garantir au titre de l'arrêt *Ullens de Schooten et Rezabeck c. Belgique* de la Convention. Dans la lignée de sa jurisprudence (10), elle rappelle dans son arrêt *Dhahbi c. Italie* que l'absence de motivation du renvoi préjudiciel au regard des conditions posées par la Cour de justice constitue une violation de l'article 6, § 1er, de la Convention : « les juridictions nationales dont les décisions ne sont pas susceptibles d'un recours juridictionnel de droit interne sont tenues, lorsqu'elles refusent de saisir la C.J.U.E. à titre préjudiciel d'une question relative à l'interprétation du droit de l'UE soulevée devant elles, de motiver leur refus au regard des exceptions prévues par la jurisprudence de la Cour de justice. Il leur faut donc indiquer les raisons pour lesquelles elles considèrent que la question n'est pas pertinente, ou que la disposition de droit de l'UE en cause a déjà fait l'objet d'une interprétation de la part de la C.J.U.E., ou encore que l'application correcte du droit de l'UE s'impose avec une telle évidence qu'elle ne laisse place à aucun doute raisonnable » (11). Dans ces conditions, les juridictions nationales, rappelées au respect de l'article 267 par la Cour de Strasbourg et confrontées également au risque d'une procédure de manquement, devraient se soumettre à la discipline de l'Union. Il est vrai cependant que, si l'absence de renvoi était sanctionnée à Strasbourg, cela n'empêcherait pas la Cour européenne des droits de l'homme de statuer sur les autres moyens soulevés par le requérant ; d'où le risque d'un arrêt qui ne reposerait pas sur l'interprétation de la Cour de justice.

Sans contester le rôle essentiel joué par le renvoi préjudiciel, il est difficile de s'empêcher de penser que la Cour ne fait aucune confiance dans les mécanismes propres à l'Union pour assurer le respect des obligations du traité et éprouve le besoin de les voir confirmer par des règles externes. Elle semble aussi douter du respect de celles-ci par les juridictions suprêmes des États

(10) Arrêt du 22 septembre 2011.
(11) Arrêt du 8 avril 2014.

membres alors qu'en ce sens depuis plusieurs années une évolution positive s'est produite quant à l'acceptation par ces dernières du mécanisme du renvoi préjudiciel.

2. La seconde manifestation des préoccupations de la Cour quant au comportement des juridictions suprêmes nationales réside dans ses réserves à l'égard de la possibilité de solliciter la Cour européenne des droits de l'homme pour obtenir de celle-ci un avis consultatif. Cette procédure instituée par le protocole n° 16 est un hommage du Conseil de l'Europe à l'Union européenne. Ayant compris l'intérêt que pouvait présenter le renvoi préjudiciel en tant qu'instrument de coopération entre les juges, le Conseil de l'Europe s'est inspiré de la formule tout en l'adaptant à la spécificité du système de la Cour européenne des droits de l'homme. Si la demande d'avis est faite dans le cadre d'une affaire pendante, elle ne peut être présentée que par les plus hautes juridictions d'un État membre. Elle doit porter sur une question de principe ce qui implique qu'il n'y est fait recours que pour des questions systémiques ou sur lesquelles la Cour n'a pas encore eu l'occasion de se prononcer. La demande fait l'objet d'un examen quant à sa recevabilité devant un comité de cinq juges. Il va donc de soi qu'il s'agit d'une procédure qui conserve un caractère exceptionnel.

L'Union n'a pas manifesté l'intention de devenir partie au protocole et ne pourrait donc solliciter d'avis. Par contre, les États membres, parties au protocole, auront cette possibilité. La crainte manifestée par la Cour ne porte pas sur le contenu du projet d'accord d'adhésion, mais sur ce qu'il ne contient pas. Elle aurait souhaité qu'il ne soit pas possible d'avoir recours à cette procédure lorsque la question posée entrait dans le champ du droit de l'Union ou impliquait une interprétation de celui-ci. Dans ce cas, la demande d'avis aurait constitué une manœuvre de contournement de la procédure de renvoi préjudiciel. De plus, dans la mesure où l'Union n'est pas partie au protocole, la procédure d'implication préalable n'aurait pu jouer ce qui aurait laissé la Cour européenne statuer sur la base des éléments d'interprétation fournis par le juge national.

Quelle que soit la situation, que l'Union soit ou non partie, le risque est identique. De plus, dans tous les cas, l'avis est consultatif et le destinataire n'est pas obligé d'y donner suite au risque de faire l'objet d'une requête individuelle qui verra vraisemblablement la Cour de Strasbourg confirmer l'appréciation rendue dans l'avis. Si une juridiction suprême d'un État membre utilisait cette procédure en contournant le renvoi préjudiciel et si le résultat était qu'un acte de l'Union n'est pas conforme à la Convention, soit le législateur de l'Union à la demande de l'État concerné modifierait cet acte, soit s'il ne le faisait pas, une requête individuelle serait déposée à Strasbourg impliquant l'Union à travers les procédures de coresponsabilité et d'implication préalable de la Cour si l'Union devient partie à la Convention. La seule manière d'éviter cette situation aurait été, soit d'exclure dans l'accord d'adhésion l'application du protocole n° 16 pour les questions qui présentent un lien avec le droit de l'Union, soit de prévoir expressément l'implication préalable de la Cour dans de tels cas. Mais de toute façon, la situation n'est guère différente avec ou sans adhésion.

En effet, le vrai problème est celui du comportement des juges nationaux suprêmes. Seraient-ils tentés de contourner la question préjudicielle au profit de l'avis consultatif et pour quel avantage ? Dans la mesure où la Charte des droits fondamentaux de l'Union européenne s'impose à eux et où le refus de l'appliquer expose l'État à une procédure de manquement, quel besoin éprouveraient-ils de vérifier la conformité du droit de l'Union à la Convention avant d'avoir tenté de le faire par rapport à la Charte ? La seule hypothèse vraisemblable serait celle où le juge national estimerait à tort que l'affaire n'entre pas dans le champ d'application du droit de l'Union, mais, dans ce cas, il ne poserait pas non plus de question préjudicielle à Luxembourg.

Le problème du conflit entre voies de type préjudiciel s'est posé dans l'affaire *Melki* (12) dans le contexte des rapports entre la question préjudicielle et la question prioritaire de constitutionnalité en droit français. Pour la Cour de justice : « Une juridiction nationale saisie d'un litige concernant le droit de l'Union, qui considère qu'une disposition nationale est non seulement contraire au droit de l'Union, mais également affectée de vices d'inconstitutionnalité, n'est pas privée de la faculté ou dispensée de l'obligation, prévues à l'article 267 TFUE, de saisir la Cour de justice de questions concernant l'interprétation ou la validité du droit de l'Union du fait que la constatation de l'inconstitutionnalité d'une règle du droit interne est soumise à un recours obligatoire devant la Cour constitutionnelle. En effet, l'efficacité du droit de l'Union se trouverait menacée si l'existence d'un recours obligatoire devant la Cour constitutionnelle pouvait empêcher le juge national, saisi d'un litige régi par le droit de l'Union, d'exercer la faculté qui lui est attribuée par l'article 267 TFUE de soumettre à la Cour de justice les questions portant sur l'interprétation ou sur la validité du droit de l'Union, afin de lui permettre de juger si une règle nationale est ou non compatible avec celui-ci » (13). Or c'est loin d'être le cas en l'espèce, la demande d'avis qui serait introduite à propos de la compatibilité avec la Convention n'exclurait en rien l'utilisation de l'article 267 TFUE. Elle ne s'y substitue pas non plus et, de toute façon, l'avis de Strasbourg est consultatif, ce qui implique que l'Union qui n'est pas liée par celui-ci n'a aucune obligation de le suivre. Si tel était le cas, un particulier pourrait adresser une requête à Strasbourg auquel cas la coresponsabilité et l'implication préalable pourraient jouer.

(12) Arrêt du 22 juin 2010, aff. jointes C-188/10 et C-189/10, *Melki et Abdeli*, ECLI:EU:C:2010:363.
(13) Point 45.

Force est de constater qu'ici encore la Cour semble redouter que les juridictions nationales suprêmes soient atteintes par une volonté systématique de contourner la Cour de justice. Qu'elles en aient la possibilité, ceci est inévitable, mais qu'elles en fassent une politique n'est guère plausible et si, par malchance, cette situation se produisait, l'Union dispose des moyens par la procédure de manquement d'imposer sa discipline, voire de les enjoindre de retirer leur demande d'avis.

B. – MÉFIANCE À L'ÉGARD DES ÉTATS MEMBRES ?

Ce doute se manifeste à propos de la menace que ferait peser la possibilité de recours interétatiques prévue à l'article 33 de la Convention sur l'article 344 TFUE. Ce dernier article impose aux États membres de ne pas soumettre un différend relatif à l'interprétation ou à l'application des traités à un autre mode de règlement des différends que celui prévu par ceux-ci. Or, l'accord d'adhésion se limite à préserver l'utilisation de l'article 344, mais sans exclure la possibilité d'avoir recours à l'article 33 de la Convention. Le rapport explicatif indique bien que la question n'est pas réglée par l'accord : « Une question non régie par l'Accord d'adhésion est celle de savoir si le droit de l'UE autorise la soumission à la Cour de litiges concernant des questions de droit de l'UE entre les États membres de l'UE, ou entre l'UE et un de ses États membres ». Cette situation est différente de celle prévue dans la Convention sur le droit de la mer.

Pour la Cour, l'adhésion ouvrirait aux États la faculté de saisir la Cour européenne des droits de l'homme d'un différend relatif à une question qui relèverait du champ d'application du droit de l'Union. On sait que cette question avait été au cœur de l'affaire en manquement *Commission/ Irlande* (14) et que la Cour avait conclu qu'un tel comportement serait contraire au principe de coopération loyale entre la Communauté et les États membres. De son côté, le tribunal arbitral institué en vertu de l'annexe VII de la Convention sur le droit de la mer avait suspendu sa décision en attendant que la question du lien avec le droit communautaire soit éclaircie. Il est vrai qu'en l'espèce, l'article 282 de la Convention prévoyait la primauté du système de règlement interne des différends au sein de la Communauté sur celui de la Convention. En l'absence d'une telle disposition, la Cour présume que l'article 33 permettra à la Cour de Strasbourg de statuer sur le différend nonobstant l'article 344.

Cette situation n'avait guère inquiété l'avocat général Kokott qui, bien que consciente du problème dans sa prise de position, estimait que la règle contenue dans l'accord qui préservait l'utilisation de l'article 344 sans prohiber celle de l'article 33 de la Convention était suffisante compte tenu des obligations que faisait peser le droit de l'Union sur les États membres. L'existence

(14) Arrêt du 30 mai 2006, C-459/03, ECLI:EU:C:2006:345.

de la procédure de manquement qui, au surplus avait déjà été utilisée par le passé contre l'Irlande, garantissait que les États membres ne chercheraient pas à utiliser Strasbourg pour contourner Bruxelles.

Il faut d'ailleurs souligner la probabilité qu'une telle situation se présente est très faible, car, comme à Luxembourg, les recours interétatiques à Strasbourg sont rarissimes. Mais, pour la Cour de justice, il s'agit d'une question de principe. Le fait que les États disposent de cette faculté au regard de la Convention est suffisant pour juger de l'incompatibilité de l'accord. La Cour paraît exprimer sa méfiance tant dans le comportement futur des États membres que dans l'efficacité du remède que procurerait le cas échéant la procédure de manquement.

C. – Méfiance à l'égard de la Cour européenne des droits de l'homme ?

C'est essentiellement à propos de la coresponsabilité que se manifeste cette méfiance. Cette procédure a été instituée pour éviter que la Cour de Strasbourg ne devienne juge de la répartition des compétences entre l'Union et ses États membres, question constitutionnelle majeure pour l'Union. En effet, en jugeant de la recevabilité d'une requête formée soit contre un État membre, soit contre l'Union, la Cour de Strasbourg serait appelée à se pencher sur la répartition des compétences, question qui relève de la compétence de la seule Union. La coresponsabilité qui permet à l'Union de se joindre à ou aux États membres et réciproquement évite cet obstacle. Elle présente également pour le requérant l'avantage de voir sa requête accueillie même si elle était mal dirigée.

La Cour n'exprime pas d'objections contre le mécanisme en tant quel tel. Ce sont les modalités de mise en œuvre qui suscitent sa réprobation. Ce mécanisme peut être activé à la demande de la Cour européenne, mais cette demande n'est pas contraignante. Dans ce cas, il appartiendra à l'Union et à ses États membres de procéder eux-mêmes à une analyse des compétences pour savoir s'ils veulent donner suite. Par contre, lorsque la demande de coresponsabilité émane de l'Union ou de ses États membres, elle est soumise à l'approbation de la Cour de Strasbourg. Certes, cette Cour ne procède qu'à un examen *prima facie* de la situation pour vérifier s'il existe bien un lien avec le droit de l'Union. Comme l'indique le rapport explicatif, la Cour européenne des droits de l'homme n'examine que le caractère plausible du lien en se gardant de tout examen au fond. L'idée était celle d'une quasi-automaticité de l'acceptation, l'intervention de la Cour européenne n'étant sans doute justifiée que par le fait qu'elle devait en principe rester maîtresse de sa procédure. Cependant, cette solution laisse subsister la possibilité, même si elle demeure exceptionnelle, d'une intervention de Strasbourg dans la détermination de la répartition des compétences.

Il en va de même au stade de la décision finale. Si une violation est constatée, le statut de codéfendeur implique une condamnation solidaire des codéfendeurs. Cependant, l'accord d'adhésion prévoit qu'au vu des arguments présentés par les parties, la Cour peut décider qu'un seul des codéfendeurs est responsable. Ce faisant, la Cour intervient également dans la répartition des compétences. Il est vrai qu'au cas où il résulterait de la procédure que l'Union et le ou les États membres concernés seraient d'accord pour constater qu'un seul est responsable, il n'est pas besoin de procéder à une condamnation solidaire. Si, par contre tel n'est pas le cas, on voit pourquoi la Cour européenne des droits de l'homme souhaiterait trancher les divergences entre les défendeurs. Elle a certes le pouvoir de le faire, mais elle n'a aucun intérêt à agir ainsi puisqu'une condamnation solidaire suffit à lui permettre d'exercer son office.

En résumé, l'accord laisse ouverte la possibilité pour la Cour de Strasbourg de s'immiscer dans la répartition des compétences et, à ce titre, on ne peut dénier à la Cour de justice qu'elle ait agi de manière raisonnable en constatant l'incompatibilité sur ce point. Mais, en même temps, il est difficile de se défendre de l'impression qu'elle se défie de son homologue strasbourgeoise. L'interprétation très, voire trop, formaliste (15) de la Cour de justice paraît reposer sur le présupposé que la Cour européenne serait désireuse de se prononcer sur des questions internes à l'Union alors que l'intention des auteurs de l'accord était seulement de lui permettre de ne pas laisser jouer la coresponsabilité sur ce point lorsqu'il apparaît à l'évidence qu'il n'existe aucun lien avec le droit de l'Union ou, au stade du jugement, lorsque les défendeurs sont parvenus à dégager une position commune.

Le droit de l'Union contient les outils nécessaires pour s'assurer que les États et leurs juridictions respecteront après l'adhésion les disciplines nées de leur obligation de coopération loyale, notamment en ce qui concerne le renvoi préjudiciel. L'accord d'adhésion limite les possibilités d'intervention de la Cour européenne des droits de l'homme dans les questions constitutionnelles internes à l'Union à supposer qu'elle ait le goût ou le désir de le faire. Ces précautions n'ont pas été jugées suffisantes par la Cour de justice. Il est vrai qu'elles laissent une porte ouverte aux déviations redoutées à Luxembourg, mais ces errements sont-ils envisageables dans des rapports fondés sur la coopération des juges dans un contexte de confiance mutuelle ? Il paraît bien que la confiance est une condition de la coopération lorsque deux systèmes, celui de l'Union et celui de la Convention, entrent en contact dans un cadre non hiérarchisé. Or l'adhésion établit une hiérarchie dans le domaine des droits fondamentaux au profit de la Convention. Dans ces

(15) A. POPOV, « L'avis 2/13 de la CJUE complique l'adhésion de l'Union européenne à la CEDH », *La Revue des droits de l'homme*, 24 février 2015, [en ligne] Actualités Droits-Libertés. http://revdh. revues/ org/1065.

conditions, la Cour de justice ne raisonne plus sur la base de la coopération, mais sur le plan constitutionnel qui est avant tout celui de l'autonomie de l'Union.

SECTION 2. – UNE VISION CONSTITUTIONNELLE DES CONTRAINTES NÉES DE L'ADHÉSION

La grande différence entre la situation actuelle et celle qui naitrait de l'adhésion est que, dans ce dernier cas, la Cour européenne rendrait des arrêts contraignants pour l'Union. S'il est possible que, dans le cadre actuel, la Cour de Strasbourg soit saisie d'un question qui entre dans le champ d'application du droit de l'Union sans utilisation préalable du renvoi préjudiciel ou que des États membres saisissent la Cour européenne d'un différend interétatique, voire que cette Cour s'immisce dans des questions constitutionnelles internes à l'Union (16), c'est parce que l'Union et la Cour n'ont aucun moyen de s'y opposer et que, de toute façon, l'arrêt rendu sera peut-être contraignant pour les États membres, mais en aucun cas pour l'Union. C'est cette situation que vient modifier l'adhésion. Si la Cour européenne des droits de l'homme est saisie dans un des cas évoqués ci-dessus et considère que la requête est recevable, l'arrêt, quoique déclaratoire, devra être exécuté par l'Union. C'est pourquoi la Cour de justice se sent légitimement interpellée dans sa mission qui est de protéger l'autonomie de l'Union et de son droit. Par opposition à la démarche apparemment ouverte suivie par l'avocat général, elle a choisi de mettre l'accent sur la nécessité d'assurer, par tous les moyens, la sauvegarde des spécificités de l'Union européenne dans le respect du protocole annexé aux traités et relatif à l'adhésion (17). Il n'est donc pas surprenant qu'elle procède à une réaffirmation des caractéristiques classiques du droit de l'Union telles qu'elles sont placées sous le monopole d'interprétation de la Cour.

Il n'est pas utile de revenir de manière approfondie sur la description des éléments qui constituent la spécificité de l'Union et qui sont rappelés dans l'avis. Ils constituent un résumé de tout ce que l'on a trouvé développé dans un manuel de droit de l'Union (18) : respect de la structure constitutionnelle, répartition des compétences basée sur le principe d'attribution, autonomie et primauté du droit de l'Union... le tout garanti par un système juridictionnel

(16) Comme elle l'a fait dans l'arrêt *MSS* en interprétant la marge d'appréciation laissée aux États par le règlement Dublin, *MMS c. Belgique et Grèce*, arrêt du 21 janvier 2011.

(17) Voy. sur cette démarche l'intéressante étude de Daniel HALBERSTAM, « "It's the Autonomy, Stupid!" A Modest Defence of Opinion 2/13 on EU Accession to the European Convention on Human Rights », *The Social Science Research Network Electronic Paper Collection, University of Michigan*, Michigan Law, http://SSRN.COM/ABSTRACT=2567591.

(18) Tel celui dont le juge rapporteur Tizzano est le coauteur : R. ADAM et A. TIZZANO, *Manuale di diritto dell'Unione europea*, G. Giappichelli, Turin, 2014.

dans lequel le renvoi préjudiciel occupe une place centrale. C'est par rapport à ce système que doit être appréciée la compatibilité de l'accord d'adhésion.

L'un des éléments importants qui guide le raisonnement de la Cour est le fait que la Cour assure le respect des droits fondamentaux, mais en fonction des objectifs de l'Union en vue de la réalisation du processus d'intégration. C'est ce qui fonde la différence entre la Cour de justice et la Cour européenne des droits de l'homme. La Cour de justice n'est pas une Cour des droits de l'homme. Le respect de ceux-ci est assuré en tenant compte des objectifs de l'Union. Dans sa tâche, la Cour veille à établir une balance entre les contraintes qui découlent des objectifs de l'Union, d'une part, et d'autre part, le respect des droits fondamentaux. Par contre, la Cour européenne des droits de l'homme est une juridiction spécialisée dont la seule mission est, dans le cadre de la subsidiarité, d'assurer le respect de la Convention. Ceci veut dire que les objectifs de l'Union ne se situent pas au cœur de sa démarche, mais constituent seulement des motifs de justification aux restrictions apportées à un droit. C'est de la tension entre ces fonctions différentes que risquent de naître des arguments d'incompatibilité. En tentant de résumer ces derniers, il apparaît qu'ils portent sur quatre données fondamentales : la garantie du respect de la répartition des compétences, le respect de la primauté, la protection d'un système fondé sur des valeurs communes aux États membres, le monopole d'interprétation de la Cour de justice. Le premier de ces aspects ayant déjà été traité dans la partie précédente lors de l'examen du système de coresponsabilité, il suffit ici d'examiner les trois autres.

A. – La défense de la primauté

La défense de la primauté n'apparaissait pas comme un aspect évident puisqu'il était clair qu'en devenant partie à la Convention, l'Union se soumettait aux normes qui découlaient de celle-ci. Cet argument inattendu s'est développé par un curieux détour de la raison.

L'article 53 de la Convention européenne des droits de l'homme précise qu'aucune disposition de celle-ci ne limite les droits reconnus par d'autres instruments. Elle reconnaît ainsi aux États parties la faculté de créer et de maintenir des standards de protection plus élevés que ceux prévus dans la Convention. Il s'agit d'une disposition classique qui découle du caractère subsidiaire de la protection offerte par la Convention. On trouve une disposition similaire à l'article 53 de la Charte des droits fondamentaux, mais on sait que, s'agissant des garanties constitutionnelles nationales, la Cour de justice a jugé, dans l'arrêt *Melloni* (19), que, dès lors qu'un acte de l'Union était conforme à la Charte, la protection nationale supérieure ne trouverait pas à s'appliquer si elle avait pour effet de faire obstacle à la primauté du droit de l'Union.

(19) Arrêt du 26 février 2013, C-399/11, ECLI:EU:C:2013:107.

La Cour redoute que l'article 53 de la Convention ne vienne mettre en péril la jurisprudence *Melloni* et partant la primauté du droit de l'Union. On voit mal comment cette éventualité viendrait à se réaliser. Tout d'abord, l'article 53 CEDH n'impose pas à la Cour d'intervenir pour garantir l'application de la disposition nationale plus protectrice, mais d'éviter que la Convention ne limite l'effet de celle-ci. En outre, même si l'on retenait l'interprétation la plus large, il serait nécessaire, dans la pratique, qu'un particulier dépose une requête contre l'Union parce que le niveau de protection des droits fondamentaux offert par celle-ci serait inférieur à celui garanti par une disposition nationale qui offrirait une protection supérieure à la Convention. Même si l'article 53 CEDH a parfois été invoqué, le corpus jurisprudentiel de Strasbourg n'offre pas d'exemple d'une telle situation puisque la Cour européenne a pour mission de veiller au respect des droits garantis par la Convention et non à celui d'une protection supérieure offerte par les États parties.

Comme le note à juste titre Daniel Halberstam (20), l'article 53 reconnaît une faculté aux États. Ceux-ci ne peuvent l'exercer que pour autant qu'ils disposent de la compétence nécessaire. Or, en application de l'article 53 de la Charte tel qu'interprété par la jurisprudence *Melloni*, il existe des hypothèses où le droit de l'Union les prive d'accorder une protection supérieure afin de permettre le jeu de la primauté. Il est donc exclu que soit invoqué à Strasbourg une protection supérieure que le droit de l'Union interdisait à l'État membre d'accorder. Les craintes de la Cour de justice ne sont pas fondées et le mécanisme de coordination exigé par celle-ci est superflu.

B. – Le respect des valeurs communes

L'Union est fondée sur des valeurs communes énoncées notamment à l'article 2 TUE et développées dans d'autres parties du même traité. Le caractère partagé de ces valeurs crée une confiance mutuelle entre les États membres et la Cour de justice s'est attachée à mettre en valeur ce principe de confiance, notamment dans l'arrêt *N.S.* (21). Il est possible, dans une optique constitutionnelle, de voir dans ce principe la traduction d'un fédéralisme horizontal fondé sur une solidarité construite sur ces valeurs partagées (22). La confiance mutuelle jouerait le rôle qu'a tenu la reconnaissance mutuelle dans le marché intérieur.

(20) Cité *supra*.

(21) Arrêt du 21 décembre 2011, C-411/10 et 493/10, ECLI:EU:C:2011:865: « Il ressort de l'examen des textes constituant le système européen commun d'asile que celui-ci a été conçu dans un contexte permettant de supposer que l'ensemble des États y participant, qu'ils soient États membres ou États tiers, respectent les droits fondamentaux, en ce compris les droits trouvant leur fondement dans la convention de Genève et le protocole de 1967, ainsi que dans la CEDH, et que les États membres peuvent s'accorder une confiance mutuelle à cet égard », point 78.

(22) Voy. E. Dubout, « Une question de confiance : nature juridique de l'Union européenne et adhésion à la Convention européenne des droits de l'homme », *Revue des droits et libertés fondamentaux*, 2015, chron. n° 19, en ligne (une version définitive de cet article est publiée dans ce numéro des *Cahiers*, pp. 73 et s.) et D. Halberstam, *op. cit.*, *supra*.

Des auteurs (23) n'ont pas manqué de souligner l'importance qu'il convient d'attacher à cette affirmation par la Cour d'un nouveau principe constitutionnel structurant de l'Union européenne qui échappe même à son champ d'application naturel, l'Espace de liberté, de sécurité et de justice, pour s'étendre à l'ensemble du droit de l'Union (24). Peu importent les doutes de nature politique exprimés sur l'existence réelle d'une telle confiance, son affirmation en tant que principe constitutionnel contribue à la placer au cœur de l'édifice et à permettre l'approfondissement des liens entre les États membres. Après tout, ce n'est pas la première fois que la Cour de justice dégage, dans le silence des traités, de tels principes. L'affirmation de l'exigence d'une Communauté de droit, de la place du principe démocratique ou des droits fondamentaux a relevé du même processus sans parler de l'équilibre institutionnel, de la coopération loyale entre les institutions... C'est la mission de la Cour, et celle aussi de la doctrine, de dégager du texte de traités, rédigés par des négociateurs pragmatiques, les principes fondamentaux qui se cachent derrière des dispositions techniques. Après tout, la première fois que l'idée de confiance mutuelle est apparue, c'est dans le protocole au traité d'Amsterdam (25) relatif à l'exclusion de l'asile pour les citoyens de l'Union dans un autre État membre. La justification donnée pour accepter cette exclusion, demandée par l'Espagne, était le niveau équivalent de protection des droits fondamentaux assuré dans tous les États membres.

Si la protection est équivalente, elle n'est pas identique dans tous les États membres, ce qui crée inévitablement une tension entre confiance mutuelle et protection des droits de l'homme, tension dont témoigne l'arrêt *Melloni* (26). L'arrêt *N.S.* (27) tentait de résoudre cette tension en admettant que, si le système européen d'asile reposait sur l'existence d'une présomption de respect des droits fondamentaux par les États membres, cette présomption n'était pas irréfragable et devait être levée en cas de défaillance systémique. Ce qui a sans doute contribué à provoquer la réaction de la Cour dans l'avis 2/13 est l'arrêt de Grande Chambre de la Cour européenne *Tarakhel c. Suisse* dans lequel le critère retenu n'est pas celui de l'existence d'une défaillance systémique,

(23) Tout en exprimant une certaine réserve sur ce point, voy. la pénétrante analyse d'Henri LABAYLE et de Frédéric SUDRE, « L'avis 2/13 de la Cour de justice sur l'adhésion de l'Union européenne à la Convention européenne des droits de l'homme. Pavane pour une adhésion défunte ? », *Rev. fr. dr. adm.*, 2015, p. 3.

(24) « Le principe de la confiance mutuelle entre les États membres a, dans le droit de l'Union, une importance fondamentale étant donné qu'il permet la création et le maintien d'un espace sans frontières intérieures. Or, ce principe impose, notamment en ce qui concerne l'espace de liberté, de sécurité et de justice, à chacun de ces États de considérer, sauf dans des circonstances exceptionnelles, que tous les autres États membres respectent le droit de l'Union et, tout particulièrement, les droits fondamentaux reconnus par ce droit », point 191.

(25) Actuel protocole n° 24.

(26) Précité.

(27) Précité, points 75 et s.

mais le traitement individuel auquel le requérant est exposé (28). Or cette analyse s'oppose à la présomption qui est à la base de la confiance mutuelle et la retenir rendrait impossible le fonctionnement de l'Espace de liberté, de sécurité et de justice (29). Certes la Cour a semble-t-il atténué sa position en substituant la notion de circonstances exceptionnelles à celle de défaillance systémique comme motif pour lever la présomption, mais l'opposition avec la Cour européenne n'en demeure pas moins frontale.

Cette opposition reflète, une fois de plus, la différence de fonction entre les deux Cours. La Cour de justice n'a pas pour vocation de se prononcer sur des cas individuels, mais d'interpréter le droit de l'Union au regard des objectifs de celle-ci en laissant aux États membres le soin d'appliquer celui-ci aux particuliers. La Cour européenne a pour mission de vérifier la compatibilité avec la Convention du traitement infligé dans un cas concret au requérant. Les deux missions pourraient être complémentaires notamment lorsque le droit de l'Union laisse une marge d'appréciation aux États membres. Mais cette complémentarité ne peut jouer si l'examen individuel imposé à l'État membre par la Convention conduit celui-ci à remettre en cause les principes fondamentaux de l'Union, en l'occurrence la confiance mutuelle. Certes, tant que l'Union n'adhère pas à la Convention, la responsabilité de la violation de la Convention est imputable au seul État membre et le droit de l'Union n'est pas directement mis en cause. Après l'adhésion, c'est, dans le cas de l'asile, le règlement Dublin II qui sera directement la cible. Cependant, adhésion ou non, la différence pratique est faible. Si les États membres appliquaient systématiquement la jurisprudence *Tarakhel*, le règlement Dublin II deviendrait rapidement lettre morte. Adhésion ou non, le conflit est au fond insoluble à moins d'un rapprochement des jurisprudences des deux Cours. C'est le problème qui s'est posé à la Cour suprême du Royaume-Uni (30) et qui l'a

(28) Arrêt du 4 novembre 2014, req. n° 29217/12 : « Il s'ensuit que, si les requérants devaient être renvoyés en Italie sans que les autorités suisses aient au préalable obtenu des autorités italiennes une garantie individuelle concernant, d'une part, une prise en charge adaptée à l'âge des enfants et, d'autre part, la préservation de l'unité familiale, il y aurait violation de l'article 3 de la Convention ». Sur la problématique, voy. H. LABAYLE, « Droit d'asile et confiance mutuelle : un regard critique sur la jurisprudence européenne », ces *Cahiers*, 2014, pp. 501-534.

(29) Avis 2/13, points 192 et 193 : « Ainsi, lorsqu'ils mettent en œuvre le droit de l'Union, les États membres peuvent être tenus, en vertu de ce même droit, de présumer le respect des droits fondamentaux par les autres États membres, de sorte qu'il ne leur est pas possible non seulement d'exiger d'un autre État membre un niveau de protection national des droits fondamentaux plus élevé que celui assuré par le droit de l'Union, mais également, sauf dans des cas exceptionnels, de vérifier si cet autre État membre a effectivement respecté, dans un cas concret, les droits fondamentaux garantis par l'Union. […] Or, l'approche retenue dans le cadre de l'accord envisagé, consistant à assimiler l'Union à un État et à réserver à cette dernière un rôle en tout point identique à celui de toute autre Partie contractante, méconnaît précisément la nature intrinsèque de l'Union et, en particulier, omet de prendre en considération la circonstance que les États membres, en raison de leur appartenance à l'Union, ont accepté que les relations entre eux, en ce qui concerne les matières faisant l'objet du transfert de compétences des États membres à l'Union, soient régies par le droit de l'Union à l'exclusion, si telle est l'exigence de celui-ci, de tout autre droit ».

(30) *R (on the application of EM (Eritrea)) (Appellant) v Secretary of State for the Home Department (Respondent)*, (2014) UKSC 19 février 2014.

amenée à une vision critique de la jurisprudence de la Cour (31) en retenant la solution *Tarakehl :* « The removal of a person from a member state of the Council of Europe to another country is forbidden if it is shown that there is a real risk that the person transferred will suffer a treatment contrary to article 3 of ECHR ».

C. – La préservation du monopole de la Cour de justice

Le caractère autonome du droit de l'Union impose que l'interprétation de celui-ci ne puisse être confiée qu'à la Cour de justice, mais aussi, et c'est plus surprenant, que, même lorsque la Cour de justice n'est pas compétente, aucune juridiction externe à l'Union ne puisse apprécier la légalité des actes imputables à l'Union.

1. – *Le monopole d'interprétation du droit de l'Union et l'implication préalable de la Cour*

Même si, plus haut, il a été souligné que l'exigence de l'implication préalable traduisait une certaine méfiance à l'égard de juridictions nationales tentées de contourner les exigences du renvoi préjudiciel, il n'en demeure pas moins que, dès lors que les négociateurs en avaient retenu le principe, ils auraient dû s'assurer de l'étanchéité du processus. Or, pour la Cour de justice, tel n'est pas le cas pour deux raisons.

La première est mineure et pourrait faire douter de la bonne foi du juge du Kirchberg. En effet, pour la Cour, « la procédure de l'implication préalable devrait être aménagée de telle manière que, dans toute affaire pendante devant la Cour EDH, une information complète et systématique soit adressée à l'Union, afin que l'institution compétente de cette dernière soit mise en mesure d'apprécier si la Cour s'est déjà prononcée sur la question faisant l'objet d'une telle affaire et, si tel ne devait pas être le cas, d'obtenir la mise en œuvre de cette procédure » (32). N'est-ce pas oublier qu'il existe un système de publication des requêtes auquel le rapport explicatif fait référence en rapport avec le mécanisme de coresponsabilité. Serait-ce trop demander à l'Union que d'instituer en son sein un mécanisme d'examen des requêtes publiées afin de déterminer celles qui pourraient, si elles sont recevables, donner lieu à implication préalable ? S'il existe certaines difficultés, une solution devrait être trouvée par des contacts administratifs entre l'Union et le

(31) « Before examining what CJEU said on this issue, it can be observed that an exclusionary rule based only on systemic failures would be arbitrary both in conception and in practice. There is nothing intrinsically significant about a systemic failure which marks it out as one where the violation of fundamental rights is more grievous or more deserving of protection. And, as a matter of practical experience, gross violations of article 3 rights can occur without there being any systemic failure whatsoever ».

(32) Point 141.

greffe de la Cour européenne et ne devraient pas nécessairement figurer dans l'accord lui-même. Une simple mention dans l'avis de cette nécessité n'eût-elle pas été suffisante ?

Il est vrai que la Cour a refusé d'envisager les aménagements internes à l'Union qui auraient pu apporter une réponse à certaines des critiques formulées. Elle a invoqué le fait qu'elle n'était saisie que de l'accord et ne pouvait se prononcer que sur celui-ci. Mais, en outre, avec une rare modestie, elle a invoqué le respect dû aux pouvoirs des autres institutions : « la vérification que la Cour est appelée à effectuer dans le cadre de la procédure d'avis, et qui peut avoir lieu abstraction faite du contenu à venir des règles internes qui devront être adoptées, est strictement encadrée par les traités, de sorte que, sauf à empiéter sur les compétences des autres institutions chargées d'établir les règles internes nécessaires pour rendre opérationnel l'accord d'adhésion, la Cour doit se limiter à examiner la conformité de celui-ci avec les traités » (33).

Le second élément abordé par la Cour est plus sérieux. Il concerne l'objet même de l'examen fait par la Cour de justice dans le cadre de l'implication préalable : « En second lieu, il convient de relever que la procédure décrite à l'article 3, paragraphe 6, du projet d'accord vise à permettre à la Cour d'examiner la compatibilité de la disposition du droit de l'Union concernée avec les droits en question garantis par la CEDH ou par les protocoles auxquels l'Union aurait adhéré. Le paragraphe 66 du projet de rapport explicatif précise que les termes "examiner la compatibilité de la disposition" signifient, en substance, statuer sur la validité d'une disposition du droit dérivé ou bien sur l'interprétation d'une disposition du droit primaire » (34). Or, cette limitation qui découle d'une formulation malencontreuse du rapport explicatif se heurte à l'exclusivité du pouvoir d'appréciation de la Cour de justice en lui déniant un pouvoir d'interprétation. Il est bien évident que l'appréciation de la compatibilité découle dans bien des cas de l'interprétation que l'on donnera de la norme de l'Union en cause. Vouloir priver la Cour du pouvoir d'interpréter n'aurait pas de sens. Ce qu'a voulu maladroitement dire le rapport est que, s'agissant du droit primaire, la Cour ne peut intervenir que par la voie de l'interprétation puisqu'elle ne peut apprécier sa validité. Par contre, s'agissant du droit dérivé, elle retrouve le droit de juger de sa validité, ce qui ne peut exclure l'interprétation puisque celle-ci est consubstantielle à l'appréciation de la validité. N'eût-il pas été suffisant de faire cette constatation dans l'avis plutôt que de donner une valeur contraignante à ce qui n'est qu'un rapport explicatif ? Il est vrai que pour l'avocat général le rapport explicatif fait partie des instruments négociés et qu'il conviendrait au moins, sur ce point, d'aboutir avant l'adhésion, à une interprétation contraignante qui indiquerait

(33) Point 150.
(34) Point 242.

que le terme « compatibilité » couvre l'interprétation. Ici encore, par rapport à la démarche ouverte de l'avocat général, la Cour adopte une attitude fermée en se gardant de faire référence à une solution quelconque. Au « oui, si » de l'avocat général, elle oppose un non résolu. Ce qui frappe, c'est moins l'argument justifié au fond que la manière dont il est exprimé.

2. – *Le monopole de juridiction et l'exclusion de la PESC*

Lors de la conclusion du traité de Lisbonne, les États membres étaient conscients qu'en prévoyant l'adhésion de l'Union à la Convention, celle-ci couvrirait également la PESC alors même qu'à l'exception des mesures restrictives individuelles, la Cour de justice n'était pas compétente en ce domaine. Il est vrai qu'ils n'avaient peut-être pas envisagé les conséquences de leur choix parce qu'ils pensaient que la plupart des actes adoptés dans le cadre de la PESC n'étaient pas juridiquement contraignants. Mais ils avaient omis le fait que la Convention ne s'appliquerait pas seulement à des actes juridiques, mais aussi à des comportements matériels commis notamment dans le cadre d'opérations extérieures. C'est la perception de ce phénomène qui a conduit plusieurs États à s'opposer au premier projet d'accord d'adhésion et à demander une réouverture des négociations. Le compromis trouvé paraissait satisfaisant, car il laissait à l'Union une certaine marge d'appréciation. Selon l'article 1, paragraphe 4 de l'accord (35), les actes d'un État sont imputés à celui-ci même lorsqu'il met en œuvre le droit de l'Union. Il appartient à l'Union de faire jouer le cas échéant la coresponsabilité. Le rapport explicatif précise que cette règle s'appliquait en particulier à la PESC ce qui était une manière élégante de résoudre le problème puisque la quasi-totalité des comportements sur le terrain sont commis par des personnes agissant au premier chef sous la responsabilité d'un commandement national (36).

Cette formule n'a pas eu l'heur d'être agréée par la Cour de justice. Certes, celle-ci admet que ces actes échappent à sa compétence, mais elle souligne qu'il serait contraire au traité de « confier le contrôle juridictionnel desdits

(35) « Aux fins de la Convention, de ses protocoles et du présent Accord, un acte, une mesure ou une omission des organes d'un État membre de l'Union européenne ou de personnes agissant en son nom sont imputés à cet État, même lorsque cet acte, cette mesure ou cette omission survient lorsque l'État met en œuvre le droit de l'Union européenne, y compris les décisions prises sur la base du Traité sur l'Union européenne et du Traité sur le fonctionnement de l'Union européenne. Cela n'empêche pas que l'Union européenne puisse être responsable, en tant que codéfendeur, d'une violation résultant d'un tel acte, d'une telle mesure ou d'une telle omission... ».

(36) « En particulier, lorsque des personnes employées ou nommées par un État membre agissent dans le cadre d'une opération à la suite d'une décision des institutions de l'UE, leurs actes, mesures et omissions sont imputés à l'État membre en question. L'imputation à un État membre n'empêche pas que l'UE puisse être tenue pour responsable en tant que codéfenderesse. En revanche, conformément au droit de l'UE, les actes, mesures ou omissions des institutions, organes, organismes ou agences de l'UE, ou de personnes agissant en leur nom, sont imputés à l'UE. Ce qui précède s'applique à des actes, à des mesures ou à des omissions quel que soit le contexte dans lequel ils ont lieu, y compris eu égard aux questions relatives à la politique étrangère et de sécurité commune de l'UE ».

actes, actions ou omissions de l'Union, fût-ce un contrôle limité au respect des seuls droits garantis par la CEDH, exclusivement à un organe externe à l'Union » (37).

La Cour se réfère, pour justifier sa position, à l'avis 1/09 relatif à la juridiction du brevet européen et du brevet communautaire (38). Mais, dans ce cas, la situation était fort différente. Certes, il s'agissait également d'un domaine dans lequel la Cour n'était pas compétente et la juridiction créée par un accord entre États membres se substituait aux juridictions nationales. La juridiction du brevet pouvait seule saisir la Cour de justice d'un renvoi préjudiciel, privant ainsi les juridictions nationales de ce droit. Ici la Cour européenne n'intervient que subsidiairement, le contentieux relevant des juridictions des États membres qui conserveront la possibilité d'utiliser le renvoi préjudiciel, laissant à la Cour de justice le soin d'apprécier sa propre compétence. Mais les actes PESC, même s'ils sont soumis à un régime spécifique, font partie de l'ordre juridique de l'Union et la Cour de justice, pour des raisons constitutionnelles, ne peut accepter qu'une partie du droit de l'Union soit soumise à un contrôle externe même s'il ne porte que sur les droits fondamentaux.

Elle laisse le contrôle aux seules juridictions des États membres qui, pas plus que la Cour européenne qui ne rend que des arrêts déclaratifs, ne pourront annuler des actes PESC, mais tout au plus faire obstacle à leur application par l'État membre dont ces juridictions relèvent. Pour défendre l'autonomie de l'Union et l'exclusivité de sa mission d'interprétation et de contrôle, la Cour de justice défie le constituant de l'Union qui avait expressément prévu que la Cour européenne pourrait se prononcer sur la PESC.

SECTION 3. – ET MAINTENANT ?

Au regard de l'avis 2/13, faut-il ou non poursuivre le processus d'adhésion ? L'article 6 du traité ne laisse guère le choix puisqu'il impose, au moins, à l'Union l'obligation de faire tout le nécessaire pour parvenir au but qu'il prévoit. Si l'adhésion n'était pas possible ou en attendant celle-ci, la situation de l'Union est-elle meilleure ou pire que si l'accord envisagé avait été déclaré compatible avec les traités ?

A. – L'adhésion est-elle encore possible ?

Les exigences résultant de l'avis rendent la poursuite du processus difficile. Un certain nombre de conditions peuvent aisément être satisfaites sur le plan technique par une modification de l'accord. Ainsi il suffirait de rendre obligatoire à la simple demande de l'Union le déclenchement du processus

(37) Point 255.
(38) Avis 1/09, 8 mars 2011, ECLI:EU:C:2011:123.

de coresponsabilité. De même, une simple modification de l'objet de l'implication préalable en ce que concerne le droit dérivé ajoutant l'interprétation à l'appréciation de validité serait suffisante. En ce qui concerne les recours interétatiques entre les États membres, il est aisé de prévoir que le recours à l'article 344 est exclusif de la procédure prévue par la Convention. Enfin, la possibilité pour les États de prévoir une protection supérieure mentionnée à l'article 53 pourrait faire l'objet d'une déclaration indiquant que cette faculté n'existe que pour autant que le droit de l'Union le permette.

Bien entendu, ces aménagements sont liés à leur acceptation par toutes les parties contractantes et il n'est pas évident qu'après avoir négocié longuement et à deux reprises, les aménagements imposés par les spécificités de l'Union, elles acceptent des concessions supplémentaires.

Deux autres questions sont techniquement plus difficiles. S'agissant de la protection de la confiance mutuelle entre les États membres, la solution n'est pas aisée. En effet, deux logiques s'opposent, celle de la Cour de justice qui repose sur une présomption qui ne peut être levée que dans des circonstances exceptionnelles et celle de la Cour européenne qui impose un examen au cas par cas. Daniel Halberstam estime que l'automaticité de la mise en œuvre de la coresponsabilité à la demande de l'Union ou des États membres serait de nature à régler également ce problème puisque, dans ce cas, l'Union pourrait prendre la responsabilité des violations individuelles sans que la Cour européenne n'intervienne dans l'appréciation de la confiance mutuelle. Les relations horizontales entre États membres seraient ainsi préservées d'une appréciation externe. En cas de condamnation solidaire, il appartiendrait à la seule Union de décider si la responsabilité se situe dans son propre chef ou dans celui des États membres. Elle resterait seule à apprécier la portée de la confiance mutuelle. Selon D. Halberstam, « the Commission can present to the Court that it has heard the Court's concerns, that changes have been made, and that Member States' obligations of mutual trust will be shielded from ECtHR interference through the correspondent mechanism » (39). Il est loin d'être certain que cette solution soit satisfaisante. Que ce soit la Cour de justice ou la Cour européenne qui soit appelée à vérifier s'il existe un risque pour le requérant, que ce soit l'Union ou l'État qui soit responsable, qu'il appartienne ou non à l'Union de déterminer le responsable final, il n'en demeurera pas moins que la présomption qui fonde la confiance mutuelle sera atteinte. Il est vrai qu'en cas de non-adhésion, c'est aux États d'assumer la responsabilité d'avoir contrevenu à l'article 3 au nom du respect de la confiance mutuelle. Accepteront-ils longtemps une telle situation ?

Enfin, les observations de la Cour qui concernent la PESC ne peuvent être rencontrées que de deux manières, toutes difficilement praticables. La solution idéale serait d'étendre la compétence de la Cour de justice à la PESC,

(39) *Op. cit.*, p. 34.

ce qui est sans doute le vœu implicite qui résulte de l'avis. Mais une révision du traité s'imposerait, il n'est rien moins que certain que les États membres soient préparés à y consentir. Le pis-aller serait d'exclure la PESC de l'accord d'adhésion. Dans ce cas, l'obligation prévue à l'article 6 qui envisage l'adhésion pour l'ensemble des politiques de l'Union ne serait pas respectée et l'accord des parties contractantes à la Convention ne sera pas facile à obtenir.

Devant des difficultés, on pourrait envisager une révision du protocole n° 8 afin de faciliter l'adhésion en modifiant la disposition relative aux spécificités de l'Union pour contourner les objections de la Cour. Il est bien peu probable que l'on réussisse à convaincre les vingt-huit de suivre cette voie connaissant tant les difficultés d'une révision que les réserves actuelles de certains États membres à l'égard de la Convention.

B. – Ne pas adhérer vaut-il mieux qu'adhérer ?

À la suite de l'avis, la situation actuelle devrait perdurer un certain temps. Le paradoxe semble être que celle-ci présente plus d'inconvénients que celle qui aurait pu résulter de l'adhésion dans les termes prévus par l'accord.

Certes l'Union n'étant pas partie à la Convention, elle ne pourra faire l'objet de requêtes individuelles et ne sera pas concernée directement par les arrêts rendus par la Cour. La jurisprudence *Bosphorus* (40) continuera à s'appliquer. Cependant, cet arrêt ne donne pas un blanc-seing à l'Union européenne. La condition d'insuffisance manifeste de protection qui conduit la Cour européenne à écarter la présomption d'équivalence s'apprécie au cas par cas et rien n'empêcherait la Cour de Strasbourg de se montrer plus exigeante qu'elle ne l'a été auparavant. Dans son discours prononcé lors de la rentrée judiciaire 2015, le Président de la Cour réaffirmait que la Cour continuerait à exercer son contrôle : « Pour ma part, ce qui m'importe, c'est qu'il n'y ait pas de vide juridique dans la protection des droits de l'homme sur le territoire de la Convention, que la violation soit le fait d'un État ou d'une institution supranationale. Notre Cour continuera donc d'apprécier la conventionnalité des actes des États, quelle que soit leur origine, et les États sont et resteront responsables de leurs obligations au regard de la Convention ».

Mais la situation actuelle est-elle si enviable et si elle l'était, aurait-on inséré l'obligation d'adhérer dans les traités ? Elle ne l'est pas pour l'Union puisque les États membres peuvent être attraits devant la Cour pour l'application du droit de l'Union sans que cette dernière ne se voie reconnaître le statut de partie. Elle n'est autorisée qu'à présenter des observations, même si en pratique, lorsque le défendeur le souhaite, celles-ci sont concertées avec lui. La Cour européenne ne pourra en l'absence d'implication préalable de la Cour de justice se prononcer que sur l'interprétation du droit de l'Union telle qu'elle

---

(40) Cour EDH (GC), arrêt du 30 juin 2005.

résulte des arrêts rendus par les juges nationaux. D'ailleurs, en l'absence de renvoi préjudiciel, la Cour ne fera pas jouer la jurisprudence *Bosphorus* si la Cour de justice n'a pas déjà été appelée à statuer sur la même affaire (41). En l'absence du mécanisme de coresponsabilité, il appartient à la Cour lorsqu'il ne s'agit pas d'un règlement, d'apprécier elle-même la marge d'appréciation laissée aux États membres par le droit de l'Union dans le cadre de la mise en œuvre de celui-ci ou de statuer sur la répartition des compétences. Ainsi, en refusant les garanties offertes par l'accord d'adhésion sur ces points, la Cour place l'Union dans une position de vulnérabilité plus grande qu'elle ne l'aurait été en cas d'adhésion. Bien entendu, la réponse à cette critique est que l'arrêt rendu par la Cour ne vise que les États membres et non l'Union.

Mais, ce faisant, en cas de condamnation, les États membres sont placés dans une situation inextricable puisqu'ils doivent soit exécuter l'arrêt et violer le droit de l'Union, soit respecter le droit de l'Union et violer la Convention. L'expérience de l'arrêt *Matthews* (42) a été significative à cet égard puisqu'après avoir tenté de faire modifier le droit de l'Union, le Royaume-Uni s'est vu contraint d'adopter une solution unilatérale que la Cour a fini par valider au prix d'une argumentation de circonstance (43). De même, en ce qui concerne la PESC, la situation ne changera rien pour les États membres qui en assumeront la responsabilité à Strasbourg. Bien qu'applicable aux résolutions du Conseil de Sécurité des Nations Unies, la jurisprudence *Al-Dulimi et Montana Management inc. c. Suisse* est transposable au cas de mise en œuvre de la PESC par les États membres (44). En outre, comme les décisions sont prises à l'unanimité et qu'il n'existe pas de possibilité de contrôle juridictionnel au sein de l'Union, la responsabilité des États pourrait être établie sur la base de *Matthews*.

Enfin, du point de vue des particuliers, leur position était facilitée par l'accord d'adhésion puisque les conditions de recevabilité étaient simplifiées par le jeu de la coresponsabilité qui leur évitait de se livrer à des analyses complexes pour déterminer s'il valait mieux attaquer l'Union ou un État membre. Sans adhésion, ils devront se livrer à une étude approfondie de la situation pour savoir si, au regard de la jurisprudence *Bosphorus*, leur affaire sera déclarée recevable. Après tout, la fonction du système est avant tout l'efficacité de la protection judiciaire et il est difficile de prétendre que le maintien de la situation actuelle facilitera la vie du justiciable.

Au final, l'avis tourne à l'avantage de la Cour européenne des droits de l'homme qui a les mains libres pour déterminer l'ampleur de sa compétence et au détriment de l'Union, des États et des particuliers aux prises à un système

(41) Cour EDH, arrêt du 6 janvier 2012, *Michaud*.
(42) Cour EDH, arrêt du 18 février 1999.
(43) C.J.C.E., 12 septembre 2006, *Espagne c. Royaume-Uni*, C-145/04, ECLI:EU:C:2006:543.
(44) Cour EDH, 26 novembre 2013, req. n° 5809/08.

de coexistence de juridictions complexe dans lequel le rôle de l'Union est secondaire puisqu'elle est presque jugée indirectement *in absentia* et dans lequel les États membres risquent de se voir confrontés à des obligations contradictoires. À ces égards, l'avis est contreproductif. Quant à la réalité de la protection des droits fondamentaux, elle semble avoir été oubliée dans cette passe d'armes constitutionnelle.

Conclusion

La Cour pouvait adopter une position réaliste et admettre au prix de quelques réserves sur la coresponsabilité et l'implication préalable l'accord proposé dans un souci de rationalisation de la protection des droits fondamentaux. Mais, comme le note Fabrice Picod, elle a choisi une voie selon laquelle le mieux est l'ennemi du bien (45). Elle dresse un cénotaphe à l'adhésion en y gravant un éloge constitutionnel à l'Union. L'adhésion n'est pas morte, elle a disparu sans que l'on sache si elle réapparaitra un jour. Le discours constitutionnel, lui, demeurera et, de ce point de vue, les arguments de la Cour alimenteront, à en juger par les réactions de nombreux collègues, les enseignements universitaires pendant des années. Espérons qu'ils déborderont le cadre universitaire pour alimenter les convictions des politiques. En effet, si la construction politique européenne est contestée et si le consensus populaire s'affaiblit, il reste à Luxembourg une vision ferme et déterminée de ce qu'implique sur le plan des principes l'existence de l'Union. Souhaitons que la Cour n'ait pas prêché dans le désert, car il serait regrettable qu'en plus de s'être opposée à une amélioration de la protection des droits de l'homme en Europe, ses visions constitutionnelles restent sans conséquences utiles dans les débats futurs sur l'avenir de l'Union.

(45) « La Cour de justice dit non à l'adhésion de l'UE à la CEDH », *Semaine juridique*, n° 6, 9 février 2015.

TABLE DES MATIÈRES